A EMBRIAGUEZ NA CONQUISTA DA AMÉRICA

Medicina, idolatria e vício no México e Peru, séculos XVI e XVII

A EMBRIAGUEZ NA CONQUISTA DA AMÉRICA

Medicina, idolatria e vício no México e Peru, séculos XVI e XVII

Alexandre C. Varella

Copyright © 2013 Alexandre Camera Varella

Grafia atualizada segundo o Acordo Ortográfico da Língua Portuguesa de 1990, que entrou em vigor no Brasil em 2009.

PUBLISHERS: Joana Monteleone/Haroldo Ceravolo Sereza/Roberto Cosso
EDIÇÃO: Joana Monteleone
EDITOR ASSISTENTE: Vitor Rodrigo Donofrio Arruda
PROJETO GRÁFICO, CAPA E DIAGRAMAÇÃO: Juliana Pellegrini
ASSISTENTE EDITORIAL: João Paulo Putini
REVISÃO: Pietro Fabrizio Ferrari

IMAGENS DA CAPA: extraídas do *Códice Magliabechiano* e do *Códice Florentino*. Obras do México Central, século XVI, após a conquista espanhola.

Este livro foi publicado com o apoio da Fapesp

CIP-BRASIL. CATALOGAÇÃO-NA-FONTE
SINDICATO NACIONAL DOS EDITORES DE LIVROS, RJ

V42e

Varella, Alexandre C.
A EMBRIAGUEZ NA CONQUISTA DA AMÉRICA – MEDICINA, IDOLATRIA E VÍCIO NO MÉXICO E PERU, SÉCULOS XVI E XVII
Alexandre C. Varella
São Paulo: Alameda, 2013
460p.

Inclui bibliografia
ISBN 978-85-7939-142-2

1. América Latina – Civilização – História. 2. América Latina – Colonização – História. 3. Espanha – Colônias – História. 4. México – História – Colônia espanhola, 1540-1810. 5. Peru – História – Até 1820. 6. Índios – América Latina – Civilização – História. 7. Drogas – Abuso – Aspectos sociais. 8. Medicamentos – Abuso – Aspectos sociais. I. Título.

12-3449. CDD: 980
          CDU: 94(8)

                                                           035795

ALAMEDA CASA EDITORIAL
Rua Conselheiro Ramalho, 694 – Bela Vista
CEP: 01325-000 – São Paulo, SP
Tel.: (11) 3012 2400
www.alamedaeditorial.com.br

> Não se trata, justamente, nem de acreditar,
> nem de suspender a crença comum.
> As divindades agem sozinhas.
> Mas como, e em qual mundo, e sob qual forma?
>
> Bruno Latour
> em *Reflexão sobre o culto moderno dos deuses fe(i)tiches*

A meus pais
Paulo Sérgio Varella
Rita Lúcia Camera Varella

A meu filho
Matteus Alexandre McCulloch

A minha irmã
Patricia Camera Varella

SUMÁRIO

Nota sobre as citações e traduções 13

Prefácio 15

Introdução 19
Entre conceitos e desconcertos

Capítulo 1. Efeitos naturais e morais de medicinas que embriagam 59
Um prólogo em torno de histórias exemplares (século XVI) 59
Juízos de proveito das medicinas 74
Histórias de embriaguez, temperança e jejum 92
Superstição e sacrifício de medicinas 110
Unção divina e unguento diabólico 121

Capítulo 2. Coisas da idolatria entre vícios e virtudes 139
Histórias gerais sobre os antigos mexicanos (século XVI) 139
Cerimônias da embriaguez 149
A idolatria no governo da embriaguez 176
Das substâncias divinas no octli ao demônio do pulque 191
Visões da moderação e do abuso 204
A virtuosa medicina dos índios com coisas que embriagam 228

Capítulo 3. Extirpação de medicinas da idolatria 253
Tratados da Nova Espanha e Peru (século XVII) 253
A idolatria da embriaguez 262
Os conjuros para a medicina do tabaco 273
A idolatria de medicinas que privam do juízo 285
As huacas da embriaguez 324

Capítulo 4. O vício com medicinas na história da idolatria 349
Um epílogo através da crônica indígena cristã do Peru (século XVII) 349
Vícios com bebida e erva no mundo ao revés 354
Gêneses dos vícios e o juízo final para as medicinas 376

Conclusão 401
De uma história da embriaguez na conquista da América

Fontes e Referências bibliográficas 415
Fontes históricas 415
Bibliografia de apoio 417

Caderno de Imagens 433

Agradecimentos 459

ÍNDICE DAS FIGURAS

Mapas

1. Expansão do domínio inca nos Andes Centrais   435
2. Regiões de domínio ou influência mexica antes da conquista espanhola   436
3. Região lacustre do México Central antes da conquista espanhola   437
4. Vice-reino do Peru segundo o padre Arriaga no século XVII   438
5. Arcebispado de Lima segundo o padre Arriaga no século XVII   439
6. Povoados indígenas mexicanos citados pelo extirpador de idolatrias Ruiz de Alarcón   440

Figuras

1. Diversas maneiras de embriaguez   441
2. Pahtécatl, deus da erva medicinal do pulque   442
3. Pintura de Ome Tochtli (Dois Coelho)   443
4. Pintura de Tezcatlipoca (Espelho Fumegante)   444
5. Canudo de fumo de Tezcatlipoca   445
6. Canudo de fumo de Tezcatlipoca   445
7. Canudos de fumo num culto a Tezcatlipoca   445
8. Canudos de fumo numa celebração de mercadores   445
9. Flores e raízes embriagantes e medicinais   446
10. Plantas como o cacau para combater a fadiga   446
11. Mais flores para a receita   446
12. Receita de plantas para o governante   447
13. Final da receita   447
14. O vendedor de tabaco   448
15. Lista de ervas que embriagam   449
16. Cogumelos que fazem ver visões   450

17. O moço desbaratado   451
18. Uso das ervas que embriagam   452
19. Índio bêbado vomitando   453
20. A bebida chicha na lavoura   454
21. Falso cacique com vinho e chicha   455
22. A chicha oferecida ao sol pelo diabo   456
23. A bebida no enterro do inca   457
24. A coca compartilhada entre os lavradores   458

Nota sobre as citações e traduções

Todas as traduções são do autor. As citações da bibliografia crítica em língua estrangeira foram substituídas por versões em português. Citações de fontes históricas coloniais no corpo do texto são traduzidas para o português, sendo que alguns originais em língua espanhola vêm preservados em notas, especialmente as longas citações traduzidas. Outros originais em espanhol sem tradução ao português são frequentemente citados em notas. As edições dessas fontes históricas muitas vezes conservam a escrita de época e algumas vezes modernizam em maior ou menor grau a ortografia e a sintaxe.

Ilustremos como proceder para a leitura de uma citação original em espanhol, destacando um autor de época que considera o mundo como "admirável plano" de Deus e que "tudo é medicinal nas plantas". A consulta deve ser feita na nota de rodapé subsequente,[1] não necessariamente no final de um parágrafo.

Na narrativa em português mantém-se palavras em espanhol que são de uso tradicional na historiografia sobre a América Latina. Essas palavras aparecem sem itálico. Por exemplo: criollo (espanhol nascido ou crescido na América), encomendero e corregidor (que são privilégios de espanhóis na América), pueblo (povoado). Alguns termos espanhóis também são preservados na narrativa, como tabaqueros e coqueros (aqueles que usam tabaco e a folha de coca na boca).

---

[1] As citações são do padre José de Acosta (*Historia natural y moral*, 1964, p. 375 e 189). Os originais em espanhol são encontrados sempre no final da nota. <u>Citas</u>: "admirable traza"; "todo es medicinal en las plantas".

Termos em línguas indígenas mesoamericanas (muitas absorvidas no espanhol mexicano) também aparecem sem itálico. Como exemplo: nahualli e tlacatecólotl (traduzidos livremente como bruxos), míxitl, ololiuhqui (plantas alucinógenas), piciete (tabaco). Para melhor adequação na narrativa em português, acentuam-se as paroxítonas na língua mexicana ou náhuatl (**na**-huatl). Outro exemplo: míxitl (**mi**-xitl), um arbusto alucinógeno.

Há ainda termos em quéchua ou de outra origem andina na narrativa em português, também sem itálico. É o caso da palavra huaca como usada após a chegada dos espanhóis no Peru, expressando a noção de tesouro, de ídolo, de coisa e/ou lugar sagrados. Outros exemplos de palavras andinas ou hispano-andinas: mochar (forma de libação às huacas), taquies (cantorias com bailado), coyas (senhoras da elite).

Prefácio

Os estudos históricos sobre os significados culturais das bebidas alcoólicas vêm sendo aprofundados nas últimas décadas, especialmente no contexto da colonização da América.

Este livro de Alexandre Varella, resultado de um mestrado defendido e aprovado no programa de pós-graduação em História Social da USP, vem contribuir com uma compilação bastante ampla destes estudos e traz uma análise original no que diz respeito à investigação de como os conceitos de alimentos e de remédios se entrecruzaram no emaranhado de relações conflituosas advindas dos contatos entre povos ameríndios e diferentes colonizadores europeus.

Em várias regiões americanas os historiadores têm se debruçado sobre os aspectos culturais, sociais e econômicos dos conflitos em torno ao uso das plantas e das bebidas tradicionais, como o pulque no México ou a chicha nos Andes, assim como em relação aos diversos padrões de consumo considerados ou não adequados. No âmbito mexicano, já se destacaram autores como Sonia Corcuera de Mancera e William Taylor, no âmbito peruano, autores como Luis Millones e Thierry Saignes, assim como no caso brasileiro, João Azevedo Fernandes, que buscaram identificar as disputas entre indígenas e colonizadores na constituição de modelos normativos para o uso das bebidas alcoólicas e outras drogas.

A ampla pesquisa deste livro aprofunda os debates em torno dos significados da embriaguez na história, desconstruindo este conceito europeu generalizante que tentou enquadrar nesta noção ambígua substâncias tão variadas como as bebidas alcoólicas, o tabaco, os excitantes como a coca ou os alucinógenos como os cogumelos, cactos e flores que serviram como instrumentos visionários.

A fronteira entre os remédios, os alimentos e os embriagantes é permeável e as substâncias não podem ser vistas como hipóstases, ou seja, possuindo essências em si mesmas, mas como construtos culturais que incorporam acima de tudo um conjunto de expectativas culturais que as tornam sagradas ou demoníacas, conforme o ponto de vista do observador.

São, na verdade, ingestões todos aqueles consumos de produtos que atravessam as barreiras do corpo por meio da pele, do aparelho gastrointestinal ou mesmo pelas narinas. A gestão destas ingestões obedeceu a critérios pragmáticos, resultado da experimentação e que comprovaram virtudes específicas sobre o corpo, mas, no mais das vezes, acima de tudo são critérios puramente simbólicos.

Se as culturas ameríndias possuíam complexos sistemas de classificação, prescrições e proscrições, o olhar europeu vai, via de regra, buscar reduzir os usos sagrados à condição de objetos de idolatria, mas, ao mesmo tempo, precisaram resgatar também os usos médicos considerados úteis e necessários, atribuindo as virtudes curativas às próprias plantas e não aos espíritos que poderiam nelas residir como achavam que os indígenas acreditavam.

A partir de uma extensa compilação de fontes de época que incluem importantes cronistas europeus do processo de colonização, tanto do mundo mexicano, tais como Bernardino de Sahagún e Diego Durán, como do andino, como Pablo Joseph de Arriaga – e também a crônica do indígena ladino Guaman Poma –, o presente estudo esmiúça um conjunto de referências sobre as visões europeias da embriaguez indígena, vista como um apanágio da idolatria, como a porta pela qual o demônio manteria sua influência sobre os indígenas dificultando a sua conversão.

O combate à idolatria se combinava à adoção dos paradigmas do sistema humoral hipocrático-galênico baseado no sistema quaternário dos elementos, dos humores e de todas as imbricações entre o micro e o macrocosmos. Essas noções europeias se hibridizaram com visões indígenas das qualidades de calor e frieza e de secura e umidade que correspondiam em muitos aspectos com o sistema europeu, facilitando uma mútua influência que serviu para classificar e identificar utilidades medicinais para os produtos da natureza americana.

Como, dentre estes produtos, além dos alimentos tão fundamentais na história moderna, como o milho, a batata, o tomate, entre outros, se encontraram também drogas como o tabaco, que muitas vezes escaparam da estigmatização como substância idolátrica, deixando de ser as huacas (objetos e locais indígenas sagrados) da embriaguez para se tornarem os remédios naturais úteis e necessários, é uma das indagações que percorre como um fio de continuidade a investigação das fontes analisadas.

O critério moral do uso moderado, evitando os riscos do excesso, se constituiu num modelo de temperança de longa duração na história ocidental. O contato do Velho e do Novo Mundo pôs à prova um conjunto de pressupostos e preconceitos que se chocaram com as próprias prerrogativas do pensamento indígena, produzindo uma mescla cultural que buscou ordenar e normatizar os usos de plantas, tanto no seu aspecto puramente nutricional alimentar, como no seu sentido mais agudo de remédios. Manter e corrigir o organismo foram as tarefas delegadas ao mundo vegetal, mas sempre persistiu o conteúdo mais profundo dos valores simbólicos atribuídos a estes produtos naturais, vistos como um foco de disputa entre as forças sobrenaturais, as virtudes intrínsecas e as formas sociais de sua regulamentação.

A maior riqueza das Américas, como reconheceu o próprio Colombo, não foram tanto os metais e pedras preciosas, mas, acima de tudo, as suas dádivas vegetais. Com elas se fizeram remédios, drogas, bebidas e alimentos. O seu papel excepcional ainda permanece relativamente obscuro no processo de colonização econômica e cultural. Este livro ajuda a trazer luz sobre um tema que já foi relegado ao campo do pitoresco e do cotidiano e que, cada vez mais, vem mostrando sua enorme relevância para a compreensão mais totalizante do encontro e do choque de civilizações que a conquista da América expressou.

As drogas e a sua problematização não são um fenômeno apenas contemporâneo, mas mergulha no passado como um substrato essencial da cultura material e espiritual. A interação destas duas instâncias é um dos desafios que este livro empreende contribuindo assim para desvendar a história moderna e colonial como um cenário de conflitos a respeito das plantas e de seus poderes.

Henrique Soares Carneiro

Introdução
Entre conceitos e desconcertos

Fazemos exame de um assunto que num instante atinge as sensibilidades e provoca os juízos. Porque se este estudo já traz como pano de fundo a tentativa europeia de imposição religiosa e moral na colonização da América, compõe também uma história das representações da ebriedade indígena como espaços para a insensatez, a maldade, o erro.[1]

Os discursos da embriaguez do *outro* são mordazes e condenatórios, mas as substâncias psicoativas seriam bem elogiadas pelos espanhóis, ao descreverem as plantas e confecções como úteis e medicinais. Contudo, as formas de embriaguez (os efeitos mentais ou corporais que hoje descrevemos como alcoólicos, alucinógenos, estimulantes etc) podiam incentivar relatos da *perda do juízo*, das *visões diabólicas*,

---

[1] Este livro consiste numa revisão da dissertação de mestrado em História Social registrada na Biblioteca Digital da Universidade de São Paulo em agosto de 2008 com o título *Substâncias da idolatria: as medicinas que embriagam os índios do México e Peru em histórias dos séculos XVI e XVII*. A pesquisa teve apoio da Fapesp com bolsa de mestrado. Para a atual edição, não houve muitas alterações de conteúdo, acrescentamos alguns títulos de bibliografia de apoio comentadas no corpo do texto. Conservamos as citações feitas anteriormente. Manteve-se intacta a estrutura dos capítulos, embora sem os resumos finais. Certas partes da introdução foram mais alteradas. São as traduções ao português da bibliografia em língua estrangeira e das fontes históricas no corpo do texto que fazem a diferença mais significativa em relação à dissertação de mestrado. Muitas imagens foram digitalizadas por mim, mas algumas foram extraídas do banco de imagens do Centro de Estudos Mesoamericanos e Andinos da USP para fins de pesquisa. Agradeço a gentileza do professor Eduardo Natalino dos Santos de disponibilizá-las para este projeto editorial. Também agradeço Azucena Citlalli Jaso Galván por várias sugestões nas revisões finais, assim como W. Ruy Pitta Jr., que colaborou com versões em nanquim das gravuras do cronista Felipe Guaman Poma de Ayala.

dos *vícios de costume*. Expressões repletas de sentido e normalmente atreladas à *idolatria* dos índios, ou seja, ao *culto de ídolos* como *falsa religião* na visão dos conquistadores e religiosos ibéricos. Por outro lado, o *bom governo* da embriaguez também podia ser notado nas investigações sobre o passado pré-hispânico.[2]

Inclusive, podemos especular sobre práticas e significados indígenas de vésperas da conquista espanhola e do início da época colonial. Ao menos por interpretações de tradições acadêmicas chamadas de ocidentais, que também oferecem ferramentas para desconstruir as representações comuns e os discursos de dominação impregnados na sua própria ciência.

Algumas expressões renascentistas e coloniais de representação da embriaguez podem ser notadas como elementos de um pensamento vivo. Pois numa longa (tentativa de) conquista moral, os males da ebriedade seguem atuais em termos como o desequilíbrio mental na alteração do ânimo e da consciência, ou pelo problema da dependência psíquica ou física. Temos também, até hoje, a forte identificação ou relação da embriaguez com várias práticas criminosas. Mas a política contemporânea e internacional de guerra às drogas parece ser muito mais intolerante que a ação dos mais bravos moralistas religiosos ou civis na América dos séculos XVI e XVII. Também a relação da embriaguez com o demônio segue tendo repercussão na vida social em pleno século XXI.

Tais assuntos denunciam similitudes com situações e especulações que despontam no passado colonial, inclusive no aspecto da representação de hábitos indígenas, ainda que agora existam outros parâmetros de ciência e novas dimensões político-culturais da pecha diante das práticas de embriaguez mais tradicionais ou mais desfiguradas.

De todo jeito, os inebriantes devem representar "substâncias essenciais" na história geral da humanidade, como acentua Richard Rudgley.[3] Pode-se aventar fortes sinais de reincidência dos motivos para a incorporação das *medicinas que embriagam* – expressão que se nutre do discurso dos cronistas e que sintetiza a ambígua ideia de cura e enfermidade das drogas – como no conceito de fármaco dos antigos gregos.[4]

---

2   Os itálicos no corpo do texto referem-se a palavras e expressões especiais, sendo que algumas remetem aos termos de discurso dos cronistas, apropriados para a narrativa e a análise. Após uma vez marcadas, tais palavras e expressões voltam ao texto sem itálico.

3   Cf. RUDGLEY, *Essential substances*, 1993.

4   DERRIDA, *A farmácia de Platão*, 2005.

Num lado mais valorizado, a embriaguez alcoólica é o epicentro da convivialidade e da celebração, enquanto a embriaguez com alucinógenos vem como sacramento e caminho para a iluminação mística – particularmente no Brasil, com o uso do chá da floresta.[5] Mas assim como a celebração alcoólica pode ser vista hoje como assunto de desordem e insanidade, o uso de alucinógenos segue identificado com a desrazão. Aliás, no ambiente dos encantos e das dietas com alucinógenos dos curandeiros andinos ou mexicanos, também paira no ar o medo de bruxaria.

Ideias que na época da conquista espanhola (des)qualificavam a embriaguez e outros temas, de tão presentes na longa duração ibero-americana, têm a força daqueles hábitos e atitudes que parecem de contínuo rememorados e novamente experimentados. Ainda que para serem reinventados – ou de outro lado, para serem negados.

Entrementes, menções de práticas descritas, por exemplo, como *feitiçarias* e *borracheiras* (bebedeiras) devem ser tomadas como indícios de uma inenarrável realidade sempre em transformação, composta de várias dimensões culturais e políticas sobre os valores da embriaguez – algumas dessas instâncias vem como objeto desta análise histórica.

Escolhemos alguns discursos e representações coloniais que tratam da natureza dos costumes de povos recém-descobertos para o mundo europeu: os *mexicanos e peruanos*, na atualidade os populares astecas e incas considerados como *altas culturas* pré-colombianas, que desde logo entram na história ocidental como aqueles habitantes dos mais notáveis (ou noticiados) *reinos e repúblicas* das Índias Ocidentais. Após fulminante conquista militar desses núcleos de poder da América indígena, suas regiões seguiam como pontas de lança da expansão espanhola. Batizados como vice-reinos da Nova Espanha e do Peru, abarcavam vastos domínios com grandes riquezas (e despesas) para o governo da dinastia dos Habsburgo – denunciando a pujança bem como a miséria do grande império global do início da era moderna com sede em Castela.

Desse amplo contexto, vejamos algumas misturas do discurso moral sobre a embriaguez com visões também católicas da *idolatria*, que seria o universo ou aglomerado de práticas erradas dos mais *civis* dos *povos indianos* – como se chamavam os povos que reconhecemos hoje como integrantes de grandes áreas culturais

---

5   Aludimos ao uso da bebida ou chá conhecido também como "santo daime" ou "vegetal", empregado particularmente nos âmbitos litúrgico e extático de organizações religiosas brasileiras como o CEFLURIS e a União do Vegetal.

americanas (Mesoamérica e Andes Centrais). Eram espaços de inúmeras culturas distintas entre si, mas que compartilham alguns traços em comum, por exemplo, nas manifestações que indicaríamos como rituais e cultos.

Na colonização espanhola da América, num mundo de novas relações de poder e interações socioculturais, pululam discursos de um engano diabólico e mau costume inveterado ou voluntário. A idolatria está no centro da especulação sobre os vícios imputados aos índios. Por sua vez, a embriaguez é o maior desses vícios, bem como o desvio para muitos outros vícios.

Os discursos sobre a embriaguez e a idolatria são regidos pela autoridade que se proclama no *uso da razão*, isto segundo os parâmetros da filosofia natural e moral católica. Mais que tudo, esses discursos estariam para a manobra, aprovação ou legitimação das políticas de dominação social perante as comunidades indígenas e a população em geral. Notoriamente, a embriaguez surge como excelente pretexto para subjugar e reformar os povos *bárbaros* e o *vulgo* na América espanhola.

As práticas embriagantes dos índios são para os espanhóis domínios um tanto obscuros, contudo, a luz que têm pode ofuscar identidades da filosofia natural e teologia cristãs. Porque se tivermos alguma idolatria da embriaguez ou do diabo nas razões atribuídas aos antigos cultos e cerimônias dos índios, tal e qual pronunciamento pode ser mero espelho daqueles pensamentos mais comuns dos colonizadores a respeito das qualidades e efeitos das coisas.

Afinal, a idolatria diabólica como pretexto para a embriaguez dos índios não parece muito distante da perspectiva de louvor cristão das *virtudes naturais* de medicinas que embriagam os espanhóis também. Se o *piciete* (o tabaco em língua mexicana incorporada ao castelhano colonial) representa uma entidade sobrenatural de poder para os índios, o que pensar do significado da planta para os colonizadores? A cultura do tabaco é natural da América, a erva foi usada desde tempos imemoriais por praticamente todas as populações aborígenes aficionadas pelo fumo e outros usos da erva.[6] Já os espanhóis também são conquistados, inclusive, pela erva, concluindo que fumar é muito bom e bem medicinal. O tabaco é tido pelos colonos como *erva santa* devido aos *maravilhosos* efeitos que tem para as curas e confortos. É grande benesse do Criador. Por exemplo: certo médico formado na Real y Pontificia Universidad de Mexico, no final do século XVI, depois de acentuar

---

6   Cf. WILBERT, *Tobacco and shamanism in South America*, 1987; ROBCSEK, *The smoking gods*, 1978.

a diferença entre a intenção medicinal espanhola e o outro uso nas feitiçarias indígenas, cria o impasse sobre o costume de fumar: teve origem diabólica ou angelical?

A experiência espanhola não deixa de ser um culto à criatura, apesar do combate à idolatria. Tendo em vista tão curiosos trajetos, tratemos das alusões à embriaguez dos *outros*: dos índios chamados de bárbaros. A embriaguez no cadinho das falsas adorações, das *superstições* diabólicas, dos *vícios* impregnados. Visitemos assim os esforços de clérigos, médicos e outras autoridades espanholas na América – inclusive textos com participação ou de autoria indígena – conspirando para a rica história sociocultural e das ideias que desponta na conquista da América.

Nosso objeto de avaliação são os parâmetros e políticas europeias, ainda que sejam notados certos traços das culturas locais, ou melhor, certas interpretações histórico-antropológicas a respeito dessas culturas, suas representações e práticas. Contudo, a intenção maior é refletir sobre um conhecimento renascentista e da Contrarreforma na expressão ibérica na América, notar alguns potenciais e desdobramentos dessas avaliações sobre o indígena e que se inscrevem nos discursos de poder dos colonizadores.

Dentro dos esforços de ciência dos *usos e costumes* indígenas nos tratados clericais e laicos, as coisas e os hábitos são capturados de seus contextos e apropriados como objetos de embate moral e político. O grande propósito é a interdição ou a mudança das práticas e mentes no Novo Mundo. É a conquista de discursos sobre idolatria, inclusive sobre idolatria da embriaguez, criando vícios e retirando virtudes dos índios. Mas nossa história pode insinuar a adoração da ebriedade enquanto práticas diversas de amplos grupos sociais no início dos tempos coloniais. Sem julgarmos, é claro, os sentidos mais rasos ou mais profundos da embriaguez que porventura têm estado na conquista da América.

As medicinas que embriagam

O texto do mestrado que resulta neste livro teve como título a expressão *substâncias da idolatria*. O termo substância remete a questões da física aristotélica, como no ponto de encontrar a essência das coisas. Pode ser o substrato que há por trás das aparências dos objetos, pode ser o suco ou o efeito que se extrai das coisas. Mas nenhum sentido pode ferir o dogma da transubstanciação, como salienta o verbete de Covarrubias Orozco do início do século XVII espanhol.[7] O que alguns cronistas concebiam como comunhão dos índios com suas medicinas que embriagam, indicaria uma essência da idolatria no Novo Mundo?

O termo substância também alude à atual ciência bioquímica, aos meandros das moléculas e de suas ingerências no sistema nervoso central. As substâncias da idolatria são arranjos químicos ou os próprios deuses? Substratos na (ou da) mente humana? Mas deixemos este jogo de palavras como certa sugestão para se pensar sobre coisas que vão além deste estudo.

Nos tempos da colonização da América, as plantas de força embriagante eram essencialmente medicinas (também) pelas razões de uma hegemônica ciência galênica. Apresentavam peculiar *propriedade* ou *virtude* de inebriar e causar outras reações na mente e no corpo. Façamos, enfim, uma história da embriaguez do pensamento humano sobre os efeitos de coisas que alteram psico e fisiologicamente os corpos.

Tenhamos que a cultura material e simbólica em torno aos chamados psicoativos, em sociedades tão complexas como as mesoamericanas e andinas, podem ser práticas inseridas nas esferas da religiosidade, da medicina, ou como experiências seculares, lúdicas, podendo integrar a dieta de comidas e bebidas. Todas essas esferas também devem ser vistas como maleáveis e podem facilmente se justapor.[8] As práticas indígenas com as plantas psicoativas algumas vezes se inscrevem em rituais extremamente refinados, ou se manifestam em hábitos mais cotidianos, pois os propósitos de uso e os contextos podem variar bastante.

Essas substâncias propiciam ações químicas que a ciência moderna procura captar e em geral consegue aproximar-se dos padrões de efeito. As classificações mais atuais devem muito ao trabalho pioneiro do farmacólogo alemão Louis Lewin na virada para o século XX. Ele propôs cinco grupos: os fantásticos, os excitantes, os sedativos, os euforizantes e os inebriantes. "Esta taxonomia evoluiu posteriormente para o modelo de três categorias: os psicolépticos, psicoanalépticos e os

---

7   "SUSTANCIA. Latine SUBSTANCIA, *quae per se substat, et fundamentum praebet accidentibus quae sine illa subsistere non possunt*. Lo demás remito a los físicos, sin perjuicio de los teólogos y de lo que nos enseña nuestra madre la Iglesia cerca de los accidentes del pan y vino en el Sacramento sacrosanto del altar, *post consecrationem*. 2. Sustancia. Significa algunas veces la hacienda, **4.**(sic) y también el jugo y la virtud de alguna cosa. 5. Sustancia, el peso y el valor del hombre en su proceder y razonar; y así decimos ser hombre de sustancia o no tener sustancia. Sustancia, el caldo o pisto" (COVARRUBIAS OROZCO, *Tesoro de la lengua castellana o española*, 1995).

8   SHERRAT, "Introduction: peculiar substances", 1995.

psicodislépticos, englobando respectivamente os depressores, os estimulantes e os alteradores de consciência".⁹

Nos contextos e tratados analisados, vejamos histórias de bebidas fermentadas, como a chicha andina e o pulque mexicano. O psicoativo principal é o etanol, substância caracterizada como psicoléptica ou depressora. Dos estimulantes, destaquemos o cacau, a coca e o tabaco, que respectivamente são ingestões de uma variante da cafeína, da cocaína e da nicotina. Entre os alucinógenos, iremos notar várias espécies ou preparados mexicanos.¹⁰

Advertências devem ser feitas sobre essas classificações das drogas. Os estímulos depressores e excitantes se confundem em muitas substâncias.¹¹ É assim que o tabaco, como apontou Fernando Ortiz, combinaria duas características opostas mas complementares. Seria sedativo das tensões e estimulante da concentração.¹² Lester

---

9   CARNEIRO, *Amores e sonhos da flora*, 2002, p. 138. Na divisão mais em voga, os alucinógenos e alcoólicos estão no grupo dos psicodislépticos. Os estimulantes como psicoanalépticos. Na classificação feita por Louis Lewin no início do século XX, os alucinógenos estariam no campo da *phantastica*, a coca faria parte da *euphorica*. Já o tabaco e o cacau entrariam no grupo da *excitantia* (Cf. as tabelas classificatórias em PELT, *Drogues et plantes magiques*, 1983, p. 18-9).

10 Entre as duas macrorregiões (Andes e Mesoamérica) há como traçar paralelos de uso de substâncias químicas idênticas ou aparentadas, e que em alguns casos, são contidas em plantas de espécies diferentes e geograficamente apartadas. As bebidas alcoólicas no México Central são produzidas a partir da fermentação da seiva de espécies de agaves da região (o pulque), já nos Andes Centrais, as bebidas são consumidas a partir de preparados com grãos como o milho (a chicha). Aliás, o milho é a base alimentar na outra região. Mas o México Central indígena delegou para segundo plano as bebidas embriagantes produzidas com este cereal. A mescalina, substância alucinógena, é encontrada em duas espécies de cactos fenotipicamente bem distintos: o peiote na fronteira norte da Mesoamérica, e o *San Pedro* em várias regiões andinas. Um estimulante como a coca talvez tenha certa equivalência de valoração cultural com o cacau e sua bebida estimulante usada na Mesoamérica. O tabaco impera absoluto em ambas regiões e praticamente em toda a América Indígena.

11 "A palavra narcótico" refere-se etimologicamente à substância que "sem ter em conta quão estimulante possa ser em algumas de suas fases de atividade, termina por produzir um estado depressivo no sistema nervoso central. Nesse sentido, tanto o álcool como o tabaco são narcóticos". Mas certos estimulantes como a cafeína "em doses normais não provocam depressões terminais, ainda que sim, são psicoativos. Em espanhol não existe uma palavra que inclua tanto os narcóticos como os estimulantes, tal como existe no alemão a palavra *Genufimittel* (meio para alegrar-se)" (SCHULTES & HOFFMANN, *Plantas de los dioses*, 1982, p. 10-12).

12 ORTIZ, *Contrapunteo cubano del tabaco y el azúcar*, 1991.

Grinspoon & James Bakalar comentam que a coca apresenta "muitas das funções do café e da aspirina".[13]

Para distinguir uma classe de psicoativos para além dos estimulantes e depressores, o termo alucinógeno é o que Richard Schultes & Albert Hoffmann utilizam. Mas é uma entre outras possibilidades de nomenclatura igualmente imprecisas, como psicodélico, psicomimético, psicodisléptico, esquizógeno. Advertem estes autores que para o pensamento indígena nenhuma dessas palavras faria sentido, pois não teriam a experiência como ilusão. Pelo contrário, um fenômeno revelador para além da aparência das coisas. Mas pelo discurso plano da ciência, acontece extrema alteração na percepção da realidade, no tempo e no espaço, e inclusive na consciência do ser, como apontara Hoffmann por experiência.[14] Alguns alucinógenos importantes apresentam princípios ativos que se assemelham à substância neurotransmissora do cérebro conhecida como serotonina. Os alucinógenos podem ser divididos em três categorias principais: as feniletilaminas, as triptaminas e as lisergamidas.[15]

Um segundo grupo muitas vezes considerado como dos verdadeiros alucinógenos são químicos anticolinérgicos; estes facilmente induzem confusões mentais e espécies de alucinações reais, isto é, que dificilmente são sentidas como meras distorções ou criações de imagens e sons tal como ordinariamente acontece no efeito psicodélico.[16]

---

13 GRINSPOON & BAKALAR, *Psychedelic Drugs Reconsidered*, 1997, p. 43.

14 SCHULTES, "An overview of hallucinogens in the western hemisphere", 1990, p. 4.

15 Junto ao primeiro grupo, destaca-se o princípio ativo mescalina, característico do cacto peiote da região norte do México, mas conhecido nos altiplanos centrais. No segundo grupo, a psilocibina e a psilocina dos cogumelos, famosos também no México central. O terceiro grupo, relacionado ao LSD, o qual foi constituído em laboratório por acidente, tem espécies vegetais naturalmente encontradas no México. A semelhante ergina (LSA) se encontra na semente do ololiuhqui. Há outros alcaloides numa diversidade de plantas, mas basta identificar estes químicos em espécies que serão encontradas exaustivamente nos relatos coloniais que utilizamos. Embora tais alucinógenos apresentem estruturas diferentes, causam geralmente efeitos similares, mas de amplo leque de experiências que vão desde ligeiras alterações da percepção visual das formas de objetos, intensidade da cor, construção de formas geométricas repetitivas, podendo chegar a experiências de sinestesia e distorções profundas de espaço e tempo com visões internas e também externas, junto a uma forte carga emocional que pode borrar a fronteira entre realidade e ilusão nos termos de cada cultura humana.

16 Geralmente os anticolinérgicos se encontram em plantas solanáceas. Os principais elementos são a atropina e a escopolamina, entre outros tropanos. As daturas mexicanas citadas na narrativa deste trabalho (como as plantas que os nauas denominavam míxitl e tlápatl) pertencem a tal classe de alucinógenos, como também o floripôndio peruano. Essas substâncias podem ser extremamente tóxicas e mortíferas. Já os alucinógenos indólicos citados acima não apresentam esses níveis

Nos estudos histórico-antropológicos, em concordância com Andrew Sherratt, "parece mais útil" lidar com essas "substâncias peculiares coletivamente".[17] Assim perdemos a perspectiva de uma história deste ou daquele produto em particular, para uma visão de conjunto dos psicoativos na cultura.

Outras classes de drogas também podem oferecer experiências visionárias, pois tais estados seriam atingidos até mesmo sem qualquer ingestão de químicos. Dependemos, em suma, dos códigos da cultura além das condições físicas, reações e intenções dos indivíduos que consomem dosagens específicas e que muitas vezes misturam substâncias, tudo interferindo no resultado final dos efeitos.

Devido à maleabilidade dos humanos e a diversidade de suas estruturas simbólicas e práticas sociais, o próprio termo psicoativo traz um recorte limitante dos significados de efeito das substâncias no corpo humano. A separação entre corpo e alma (ou corpo e mente) parece ser muito mais categórica e formal que sensível ou existencial, isto inclusive em manifestações culturais do mundo ocidental, o qual historicamente tem enfatizado essas fronteiras.

Se todas as substâncias contribuem de uma forma ou outra para mudar o estado do ser, algumas comidas e infusões induzem a transformações mais surpreendentes, e estas são concebidas como alteradores do humor, e nalguns casos, da consciência. Por outro lado, há também sempre um propósito ou predisposição para certo efeito da droga. Esse efeito depende, em boa margem, das expectativas de quem consome o psicoativo. Em suma, partimos do pressuposto de que não existem efeitos padronizados e objetivos da droga sem levar em conta os anseios do sujeito e seu estado psíquico de antemão, bem como sem observar os parâmetros culturais e a influência do meio social e ambiental. A expressão em inglês *set and settings* parece resumir essas importâncias.[18] Ressaltemos, enfim, a dificuldade que é estabelecer as relações entre drogas, neurotransmissores, atividades do cérebro e estados de consciência.[19]

Geralmente, os estudos sobre psicoativos remetem às drogas vegetais, embora a ingestão de substâncias animais ou de sangue e carne humanos, o contato com substâncias diversas através de unguentos e enemas, o cheiro de perfumes e incensos,

---

de toxidade e de fato são metabolizados e eliminados facilmente pelo organismo humano (Cf. GRINSPOON & BAKALAR, *op. cit.*, 1997).

17 SHERRATT, *op. cit.*, 1995, p. 02.
18 Cf. GRINSPOON & BAKALAR, *op. cit.*, 1997.
19 *Ibidem*, p. 239-240.

a insolação, práticas como autoflagelação e jejum, uma série de procedimentos, alguns considerados pela ciência como imaginários, tal como a incorporação súbita de espíritos ou o contato com outras presenças fora do corpo, tudo pode ser considerado como fator ou efeito psicoativo. Mas o enfoque deste trabalho são as drogas vegetais e suas receitas especiais. Outros tipos de atividade vêm mencionados por relações com o universo de uso das drogas vegetais.

Para os fármacos serem reconhecidos socialmente como psicoativos, ou seja, que seu composto vegetal ou o que veicula simbolicamente seja reconhecido como capaz de alterar a mente, o corpo, o humor, enfim, deve receber certa carga afetiva especial, o que é traduzido na linguagem. Também pelas razões das culturas, nem sempre o que consideramos hoje como droga psicoativa foi tratado assim noutras paragens com critérios de pensamento distintos. Não dariam a priori essa ênfase racionalista que predomina no discurso da ciência atual. Analisamos representações em torno de substâncias que produzem significados indubitavelmente sempre complexos e passíveis de debate, inclusive ontológico.

Na visão de nossos cronistas havia a crença generalizada de que as substâncias deveriam necessariamente ter alguma serventia, basicamente como alimentos, bebidas e/ou medicinas. Manteriam a boa saúde, se balanceadas as virtudes para o consumo humano. Substâncias com características mais *frias* ou *quentes*, mais *secas* ou *úmidas*, que teriam de ser ministradas na dieta e farmácia que busca o *equilíbrio humoral*. Esse equilíbrio entre os fluidos do corpo (classificados como *sangue, fleuma, cólera* e *bílis negra*) se daria em combinações e concentrações ótimas, para o bom *temperamento* do corpo.

Nem sempre em quadros consensuais dos médicos e teólogos, os temperamentos também eram relacionados às idades do homem e mesmo à influência dos astros, além de lidar com a determinação dos alimentos, a reação das medicinas e sobre os comportamentos (por exemplo, na sexualidade). A prevalência do humor sangue (quente e úmido) no equilíbrio humoral do indivíduo informaria uma *compleição* ou temperamento *sanguíneo*; demasiada *bílis amarela* ou cólera (quente e seca) traria o temperamento *colérico*; o excesso de bílis negra (fria e seca) daria o temperamento *melancólico*; enquanto que muita fleuma (fria e úmida) faria um sujeito *fleumático*. São relações entre fisiologia e efeitos comportamentais numa tipologia que se constrói nos tempos medievais.

Alguns alimentos contribuíam para alterar ou para manter uma determinada compleição (sanguínea ou colérica, por exemplo), enquanto que as medicinas deveriam reagir no corpo para expulsar matérias e fluidos excessivos. Para combater as enfermidades causadas pelo desequilíbrio humoral, viriam as medicinas em geral e alguns alimentos (com diversos graus de frieza ou quentura, umidade ou secura). Contra uma enfermidade fria, uma medicina quente, para uma enfermidade seca, um alimento úmido. São remédios para reverter a *discrasia*, o desequilíbrio dos fluidos corporais. Tais saberes compunham a base do ofício médico universitário ou clerical no início da era moderna, o que se conhece como medicina hipocrático-galênica ou medicina humoral.

As medicinas serviriam para combater os excessos ou faltas que faziam brotar as enfermidades – inclusive os devaneios e as fortes loucuras, geralmente associadas ao temperamento melancólico. Além da aplicação das medicinas e atenção pela dieta e influências astrais, outros métodos poderiam ser usados, como as sangrias e drogas que iriam purgar do corpo as podridões ou excessos de matéria ruim, tudo operando no mesmo objetivo de atingir o estado de *eucrasia*, de equilíbrio humoral.[20]

Enfim, os psicoativos se enquadrariam nessa conceituação de medicinas e até de alimentos que teriam a grande força, faculdade ou virtude de trazer embriaguez no cérebro, devido aos fluxos de matérias, líquidos e vapores penetrando nos interstícios dos tecidos e nos vasos sanguíneos.

Os psicoativos são plantas da matéria médica, representam os *simples medicinais* buscados pelos exploradores europeus na América. As plantas ou partes de vegetais e outras substâncias em preparados medicinais teriam de ser ministradas em doses e combinações para uma ingestão que desconfiava facilmente dos estados espiritados ou embriagantes, especialmente numa perspectiva estoica que tanto apaixonara o protomédico de Felipe II, o doutor Francisco Hernández.[21] Em expedição à Nova Espanha entre 1571 e 1577, Hernández produz extensa história natural com base nas medicinas dos índios.

---

20 Para adentrar nos critérios da medicina humoral, quanto às ideias de compleição humana na época medieval tardia, cf. KLIBANSKY *et al*, *Saturne et la mélancolie*, 1989. Quanto aos sentidos de enfermidade hipocrático-galênica, cf. GRMEK, "The concept of disease", 1998. Sobre a dietética humoral no início da era moderna, cf. ALBALA, *Eating right in the Renaissance*, 2002.

21 A respeito do estoicismo na medicina grega, cf. KLIBANSKY *et al*, *op. cit.*, p. 92 e ss.; sobre Francisco Hernández "estoico", PARDO TOMÁS, *El tesoro natural de América*, 2002, p. 154.

Entrementes, como acentuaria Rabelais entre outros eruditos na mesma época, a Europa vivia num mundo de reconhecimento e uso dos poderes das plantas e poções – enquanto remédios para as dores do corpo e da alma, apesar das políticas governamentais e clericais em guerra contra as feiticeiras e particularmente contra as chamadas bruxas, suas ervas e unguentos do arrebatamento, continuamente associados ao poder perturbador do diabo. Os europeus também seguiam nas bebedeiras, apesar das batalhas morais contra os efeitos que corroessem a sobriedade, quer seja pelo vinho, pelas cervejas e outros licores, consideradas sendas abertas para uma diversidade de pecados que levariam à danação da alma.

O termo *droga* na era moderna nem sempre reportará aos fármacos de poder embriagante. Também remeterá a muitos produtos estrangeiros ou mágicos, espécies com propriedades ocultas mas eficazes, coisas de gosto exótico, medicinas raras. Algumas drogas eram consideradas coisas ruins, embora pudessem ser vistas como algo muito bom (tal é na escrita de Rabelais).[22] A variabilidade moral talvez não seja fortuita, como no conceito de *pharmakón* que informa a ambiguidade entre remédio e veneno.[23]

A força embriagante de muitas plantas e poções não era algo tão simples de conceber. No meio erudito cristão, havia vacilação entre abraçar noções naturalizantes e demonizantes junto aos efeitos fisiológicos dos fármacos. No aspecto mental, o equilíbrio poderia ser identificado com o homem no *juízo*, ou seja, governado pela *razão* como característica singular do ser humano. No âmbito espiritual, a razão seria o melhor canal com o divino, comandando o corpo para os trabalhos terrenos na batalha moral pela salvação. Tal raciocínio teria ampla fundamentação teológica, particularmente com São Tomás de Aquino no elogio à temperança como única forma de evitar o pecado dos excessos (como a gula e a luxúria).[24] Com Tomás de Aquino, também o sentido de arrebatamento (na embriaguez) seria condenado, junto a uma fundamentação aristotélica onde o campo mental da *imaginação* poderia ser o grande espaço da ação demoníaca.[25]

De medicinas para a plenitude da vida até o consumo na perdição. A ambiguidade é clara no discurso de muitos cronistas. Certas *cerimônias* diabólicas ministrariam ervas

---

22 CARNEIRO, *op. cit.*, 1994, p. 47 e ss.
23 *Ibid*em, p. 44 e ss.; do mesmo autor, "Transformações do significado da palavra 'droga'...", 2005.
24 CORCUERA DE MANCERA, *El fraile, el indio y el pulque*, 1991, p. 85 e ss.
25 ESCOHOTADO, *op. cit.*, 1996, p. 280 e ss.

e poções como recurso natural para ludibriar o pensamento na geração de imagens confusas no cérebro. Mais incisivamente, para fomentar a poderosa *ilusão* diabólica – ação efetiva do espírito maligno nos fluxos da imaginação natural do cérebro, pela formação de imagens lúcidas, mas sempre deturpadas. Nessas situações, o juízo ficaria comprometido e a alma racional perderia terreno para as paixões animais e os erros de ciência. O ser humano torna-se presa fácil dos ardis demoníacos.

Havia compreensão de que a embriaguez ou perda dos sentidos e do juízo poderia ser alcançada sem ingestão de plantas e preparados, pelas práticas supersticiosas que embarcavam as sutilezas da magia diabólica. Segundo um dos clérigos que vamos estudar, até por meio de "penitências" os índios lograriam algum "êxtase".[26] Essas considerações reportam ao entendimento atual sobre formas de alteração dos estados de consciência sem o uso de drogas – pela sugestão, pelos ritmos do tambor e pela música, por atividades de exaustão ou mortificação do corpo. Por fim, havia relações do uso de plantas e preparados que embriagam ou desatinam logo com as práticas descritas como supersticiosas: as idolatrias, feitiçarias, bruxarias, por meio dos conjuros, sacrifícios, penitências.

Num quadro que recupere sentidos importantes da época, a respeito do que se conceberia como religiosidade indígena relacionada à embriaguez, temos, por exemplo, a *hechicería*, que se identificava com práticas mágicas e medicamentosas. Muitas vezes os *hechiceros* eram chamados de médicos embusteiros, mas também, agentes concretos de *malefício* com plantas. Poderiam ser tratados como *brujos*, mas a palavra *brujería* era pouco utilizada, geralmente remetendo às viagens e sonhos, disfarces e metamorfoses, o que também se relacionaria com o uso de drogas. As *idolatrias* eram práticas como o *culto*, a *cerimônia*, a *festa aos falsos deuses, ídolos* ou outros artefatos e seres (de mundanos a astrais). Tais idolatrias seriam fomentadas ou mesmo geradas pelo demônio, quando se passa a interpretar a adoração de elementos e artefatos propriamente como culto ao diabo. A idolatria no singular oferece a ideia de uma organização clerical, uma *falsa religião*, outra expressão comum. Já a palavra religião tem o sentido de organização monástica cristã, também como instituição imitada pelo diabo. As superstições seriam erros, desvios da razão e a falta da fé em Deus. Tradição antiga e bárbara, advinda da falta de luz divina e pela ignorância da Revelação em Cristo. As superstições também sugerem outros

---

26 LA SERNA, "Manual de ministros de indios", 1987, p. 391.

significados: magias e feitiçarias, ilusionismos de enganadores, adivinhos e feiticeiros. Inclusive trazem a ideia de efeito real da *ilusão diabólica*, isto é, o poder de auferir prognósticos ou oráculos numa ciência superior do demônio.

Os plurais ídolos são deuses (ou demônios). Os *sacrifícios* são as oferendas (de homens e outros seres e artefatos) aos ídolos, como oferecer plantas ou poções que embriagam. Muitos desses rituais e costumes seriam descritos como *pactos diabólicos*, em geral interpretados na analogia, mas como o negativo da religião católica.

Mas quais as coisas que embriagavam incas e astecas? Muitas plantas fogem de uma identificação segura na ciência atual, pois muitos relatos não permitem a identificação de espécies. De qualquer forma, não há porque fixar as espécies e muito menos na linguagem de Lineu. Fiquemos com critérios de nominação e classificação dos embriagantes segundo os científicos e religiosos do início da era moderna.

Advirta-se que nem todos os usos locais das plantas psicoativas poderiam entrar no debate sobre a embriaguez, pois simplesmente não seriam usadas todas as vezes como inebriantes, ou tampouco seriam ingeridas de fato. Mas poderiam ser usos apontados como práticas idolátricas ou diabólicas.[27]

Não há intenção aqui de adentrar nas concepções indígenas de plantas ou poções naturalmente embriagantes, embora possamos abrir algumas margens para menção ou especulação sobre as simbologias locais. A partir dos dados oferecidos pelo franciscano Sahagún em processos de entrevista com velhos índios do México Central, a embriaguez alcoólica se identificará com a incorporação da diversidade de entes chamados de *quatrocentos coelhos*. Para outras plantas ou poções embriagantes dos mexicanos, a informação não é tão direta ou abundante. Mas Ruiz de Alarcón e Jacinto de La Serna, *extirpadores da idolatria* no México do século XVII, observarão um sentido de deidade que os índios davam para certas ervas psicotrópicas (como o peiote e o tabaco). Por sua vez, as sementes do amaranto (hualtli em náhuatl) usadas como alimento e na confecção de ídolos que também eram ingeridos, são igualmente descritas como portadoras de deidade. A perspectiva de incorporação de entidades através de substâncias ingeridas pode representar uma visão genérica

---

27 Fora da embriaguez, imundícies e futilidades de toda sorte poderiam ser vistas nos empregos gentílicos dessas plantas e poções. As representações de costumes bárbaros dos índios mostram certa intolerância generalizada perante as culturas alheias, suas práticas encerradas em estereótipos de mau comportamento e usos incorretos das coisas. As práticas indígenas irão compor, comumente, um quadro de embriaguez da idolatria na mente humana.

dos antigos mexicanos, onde o milho também estaria integrado como elemento que traria a substância dos deuses.[28] Quanto aos antigos peruanos, segundo José Perez de Barradas, eles nunca teriam imputado razão de efeitos das medicinas a espíritos das plantas.[29] Mas as especulações variam e as culturas indígenas são diversas. Em termos vagos, os psicoativos poderiam ter o maior peso ou prestígio dentro de um conjunto de plantas mágicas, porque forças incomensuráveis ou maravilhosas.[30] Os alucinógenos, principalmente estes, teriam o papel de facilitar o contato com os deuses, sem que se possa definir que tais encontros representem categoricamente possessões ou formas de êxtase (no sentido de viagem até o lugar das deidades).[31] Isto pode ser ilustrado no impasse que existe entre os estudiosos para melhor traduzir uma palavra náhuatl para os cogumelos alucinógenos. O termo *teonanácatl*, composição de teo (deus ou divino) com nanácatl (cogumelo ou aquilo que é como a carne) significaria uma possessão (a carne de deus) ou uma revelação (o cogumelo divino)? Veremos oportunamente a questão.

Para complicar, mais difícil é conceber as fronteiras entre usos visionários e medicamentosos dos alucinógenos, mesmo porque as acepções da etiologia e terapia

---

28 GARZA, "Uso ritual de plantas psicoactivas entre los nahuas y los mayas", 2001, p. 89.

29 "não há nos cronistas [do Peru] menção de divinidades especiais para a medicina (…) nem tampouco (…) como no México, a crença de que as virtudes curativas das plantas medicinais eram devidas aos espíritos que moravam nelas" (PEREZ DE BARRADAS, *Plantas mágicas americanas*, 1957, p. 106).

30 Segundo ainda Perez de Barradas (*ibidem*, p. 166): "O que origina o conceito de *planta mágica* é o maravilhoso de seu efeito sobre o organismo humano, por causas que não seriam entendidas, e que nutrem, curam ou matam; mas este conceito mágico se acentua mais quanto mais extraordinários são seus efeitos, dando forças, produzindo sonho e ilusões ou forte estado de embriaguez". Mas advirta-se que o conceito de plantas mágicas pode associar-se à ideia de estágio de desconhecimento científico dos efeitos das plantas. O que pode redundar em certo viés etnocêntrico, basicamente, porque não abre espaço para a efetividade dos saberes locais imersos nas crenças etiológicas indígenas.

31 Escohotado define dois sentidos bem divergentes de inebriamento, relacionando classes de drogas a formas opostas de alteração da consciência: alucinógenos, como peiote e cogumelos, desenvolveriam "espetacularmente os sentidos" em um êxtase xamânico (no sentido atribuído por Mircea Eliade de subida aos céus no transe do xamã); já as solanáceas, como as daturas e o tabaco, além do álcool, induziriam uma embriaguez tóxica mais próxima ao "transe-rapto da possessão" (*op. cit.*, 1996, p. 44 e ss.). Porém, a complexidade dos contextos e das representações de efeito dos alucinógenos e outras substâncias inibem as tipificações certeiras. Ademais, as inúmeras definições de êxtase, transe, incorporação ou possessão, nunca consensuais, sempre polêmicas, formam um buraco negro nas especulações antropológicas.

indígenas informam a diversidade de razões ou entendimentos dentro do que costumamos separar entre magia, ciência e religião.[32]

Apenas pelo tratamento da história de algumas *flores astecas* ingeridas nas mais diversas poções, como nas bebidas de cacau, e que teriam efeitos narcóticos ou mesmo alucinógenos, já se pode retirar qualquer pretensão de apreender um quadro dos usos embriagantes no México Central. Para este estudo, elegemos as drogas indígenas que mais chamam a atenção, tendo em vista a tradição acadêmica histórica e antropológica e que está na perspectiva da classificação científica das drogas. Eventualmente algumas flores, córtices, sementes e preparados pouco conhecidos entram na análise, mas não com o rigor da pesquisa sobre afamados alucinógenos, bebidas alcoólicas e estimulantes.

Das principais drogas inscritas nas fontes históricas, teríamos (como alucinógenos mexicanos) o cacto *peiote*, as solanáceas como as daturas *míxitl* e *tlápatl*, os cogumelos como o *teonanácatl*, a semente conhecida como *ololiuhqui*. Como plantas visionárias peruanas, que raramente aparecem nas fontes históricas, temos a semente *vilca* e o fruto *espingo*, bem como o cacto *san pedro* ou *achuma*. Como estimulantes, reinam os relatos sobre o *cacau* mexicano e a *coca* andina, sem contar com o *tabaco* pan-ameríndio. Como bebidas alcoólicas, teríamos o *pulque* a partir da pita mexicana chamada de *maguey* e a *chicha* andina, bebida que normalmente tem como base a fermentação do milho. Além da diversidade de espécies e subespécies, há de se considerar também a variedade de receitas e as formas de ingestão: emplastos, unguentos, fumos, bebidas, comidas, enemas etc.

Nas visões dos cronistas perante os usos de psicoativos, entre pensar a dádiva divina oferecendo a virtude da planta para ser aproveitada pelo homem, e o poder diabólico para criar ilusões e incentivar os vícios, revelam-se várias questões importantes no âmbito da história cultural. Pode-se obter um panorama no qual as substâncias psicoativas inseridas nas representações de costumes bárbaros frequentemente vão incluir-se no ambiente de usos netamente diabólicos. Num extremo, parece ocorrer não apenas a demonização dos usos dessas plantas e poções, pois ocorre também a estigmatização das substâncias em si, que não seriam mais retidas como coisas medicinais.[33] Noutro caminho, temos o louvor das medicinas – divinas no princípio

---

32 ORTIZ DE MONTELLANO, "Las hierbas de Tláloc", 1980, p. 294 e ss.

33 De acordo com Escohotado, mesmo para a ortodoxia católica da Baixa Idade Média, não estava "totalmente claro" se as chamadas "ervas maléficas" teriam "algo de efetividade sobrenatural – um autêntico demônio dentro – ou se tão somente são empregadas por adoradores de demônios" (ESCOHOTADO, *op.*

da intenção benigna do Criador em colocá-las à disposição do uso *natural*, ou seja, correto na perspectiva cristã de ciência das medicinas que embriagam.

A falsa religião e os vícios de costume

A *idolatria* representa ao mesmo tempo estereótipo e discernimento de aspectos relevantes das culturas indígenas da Mesoamérica e Andes Centrais, que compunham sociedades altamente estratificadas e que apresentavam (digamos assim) poderosas instituições religiosas.

Mas pensemos também na idolatria pelo sentido mais raso da palavra, que permite uma abertura de interpretação para as possíveis relações das pessoas com os psicoativos: uma trivial adoração por plantas e preparados especiais. A idolatria pode mostrar o apego às coisas e nelas são projetadas coisas que estão dentro do ser humano. A idolatria pode ser um mecanismo psicológico e uma manifestação nas culturas.[34] Aliás, o combate à idolatria é um esforço filosófico que vem das próprias entranhas do monoteísmo hebreu e com grandes implicações nos debates religiosos, morais, da racionalidade e da autoridade política, numa história em que a contraposição ao politeísmo é como combater a própria sombra do monoteísmo, quando haveria efeitos práticos e considerados nefastos para a vida dos homens já crentes em Deus, mas que ainda agiriam errônea ou irracionalmente na sua devoção às coisas animadas, ao demônio ou às imagens.[35]

Mas independente dessas amplas questões, a idolatria aqui representa principalmente uma forma de leitura e geralmente de condenação dos hábitos ou atos indígenas (considerados idolátricos) pelos cristãos na conquista da América. Os discursos dos missionários e de outros atores sociais, ainda que destaquem as virtudes

---

cit., 1996, p. 285). Essencialmente, não parece haver muita diferença entre a concepção europeia erudita do demônio interferindo pelo canal da embriaguez, e a concepção popular animista do poder das plantas. Como aponta Sallmann (e colaboradores), era concebível para os demonólogos que o espírito do mal pudesse manifestar-se na realidade para "induzir suas vítimas no erro e tentá-los". Naqueles tempos era tênue a "fronteira entre as teorias intelectuais e uma concepção comum mais francamente 'animista'" (SALLMANN *et al*, *Visions indiennes, visions baroques*, 1992, p. 96).

34 Enfim, a idolatria pode ser entendida como um fenômeno demasiadamente humano e que requer atenção antropológica. Cf. LATOUR, *Reflexão sobre o culto moderno dos deuses fe(i)tiches*, 2002; GELL, *Art and agency*, 1998 (cap. 7 "*The distributed person*"); e o verbete de MILLER, "Artefacts and the meaning of things", 1994.

35 Cf. HALBERTAL & MARGALIT, *Idolatría*, 2003.

medicinais e outras destinações para a gama de plantas e preparados embriagantes, por outro lado, acentuam a relação que tais coisas têm com a idolatria dos índios, ou seja, as drogas como elementos e veículos da falsa religião. E até podem ser motivos de culto por excelência. Tudo pelos emblemas das cerimônias, feitiçarias, sacrifícios, superstições, assuntos identificados tanto para a história de antes da conquista, como para o cotidiano indígena após a chegada dos espanhóis. A meta deste estudo, portanto, é analisar as peculiares configurações desses discursos, levando em conta paradigmas de entendimento e interpretação, dentro de retóricas com anátemas e interesses sobre a embriaguez na idolatria.

Os cronistas conduzem várias analogias entre ritos católicos e indígenas, mesmo que o tom, em geral, seja buscar arremedos diabólicos dos sacramentos da Igreja. No que toca ao assunto das medicinas que embriagam, temos *festas* e *cerimônias*, temos *unções* e *comunhões* com plantas e preparados *divinos* ou *diabólicos*. Inclusive *confissões* e *penitências* relacionadas à embriaguez, ou o *culto aos deuses* que são as próprias coisas que embriagam na *falsa religião* dos índios.

Os discursos dos cronistas sobre os indígenas ou sua "retórica da alteridade", emprestando a expressão de François Hartog, conduzem interpretações dentro de um esquema de códigos de similitude e oposição por analogias e traduções que regem a narrativa, a qual remete essencialmente aos âmbitos políticos e culturais do escritor.[36] De certa maneira, a visão europeia da idolatria dos índios é especular da visão de *religião* que trazem os europeus.

Tal como compõem Carmen Bernand e Serge Gruzinski,[37] a idolatria reflete um conceito constituído historicamente, mas que serve como arma analítica para o historiador cultural, além de se apresentar como objeto vivo na história, isto é, informa sobre representações e poderes após a chegada dos europeus entre os indígenas. Aproveitemos essas maneiras de lidar com o problema da idolatria na colonização da América.

---

36 Como acentua François Hartog, "um texto não é coisa inerte", pois se inscreve entre "um narrador e um destinatário". Entre eles existe praticamente uma "condição" de "possibilidade de comunicação, um conjunto de saberes semânticos, enciclopédicos e simbólicos que são compartilhados. E é justamente a partir desse conjunto que pode se desenvolver o texto e que o destinatário pode decodificar os diversos enunciados que lhe são dirigidos" (HARTOG, *Le miroir d'Hérodote*, 1991, p. 27, cit. p. 21).

37 BERNAND & GRUZINSKI, *De la idolatría*, 1992.

O livro *De la idolatría* realça o fato de como as categorias religiosas da tradição cristã são projetadas no Novo Mundo, tomadas da herança do paganismo antigo e da escolástica medieval, sendo condensadas no conceito, portanto, de idolatria.[38] Nicola Gasbarro, avaliando a "linguagem da idolatria", acrescenta que o instrumento interpretativo passa da função denotativa, na caracterização do paganismo no mundo antigo europeu, para uma relação conotativa generalizante no mundo moderno, e enfim, como código de comunicação que representa novo paradigma intercultural.[39]

Bernand & Gruzinski denominam estas categorias religiosas esquemas ou sistemas de interpretação, enquanto "redes" que fizeram os mundos exóticos acessíveis ao entendimento e passíveis de submissão aos desígnios da cristandade, redes que "reduzem e aprisionam", inclusive chegam a criar "objetos novos", as idolatrias mexicana e peruana na história colonial.[40]

Qual o sentido mais caro do código da idolatria? Gasbarro considera a idolatria como operação que universaliza o conceito de religião na ideia unificadora de "crença".[41] Bernand & Gruzinski, por sua vez, denunciam a todo o momento os caminhos e becos sem saída da "antropologia da religião", que pressupõe a existência a priori da religião ou da religiosidade. Como aponta Gasbarro, a religião, na visão teológica, cai do céu, enquanto a perspectiva antropológica elabora que é natural o sentimento religioso. A matéria da "história das religiões" deve escapar desses paradigmas e abarcar a religião na história e pela história, digamos, na imanência cultural da religião.[42]

---

38   BERNAND & GRUZINSKI, *op. cit.*, 1992, p. 8.
39   Gasbarro confere que antes de tudo o "politeísmo" é uma "realidade cultural das civilizações superiores", em seguida, uma "objetivação (em função) do monoteísmo", bem como ainda "um sistema denotativo de interpretação usado pelo cristianismo antigo para pensar nos termos do monoteísmo as civilizações superiores". Trata-se de uma "linguagem global, denotativa e conotativa ao mesmo tempo, ao objetivar como *sub specie religionis* a alteridade *tout-court*". Nesse ponto torna-se bem importante "a nível de generalização antropológica e de construção de paradigma, pois sem essa ferramenta de interpretação (a idolatria), "a cultura ocidental não teria compreendido, no modo pelo qual o fez, as civilizações do Novo Mundo e a cultura etnológica" (GASBARRO, "Il linguaggio dell'idolatria", 1996, p. 194-6). Cf. parte introdutória de AGNOLIN, *O apetite da antropologia*, 2005, que desenvolve o tema da idolatria junto às avaliações de Gasbarro.
40   BERNAND & GRUZINSKI, *op. cit.*, 1992, p. 8.
41   GASBARRO, *op. cit.*, 1996, p. 205.
42   *Ibidem*, p. 194

As idolatrias, particularmente no México e no Peru, aparecem como sistemas de crença, religiões institucionalizadas, mesmo que falsas em virtude de serem canalizadas para a adoração dos ídolos ou demônios e elementos naturais. Os índios tratariam dessas coisas como forças de volição – raciocina o teólogo e missionário Las Casas –, o que estabelece um paradigma na evolução do pensamento moderno com repercussões até hoje na análise antropológica.

Vale destacar que as ideias de *crença* e de *religião* são questões centrais para pensar uma ambiguidade que se intensifica particularmente no discurso de Acosta. Para o jesuíta, a religião, entre os bárbaros mais *civis* do México e Peru, é expressão máxima da adoração ao diabo, sombra sempre viva junto ao culto às estátuas e outras coisas inertes. Mas a idolatria vinha como grande oportunidade para reverter a adoração a Deus. "Aversão epidêmica misturada com admiração", destacam Bernand & Gruzinski.[43]

Da extirpação da idolatria à potencialidade cristã. Tal perspectiva, exemplar em Acosta, teria consequências imprevisíveis para a evangelização e o processo de civilização (enquanto processo aculturativo), pelo que assevera Gasbarro. Temos a primeira manifestação do "pensamento selvagem produto da cultura cristã moderna". Gasbarro acentua que o conceito de idolatria é quesito para a "missionação" desde os primeiros tempos da formação da "rede interpretativa" (alusão ao termo usado por Bernand & Gruzinski sobre a idolatria em Las Casas). A idolatria também é conceito para uma nova fase da conversão (no contexto da Contrarreforma). É fundamental para compatibilizar as formações religiosas indígenas com o catolicismo, como no esquema hierárquico e classificatório da idolatria – o que se apresenta no jesuíta Acosta.[44]

Essas considerações fazem pensar, inclusive, no aspecto de arraigamento dos códigos culturais indígenas sob a mais aparente *extirpação* das raízes idolátricas. Um bom exemplo está no tratado *De procuranda indorum salute*, quando Acosta procura avaliar como o hábito corrosivo da borracheira, que considera destrutivo à saúde, caminho de outros vícios e veículo da idolatria, poderia ser substituído pelo exercício de uma embriaguez em Deus. Parece aludir ao êxtase e também à confraternização que ocorreria na bebedeira pagã dos índios. Outro exemplo está

---

43 BERNAND & GRUZINSKI, *op. cit.*, 1992, p. 36.
44 GASBARRO, *op. cit.*, 1996, p. 205-6.

no extirpador de idolatrias La Serna, que também veremos, provoca pessoalmente a substituição de uma prática da superstíciosa medicina indígena pelo uso de relíquias de um santificado curandeiro de origem espanhola.

É relevante pensar que as "redes" da idolatria "se modificaram e se deslocaram no contato com a experiência no terreno e com os sistemas de pensamento que se sucederam na Europa moderna".[45] Dois teólogos-missionários (Las Casas e Acosta) condensam nos seus esforços intelectuais e políticos distintos momentos de entendimento das formas indígenas de culto e também da práxis missionária.

No árido assunto da demonização das culturas indígenas, recuperemos o ensaio de Fernando Cervantes.[46] Segundo o autor, se o diabo está bem presente na *Apologética historia* de Las Casas, o papel dessa força maligna é de somenos importância, comparativamente ao demasiado peso simbólico e político na modernidade europeia e no pensar sobre o mundo americano aborígene a partir da metade do século XVI e especialmente no século XVII. Para Las Casas a idolatria dos índios é "natural", recuperando o sentido mais tradicional do tomismo quanto ao papel coadjuvante do diabo. Cervantes, por sua vez, pondera que na tradição medieval (e em Las Casas) o diabo é muito relacionado aos "sete vícios"; no olhar moderno, entretanto, a atenção estará voltada para o pecado da idolatria, ou seja, a adoração de outros deuses e de suas imagens, o que é um descumprimento cabal do primeiro mandamento de Deus para Moisés.[47]

Esta mudança é notória no confronto entre Las Casas e Acosta. O primeiro vê o diabo no campo dos malefícios e dos vícios, mas isto não acarreta grande perspectiva para o poder do mal. Já em Acosta, a "graça" divina não chegara ao Novo Mundo, o que correspondia à presença demiúrgica do diabo. Mas esta presença do diabo acontece só porque Deus resolvera assim.[48]

Na visão dos *mores* indígenas, Acosta opera outro raciocínio importante: "Quanto mais refinada e complexa" a "organização civil e religiosa" dos bárbaros, "mais idolátricos e pervertidos seriam os resultados". O irônico, segundo Cervantes,

---

45 BERNAND & GRUZINSKI, *op. cit.*, 1992, p. 8.

46 CERVANTES, *The devil in the new world*, 1994.

47 Cf. MUCHEMBLED, *Une histoire du diable*, 2000, ensaio que expõe essas alterações na representação do demônio.

48 Acosta estaria influenciado pelo nominalismo centro-europeu por meio da perspectiva híbrida do neotomismo exposto por Juarez, influente filósofo jesuíta na virada do século XVI ao XVII (CERVANTES, *The devil in the new world*, 1994, p. 25).

é constatar que a ambivalência em Acosta "sobre a natural bondade e a sobrenatural maldade da civilização ameríndia deve ter ajudado a confirmar a crescente desconfiança perante as tradições indígenas", ainda que a intolerância dos extirpadores da idolatria no século XVII, quanto a suas consequências na vida social novo-hispânica, deva ser relativizada.[49]

Vale apontar que o diabo é uma concepção que se estabelece numa história do monoteísmo judaico-cristão (e muçulmano) e está totalmente relacionada às ideias sobre idolatria. No século XVI, muitos aspectos da tradição sobre o espírito demoníaco se atualizavam: ele é Satã, o filho de Deus que fora lotado para zelar pelos comportamentos dos homens, denunciando para o Criador os erros mundanos. Isto está no Velho Testamento, mas também aí aparece a figura do diabo como tentador dos homens, justamente provocando os erros. Enquanto também há demônios como almas penadas (recuperando sentidos gregos) e como ídolos. No Novo Testamento, o Satanás é o grande adversário do reino de Deus, e Jesus representa um exorcista da força maligna e também age contra os ídolos. Na teologia dominante durante a era medieval, o diabo perde o status de divindade oposta a Deus para figurar melhor como anjo caído (contando com seus auxiliares demônios que trafegam pela natureza neste mundo). O diabo pecara por orgulho, queria ser tão poderoso quanto Deus. Mas não teria como chegar a tanta majestade.

Estes aspectos centrais da figura do diabo são suficientes por ora.[50] Mas ainda é importante retê-lo como projeção do "outro" e como símbolo propositivo, pois conduz à integração do diferente, no caso aqui, dos indígenas e suas práticas. Como avalia Díaz de Rada, o demônio é a representação do inimigo (por exemplo: católicos demonizam luteranos e vice-versa) e a figura "não pode ser mais que um símbolo defectivo, pois não define um nós mais que obliquamente, pelo reconhecimento negativo do outro", sendo "nesse paradoxo (…) onde radica seu valor para o cristianismo como *ethos* que levou até o extremo uma forma de piedade universalista". Em termos weberianos, a "professia emissária" (o cristianismo) é uma maneira de religiosidade que "implica uma forma de ação social intercomunicativa: projeção no outro, extermínio do outro, ou – como na mensagem tipicamente evangélica – *persuasão* do outro. Em qualquer caso, implica o que o Diabo permite", que é a

---

49   *Ibidem*, p. 28-9, 34 e 36-7.
50   Cf. BUSTO SÁIZ, "El demonio cristiano: invariantes", 2002.

"*identificação do outro*, identificação cognitiva daquele com quem não podemos nos identificar na prática".⁵¹

Devemos observar sentidos de idolatria e demonização do mundo indígena. Para isso, nada melhor que tratar da diferença entre Las Casas e Acosta. O historiador Joan-Pau Rubiés enfatiza a distância entre esses missionários na visão das relações entre a "idolatria" e a "razão natural". Las Casas, mesmo que concordasse com a ideia de que o impulso religioso dos índios fora corrompido pela agência demoníaca, via que suas religiões não eram irracionais (não tanto quanto o antigo paganismo). Baseia-se numa visão tomista e da tradição estoica de crença na universalidade da "lei natural". Acosta seria de certa forma agostiniano, ao considerar que a graça divina é determinante para a salvação, pois a razão humana, sem isso, muito falha. Certo pessimismo de Acosta diante das realizações "racionais" de mexicanos e peruanos pode ser encarado como "corretivo" da abordagem de Las Casas, tendo em vista o novo contexto de descoberta das "idolatrias secretas entre índios batizados".⁵²

O choque entre tais paradigmáticos religiosos pode ser visto também no ponto em que manejam o conceito de barbárie, o que de certa forma leva o assunto dos costumes indígenas para fora da questão religiosa. Em Las Casas, a barbárie é tão relativizada que torna os índios plenamente racionais e morigerados. Em Acosta, os costumes bárbaros como "segunda natureza" degradada obscurecem a "lei natural" entre os índios. Mas mesmo assim, segundo Anthony Pagden, "os ritos, costumes e cerimônias indígenas, acreditava Acosta, não podiam, não deviam ser impedidos", pelo contrário, deviam ser "traduzidos para outros ritos, costumes e cerimônias, o pagão sendo substituído pelo cristão".⁵³

Vemos uma reaproximação entre os dois missionários no projeto de conversão do gentio como acomodação entre as culturas. Os clérigos operam ressignificações culturais para a convergência religiosa dos povos. Entretanto, não há como negar uma intenção, digamos, seletiva das traduções culturais, isto é, apenas alguns códigos indígenas na época da colonização espanhola, são apropriados, ou melhor, parcelas e fragmentos dessas culturas são colocados como similares de práticas europeias, mesmo

---

51 DÍAZ DE RADA, "El demonio como fuente simbólica", 2002, p. 376-7.
52 RUBIÉS, "Theology, ethnography, and the historicization of idolatry", 2006, p. 591.
53 PAGDEN, *The fall of natural man*, 1982, p. 164.

que para muitos espanhóis do meio civil ou religioso, houvesse a ânsia de apagar os costumes indígenas e trocá-los por completo pelas maneiras europeias.

A distância entre Las Casas e Acosta pode redundar numa visão também distinta dos usos das plantas pelos índios. Para Las Casas, os costumes são naturais dentro de uma visão cósmica, enquanto que Acosta dedicaria sua atenção aos efeitos das plantas e à falibilidade dos costumes, que podem ser viciosos e supersticiosos. Este raciocínio é mais próximo de alguns parâmetros da ciência atual contra os caminhos da magia ou da imaginação.[54]

O assunto das medicinas que embriagam extrapola o campo da idolatria, pois os costumes dos índios não são tidos apenas como ritos e cerimônias – haja vista as descrições de uma medicina virtuosa dos índios e a visão dos costumes civis entre o bom governo e os erros e imoralidades num cotidiano fora da religião. Acima ou junto aos motivos em torno da falsa religião e do culto de ídolos ou demônios, dos compartimentos da adivinhação ou da feitiçaria, o tema das substâncias psicoativas relaciona-se à problemática geral dos usos irracionais ou moralmente ilícitos dos índios enquanto povos bárbaros.

As idolatrias não eram confundidas com todas as tradições indígenas, ainda que seja algo assim na perspectiva estereotipada e seletiva das inquirições dos extirpadores de idolatrias no século XVII. No olhar da maioria dos religiosos do século XVI, os usos e costumes não seriam idolátricos toda vez numa identificação precoce.

Tenhamos como pressuposto uma vida social indígena que não poderia separar as instâncias do civil e do religioso pelo molde ocidental. Inclusive, pode-se ter que religião e política interlaçam-se e indicam ser uma só coisa na dinâmica histórica e nas concepções autóctones de regiões nucleares da América pré-hispânica.[55] O campo religioso e a noção mesma de religião foram constituídos pela cultura ocidental ao longo do tempo e

---

54 Na composição dos quadros da natureza e do homem americano, Las Casas e Acosta teriam premissas bem distintas. Entre uma forma de pensar as analogias numa base interpretativa aberta de tradição escolástica, como aparece em Las Casas, para um raciocínio demonstrativo mais próprio da modernidade, como se vislumbra em Acosta, há grandes distâncias – duas maneiras de pensamento discutidas com afinco por Richard Morse (*O espelho de Próspero*, 1988).

55 Cf. CONRAD & DEMAREST, *Religion and empire*, Cambridge, 1984.

tiveram diversos sentidos e propósitos.[56] Até mesmo a noção de "sagrado" merece todo o cuidado ao ser aplicada para caracterizar as atitudes sociais.[57]

Mas enfim, os costumes "viciosos", os hábitos "corruptos" que ferem a "lei natural",[58] seriam vistos em geral e muitas vezes como efeitos do mal da idolatria, como se vê em Sahagún, em Acosta, em Guaman Poma e outros. Os erros parecem mais substâncias que acidentes na idolatria (excetuando-se o discurso de Las Casas). Assim como no olhar perante os usos idolátricos das medicinas embriagantes, e enfim, pela idolatria dessas substâncias, o que está subsumido é o erro (entre a ignorância e a perversidade).

Quando Tomás de Aquino coloca a questão da idolatria como forma de superstição, o uso de imagens ou ídolos poderia ter diversos sentidos. As formas de idolatria do influente teólogo cujas opiniões, segundo Henrique Urbano, "logo serviram de fundamento à reflexão do século XVI sobre as crenças e práticas religiosas dos povos ameríndios", podem ser resumidas nalguns pontos centrais. Um dos aspectos é que o demônio aproveita a imagem para dotá-la de certa eficácia e com ela enganar os homens. Um segundo aspecto da idolatria é o culto que se dá aos homens ou coisas criadas. Há três espécies de idolatria: a) aquela sobre os homens que são considerados como deuses; b) a idolatria sobre o mundo e o espírito que o anima tidos por deuses; c) o culto às criaturas que participam da divindade do Deus Supremo, opinião esta atribuída aos platônicos.[59]

Rubiés adverte que a ideia de irracionalidade no código da "superstição" (trazida dos filósofos antigos) é uma das faces da idolatria. O sentido "diabólico" e do

---

56 "A própria história etimológico-semântica do termo revela não só a sua raiz ocidental, mas também o processo de variações significantes a que foi submetido na história, passando de um valor estranho ao nosso atual conceito de religião (por exemplo, entre os latinos) ao de 'verdadeira religião' no cristianismo e, finalmente, ao de religião como esquema conceitual referido a um absoluto distinto nas várias religiões históricas" (DI NOLA, "Sagrado/profano", 1987, p. 107-8).

57 Nas sociedades reconhecidas como arcaicas, indígenas ou tradicionais, "as formas do sagrado, isto é, os mitos, os rituais, as organizações sacerdotais estão tão substancialmente inseridas no quotidiano, que alguns estudiosos preferem não as isolar, mas examiná-las, pelo contrário, como componentes funcionais de um único quadro, que é a atitude perante o mundo e a interpretação existencial deste. Não acontece porém que em tais sociedades não se sinta a diversidade entre o momento do laico-profano e o momento do sacro" (*ibidem*, p. 109).

58 Cf. AQUINO, *Summa*, Prima secundae partis, q. 94, "the natural law", 2006.

59 URBANO, "Introducción", 1993, p. 11 (trata-se da apresentação de uma coletânea sobre catolicismo e extirpação de idolatrias nos Andes).

"pecado", seguindo a tradição agostiniana, é a outra face. Essas vertentes regeriam a história das posturas do cristianismo latino perante a idolatria.[60]

Esses dois vetores talvez delimitem bem os raciocínios sobre a idolatria. Um estudo de visões sobre usos supersticiosos versus vícios diabólicos com medicinas poderia criar uma linha mestra para nossa narrativa. Mas apontemos para a fluidez dos pensamentos concretos e seus significados sociais, ainda que possam ser modulados nessa tensão apontada por Rubiés. Por exemplo, a própria palavra *superstição*, nos contextos estudados, pode informar uma e outra tendência. De um lado, a visão de ingenuidade e falta de engenho mental, de outro, a responsabilidade pelos atos pecaminosos e o compromisso com o demônio. O problema é interpretar o uso da palavra na particularidade das intenções de cada pronunciamento. Aqui ou ali, a superstição traduz uma presença infalível do diabo ou a falta de compreensão do governo das coisas? Aliás, a diferença entre um signo de desrazão e outro de manipulação pode integrar-se na ideia de que os malignos sacerdotes ou feiticeiros enganavam os crédulos inocentes e pobres índios comuns.

No enfoque sobre relações entre a idolatria e as medicinas que embriagam (nos discursos dos cronistas), observemos pormenores de uma combinação às vezes negada e outras vezes exacerbada. De um lado, podemos encontrar uma medicina indígena nos moldes da filosofia natural cristã, em que se apagam todos os sinais de práticas consideradas supersticiosas. De outro, temos uma borracheira tremenda associada à idolatria, simplesmente porque a bebida seria a senda às vezes bem diabólica de fruição dos vícios carnais. Muitas vezes nem mais importa a existência dos ritos de uma falsa religião, não há essa relevância na descrição dos rituais com embriaguez. A idolatria vem como puro estigma de qualquer reunião comensal entre os índios.

Noutra configuração de olhares sobre os hábitos indígenas, os usos de alucinógenos estariam no cerne de uma idolatria rediviva, a qual já prescindia da

---

60 "A tensão no pensamento cristão latino entre o estoico (ou platônico-estoico) racionalismo deístico, e o fideísmo agostiniano, reflete esse duplo legado. Isto é, a ênfase na irracionalidade da idolatria ou de suas causas políticas por um número de escritores pode ser vista como a transferência dos princípios básicos do ataque filosófico contra a superstição, em contraste à ênfase mais agostiniana (e bíblica) no pecado e no papel ativo do diabo como inspiração para a idolatria" (RUBIÉS, *op. cit.*, 2006, p. 573).

materialidade dos ídolos destruídos. Os deuses revelam-se nas aparições mentais (influenciadas ou conduzidas pelo demônio na embriaguez).

Reflitamos mais sobre a sina etnográfica dos tratadistas religiosos, e por ilação, numa história cultural do período pós-conquista. Antes de tudo, é bom salientar que a pesquisa dos missionários e clérigos sobre os costumes, ritos, cerimônias, feitiçarias, é conduzida para o objetivo de extirpação e/ou reversão dos ritos para o modo cristão. Mas são projetos que não remetem necessariamente ao que acontece na história vivida, entre possíveis configurações na evolução dos padrões culturais, nos jogos de poder e nos significados contextuais de práticas locais.

A investigação de usos e costumes dos índios pelas histórias e tratados dos séculos XVI e XVII, tão sedutora para as especulações histórico-antropológicas, é bastante instrumental. A inquirição, construída entre preconceitos e imaginações, ou como investigação mais próxima dos termos dos índios, conforma as visões do outro. Visões negativas, particularmente pelos tratados dos *extirpadores da idolatria* como Ruiz de Alarcón e padre Arriaga. Mas também, há vezes em que a pesquisa é seduzida para captar o lado bom da civilização indígena, quer para fora dos ritos idolátricos, numa instância *civil*, como é especialmente em Sahagún e Durán, ou mesmo por dentro das cerimônias e das festas da idolatria, como é exemplar em Las Casas.

A valorização das práticas indígenas se apoia em conceitos ou noções como de *razão natural* (na arte da medicina), de *bom governo* (nas repúblicas policiadas dos naturais), ou de grande *devoção* ou *submissão* (ao diabo mas que pode ser revertida para Deus). Geralmente dentro dos interesses da tutela missionária ou eclesiástica, mais ou menos amiga (ou inimiga) de poderes da burocracia civil e dos particulares leigos.

Nos recortes dos costumes dos índios entre vícios e virtudes, onde se veem tantas formulações que organizam, discriminam e interpretam as matérias, em que medida podem ser destacados conteúdos que sejam relativamente mais vivos, numa perspectiva de que essas representações sejam relativamente condizentes com certos significados sociais indígenas ou sincréticos? É possível penetrar a fronteira que separa os paradigmas e a retórica dos cronistas, daqueles saberes e motivos do cotidiano indígena, num âmbito de vera tradução das práticas sociais?

A questão dos *informantes* indígenas (as vozes dos nativos para os escritos organizados pelos espanhóis) pode ilustrar o problema. Talvez essas fontes históricas devam ser lidas na permanente balança em que pesam antigas tradições e novas práticas, paradigmas de pensamento nativo com instrumentalizações modernas, as dissimulações, as declarações para o quê... Enfim, podemos obter qualquer boa sugestão ao mesmo tempo que deva ser mera especulação a respeito das práticas indígenas.

Não há (pelo menos aqui) como solucionar enigmas dessa envergadura, mas parece factível explorar algumas brechas da aparente rigidez das fontes produzidas depois da conquista espanhola. Num olhar atento, particularmente sobre as obras de Sahagún e Durán, ou de Ruiz de Alarcón e La Serna, muitas descrições mostram aspectos simbólicos e linhas de raciocínio que não correspondem aos paradigmas do pensamento espanhol, são saberes exóticos adaptados. Entre os cronistas deve ocorrer, como apontam Bernand & Gruzinski, aquele "estranhamento perante fatos irredutíveis à experiência e à norma ocidentais", e também, outras vezes, "mais atentos aos fatos que às teorias, ilustram, sem saber, as falhas da bela rede lascasiana".[61]

Gruzinski também sugere um duplo acesso à questão da idolatria na colonização espanhola, num caminho que parte da abordagem de desvelar as interpretações dos cronistas sobre os costumes indígenas para uma investigação propriamente das práticas locais no período pós-conquista.[62]

A idolatria (como cultura indígena) proporia uma relação mais complexa que a simples veneração de imagens como recurso para a lembrança do sagrado, quando este é o culto teologicamente correto de santos e relíquias na cristandade. Os polos ideais "ídolo" e "devoto" – critérios advindos do olhar cristão – iriam transmutar poderes, atributos e aparências no universo indígena mexicano. Assim, o uso de psicoativos também iria implodir a representação religiosa forjada no pensamento cristão. Fora do paradigma teológico da transcendência do sagrado, as forças divinas indígenas poderiam transitar facilmente entre ídolos, relíquias, avatares, e, inclusive, manifestar-se em visões alucinogênicas.

O objeto de uma idolatria pós-conquista, como elaborada por Gruzinski, não significa simplesmente adotar o discurso dos cronistas, ainda que também este

---

61 BERNAND & GRUZINSKI, *op. cit.*, 1992, p. 36 e 83. Procuremos certos momentos assim, não para satisfazer o desejo de revelar pensamentos indígenas, mas sim, para realçar os estereótipos e limitações da rede da idolatria. E também para extrair algo do inseparável e complementar enquadramento *civil* dos costumes. Frequentemente, as contradições aparecem nas tentativas de separar o joio do trigo, ou melhor, algum trigo do joio.

62 Remetamos à obra de Gruzinski (*Colonización del imaginario*, 1991) que procura discutir práticas indígenas como "idolatria colonial" e que identifica também uma "idolatria pré-hispânica".

autor considere sugestiva a posição dos extirpadores da idolatria, que "souberam pressentir o alcance considerável de um fenômeno que ultrapassava com amplitude o culto dos ídolos propriamente dito, as práticas supersticiosas ou os jogos secretos da magia". Segundo Gruzinski, a expressão "idolatria colonial" é justamente para criar o choque e "evitar os termos vagos, aparentemente neutros", como "culto" e "crença". Mais do que isso, enfatiza o autor, pensar as práticas da chamada idolatria é fugir dos "velhos debates sobre magia, feitiçaria e religião", pois esses conceitos trariam o "perigo de obscurecer ainda mais uma matéria já complexa".[63] Este princípio é importante para que possamos escapar das armadilhas de palavras que carregam significados tão fortes e que colam como emblemas indiscutíveis e estanques nas culturas e práticas locais.

Ao identificar uma idolatria colonial, o projeto de Gruzinski lida com as tensões, resistências, acomodações e apropriações de códigos culturais nas relações de poder social após a conquista espanhola, trazendo uma dinâmica das transformações culturais indígenas e europeias ao longo do tempo. Mas regressemos à "idolatria pré-hispânica", que o autor francês estipula, teria sido uma "rede densa e coerente, implícita ou explícita de práticas e de saberes nos que se situava e se desdobrava a integridade do cotidiano".[64] Tal perspectiva representa um esforço para especular a existência de uma integridade cultural, uma presença abrasadora de significados culturais indígenas, mas que, entretanto, parecem desfalecer-se junto às cinzas dos templos destruídos na conquista espanhola. Nesse ínterim, muitas histórias e tratados coloniais procuram imaginar os alicerces e compor a argamassa da idolatria, a instituição da falsa religião dos índios antigos. Enquanto que pensar uma idolatria pré-hispânica é bom artifício para evitar a ideia de uma monolítica ideia de religião antes da chegada dos europeus. Podemos vislumbrar alguns sinais de uma cultura pré-hispânica alheia à visão de idolatria imposta pelos discursos dos cronistas. Isto será aproveitado, ou melhor, algumas ideias da historiografia da cultura poderão ser utilizadas para as análises em torno dos motivos estabelecidos pelos cronistas. Ou seja, pode-se notar a diferença entre estas visões estereotipadas dos escritos e as interpretações antropológicas que as rebatem em temas como do sacrifício e da confissão dos índios na rede idolátrica.

---

63 GRUZINSKI, *op. cit.*, 1991, p. 153.
64 *Ibidem*.

Tomemos quanto ao sentido de idolatria pré-hispânica, o problema do governo dos hábitos embriagantes nas políticas pré-hispânicas, pois tal como concebida pelos cronistas, a idolatria dos gentios mostra-se paradoxal, aparece às vezes como espaço para a promoção dos vícios, mas em outras oportunidades, é o controle repressivo desses mesmos vícios. De todo o jeito, induz pensar nas formas locais e antigas de regras ou trâmites de consumo dos psicoativos.

Os tratados clericais também tinham em vista outra idolatria, que é objeto pensado por Gruzinski como idolatria colonial (como apontado acima). Um fenômeno que Ronaldo Vainfas considera mais meritório apontá-lo que pensar numa idolatria pré-hispânica, porque a forma colonial refletiria o redimensionamento que dão os índios para seus costumes e tradições, vistos como sobrevivências ou disseminações idolátricas pelos cronistas – e apontemos que estes fenômenos estão quase sempre relacionados à borracheira e outros motivos de uso das substâncias. Ainda de acordo com Vainfas, só podem ser trabalhadas estas "sobrevivências" como "fenômeno historicamente novo, não obstante ancorado no passado pré-colonial".[65]

Quando recuperarmos esses campos ou objetos descritos como idolatria, nominando-os ou não assim, serão signos para a interpretação histórica – como são outras ideias e abordagens da história cultural, que muitas vezes aprovam os conceitos de religião, do sagrado, de magia ou do xamanismo, quer seja no tempo pré-hispânico ou pós-conquista. São interpretações que auxiliam na tarefa de observar as configurações dos discursos das histórias e tratados, e até mesmo possibilitam a desconstrução desses discursos.

Contudo, haveríamos de nos ocupar por relativizar ou mesmo contestar esses enquadramentos mais atuais. Isto não é feito senão esporadicamente, mas o leitor desta narrativa já está ao menos avisado de tal preocupação – e que também esteja ciente de nossa impotência por escapar desses sentidos e grades do pensamento histórico-antropológico contemporâneo. Enfim, não é possível livrar-nos facilmente dos enquadramentos antigos ou atuais, luta inglória, como enfatizam Bernand & Gruzinski:

> Qualquer rede é tão perigosa como inevitável: (...) [a rede da idolatria] na sua constituição, inflexões e metamorfoses enreda em suas malhas o observador tanto ou mais que o observado. Às

---

65 VAINFAS, *A heresia dos índios*, 1995, p. 33.

vezes nos obriga inclusive a utilizar termos dos que desejaríamos desfazer-nos (...) Tratamos de reduzir esse paradoxo sem poder eliminá-lo, pois não é possível, a menos que pequemos de hermetismo ou de falar no jargão, desprezar um vocabulário tão familiar que parece evidente.[66]

Consideremos como práticas idolátricas no sentido de práticas culturais indígenas, por exemplo, as manifestações da borracheira colonial, que podem ser tratadas como afirmação político-cultural ou até foco de rebeldia social. Nosso interesse é pesquisar como os cronistas interpretam estas possíveis situações e que sentidos oferecem com os signos da idolatria, da superstição, do vício, da festa. Por exemplo: até que ponto a antiga lei de controle da embriaguez não se relaciona com aquilo que denominavam de idolatria, e não simplesmente como faceta de um governo civil apreciado pela ótica europeia? Diligentes missionários (referimo-nos a Sahagún e Durán) reuniram uma massa de representações sobre as práticas nativas, muitas vezes dos mesmos índios que haviam vivido tempos prévios à chegada dos espanhóis. Nos tratados desses clérigos, parece haver alguns descompassos, compromissos ou evasivas, entre o discurso modelar e os relatos das circunstâncias no contato com os indígenas. Isto será explorado para obter alguns sinais daquela idolatria pré-hispânica que Gruzinski definiu como revisão do olhar europeu, que se move entre paradigmas limitantes e chaves imprescindíveis para a interpretação das práticas indígenas.

A conquista religiosa e moral

Uma imposição religiosa (contra a idolatria) e moral (contra os vícios) nos parece fugidia e falível nos resultados, diferente de uma rápida e bem sucedida "conquista espiritual" na famosa expressão de Robert Ricard. Este autor ponderou que os missionários mendicantes na Nova Espanha promoveram uma política eficiente de conversão dos índios ao catolicismo, evitando confrontos e absorvendo as carências (espirituais e materiais) dos índios, mas sem aceitar a mixórdia de práticas pré-hispânicas que feriam a doutrina da nova fé.[67] Mas historicamente o cristianismo

---

66 BERNAND & GRUZINSKI, *op. cit.*, 1992, p. 9.
67 RICARD, *La conquista espiritual de México*, 1986.

coopta e reelabora as tradições gentílicas no intuito de prevalecer absoluto.⁶⁸ De toda forma, no decorrer dos anos da conquista dos povos andinos e mesoamericanos, as mesclas com idolatria que pareciam evidentes para muitos clérigos, seriam tratadas cada vez com menos tolerância, particularmente com o advento da Contrarreforma e a ascensão dos jesuítas na evangelização. Mesmo uma parte dos missionários mais antigos iria criticar as posturas iniciais maleáveis e apostar numa conversão mais profunda, o que foi, inclusive, justificativa para a confecção de obras como as de Sahagún e de Durán, os quais a partir do estudo detalhado das antigas idolatrias dos mexicanos buscavam denunciar as sobrevivências desses costumes.⁶⁹ No Peru, também houve uma luta interna na missão, particularmente dos primeiros dominicanos (do partido de Las Casas) contra outros clérigos e burocratas mais concatenados com a política intolerante de extirpação da idolatria.⁷⁰

Apesar das distintas posturas dos agentes da conversão cristã, o que de fato ocorre na América é uma conquista cultural bastante profunda – e que pode ser vista como um processo multifacetado e arredio às balizas do tempo, que abrange instâncias do dia a dia, onde ao lado da força bruta e da superexploração do trabalho, aparecem também as interdições culturais e o poder de transfigurar as bases da estrutura familiar, chegando-se ao ponto de modificar por completo o imaginário social, como aponta Gruzinski.⁷¹ Este autor traçou uma história dos mecanismos da aculturação no longo prazo. Essa perspectiva não vem aderida neste estudo de análise dos cronistas, ainda que tenhamos claro que há poderes concretos e visíveis nos discursos e que afetam a

---

68 WECKMANN, *La herencia medieval de México*, 1994 (cap. XII "Precedentes medievales de la evangelización y sincretismo cristiano-pagano", p. 184 e ss.).

69 Ao que parece, os franciscanos em geral viam no indígena um *genus angelicum*, tendo em vista escritos como os do cronista da ordem mendicante no México, Jerónimo de Mendieta. Na hipótese de John Phelan (Cf. *The millennian kingdom of the Franciscans in the New World*, 1972), como acentua León-Portilla, os primeiros missionários influenciaram-se pelo humanismo de Erasmo e talvez pela tradição mística milenarista de Joaquín del Fiori. Seja com for, León-Portilla adverte que desde os primeiros franciscanos, a atitude era ambivalente no "propósito de conseguir mais profunda compreensão das crenças e da cultura indígena em geral, e junto a isso o rechaço daquilo que já se conhecia e que se mostrava como repugnante inspiração do Demônio" (LEÓN-PORTILLA, "Los franciscanos vistos por el hombre náhuatl", 1984, p. 290).

70 DUVIOLS, *La lutte contre les religions autochtones dans le Pérou Colonial*, 1971, p. 89, assevera que apenas uma pequena parte da ordem dominicana no Peru, ainda que de ilustres religiosos, esteve de fato comprometida com a política lascasiana de tolerância religiosa e contra os encomenderos.

71 Cf. GRUZINSKI, *La colonización de lo imaginario*, 1991 e *La guerre des images*, 1990.

evolução histórica. São poderes que indicam sincretismos com vetores nem sempre tão caóticos e seguindo o rumo da aculturação. Mas há autores que veem a rigidez ou incompatibilidade de códigos culturais entre povos tão distintos, por exemplo, na questão da apropriação de mensagens europeias dentro de estruturas de pensamento e políticas aborígines. Exemplo disso são os debates ou impasses diante da obra do indígena escritor Guaman Poma, como será apontado. Enfim, podemos refletir que na prática dos escritores e sujeitos indígenas, existe a instrumentalização de códigos europeus. Nesse sentido, Gruzinski também relativiza a propalada ocidentalização do México Central.[72]

De fato, o processo de formação da sociedade colonial também deve ser encarado na perspectiva de uma transformação histórica em que os indígenas, nem sempre na defensiva, são protagonistas de sua história e da história colonial. No processo da conquista, além de reações de abalo ou de corrosão perpetrado pelos poderes coloniais, iriam ocorrer práticas de dissimulação dos vencidos, como salientou Hector Bruit.[73] E até podem ser vislumbradas, no pensar de Nathan Wachtel, formas de compensação simbólica diante do trauma da conquista, por meio de festivais que reorganizariam a identidade das comunidades indígenas.[74]

Cremos que não é apropriado tratar o processo histórico da colonização europeia na América enquanto um caminho definitivo de aculturação dos índios (e de outro inerente ou paralelo de inculturação). Enfim, houve também mecanismos de aculturação quando códigos e práticas indígenas impregnavam o ser espanhol.[75] Há de se ressaltar que ocorreram acomodações e reordenações negociadas na vida cotidiana dos vice-reinos dos Habsburgos. James Lockhart destacaria, a respeito da "pós-conquista", ou seja, depois do sucesso militar dos invasores europeus no México, que "os espanhóis representaram (...) mais o combustível que o motor do

---

72 "a difusão mundial de saberes e imaginários europeus não constitui mais que uma das facetas de transformações em obra no seio da monarquia" católica dos Habsburgos que teve sua capital na Espanha e se expandia pelo mundo afora no século XVI. "Seria enganoso conduzir (...) espaços" dessas transformações para o universo do Ocidente ou pensá-las "exclusivamente nos termos da ocidentalização" (GRUZINSKI, "Les mondes mêlés de la monarchie catholique...", 2001, p. 94).

73 BRUIT, *Bartolomé de las Casas e a simulação dos vencidos*, 1995.

74 WACHTEL, *La vision des vaincus*, 1970.

75 ALBERRO, *Les espagnols dans le Mexique colonial*, 1992.

desenvolvimento. Eles não determinaram por si próprios (...) a natureza da mudança; a mudança foi uma negociação entre dois grupos e duas culturas".[76]

Ainda assim, é inegável que as transformações em todas as instâncias da vida indígena acabaram por ser incisivas, e ao menos orquestradas e buscadas com afinco por agentes da colonização, desde a conquista armada até as ações mais pacientes e cotidianas de religiosos e burocratas.[77] Além disso, devemos observar as promiscuidades entre as várias *nações* (as linhagens ou povos) e *castas* (a gente de sangue mesclado de índios, africanos e europeus) como fatores bem relevantes para o surgimento de novos trânsitos culturais e de instâncias de poder social no México e no Peru coloniais, informando hibridismos complexos e apreendidos, por exemplo, como "mestiçagem cultural".[78]

Também o chamado sincretismo pode ser acessado como diversos processos peculiares de apropriação indígena das narrativas e dos significados hegemônicos europeus que se sobrepõem aos signos aborígenes na história das práticas e dos poderes indígenas na época colonial.[79]

Os processos de intensa transformação sociocultural são difíceis de abarcar por qualquer conceito forjado pela tradição da história cultural. Talvez, o princípio mais aberto de "transculturação" seja uma boa resposta metodológica. Porém, tampouco esclarece muito mais que pregar a diversidade de mecanismos de transformação cultural e de sentidos do poder.[80]

---

76 LOCKHART, *Nahuas and Spaniards*, 1991, p. 21.
77 Charles Gibson afirma com veemência que a Lenda Negra da conquista espanhola "fornece uma interpretação grosseira, mas essencialmente acurada das relações entre espanhóis e índios. (...) É insuficiente em sua atenção diante das instituições da história colonial. Mas o substantivo conteúdo da Lenda Negra afirma que os índios foram explorados pelos espanhóis, e como fato empírico o foram" (GIBSON, *The Aztecs under Spanish rule*, 1964, p. 403).
78 GRUZINSKI, *O pensamento mestiço*, 2001.
79 ESTENSSORO FUCHS, *Del paganismo a la santidad*, 2003.
80 Como resume David Carrasco, as fórmulas "zona de contato" e "transculturação" (lembremos que este último conceito fora elaborado por ORTIZ, *op. cit.*, 1991), divulgadas pela historiadora Mary Louise Pratt, "se encaixam melhor que o mais popular termo *sincretismo* para ajudar-nos a entender como ideias, significados e crenças astecas continuam tendo uma presença em nosso mundo moderno. O sincretismo reporta à mistura e absorção de diferentes crenças e práticas nas quais o resultado é alguma forma de resolução ou acordo equilibrado. Há desses exemplos de sincretismo, de aparentemente suave mistura de ideias astecas e europeias ou africanas, porém a história humana real é uma de encontro, antagonismo, empréstimo, rejeição, reinterpretação, renomeação, absorção,

Por fim, é sempre bom lembrar que o impacto epidemiológico de uma conquista microbiótica provavelmente foi o grande fator de desestruturação dos antigos *reinos* e *repúblicas* dos índios, um fator que em ondas sucessivas mantém sua força arrasadora num longo século XVI (que vai até meados do seguinte), permitindo a decadência crescente da população e da autonomia das comunidades locais. Enfim, a maior crise demográfica indígena teria ocorrido entre 1620 e 1650,[81] o que coincide com os tempos da busca frenética pela idolatria no discurso da extirpação dos costumes gentílicos. Mas pelo que avaliamos, no instante mesmo dessa política, de alguma forma novas raízes são lançadas para o reflorescimento das culturas indígenas na sociedade colonial. Também, as medicinas que embriagam nunca iriam se desarraigar das sociedades em foco, e além do mais, também de alguma forma, iriam se espalhar pelo mundo afora, inclusive reavivando ou redimensionando usos e costumes trazidos pelas culturas indígenas de antanho.[82]

---

usurpação e reinvenção. Não há mais puro mundo asteca, nem há um autêntico mundo espanhol ou europeu no México" (CARRASCO, *Daily life of the Aztecs*, 1998, p. 232-3). Em seguida, o autor elabora a respeito do culto ao peiote dos huicholes e do culto nacional mexicano à Virgem de Guadalupe, tal como se apresentavam estes fenômenos no decorrer do século XX. O que também leva a pensar até quando o conceito de "transculturação" não se apresenta também como armadilha, um vetor com certa inclinação pela ideia de preservação das culturas indígenas. Pode talvez informar sobre nossos sentimentos indianistas, de buscar identidades pré-hispânicas no mundo de hoje.

81 "As cifras conseguidas pelos demógrafos de Berkeley para o México central, por exemplo, revelam uma formidável queda da população indígena no século XVI. Suponhamos assim que os aborígenes mexicanos eram ainda quase 17 milhões em 1532, mas que fossem só 6.300.000 em 1548, menos de trinta anos após a conquista. Sob o reino de Filipe II a curva da população indígena continuou degringolando em catástrofe. Os índios mexicanos não seriam mais que 2.650.000 em 1568, depois 1.900.000 em 1580, e no fim do reinado, em 1595, eles não contavam mais que 1.375.000 homens, para chegar em 1605 na base do declive com 1.075.000 homens. Tal catástrofe demográfica indígena ocorreu em toda a América espanhola. No Peru, pelo período que vai de 1570 a 1620 e que engloba então uma boa parte do reino de Filipe II, a diminuição dos indígenas é menos pronunciada que no México, porém não deixa de ser bem impressionante, sobretudo nas regiões costeiras. Sendo assim, se em 1620 a região montanhosa" da América do Sul pôde manter "quase metade de sua população indígena de 1570, noutras regiões não se conservou mais que a quarta parte, e sobre a costa do Pacífico, não restou mais que 5%" (BAUDOT, *La vie quotidienne dans l'amérique espagnole de Philippe II*, 1981, p. 73-74).

82 Cf. NORTON, *Sacred gifts, profane pleasures*, 2008.

As histórias sobre índios da Nova Espanha e Peru

Já adverte o historiador Burr Brundage logo de início no seu ensaio de comparação dos famosos incas e astecas, que aproximar os diferentes processos históricos poderia mostrar os relevos de superfície, mas nunca explicar profunda e satisfatoriamente a história de cada povo.[83] Mas enfim, este autor fez a comparação, o que é, afinal, uma das armas mais frutíferas do trabalho de investigação histórica.[84] Esperemos que as interpretações de textos ou experiências de um determinado contexto iluminem o pensamento a respeito do outro espaço e momento. Aqui a comparação é apenas uma ferramenta de trabalho para enriquecer a compreensão de um tema específico, qual seja a visão que determinados cronistas têm a respeito das plantas psicoativas e seus usos junto ao debate contemporâneo sobre as formas da embriaguez e da religiosidade nas sociedades mais estratificadas da América indígena. No plano de analisar fontes históricas de regiões distintas, impõe-se aqui a perspectiva de enriquecer a compreensão sobre as visões únicas, mas familiares que os historiadores dos anos quinhentos e seiscentos tiveram a respeito das medicinas que embriagam os usos e costumes na Mesoamérica e Andes após a conquista das representações do mundo europeu.

O ambiente mexicano sempre foi o centro do debate sobre os usos de drogas psicoativas nas sociedades indígenas. Naturalmente terá prevalência, em particular sobre o tema do uso de alucinógenos, que tanto salta dos documentos que vamos comentar sobre a região centro-sul do México. Sendo que a embriaguez alcoólica e os estimulantes são abundantes na escrita dos cronistas de todas as regiões da América. Alguns tratados eleitos como fontes principais desta pesquisa (como a *Apologética Historia* de Las Casas e a *Historia natural y moral* do padre Acosta), que são obras do século XVI, ostentam comparações entre reinos e repúblicas da Nova Espanha e do Peru, bem como acessam outras regiões, como o Caribe ou o Brasil, tratando dos costumes bárbaros ou da falsa religião no Novo Mundo como um todo. O jesuíta Acosta traçou comparações inclusive sobre os atributos e os usos de plantas das duas grandes regiões do império espanhol (o cacau e a coca como

---

83 BRUNDAGE, *Two earths, two heavens*, 1975, p. vii.
84 BURKE, *História e teoria social*, São Paulo, 2002, p. 39 e ss.

coisas dos índios mexicanos e peruanos respectivamente).[85] Tratados de extirpadores da idolatria do século XVII também associam as práticas idolátricas destes dois espaços centrais de consolidação do império espanhol na América, como é resgatar a palavra *huaca* (constituída no Peru colonial) para tratar da idolatria no México. Enfim, estes e outros aspectos estimulam o olhar conjunto. Entretanto, a comparação propriamente dita entre Nova Espanha e Peru fica atomizada em considerações pontuais e basicamente restritas a dois dos quatro capítulos que vem a seguir.

Muitos aspectos da religiosidade indígena (vale abrir o parêntesis) aparecem sugestivamente como características panameríndias, principalmente sob a bandeira do xamanismo, que é relacionado ao uso de psicoativos como o tabaco.[86] Importante referência, especialmente quanto ao uso dos alucinógenos, aparece numa coletânea organizada por Peter Furst, que acentua a originalidade da tese de um "complexo narcótico das Américas" como defendida por Weston La Barre. O antropólogo afirmaria que a profusão do uso de alucinógenos na América vinculava-se à questão da ocupação do continente por hordas de caçadores-coletores de origem siberiana, os quais trouxeram na bagagem o xamanismo, e com isso a curiosidade pelas propriedades das plantas selvagens que induzem alterações de consciência.[87] Entretanto, de acordo com Wilbert, os mais antigos povoadores originários da Sibéria seguiam um xamanismo de práticas ascéticas endógenas, ou seja, sem uso de drogas. Somente com o advento da agricultura na América é que os psicoativos em geral (mas especialmente o tabaco) tornar-se-iam novas vias, e às vezes preferíveis para alcançar os estados xamânicos.[88] *Mutatis mutandis*, os investigadores veem que existe uma relação íntima entre xamanismo americano e uso de psicoativos, especialmente quando o objetivo é analisar os mecanismos e sentidos da transformação do xamã em onça, o que muitas vezes se relaciona ao consumo de alucinógenos e tabaco. Um artigo de Furst que analisa vestí-

---

85 Particularmente nos capítulos "Del cacao y de la coca" (libro cuarto) e "De la unción abominable que usaban los sacerdotes mexicanos y otras naciones, y de sus hechiceros" (libro quinto) da *Historia natural y moral de las Indias* do padre Acosta.

86 Cf. CROCKER, *Vital Souls; Bororo Cosmology, natural symbolism, and shamanism*, 1985, p. 20, que recupera uma lista de características comuns de um campo xamânico pan-ameríndio, a partir de resumo prévio apresentado por outro etnólogo, Johannes Wilbert, especialista da história do tabaco na América do Sul indígena (*Tobacco and shamanism in South America*, 1987).

87 LA BARRE, "*Hallucinogens and the shamanic origins of religion*", 1990.

88 WILBERT, *op. cit.*, 1987, p. 149-150.

gios arqueológicos olmecas é essencial para compreender a relação entre experiência extática e o imaginário do jaguar.[89] Acentuemos que a simbologia da transformação ou a forma alterada ou extática do corpo é relacionada não somente à vida dos especialistas xamânicos, mas também ocorre em profusão nas elites (digamos que civis) dos indígenas das Américas, sendo expressão de grande poder e autoridade.[90]

O xamanismo acompanhado por psicoativos pervaga a "idolatria colonial".[91] Contudo, não é ofício apenas dos xamãs recorrer às experiências visionárias com plantas – e os xamãs são caracterizados por Eliade como classe diferente de outros tipos de curadores e feiticeiros que alteram sua mente. Eliade não vincula, aliás, as "religiões" sacerdotais e nem as práticas dos curandeiros mexicanos ao xamanismo, sendo ou não utilizadas plantas como o tabaco entre estas figuras notáveis. Eliade finalmente considera tratar-se de uma degenerescência de costume, uma via fácil e incompleta, o uso dos psicoativos para se chegar ao êxtase e adentrar no vivo simbolismo da descida e ascensão a outros planos do universo.[92]

Independente destas questões da antropologia do uso das drogas nos ambientes indígenas, o objetivo do estudo concomitante entre Andes e Mesoamérica é revolver os discursos dos cronistas e indicar as especificidades no campo das mentalidades e políticas que mergulham nos vice-reinos da Nova Espanha e Peru, regiões que se constituíam nas terras e gentes mais preciosas para os interesses do império espanhol na América.

Utilizamos um rol certamente heterogêneo de histórias e tratados num período de cerca de cem anos. Os tratados selecionados como núcleo da pesquisa são, em geral, obras de missionários regulares e outros clérigos, de distintos contextos e com interesses e papéis variados no mundo ibero-americano. As obras analisadas de forma mais sistemática para os propósitos da pesquisa são as seguintes: a *Apologética historia sumaria* (155?) do dominicano Bartolomé de Las Casas; o documento *De procuranda indorum salute* (1576) e a *Historia natural e moral de las Indias* (1590) do padre jesuíta Joseph de Acosta; a *Historia general de las cosas de la Nueva España* (1577) do frade franciscano Bernardino de Sahagún; a *História*

---

89 FURST, "The Olmec were-jaguar motif in the light of the ethnographic reality", 1968, p. 163.
90 Para uma atualização (e também relativização) dessas discussões, cf. SAUNDERS (ed.), *Icons of power*, 1998.
91 GRUZINSKI, *op. cit.*, 1991, p. 216 e ss.
92 ELIADE, *El chamanismo y las técnicas arcaicas del éxtasis*, 1976, p. 313.

de las Indias de Nueva España y islas de Tierra Firme (1581) do frade dominicano Diego Durán; *La extirpacion de la idolatria en el Piru* (1621) do jesuíta Pablo de Arriaga; o *Tratado de las supersticiones y costumbres gentílicas que oy viven entre los indios naturales desta Nueva España* (1629) do cura Hernando Ruiz de Alarcón; o *Manual de ministros de índios* (1656) de outro cura, Jacinto de la Serna. Finalmente, a *Nueva corónica y buen gobierno* (1615), manuscrito do índio ladino peruano Felipe Guaman Poma de Ayala.[93]

Os discursos dos religiosos Las Casas e Acosta são fundamentais como pensadores e ordenadores da missão católica, pois oferecem paradigmas e desdobramentos dos temas do Novo Mundo – tais autores representam as fontes principais do primeiro capítulo. No segundo, destacamos os frades Sahagún e Durán, quiçá os principais investigadores dos ritos e costumes relacionados aos antigos mexicanos (ou seja, de antes da conquista espanhola). No terceiro capítulo, estudamos os principais extirpadores da idolatria da Nova Espanha, os tratados dos curas Ruiz de Alarcón e La Serna, assim como o exemplo do jesuíta Arriaga no seu manual de extirpação da idolatria do Peru. São fundamentais pela profusão dos estereótipos e pela profundidade dos dados que coletam nas investidas contra as manifestações locais indígenas. Já a crônica de Guaman Poma é objeto sem par para a investigação da influência dos discursos europeus no mundo andino (i.e. no mundo dos índios de posse da cultura escrita e outros traços dos espanhóis). Se Guaman Poma não é clérigo e nem é espanhol, faz a voz do fiel cristão no vice-reino do Peru. Embora também não desapareça, por trás da pintura católica, uma originária face indígena. Será o foco do quarto e último capítulo deste estudo.

Há outros tratados analisados marginalmente, especialmente de outros religiosos, bem como de outros indígenas, além de utilizarmos as histórias de médicos espanhóis de autoridade e renome na época (como Nicolas Monardes e Francisco Hernández). Essas fontes serão citadas e comentadas durante a narrativa. Lembremos também do peculiar médico Juan de Cárdenas que estudou na Universidade do México no final do século XVI. Dos médicos espanhóis, o discurso expressa visões da ciência natural, destaca os atributos e os usos das medicinas que embriagam, enquanto um tratado de medicina dos índios produzido sob os

---

93 As datas em parênteses informam, em alguns casos, o momento da conclusão dos manuscritos, ou então, da primeira publicação, caso tenha ocorrido naqueles tempos.

auspícios dos franciscanos no Colégio de Tlatelolco, ainda no tempo de Carlos V, conhecido como Códice De La Cruz-Badianus, compõe mais híbrido tratado, ainda que com forte influência europeia. A medicina indígena também é moldada em dois livros da *Historia general* do franciscano Sahagún.[94]

Fazemos um percurso partindo de narrativas que se atêm por destacar uma diversidade de aspectos da sociedade pré-hispânica, lidando especialmente com as elites indígenas destronadas na conquista espanhola, rumo a outros relatos que agem por inquirir a respeito de crenças e costumes marginalizados, vão atrás de casos particulares de gente rústica vivendo em recônditos povoados. No primeiro grupo estão, por exemplo, as obras de Durán e Sahagún, e no segundo, aquelas de Ruiz de Alarcón e La Serna. Comentários gerais sobre as fontes históricas são feitos nos textos introdutórios de cada capítulo. Para estabelecer os capítulos, levamos em conta os diferentes contextos em que foram produzidos os tratados, bem como a idiossincrasia de cada escritor, além da diversidade de composição das obras.

Alguns tratados abarcam histórias dos tempos do auge fugaz das chamadas tríplice aliança asteca e dinastia dos incas, o que corresponde a mais ou menos cem anos antes da chegada dos espanhóis, os quais promovem o assalto brutal e repentino desses reinos de Amadis por meio de mercenários de Hernán Cortés no México e Francisco Pizarro no Peru. Outros tratados apontam para histórias do período (quiçá mais traumático ainda) de acelerada depopulação indígena até meados do século XVII, uma época ainda de parca colonização espanhola.

---

94 Notemos a limitação intrínseca das fontes utilizadas, bem como a falta de uma pesquisa mais abrangente que pudesse dar conta de uma massa maior de dados para a análise, desde textos alfabéticos a pictográficos, de imagens e artefatos entre outros vestígios das coisas produzidas naqueles tempos, antes e depois. Aqui nos dedicamos à análise de uma seleção de histórias e tratados sem analisar as ilustrações dessas obras. Foi feito, entretanto, um trabalho exaustivo de pesquisa das representações e discursos inseridos nos relatos. Um motivo importante para acolher escritos dos religiosos como fonte principal está no fato de que trazem ricas narrativas sobre o tema do uso de psicoativos pelas populações indígenas, e em geral, essas obras são destacadas como aquelas das mais importantes (digamos) etnografias do período colonial para os trabalhos históricos e antropológicos atuais sobre a América indígena.

Capítulo 1
Efeitos naturais e morais de medicinas que embriagam

Um prólogo em torno de histórias exemplares (século XVI)

O dominicano Bartolomé de las Casas e o jesuíta José de Acosta são escritores da natureza e dos costumes americanos, lideranças religiosas e paradigmáticos pensadores de distintos contextos do projeto de evangelização nos principais espaços de domínio espanhol na América indígena. Tais homens compõem o norte para nossas discussões em torno das plantas e preparados que embriagam os costumes dos índios. Os outros tratados como fontes históricas para este capítulo e para os demais, cada qual a seu modo, estão balizados pelos mesmos princípios ou germinam as especulações destes escritores, como também muitas vezes vêm extrapolar as avaliações dos teólogos missionários. No cotejo deste primeiro capítulo, temos descrições de doutores em medicina e pareceres a respeito das substâncias e as destinações humanas. Entrementes, escolhemos como guia da narrativa a *Historia natural y moral de las Indias* de José de Acosta,[1] pois contempla algumas perspectivas da Renascença espanhola e condensa visões da Contrarreforma, anunciando caminhos de ciência e política cristãs sobre as medicinas que embriagam, as quais se tornam, crescentemente, coisas da idolatria num dinâmico período e longa passagem entre os séculos XVI e XVII na Nova Espanha e Peru.

---

1   ACOSTA, *Historia natural y moral de las Indias*, 1962. Para as seguintes citações neste capítulo: ACOSTA, *Historia*.

A *Historia* de Acosta, mesmo que seja bastante seletiva no relato dos costumes indígenas, mesmo que seja composta de muitos extratos de outras histórias, aparece como síntese magistral entre os tratados sobre os antigos mexicanos e peruanos escritos naqueles idos de afirmação do império espanhol na América.

Existe um enredo às vezes latente, outras vezes explícito, no discurso dessa crônica sobre o mundo natural e os costumes dos índios, e que será explorado nos itens a seguir. Do elogio às qualidades e pelo proveito das plantas, como é do desígnio de Deus, chega-se à condenação de certas poções e preparados como meros trabalhos diabólicos. Acosta é exemplar para as discussões do fluxo de sentidos que se encontram nos signos do divino e do diabólico. Entre os dois polos (Deus e diabo) veiculam-se várias oposições: bem e mal, virtude e vício, temperança e embriaguez, transcendência religiosa e idolatria perante as coisas, razão e superstição. Mas o diabo não contempla todos os sentidos do desvio ou da falta de correção, assim como Deus pode estar um tanto alheio do governo das coisas e dos homens. Vejamos, enfim, como o binômio natural/moral, que fora escolhido por padre Acosta como fundamento de sua *Historia*, enriquece aqueles motivos e oposições acima, bem como oferece bons elementos para uma narrativa sobre as medicinas e os costumes que embriagam.

Um dos maiores expoentes da inteligência jesuítica espanhola, Acosta produziu uma síntese dos portentos e caprichos da natureza das Índias Ocidentais, além de dar conta de estranhos costumes e grandes feitos dos antigos reinos indianos do México e dos Incas, que há décadas haviam sido subjugados pelos conquistadores espanhóis. Proclamava servir sua *Historia* de "honesto e útil entretenimento".[2] A obra foi tipografada com beneplácito real logo após a conclusão do manuscrito, em 1590. Fazia dez anos que a União Ibérica recosturava as duas partes do mundo extraeuropeu que quase cem anos atrás tinha sido separado entre Portugal e Espanha por bulas papais. No final do século XVI, tínhamos uma só latitude para o primeiro projeto de império global. É nesse momento de auge do governo católico de Felipe II com sede na Espanha, que o livro de Acosta, em parte reescrito do latim para o espanhol pelo próprio autor, e em parte escrito diretamente na língua castelhana, seria reeditado e traduzido para muitos outros idiomas nos anos que se seguiam, mostrando o sucesso da abordagem intelectual (e da mentalidade) do escritor jesuíta perante um público leitor europeu cristão e erudito.

---

2   Na dedicatória à "Serenísima Infanta Doña Isabel Clara Eugenia de Austria" (*ibidem*, p. 9).

Acosta construirá uma generalização das culturas indígenas que se enquadrava nas tradições e expectativas desse público leitor.[3] Aliás, o acento demonológico de parte da obra estava bem a gosto do rei da Espanha.[4] Apontemos, ainda, que a *Historia* de Acosta reverbera para além de sua época, ocupando um lugar de destaque diante do desejo de apropriação teórica do Novo Mundo.

Acosta apresenta as características emblemáticas da mentalidade medieval com o frescor dos signos da modernidade. De toda forma, é fruto de uma geração atenta às tendências racionalistas também presentes naquele contexto. Recuperemos de Michel Foucault, ao analisar as descrições da natureza no século XVI, um quadro em que vários vetores de *ciência* convivem ao mesmo tempo:

> Uma mistura instável de saber racional, de noções derivadas das práticas da magia e de toda uma herança cultural, cujos poderes de autoridade a redescoberta de textos antigos havia multiplicado. Assim concebida, a ciência dessa época aparece dotada de uma estrutura frágil; ela não seria mais do que o lugar liberal de um afrontamento entre a fidelidade aos antigos, o gosto pelo maravilhoso e uma atenção já despertada para essa soberana racionalidade na qual nos reconhecemos.[5]

A abordagem de Acosta parece expressar o limiar do racionalismo, contudo, está envolta na perspectiva tradicional, teológica da ciência. De um lado, o jesuíta questionaria os filósofos gregos e crenças da Igreja Católica, confrontando a tradição com o poder da experiência, colocando à prova ideias e opiniões que descansavam há tempos como dogmas, alguns já completamente insustentáveis. Por exemplo: põe por terra a tese da impossibilidade da habitação humana na zona tórrida

---

3   SANTOS, *Deuses do México indígena*, 2002, p. 161 e ss.

4   O acento no "diabólico" teria definido um universo cultural erudito e das camadas superiores urbanas, tanto católicas como protestantes, também sendo chave das rivalidades entre os campos religiosos. Muchembled aponta que o "austero" Felipe II, morto em 1598, não somente possuía como amava os quadros de Jérôme Bosch, demonstrando que a sensibilidade religiosa do monarca espanhol, típica da Contrarreforma, tinha correspondência com as representações do pintor, compondo uma visão de mundo como "campo fechado onde se desenrolava uma batalha titânica entre as forças do Bem e aquelas do Mal" (MUCHEMBLED, *Une histoire du diable*, 2000, p. 78-9).

5   FOUCAULT, *As palavras e as coisas*, 1992, p. 48.

(equatorial), como estipulara a autoridade de Aristóteles. Descartava Acosta aquelas coisas que seriam muito duvidosas, como a suposição de que a América fora a Atlântida de Platão. Provocou a tese quase inédita de que a povoação da América teria se dado pela imigração a partir de uma ponte entre a Sibéria e a América do Norte. Por isso, há quem acentue a modernidade de Acosta, seu "racionalismo prematuro" que viria antecipar ideias evolucionistas que amadureceram somente no século XIX, pois trouxe especulações sobre a seleção das espécies, e proveu uma visão combinada da evolução política e cultural na história.[6] Entretanto, de acordo com Anthony Pagden, o jesuíta não pode ser considerado "moderno" tão simplesmente. Seu espírito medieval desponta quando se preocupa com a data do fim do mundo na união de todos os povos pela congregação cristã, e enfim, fiel à escola filosófica de Vitoria e de seus sucessores, seu mundo mental mantinha-se aristotélico.[7] Alguns pensamentos mais inovadores, nem ousou citá-los, como a teoria heliocêntrica de Copérnico, que aparece em 1543.[8] Em suma, Acosta se enquadraria melhor numa perspectiva tradicional de ciência.[9]

A história do jesuíta sobre as Índias Ocidentais foi organizada em dois grandes blocos que esmeram pela explicação de causas e efeitos das coisas. O primeiro bloco trata dos aspectos de história natural americana, fazendo a descrição de uma natureza regida por leis que independem das vicissitudes humanas. O segundo bloco, a história moral, propõe descrever os mores ou costumes, o mundo humano indígena em variados aspectos.[10]

---

6   ALCINA FRANCH, "Introducción", 1986, p. 32 e ss. (*cit.* p. 7).
7   PAGDEN, *The fall of natural man*, 1982, p. 153.
8   O'GORMAN, "Prólogo", 1962, p. XI-CL e XXXVI.
9   Destaca Gusdorf que a "dignidade" de uma ciência que é herdeira do pensamento helenístico, só se reconhece pelo "valor de seu objeto". O mais nobre conhecimento é sobre a "realidade suprema". A ciência deve ser notada como instrumento ontológico e teológico. Assim, o espírito humano procura descortinar uma verdade que lhe transcende. O pensamento moderno, por outro lado, caracteriza-se pelo deslocamento da ideia de ciência, a qual tratará mais da "forma" e não tanto da matéria do saber. Passa-se da perspectiva metafísica para a teoria do conhecimento, a qual entendemos hoje como método científico (GUSDORF, *Les sciences humaines et la pensée occidentale*, 1966, p. 12).
10 Na tarefa de escrever a história natural e dos costumes do Novo Mundo, havia pelo menos um antecessor de peso: Gonzalo Fernandez de Oviedo (Cf. *Sumario de la natural historia de las Indias*, 1950, sucinta versão e de memória da monumental obra *Historia general y natural de las Indias* quando o autor estava nas ilhas caribenhas (Cf. GERBI, *La naturaleza de las Indias Nuevas*, 1978). Acosta, que nunca citou Oviedo em seu texto, viria a superá-lo pelo projeto que propunha ir além da descrição e da opinião do exótico, pois pelo estudo das causas e razões de tantas novidades e

A natureza dos índios é destacada da natureza das Índias, governa-se pelo livre-arbítrio, pelos juízos da razão humana, o que justifica, para Acosta, a composição da obra em duas partes distintas.[11] A história moral é o relato das escolhas entre o bem e o mal, entre o que oferece a lei natural – que adviria de Deus – e os vícios de contranatura, as faltas e desvios muitas vezes fomentados pelo demônio a partir do nublado estado da razão natural dos índios.

Por sua vez, a natureza torna-se o palco erigido por Deus para os trabalhos e feitos do homem. Mas representa uma entidade ambivalente. Um espaço para a salvação (da alma) e para a tentação (do corpo).[12] Portanto, a natureza não deixa de ser moralizada, apesar do estatuto de relativa independência que ela goza perante a história das práticas humanas.[13] Por esse raciocínio, também as atitudes humanas podem ser independentes da natureza das coisas ou de seus poderes.

Esses ressaltos serão colocados à vista no exame da obra do jesuíta que também disserta por uma história natural e moral das medicinas que embriagam. Na partição da história, Acosta narra causas e efeitos da embriaguez dos índios, recortes que também estão presentes noutra obra do jesuíta, bem como em outros tratados analisados neste capítulo.

---

estranhezas da natureza e dos povos do Novo Mundo. Oviedo não aplicara, na sua descrição da América, um modelo que Acosta teria tão esclarecido para si, de divisão sistêmica e argumentativa entre o "natural" e o "moral", além das classificações e explicações de causas e efeitos em ambas esferas (PAGDEN, *op. cit.*, 1982, p. 152).

11 Seguindo o esquema e comentários de O'Gorman (*op. cit.*, 1962, p. XLIII-XLIV), temos que a primeira parte da *Historia* de Acosta, "obras da natureza", consiste em quatro livros: 1- o cosmos, o globo terráqueo, o mundo ou ecúmeno; 2- o mundo ou ecúmeno, a zona tórrida; 3- a matéria; 4- os entes (minerais, vegetais e animais, pela "classificação tripartite dos elementos mistos ou compostos", "segundo a doutrina dos três reinos hierárquicos da natureza"). A segunda parte, "obras do livre-arbítrio", consiste em três livros: 5- o homem americano na ordem do sobrenatural ("um animal dotado de alma imortal destinada à salvação ou condenação eternas"); 6- o homem americano na ordem do natural ("como um animal dotado de alma nutritiva, sensitiva e racional"); 7- o homem americano na ordem histórica ("América situada dentro da imagem da história universal, concebida como história do cristianismo").

12 LENOBLE, *Esquisse d'une histoire de l'idée de nature*, 1969, p. 223.

13 Santo Ambrósio, Dante, São Alberto o Grande, São Tomás de Aquino, são nomes influentes que destacam a luta entre Deus e o demônio, entre a graça e o pecado, quando o mundo natural é retirado do jogo das vontades. Uma "ordem natural" criada por Deus, se é destinada para o usufruto do homem, no entanto apresenta uma estrutura que é "independente do drama humano" (*ibidem*, p. 261).

Tendo em vista a condição de barbárie dos indígenas, as decisões, os juízos desses humanos em relação às plantas que embriagam não podiam ser maduros e consistentes na plenitude da razão. Os bárbaros, resume Acosta, "são aqueles que se apartam da reta razão e da prática habitual dos homens".[14] O mundo americano estava submerso numa barbárie de povos que foram privados da filosofia natural dos antigos gregos e romanos, e, principalmente, eram povos que não tinham sido brindados pela revelação em Cristo (até o momento da Conquista). Havia apenas um lusco-fusco da luz divina naquele Novo Mundo.[15] Mesmo no estágio mais avançado da barbárie indígena, manifesto nas antigas repúblicas ou reinos dos mexicanos e peruanos, por onde "toparam-se nesses [índios] coisas dignas de memória",[16] o que se apresenta é a precariedade e um limite da evolução histórica, pela falta da verdadeira ciência e fé cristã. Devido a essas faltas e pela recente história de migrações e do assentamento dos índios naquelas terras de ocidente, o que se mostra, particularmente, é a rudeza dos costumes impregnados nos nativos, uma má tradição atávica. Assim como fortalecida estaria a presença demoníaca nos costumes e nas formas de religião, com o diabo aproveitando-se da situação de barbárie dos índios e impedindo o pleno desabrochar da razão.

Acosta, pela tradição demonológica da Igreja, considerava o diabo um espírito "tocado de incrível orgulho", pois se queria comparar a Deus. Para ser adorado como Ele é que o demônio acabou "inventando tantos gêneros de idolatrias com as quais por tanto tempo manteve sujeita a maior parte do mundo". Mas o cristianismo expulsara a entidade maligna da Europa rumo a bandas cada vez mais longínquas. O diabo "retirou-se ao mais apartado e reinou nesta outra parte do mundo". Com toda sua força, subjugara a América.[17]

---

14 ACOSTA, *De procuranda indorum salute*, I, 1984, p. 61. As citações deste tomo, bem como do segundo (*De procuranda indorum salute*, II, 1987), acompanham a versão traduzida para o espanhol do texto original em latim. Ambas versões estão incluídas nessa edição em latim. Para as citações neste capítulo: ACOSTA, *De procuranda*, I ou II.

15 ACOSTA, *Historia*, p. 216 e 219. O jesuíta, portanto, diferente de tantos outros cronistas, era contrário à crença da vinda de apóstolos de Cristo ou outros evangelizadores em peregrinações pela América antes da conquista espanhola.

16 *Ibidem*, p. 216.

17 *Ibidem*, p. 217 e 218: "inventando tantos géneros de idolatrías con que tantos tiempos tuvo sujeta la mayor parte del mundo".

No pensamento do jesuíta e de outros agentes da colonização, ocorre a identificação entre a *tirania* do demônio e aquela dos caudilhos indígenas, os quais manteriam as comunidades locais sob o império do medo e da crueldade. Se para os índios mexicanos e peruanos fora reservado o patamar mais avançado das realizações cívicas na América, entretanto, paralelo a isso, andava o maior desenvolvimento da idolatria (e o maior poder do demônio), num jogo perdido para a plena evolução histórica desses povos – até que a barbárie pudesse ser ultrapassada pela fé e ciência verdadeiras, trazidas pela missão católica.[18]

Há comentadores de Acosta que insinuam que sua concepção de progresso dos povos americanos prenuncia desenvolvimentos etnológicos bem posteriores, como os do evolucionismo de Lewis Morgan e outros no século XIX. Contudo, segundo Fermín del Pino-Díaz, a originalidade política e científica dos jesuítas humanistas, tal como inauguradores da etnologia moderna, não desonera o fato de que o "progresso" de Acosta pode melhor ser compreendido como herança das ideias aristotélicas da cadeia hierárquica natural da vida. Tal como do mais simples e baixo animal se chega ao mais complexo que é o homem, teríamos de um lado os mais bárbaros e no outro extremo os mais civis dos índios americanos.[19] Segundo Pagden, as categorias de barbárie refletem um método "histórico" nada incomum no medievo, como em Isidoro de Sevilha, integrando sentidos de correspondência cósmica. Assim havia, por exemplo, a relação entre as quatro estações do ano e as quatro idades do homem. Os estágios de barbárie seriam conjugações de teor sociopolítico, religioso e linguístico similares e anteriores à derradeira e plena situação para o propositivo evangelizador: a civilidade cristã.[20]

Ainda que apontasse para os estágios anteriores ao estado cristão como fases defectivas da história americana, Acosta preconizava a tese de uma natureza racional da mente indígena, tal como o dominicano Bartolomé de Las Casas, que décadas antes havia se esmerado em defender a capacidade plena do índio. Isto foi durante as polêmicas sobre injustiça na Corte em Madrí, após décadas de guerras, subjugação e domínio inexorável das Índias Ocidentais por empresa de particulares e pela Coroa espanhola.

---

18 PAGDEN, *op. cit.*, 1982, p. 174.
19 PINO-DÍAZ, "Humanismo renacentista y orígenes de la etnología...", 1992, p. 416-7.
20 PAGDEN, *op. cit.*, 1982, p. 191.

Las Casas e Acosta provinham de um mesmo cadinho intelectual e tinham preocupações similares. Contempla Pagden que ambos clérigos, "de uma maneira ou de outra", foram extremamente influenciados pela "Escola de Salamanca" como tradição teológica tomista trazida por Francisco de Vitoria. Tanto o dominicano Las Casas como o jesuíta Acosta viveram longos períodos na América e insistiram na "primazia do conhecimento empírico" para a compreensão das estruturas de sociedades chamadas de "bárbaras". Pagden assegura que por essas razões, ambos os clérigos fundamentaram "suas teorias antropológicas" nas ideias de uma "essencial similaridade de todas as mentes humanas, na inata susceptibilidade do homem para a instrução moral e na necessidade de uma explicação essencialmente histórica das diferenças culturais".[21]

Mas ao lado de uma perspectiva em comum, humanista cristã, o trabalho de Acosta não é controversista, servindo a um objetivo distinto e estruturado também de outra forma que o tratado de Las Casas.

Para a narrativa que percorre este capítulo, resgatamos também a *Apologética historia sumaria* do reputado defensor dos índios.[22] Esta obra de Las Casas algumas vezes é útil como contraponto, outras vezes como reforço perante ideias e pareceres do jesuíta Acosta e de demais escritores que são analisados aqui. Não há como tratar em pormenor as diferenças entre as obras do jesuíta e de Las Casas. Na introdução sobre o tema da idolatria, vimos semelhanças e diferenças de ideias dos paradigmáticos autores da crônica americana. Vale apontar que a passagem entre o dominicano e Acosta pode também ser notada em relação a mudanças de contexto colonial e distintas políticas na missão católica.

É ilustrativo que a *Apologética historia* de Las Casas fora composta nos tempos em que descendentes diretos da dinastia inca, como rebeldes entrincheirados pelas selvas de Vilcabamba, ainda alimentavam, ao menos no frade dominicano e seus simpatizantes, o sonho de ver restituído o reino do Peru para a soberania dos *senhores naturais* (os incas). Eram os idos da década de 50 do século XVI. A

---

21 *Ibidem*, p. 146.
22 LAS CASAS, *Apologética historia sumaria*, I, II e III, 1992. Para as citações neste capítulo: LAS CASAS, *Apologetica*, I, II ou III. A obra pode ser considerada a primeira iniciativa de esforço comparativo entre as culturas europeias antigas e indígenas (da Mesoamérica, Andes e Circuncaribe), cotejando as esferas de governo, moralidades, religião, costumes, mais ou menos como fez Acosta décadas depois na *Historia natural y moral* (Cf. ALCINA FRANCH, *op. cit.*, 1986).

obra de Acosta foi completada décadas depois de tal rebelião ter sido abafada, e seu derradeiro líder, Tupac Amaru, foi exemplarmente executado em 1572 por ordem do vice-rei Francisco de Toledo. Os jesuítas e outros clérigos imploraram pela vida de Tupac Amaru, indicando o desterro como alternativa à execução do líder nativo rebelde.[23]

Poucos meses antes desse evento crucial, Toledo, já então como o grande senhor do Peru,[24] receberia o padre Acosta vindo para o vice-reino andino no intuito de alavancar os trabalhos e influenciar nas políticas da recém-chegada ordem jesuíta.

Toledo, como acentua Pierre Duviols, agiu com sucesso para liquidar física e moralmente com a dinastia inca, sendo contrário à autonomia indígena, que era a posição de Las Casas e de muitos dos primeiros missionários no Peru. Toledo fomentou a imagem da tirania incaica, bem como foi o responsável pelas novas concentrações populações nativas nas "reduções", procurando ainda minar as práticas nativas relacionadas à idolatria e colocando a responsabilidade pela sua extirpação na mão dos inacianos. No entanto, em vários graus e de acordo com posturas pessoais, os jesuítas tinham certas restrições às políticas de excessiva aculturação e de violência do poder, características de Toledo e seu grupo de auxiliares, como o conselheiro Juan de Matienzo. Acosta, por sua vez, adequava-se melhor à postura moderada de projeto de integração dos índios, seguindo a outro destacado agente da administração colonial, o bacharel Polo de Ondegardo, que via por bem manter certos foros e costumes dos índios, pelo menos como tática de dominação do indígena.[25]

Acosta esteve no Peru desde 1572 até 1586. Participou de longas jornadas em visitas missionárias pelos três primeiros anos, para posteriormente ocupar cargos de liderança na lida inaciana (foi provincial da Companhia no Peru e reitor do Colégio de Lima), além de dar aulas de teologia na Universidade de San Marcos. Pôde pesquisar relatos sobre o passado indígena, escrever peças catequéticas e trabalhar em

---

23 PEREÑA, "José de Acosta: proyecto de sociedad colonial, pacificación y colonización", 1984, p. 5.

24 Francisco de Toledo, da alta nobreza espanhola, veio ao Peru para exercer o cargo de vice-rei numa terra que havia sido assolada por décadas de guerras entre facções de espanhóis, os quais se aliavam a diferentes grupos indígenas rivais entre si. Muitos desses primeiros conquistadores foram manifestamente contrários à ingerência da Coroa na empresa da conquista e colonização, pregando um domínio de "particulares", o que havia ameaçado e desgastado a autoridade da distante monarquia hispânica.

25 DUVIOLS, *La lutte contre les religions autochtones dans le Pérou Colonial*, 1971, p. 123 e ss.

traduções para a prédica em língua nativa. Inclusive, no Peru é quando produz os primeiros tratados de cosmografia que seriam aproveitados na publicação da *Historia natural y moral*.

Destaque-se que em 1572 (quando Acosta vem ao Novo Mundo) chegavam também as resoluções do Concílio de Trento, por onde as ordens mendicantes (franciscanos e dominicanos) viam perder sua hegemonia política na evangelização.[26]

Ainda que Acosta cumprisse decisivo papel na política colonial, não seria justo distanciá-lo tanto do chamado defensor dos índios, o dominicano Las Casas, que antes de escrever a *Apologética historia* (concluída nos anos 1550), havia procurado, como bispo em Chiapas, minar a instituição da encomienda (a forma de exploração senhorial do indígena pelos conquistadores). Mas boicotado e fracassado, volta à Espanha para condenar a exploração e escravidão prática dos índios, combatendo os títulos da conquista e pondo toda força na defesa de certa autonomia política e preservação patrimonial da sociedade indígena.[27]

Acosta, com outra história de vida e de outra geração, ainda mostrava forte descontentamento com as condições impostas aos índios. Isto se oferece particularmente num extenso documento de metodologia da evangelização, concluído em 1576 no Peru, e que propugnava a eficiência da instrução religiosa e uma participação qualitativa da nova cristandade nos sacramentos da Igreja. Nesse texto intitulado *De procuranda indorum salute* [Sobre o ministério da salvação dos índios], Acosta traz relatos da perversidade e impropérios de conquistadores e clérigos. Como se esse discurso estivesse vindo da pena de Las Casas.[28]

---

26 Sintomáticos serão os processos inquisitoriais contra frades dominicanos no Peru, sendo um deles morto na fogueira como herege pelas crenças heterodoxas na evangelização. O processo contou com a participação de Acosta (SANTOS, *op. cit.*, 2002, p. 163-4). Entrementes, também os jesuítas mais radicais na defesa dos índios tiveram sérios problemas no Peru. Destaca-se o caso de Luis López, importante missionário que fora também reitor do colégio jesuíta de Cuzco, o qual criticara severamente o "Plano Toledo" de pacificação e povoamento, pois insistia na desocupação das terras do Peru pelos espanhóis invasores. Foi por isso processado pela Santa Inquisição de Lima e deportado para a Espanha, onde morreria encarcerado (PEREÑA, *op. cit.*, 1984, p. 15-16).

27 Cf. ABRIL CASTELLÓ, "Estudio preliminar; los derechos de las naciones según Bartolomé de Las Casas y la Escuela de Salamanca", 1992; BRUIT, *Bartolomé de las Casas e a simulação dos vencidos*, 1995.

28 Acosta lembra dos episódios de enforcamento de mulheres índias, com seus filhos no colo, por conquistadores espanhóis (*De procuranda*, I, p. 193); critica a eliminação dos senhores naturais da terra, como no episódio de Atahualpa, morto por Pizarro, o que, indiretamente, era uma crítica à eliminação da dinastia inca, haja vista o recente evento do assassínio de Tupac Amaru (*De*

Se no tratado peruano de missiologia, o jesuíta Acosta lamenta os rumos da colonização e critica os fundamentos da conquista espanhola, por outro lado, adere ao argumento decisivo do mestre Francisco de Vitoria, sobre o direito do fluxo de seres humanos e seus conhecimentos entre os povos. Lembremos que o obstáculo à circulação dos missionários entre os índios é justificativa para promover as guerras (e a grande exploração da mão de obra).[29] A conquista seguia firme aliás, nas entradas dos espanhóis pelas periferias do império. Por outro lado, a Nova Espanha e o Peru foram regiões centrais que a divina providência trouxera para o seio da cristandade de maneira rápida e segura, aproveitando-se da própria servidão que o demônio havia imposto aos povos dessas partes.

No final da *Historia*, Acosta exclama um "admirável plano" de Deus na condução de rumos da conquista do México e Peru. Apesar de todas as provas e perigos, a providência divina oferecera oportunidades para as vitórias. Elas não são fáceis, haja vista as árduas batalhas nas regiões periféricas, como nas terras dos araucanos, que não se submetem ao poder espanhol. Mas no México e Peru já estava preparado o terreno inclusive para a palavra de Cristo, devido à sujeição das populações locais ao demônio pela instituição idolátrica: "excelente disposição para a Divina

---

procuranda, II, p. 37); questiona as práticas não condizentes com o ofício de clérigo, como servir-se de mulheres, participar de jogatina e do comércio (p. 113 e ss.); assim como confere vários adjetivos condenatórios, como de "malos" sacerdotes (p. 9 e 11). Enfim, o fato de Acosta tratar de assuntos tão delicados trouxe como resultado o rigor de censores tanto em Roma, sede da congregação jesuíta, como na Espanha, pelo Conselho das Índias. Essas questões, mais os meandros burocráticos, deram com que longos anos tivessem que esperar para que o remedo da obra pudesse ser publicado, em 1588. Mas hoje temos como consultar edições da obra *De procuranda indorum salute* pelo texto original do padre jesuíta, que ficou preservado graças aos mesmos arquivos do sigilo (PEREÑA, *op. cit.*, 1984, p. 23 e ss.). Estes arquivos também não permitiram publicar a *Apologética historia* de Las Casas, manuscrito que, entretanto, circulou entre os partidários do dominicano, que também lutavam pelos direitos das comunidades indígenas (e pela tutela sobre as comunidades por seus pares clérigos mendicantes), copiando vários capítulos ou fragmentos da obra para suas próprias publicações. Entre os que emprestaram trechos dela, no contexto de fins do século XVI e início do XVII, estão o dominicano Jerónimo Román Zamora e os franciscanos Jerónimo de Mendieta e Juan de Torquemada. (STOFFELS, "La Apologética historia sumaria: claves para su interpretación", 1992, p. 185).

29 Para Acosta, levar o evangelho aos índios é trazer a "tutela real". Nos entremeios do contato e da conversão vinha a submissão dos povos à Coroa, seja pela aceitação voluntária ou pela guerra declarada (ACOSTA, *De procuranda*, I, p. 341 e ss.).

Sabedoria, que dos mesmos males se aproveita para bens e colhe o bem para si do mal alheio, que ele [Deus] não semeou".[30]

Para Acosta, as nações indígenas haviam sido "encomendadas" pela "alta Providência" ao rei da Espanha.[31] Também ressalta que "a experiência ensinou copiosamente que a natureza dos bárbaros é completamente servil".[32] Esta e outras passagens demonstram o teor de compromisso do cronista com algumas políticas de submissão do corpo indígena.[33] Pode-se suspeitar que a maior motivação para Acosta conceber os distintos estágios de barbárie dos índios, em critérios de avanço ou atraso de seus costumes e feitos – numa linha entre índios mais *civis* e outros menos *policiados* e mais *selvagens* –, tenha sido extremamente instrumental, ou seja, que o modelo tenha sido elaborado para avaliar a abordagem na evangelização ou consequente tutela de um governo cristão. Como destaca Gregory Shepherd, "se formos acreditar nos cônscios prólogos [de Acosta na *Historia*] então a evangelização das populações ameríndias se estabelece como sua motivação fundamental", quando o jesuíta representa "a mente paternalística do colonizador" que "projeta sua própria imagem diante dos sujeitos ameríndios antecipando sua eventual aculturação".[34]

Para Acosta, "há bárbaros que oferecem grande vantagem sobre bárbaros".[35] Embora todos eles pertencessem, no fundo, à mesma categoria de gente com predicados bem ruins, apresentavam grandes problemas para resolver na catequização.[36]

---

30 ACOSTA, *Historia*, p. 373 e ss., cit. p. 375. Cita: "excelente disposición para la Divina Sabiduría, que de los mismos males se aprovecha para bienes, y coge el bien suyo del mal ajeno, que él no sembró".

31 *Ibidem*, p. 9.

32 ACOSTA, *De procuranda*, I, p. 143.

33 Benjamin Keen aponta que a posição do jesuíta Acosta foi do "típico moderado", combinando o apoio à encomienda com várias reprimendas aos encomenderos para que cumprissem seu papel evangelizador perante os índios. A mita, antiga maneira de organização do trabalho andino, recuperado pelos espanhóis como trabalho compulsório dos índios nas minas do Peru, também é aceita por Acosta com ressalvas, mas como "dura necessidade" (KEEN, *La imagen azteca en el pensamiento occidental*, 1984, p. 131).

34 SHEPHERD, *An exposition of José de Acosta's Historia Natural y Moral de las Indias*, 2002, p. 122-3.

35 ACOSTA, *De procuranda*, I, p. 65 e 67.

36 Pois mesmo na classe superior dos bárbaros americanos, "como en sus costumbres, ritos y leyes se hallan tantas desviaciones monstruosas y tanta permisividad para ensañarse con los súbditos que, de no mediar una fuerza y autoridad de gobierno superiores, a duras penas recibirían, al parecer, la luz del Evangelio y llevarían una vida digna de hombres honrados o, una vez recibida, se prevé que difícilmente perseverarían en ella; con razón la situación misma exige y la autoridad de la Iglesia así lo

Nesse ponto em que entramos no assunto dos usos do conceito de barbárie em Acosta, vejamos também os sentidos que toma o termo na *Apologética historia* de Las Casas. Para o dominicano, a barbárie representava a condição de infidelidade dos povos, sem fé em Cristo especificamente – pois teriam alguma luz divina. No caso dos mexicanos e peruanos, não há inferioridade em relação aos pagãos, são considerados até mais civilizados que os antigos europeus. Que os índios tenham-se privado da filosofia natural e moral dos gregos e romanos, isto não era prova de uma condição inferior nas manifestações civis e religiosas desses povos americanos, originários da primeva linhagem de Adão (e de Noé).

Las Casas, nesse sentido, poderia ser considerado precursor do relativismo cultural – mas estes termos podem confundir-nos, pois o conceito de cultura que normalmente manejamos hoje não pode ser transferido para aquela época.[37] De certa forma, Las Casas fabrica aparências de igualdade, concebe analogias onde não há equivalência de códigos ou sentidos.

O jesuíta Acosta, como o dominicano Las Casas, também lembra o fato de que as idolatrias dos índios se comparavam com os ritos e costumes de gregos e romanos, e portanto, essas gentes indianas não deveriam ser tão achincalhadas, como era frequente fazê-lo entre os espanhóis.[38]

Las Casas é o expoente máximo da promoção de analogias entre as religiões do Mundo Antigo (principalmente gregos e romanos) e do Novo Mundo (não exclusivamente mexicanos e peruanos). Argumentou pela superioridade dos índios, porque expressariam melhor que os povos da Europa antiga o louvável "sentimento religioso". Sentimento manifesto numa idolatria que informa, afinal, desvio do culto ao verdadeiro Deus. Tal vício se dá pela devoção às criaturas de Deus, objetos vivos ou inertes, imagens, sinais, mas sem o poder sobrenatural – "como se fosse tomada a sombra, o vestígio", no lugar da força única criadora.[39]

---

    estabelece que, a quienes de ellos hayan dado el paso a la vida cristiana, se les ponga bajo la autoridad de príncipes y magistrados cristianos". Por outro lado, Acosta prega direitos (chamaríamos de econômicos e político-culturais) para os índios: "Pero de tal suerte que se les ha de permitir el libre uso de sus bienes y fortunas y de las leyes que no son contrarias a la naturaleza y al Evangelio" (*ibidem*).

37 Como destaca Pagden, "cultura" para Las Casas e na esteira de Vitoria, "é primordialmente a maneira pela qual o homem aprende a explorar a potencial dádiva de Deus na natureza" (PAGDEN, *op. cit.*, 1982, p. 134 e ss., cit. p. 142).

38 ACOSTA, *Historia*, p. 216.

39 BERNAND & GRUZINSKI, *De la idolatría*, 1992, p. 44.

A idolatria é nomeada por Las Casas como natural. Carmen Bernand & Serge Gruzinski já apontam que assim sendo, ela torna-se código universal para analisar os costumes em todas as culturas.[40] Fernando Cervantes, por sua vez, destaca uma importante questão dessa apreensão da idolatria em Las Casas, tendo em vista a distinta abordagem proposta por Acosta. O dominicano, diferente de Acosta, não teria sido influenciado pelo nominalismo, o que implicava a separação entre "natureza e graça". Então Las Casas aproximou-se das "manifestações sobrenaturais das culturas indígenas desde um ponto de vista essencialmente naturalístico", cara herança tomista. Apesar dos gentios terem sido privados da "graça", seu culto não tinha origem diabólica, e aliás, o "desejo" que havia debaixo das práticas idolátricas era algo a ser admirado (o sentimento religioso), prova de que os índios queriam muito a evangelização.[41]

Mas a idolatria natural terá, de fato, duas naturezas distintas na *Apologética historia*. Com relação aos índios, o enfoque é a devoção religiosa mais pura e a prática indubitável das virtudes morais. Com relação aos antigos europeus, o que é manifesto são os vícios desnaturados e a prevalência do demônio, que absorve esse sentimento religioso para suas más intenções. Mas sem que um mundo aqui pudesse ser totalmente virtuoso, e outro acolá um completo vício.

De toda forma, o olhar de Las Casas desconcerta muitos aspectos da política ou da retórica de grande parte dos colonizadores, ao inverter os juízos mais detratores dos índios. Também esse olhar enfatiza as qualidades da natureza americana que sustentaria a qualidade desse índio. No tema dos climas, Las Casas disserta a respeito das diferenças entre regiões setentrionais e equinociais da Terra, que formariam influências distintas para as compleições do corpo humano, e, consequentemente, para os entendimentos cerebrais. Mais favorável para o homem seriam os climas medianos, temperando as proporções de humores no corpo. Tal clima aprazível era o que mais se via na Ásia, mas também na América, que seria simples extensão da terra asiática. Nessas partes, o clima não era muito frio como na Europa

---

40 É difícil a idolatria se desarraigar dos costumes dos povos, pois tem apoio numa Antiguidade greco--romana sempre louvada, tem base na história do Dilúvio, existe nas Índias, tem a "força da frequência". A multiplicação dos deuses se insere na explicação da história da degradação humana. O "conceito de idolatria", por fim, "permite pensar de uma só vez o universal e a diversidade das culturas", uma instância que remete à proliferação das línguas e às "astúcias perversas do demônio" (*ibidem*, p. 46).

41 CERVANTES, *The devil in the new world*, 1994, p. 31.

setentrional, nem tão quente como na África. Os índios eram temperados, eram equilibrados pela influência do clima americano.[42]

Em Acosta, o método analógico como de Las Casas não é usado no intuito de averiguar paralelos ou diferenças entre os índios (do México e Peru) e os gregos e romanos, mas sim, de notar uma avassaladora imitação diabólica dos sacramentos, cerimônias, instituições e templos do cristianismo (ou do primevo monoteísmo judaico) nas regiões mexicana e peruana antes da chegada dos europeus. Enfim, o raciocínio da paródia diabólica fica evidente praticamente em todas as explicações que o jesuíta profere a respeito das características da "religião, ou superstição e ritos, e idolatrias e sacrifícios" dos índios.[43]

Mas as interpretações sobre o papel do diabo no discurso de Acosta podem ser bastante díspares. Num extremo, podemos encontrar a opinião de que a *Historia natural y moral*, embora seja considerada por muitos como "ambicioso ensaio em etnologia comparada e um perspicaz estudo empírico da história natural do Novo Mundo, de fato é um tratado de demonologia". Pois não apenas o indígena, mas a natureza das Índias Ocidentais se encontraria invertida – embora o discurso da história natural de Acosta representasse um esforço para "negar o controle do diabo sobre o preternatural (o campo do oculto para além do âmbito da física aristotélica)".[44] Tal avaliação parece algo contraditória, embora a sugestão seja válida justamente para compreendermos o discurso (não só de Acosta) do sentido de inferioridade hierárquica ou mesmo antípoda do Novo Mundo em relação ao mundo europeu.[45]

Noutro extremo, temos a ideia de um Acosta humanista e decisivo pioneiro etnólogo, que teria colocado o diabo apenas em algumas partes de seu tratado (notadamente no capítulo sobre a idolatria dos mexicanos e peruanos) para escapar da censura da instituição inquisitorial sob domínio dos "cordiais inimigos" dominicanos.[46] Sendo assim, mesmo no capítulo do jesuíta sobre a falsa religião dos americanos e peruanos, o diabo não representa pouco mais que uma interpolação no texto algo apologético do

---

42 LAS CASAS, *Apologética*, I, p. 377 e ss.

43 ACOSTA, *Historia*, p. 215.

44 CAÑIZARES-ESGUERRA, *Puritan Conquistadors*, 2006, p. 120.

45 Quanto à importância de Acosta até mesmo para as perspectivas poligenistas europeias não-católicas e também como parte de uma mentalidade colonialista que prenunciaria os racismos modernos e a visão de natureza inferior do Novo Mundo, cf. GLIOZZI, *Adam et le Nouveau Monde*, 2000.

46 PINO-DÍAZ, "Inquisidores, misioneros y demonios americanos", 2002, p. 160.

índio.[47] Sem dúvida que a autocensura pôde ter criado um discurso mais aceitável no meio erudito de tintura demonológica, o que, enfim, faz deslocar a questão para fora de um detalhe da retórica de Acosta, o qual, como qualquer outro escritor, recebe influxo determinante dos poderes sociais para compor sua obra que teria efeito sobre o leitor. De todo jeito, as interpretações tão variadas sobre o diabo em Acosta parecem ao menos comprovar a engenhosidade do pensador jesuíta.

Aqui, comecemos com Acosta sem o demônio por perto, quando o jesuíta tem em vista louváveis bebidas e medicinas naturais do Novo Mundo. Mas como veremos no último item deste capítulo, o raciocínio da paródia diabólica de ritos judaico-cristãos servirá para a leitura que o padre faz de um unguento dos antigos mexicanos com coisas animais e vegetais que anestesiam e fazem os índios mergulharem na superstição. Esses usos serão interpretados como degradantes imitações do demônio daquelas unções divinas com bálsamos usados na santa crisma e nas consagrações de sacerdotes católicos. Aí se inscreve bem a história moral perante naturais medicinas que podem embriagar.

Juízos de proveito das medicinas

Na primeira parte da obra de Acosta dedicada à história natural, há o relato de provas e especulações sobre as propriedades das plantas, inclusive sobre as quais poderiam ser preparados embriagantes – e uma atenção especial para os mais louváveis atributos que geralmente ficavam distantes dos usos que embriagavam os índios. Esse discurso ocorre particularmente no quarto livro, dedicado a estudar os "compostos e mistos", que embora de "muitos gêneros", informa Acosta, "a três reduziremos esta matéria", que são os "metais, plantas e animais".

---

47 Segundo Pino-Díaz, "inclusive dentro do libro V há diferentes sentidos do uso do demônio, que não convém mesclar. Aquele sentido 'artificial' do demônio como tenebroso tende às vezes a desaparecer em Acosta ao longo do livro V, adotando um sentido *metafórico*, no lugar de ídolo ou coisa sagrada dos índios. De fato, algumas alusões únicas dos caps. 20, em que se fala de festas diversas, são assim. Outras vezes, a presença do demônio é tão breve que se veem claramente como ridículas e artificiosas. Em todo caso, parece que sempre é algo 'acrescentado', porque não acaba de encaixar com o resto. Pela posição intersticial entre capítulos ou nos títulos, poderiam chamar-se estas 'referências' demoníacas algo assim como *argamassa*, que não acabou de coagular ou integrar-se, para unir capítulos puramente descritivos, e possivelmente denunciáveis como excessivamente neutros" sobre os costumes indígenas (*ibidem*, p. 157).

Para tratar dessas coisas, há de se ter à mão a filosofia, o pensamento que deslinda a Criação como exercício de contemplação que conduz à ciência com sabedoria, ao domínio judicioso das coisas, dos mistos desse mundo sublunar. É assim como o homem sábio deve pensar, para evitar o caminho que torna o ser obcecado e dominado pelas plantas, animais e minerais: "quem não passa mais adiante de entender suas propriedades e utilidades, ou será curioso no saber ou cobiçoso no adquirir". Se nessas vertigens estiver, o ser humano seguirá escravo das coisas. Acosta remete ao livro da Sabedoria: "no fim, as criaturas serão [para o homem] o que diz o sábio, que são laço e rede na qual cai, e aos pés dos insensatos e néscios as criaturas se enredam"[48]

A partir dessa advertência, o cronista se permite maior liberdade para descrever as coisas que se trazem do Novo Mundo, inclusive, para criticar a idolatria de conquistadores espanhóis, "maus cristãos, que fizeram pelo ouro e prata excessos tão grandes".[49] Isto não significa que Acosta negasse a importância da riqueza e da obtenção de dinheiro para que o homem pudesse usufruir de bens que mantêm a vida. Consequentemente, não irá condenar a exploração das plantas que sustentam a vida de muitos espanhóis nas Índias, os quais, entre outros afazeres, vendem a folha de coca aos índios se "tanto dinheiro vale seu comércio".[50] Advirta-se, entrementes, que Acosta considera funesta a importância da coca na economia vice-real.[51] Mas os vinhedos, principalmente aqueles introduzidos em terras litorâneas do Peru, regiões tão propícias a esse cultivo, informam o principal, como assegura o cronista: "plantas de proveito entendo aquelas que além de dar o que comer em casa, trazem para seu dono dinheiro".[52]

O jesuíta dedica-se por exaltar diversas plantas de proveito, que "formou o Soberano Fazedor não somente para comida, como também para recreação, para

---

48 ACOSTA, *Historia*, p. 140-1. Trata-se do versículo *Sab*, 14:11. <u>Cita</u>: "al cabo le serán [para o homem] las criaturas lo que dice el sabio, que son a los pies de los insipientes y necios (...) lazo y red en que cae y se enredan".

49 ACOSTA, *Historia*, p. 142.

50 *Ibidem*, p. 127.

51 "Todo podría bien pasar si no fuese el beneficio y trato de ella [a coca] con riesgo suyo [dos índios] y ocupación de tanta gente" (*ibidem*, p. 181-2).

52 *Ibidem*, p. 195. <u>Cita</u>: "plantas de provecho entiendo las que demás de dar que comer en casa, traen a su dueño dinero".

medicina e para operações do homem". Por operações do homem com as plantas, entenda-se, justamente, os usos, as inúmeras destinações que o homem dá aos vegetais. Assim que ao tratar das flores do Novo Mundo, Acosta fará menção especial a espécimes belos para a vista e tratará de flores de raro odor, como algumas "na forma de sinetas todas brancas, e dentro [têm] uns fios, como da [flor] açucena". Trata-se do floripôndio (copo-de-leite) que cresce nas terras do Peru, planta tão atrativa que o vice-rei Toledo mandou enviar à Espanha para compor os jardins reais de Felipe II.[53] Provável que Acosta não soubesse de outras possíveis operações dos índios com a planta, além do uso ornamental ou de deleite pelo cheiro. Porque também elas podem trazer fortes cargas de embriaguez, de delírio, ao serem ingeridas nas infusões.[54]

Dos proveitos das plantas, doravante, o que Acosta traz em destaque são os usos medicinais – inclusive, os usos medicinais das plantas que embriagam. Mas se acaso indica que "tudo é medicinal nas plantas", só é assim quando "bem sabido e bem aplicado".[55] Cita Plínio, o mais famoso dos antigos escritores latinos que estudou a natureza enquanto enciclopédia de virtudes. Sendo que a fonte principal para o relato das benesses das novas espécies do Novo Mundo, virá para Acosta do doutor Nicolás Monardes, que desde Sevilha – o ponto nevrálgico das relações entre a Espanha e os vice-reinos – esteve bem atento sobre os saberes indígenas e as plantas americanas. Comentara o doutor que há quarenta anos "curo nesta cidade". Essas plantas, Monardes as tem "provado em muitas e diversas pessoas, com toda diligência e consideração possível, com felicíssimos resultados".[56]

---

53 *Ibidem*, p. 188-9. Citas: "formó el Soberano Hacedor no sólo para comida, sino también para recreación y para medicina y para operaciones del hombre"; "a modo de campanillas, todas blancas, y dentro unos hilos como el azucena".

54 Todas as espécies de floripôndio são tóxicas e existem espalhadas pelos Andes e vertentes amazônicas. Há relatos esparsos sobre os usos embriagantes indígenas dessas plantas nos tempos coloniais, e abundantes menções a partir do século XVIII. Os índios do Peru ainda chamariam a *Brugmansia sanguinea* "huaca o huacachaca (planta da tumba)", porque revelaria antigos tesouros enterrados (SCHULTES & HOFMANN, *Plantas de los dioses*, 1982, p. 128-131, cit. p. 130).

55 ACOSTA, *Historia*, p. 189.

56 MONARDES, *Primera y segvnda y tercera partes de la historia medicinal de las cosas que se traen de nuestras Indias Occidentales*, Sevilla, 1574, p. B2v. O doutor Monardes é considerado um dos pioneiros na coleta e experimentação da "matéria médica" americana, tendo começado a publicar seus tratados desde 1565, mas nos quarenta anos seguintes, a obra seria editada mais de trinta vezes em várias línguas europeias. Havia estudado medicina na universidade de Alcalá, tornando-se protomédico, ou seja, profissional com título máximo e fiscalizador dos ofícios da medicina.

No tratado sobre as medicinas das Índias editado desde 1574, Monardes lamentaria a falta de atenção e certo desprezo que os espanhóis tinham dos conhecimentos e experiências dos gentios com as plantas.[57] Por outro lado, afirma também a descoberta de propriedades e a experimentação de medicinas de grandes virtudes. O tabaco será, entre tais, uma das principais, senão mesmo a medicina que mais se destacaria entre todas as descobertas.

Acosta também lembra do tabaco na *Historia*, releva as "notáveis experiências contra veneno". O pequeno arbusto ou "planta assaz comum" é "de raras virtudes".[58] Ao apontar para a qualidade antivenenosa da erva, é provável que Acosta tenha pensado na descrição que Monardes fizera a respeito da experiência de outro especialista, "médico de câmara de sua majestade, o Doutor Bernardo". Esse outro doutor contrareagiu o efeito de um poderoso veneno usado na caça, a "erva de Ballesteros", usando uma fórmula com tabaco. Aplica-a num cão que servira de prova e teria sobrevivido ao forte veneno.[59]

São muitas menções de Monardes a respeito das virtudes medicinais do tabaco, e também, das numerosas maneiras de aplicar a medicina: através das folhas verdes ou secas, em pó ou como xarope, em unguentos ou feito cinza, para ingestão ou aplicação externa. O tabaco era usado até mesmo em emplastros para curar

---

Pardo Tomás resume a perspectiva de Monardes como "galenismo humanista", quando os médicos universitários de sua geração não enfrentavam, ao menos abertamente, a autoridade dos clássicos, ainda que Monardes não tivesse uma "atitude puramente sectária". Pardo Tomás informa que as três partes da *Historia medicinal* de Monardes só apresentam dezesseis citações de autores clássicos, principalmente Dioscórides, contrastando com a tendência geral dos tratados renascentistas, de tanto lembrar e citar as autoridades antigas. A mentalidade humanista de Monardes também se nota numa "postura crítica e racionalista" diante do que considerava serem superstições e feitiçarias, mas por outro lado, não fez voz contra a alquimia. Por fim, "como bom galenista", Monardes concebia a compleição de cada produto curativo e os efeitos no organismo humano (PARDO TOMÁS, *El tesoro natural de América*, 2002, p. 86-7). Cita: "experimentado en muchas y diversas personas, cõtoda diligencia, y miramiento possible, con felicissimos successos".

57 "que si tuviessen [os espanhóis] animo para investigar y experimentar tanto genero de medicinas como los Indios venden em sus mercados o Tiãgez [Tianguis], seria cosa de grande utilidad y provecho: ver y saber sus propriedades y, experimentar sus varios, y grãdes efectos, los quales los Indios publican, y manifiestan con grandes experiencias que entre si dellas tienen: y los nuestros sin mas consideracion las desechan: y de las que ya tienen sabidos sus efectos, no quieren darnos relacion, ni noticia que sean, ni escrevir la efigie y manera que tienen" (MONARDES, *op. cit.*, 1574, p. 31f. 31v).

58 ACOSTA, *Historia*, p. 191.

59 MONARDES, *op. cit.*, 1574, p. 44v-45f.

quebraduras, evitando-se a cirurgia.⁶⁰ Monardes ainda descreve a benesse medicinal de uma variedade de cigarro trazido da Nova Espanha, revestido por dentro e por fora de uma goma, ao que lhe parece, mesclada com sumo de tabaco e que produziria excelentes resultados no combate a males da respiração, o tabaco como purga de "fleumas e podres" que os asmáticos "têm no peito". Para o mesmo efeito de purga, os índios mastigam o tabaco verde para absorção do sumo, "ainda que os embriague".⁶¹ O efeito de inebriação é inofensivo para o bárbaro, tão acostumado ao hábito.

Juan de Cárdenas, espanhol que ainda jovem tornou-se médico na Nova Espanha, num tratado publicado em 1591, iria enfatizar talvez mais que ninguém as vantagens de usar o tabaco.⁶² Cárdenas não economiza elogios à erva: "querer

---

60 Ibidem, "segunda parte del libro", que começa com o capítulo dedicado ao "tabaco y de sus grandes virtudes", p. 41f. e ss.

61 Monardes, a partir desses exemplos, coloca que não teria como resumir as benesses da planta: "es cosa maravillosa las grandes virtudes y varios y deversos efectos que se van cada dia descubriendo del Tabaco, que allende delo que tengo escrito en la segunda parte, de sus virtudes maravillosas, podria hazer otra de lo que despues aca tengo entendido y visto" (ibidem, p. 117v -118f).

62 Juan de Cárdenas nasceu em Constantina, na Andaluzia. Desde Sevilha, emigrou para a Nova Espanha bem moço. Logo depois que Acosta vê impressa sua Historia, Cárdenas também consegue publicar os três tratados (1590) que estavam inscritos numa obra que seria apenas a primeira parte dos Problemas y secretos maravillosos de las Indias – a segunda parte dissertaria sobre as medicinas do Peru, mas nunca foi produzido. Cárdenas dizia ter vinte e oito anos de idade nesse momento da edição de seus tratados. O jovem doutor estudou na Universidade do México, que havia sido fundada três décadas antes da publicação. Embora lamente a precariedade do ambiente de estudos na Nova Espanha, realça a felicidade de ter tido como mestre Antonio Rubio, jesuíta professor de teologia na Universidade do México e também na Espanha (na Universidade Complutense). O objetivo expresso de Cárdenas, ao escrever o livro, é difundir as novidades e as maravilhas de plantas ignoradas na Espanha (CARDENAS, Problemas y secretos maravillosos de las Indias. Madrid, 1988; cf. DURÁN, "Introducción", 1988). Aponta Millones-Figueroa a importância de destacar a peculiaridade do tratado de Cárdenas dentro da tradição de "perguntas e respostas" do "subgênero problemata", uma tendência literária que se inicia no "texto fundador" da coleção pseudo-aristotélica que contém cerca de novecentos "problemas" sobre causas de fenômenos naturais, nos âmbitos da medicina, história natural e meteorologia. A circulação, comentários e imitações desse texto e de outros parecidos da Antiguidade, que desponta após o século XIII, teve grande importância no século XVI (MILLONES-FIGUEROA, "Indianos problemas: la historia natural del doctor Juan de Cárdenas", 2002, p. 85). Millones-Figueroa destaca duas outras questões em torno da perspectiva de Cárdenas. Primeiro, o médico do México procura explicar o que se considerava "maravilhoso" no mundo americano, isto é, aquilo que havia dificuldade de ser racionalmente compreendido na nova natureza e que devia ser equiparado ao mundo natural do Velho Mundo, porque ambos

agora contar as virtudes e grandezas desta santa erva, as enfermidades que com ela se curam e têm curado, os males que preserva de milhões de homens, seria proceder em infinito". Não é gratuito, para o doutor, o sagrado adjetivo para a planta: "me atrevo a dizer que não criou a natureza erva mais santa e medicinal e assim com razão muitos a nomeiam a santa erva".[63] Esta postura parece contradizer o que pensava Acosta teólogo, temeroso da submissão do homem às coisas deste mundo, por tamanha adoração.

"O fumo desta bendita e medicinal erva", segundo Cárdenas, será recomendável para todas as pessoas, principalmente para reagir à "indigestão e empacho", embora devesse ser evitada por quem tivesse certas enfermidades febris, para homens héticos (tuberculosos), ou por quem apresentasse chagas e inflamações. Afora esses casos, não havia contraindicação.

Deve-se ter o cuidado, todavia, para não exagerar na dose: "é bem razoável que ofereça este fumo grandíssimo proveito, se é tomado em pouca quantidade depois de comer, e digo em pouca quantidade, porque tomando muito poderia embriagar ou dar dor de cabeça e ainda fazer lançar a comida [vomitar]". Por fim, Cárdenas critica o costume de fumar tabaco como "puro vício", no qual incorriam tanto índios como negros e muitos espanhóis: "não querem deixar de tragá-lo e por ventura a fim de ajudar-se melhor para suas maldades". Por causa disso tais fumantes "são dignos de muita repreensão e castigo"[64] O uso rotineiro do tabaco traz consigo a pecha das más intenções.

---

terrenos e seus fenômenos pertencem a uma mesma ordem natural. Na visão do doutor Cárdenas, o Novo Mundo "conta com tantas maravilhas como o resto do mundo, e sua flora e fauna não são desprezíveis senão mais espetaculares; em suma, um mundo natural em busca de autores" (p. 89). O autor ainda destaca a posição "criolla" de Cárdenas, pois ao observar os efeitos do mundo natural americano nos corpos de espanhóis, nativos e espanhóis nascidos ou criados no Novo Mundo, concluiria que os "humores favorecem os criollos". Cárdenas instrumentaliza a teoria das compleições humanas mostrando a vantagem do corpo criollo na integração com a natureza americana, enquanto marginaliza o corpo indígena numa compleição inferior fleumática (p. 98-9).

63 Citas: "querer agora contar las virtudes y grandezas desta sancta yerva, las enfermedades que con ella se curan y han curado, los males de que a millones de hombres preserva, será proceder en infinito"; "me atrevo a dezir que no crió la naturaleza yerva más sancta y medicinal y assí con razón muchos la nombran la sancta yerba".

64 CÁRDENAS, op. cit., 1988, p. 193, 194 e 198. Citas: "es muy puesto en razón que haga ese humo grandíssimo provecho si se toma en poca cantidad después de comer, y digo en poca cantidad porque tomando mucho podría embriagar o dar dolor de cabeça y aun hazer lançar la comida"; "no lo quieren dexar de chupar y por ventura a fin de ayudarse mejor para sus maldades".

Os comportamentos inapropriados vêm consubstanciados no fumo, bem como surge a perspectiva de punir o vício.

A sombra do uso impróprio parece inibir o elogio da medicina do tabaco pelo jesuíta Acosta. Ora, após comentar que a erva é de "raras virtudes", e sem mais que brevemente expor sobre o uso antídoto da erva, o padre faz a advertência: "o autor de tudo [Deus] repartiu suas virtudes como ele foi servido e não quis que nascesse coisa ociosa no mundo; mas conhecer [o mundo] e saber usar dele como convém, esse é outro dom soberano que o Criador concede a quem Ele é servido".[65]

Talvez a aversão de Acosta ao estrangeiro uso de fumar o tabaco, bem como as razões do uso, ou melhor, a leitura moral que fazia desse uso, tenha interrompido o relato sobre a erva num momento de narrativa para o louvor das propriedades dos vegetais (no corpo humano). Assim (noutro relato) lembra que "os escravos da Etiópia [i.e. África negra] picam o tabaco (um gênero de erva que é assombrosamente eficaz para excitar o cérebro) e costumam absorver o pó pelas narinas. Eles provocam assim uma embriaguez completa e duradoura que consideram o cúmulo da felicidade".[66]

Enquanto isso, o doutor Monardes e o doutor Cárdenas irão enfatizar as virtudes da erva, mesmo porque escrevem tratados de matéria médica. A erva serve para solapar a sede e a fome, e evitar o cansaço.[67] Monardes irá descrever com detalhe como o indígena mexicano costumava usar o tabaco, que ao ser colocado na boca evitaria a fadiga nas longas jornadas. O médico também trata do uso da coca pelos índios do Peru. A maneira de consumo é quase idêntica e para os mesmos fins dos

---

65 ACOSTA, *Historia*, p. 191-192. Ao afirmar o "don soberano que concede el Creador a quien El es servido", Acosta salienta o sentido da graça, e assim, aqueles que estão fora da Revelação, devem operar um uso defectivo do tabaco (é o caso no milieu indígena). Cita: "el autor de todo repartió sus virtudes como él fué servido, y no quiso que naciese cosa ociosa en el mundo; mas el conocello el hombre y saber usar de ello como conviene, este es outro don soberano que concede el Creador a quien El es servido".

66 ACOSTA, *De procuranda*, I, p. 551. Cita: "los esclavos de Etiopía pican el tabaco (un género de hierba que es assombrosamente eficaz para excitar el cerebro) y suelen absorber el polvo por las narices. Se provocan así una borrachera completa y duradera que ellos consideran el colmo de la dicha".

67 O que pode corresponder, grosso modo, à ambiguidade colocada pela farmacologia, entre o poder anestesiante e estimulante de várias plantas que embriagam.

mexicanos.[68] Cárdenas será explícito sobre a "imitação" de um costume e outro, inclusive dedicando um capítulo de seu tratado para pensar "por que causa a coca e o tabaco, trazendo-os na boca, dão força e sustento ao corpo". Cárdenas nega a qualidade alimentícia de tais substâncias – "porque coisa que não se masca nem vai ao estômago, mal podemos dizer que tal dê algum sustento ao corpo" –, mas especula o sentido de embriaguez que acarreta o uso bucal da coca e do tabaco. Pelo fato de serem as plantas "fortes e agudas, enviam certo humor [fluido] ao cérebro". Tanto o suco da coca como o fumo do tabaco transmitem uma substância que tem a qualidade de causar "um gênero de embriaguez, mediante o qual não se sente o cansaço".[69]

Devido ao sabor "agudo e mordaz", bem como à "sutileza e penetração de partes",[70] o tabaco e a coca na boca atraem bastante a "fleuma", humor corporal concentrado no cérebro. Desde a boca, esta fleuma passaria para o estômago, forçando seu cozimento e chegando ao fígado, convertendo-se em sangue e

---

68 A respeito do uso do tabaco: "toman las hojas del, y las mascan, y como las van mascando, van mezclando con ellas cierto polvo hecho de Conchas de Almejas quemadas, y vanlo mezclando en la boca todo junto, hasta q hazen como una massa, de la qual hazen unas pelotillas poco mayores que garvanços, y ponen las a secar a la sombra, y despues las guardan y usan dellas, en esta forma. Quando han de caminar por partes do no piensan hallar agua, ni comida: toman una pelotilla de aquellas, y ponen la entre el labio baxo y los dientes, y van la chupando todo el tiempo que van caminando, y lo que chupan tragan, y desta manera passan y caminan tres y quatro dias sin tener necessidad de comer ni bever: porque ni sienten hãbre ni sed, ni flaqueza que les estorve el caminar" (MONARDES, op. cit., p. 50f). A respeito da coca: "Es cosa general el uso della entre los Indios para muchas cosas: para quando caminan por nescessidad, y para sus contentos quando estan en su casa: y usan della en esta forma. Toman almejas, o conchas de ostias y queman las y muelen las despues de quemadas, quedan como coal muy molida: y toman unas hojas dela Coca y mascanlas y como las van mascando van mezclando cõ ellas de aquel polvo hecho de las conchas, de modo que hazen dello como una pasta, llevando menos del polvo que de la yerva, y desta massa hazen unas pelotillas redondas y ponen las a secar: y quando quieren usar dellas toman una pelotilla en la boca, y chupanla passandola de una parte a outra, procurãdo conservarla todo lo mas que pueden, y acabada aquella tornan a tomar outra, y assi van usando dellas todo el tiempo que las han menester, que es quando caminan, en especial si es por partes do no ay comida, o falta agua, porque el uso destas pelotillas les quita la hambre y la sed, y dizen reciben sustancia como si comiessen" (p. 114v-115f).

69 Citas: "por qué causa la coca y el tabaco, trayéndose en la boca, dan fuerça y mantenimiento al cuerpo"; "porque cosa que no se maxca ni va al estómago mal podemos dezir que la tal dé algún mantenimiento al cuerpo".

70 São os vapores chamados também pelos doutores como espíritos, tal o caso de substâncias dos ares e plantas aromáticas, que penetrariam pelos menores interstícios dos tecidos e órgãos do corpo humano, segundo a fisiologia galênica que imperava entre os médicos e religiosos.

sustentando o corpo. Por isso, indiretamente, essas plantas armazenadas na boca aplacariam a fome.[71]

Monardes enfatiza um proveito, digamos, recreativo dessas plantas e preparados no meio dos bárbaros: "Outras vezes usam delas [as bolas de massa de coca] para seu contento, ainda que não caminhem". Quando "querem embriagar-se, ou estar algo fora de juízo", os índios andinos iriam juntar coca e tabaco, "que é coisa que lhes dá grande contentamento estar daquela maneira".[72] Quanto aos índios do México, o tabaco seria usado em consultas dos índios principais com sacerdotes em práticas de adivinhação. Tais sacerdotes, fumando seus charutos, cairiam como mortos no chão. Monardes disserta sobre os efeitos da planta na mente e da influência do demônio na divinação. O uso diabólico não é visto como bom proveito, é claro. Mas Monardes também acentua que o fumo podia ser utilizado pelos demais índios (não sacerdotes) "para seu passatempo (...) para embriagar-se com ele, e para ver aqueles fantasmas e coisas que se lhes representavam, com o qual se alegravam".[73]

Mais adiante no relato, Monardes cita Dioscórides, investigador de plantas da Antiguidade, o qual havia feito menção da "raíz do Solatro furioso", que tomada no vinho, traria a representação na mente de "fantasmas e imaginações, umas terríveis e espantosas, outras que lhes dão satisfação e alegria". Também resgata do livro de Garcia da Orta, português contemporâneo, relatos sobre o "Bague" (maconha) que vem da "Índia Oriental", que priva aqueles bárbaros "de todo sentido", e enquanto dura a "virtude do medicamento, dá muito contento, e veem coisas que lhes dão prazer, e se alegram com elas".[74]

Sobre o ópio, o médico tratará desses mesmos efeitos de satisfação. Enquanto visitava uma botica sevilhana, pergunta a um "índio" (do Oriente) o porquê de

---

71 CÁRDENAS, op. cit., 1988, p. 163 e ss.

72 "assi mismo entonces dela misma Coca sola, o mascandola y trayendo la en la boca de una parte a otra, hasta que queda sin virtud y toman otra" (MONARDES, op. cit., 1574, p. 115f.). Citas: "Otras vezes usan dellas [as bolas de massa de coca] por su cõtento, aunque no caminen"; "se quieren emborrachar, o estar algo fuera de juyzio"; "que es cosa que les da grande contentamiento estar de aq[ue]lla manera".

73 Ibidem, p. 47v. Cita: "por su passatiempo (...) para emborracharse con el, y para ver aquellas fantasmas y cosas q[ue] se les representavan, de lo qual recebiã cõtento".

74 Citas: "fantasmas y imaginaciones, unas terribles y espantosas, y otras que les dan delectaciõ, y contento"; "virtud del medicamento, reciben mucho cõtento, y veen cosas de que reciben plazer, y se alegran con ellas".

comprar tanto ópio. O homem teria respondido que aquela grande quantidade servia para "poder trabalhar e descansar do trabalho".[75] O uso do tabaco pelos índios americanos também serve para "dar alívio do trabalho", e mais, para despender bastante energia em bailes e ainda "poder outro dia trabalhar". Depois, voltar àquela "atividade desatinada" de se esbaldar com o tabaco e ao recobrarem-se do estupor, poder novamente trabalhar descansados. Com os negros passaria o mesmo, embora seus amos quisessem muitas vezes coibir o uso demasiado, pois "ainda que não estejam cansados [eles] se perdem" nesse uso do tabaco pela boca ou pelo nariz. Tais substâncias são bem importantes para as "gentes bárbaras", como sublinha o doutor de Sevilha: "coisa de admiração" que essas coisas "tomem em tão grande quantidade, e que não os matam, antes tomam-nas por saúde e remédio de sua necessidade".[76]

Monardes pondera que nem sempre é necessário moderação para proveito da medicina. Os usos que podem ser considerados extravagantes para o europeu (ao menos para o cristão erudito) teriam total cabida para os povos considerados bárbaros. Henrique Carneiro destaca que Monardes pode ser considerado "o mais exemplar dos cronistas das drogas do século XVI". O médico é bastante livre para opinar a respeito dos deleites com tais medicinas que embriagam, sem se deixar dominar pelas visões mais condenatórias e definitivas, de constrição moral do abuso ou do uso demoníaco por índios de Oriente ou Ocidente.[77]

Las Casas, por sua vez, elogia o bom proveito dessas plantas no uso gentio. Especificamente quanto ao costume de colocar "erva na boca", que teria por objetivo alcançar "um adormecimento nas carnes e em todo o corpo, de maneira que não sentiam fome nem cansaço". Las Casas aponta que tais usos são comuns em várias partes das "Índias", quer seja com tabaco, com coca ou outras coisas que não saberia identificar. Para o dominicano, a coca na boca informa "o bem que sentem chegar para eles (…) pela grande utilidade que recebem" ou "grande proveito", nunca por "grande vício". O retórico defensor os índios criticara a visão que muitos espanhóis apresentavam dos costumes alheios, que diziam "ser mais por vício e mal costume ou imaginação". Mas diriam isto sem saber que no mundo antigo, como a leitura

---

75 *Ibidem*, p. 48f e 49v.
76 *Ibidem*, p. 49f. <u>Citas</u>: "aunque no esten cansados se pierden"; "cosa de admiracion (…) que las tomen en tan gran cantidad, y que no los mata, antes lo toman por salud, y remedio de su necessidad".
77 CARNEIRO, *Amores e sonhos da flora*, 2002, p. 195-7.

de Plínio indicaria para Las Casas, havia uso de plantas entre os "citas" que "dão os mesmos efeitos e têm a mesma eficácia".[78]

Mas diferente de Monardes, Las Casas não via proveito dessas plantas entre os bárbaros somente como puro deleite. O olhar de Las Casas, dignificante do costume gentio, privilegia um estatuto moral nas razões do uso. O clérigo resume o consumo salutar para aqueles psicoativos que colocaríamos na classe dos estimulantes e anestesiantes. São relatos de costumes isentos de todo o mal. Contudo, ao lidar com situações de uso das plantas alucinógenas, Las Casas torna-se essencial para adentrarmos na ciência demonológica que condena esse tipo de prática.

O doutor Monardes apresenta a ideia de contentamento (também) dentro do universo de consumo de plantas para obter visões, embora ainda ofereça preocupação com a presença do demônio. Já o médico Cárdenas não concede para a ideia de prazer nas visões, pois considera-as todas pesadelos. Ainda assim, enfatiza a serventia medicinal, o valor de cura no consumo dos alucinógenos, apesar das terríveis visões que acarretaria o consumo. Mas somente os mal-intencionados chamariam o demônio nessas ocasiões. Como recorda Gruzinski, o Santo Ofício na Nova Espanha fazia clara distinção entre um consumo medicinal, lícito, e o adivinhatório, que era proibido.[79]

Voltemos aos estimulantes/anestesiantes em Acosta, que tempos depois de Las Casas, igualmente identificaria a eficácia da coca no uso dos índios andinos, refutando também a leitura de que o consumo fosse governado "por superstição e coisa de pura imaginação". Afirma entender "que efetivamente opera forças e dá alento aos índios, porque se veem efeitos que não se podem atribuir à imaginação, como é com algum punhado de coca caminhar dobrando as jornadas, sem comer às vezes outra coisa, e outras semelhantes operações".[80] Entretanto, Acosta receava que os índios dessem tanta importância para plantas como a coca no Peru ou o cacau

---

[78] LAS CASAS, *Apologética*, II, p. 628-9. Cita: "un adormecimiento en las carnes y en todo el cuerpo, de manera que ni sentían hambre ni cansancio"; "el bien que sienten venirles los indios (...) por grande utilidad que della reciben"; "que hacen los mismos efectos y tienen la misma eficacia".

[79] GRUZINSKI, *Colonización del imaginário*, 1991, p. 219.

[80] Cita: "que en efecto obra fuerzas y aliento en los indios, porque se ven efectos que no se pueden atribuir a imaginación, como es con un puño de coca caminar doblando jornadas sin comer a las veces otra cosa, y otras semejantes obras".

na Nova Espanha – como veremos, devido às superstições que os bárbaros teriam perante os vegetais.

Mas havia natural proveito da coca, como havia no uso das bebidas de cacau, às vezes chamadas de chocolate, também em destaque na pena do jesuíta. Tratava-se de honesta confecção. Acosta pondera sobre as crenças a respeito de propriedades medicinais do chocolate: "dizem que é peitoral e para o estômago, e contra o catarro".[81]

Contudo, o jesuíta conduz eventuais vilificações dos frutos que se extraem do Novo Mundo. O que se dá no caso da pimenta, "natural especiaria que Deus entregou às Índias Ocidentais". Chamam-na os espanhóis de "ají", vocábulo emprestado dos índios antilhanos. Mas entre os naturais do Peru, o nome é "uchu". Entre os mexicanos, "chili". Acosta descreve as diversas utilidades do condimento, seus sabores e odores, que diferem pelas várias espécies. Mas há um lado bom e outro ruim das pimentas americanas:

> É o principal molho, e toda a especiaria das Índias; comido com moderação ajuda o estômago na digestão, porém, se é demasiado tem efeitos bem ruins, porque [em qualidade] é muito quente, vaporoso e penetrativo, quando nos jovens o muito uso dessas pimentas é prejudicial à saúde, principalmente da alma, porque provoca a sensualidade.[82]

Das bebidas alcoólicas indígenas, a chicha ou "vinho do milho" será bastante visitado pelo jesuíta, que terá o cuidado de separar os maus usos das benesses das poções. Além disso, pelos "diversos modos" de chicha, o cronista poderá distinguir a boa bebida da má confecção, tendo em vista os fins para os quais se destinam as poções.

Os índios do Peru chamam a bebida de "azua", com a qual "se embriagam bastante". Acosta chega a descrever, então, três formas de produzir a bebida. Aquela à "modo de cerveja", fermentada pela germinação do grão de milho, "sai tão forte que

---

81 ACOSTA, *Historia*, p. 181 e 180.
82 *Ibidem*, p. 177. Cita: "Es la principal salsa, y toda la espercería de Indias; comido con moderación ayuda al estómago para la digestión, pero si es demasiado tiene muy ruines efectos, porque de suyo es muy cálido, y humoso y penetrativo, por donde el mucho uso de él en mozos, es perjudicial a la salud, mayormente del alma, porque provoca la sensualidad".

em poucos goles derruba". Comenta como é proibida pela legislação do vice-reino do Peru, "pelos graves danos que traz, embebedando fortemente; mas a lei serve de pouco, pois de um jeito ou de outro usam [a poção] e estão dançando e bebendo noites e dias inteiros".[83] Resgata que Plínio já havia descrito tal maneira de bebida embriagante feita de grãos molhados, usada em várias regiões, como em partes da Espanha e da França. Sendo que no seu tempo, revela Acosta, é comum a cerveja feita de cevada, como aquela produzida em Flandres (então domínio espanhol nas terras flamengas).[84]

Outra maneira de produzir a bebida é mascando o milho para fazer levedura. Acosta adverte que o costume dá "asco", ainda mais porque dizem que é melhor fazer a levedura com saliva das velhinhas. Mas os andinos não pensam como ele, completa o autor, numa certa abertura para a versão que o outro tem a oferecer, ainda que, como contumaz no cronista, a proposta é arbitrar os sentidos morais dos costumes indígenas.

O terceiro tipo de chicha aparece como o "mais saudável", é feito do milho tostado. Além de ser mais saudável, é o método "mais limpo", sendo que a poção é aquela que "menos transtorna". Fundamental, enfim, é que esta chicha "usam os índios mais polidos, e alguns espanhóis, por medicina; porque em efeito, acham

---

83 Citas: "sale tan recio que a pocos lances derriba"; "por los graves daños que trae, emborrachando bravamente; mas la ley sirve de poco, que así como así lo usan, y se están bailando y bebiendo noches y días enteros".

84 Assinalemos que o primeiro grande "cronista das Índias", Gonzalo Fernandez de Oviedo, compara a festa da borracheira com chicha na região da Terra Firme (atuais países da Colômbia e Venezuela) com o que havia observado de costumes festivos com muita cerveja em Flandres (OVIEDO, *op. cit.*, 1950, p. 132-133). Da mesma forma, Las Casas iria comparar um costume da bebida coletiva, festiva e demasiada dos índios (centro-americanos) com o que se passa com "nuestros flamencos", mas também, com "nuestros españoles, que fácilmente toman las costumbres ajenas, no tienen muncho empacho de hacello, porque cuando afeáremos los defectos destas gentes [americanas] escupamos al cielo" (LAS CASAS, *Apologética*, III, p. 1490). Outro relato, em tom de insulto perante o costume nativo, Saignes recupera de um cronista chamado Melchor de Castro Macedo, o qual aponta que os índios, em seus encontros que duram dias, bebem "con más vicio que en Flandres" (*apud* SAIGNES, "Borracheras andinas", 1993, p. 55). Estas considerações dos cronistas reportam a diferenças de costume europeu no beber álcool, um contraste entre os povos mediterrâneos e da região setentrional, pois aqueles se distinguem pela moderação no vinho entre as refeições, enquanto os povos do norte apreciariam a forte embriaguez da cerveja em eventos comensais (*ibidem*, p. 52; TAYLOR, *Embriaguez, homicidio y rebelión en las poblaciones coloniales mexicanas*, 1987, p. 69-70; Cf. AZEVEDO FERNANDES, *Selvagens bebedeiras*, 2001).

que é uma bebida muito saudável para os rins e a urina".[85] Assim, nessa poção que perde a notoriedade da forte embriaguez, recupera-se a utilidade mais cara, a virtude medicinal.

Entretanto, pode ser feita uma leitura inversa (quiçá comum entre várias culturas indígenas) dedicando mais importância à primeira chicha, descrita como a pior por Acosta. Pelo que avalia Saignes, teríamos os "distintos graus de força" que "remetem à valorização andina da energia", uma visão que se distancia da moral cristã da serventia de plantas que embriagam – pois nesta perspectiva, é melhor que tais plantas e preparados não embriaguem.[86]

Com relação à bebida alcoólica mais comum dos antigos mexicanos, que é conhecida como "pulque" desde os tempos da conquista espanhola, Acosta mantém-se taciturno. Da planta que se extrai essa bebida, o cronista denomina-a "a árvore das maravilhas": tal é o "maguey" (algumas espécies de agave ou pita que propiciam aquela bebida). Comenta que os índios estimam bastante o vegetal, assim como os "chapetones", espanhóis de berço e da elite superior que vivem na Nova Espanha. Estes costumam "escrever milagres" sobre os agaves, pois das folhas do maguey se fazem fios e agulhas, da raiz se extrai aquele licor que cru é como a água, "fresco e doce". Mas na cocção pode virar xarope, mel ou vinho (azedando-o, vinagre). O xarope "é de bom sabor e cura". Além de curar, "é melhor que xarope de uvas". Do vinho do agave (o pulque), não há comentário a respeito.[87]

---

85 ACOSTA, *Historia*, p. 171. Citas: "menos encalabria"; "usan los indios más pulidos, y algunos españoles, por medicina; porque en efecto, hallan que para riñones y urina es muy saludable bebida".

86 SAIGNES, *op. cit.*, 1993, p. 54. O autor oferece o comentário a partir da análise de outro relato que apresenta a mesma tipologia de três formas de chicha: na obra *Questión moral si el chocolate quebranta el ayuno* (1636, fs. 57-8), Antonio de León Pinelo demonstra que a variedade de chicha feita do milho tostado, refresca; a "acua", produzida da farinha mascada e cozida, ainda tem algo de "sustento". Ambas "no quebrantan el ayuno". Já a terceira variedade da bebida (sora e viñapu), feita a partir do milho germinado, "se hace tan fuerte que poca cantidad embriaga". Pode-se acrescentar um alucinógeno, como a semente do espingo. No litoral a bebida é chamada de yale, na serra peruana, recri. León Pinelo informa que "cuando la beben los indios comen muy poco" (*Apud.* SAIGNES, *ibidem*).

87 ACOSTA, *Historia*, p. 182. Na *Apologética historia*, Las Casas desenvolvera também o elogio a quase infinitas extrações e proveitos da planta do maguey. Igual que Acosta, não trataria do assunto da bebida do pulque, escrevendo apenas o detalhe de que dessa planta "hacen vino" (LAS CASAS, *Apologética*, II, p. 580-1).

Na *Historia natural y moral*, Acosta nunca irá escrever a corruptela pulque, muito menos fornecerá o mais comum epíteto nativo: octli.[88] Mas ambas as denominações e muitas histórias da bebida foram tratadas por Sahagún e outros cronistas no chão da Nova Espanha.

Também havia outro lado (não natural) das funções do agave que faz o pulque. Na parte moral de sua história, Acosta vai relatar que durante as "penitências e asperezas que os índios têm usado por persuasão do demônio", os sacerdotes mexicanos pegavam agulhas feitas da "ponta do maguey" para perfurar seus corpos, extraindo sangue para o sacrifício aos ídolos.[89]

Obtém-se, nessa comparação entre um relato de história natural (sobre as plantas) e outro de história moral (sobre os índios), clara oposição entre usos corretos dos vegetais e outros inaturais, considerados desvios dos homens que, enfim, eram os naturais daquela terra. Acosta contrapõe uma ordem trazida pelo divino aos usos de (des)ordem diabólica, em tom de absoluta incompatibilidade, sem que pela leitura dos costumes seja possível observar outros meandros ou compromissos nas operações dos homens com as plantas. Não é possível tomar medicinais poções da caldeira demoníaca.

Acosta evoca outro absoluto, além da barroca oposição entre o bem e o mal. Trata-se da condição de inferioridade histórico-cultural, como sugere a tão cara noção de barbárie para o teólogo. Os índios estavam "fora da luz sobrenatural", i.e., a razão natural que enxerga a luz divina estaria nublada pela obra do diabo. Mas também "lhes faltou (…) a filosofia e doutrina natural" dos antigos gregos e romanos. A barbárie, em última instância, é condição de inferioridade sociocultural de povos que, aliás, não nasceram na "melhor e mais nobre parte do mundo", que é a Europa.[90] Ainda que a barbárie não fosse relacionada à falta de capacidade congênita do índio, seria atrelada, isto sim, à imaturidade da mente pela falta de edu-

---

88 A bebida dos antigos mexicanos feita da seiva fermentada do agave ou maguey era chamada "octli", e a mais comum ou medicinal, "iztac octli" (octli branco). A palavra "pulque" é uma forma colonial que provavelmente remete à expressão em náhuatl "octli poliuhqui" (octli estragado), ou seja, os espanhóis identificaram o nome da bebida octli que em um ou dois dias perdia suas qualidades, com a própria bebida saudável antes de se decompor, recuperando somente a palavra "poliuhqui" (estragado) (cf. GONÇALVES DE LIMA, *El maguey y el pulque en los códices mexicanos*, 1978).

89 ACOSTA, *Historia*, p. 244. Citas: "penitencias y asperezas que han usado los indios por persuasión del demonio"; "puya del maguey".

90 *Ibidem*, p. 216.

cação. Uma infantilidade que corresponderia à própria história muito recente dos humanos naquela terra de Ocidente. Para Acosta, os índios teriam certa disposição psicológica que os aproximava dos atos infantis, o que condizia com a ideia de que o Novo Mundo não era apenas terra recém-descoberta, pois também seria ambiente de recente ocupação por bandos vindos da Ásia. A imagem pueril da América é contrastada com a maturidade da história humana na Europa.[91]

Não há como tratar Acosta, porém, como mero precursor de concepções em voga na época da Ilustração, quer seja a respeito da juventude do próprio continente americano, como postulado pelo naturalista Buffon, ou da degenerescência dessas terras, seus animais e sua gente, como apregoava o abade De Pauw, este apoiando-se pretensamente em Acosta.[92]

Mesmo assim, para o jesuíta, o principal alimento do mundo europeu, o trigo, parece ter compleição mais perfeita que a principal comida do Novo Mundo, que é o milho.[93] Assim como a bebida embriagante mediterrânea é melhor que demais inebriantes do mundo bárbaro.

Até agora visitamos com Acosta e outros cronistas, pelas concepções que oferecem, certas plantas ou poções que interferem bastante nos temperamentos do corpo, particularmente no equilíbrio dos humores e vapores no cérebro. Visitamos a coca e a pimenta, o tabaco e a chicha, pela perspectiva de uma ciência que queria perscrutar os usos naturais de todas essas coisas, mas que, ao final, seguramente informa prerrogativas morais da doutrina para o uso salutar.

---

91 PAGDEN, op. cit., 1982, p. 162.

92 BRADING, "La historia natural y la civilización amerindia", 1994, p. 19 e ss.

93 Antes de lidar com o assunto do vinho do milho (a chicha), Acosta tratará do grão que lhe dá sustância, estudando os atributos e finalidades do cereal mais difundido na América indígena. Acosta lembra que o Criador repartiu benesses pelo mundo, ofereceu o trigo para principal sustento do homem, mas junto às Índias Ocidentais, deixou o milho como principal comida. Compara, então, este cereal em "fuerza y sustento", com o trigo, embora o milho, quando ingerido em muito, provoca "hinchazones y sarna", pois seria mais "cálido" se comparado ao trigo (ACOSTA, Historia, p. 172 e 170). De fato, Acosta verifica a existência de uma enfermidade, o beribéri, que a ciência atual identifica como carência vitamínica para a devida absorção proteica, se numa dieta de milho sem leguminosas como o feijão e sem a reação com substâncias alcalinas, por exemplo, na preparação e cozimento das tortillas. Receitas comuns entre os indígenas mesoamericanos, que evitam a manifestação do beribéri e outras doenças. De toda forma, a ênfase de Acosta no fenômeno da enfermidade do milho já demonstra a inclinação de valorizar o trigo europeu.

Talvez seja possível estabelecer, pelos paradigmas dessa ciência, um quadro de particularidades dessas plantas que embriagam: distinguem-se dos alimentos triviais e também das medicinas comuns, pela força de sua substância. A força de alimento e medicina deve ser ponderada, temperada, no melhor juízo da razão. Pois devido a essa mesma força das substâncias, pode-se chegar aos mais graves caminhos da perdição da alma: o desenfreio da sensualidade, a cobiça, a perda dos sentidos ou da razão. Espaços para toda a concupiscência e irascibilidade, as partes mais baixas da alma do ser humano.

Veremos alguns desses espaços no próximo item, quando o assunto será a borracheira ou bebedeira. Entretanto, no interregno, algo para nos surpreender: a fruta de uma planta da cultura europeia, ou melhor, o vinho dessa fruta. Uma bebida que pode transtornar as razões dessa moral, os juízos sobre o proveito que tirar de uma poção que embriaga bastante.

Ao tratar da uva importada da Europa, Acosta comenta com ligeira atenção as qualidades do vegetal e subprodutos, entre os quais o vinagre, a própria fruta e a passa, o sumo do agraz e o xarope. Mas para o cronista "o vinho é o que importa".[94] Aliás, a única vantagem das terras peruanas em relação às mexicanas é que daquelas se obtém bem melhor vinho.[95] Pode-se chegar à conclusão de que o grande interesse do jesuíta pela poção, ou seu elogio, esteja na razão da importância que essa bebida tem no sacramento da comunhão – o sangue de Cristo transubstanciado no vinho, consagrado. Aliás, a importância do vinho é enorme para as instituições clericais, que se esmeravam na produção e distribuição da bebida desde os tempos medievais.[96]

O vinho está acima de todas as plantas e preparados. Na altura em que exaltava as variadas destinações do agave mexicano, o qual parecia servir para praticamente qualquer operação do homem (da vestimenta ao uso medicinal), Las Casas especula que o vegetal era o mais importante de todo o mundo. Mas existe um detalhe que considerar, uma poção superior a tudo o que vem do excelente agave:

---

94 ACOSTA, *Historia*, p. 195.
95 *Ibidem*, p. 129-130.
96 CORCUERA DE MANCERA, *El fraile, el indio y el pulque*, 1991, p. 64.

> Destas árvores [de maguey] têm fazendas com vinte a trinta mil juntas, como coisa tão proveitosa numa república. Certamente, ainda que as videiras, entre nós, são de grande utilidade e de onde colhemos tão bons frutos – tirado o vinho, que não deve ser comparado a nenhuma outra coisa útil, principalmente, pelo Redentor do mundo tê-lo escolhido para que nele se consagrasse o seu santo sangue – não podem ser comparados nem todos os demais frutos [da vinha] a esta árvore nem quanto ao que [a vinha] de si produz, nem sei que outra [árvore] se encontre, das que hoje sabemos no mundo, que seja digno de comparação com este [maguey].[97]

A embriaguez pelo vinho europeu (na América) não faz parte das discussões morais da *Historia* de Acosta, que chega a opinar que os índios se embriagam "mais rápido" bebendo chicha "que com vinho de uvas".[98] Uma aura de dignidade transcendente em torno do vinho traduz-se também numa embriaguez naturalmente controlável.

De uma frase do jesuíta Acosta, pode-se deduzir a equação entre o vinho e as outras poções embriagantes, o que está na relação entre o culto da divina virtude de uma bebida perfeita e a falsa adoração de diversas confecções impróprias: "A força que a natureza escondeu na videira somente, as más artes do homem a multiplicaram e transformaram até o infinito".[99] Enfim, a história natural ou a ciência sobre as plantas que embriagam na América, deve-se curvar ao sobrenatural aspecto de uma planta que inebria a Europa católica e mediterrânea.

---

97 LAS CASAS, *Apologética*, II, p. 581. Cita: "Destos árboles tienen heredades de veinte y treinta mill juntos, como cosa tan provechosa en una república. Ciertamente, aunque las viñas entre nosotros son de gran utilidad y de donde cogemos tan buenos frutos – sacado el vino, a que ninguna otra cosa útil se debe comparar mayormente por haberlo el Redemptor del mundo para que en él su sancta sangre se consagrase escogido – no pueden ser comparados ni todos los demás sus fructos a este árbol ni a los que de sí produce, ni sé que otro se halle, de los que hoy sabemos en el mundo, que sea digno que a éste lo podamos comparar".

98 ACOSTA, *Historia*, p. 171. Ainda emprestando a opinião de Acosta, a chicha de "sora", feita de "maíz podrido", "es más potente que cualquier vino de uvas como el falerno" (*De procuranda*, I, p. 547).

99 *Ibidem*. Cita: "La fuerza que la naturaleza escondió en la sola vid, las malas artes del hombre la han multiplicado y transformado hasta el infinito".

Histórias de embriaguez, temperança e jejum

Da bebedeira diabólica à embriaguez em Deus

Bartolomé de Las Casas ressalta uma série de benesses que pode trazer o consumo temperado do vinho, tal como "clarificar o engenho" (ou seja, a inteligência, a inventiva), serve para "cortar a ira", "expelir a tristeza". Beber (moderadamente) "causa gozo e contentamento".[100] Acosta, sem chegar a tanto detalhe sobre os benefícios da bebida para a mente, teria o "entendimento" de uma embriaguez no "bom sentido", como bebida ligeira ou convivial – pelo que informa a "Sagrada Escritura". Contudo, a "situação de sentir-se satisfeito plenamente" com a bebida se distingue bastante das "verdadeiras borracheiras e de autêntica embriaguez", assunto este que terá bastante destaque no tratado político da Missão, texto composto no Peru e que traz a ideia de necessário combate às reuniões da embriaguez indígena.[101]

Enquanto Las Casas excede Acosta no elogio das benesses naturais da embriaguez, também faria o mesmo sobre os bons costumes dos índios na bebida. Primeiramente acentua que em geral os nativos eram "abstinentíssimos e bem sóbrios, de muito pouco comer e beber".[102] Acosta concordaria, de um lado, com a opinião de que os naturais em geral desconhecessem a "gula", mas quanto ao beber, "não param nem têm nenhum controle".[103] Das bebidas dos índios, Las Casas destacaria a água. Também a bebida do chocolate, "água fresquíssima" e que "não embriaga". A chicha, esta sim, costumava embriagar. Mas os índios só se esbaldavam nos encontros comensais e nas festas religiosas de culto aos ídolos. Embora tais práticas fossem "defeito de todos os gentios por indústria do demônio", Las Casas procura rever certos pareceres negativos e mostrar (ainda que criando novos estereótipos) uma leitura diferente daqueles reforços de estigma que os cronistas geralmente imprimiam nos costumes dos índios. Assim, descarrega de mal a borracheira dos indígenas, ao citar Aristóteles e a vida de Cristo. O Filósofo demonstraria, na "*Política*", que os "banquetes e refeições públicas" são essenciais para a preservação da amizade entre os cidadãos de uma república. Enquanto Jesus, no

---

100 LAS CASAS, *Apologética*, I, p. 425. No entanto, o vinho em excesso "cesa el acto del entendimiento" (p. 426).

101 ACOSTA, *De procuranda*, I, p. 553 e 555.

102 LAS CASAS, *Apologética*, I, p. 441. Cita: "abstinentísimos y muy sobrios, de muy poco comer y beber".

103 ACOSTA, *De procuranda*, I, p. 549.

meio dos gentios, participara de bodas e outras reuniões – ainda que mantendo a temperança, é claro. Não é nada "ilícito" participar dessas festas. Las Casas completa o argumento questionando quem poderia julgar os comportamentos alheios: "Pois acomodados à mesa do banquete, quem será tão temperado e moderado que não exceda pouco ou muito no comer e no beber, especialmente quanto àqueles que carecem de fé e conhecimento de Deus?". Aliás, "acidentalmente", pois sem saber lidar com a "força do vinho", qualquer um poderia sucumbir à embriaguez, como acontecera com Noé, "santo homem", após colher a vinha que havia plantado depois do Dilúvio.[104]

A postura de Las Casas, imputando inocência ou distração pelas situações da bebedeira indígena, não teria contraparte na opinião sobre as práticas gentílicas dos antigos europeus. O clérigo, em delonga, trata das histórias sobre Baco ou Dioniso, e de como este homem, mau exemplo que se tornara divindade dos antigos pagãos, representava a imunda embriaguez dos vícios nefandos e do desatino, descaminhando muitos sábios e comuns.[105] Chega a especular que os "graves pecados" que costumavam ter guarida nas bebedeiras, e que foi "rito e cerimônia e obra de idolatria" entre os antigos europeus, era algo "comum e universal". É desse cadinho que os índios da América devem ter herdado os maus costumes. Afinal, o ser humano, concebido numa só gênese, mostraria que essas práticas seguiam em difusão, mas também em variedades quase infinitas a partir do evento do Dilúvio e da Torre de Babel. O que dá pretexto para desonerar os índios de culpa, levando o problema dos maus costumes para as origens consideradas mais remotas e decisivas da humanidade como um todo.

Da ciência do Filósofo, Las Casas aproveita a questão dos excessos no vinho, o que impediria a plenitude do intelecto.[106] Lembraria que São Pedro e São Paulo

---

104 LAS CASAS, *Apologética*, I, p. 442. Citas: "convites y comidas públicas"; "Pues asentados a la mesa del convite, ¿quién será tan templado y moderado que no exceda poco que mucho en el comer y el beber, mayormente de aquellos que carecen de fe y cognoscimiento de Dios?".

105 Cf. LAS CASAS, *Apologética*, II, p. 665 e ss. e p. 978 e ss.

106 Aristóteles, ao tratar das potências internas do cérebro para manifestar os sonhos (e em sentido amplo, as imagens cerebrais), assevera os funestos resultados que causam os excessos alimentares, da bebida embriagante e das febres para o funcionamento dessa capacidade mental, pela explicação de que os humores alteram o temperamento do corpo, e, afinal, influenciam na mente, confundindo as manifestações de imagens (a chamada fantasia) no cérebro (ARISTOTLE, *De somniis*, 1941, p. 618-25).

repreendiam os abusos gentílicos na comida e bebida.[107] Mas o dominicano recupera de Aristóteles um argumento favorável ao costume da embriaguez coletiva (como vimos acima). Enquanto os antigos europeus são repreendidos, a fronteira de uma salutar ou lícita embriaguez tem maior margem na descrição dos costumes indígenas, como se fossem reuniões de fraternidade comensal de uma Igreja primitiva dos tempos de Jesus.

Entrementes, é possível obter alguma utilidade da apologia do nativo. A bebedeira indígena perde a carga pejorativa de um costume báquico, de acento nos hábitos mais pecaminosos. Contudo, seria possível pensar num denominador do costume indígena desprovido do fator de intensidade extraordinária no beber? Para Acosta, os bebuns "não só buscam o próprio prazer de beber", algo considerado lícito, medicinal, pela tradição escolástica e médica. Mas "lhes resulta muitíssimo mais prazeroso" aquilo que é "sua maior desgraça: os transtornos que afetam a mente".[108]

As perturbações no cérebro contrapõem-se ao efeito positivo da bebida, que Las Casas tinha como aquele poder de clarificar o engenho mental. Enfim, uma ambiguidade ou dois efeitos da embriaguez, um positivo para a mente, outro negativo.[109]

Acosta demonstraria forte preocupação com as funestas consequências das borracheiras dos índios do Peru. No seu juízo, os danos da embriaguez poderiam resumir-se em três aspectos: grande mal para o corpo, para os costumes, prática contrária à fé. A embriaguez acarretaria enfermidades, hábitos desnaturados, idolatrias.

Quanto aos males no corpo, o jesuíta recupera pareceres de Aristóteles, Plínio e São João Crisóstomo, entre outros. Acentua problemas de relacionamento humano, isto é, os casos de violência desmedida e outros excessos dos bêbados, pois sem controle das emoções, são induzidos inclusive a cometer o assassinato entre amigos. Acosta contempla também problemas mentais que permaneceriam mesmo depois de superado o estado da embriaguez e quando não há mais a substância

---

107 LAS CASAS, *Apologética*, III, p. 1204.

108 ACOSTA, *De procuranda*, I, p. 549.

109 Essa clivagem moral pode ter alguma correspondência com dois estágios distintos da ebriedade no organismo humano. Como acentua Heath, a partir da excitação estimulante num estágio inicial de consumo, pode-se chegar a uma depressão nervosa, a qual, em casos extremos, leva à perda de consciência. Algo que deve ser levado em conta, mesmo quando o objetivo da investigação procura obter os códigos culturais da embriaguez (HEATH, "Borrachera indígena, cambio de concepciones", 1993, p. 177).

embriagante no corpo. O costume de beber, na consequência mais perene, "torna estúpido o senso do homem e embota gravemente a agudeza da inteligência e a embrutece, e produz o esquecimento de todas as coisas, e como disse Plínio, é a morte da memória".[110]

Acosta também explora a ideia de que o vício, hábito desnaturado, se faz como necessidade. Ou seja, algo que lembra a questão da dependência psicológica perante as drogas, embora o jesuíta reflita essencialmente sobre um desgoverno moral nos usos do prazer. Não é problema físico, mas de atitude. O indivíduo deixa-se dominar pelo gosto da bebida, um desenfreio das paixões que o apartaria da virtude (natural segundo Acosta) dos apetites moderados:

> (...) no que se refere ao beber, não param nem têm nenhum controle. Estava eu buscando, um dia, a causa de tão descomunal propensão à bebida e o primeiro que me ocorreu é a causa que Plínio sugeriu (...): *a necessidade acompanha o vício, e o costume de beber aumenta a ânsia, e é conhecido o ditado dos embaixadores citas: os partos, quanto mais bebem, mais sede têm.* Querer apagar a sede de vinho bebendo é o mesmo que tentar apagar o fogo colocando mais lenha. As necessidades que surgem em função de apetites naturais são moderadas; mas o desenfreio vicioso e à margem da natureza não se sacia com nada, como disse eloquentemente Aristóteles a respeito da avareza. Também São João Crisóstomo nos advertiu, com razão, que os que se dão à embriaguez nunca se fartam; antes, quanto mais bebem, tanto mais lhes anima a sede, de maneira que *recorrer ao vinho é, para eles, como acender o fogo. Os bêbados se acendem com o vinho*, como diz um texto de Isaías, ou *o vinho os abrasa*, segundo interpretam outros, ainda mais eloquentemente.[111]

---

110 ACOSTA, *De procuranda*, I, p. 555 e 557. Cita: "hace estúpido el sentido del hombre y embota gravemente la agudeza de la inteligencia y la embrutece, y produce el olvido de todas las cosas, y, como dice Plinio, es la muerte de la memoria".

111 *Ibidem*, p. 549 (grifos da edição). Cita: "en lo que toca al beber, no paran ni tienen ningún control. Estaba yo buscando un día la causa de tan descomunal propensión a la bebida, y lo primero que se me ocurrió es la causa que Plinio sugirió (...): *la necesidad acompaña al vicio, y la costumbre de beber aumenta el ansia, y es conocido el dicho de los embajadores escitas: los partos, cuanto más beben, tienen más sed*. Querer apagar la sed del vino bebiendo, es lo mismo que intentar apagar el fuego añadiendole leña. Las necesidades que surgen en función de apetitos naturales son moderadas; pero

Noutra passagem, que trata especificamente da embriaguez entre os peruanos, o jesuíta recupera uma máxima de Plutarco: "no começo quem manda é a vontade daquele que bebe; mas logo o vinho vai esquentando pouco a pouco a cabeça, transforma as ideias e termina por dominar o homem".[112]

O padre também demonstra extrema aversão diante de um costume que faz reportar ao estado de animalidade – aliás, estado que era compreendido como aspecto da natureza humana e que devia ser abafado pela razão, no intuito de uma plena manifestação da alma. A corrupção do corpo é um dos mais fragrantes sintomas da bebida habitual: "Para que vamos descrever o fedor do hálito, a feiúra dos gestos, os passos vacilantes, a temeridade de dizer qualquer disparate, a repelente sujeira do corpo e demais imundície e asquerosidade, que faz com que logo o homem pareça convertido numa besta?".[113]

O médico Juan de Cárdenas mostra um caso do natural poder nefasto do abuso da bebida. Pode prejudicar a saúde de tão precioso órgão do ser humano, a visão, pois:

> (…) havemos de entender que os indios bebem de tal sorte e em tanta quantidade o vinho, que não digo eu vapores para encurtar a vista, mas para engendrar nuvens e chuvas são bastantes, segundo é sem medida o que bebem (…) todo gênero de vinho qualquer que seja, tendo força para enviar vapores ao cérebro e embriagar, é ruim para a vista, porque aqueles mesmos vapores que embriagam e perturbam o cérebro, eles danificam a vista, baixando do cérebro pelos nervos óticos até os olhos.[114]

---

el desenfreno vicioso y al margen de la naturaleza no se sacia con nada, como dijo elocuentemente Aristóteles respecto a la avaricia. También San Juan Crisóstomo nos advirtió con razón que los que se dan a la embriaguez nunca se hartan; antes, cuanto más beben, tanto más se les enciende la sed, de manera que *recurrir al vino es para ellos como prenderse fuego. Los borrachos se encienden con el vino*, como dice un texto de Isaías, o *el vino los abrasa*, según interpretan otros, aún más elocuentemente".

112 *Ibidem*, p. 589.

113 *Ibidem*, p. 557. Cita: "¿Para qué vamos a describir el hedor del aliento, la fealdad de los gestos, los andares vacilantes, la temeridad en decir cualquier disparate, la repelente suciedad del cuerpo y la demás inmudicia y asquerosidad, que hace que en breve el hombre parece que se ha convertido en una bestia?".

114 CÁRDENAS, *op. cit.*, 1982, p. 255. Cita: "avemos de entender que los indios beven de tal suerte y en tanta cantidad el vino que no digo yo vapores para acortar la vista, pero para engendrar nubes y lluvias son bastantes, según es sin medida lo que beven (…) todo género de vino cualquiera que sea, en teniendo fuerça para embiar humos al celebro y embriagar, es malo para la vista, porque

A concepção de enfermidade pela bebida teria apelo dramático num contexto particular: é quando Acosta reflete sobre a virtual extinção da população nativa da região costeira do Peru. O jesuíta notava que a diminuição ocorrera após a conquista espanhola, mas não iria perceber que as doenças trazidas pelos europeus e africanos fossem causadores da desgraça.[115]

Pela *Historia* de Acosta, a região litorânea do Peru era bem insalubre, porque de qualidade quente e úmida ao extremo. Se o jesuíta considera a opinião de que os índios tenham sido vítimas de "demasiado trabalho" obrigados pelos espanhóis,[116] prefere outra explicação que rondava entre os colonizadores para mortandade dos nativos: "demasiado vício que têm em beber e outros abusos".[117] No tratado de missiologia, Acosta dera bastante caso para a hipótese ao arrolar argumentos contra a embriaguez indígena:

> (…) me parece bem verossímil a opinião de muitos, que atribuem aos excessos da embriaguez, as muitas mortes precoces que se dão nesta região. Pessoas de máxima integridade pensam – e assim dizem – que, entre outras razões, a causa para esta parte inferior dos Lhanos próxima ao mar, que em outros tempos se diz que esteve povoadíssima de numerosos índios, esteja agora tão despovoada que parece um deserto, tal é devido ao desenfreio com que logo após a chegada dos espanhóis se deram a beber sua famosa sidra, sora ou chicha. Essa bebida tem sempre consequências fatais. A razão e explicação que dão é que os índios habitantes da serra são

---

aquellos mismos humos que embriagan y perturban el celebro, ellos dañan la vista, baxando del celebro por los nervios ópticos a los ojos".

115 A explicação mais plausível para a forte diminuição das populações nativas da América depois da invasão europeia é o fato das doenças microbióticas estrangeiras, porque os naturais não possuíam defesas orgânicas perante os germes desconhecidos. Ainda que esta perspectiva tenha de ser ponderada e é suscetível de crítica histórica (Cf. MACLEOD, "Mesoamerica since the Spanish invasion", 2000).

116 Quanto aos trabalhos sofridos pelos índios, poderíamos complementar, em termos mais contundentes, que houve também muitas guerras bem como outras comoções. Por exemplo, a invasão de animais e plantas europeias trazendo novas doenças e infligindo alterações ambientais e de produção alimentar. Tal como a super-exploração do trabalho, são importantes aspectos do novo poder social estrangeiro perante as populações locais.

117 ACOSTA, *Historia*, p. 124. Cita: "demasiado vicio que en beber y en otros abusos tienen".

mais moderados na bebida e de temperamento mais frio, e por isso é que têm aumentado em grande quantidade.[118]

Desde tempos antigos, teria havido grande rivalidade entre as populações do litoral e da serra peruanas. Lembremos da conquista dos incas montanheses sobre o reino chimú da costa norte, pouco antes da vinda dos espanhóis.[119] Las Casas deve ter-se dado conta de diferenças entre essas culturas e supostamente sobre valores distintos que elas depositavam sobre a embriaguez.[120] Mas enfim, a crença de que as nações indígenas litorâneas foram destruídas em razão de um costume corrupto oferecia boa noção de realidade para uma certa metáfora de Acosta: a embriaguez é "uma peste de toda a sociedade".[121]

Para confirmar a distância entre a retidão da alma e o gozo do corpo, o padre cita São Basílio: "a embriaguez (…) é um demônio que voluntariamente deixamos

---

118 ACOSTA, *De procuranda*, I, p. 557. Cita: "me parece muy verosímil la opinión de muchos que atribuyen a los excesos de la embriaguez las muchas muertes precoces que se dan en esta región. Personas de máxima solvencia piensan – y así lo dicen – que, entre otras razones, la causa de que esta parte inferior de los Llanos próxima al mar, que en otros tiempos se dice estuvo pobladísima de indios muy numerosos, esté ahora tan despoblada que parece casi un desierto, es por el desenfreno con que tras la llegada de los españoles se han dado a beber su famosa sidra, sora o chicha. Esa bebida tiene siempre consecuencias fatales. La razón y explicación que dan es que los indios habitantes de la sierra son más moderados en la bebida y de temperamento más frío, y por eso han aumentado en gran muchedumbre".

119 Cf. a reunião de ensaios de María Rostworowski a respeito das diferenças socioculturais e econômicas entre os povos e senhorios da costa peruana, chamados de yungas, em relação aos índios das serras. As elites costenhas, em virtude das questões ambientais de maior abundância alimentar, tiveram o "florescimento de uma atividade suntuária destinada a aumentar a pompa e magnificência dos senhores, sacerdotes e deuses" (ROSTWOROWSKI, *Costa peruana prehispánica*, 2004, p. 20).

120 "Estas naciones de los llanos tenían en gran veneración a los de las sierras, así señores como súbditos, así como un escudero tiene respecto a un grande. Y por el contrario, los de la sierra estimaban en poco a los de los llanos: lo uno, porque los de las sierras eran más valientes hombres en las guerras, que docientos dellos acometían a dos mill de los llanos; lo otro, porque los señores de las sierras tenían por muy regalados y haraganes, holgazanes, soberbios y viciosos a los de los llanos y por eso los tenían en poco". Mais à frente, Las Casas comenta a respeito do apreço que os senhores do litoral tinham pela chicha: "Mostraban también estos señores de los llanos su auctoridad y potencia en cuando iban caminos largos o cercanos; llevaban consigo gran taberna, porque a dondequiera aquel señor parase, mientra allí estuviese, había de ser bebiendo de su chicha, que es como cerveza" (LAS CASAS, *Apologética*, III, p. 1550).

121 ACOSTA, *De procuranda*, I, p. 553.

infiltrar-se em nossas almas para gozar do prazer". Nessa composição, a bebida é o demônio do prazer. O prazer carnal é contrário ao caminho espiritual. Acosta entrevê "as maiores obscenidades e os crimes mais nefandos" durante o "furor da embriaguez", coisas recebidas "entre os índios em muita honra". Ou ainda, "tudo está permitido diante de qualquer pessoa em razão das sagradas leis da bebedeira". Mais: "os bárbaros põem a plena consciência seu coração na borracheira (...) mestra de toda lascívia".[122]

Nunca é demais ressaltar que ideias como obscenidade e lascívia são pensadas denotando costumes contranaturais, numa perspectiva universalista do que é o natural costume, mas que se trata de referendar certa cultura de elite no meio cristão europeu. Convenções de uma moral cega para outros códigos possíveis de conduta cotidiana, ou de poéticas de extravaso dos sujeitos.

O jesuíta, pensando o oposto de Las Casas, concebe que os índios são piores que os antigos gregos e romanos, pois os "bacanais, orgias, cibélias ou lupercais" (festividades pagãs) não são "anuais" entre os índios, mas sim, "mensais (...) ou, melhor dizendo, de cada dia".[123]

A embriaguez é um empecilho para a conversão cristã. Como disse Santo Ambrósio (comenta Acosta), ela "é mãe da perfídia e impedimento da fé". Não somente devido aos pecados que afloram entre os amantes do beber. É que nesse ponto, entra decisiva a influência do demônio, que literalmente sazonara com embriaguez todo o culto para si no Novo Mundo. Não há borracheira que não apresente algum "gênero especial de superstição e sacrilégio".

Acosta sugere que na época colonial, o meio perpetrado pelos índios para proteger o "erro e idolatria ancestrais", está no costume das "solenes bebedeiras e danças". Coloca o fato de que as "famosas festas" dos índios peruanos, conhecidas como "taqui", propõem-se a intercalar "suas célebres ladainhas"[124] com "trago e trago". Se a embriaguez provoca a perda da memória (como vimos no parecer de Acosta), ao mesmo tempo é a maior salvaguarda da tradição. O jesuíta em algo se contradiz.

---

122 *Ibidem*, p. 559-65 para as citações abaixo. Citas: "la embriaguez, dice, es un demonio al que voluntariamente dejamos infiltrarse en nuestras almas por gozar del placer"; "todo está permitido frente a cualquier persona en razón de las sagradas leyes de la borrachera"; "los bárbaros ponen a plena conciencia su corazón en la borrachera (...) maestra de toda lascivia".
123 Cita: "bacanales, orgías, cibelias o lupercales".
124 Cita: "sus célebres cantinelas".

Como aponta Saignes: "Esquecimento ou lembrança? O conceito ocidental [da embriaguez] não parece ter muita validade".[125]

O consumo de álcool no contexto colonial pode informar uma situação complexa, difícil de avaliar.[126] As borracheiras podem despertar atitudes divergentes, como o fortalecimento da memória ou o caminho do esquecimento, mostrar o comprometimento com instâncias de poder local, e ainda, o escape das obrigações. Veículos para manter a tradição e provocar a inovação, em suma, podem manifestar os próprios dilemas e oportunidades que se apresentavam para aquelas populações, quiçá desacorçoadas, mas no entanto, ainda agentes de sua própria história.

Quando pelo documento de Acosta sobre políticas missionárias no Peru, as festas dos índios, chamadas de taqui, são vistas como o lugar onde reina a bebedeira, a qual alimenta uma idolatria persistente. No contrapé estará o discurso inscrito no "livro sexto" da *Historia natural y moral* de Acosta, lidando com as realizações de governo, regras e bons costumes dos antigos peruanos e mexicanos, coisas que considerar "dignas de memória".[127] No capítulo "dos bailes e festas dos índios", não há sequer menção às borracheiras dos povos americanos. Informa que no México, os bailados chamam-se "mitotes", no Peru, "taqui", em outras partes, "areytos". Nesses bailes com cantos e batuques, além dos jogos e outros exercícios, os índios têm seus modos de "entretenimento e recreação".

Ainda que "a maior parte" das antigas mascaradas e cantares tenham sido "superstição e modo de idolatria", porque faziam alusão e eram dedicados aos ídolos, por outro lado (deduz Acosta na mesma oração), em "muitas partes" esses encontros

---

125 SAIGNES, *op. cit.*, 1993, p. 59. Na análise de algumas passagens de crônicas peruanas, como de Lizárraga de fins do século XVI, Saignes aponta que o "discurso etílico veicula uma mensagem de dúvida, até de desafio", extravasando ideias como o fim do domínio espanhol, permitindo, por exemplo, expressar o descontentamento com os serviços pessoais obrigados. A borracheira, "longe de gerar ilusões e 'embotar a inteligência', como alega Acosta, mais certo, iria desenganar e desembocar em tomada de consciência" (p. 67).

126 Recuperemos a reflexão de Wolfgang Schivelbusch sobre a história do uso do álcool pelas massas populares na era moderna europeia. Este autor assevera que seria uma "idealização exagerada" do passado tomar os camponeses antes da industrialização como consumidores por simples prazer de beber, enquanto os operários fossem bebedores que tinham a intenção de se esquecer das penúrias de seu cotidiano miserável. Schivelbusch conclui que beber "sempre correspondeu a esses dois motivos de uma só vez" (SCHIVELBUSCH, *Histoire des stimulants*, 1991, p. 72).

127 ACOSTA, *Historia*, p. 216.

eram apenas "pura recreação".¹²⁸ Mas repitamos: não há uma palavra sobre bebida, quando em outros discursos o mesmo Acosta colocara a borracheira lado a lado com os cantares dos índios nas suas danças rituais.

A intenção do jesuíta, ao tratar das celebrações na *Historia*, será mostrar que a recreação é o sentido mais profundo de tais eventos, e a idolatria, basicamente, um cancro que pode e que deve ser extraído para a continuidade da vida festiva dos índios: "Mesmo que muitas dessas danças se faziam em honra de seus ídolos, isso não era, porém, de sua instituição, senão como está dito, um gênero de recreação e regozijo para o povo, e assim, não é bom tirá-las dos índios, mas sim, procurar que não se mescle [nas danças] superstição alguma".¹²⁹

Enquanto que as borracheiras, "como fomentadoras da idolatria", devem ser eliminadas. Que "sejam borradas do mapa com a maior diligência".¹³⁰ Tal como foram omitidas da *Historia* sobre as festas dos índios?

Entretanto, nesse mesmo livro, Acosta não teria muito como esconder a existência das bebedeiras nas celebrações. Ao relatar os costumes funerários no Peru (mas em seção dedicada à idolatria), comenta que muitos serviçais e mulheres dos senhores mortos acompanhavam esses defuntos "depois de muitos cantares e bebedeiras" – o que era algo generalizado nos eventos funerários das Índias, pela referência de Acosta ao parecer do funcionário real Polo de Ondegardo, que é a principal fonte

---

128 *Ibidem*, p. 316-7.

129 ACOSTA, *Historia*, p. 318. Bernand & Gruzinski (ainda que se reportando ao cronista Diego Durán) realçam o afã de "dessacralização" por separar o costume da superstição ou da idolatria (BERNAND & GRUZINSKI, *op. cit.*, 1992, p. 103). De outro lado, ao empenhar-se em descobrir uma dimensão "profana" (os regozijos) nas festas dos índios, os cronistas apresentam um olhar que é ausente "curiosamente em muitos trabalhos modernos de antropologia, para os quais sem dúvida a alegria não é um comportamento digno de mencionar-se" (p. 95). Destaque-se que as alusões e conclusões de Acosta sobre a recreação dos índios mexicanos recuperam o discurso do cronista dominicano Diego Durán (*Historia de las Indias de Nueva España e islas de la Tierra Firme*, I, 1984, p. 197 e ss.). Cita: "Aunque muchas de estas danzas se hacían en honra de sus ídolos, pero no era eso de su institución, sino como está dicho, un género de recreación y regocijo para el pueblo, y así no es bien quitárselas a los indios, sino procurar no se mezcle superstición alguna".

130 "Por lo cual santísimamente decretó el Concilio provincial celebrado en esta ciudad", em alusão a algumas constituições firmadas no segundo encontro clerical limense (1567), que definira importante diretriz para a política de evangelização no Peru (ACOSTA, *De procuranda*, I, p. 565). Cita: "[que] se las borre del mapa con la mayor diligencia".

do jesuíta para pensar os antigos peruanos.[131] O cronista Acosta, ao descrever as grandes festas "mensais" da idolatria incaica, comenta que após o "lavatório geral" da festa chamada "citua", num ato interpretado como limpeza do mal, os índios "bebiam quatro dias seguidos". Realça que tais lavatórios e borracheiras persistiam secretamente no vice-reino. Havia também reuniões excepcionais, fora da prescrição do calendário inca, tais como as festividades conhecidas como "ytu" e "ayma", nas quais, após rigorosos jejuns, havia grande bebedeira com chicha.[132]

Acosta queria ver separadas a recreação e a embriaguez, mas também compõe o discurso da reunião dessas instâncias: "não parece conveniente privar os bárbaros de toda sua alegria e gosto no beber". Embora para o pensamento de Acosta, aceitar a alegria da bebida é diferente de consentir com demasiado drinque. Ele elogia que se tenha proibido o consumo por decreto real e que se elimine a chicha de "sora", a mais forte e prejudicial, que só serve para "embebedar-se", e portanto, "se tem pleno direito de proibir essa forma de bebida que é puro vício". Mas mantém a noção de que o vinho bebido na "sobriedade e decência é proveitoso à saúde, fortalece e dá alegria".[133] É o equilíbrio da moderação que importa, em bom tom escolástico, evitando-se o escândalo da embriaguez e aproveitando a medicina.

Projeto de interesse para resolver o mal da embriaguez seria aquele proposto por Polo de Ondegardo, que mencionamos, é fonte para os relatos de Acosta sobre os incas e também é mentor para muitos juízos que profere o jesuíta. Enquanto corregidor de Cuzco e La Plata, Polo de Ondegardo implementara a seguinte política: pelo governo civil, deve-se castigar o bêbado com o rigor da lei, mas deve haver tolerância para a embriaguez nas "casas particulares", porque não incomodam, e, aliás, é praticamente impossível de controlar ou suprimir o consumo da bebida. Porém, as "borracheiras públicas", estas sim, há de "impedi-las e erradicá-las de todo jeito", enfatiza Acosta.[134] Tal política, de acordo com Saignes, é bem diferente das antigas normas de controle estatal incaico "que requerem transparência por parte dos sujeitos". Teria havido permissão para as bebedeiras coletivas e não para as particulares.

---

131 ACOSTA, *Historia*, p. 227.

132 *Ibidem*, p. 270.

133 Citas: "no parece conveniente privar a los bárbaros de toda su alegría y gusto en el beber"; "se tiene pleno derecho para prohibir esa forma de bebida que es puro vicio"; "[na] sobriedad y decencia aprovecha a la salud y fortalece y da alegría".

134 ACOSTA, *De procuranda*, I, p. 569-73. Cita: "impedirlas y erradicarlas a todo trance".

Assim, o discurso de Acosta informa "os valores humanístico-cristãos, que separam as esferas pública e privada".[135]

Mas Acosta, mesmo que tão enérgico nessa luta de extirpação da borracheira, irá ceder para uma política de maior compromisso, aproveitando o que "prescreviam as leis dos incas". Sugere que se possa permitir aos "bárbaros", vez ou outra, celebrar suas festas comensais, desde que em praça pública e sob a vigilância dos espanhóis.[136] Dentro de uma perspectiva de substituição radical de costumes (e crenças), o jesuíta propõe que os índios recusem seus "vícios vergonhosos", particularmente a borracheira, e que tenham como prêmio a "sagrada comunhão", a eucaristia como eficaz combate à bebedeira.[137]

O jesuíta deve ter notado, à sua maneira, alguns motivos de consumo *sagrado* da bebida.[138] De todo jeito, busca nova relação do indígena com o sagrado, no caminho estrito de transcendência no juízo da razão. Sublimante (ou sublimada) embriaguez em Deus. Segundo Acosta:

> Do trato frequente com Deus vai-se formando um certo gosto pela vida divina, e ainda que sigam estando em seus juízos, aqueles que por Deus perdem o juízo e se encontram frequentemente em sua bodega, não podem, entretanto, deixar de exalar a abundância daquela embriaguez, doçura e perfume de Deus.[139]

Desta concepção tomista de relação com a divina embriaguez, Antonio Escohotado indicaria um senão provocativo que pode ter enormes consequências: "desde o exato momento em que se consolida o formalismo do rito eucarístico,

---

135 SAIGNES, *op. cit.*, 1993, p. 48.
136 ACOSTA, *De procuranda*, I, p. 591.
137 ACOSTA, *De procuranda*, II, p. 415.
138 Utilizamos a palavra sagrado (relacionada à borracheira) em sentido de comunicação com vários "outros" – com a terra, com lugares especiais, com os ancestrais, enfim, com as chamadas "huacas" dos índios. Também, enquanto forma de apropriação de poder divino, e, ainda, uma maneira de se comunicar, pura e simplesmente, com "outro aspecto do ser", como disserta Heath (*op. cit.*, 1993, p. 176-7).
139 ACOSTA, *De procuranda*, II, p. 129. Cita: "Del trato frecuente con Dios se va formando un cierto gusto de la vida divina, y aunque sigan estando en sus cabales por los demás quienes por Dios pierden el juicio y se encuentran a menudo en su bodega, no pueden, sin embargo, no exhalar la abundancia de aquella embriaguez y dulzura y el perfume de Dios".

todas as comunhões não baseadas num esforço de autossugestão são estigmatizadas como tratos com potências satânicas".[140]

Ao tratar das cerimônias gentílicas de núpcias, Acosta propugna substituir a borracheira pelo banquete religioso, a reversão da idolatria para o culto divino: "corte-se esse supersticioso costume de embriagar-se e banquetear-se com o qual se iniciam nos mistérios diabólicos por meio de seus areitos e taquis [bailes com cânticos], tão somente lhes permitindo a diversão honesta de um banquete religioso".[141]

Objetivamente, o que propõe Acosta é a transformação dos costumes. Demanda que aos índios "se lhes inculque paternal e severamente os deveres do matrimônio cristão, a disciplina familiar (...) a necessidade de educar os filhos na fé e no temor ao Senhor Deus".[142] Depois da primeira finalidade da doutrina cristã, que é propor a fé, a segunda, igualmente importante, é formar os costumes.[143] Dos costumes considerados antinaturais dos índios, por ignorância e pela influência diabólica, passa-se para os hábitos naturais, que embora obscurecidos na barbárie, estão sendo reforçados na Revelação pela Igreja dos Apóstolos de Cristo.

Este é o caminho da aculturação dos índios, ou melhor, nos parâmetros de então, significa torná-los homens civis, com hábitos corretos. Porque os gentios estão ainda "bem longe da reta razão e das práticas próprias do gênero humano".[144] Ou seja, as práticas europeias da tradição cristã são tidas como naturais e universais. Assim que da ignorância dos índios, ignorância das verdadeiras leis de Deus e por tentação da carne, comete-se o pecado luxurioso dentro da borracheira.[145] Entretanto, a tal

---

140 ESCOHOTADO, *Historia general de las drogas*, 1996, p. 241. Jonathan Ott também acentua o argumento da repressão hierática do êxtase perpetrada pelas grandes religiões monoteístas no objetivo de manter a ordem social, o que pode indicar certas luzes para interpretar o que se passa nos tempos da conquista espanhola na América (Cf. OTT, *Pharmacotheon*, 2000).

141 Cita: "córtese esa supersticiosa costumbre de embriagarse y banquetear con que se inician en los misterios diabólicos por medio de sus areitios y taquíes, y permitiéndoles tan sólo la diversión honesta de un banquete religioso".

142 ACOSTA, *De procuranda*, II, p. 485. Cita: "incúlqueles paternal y severamente los deberes del matrimonio cristiano, la disciplina familiar (...) la necesidad de educar los hijos en la fe y en el temor del Señor Dios".

143 *Ibidem*, p. 247.

144 ACOSTA, *De procuranda*, I, p. 65. Cita: "muy lejos de la recta razón y de las prácticas propias del género humano".

145 "Pues la mayoría de ellos pecan por ignorancia o incitados por la fragilidad de la carne" (*ibidem*, p. 217).

"infâmia do comércio [relação] com mulheres" no espaço permitido pelos índios, na festa e na borracheira, não comportaria um código de cultura? Ou como propõe Robert Randall no tocante aos significados indígenas da embriaguez, não se manifestaria aí uma "carnavalização" das regras do cotidiano?[146]

De toda forma, o olhar moral teria dificuldade de enxergar regras de conduta junto a comportamentos estranhos do que se pregava ser natural. A luxúria, uma das noções de desvio da natureza humana, é força que inibe a razão, uma potência concupiscente da alma humana.[147] A proposta morigerante associa, portanto, os cursos da bebedeira ao simples desenfreio das paixões. Liberalidade caótica, ingovernável, o homem presa do demônio, rei da desordem (ou ordem desnaturada).

Projeta-se na regra cristã, apenas nela, o sentido pleno de conduta humana racional. Para o índio chegar mais perto desse ideal, Acosta propõe uma política de ação disciplinar pelo trabalho e pela mortificação, remédios para a alma combalida pelos costumes inveterados de contranatura.[148]

Esse combate aos excessos na bebida compõe um amplo dispositivo, pois deve dar conta dos corpos, dos costumes e da fé. Entrementes, a recreação, que andava algo paralela e alheia à idolatria dos tempos antigos, ou aquele regozijo tão prezado pelo Acosta cronista da *Historia*, tudo desaparece como sentido possível na bebedeira dos índios nos tempos do vice-reino do Peru, borracheira denunciada no projeto missionário do documento *De procuranda indorum salute*.

---

146 Cf. RANDALL, "Los dos vasos. Cosmovisión y política de la embriaguez...", 1993.

147 BERNAND & GRUZINSKI, *op. cit.*, 1992, p. 42.

148 ACOSTA, *De procuranda*, I, p. 147: "En definitiva, a estas naciones bárbaras, principalmente a los pueblos de Etiopía y de las Indias Occidentales, hay que educarlas al estilo del pueblo hebreo y carnal, de manera que se mantengan alejados de toda ociosidad y desenfreno de las pasiones mediante una saludable carga de ocupaciones continuas y queden refrenados en el cumplimiento del deber infundiéndoles temor (...) éste el látigo y la carga. De esta manera se insta a entrar en la salvación incluso a los que no quieren". Acosta, aliás, concebe um lugar de destaque para o problema de "costumbres inveteradas", ou seja, a tradição herdada, ponto central que deve ser tocado na evangelização. Os outros dois fatores, a influência do diabo e a ação dos mal-intencionados ("hechiceros"), são obstáculos menores para o projeto de morigeração dos costumes (p. 371 e ss., cap. XVIII, "Tres impedimentos que estorban mucho la conversion de los infieles"). Em outra parte, Acosta resume que "por tanto, aquel a quien se confía el cuidado pastoral de los indios no sólo debe luchar contra las maquinaciones del diablo y las inclinaciones de la naturaleza, sino también oponerse a las costumbres ya consolidadas de los hombres y fortalecidas en el tiempo por el uso común"(ACOSTA, *De procuranda*, II, p. 117).

Mas enfim, a borracheira, historicamente (inclusive após a conquista espanhola) relacionada a ritos agrários, funerários e outros costumes indígenas, estava impregnada, portanto, daquela idolatria antiga e bem atual.

Lições indígenas de temperança e jejum

Acosta propunha o olhar vigilante da autoridade espanhola sobre a borracheira – que houvesse permissão para beber em praça pública, uma alternativa como mal menor diante de um costume empedernido entre os índios, difícil de liquidar. Mas o teórico da missão trata de lembrar, com brevidade, que os incas já faziam uma política assim. No passado, presumia-se que podiam beber somente nas reuniões coletivas, debaixo das vistas de um rigoroso governo. Sua autoridade era considerada, aliás, de natureza tirânica. Isto se observa em Acosta e incisivamente nos cronistas da era toledana no Peru.[149]

Las Casas não via tirania no governo dos índios, mas sim, uma república bem temperada. Se os andinos se embriagavam em "festas soleníssimas e regozijos grandes", entretanto, eram moderados em tudo no dia a dia. Las Casas, alimentando-se das informações que traziam seus partidários evangelizadores que viviam no Peru, afirma que nalguns encontros, não rotineiros, os índios bebiam exageradamente num jogo de apostas para ver quem aguentava mais tempo sem cair. Os índios da nobreza, no entanto, teriam por "pouca estima quem de vinho se entupia".[150]

Acosta tampouco achava bom que os espanhóis tivessem aqueles índios do México e do Peru como "todos uns bebuns", portanto, gente bem estúpida, ou que entre eles tudo fosse obra de "feitiçarias". Teria sido estreiteza dos primeiros missionários achar desimportante conhecer as "antigualhas" dessas gentes, desmerecendo

---

149 Como adverte Pagden, Acosta concebia que os governos mais avançados dos bárbaros (inclusive, portanto, dos chineses), haviam passado pelo processo inicial onde os líderes eram eleitos pelo povo. Porém, como as sociedades bárbaras, por princípio, não tivessem nenhuma forma de "contrato social", o comandante bárbaro estaria livre da responsabilidade de governar pelo bem comum. "É o cargo que faz o homem. Aqueles que ignoram este fato, como os 'reis' do México e Peru, os quais se disfarçam como deuses e tratam todos os demais homens como animais, criam tiranias" (PAGDEN, op. cit., 1982, p. 166). Entre os cronistas que produziram o discurso da tirania incaica sob o patrocínio decisivo de Toledo, na política de difamação dos incas, destaque--se Sarmiento de Gamboa, que torna sua crônica um discurso bombástico contra os incas, tal como usurpadores do poder de senhores naturais e como governantes cruéis (Cf. SARMIENTO de GAMBOA, *Historia de los incas*, 2001; PEASE, *Las crónicas y los Andes*, 1995).

150 LAS CASAS, *Apologética*, III, p. 1543. Cita: "poca estima el que de vino se cargaba".

qualquer virtude ou realização do passado dos bárbaros.¹⁵¹ Enfim, das coisas principais que resgatar dos antigos donos da terra, estavam as formas de governar os índios comuns.

Como vimos, aparece no discurso de Las Casas a crença de que os peruanos das regiões baixas próximas ao mar eram mais desnaturados e preguiçosos que os serranos. O que justificava pensar que beber em demasia fosse a enfermidade que dava cabo daqueles índios do litoral. A falta de controle sobre esses abusos, na época colonial, faz Acosta ponderar:

> É vergonhoso para os cristãos que um inca, rei de bárbaros e ademais idólatra, refreasse os súditos de seu império nas bebedeiras, e que os nossos [governantes?], que o mais certo seria que corrigissem os costumes corruptos, tenham provocado um crescimento tão absurdo das bebedeiras.¹⁵²

Comenta Acosta que os grandes senhores incas nomeavam governadores em todas as províncias do reino, indicando homens que deveriam ser exemplo de retitude, justiça e subordinação, quando "nem embebedar-se e nem tomar uma espiga de milho de seu vizinho, se atreviam" os índios comuns.¹⁵³ No tratado da missão, o jesuíta irá estabelecer, inclusive, que havia estrito controle do inca para o acesso de bens valiosos, tais como a coca e a chicha:

> Terrível escravidão foi a dos peruanos sob a tirania dos incas: não se lhes permitia nem tomar esposa, nem beber chicha, nem mascar coca, nem comer carne sem o consentimento do Inca. Mas agora, os que têm sido chamados à liberdade do Evangelho, estão agradecidos,

---

151 ACOSTA, *Historia*, p. 288-9.

152 ACOSTA, *De procuranda*, I, p. 557. Cita: "Es vergonzoso para los cristianos que un inca, rey de bárbaros y además idólatra, refrenase a los súditos de su imperio en las borracheras, y que los nuestros, que más bien habían de corregir las costumbres corrompidas, hayan provocado un crecimiento tan disparatado de las borracheras".

153 ACOSTA, *Historia*, p. 295-6.

e depois de sacudir o duríssimo jugo, suportam animadamente a carga leve de Cristo.[154]

Mas o jesuíta propunha também que os espanhóis aprendessem com a tirania incaica, exemplo para o amplo controle da borracheira. Embora pareça reconhecer também como é relevante a frouxidão para o acesso à bebida ou à coca, num regime caritativo do vice-reino do Peru sob a direção moral da Igreja.

Mas havia bons costumes que extrair dos índios pela tirania, e não só daquela dos incas. Na *Historia*, Acosta exalta o extremo cuidado que tinham na "antiga república" com a educação dos jovens, todos encomendados a anciãos que administravam a importância da temperança no comer, bem como o esforço do jejum, entre outras virtudes.[155] Aliás, no âmbito institucional da idolatria, nos ofícios de "sacerdotes e religiosos", os índios mostravam grande dedicação nas penitências e outros rigores, alguns cruéis e francamente diabólicos. Por exemplo, as práticas de autoflagelação. O jesuíta surpreende-se com a entrega dos jovens idólatras mexicanos, que antigamente, "com tão grande aspereza fizessem a serviço de Satanás, o que muitos não fazemos a serviço do Altíssimo Deus". Entre os rigores dos sacerdotes e religiosos da idolatria estavam os "grandes jejuns" onde "não bebiam vinho".[156]

Las Casas, que procurava observar muito mais o sentimento religioso dos índios que as imitações diabólicas nas práticas idolátricas, destacaria que os sacerdotes mexicanos eram "em grande medida honestísimos e muito castos", e que "nunca bebiam vinho nem coisa que embriagasse".[157] Por outro lado, tal como Acosta, teria o dominicano inconfundível aversão da (falsa) virtude do jejum sob a influência demoníaca, propondo o mesmo flagrante sentido de macaquice do diabo, que tanta fama daria ao pensamento do jesuíta Acosta.[158] Para este, certamente os exemplos de

---

154 ACOSTA, *De procuranda*, II, p. 463. Cita: "Terrible esclavitud fue la de los peruanos bajo la tirania de los ingas: no se les permitía ni tomar esposa ni beber chicha ni mascar coca ni comer carne sin el consentimiento del Inga. Pero ahora los que han sido llamados a la libertad del Evangelio están agradecidos y tras sacudir el durísimo yugo llevan animosos la carga ligera de Cristo".

155 ACOSTA, *Historia*, p. 315.

156 *Ibidem*, p. 244-5. Cita: "con tan gran aspereza hiciesen en servicio de Satanás, lo que muchos no hacemos en servicio del Altísimo Dios".

157 LAS CASAS, *Apologética*, II, p. 948.

158 "Pero este ayuno y abstinencia [os demônios] no la persuadían o mandaban hacer sino por su antiquísima y profunda soberbia, por la cual querían usurpar, como el honor y culto de Dios, la virtud,

virtude no seio da perversa idolatria não dariam motivo para qualquer aplauso. Pelo contrário, mostravam simplesmente a profundeza dos ardis demoníacos. As imitações das virtudes da religião cristã seriam apenas aparências e ludíbrios para a real intenção do demônio, que em vista de seu extremo orgulho e com inveja do Criador, tornara-se o arqui-inimigo da criatura de Deus, a mais perfeita, o ser humano.

Se os costumes indígenas ancestrais fossem, entretanto, compatíveis com a religião e a justiça verdadeira, deviam ser preservados e organizados juridicamente por meio das disposições do Consejo de Indias, o centro metropolitano do governo da América.[159]

O regime da temperança, tal como advindo da tirania dos incas, este sim, porque não, um bom caso de convenção bárbara que elogiar e aproveitar. Contudo, um costume como o jejum dos sacerdotes da idolatria mexicana devia, primeiro, ser escarnecido, e com receio poderia ser pensado como preparação para um ritual cristão. No caso da "festa do Itú" peruana, comenta Acosta, "jejuava toda a gente dois dias, durante os quais não tinham [relações sexuais] com as mulheres nem comiam com sal, nem pimenta, nem bebiam chicha, e usavam muito essa maneira de jejuar". Porém, nesta e noutras festas andinas que Acosta cita, o jejum era seguido pela borracheira – em práticas que ainda persistiam no seu tempo, mesmo que "secretamente".[160]

A extração das boas heranças dos índios, daquelas ruins, é difícil de elaborar. Duviols realça o impasse inscrito no jesuíta Acosta, que da intenção de explorar alguns elementos da sociedade indígena "favoráveis ao cristianismo" permanece reticente diante das "bases sedutoras, mas previamente carcomidas pelo demônio".[161]

---

    no en cuanto virtud, sino en cuanto por pedirla querían dar a entender que amaban las virtudes, por cobrar más crédito con los hombres y para vejar y atormentar con aquella áspera e infructuosa maceración en esta vida los cuerpos, como en la otra las ánimas, por el odio que tienen a los hombres, y así siempre se huelgan de sus tormentos y trabajos, usando con ellos de su entrañable crueldad" (LAS CASAS, *Apologética*, III, p. 1156).

159 ACOSTA, *De procuranda*, I, p. 587 e ss.

160 ACOSTA, *Historia*, p. 245 e 270. Citas: "ayunaba toda la gente dos días, en los cuales no llegaban a mujeres ni comían cosa con sal, ni ají, ni bebían chicha, y este modo de ayunar usaban mucho"; "con mucho secreto".

161 DUVIOLS, *op. cit.*, 1971, p. 242-3.

Pagden opina que Acosta tivera em mente um programa de reversão dos ritos indígenas para o caminho cristão.[162] Vimos algo deste projeto na ideia de substituir a borracheira pelo banquete da comunhão em Cristo. Mas como destaca o jesuíta no último capítulo da *Historia natural y moral de las Indias*, a grande chave para a substituição dos rituais está na ideia de aproveitar a servidão profunda em que o demônio deixara os índios. Eles estariam mergulhados num mar de cerimônias e outras obrigações da idolatria, agora para vantagem da nova estrutura de culto, o cristianismo, instituído pela conquista espanhola.

Superstição e o sacrifício de medicinas

Também desejava Acosta substituir antigas crenças pela fé na ciência natural das coisas. O jesuíta adverte que "duas árvores são de não pouca superstição", o cacau no México e a coca no Peru, em capítulo da *Historia* dedicado exclusivamente aos atributos e usos dessas plantas, tão prezadas em suas respectivas regiões e muito mais na era pós-conquista, nos âmbitos de cultivo, comércio e consumo por índios e espanhóis.

Em comparação com os índios do México com seu cacau, os do Peru com sua coca têm "superstição bem maior e parece coisa de fábula".[163] Mas Acosta se exime de descrever quaisquer fábulas em torno do arbusto ou da folha. Seguramente não poderiam ser mais que meras tolices, na perspectiva de saber do jesuíta. Em todo caso, é relevante notar que somente em relação a essas duas plantas, coca e cacau, é que Acosta estipula tamanha superstição dos índios. Talvez seja assim por resumir o assunto que daria muito o que escrever. Além disso, ao menos naquela altura da narrativa da *Historia*, Acosta não estava tratando das falsas ou incipientes crenças dos índios em torno dos vegetais. Aliás, faz aparte para louvar a ciência que destacados médicos nativos tiveram sobre os atributos de muitos ve-

---

162 Quando os ritos indígenas fossem extraídos de sua inspiração satânica, poderiam ser resgatados como práticas cristãs, porque o demônio, ao escolher "macaquear" os rituais da Igreja, teria facilitado a conversão dos indígenas. Entrementes, segundo Pagden, tal como no pensamento de Santo Agostinho, o jesuíta Acosta via dois processos distintos, um deles era a "despaganização", o que devia ocorrer previamente ao processo de "cristianização" (PAGDEN, *op. cit.*, 1982, p. 178-9).

163 ACOSTA, *Historia*, p. 180, cap. 22, "Del cacao y de la coca". Cita: "superstición harto mayor y parece cosa de fábula".

getais: "só direi que no tempo dos reis incas de Cuzco, e dos reis mexicanos, houve muitos desses grandes homens que curavam com simples [medicinais], e faziam curas avantajadas por terem conhecimento de diversas virtudes e propriedades de ervas, raízes, paus e plantas".[164]

Enfim, o que interessa ao jesuíta são os proveitos *naturais*, estes sim, dignos de menção. É assim quando faz alusão às "batatas" e ao "maguey", ao "copal e suchicopal", estes, "incenso[s], que também têm excelentes operações e muito lindo odor para defumações".[165] Não há nada que indique superstição ou idolatria. Mas como veremos desde outros cronistas que operam relatos mais detalhados, cabalmente, tais incensos informam certos motivos da chamada falsa religião de hábito dos índios.

Mas Acosta compõe um capítulo sobre a coca e o cacau na expectativa de descrição dos efeitos naturais no corpo humano. No caso da coca, já foi comentado, o jesuíta não se convence de que a crença nos poderes notáveis da planta "seja pura imaginação", afinal, a coca "efetivamente opera forças e [dá] fôlego aos índios". Efeitos naturais. Acosta chama a atenção para a atitude imprópria de muitos espanhóis, inclusive de "homens seríssimos" que desconsideram os relatos das ações concretas da planta. Acosta logo aponta que a folha da coca, num molho que havia já "provado e do sabor do sumagre [arbusto mediterrâneo]", é "bem conforme de um manjar", talvez querendo confirmar para o leitor que acima de qualquer superstição sobre os efeitos, pode haver natural consumo, não apenas na função de medicina ou de alimento medicinal, pois a folha lhe parecia verdadeira iguaria.[166]

Contudo, há superstição nos usos indígenas, revela o cronista. Os costumes deles eram tais como oferecer a planta aos falsos deuses, por tê-la numa estima exagerada: "os senhores incas usavam a coca por coisa requintada e da realeza, e em seus sacrifícios, era a coisa que mais ofereciam, queimando-a em honra de seus ídolos".[167]

---

164 *Ibidem*, p. 191. <u>Cita</u>: "sólo diré que en tiempo de los reyes ingas del Cuzco, y de los reyes mexicanos, hubo muchos grandes hombres de curar con simples, y hacían curas aventajadas, por tener conocimiento de diversas virtudes y propiedades de yerbas, y raíces, y palos y plantas".

165 *Ibidem*, p. 174, 182-3 e 190-1. <u>Cita</u>: "encienso, que también tiene excelentes operaciones y muy lindo olor para sahumerios".

166 <u>Citas</u>: "en efecto [a coca] obra fuerzas y aliento en los indios"; "hombres graves"; "probado y sabe a zumaque"; "bien conforme al manjar".

167 *Ibidem*, p. 181-2. <u>Cita</u>: "los señores ingas usaban la coca por cosa real y regalada, y en sus sacrificios era la cosa que más ofrecían, quemándola en honor de sus ídolos".

Stuart Clark aponta que – para a filosofia natural cristã – pode existir entre as pessoas aquele teor de "superstição nas esferas do conhecimento e das atividades práticas". A superstição seria "faltosa *in nature*".[168] Quanto às faltas indígenas com o cacau, Acosta não oferece nenhum sinal de uso impróprio. Ao contrário, precisamente quanto à bebida do chocolate, "dizem que a fazem de diversas formas e temperamentos: quente, fresco, moderado", é uma bebida medicinal.[169]

Porém, mais adiante, na narrativa sobre os sacrifícios humanos dos índios, o jesuíta irá tratar de uma "superstição asquerosa", uma poção que mesclava certa bebida de cacau com outra água de sangue humano coagulado.[170]

Dentre os modos de sacrifício aos ídolos, havia um culto que excedia qualquer maneira usual de ritos e cerimônias influenciados pelo demônio, no que consta para o jesuíta. Costume dos mexicanos e de outras tribos do planalto central da Nova Espanha, fazia-se "deuses de homens vivos". Os mexicanos cultuavam tais sujeitos ataviados tal qual os deuses, mas ao final eles eram destinados ao sacrifício. Os dublês de deuses viviam nalguns casos seis meses ou um ano completo, ficavam

---

168 CLARK, *Pensando com demônios*, 2006, p. 604.

169 ACOSTA, *Historia*, p. 180. Cita: "dicen que hacen en diversas formas y temples: caliente, y fresco, y templado".

170 Este relato, como grande parte do que escreve na *Historia natural y moral* sobre o México antigo, Acosta emprestara de uns papéis que havia recebido de outro jesuíta, Juan de Tovar, um mestiço mexicano que investigava o passado indígena por mandato do vice-rei da Nova Espanha, Martín Enriquez de Almansa, desde ordem do rei da Espanha Felipe II, em 1572. No final da década de 70, Tovar havia feito uma pesquisa exaustiva com textos e testemunhos indígenas. Este trabalho agora está perdido. Por outro lado, foram descobertos, no final do século XIX, outros manuscritos de Tovar. Este jesuíta pôde ler a crônica de outro religioso, o frei dominicano Diego Durán, o qual fazia uma investigação baseada em fontes semelhantes (mas particularmente sobre uma crônica indígena que Tovar provavelmente não tivera acesso). Este jesuíta de Texcoco, nos idos de 80, aproveitou-se da crônica de Durán e fez um resumo, entregando uma cópia desse texto para Acosta no decorrer de sua curta estada no México entre 1586 e 1587, vindo do Peru a caminho da Espanha. Observe-se que alguns trâmites, particularmente a relação existente entre a crônica indígena perdida, as obras de Tovar e de Durán, são objetos de polêmicas infindáveis. Importa destacar que os trechos da crônica de Acosta analisados aqui e no subcapítulo seguinte mantêm, quase de maneira literal, a prosa de um dos papéis deixados por Tovar (*Tratado de los ritos y ceremonias y dioses que en su gentilidad usaban los indios de esta Nueva España*). Este texto (e de Acosta consequentemente) também oferecem uma versão bem próxima, embora mais resumida, de passagens específicas da crônica de Durán, no que toca aos episódios da bebida de cacau e do unguento considerados diabólicos (TOVAR, *Origen de los mexicanos*, 2001; cf. VÁZQUEZ CHAMORRO, "Introducción", 2001; DURÁN, *op. cit.*, tomos I e II, 1984).

nessa "representação", comendo, bebendo e se divertindo. "Quando já estava maduro e bem gordo, chegava a festa, abriam-lhe [o peito] e o matavam, comiam-no fazendo solene sacrifício dele".[171]

Naqueles tempos prévios à conquista do México, os índios da cidade de Cholula, numa cerimônia de mercadores denominada "Neyolo Maxitl Ileztli, que quer dizer o apercebimento", tomavam um escravo que se tornava idêntico ao deus Quetzalcôatl. Nove dias antes de matar o "ídolo vivo", dois anciãos dignitários do templo avisavam ao dublê do deus que, depois desse período de bailes e cantos, iriam dar cabo de sua vida. Se o escravo não mostrasse satisfação com isso e ficasse triste, cabisbaixo, o que consideravam mal-agouro, para que recobrasse a alegria, optava-se pela superstição. Davam de beber uma mistura à futura vítima do sacrifício, entre uma poção que provinha do sangue das navalhas de sacrifícios anteriores, com outra, de chocolate. O efeito da poção era fazer o escravo esquecer do "apercebimento", do fim próximo que lhe aguardava.[172]

Vale considerar o significado que Acosta procura dar ao artifício indígena de usar tal bebida, considerada "superstição asquerosa", ou como aparece na crônica de Durán, fonte indireta para o relato de Acosta, "feitiçaria e superstição de muito asco".[173]

Aí toma corpo a superstição (como feitiçaria), preenche o vazio entre os efeitos naturais improváveis de uma bebida ordinária e o resultado consumado, que é fazer a vítima esquecer o destino, a morte no sacrifício. Nessa cerimônia, feitiçaria e superstição – palavras que se unem na crônica de Durán para informar a bebida asquerosa – oferecem a maneira de entender como os efeitos naturais estão aquém daquela eficácia que dizem ter a bebida – eficácia de feitiço que não é contestada por Durán ou Acosta em nenhum momento.

Superstição é substantivo latino (superstitio, onis), reporta a muitos sentidos de oração nos tempos romanos: crença, sobrevivência, culto, adivinhação.[174]

---

171 ACOSTA, *Historia*, p. 234. Cita: "Cuando estaba de sazón y bien gordo, llegaba la fiesta, le abrían y mataban, y comían haciendo solemne sacrificio de él".

172 "porque decían que [a poção] hacía tal operación en él, que quedaba sin alguna memoria de lo que le habían dicho, y cuasi insensible, volviendo luego al ordinario canto, y aún dicen que con este medio, él mismo con mucha alegría se ofrecía a morir, siendo enhechizado con aquel brebaje" (*ibidem*, p. 276).

173 DURÁN, *op. cit.*, I, 1984, p. 63.

174 SARAIVA, *Novíssimo dicionário latino-português*, 2000.

Tem o significado de "falsa religião e erro néscio", pelo dicionário etimológico de Covarrubias Orozco de início do século XVII espanhol. Um erro que se costuma cair pela influência de "velhotas espertas que se fazem de muito santas".[175] Oferece-se o sentido de enganação e por maldade.

A superstição apresenta franca dubiedade. Por um lado, revela-se nela a futilidade no campo da ação, "vana observantia", expressão debatida na *Summa* de São Tomás de Aquino. Ocorria sempre que "agentes humanos empregavam meios que não tinham nenhuma possibilidade natural, e nenhuma sanção divina, para provocar efeitos que eram esperados".[176] Nenhuma possibilidade natural da agência. Isto pode significar, entre outras combinações, o engano de quem crê e o embuste de quem opera a feitiçaria. De outro lado, existe a crença (ao menos daqueles que observam de fora, como Acosta), de que caso haja eficácia na superstição, nada se deva propriamente ao ser humano e seus gestos ou à natureza das coisas. Tudo será resultado da intervenção demoníaca nos fluxos da natureza e nos corpos e mentes dos homens, ainda que pelo consentimento de Deus.[177]

No caso da bebida para a vítima do sacrifício, ela parece ter um efeito. Pois não será questionado por Acosta que a poção altere a memória e o humor do índio que será morto. Entretanto, o efeito não podia ser natural da bebida, mas sim, superstição asquerosa, uma conspiração demoníaca que cria um efeito nos interstícios da cerimônia, da bebida natural e da mente humana. Tal intervenção do demônio é que pode alimentar a superstição. Haverá ocasião, mais adiante, para aprofundar-nos na questão das crenças sobre essa intervenção, nos entremeios de maravilhas e feitiços das mais fortes plantas embriagantes (os alucinógenos).

Um evento de uso da bebida alcoólica chicha também pode ilustrar como se manifesta a superstição, noção plena de significado para a leitura de muitos costumes indígenas. Em longo capítulo da *Historia*, Acosta disserta sobre algumas festividades mensais na capital dos incas. No evento do décimo-primeiro mês, festa chamada "homaraimi punchaiquis", sacrificariam "cem carneiros [i.e. lhamas]" em Cuzco. Se na época há escassez de água, então para que chovesse, botavam uma

---

175 COVARRUBIAS OROZCO, *Tesoro de la lengua castellana o española*, 1995, p. 905. Cita: "vejezuelas embaucadoras, que hacen de las muy santas".

176 CLARK, *op. cit.*, 2006, p. 606.

177 *Ibidem*, p. 604 e ss.; Cf. BERNAND & GRUZINSKI, *op. cit.*, 1992, p. 61 e ss., particularmente quanto ao discurso de Las Casas a respeito dos espaços para as operações diabólicas.

lhama preta amarrada no meio de uma ampla planície, "derramando muita chicha ao redor, e não lhe davam de comer até que chovesse".[178]

Tal atitude, acaso Acosta elaborasse, poderia ser identificada com superstição. Pois não leva em conta a ciência de causas ordinárias do chover. A chicha derramada ou a sede do animal, enfim, toda a cerimônia não poderia provocar a chuva, que se deve reger por princípios outros, por causas naturais do fenômeno. Mas para muitos católicos, inclusive para muitos sacerdotes, não seria irracional operar preces devotadas a Deus ou aos santos, acreditando que isso pudesse trazer, por exemplo, a chuva. O movimento da Reforma queixava-se dessas práticas, como as procissões e preces, consideradas superstições católicas. Mas dentro do discurso católico, se no ritual da idolatria indígena um resultado aparecesse, teria sido mera coincidência. Um aguaceiro não teria relação com as tolas cerimônias dos índios. Ou então, a chuva poderia vir por certa intervenção na natureza, não de Deus, pois a partir de uma cerimônia diabólica. A ciência superior dos espíritos impuros, aproveitando-se da intenção humana, quer ingênua ou sagaz, criaria um foco de adoração, evento de superstição.

De acordo com Bernand & Gruzinski, o padre Acosta, por razão de sua obsessão demonológica, prefere usar o termo superstição ao de religião – esta palavra seria mais usada por Las Casas. Superstição é termo do jesuíta Acosta para designar os ritos e cerimônias dos índios do México e Peru.[179] Mas pelo menos numa ocasião, Acosta substitui uma palavra pela outra.[180] Enfim, a partir de Santo Agostinho e São Tomás, superstição é "a própria antítese da verdadeira devoção religiosa", trata-se da idolatria.[181]

Superstição e idolatria abarcariam outro signo: sacrifício. No caso discutido acima, onde é derramada a chicha no solo em torno à lhama negra, o sentido de oferenda ou sacrifício estará subsumido. Las Casas ou Acosta, não há diferença, veem na superstição em torno das coisas uma senda que manifesta o ato de sacrifício. As oferendas representam o mais caro princípio da devoção religiosa.

---

178 ACOSTA, *Historia*, p. 270.
179 BERNAND & GRUZINSKI, *op. cit.*, 1992, p. 46-7.
180 "Mas pues se ha dicho lo que basta de las idolatrías de los indios, síguese que tratemos del modo de religión, o superstición, por mejor decir, que usan de sus ritos. De sus sacrificios, de templos y ceremonias, y lo demás que a esto toca" (ACOSTA, *Historia*, p. 234).
181 CLARK, *op. cit.*, 2006, p. 598.

O dominicano, após comentar as causas da idolatria "natural", assevera que pela adoração dos "sinais de excelência divina" nalgumas criaturas, os homens "logo trabalhavam por agradá-las e aplacá-las, e em sinal de sujeição e servilismo, do que tinham e podiam começaram a oferecer sacrifício, que – como já foi dito – só se deve a Deus".[182]

Las Casas menciona a oferenda de coca que os peruanos faziam ao sol. Entre todos os sacrifícios, "em muito maior quantidade e abundância" oferecem "a erva coca, que tanto entre eles vale e é preciosa".[183] Também "ofereciam de seus vinhos em muita quantidade", pois "tinham em seus templos uma pileta de pedra muito linda, debaixo da qual havia uma abertura por onde derramavam [o vinho] e se consumia". Ofereciam "do melhor de seus vinhos".[184] Note-se que chicha e coca, embora não fossem as únicas coisas, eram principais e geralmente entregues juntas na ânsia de melhor servir as divindades do Peru – segundo o relato de vários cronistas e particularmente de Las Casas.[185]

Nas partes da Guatemala – região próxima a Chiapas, onde o dominicano vivera o papel de bispo –, o sacrifício do "vinho" e a própria borracheira como comunhão entre ídolos e devotos era "mais que outro dos comuns [sacrifícios] agradável". Porque após o assassínio dos escravos "oferecidos" às divindades – escravos que a sete dias da imolação, servidos de muita comida, eram todos embriagados –, provinha o banquete de sua carne. Mas somente para os índios principais, "por religião

---

182 LAS CASAS, *Apologética*, II, p. 645. Cita: "luego trabajaban de las complacer y aplacar, y en señal de subjeción y servidumbre de lo que tenían y podían les comenzaron a ofrecer sacrificio, que – como es ya dicho – se debe sólo a Dios".

183 Mas ao jogar a coca no fogo, o próprio objeto do sacrifício é que seria adorado? Las Casas aponta que "Todas las veces que comían coca, ofrecían coca al sol, y si se hallaban junto al huego, la echaban en él por manera de adoración o reverencia, como a criatura de Dios" (LAS CASAS, *Apologética*, III, p. 1213). Citas: "en mucha mayor cantidad y copia"; "la yerba coca, que tanto entrellos vale y es preciosa".

184 *Ibidem*, p. 1210 e 1211. Cita: "tenían en los templos una pileta de piedra muy linda, debajo de la cual había un sumidero donde lo derramaban y se consumía".

185 Por exemplo: numa cerimônia em Cuzco, "a las ocho del día salían de la ciudad más de docientas mujeres mozas, cada una con su cántaro nuevo grande, que cabía más de arroba y media, llenos de chicha, que es su vino, embarrados con sus tapaderos (...) Venían estas de cinco en cinco con muncha orden y concierto, esperando de trecho a trecho, y ofrecían aquello al sol y munchos cestos de la yerba coca, que ellos tienen por tan preciosa" (*ibidem*, p. 1211-2).

e não por outra razão", destaca cioso o dominicano.[186] Após esse evento é que viria o banquete principal: carne de aves, muita bebida, "principalmente para o senhor supremo e para o sumo sacerdote e demais senhores":

> Dançavam e saltavam diante dos ídolos e davam-lhes de beber do vinho mais precioso que tinham (feito de maguey), embebendo-lhes a boca e as caras, e todos quantos se estimavam por mais devotos, carregavam as cabeças ou as tripas de vinho e fortemente se embriagavam. (…) Deles havia quem não bebia para se embriagar, por governar o povo e a terra enquanto o rei estava em sua devoção, bêbado.[187]

Raro pronunciamento de Las Casas que confere embriaguez tremenda entre os índios, em detrimento do que o clérigo normalmente acentuava, ou seja, que os naturais da América seriam todos homens temperados e modestos. Mas a forte embriaguez no evento citado indicaria a grande devoção religiosa dos índios – tal como se observa na prática de comer gente. Se alguns índios principais se acabavam na bebida, outros teriam de cuidar do povo com sóbria autoridade, enquanto a festa transbordava de emoção religiosa – o que perfaz um dos sentidos de embriaguez.

Acosta igualmente confirma que o sacrifício é a essência da religião. Estabelece que "oferenda" e "sacrifício" são da mesma ordem, "ato admirável e próprio de religião", mas isso só quando "a substância das criaturas [está] a serviço e culto do Criador". Acosta lembra dos sacrifícios de colheitas e animais dos patriarcas judeus, sinal de extrema submissão e devoção a Deus.[188] Mas no caso dos americanos, como

---

186 Quando em análise exaustiva das práticas de comer carne humana, Las Casas também assevera que o evento vem da força de um costume antigo. O que é uma "segunda natureza" adquirida pelos índios, referindo-se ao dito de Aristóteles (LAS CASAS, *Apologética*, II, p. 727).

187 LAS CASAS, *Apologética*, III, p. 1195. Citas: "mayormente por el señor supremo y por el sumo sacerdote y de los demás señores"; "Bailaban y saltaban delante de los ídolos y dábanles a beber del vino más precioso que tenían (hechos de maguey), remojándoles la boca y las caras, y todos cuantos se estimaban por más devotos cargaban las cabezas o las tripas de vino y bravamente se emborrachaban.(…) Dellos había que no bebían para se embriagar, por regir el pueblo y la tierra mientra el rey estaba con su devoción, borracho".

188 Bernand & Gruzinski acentuam que pela definição de São Tomás e em suas palavras, "o sacrifício implica a ideia de um bem sensível que se oferece e destrói em honra de um ser superior a fim de dar prova de sua soberania e, secundariamente, para obter proteção, perdão e graça". Mas Bernand

em demais afazeres religiosos, o culto é canalizado para as criaturas e não para o Criador, e, em verdade, para regozijo do demônio: "porque sabe que o maior dano no homem é adorar por Deus a criatura, por isso não cessa de inventar modos de idolatria com que destruir os homens, e fazê-los inimigos de Deus".[189]

Acosta recupera a tipologia dos sacrifícios idólatras desde São João Damasceno. Algumas oferendas são "coisas insensíveis", outras são de animais. Ainda temos os sacrifícios de homens, numa hierarquia da mais simples à mais evoluída idolatria.[190] Entre as coisas não sensíveis sacrificadas no Peru, estaria a coca, "que é uma erva que muito estimam". Os sacrifícios, reforça Acosta, serviam para "conseguir uma temporada de chuvas ou a saúde, ou para se livrar de males e perigos".[191] Explicação que pode informar também o porquê de oferecer chicha ao redor da lhama escura para trazer chuva. Como foi apontado, a chave da "superstição" é entrada para a ideia de "feitiçaria", enriquecendo os sentidos de uma "devoção religiosa" nos grandes sacrifícios e naquelas oferendas mais simplórias ou domésticas.[192]

& Gruzinski reclamam que "os 'sacrifícios' indígenas apresentam algumas especificidades" (*op. cit.*, 1992, p. 97), como será vislumbrado no próximo capítulo.

189 ACOSTA, *Historia*, p. 246 e 218. Cita: "porque sabe que el mayor daño del hombre es adorar por Dios a la criatura, por eso no cesa de inventar modos de idolatría con que destruir los hombres, y hacellos enemigos de Dios".

190 As "coisas insensíveis" são os vegetais, que apresentam apenas "alma nutritiva". Os animais têm, além disso, a "alma sensitiva"; e os humanos, não só essas instâncias, como também apresentam alma "racional". Os minerais são inanimados nessa tipologia aristotélica abraçada por Acosta (O'GORMAN, *op. cit.*, 1962, p. cxv). São João Damasceno haveria de combinar esta hierarquia numa linha evolutiva da idolatria dos povos antigos, onde os caldeus inauguraram a adoração de elementos, os egípcios, de animais, enquanto os gregos teriam criado a devoção aos homens (PAGDEN, *op. cit.*, 1982, p. 172).

191 ACOSTA, *Historia*, p. 246. Para esses efeitos, ocorreria um comum sacrifício em Cuzco, onde matavam um "carnero" por dia ao sol, "y se quemaba vestido con una camiseta colorada, y cuando se quemaba, echaban ciertos cestillos de coca en el fuego (que llamaban villcaronca)" (p. 247). Cita: "alcanzar buenos temporales o salud, o librarse de peligros y males".

192 Um aparte sobre a superstição em comparação com a religião é importante. A maioria dos cronistas, Acosta entre eles, saberia distinguir entre o sentido de religião organizada e o de crenças informais ou menos elaboradas, estas também denominadas de superstição. Pagden comenta que Acosta, como muitos contemporâneos, teriam "reavivado a antiga dicotomia" entre religião como atividade controlada, e superstição, atividade desorganizada. Na Roma antiga, "superstitio" remetia à "crença excessiva em agouros e mágica" – a superstição como prática de gente baixa. Também o termo era usado para identificar cultos estrangeiros, como o druidismo e o cristianismo, quando se tinha que tais cultos davam ênfase aos "ritos secretos e frenéticos". Já "religio" identificava o

Nos tempos de Acosta, em que se lia a cultura indígena quase toda como superstição, temos que os peruanos deixavam coca mascada, "que é uma erva que muito usam", junto às "apachitas", montões de pedra colocados em caminhos, geralmente no alto das montanhas, nos passos e encruzilhadas. Faziam esta oferenda de coca e outras para que os lugares "lhes deixassem passar e lhes deem forças" ("como se refere em um Concílio Provincial do Peru"). Este sacrifício (ou feitiçaria?) ancestral é ainda uma prática constante nos tempos coloniais: "e assim se acham, nesses caminhos, bem grandes amontoados dessas pedras oferecidas, e de outras imundícies ditas", entre as quais, a coca mascada, "velhos calçados e plumas".

Isso informa a distância entre os tolos costumes dos índios, que extrapolam a visão dos poderes naturais da planta, e os judiciosos saberes da filosofia natural, por aproveitar simplesmente as qualidades intrínsecas à espécie. Acosta recupera o sentido da superstição enquanto crença disparatada vinda da tradição, uma sobrevivência ou costume atávico, dando-lhe ocasião para comparar a atitude com algo que "usavam os antigos, sobre os quais se diz nos Provérbios":

> Como quem oferece pedras ao montão de Mercúrio, assim o que honra néscios – que é dizer que não se extrai mais fruto nem utilidade do segundo, que do primeiro; porque nem o Mercúrio de pedra sente a oferenda, nem o néscio sabe agradecer a honra que lhe fazem.[193]

---

culto estatal. Pagden considera que Acosta observa, nos antigos mexicanos e peruanos, povos bárbaros que tinham religião, no sentido descrito acima, não importando quão sanguinários e inaturais fossem seus ritos. Também para o jesuíta, os bárbaros menos evoluídos se encaixariam melhor enquanto praticantes de superstição (PAGDEN, *op. cit.*, 1982, p. 168-9). Mas para cada estágio da idolatria (numa distinção do culto a objetos naturais para o de animais, até chegarmos ao culto de homens), ocorrem reminiscências dos estágios anteriores. É assim que os missionários acessavam diferentes níveis de práticas religiosas, simultâneas, separando o que se costumava chamar "superstição", da mais elaborada "falsa religião" (p. 172).

193 *Ibidem*, p. 224. Citas: "y así se hallan en esos caminos muy grandes rimeros de estas piedras ofrecidas, y de otras inmundicias dichas"; "Como quien ofrece piedras al montón de Mercurio, así el que honra a necios, que es decir que no se saca más fruto ni utilidad de lo segundo, que de lo primero; porque ni el Mercurio de piedra siente la ofrenda, ni el necio sabe agradecer la honra que le hacen".

Como acentua Pagden, para Acosta (ou séculos depois, para Edward Tylor), "superstição engendra-se na desordem social e intelectual", pois "é baseada num erro categórico que somente se dá entre gente onde falta a verdadeira 'ciência'".[194]

Se no passado pré-hispânico, a tal religião diabólica dos índios se assentava em sacrifícios com plantas que embriagam, décadas após a Conquista, alguns costumes mantinham-se como herança de um mesmo erro de devoção. Passado e presente dos índios espelhavam a face bifronte de uma rotunda marca de superstição, a qual se alimentava para além das más intenções de enganadores e das infantis crendices humanas, sobretudo (de um lado) pela falta indígena de conhecimento ordinário das leis da natureza, mas de outro lado, pelos excessos de intervenção demoníaca nos costumes bárbaros e na ordem da natureza.

No chegar do evangelho, os obstáculos à razão podiam ser ultrapassados – era a aposta do missionário Acosta. Mas ao que tudo indica, persistia e se sobrepunha à nova ciência e religião cristãs, a velha superstição dos índios com certas plantas que embriagam. Por fim, pelo menos no caso da coca mascada, deixada nas "apachitas", o natural consumo e a supersticiosa oferenda se confundem para facilitar as caminhadas dos índios – acima da separação categórica entre "ciência" e "superstição", que dificilmente pode ser encontrada nas práticas humanas, de acordo com a perspectiva que Stanley Tambiah expõe dentro da eterna discussão a respeito da tríade "magia, ciência e religião".[195]

Vejamos o caso de uma medicina divina dos antigos mexicanos, tal como contemplada em olhares que antecipam as considerações mais atuais da separação entre o mágico-religioso e o científico. Embora exista pelo menos um grande diferencial na perspectiva dos missionários: o poder do demônio. Tal fator parece abrir mais possibilidades de representação das práticas ou fenômenos embriagantes, ainda que junto se estabeleça uma atitude morigeradora intolerante. Mas os efeitos simbólicos dessa ciência do preternatural são bem potentes, em comparação com os parâmetros de nossos tempos, quando se arrefece a crença tanto em Deus como no diabo, e

---

194 PAGDEN, op. cit., 1982, p. 169.

195 Fazemos menção à discussão de Tambiah sobre as formas da experiência humana de cientificação do mundo, que recupera posições divergentes, quiçá complementares, de Malinowiski e Lévy-Bruhn (TAMBIAH, Magic, science, religion, and the scope of rationality, 1990).

quando aumenta a miopia das leituras cientificistas, que estabelecem fortes amarras de representação e significado dos naturais efeitos das medicinas que embriagam.[196]

Unção divina e unguento diabólico

A bruxaria com medicinas que embriagam

Na *Historia* de Acosta existe uma superstição que penetra na pele e alma dos índios do México, o que demonstra como nunca a força do demônio. Dentre as macaquices malignas que almejavam espezinhar os sacramentos divinos e derrocar a vida dos homens, se soma uma estranha "unção abominável". É assim que o padre Acosta denomina uma espécie de betume ou unguento para passar no corpo, feita pelos sacerdotes da "antiga república" mexicana, de fórmula que combinaria várias peçonhas com plantas inebriantes, preparada para dar muita coragem e curar de enfermidades.

A história do unguento já havia sido tratada por outro cronista, Diego Durán, dominicano que vivera no México Central em meados do século XVI e que morre menos de cinco anos antes de Acosta pisar na Nova Espanha, em 1586. Muitos anos antes frei Durán obteve, então, o relato com base na leitura de outro manuscrito – de um índio e em língua náhuatl. O relato trabalhado por Durán foi copiado com pequenas alterações e cortes pelo jesuíta Juan de Tovar, que entregara o novo texto para Acosta durante sua curta estada no México. Este autor, por sua vez, reescrevia na *Historia natural y moral*, quase sem qualquer alteração, o mesmo conto recolhido por Tovar.

Para Durán, o betume ou unguento dos mexicanos podia representar algum resquício da difusão da religião hebreia.[197] Mas sem dúvida, como apontam Fernando Horcasitas & Doris Heyden, o unguento aparece para o clérigo como marca indelével do demônio na superstição que envolvia os índios. Ao lado da visão difusionista,

---

196 Como constantemente argumenta Clark (*op. cit.*, 2006), a ciência demonológica do início da era moderna preenche alguns vazios que a autoridade científica atual tem dificuldades de contemplar, tal como os eventos chamados de paranormais. Acrescentemos que a descrição e compreensão das experiências chamadas alucinógenas, quando contidas pela razão científica (ou cientificista), também impõe impasses ou lacunas de descrição das dimensões e poderes de expressão da mente/corpo humano.

197 Frei Durán considerava as teses de difusão da fé em Cristo na antiguidade americana (Cf. HORCASITAS & HEYDEN, "Fray Diego Durán: his life and works", 1971, p. 30). Uma coisa é certa para Durán, comentam os autores: "alguém, em algum momento, veio para o Novo Mundo e pregou a Bíblia para os nativos" (*ibidem*, p. 27).

Durán apresentava aquelas suspeitas de uma imitação demoníaca dos originários ritos judaico-cristãos.

Acosta recolhera muita coisa dos esforços mais pedestres de Durán no cotidiano de pesquisa com velhos índios e com diversas pictografias e manuscritos da Nova Espanha. Já na obra de síntese de Acosta, o unguento representava clara inversão diabólica da unção que consagrava sacerdotes dos antigos judeus e outros usos na "Antiga Lei", assim como mostraria uma paródia do "santo crisma" e da consagração dos sacerdotes católicos.[198]

Las Casas também compõe um relato de unguento sagrado. Desde uma crônica hoje perdida, mas que teria sido recuperada pelo dominicano, onde surge a história de que os índios totonacas, da região do Golfo do México, faziam certa unção feita para consagrar seu "sumo sacerdote", "de um licor que se chama em sua língua ole [borracha], e de sangue dos meninos que [eles] circuncidavam". Las Casas lembra que o unguento de borracha era parecido ao que se descreve no Levítico, unção que Moisés deu a Aarão e seus filhos depois de edificar o Tabernáculo. Acosta também fizera alusão desse costume dos antigos judeus ao tratar da religião dos índios mexicanos. Mas Bartolomé de Las Casas, quando faz a analogia entre um costume indígena e outro judeu, identifica um evento sagrado com outro – não como o jesuíta, que contrapõe ao verdadeiro rito uma prática estigmatizada como demoníaca.[199]

Demoníaca religião, porque os jovens internados nos "colégios" do México antigo recolhiam diversos animalejos, escorpiões, centopeias, muitos "vermes peçonhentos", para queimá-los e colocar suas cinzas junto ao tabaco e às sementes do ololiuhqui (planta hoje considerada alucinógena). Misturavam e amassavam tudo com "lagartas negras e peludas, que apenas o pelo já tem veneno". Uma poção como essa faz Acosta pensar como que o demônio, "no seu modo de imitar" os rituais cristãos, acaba "inventando coisas tão asquerosas e sujas que elas mesmas dizem

---

198 "también habia en la ley antigua cierta composición olorosa, que mandaba Dios que no se usase sino sólo para el culto divino" (ACOSTA, *Historia*, p. 262).

199 LAS CASAS, *Apologética*, II, p. 949. Como comentam Bernand & Gruzinski, a liturgia cristã (em conceitos como comunhão, penitência, relíquia, consagração) é a base para as interpretações de Las Casas a respeito da idolatria indígena, concebendo "os paralelismos em identificações". Em Acosta, "os paralelismos se tomam por semelhanças profundas e começa a ser investigado o enigma de sua origem; isso é o que faz o jesuíta Acosta quando reduz a uma paródia satânica os pontos comuns assim descobertos" (BERNAND & GRUZINSKI, *op. cit.*, 1992, p. 75).

quem é seu autor".²⁰⁰ Acosta provavelmente abraçava a ideia de que o diabo criara "execramentos" para contrapor-se aos "sacramentos" da Igreja, como aparece na expressão de um frade espanhol em campanha contra as superstições no país basco do início do século XVI.²⁰¹

Dos vegetais usados na mistura asquerosa, o tabaco teria ordinária função de "anestesiar a carne e não sentir o trabalho". Das sementes do ololiuhqui, costumavam tomar uma "bebida para ver visões, cujo efeito é privar de juízo". O unguento era oferecido aos deuses como comida, em recipientes com fuligem; e mais, usando dessa unção, os sacerdotes "viravam bruxos, e viam e falavam com o demônio. Pintada a pele dos sacerdotes com essa massa, perdiam todo o temor, cobrando um espírito de crueldade". Por meio desse artifício matavam homens nos sacrifícios e encaravam a escuridão das noites em ermos solitários, sem se preocupar com onças ou serpentes.²⁰² As feras, ou fugiam do betume, ou do "retrato do demônio em que vinham transformados" esses sacerdotes.²⁰³

O relato trazido para Acosta reforçaria nesse autor a crença na realidade da bruxaria. Realidade que havia sido estabelecida, dentre outros escritos, pelo "tratado notabilíssimo" chamado "*Malleus Maleficarum*", bastante elogiado como referência para a matéria da "metamorfose" na *Apologética historia* de Las Casas.²⁰⁴ Os autores

---

200 ACOSTA, *Historia*, p. 262. Citas: "sabandijas ponzoñosas"; "gusanos negros y peludos, que sólo el pelo tiene ponzoña"; "inventando cosas tan asquerosas y sucias que ellas mismas dicen cuál sea su autor".

201 MELLO E SOUZA, *Inferno Atlântico: demonologia e colonização*, 1993, p. 26. De acordo com o religioso espanhol frei Martín de Castañega, os sacramentos eram "ordenados em itens comuns (pão, vinho etc.), eram de forma simples e clara, e eram administrados por homens", já as fórmulas de execramentos eram "praticadas 'com unguentos e poções feitas de pássaros e animais exóticos' (...) medravam na feiura e na sujeira, e eram administradas por mulheres" (CLARK, *op. cit.*, 2006, p. 126). Nessa descrição de "execramento" do frade Castañega, obtemos similitudes com o relato do unguento mexicano – retirando-se a ênfase dada ao gênero feminino por Castañega, algo tão característico das representações de bruxaria na Europa, mas não das visões de feitiçaria na América.

202 "cuando iban a sacrificar y a encender incienso a las espesuras y cumbres de los montes, y a las cuevas escuras y temerosas donde tenían sus ídolos (...) haciendo ciertas ceremonias para perder el temor y cobrar grande ánimo" (ACOSTA, *Historia*, p. 263). Citas: "amortiguar la carne y no sentir el trabajo"; "bebida para ver visiones, cuyo efecto es privar de juicio"; "volvían brujos, y veían y hablaban al demonio. Embijados los sacerdotes con esta masa, perdían todo temor, cobrando un espíritu de crueldad".

203 *Ibid*em.

204 O *Malleus Maleficarum* foi "doctamente compuesto no por un solo doctor, sino por dos maestros y doctores en theología, inquisidores apostólicos en Alemaña en tiempo del Papa Inocencio

dessa obra, dominicanos inquisidores na Bavária, perseguiam uma instituição da bruxaria como se fosse a anti-Igreja. O uso de untos é passo de um pacto "expresso" com o demônio, tese realimentada por Las Casas. Na conversa com o diabo e no culto ao diabo, o pactuante havia de preparar um "unguento de membros e ossos de crianças; mediante tal unguento [o demônio] afirmava que lhes seriam cumpridas todas as coisas que desejassem".

O unguento indígena poderia ser enquadrado também como "pacto tácito", fórmula igualmente contida no tratado alemão e comentada por Las Casas. Nesse tipo de acordo, por desejo e procedimento, as pessoas tomam a confiança do demônio, que ainda incita o pactuante por usar de "invenções supersticiosas que já sabem ou as que inventam ou queriam saber ou achar". Isso "ocorre invisivelmente, causando em sua imaginação, formas prestigiosas e cheias de engano". Daí que vêm todas as "reprovadas, supersticiosas e maléficas artes nigromânticas".[205]

Aquele unguento do pacto explícito produzido da substância de bebês mortos, não teria qualquer "virtude e divindade", ou seja, nenhum atributo natural ou sobrenatural, sendo tudo burla do demônio para manter cegos e cativos os feiticeiros e outros – a base da idolatria. Las Casas demonstra essa compreensão a partir da obra "*De universo*" de Guillermo Parisiense.[206] Ainda escreve muito a respeito das transformações dos bruxos em animais,[207] arte do espírito maligno, o esperto supremo das leis da natureza e o grande mestre do ilusionismo.

Mas o demônio não pode alterar as substâncias, apenas pode jogar com a natureza das coisas, tal como se apropriar dos mecanismos de geração espontânea a partir da matéria corrupta, podre, de onde surgem certos vermes, escorpiões,

---

VIII, los cuales hicieron sobre aquestas materias [metamorfoses de bruxas e assuntos correlatos] summa y exquisita diligencia y probaron lo que escribieron con muchas y grandes experiencias; el cual tractado después vieron y aprobaron y firmaron muchos teólogos doctísimos" (LAS CASAS, *Apologética*, II, p. 746; cf. KRAMER & SPRENGER, *O martelo das feiticeiras*, 1991).

205 LAS CASAS, *Apologética*, II, p. 691-2. Citas: "ungüento de miembros y huesos de niños; mediante tal ungüento afirmaba [o demônio] que les serían cumplidas todas las cosas que deseasen"; "invenciones supersticiosas que ya saben o las que inventan o querrían saber o hallar"; "ocurre invisiblemente, causando en su imaginación formas prestigiosas y llenas de engaño".

206 Las Casas menciona o livro de Guillermo de Auvernia, em nota, provavelmente de citações que os autores do *Malleus Maleficarum* trataram de fazer desse autor, segundo os editores da *Apologética Historia* (*Apologética*, III, p. 1069).

207 LAS CASAS, *Apologética*, II, p. 731 e ss.

cobras, sapos etc. Também o demônio pode incitar os "homens malvados", os quais "com virtudes e propriedades de ervas (...) mudam suas figuras para fazer seus malefícios". Mas as transformações não são verdadeiras, apenas em aparência, porque é "ilusão e engano" que tais anjos do mal "fazem aos sentidos interiores ou exteriores" da mente humana.[208] Citando novamente Guillermo Parisiense, o dominicano acrescenta que na "Índia que se diz de Portugal" há várias dessas ervas "de grande virtude e que fazem maravilhosos efeitos, fazendo parecer o que não é e encobrindo o que é, o que toma ocasião nos homens que carecem de fé, para fazer o que não devem".[209]

Las Casas confessa ter presenciado rituais de divinação em que os índios tainos da "ilha Espanhola" cheiravam um pó conhecido como "cohoba".[210] Já no momento em que fazia o breve comentário sobre as plantas maravilhosas de domínios portugueses, relata um dos casos de "naguais" que ele mesmo testemunhara enquanto bispo de Chiapas. O "nagualismo" seria a capacidade, digamos, de duplicação da pessoa na forma animal. Assim, enquanto estivesse numa localidade em corpo humano, ao mesmo tempo e noutra parte, o índio ficava em corpo animal, fazendo alguma coisa ou observando certo evento longe do eu ordinário.[211]

No relato de Las Casas revela-se que esses animais ou figuras haviam sido molestados fatalmente, e assim, na mesma hora, aparecem seus correlatos humanos feridos de morte. O clérigo interpreta o nagualismo como efeito de artimanha

---

208 Ibidem, p. 733-734.

209 Ibidem, p. 750. Cita: "de grande virtud y que hacen maravillosos efectos, haciendo parecer lo que no es y encubriendo lo que es, de donde se toma ocasión por los hombres que carecen de fe para hacer lo que no deben".

210 Ao inspirarem o pó, os índios "salían luego de seso o casi como si bebieran muy fuerte y mucho vino, de donde quedaban borrachos o cuasi borrachos" (LAS CASAS, *Apologética*, III, p. 1152). Suspeitemos dos "quases", pois Las Casas corrigira um borrão acrescentando tal palavra para amenizar o sentido do estado de embriaguez dos índios (Cf. *Apologética*, II, p. 873). A relação do costume com a idolatria dava-se porque balbuciavam "no sé qué cosas, y ya eran dignos del coloquio de las estatuas, o por mejor decir, del enemigo de la natureza humana que en ellas moraba, y por esta manera se les descobrían los secretos y ellos profetaban." Havia duas formas distintas desse consumo: um mais reservado, que era entre o sacerdote (chamado de behique) e a estátua; outro mais comunitário, quando persuadidos pelos behiques, os índios principais consumavam a experiência – "entonces verlos era el gasajo", complementa Las Casas (*ibidem*).

211 Cf. LÓPEZ-AUSTIN, *Cuerpo humano e ideología*, 1996, p. 416 e ss., que resume algumas discussões em torno às práticas e representações do "nagualismo" mesoamericano.

demoníaca, enganação, quer seja por efeitos reais ou imaginários. Formariam a outra identidade desses índios, as onças, que chama de "tigres", quer sejam "vivos e verdadeiros, ou formados de ar e fantásticos".[212]

A bruxaria terá lugar de destaque também na *Historia* de Acosta logo após aquele relato do unguento mexicano.[213] O jesuíta faz aparte retratando os feiticeiros do Peru. Sem dúvida que recuperaria o que já havia lido de Polo de Ondegardo, a fonte de suas histórias da idolatria e outros assuntos sobre a região andina.[214] Os especialistas da magia no Peru teriam sido permitidos pelos "reis incas". Tais feiticeiros "são como bruxos e tomam a figura que querem, e pelo ar fazem em pouco tempo grande trajeto, e veem o que acontece, falam com o demônio, o qual lhes responde em certas pedras ou em outras coisas que eles veneram muito". Acosta completa que esses especialistas do futuro "se embriagam até perder o juízo, e depois, passado um dia, dizem o que se lhes pergunta". O cronista realça: "dizem e afirmam que estes [feiticeiros] usam certas unturas" – o que reporta ao unguento mexicano, mas também alude às bruxas europeias e suas fórmulas diabólicas.

Os adivinhos, por fim, são muito solicitados pelos colonizadores espanhóis. Para achar coisas, resolver negócios, aliviar angústias e outros problemas do cotidiano:

> (…) e os feiticeiros respondem, sim ou não, tendo falado com o demônio em lugar escuro, de maneira que se ouve sua voz, mas não se vê com quem [os feiticeiros] falam nem o que dizem, e fazem mil cerimônias e sacrifícios para este efeito, com que invocam o demônio, e se embriagam fortemente, e para para este ofício particular usam de uma erva chamada villca, vertendo o sumo dela na chicha, ou tomando-a por outra via [i.e. anal].[215]

---

212 LAS CASAS, *Apologética*, II, p. 749-50.

213 Seguramente, o relato de Acosta sobre tal unguento se relaciona ao tratado contra a bruxaria composto pelos inquisidores alemães que haviam influenciado Las Casas.

214 A narrativa a seguir, Acosta praticamente copia das avaliações de Polo de Ondegardo sobre os especialistas em feitiçaria (POLO DE ONDEGARDO, *Informaciones acerca de la religión y gobierno de los incas*, 1916, p. 29). Acosta recupera os pareceres deste bacharel e conselheiro em quase todas as menções a respeito dos tempos incaicos.

215 ACOSTA, *Historia*, p. 264-5. Relevante digressão de Acosta, que permite considerar a ampla crença na adivinhação indígena entre os espanhóis. Também, nas guerras que duraram quase duas décadas após o golpe contra o inca Atahualpa na Conquista – guerra "de los tiranos" (conquistadores rebeldes) contra "los que eran de la parte del rey" da Espanha –, os adivinhos índios declaravam

Esses usos de plantas embriagantes fariam parte das técnicas de "prestígio" dos demônios – baliza Las Casas. O cronista esclarece: "prestígio é – segundo São Isidro no 8º livro, capítulo 9º das Etimologías – um engano ou burla dos sentidos". Na "ilusão demoníaca" não são enganados somente os sentidos, como também o "juízo do entendimento e da razão".[216]

Las Casas e basicamente toda a ortodoxia católica formada nas universidades espanholas renascentistas aproveitavam as discussões de São Tomás de Aquino sobre o poder do demônio perante a "fantasia", a faculdade imaginativa da mente humana. Tomás de Aquino apropriara-se de postulados de Aristóteles com elementos do platonismo, num estudo da mente humana que dava primazia para a "imaginação", tanto como campo de intervenção divina (daí as visões verdadeiras e santificadas), como de intervenção demoníaca (que deturpa as imagens internas e cria confusão no cérebro). Os filósofos medievais compreendiam que o homem devesse ter sentidos externos (como a vista e o tato) e sentidos internos, três instâncias da mente constituídas como "sentido comum", "imaginação" e "memória". Esses campos mentais combinam suas tarefas de modo a manifestar o "intelecto", espaço da cognição e da alma. Nesse jogo, "o intelecto não funciona diretamente na base da percepção sensorial", ao contrário, funciona por imagens mentais, os "fantasmas", que seriam formados na instância mental da imaginação. Como havia acentuado Aristóteles, "a alma nunca pensa sem um fantasma".[217]

Las Casas confere que além das turvações no próprio órgão ocular (uma forma de "prestígio"), existem dois tipos de ataque do demônio para atrapalhar a própria imaginação internamente. De um lado, esta influência do demônio pode-se dar a

---

os sucessos das batalhas, motins e movimentações das tropas, por consultas que faziam os espanhóis de ambos os lados do conflito. As declarações dos feiticeiros eram dadas no mesmo instante ou logo após os eventos que aconteciam bem longe dali, para que os beligerantes pudessem lidar melhor com as táticas de guerra (*ibidem*). Citas: "son como brujos y toman la figura que quieren, y van por el aire en breve tiempo largo camino, y ven lo que pasa, hablan con el demonio, el cual les responde en ciertas piedras o en otras cosas que ellos veneran mucho"; "se emborrachan hasta perder el juicio, y después, a cabo de un día, dicen lo que se les pregunta"; "y los hechiceros responden, sí o no, habiendo hablado con el demonio en lugar escuro, de manera que se oye su voz, mas no se ve con quién hablan ni lo que dicen, y hacen mil ceremonias y sacrificios para este efecto, con que invocan al demonio, y emborráchanse bravamente, y para este oficio particular usan de una yerba llamada villca, echando el zumo de ella en la chicha, o tomándola por otra vía".

216 LAS CASAS, *Apologética*, II, p. 736.
217 MACCORMACK, *Religion in the Andes*, 1991, p. 15 e ss. (cit. p. 24).

partir da comoção e perturbação dos humores no corpo – o que se assemelha à embriaguez natural das plantas, gerando confusão mental. Também isso se dá pela "derivação das espécies", isto é, pela influência do demônio nas formações de imagens mentais, o que leva tanto às falsas impressões do exterior como ao entendimento mental deturpado.[218]

Dois médicos espanhóis já citados podem lançar alguma luz sobre três variáveis que aqui interessam: as plantas que fazem ver visões, a arte divinatória e a influência demoníaca. Recuperemos outra vez de Monardes (o médico sevilhano) o relato de um charuto de folhas de tabaco que era usado pelos "Sacerdotes de Índios" consultados pelos "Caciques" numa arte divinatória. Tais sacerdotes caíam no chão, como mortos, devido à quantidade de tabaco que ingeriam. Quando "havia feito a erva sua obra", o sacerdote recordava o que lhe havia passado durante o efeito de estupor. Depois, dava as respostas de oráculo "conforme os fantasmas e ilusões" que tinha notado. Essas visões "interpretava como lhe parecia, ou como o Demônio lhe aconselhava: dando [aos sacerdotes] de contínuo as respostas ambíguas".

Ou seja, havia espaço para uma imaginação solta causada pela embriaguez, bem como um espaço de influência demoníaca. É pelas "imaginações" e "fantasmas" que se "representam" na mente, por onde o demônio "lhes engana". Há outra forma de influência do "enganador". Como tem conhecimento da "virtude" das ervas, ele ensinara aos sacerdotes "a virtude desta" (a embriaguez pelo tabaco).[219] Esse papel do demônio como iniciador do costume pode representar um fator mais decisivo que as intervenções momentâneas da força do mal nos mecanismos cerebrais das visões.

O médico Cárdenas, quanto à particular questão do costume de tragar e baforar o fumo do tabaco, ficará na dúvida sobre quem teria realmente ensinado aquela arte:

> Quando me ponho imaginando quem tenha sido o inventor de tragar este fumo do piciete [tabaco], considerando que até hoje autor nenhum tenha escrito nem feito menção dele, suspeito que

---

218 "Por cualquiera destas dos maneras, conmoción y turbación de los humores o derivación de las especies, o por ambas a dos juntas pintan y representan los demonios en la imaginación y fantasía las imágines y figuras o especies que quieren [os demônios], o que estemos durmiendo o despiertos, de noche o de día, mientras Dios no se lo impidiere" (LAS CASAS, *Apologética*, II, p. 751).

219 MONARDES, *op. cit.*, 1574, p. 47v-48f. Cita: "interpretaua como le parecia, o como el Demonio le acōsejaua: dãdoles de contino las respuestas ambiguas".

algum anjo [ou algum demônio] o aconselhou aos índios; que seja anjo é razoável, porque ele nos livra de tantas enfermidades, que verdadeiramente parece medicina de anjos; e que pareça ser remédio de demônios também [é razoável], porque se pusermos atenção em quem está tragando, veremos saindo pela boca e narinas, baforadas de um hediondo fumo, que parece um vulcão ou boca de inferno; mas, invente-o quem queira, que ele me parece, sabendo bem usá-lo e aplicá-lo em nossas enfermidades, remédio do céu, tanto quanto é nocivo, pernicioso e pestilencial, se não se sabe usar dele.[220]

Cárdenas prima também por especular sobre os processos mentais da embriaguez e das visões. Para avaliar a relação entre os efeitos de plantas alucinógenas e a intervenção demoníaca, informa basear-se no melhor das doutrinas de Hipócrates e Galeno, bem como de regras e preceitos da filosofia de Aristóteles. Seu argumento é que as plantas deviam operar naturalmente no corpo, no caso de não existir um pacto demoníaco com permissão de Deus, ou até eventual milagre que explicasse efeitos extraordinários das plantas.

Cárdenas tipifica os efeitos naturais das ervas desde três níveis que aprendera de Galeno (*De simplicium medicamentorum facultatibus*). Primeiro, os efeitos básicos das medicinas no corpo são: esquentar, ressecar, esfriar, umedecer. Em segundo lugar, vem a propriedade de purga dos maus humores, a reação da medicina no corpo. Por último, o resultado disso, que são as benesses na melhora do apetite, para "despertar a virtude generativa", fortalecer os sentidos etc. Entretanto, há também uma quarta possibilidade. A virtude de algumas plantas é "oculta", não se pode reconhecer a causa, está escondida, mas se veem os efeitos, como do "agárico" (famoso cogumelo alucinógeno do Velho Mundo), o qual, por uma virtude oculta, também purga o humor da fleuma.

---

[220] CÁRDENAS, *op. cit.*, 1988, p. 195-6. Cita: "Cuando me pongo a imaginar quién aya sido el inventor de chupar este humo del piciete [tabaco], supuesto que hasta oy author ninguno lo ha escripto ni hecho mención dél, sospecho que algún ángel lo aconsejó a los indios o algún demonio; que sea ángel está puesto en razón, porque él nos libra de tantas enfermedades que verdaderamente parece medicina de ángeles; y que parezca ser remedio de demonios también lo está, porque si nos ponemos a mirar al que lo está chupando, le veremos echar por la boca y narices bocanadas de un hidiondo humo, que parece un bolcán o boca de infierno; pero invéntelo quien quisieren, que él me parece, sabiéndose bien usar y aplicar a nuestras enfermedades, remedio del cielo, tanto cuanto es dañoso, pernicioso y pestilencial si no se sabe usar dél".

Porém, salienta Cárdenas, esses "efeitos se reduzem a semelhança ou contrariedade". Simpatia e antipatia constituem a base de compreensão da ciência hipocrático-galênica das ingestões medicinais. Demais efeitos ou impressões de certas plantas devem ser fruto da superstição.

Cárdenas estabelece um recorte opondo o efeito das ervas das bruxas europeias à ação das plantas mexicanas. Atualmente, aquelas são descritas muitas vezes como "delirógenas" ou "alucinógenos verdadeiros", enquanto estas são conhecidas como "alucinógenos indólicos".[221]

De um lado, portanto, está a mandrágora e outras solanáceas europeias, que de "extremo frias", causam um sono profundo, de onde se representam na imaginação "cem mil espécies de coisas diferentes". Porém, o médico descarta a crença de que as bruxas sejam capazes de penetrar nos corpos ou fazer viagens e se tornar invisíveis por causa desse efeito das plantas. Todas as artes mágicas, encantamentos e feitiços correspondem às maldades do demônio, que mediante o pacto que faz com as bruxas, opera tais proezas (com a permissão de Deus). Ou seja, pela maestria do diabo na ciência da natureza e usando sua força é que são explicáveis os lances prodigiosos. Isto não se relaciona com o efeito que advém da qualidade intrínseca das ervas usadas pelas bruxas.[222]

De plantas das "Índias", ou seja, da Nova Espanha, "do peyot[e], do poyomate, do hololisque [ololiuhqui] e ainda do piciete [tabaco]", Cárdenas extrai qualidades

---

221 Cf. DÍAZ, "Las plantas mágicas y la conciencia visionaria", 2003. Cárdenas prenunciaria essa classificação da ciência atual, mas talvez preso à perspectiva de associar as qualidades das plantas a seus respectivos ambientes ou regiões, Cárdenas retira o tabaco americano da ordem dos efeitos das solanáceas europeias e o coloca junto aos alucinógenos indólicos mexicanos, como o peiote. Critica, inclusive, a identificação do tabaco com uma planta parecida da Europa, o belenho, paralelo comumente aceito pelos cronistas. Mas para Cárdenas, se o tabaco é quente, a planta europeia seria de compleição fria, como as demais solanáceas usadas na bruxaria europeia (CÁRDENAS, op. cit., 1988, p. 193).

222 Atualmente evita-se pensar nos aspectos de realidade diabólica da bruxaria, como foi na herança agostiniana e tomista. Já o ponto da relação entre o uso "natural" de alucinógenos e as "viagens" das bruxas é assunto para maior debate (HARNER, "The role of hallucinogenic plants in European Witchcraft", 1973). Harner utiliza relatos da época moderna para colocar veementemente a opinião de que a relação é inegável (entre o uso de plantas e as peripécias das bruxas). As viagens descritas em processos inquisitoriais não descreveriam simplesmente puras fantasias do imaginário social ou estereótipos reforçados pelos inquisidores. Ou seja, Harner acentua a perspectiva de que o uso dos alucinógenos, ou melhor, os efeitos mentais desse uso, trazem enfim o efeito de "realidade" da bruxaria.

"calidíssimas e fortes". As plantas mexicanas, "compostas de sutilíssimas, fortes e quentes partes", penetram pelo estômago e vão ao cérebro e resto do corpo, perturbando os "espíritos animais" e tirando a pessoa do "juízo".[223] Depois desse efeito, causam "sonho". Mas nada confortável, e sim, "horrível e espantoso, como afinal causado de vapores fortes e penosos".[224] O terceiro efeito é perturbar os sentidos interiores do cérebro, quando se representam na "potência imaginativa", igualmente terríveis e penosas "espécies na fantasia" (monstros, feras, fantasmas). Cárdenas enfatiza que não há nada de "coisas lindas, formosas, vistosas e agradáveis".

Mas como iremos observar a partir de relatos extraídos da pesquisa do frade Sahagún com velhos índios mexicanos, o consumo de cogumelos traria imagens tanto boas como ruins. O que nos leva a considerar que o médico Cárdenas se distancia da descrição de qualidades naturais para tratar moralmente dos efeitos. Mas a carga negativa desses sonhos é explicada, digamos, cientificamente. Como mencionado acima, a temibilidade mental ocorre por causas naturais, para Cárdenas, ocorre devido aos "vapores negros, fortes e pesados" que advêm dessas plantas.

Entrementes, tal como devia passar no caso das ervas europeias da bruxaria, a influência do demônio existiria à parte dos efeitos naturais das plantas mexicanas, aproveitando-se, o maligno, da embriaguez do peiote e outras. Não que a poção ou medicina tomada seja o imã para puxar o demônio, pois o espírito do mal depende da intenção ou chamamento para se aproximar – tal como um pacto, que podia ser interpretado, nesses casos, como tácito pela demonologia. O diabo vem pelo chamado de quem bebe, o qual se comunica com a entidade para poder adivinhar. Já o diabo, de seu lado, incitaria o adivinho a usar a erva no objetivo de que a embriaguez propiciada pela planta deixasse o sujeito "fora do juízo ou meio atônito", e com isso, poderia "perder o medo de uma coisa tão horrível e feia como deve ser o demônio". Assim também é nos oráculos de Apolo e outros dos antigos europeus, que na sugestão de Cárdenas, deviam usar plantas como essas. É por meio delas,

---

223 Essas plantas ingeridas "comiençan a escalentar, perturbar y desordenar los spíritus animales del cuerpo, sacando a un hombre de su juizio, como lo haze el vino, el piciete y, por concluir, toda yerva y aun bevida y mantenimiento fuerte y vaporoso y éste es el primer effecto natural que la yerva o raíz haze de su propia virtud". A partir daqui, as citações ao texto de Cárdenas correspondem ao "capítulo último. En que se declara muy por entero si puede haver hechizos en las yervas y qué sean hechizos" (CÁRDENAS, *op. cit.*, 1988, p. 265-77).

224 Cita: "horrible y espantoso, como al fin causado de humos fuertes y penosos".

enfim, que os adivinhos indígenas podiam alcançar o estado de "furiosos", caminho para o comércio com o demônio.[225]

Cárdenas, polemístico contra as crenças mais comuns, questiona que as plantas pudessem apresentar, na sua substância, o "feitiço". A interferência do diabo é colocada para fora dos mecanismos de funcionamento da mente e dos efeitos das plantas no cérebro. O médico desonera as substâncias da responsabilidade pelos males diabólicos que seriam trazidos pela má intenção humana.

Cárdenas convivera com fatos e boatos dos usos de plantas como o peiote e o ololiuhqui. O doutor adverte que o "ignorante vulgo" considera factível que o mero consumo dessas coisas pudesse por si só "mudar a condição ou fazer um homem bem ou mal afortunado", ou que tais ervas e beberagens servissem, justamente, para adivinhar o futuro. Mas o destino, em última instância, só a Deus pertence, como aponta Cárdenas religiosamente, tal como discursam demais cristãos eruditos. Contudo, havia essa crença popular inabalável, pregando as qualidades sobrenaturais das plantas embriagantes. De fato, pondera Cárdenas, essas medicinas poderiam deixar qualquer um "confuso", mesmo que armado da razão e rindo-se do absurdo. Cárdenas analisa, por isso, as possíveis soluções para o impasse a respeito da dimensão dos poderes dos vegetais, poderes que seriam apenas naturais.[226]

Dádivas naturais, essas plantas podem tornar-se suscetíveis de um bom governo pelos homens. São divinas e morais medicinas. Cárdenas assevera, aliás, de "ver por experiência", que há sim uso correto de plantas como o peiote, ololiuhqui e tabaco. São ervas "bem medicinais". Podem, quando muito, causar efeitos penosos na imaginação, é verdade. Mas o perigo do uso estaria relacionado à má intenção

---

225 Uma observação sobre a prática da fúria: a antropologia e estudos de fenomenologia muitas vezes separam (talvez intelectualmente) as noções de êxtase e de possessão. Termos que ocasionalmente se aglutinam, tal como na expressão possessão extática. Para evitar esses recursos, muitos estudiosos nomeiam os estados alterados do ser enquanto transe genérico. Mas talvez, a separação entre possessão e êxtase poderia ter relação ou sentido com tipos de efeito das plantas. Lembremos que Cárdenas contrapõe as plantas europeias "frigidíssimas", que trariam visões pelo "sonho profundo", daquelas americanas "calidíssimas". O que tem algum paralelo com a avaliação do transe por meio das plantas feito por Antonio Escohotado, que observa dois gêneros de transe: um "transerrapto" da possessão e um "transe-êxtase" do xamanismo, identificando o primeiro como fenômeno "para baixo", pelo uso das plantas europeias (além do tabaco, que também é uma solanácea). O segundo motivo, de viagem xamânica "para cima", Escohotado o identificaria com as plantas americanas (os alucinógenos indólicos). O álcool também se enquadraria no primeiro grupo de transe (ESCOHOTADO, *op. cit.*, 1996, p. 54).

226 Cita: "mudar la condición o hazer a un hombre dichoso o mal afortunado".

de "alguns índios e índias que chamam feiticeiras [sic] (…) estes tais só tomam [as plantas] a fim de ver o demônio e saber coisas que não sabiam", e que "estaria melhor para eles não saber".[227]

Unguento divino ou diabólico?

Não é simplesmente pelo uso divinatório, caminho escusado para o cristão, que aquele unguento mexicano (comentado anteriormente) seria considerado medicina diabólica por José de Acosta. Lembremos que o jesuíta reafirmava, de outros escritos, uma óbvia constituição nefasta da poção que misturava venenos, coisas imundas e duas plantas de bastante força embriagante, o tabaco e o ololiuhqui. Mas foi de iniciativa do jesuíta aprimorar este sentido e criar a estatura de "unção diabólica", uma entre tantas paródias de rituais da Igreja pelo enganador. Mas o raciocínio já estava presente nos escritos de Durán, que tratava do "betume de Deus, ou melhor dizendo", corrigindo a crônica que lia, "do diabo".[228] A tradução de Acosta estabelecerá, por sua vez, definitiva inversão do valor que os índios teriam dado para o unguento, descrevendo-o apenas como diabólico. Entrementes, a polarização ou os polos do divino e do diabólico remetem à maneira cristã de pensar a idolatria.

Durán traduzira a palavra indígena do unguento: "teotlacualli, que quer dizer comida divina".[229] No dicionário de Frei Alonso de Molina, contemporâneo de Durán, a palavra náhuatl é interpretada como "comida espiritual ou divina".[230] O alimento divino também é medicina. O betume é extremamente eficaz, e também extraordinário. Servia para curar "enfermos e crianças", chamavam-no de "medicina divina": "acudiam de todas partes às dignidades e sacerdotes como a benzedores, para que se lhes aplicassem a medicina divina".[231]

O apego aos aplicadores desse remédio, considerados "homens santos", faz brotar na narrativa (desde Durán) a ideia de superstição, pois os sacerdotes mantinham "os ignorantes enganados e envaidecidos". Mas os índios afirmavam que sentiam

---

227 Cita: "algunos indios y indias que llaman hechizeras (…) estos tales sólo toman a fin de ver al demonio y saber cosas que no sabían (…) les estaría mejor no saber".

228 DURÁN, op. cit., I, 1984, p. 52.

229 Ibidem, p. 51.

230 MOLINA, Vocabulario en lengua castellana y mexicana, 1998.

231 ACOSTA, Historia, p. 264. Cita: "acudían de todas partes a las dignidades y sacerdotes como a saludadores, para que les aplicasen la medicina divina".

"notável alívio". Para esta qualidade da untura, os cronistas dão bastante crédito, particularmente ao associar o poder da medicina aos efeitos do tabaco e do ololiuhqui – ainda mais com aqueles venenos animais, o efeito anestésico da mistura aumentaria bastante. As plantas, aplicadas como emplastros, têm "estranha virtude de desvanecer e marear".[232] Nas palavras de Acosta (que seguem aquelas de Tovar), tais plantas têm "grande virtude de amortecer". Mas junto aos efeitos naturais, a medicina teria efeito sobrenatural para os índios. Se na escrita do jesuíta, a medicina "lhes parecia efeito de saúde e de virtude divina",[233] para a mesma passagem, Durán havia encontrado mais palavras daquele poder supersticioso do betume: "parecia-lhes efeito de improviso e coisa celestial".[234]

Sentidos naturais e supersticiosos desse preparado considerado divino pelos índios informam a visão cristã estruturando o discurso sobre práticas medicinais locais. Mas fazer um exame das passagens onde o unguento aparece (na extensa crônica de Durán) é fazer a exploração sobre outros aspectos dessa medicina. Mesmo que o ponto de partida seja uma crônica com os enquadramentos do olhar europeu, ainda a fixação desse olhar se distrai diante de uma exposição de detalhes da vida indígena (ou de relatos indígenas dessa vida) e que trazem elementos úteis para a análise. Elementos que ao menos servem para aprimorar nossa visão.[235]

Havia uma maneira de representar o ídolo Tezcatlipoca com semblante airado, coberto pelo unguento negro, cabeça emplumada, descrito como deus que enviava fome, esterilidade, pestilência. Daí que as mulheres que tivessem filhos enfermiços ofereciam as crianças a Tezcatlipoca. Os sacerdotes besuntam os pequenos como untam o deus, aderindo plumas e outras "insígnias" da entidade, e acrescenta Durán: "conforme ao que usa a devoção dos cristãos de oferecer as crianças aos

---

232 DURÁN, *op. cit.*, I, 1984, p. 52-3. Citas: "engañados y envanecidos a los ignorantes"; "extraña virtud de desvanecer y almadiar".

233 *Ibidem*, p. 264.

234 *Ibidem*, p. 53.

235 Pela perspectiva apontada por Bernand & Gruzinski, teríamos que aprofundar o "divórcio" entre a "rede onipotente" das "análises estritamente conceituais" dos cronistas e a "sensibilidade" que prescinde dessa rede – "e a corrige parcialmente" (BERNARD & GRUZINSKI, *op. cit.*, 1992, p. 77). Já demos notícia do peculiar unguento de uma história que teria sido escrita, originalmente, por um indígena. Tal narrativa fora apropriada para manifestar-se como discurso comum de crônicas da cultura espanhola. Das breves menções ao betume divino, num episódio específico que analisávamos noutro item, é oportuno passar para descrições mais abundantes, desde a obra deixada por Durán.

santos das ordens [monásticas]". O dominicano ainda aponta que o betume passado nos infantes enfermos e no ídolo era usado também pelos sacerdotes para oferecer sacrifícios "aos montes". Portanto, as caminhadas no objetivo de oferecer dádivas dão a importância para usar o unguento e encorajariam os sacerdotes nas incursões pelos matos e serras, mesmo porque faziam as viagens geralmente durante a noite.[236]

Tudo indica que para a mesma função teria sido usada a fórmula pelos guerreiros mexicanos rumo ao campo de batalha, para encorajar. Na preparação da refrega, os guerreiros lambuzavam "as caras com o tisne divino". O costume extrapola aqueles rituais entre ídolos e devotos e passa a ter sentido prático na guerra.[237]

A "unção divina" seria também elemento da altivez do poder, nos rituais de posse para o exercício do cargo de liderança (digamos) político-religiosa entre os antigos mexicanos. Como na "eleição" de Chimalpopoca, que aos dez anos de idade teria sido o terceiro "rei de México". Foi "colocada a criança no seu trono real com insígnias reais", quando havia a tarefa de "ungir-lhe com a unção divina".[238] Semelhante ritual seria informado com mais detalhe para a "coroação" de Motecuzoma.[239] Já no evento do decesso de outro "rei", o unguento teria sido importante durante as cerimônias fúnebres: "besuntaram-lhe todo o corpo com o betume divino. Com o qual ficou o rei Ahuitzotl consagrado em deus e canonizado no número dos deuses".[240]

Quanto à eleição de Motecuzoma, no caso, trata-se do segundo "rei" dos mexicanos com este nome – e que teve de enfrentar a comoção da invasão dos espanhóis –, temos algumas palavras que servem para pensar nos propósitos da consagração com o unguento divino. As orações estão no relato trazido por Durán de um pretenso discurso de confirmação do grande líder, proferido pelo também famoso

---

236 DURÁN, *op. cit.*, I, 1984, p. 47-8.

237 DURÁN, *op. cit.*, II, 1984, p. 360.

238 *Ibidem*, p. 69. Cita: "puesto el niño en su trono real e insignias reales".

239 "Al cuarto día que se acabaron las fiestas fue ungido Motecuhzoma y coronado públicamente por mano de los dos reyes y del sacerdote supremo. A quien se le hicieron todas las cerimonias y ritos y supersticiones que sus leyes mandaban. Las cuales se concluían con untarle o embijarle con el betún divino – lo cual era como consagrarle como dios – en lo cual prometía favor a las cosas divinas y defender sus dioses y ley" (*ibidem*, p. 415).

240 *Ibidem*, p. 394. Cita: "embijáronle todo el cuerpo con el betún divino. Con lo cual quedó el rey Ahuitzotl consagrado en dios y canonizado en el número de los dioses".

Nezahualpilli, "rei" de Texcoco, uma das cidades da tríplice aliança.²⁴¹ Nessa possível fala talvez recuperada da tradição oral da elite mexica (ainda que alterada pela escrita), Nezahualpilli, ou melhor, certa memória de uma tradição indígena coloca o betume divino entre uma série de procedimentos:

> E [tu Motecuzoma] hás de sair para ver as estrelas, para conhecer os tempos e signos delas, suas influências e o que ameaçam. E ter conta da estrela-d'alva [vênus] para que, ao sair, faças a cerimônia de banhar-te e limpar as máculas, e logo te ungires com o betume divino, e logo te sangrares e tomar o incensário e oferecer teus incensos e sacrifícios aos deuses, e logo contemplar os lugares escondidos dos céus, e logo as nove dobraduras dele, e juntamente hás de descender ao lugar do abismo e centro da terra, onde estão as três casas do fogo.²⁴²

O discurso de Nezahualpilli pode aludir a práticas extáticas, reporta àquilo que desde meados do século XX, com Mircea Eliade, estaria assentado como expressão da viagem xamânica, o descenso e subida em pisos do mundo e pelo embate além de outras formas de relação com entidades num universo que extrapola o plano terrestre.²⁴³ Guillem Olivier ressalta que o uso do unguento divino serve para "reduzir a distância que existe entre os homens e os deuses, com o fim de estabelecer um contato mais favorável com a divindade". Sem a proteção dessa unção, tal contato poderia ser fatalmente perigoso. Mas segundo Olivier, o betume,

---

241 Convencionou-se chamar de tríplice aliança o acordo político entre México-Tenochtitlan (capital dos mexicanos ou tenochcas), Texcoco e Tlacopan (ou Tacuba), três "cidades-estado" que dominavam parte do México central e outras regiões mesoamericanas durante um século antes da invasão espanhola e particularmente pela extração de tributos em gênero de entidades políticas subalternas, mas relativamente independentes.

242 DURÁN, *op. cit.*, II, 1984, p. 400-1. Cita: "Y [tu Motecuzoma] has de salir a ver las estrellas para conocer los tiempos y signos de ellas y sus influencias y lo que amenazan. Y tener cuenta con el lucero del alba, para que, en saliendo, hagas la cerimonia de bañarte y limpiar las máculas, y luego ungirte con el betún divino, y luego sangrarte y tomar el incensario y ofrecer tus inciensos y sacrificios a los dioses, y luego contemplar los lugares escondidos de los cielos y los nueve dobleces de él, y juntamente has de descender al lugar del abismo y centro de la tierra, donde están las tres casas del fuego".

243 Cf. ELIADE, *El chamanismo y las técnicas arcaicas del éxtasis*, 1976.

sua negra cor, já refletiria essa simbologia, independente da fórmula intoxicante destacada por Durán.²⁴⁴

Num momento da crônica do dominicano, o unguento parecerá reportar-se à paradigmática bruxaria. Tomemos a história de uma encomenda que teria feito o outro Motecuzoma (tio do homônimo citado acima), o "Velho". Foi encomenda para sessenta homens, já anciãos e destacados de todas as "províncias", "encantadores e feiticeiros" que "sabiam daquela arte mágica". O propósito da reunião dessa gente era descobrir a origem, o lugar das "Sete Cavernas" [Chicomoztoc], de onde haviam saído todas as nações nauas, dentre as quais, a tribo mexica. Para proceder numa viagem impossível em termos ordinários, os velhos, reunidos na montanha de Coatepec, "fizeram seus cercados e invocações ao demônio, besuntando-se com aqueles unguentos". E lembra Durán: "hoje em dia usam" do unto secretamente, pois nas redondezas de Tula (onde está Coatepec) "há grandes bruxos entre eles e índios endemoniados".²⁴⁵

Pela invocação ao demônio, os anciãos ficavam "alguns em forma de aves, e outros, em forma de bestas feras [como] leões, tigres, raposas, gatos espantosos", o que permitira que o demônio levasse todos ao destino almejado. A história segue descrevendo as peripécias da empreitada. Para poderem voltar das grutas de Chicomoztoc, os bruxos tiveram de utilizar novamente o recurso do unguento em meio aos "cercados e conjuros". Alguns nunca teriam voltado. Segundo a história indígena (lembra-nos Durán), esses magos foram vítimas de animálias rapaces que lhes vitimaram no caminho de regresso. Mas Durán discorda, informando ao leitor que "não deve ser [assim], senão que o demônio os pegou e dizimou como paga de seu trabalho".²⁴⁶

---

244 OLIVIER, *Tezcatlipoca; burlas y metamorfosis de un dios azteca*, 2004, p. 335.

245 Um parêntese a respeito da persistência dessa crença no betume divino por Durán, que assevera o propósito de relatar os costumes indígenas. Não é apenas para "contar historias y antiguallas" dessas "supersticiones" dos antigos. O motivo do relato é avisar sobre a mescla desses costumes com o cristianismo, isto é, que o olhar dos clérigos diligentes "escudriñen y saquen de raíz las malezas que de cizaña puede haber en el trigo y las arranquen, para que no crezcan junto con la divina ley y doctrina de Dios". Entre os sinais do joio no trigo, está o costume de besuntar as crianças com o "betún de los dioses, de donde vienen a criar unas trenzas largas, que parecen demonios" (DURÁN, *op. cit.*, I, 1984, p. 57-8). <u>Cita</u>: "hicieron sus cercos e invocaciones al demonio, embijándose con aquellos ungüentos".

246 DURÁN, *op. cit.*, II, 1984, p. 217 e 222. <u>Citas</u>: "en forma de aves unos, y otros, en forma de bestias fieras, de leones, tigres, adives, gatos espantosos"; "no debió ser, sino que el demonio los tomó y diezmó en pago de su trabajo".

Nesse detalhe da viagem diabólica que consome os pactuantes ou lhes devora em corpo e alma, pode-se notar que há clara interferência de códigos da crença europeia de bruxaria.[247] Mas isto parece vir junto a significados indígenas de práticas que são muitas vezes interpretadas como extáticas pela bibliografia especializada na história sobre o uso das plantas psicoativas. O unguento talvez é que informa a relação ingente entre as possíveis práticas europeias e indígenas de viagem extática sob o efeito de alucinógenos e afins.

Chegamos a um termo sem poder responder à seguinte pergunta: o unguento peculiar dos antigos mexicanos é divino ou diabólico? Talvez uma substância de idolatria, pois venerada pela evidência de uma força que emana do preparado. O aspecto mais concreto é que os cronistas em geral (Acosta em visão sistêmica) provocam a queda diabólica do unguento divino dos índios. Depois de tudo, vemos que um possível tema de discurso do líder Nezahualpilli, a fala suprema de Texcoco, mesmo que na escrita de Durán, pode ter colocado com mais clareza um sentido local para tal unção, sentido algo alheio do bem e do mal, mesmo que reportando a céus e inframundos.

---

247 Como realça Theodoro, "a descrição da América é feita à medida que o imaginário, organizado previamente, controla todo o fio narrativo e, como uma instituição disciplinar, mantém intactas as visões de mundo típicas da Europa" (THEODORO, *América barroca*, 1992, p. 58).

Capítulo 2
Coisas da idolatria entre vícios e virtudes

Histórias gerais sobre os antigos mexicanos (século XVI)

Nas avaliações em torno do unguento divino dos antigos mexicanos, houve a intenção de comparar o relato seletivo e sintético do paradigmático padre Acosta, com a crônica que lhe servira de base, a qual apresenta narrativa mais abrangente e detalhada sobre os costumes indígenas com o denominado betume diabólico.

O cronista Durán, na opinião de Bernand & Gruzinski, põe em xeque muitas ideias pré-concebidas sobre a "idolatria-sistema" dos missionários teólogos como Las Casas e Acosta. O dominicano e outros cronistas, "mais atentos aos fatos que às teorias, ilustram sem saber, as falhas da bela rede lascasiana" da idolatria. Imerso em documentos e depoimentos indígenas, Durán procura inquirir e conhecer o que abomina e o que admira das populações locais com quem convive no cotidiano.[1]

Os tratados de Durán agora continuam sendo explorados – em parte para obter a rica tensão entre as visões arquetípicas e os sinais de fenda na arquitetura da idolatria, da feitiçaria, do vício, instâncias relacionadas às medicinas que embriagam os índios. Além de propor a análise mais detida da obra de Durán, este capítulo estabelece a leitura de parte dos manuscritos organizados ou escritos por outro religioso, um frade da ordem dos franciscanos, Bernardino de Sahagún. Este autor será comparado com Durán, que elaborou suas investigações provavelmente sem conhecer o franciscano, mas que redigira sua obra num mesmo contexto social.

---

1 BERNAND & GRUZINSKI, *De la idolatría*, 1992, p. 83-4.

Acrescente-se que os dois missionários apresentam textos que se complementam. Sahagún é lacônico nos comentários sobre costumes indígenas com as medicinas que embriagam, mas apresenta relatos minuciosos das práticas, inclusive pela tradução de discursos locais transcritos também por nativos, educados pelos franciscanos. Já Durán, apesar da relativa densidade dos dados que apresenta, mas nada comparável ao que se nos oferece da obra de Sahagún, sobressai, mesmo assim, enquanto comentador que pode surpreender pelo teor dos pareceres.

Frei Diego Durán já serviu de apoio nas análises do capítulo anterior, mas não foi devidamente apresentado. Nasceu em Sevilha, 1537, mas ainda menino foi com a família para a Nova Espanha, quando se estabelece em Texcoco – uma das principais cidades pré-hispânicas do vale do México, famosa como depositária da mais fina cultura erudita dos povos de língua náhuatl. Durán deve ter aprendido o idioma nativo desde pequeno. Na juventude, ele viveu na capital mexicana e no convento principal da ordem de Santo Domingo, no centro da cidade. Junto aos franciscanos, os dominicanos dominavam a política evangelizadora no primeiro lustro da colonização e tinham considerável inserção política e inúmeros estabelecimentos na Nova Espanha.[2]

Pouco se sabe da vida de Durán, não foi personagem de destaque na intelectual ordem dos predicadores. Porém, devido à existência de muitos conventos dominicanos no vale do México e rumo ao sul, o cronista pôde visitar diversas localidades. Deixou substanciosos manuscritos sobre a história e os rituais indígenas, uma obra descoberta em meados do século XIX na Biblioteca Nacional de Madrí. Deve ter começado a escrever pelo menos desde 1576, e completou os três tratados com algumas ilustrações, em 1581, provavelmente falecendo em meados dessa década.[3]

---

2   Cf. HORCASITAS & HEYDEN, "Fray Diego Durán: his life and works", 1971, p. 12-15.

3   Os manuscritos de Durán compreendem três tratados: 1- "Libro de los ritos y ceremonias en las fiestas de los dioses y celebración de ellas"; 2- "Calendario antiguo"; 3- "Historia". Ainda compõe-se de mais de 100 gravuras. Utilizamos a edição de Garibay: DURÁN, *Historia de las Indias de Nueva España e islas de la Tierra Firme*, tomos I e II, 1984. Para as citações neste capítulo: DURÁN, *Historia*, I (ou II). O tomo I contém o "Libro de los ritos y ceremonias en las fiestas de los dioses y celebración de ellas" e "El calendario antiguo". O tomo II contém o manuscrito "Historia". A sequencia 1-2-3 foi sugerida por Garibay devido à cronologia de elaboração da obra. Mas Durán deixou organizado o conjunto na relação 3-1-2, isto é, na ideia de apresentar a evolução histórica da parcela mexicana que domina o cenário político dos últimos séculos antes da invasão espanhola, para depois tratar, em análise sincrônica, das cerimônias da falsa religião dos nativos (COLSTON, *Fray Diego Durán's Historia de las Indias de Nueva España e islas de la Tierra Firme*, 1973, p. 15-6).

A obra de Durán teve em conta uma diversidade de fontes. O autor consultara algumas pinturas (como chamavam aos códices indígenas) que combinavam as imagens com recitação de histórias dinásticas, cosmogônicas e outros saberes. Durán também entrevistava informalmente alguns nativos anciãos que haviam vivido tempos pré-hispânicos, bem como teve acesso a manuscritos de espanhóis.[4]

Também obteve discursos indígenas a partir da escrita alfabética em náhuatl. O volume da *Historia* (tomo II da edição das obras de Durán que utilizamos) teve como fonte praticamente exclusiva um manuscrito anônimo de autor indígena, que Durán procura traduzir e comentar. Esta história mexicana é fruto da tradição oral-pictórica e enfatiza a evolução política da cidade de México-Tenochtitlan em torno dos feitos de um peculiar personagem, Tlacaelel, que está por trás das decisões de gerações de líderes mexicas no século XV, o que gera controvérsias quanto a sua realidade ou efetividade na história das decisões e conquistas dos antigos mexicanos.[5] Stephen Colston avalia que a fonte de Durán foi "sem dúvida" parte de uma história oficial da elite mexica de Tenochtitlan, embora fosse uma versão "partidária".[6]

Os manuscritos do frade Durán condensam pesquisas com crônicas indígenas, leitura de histórias espanholas, gravuras e testemunhas orais além de observações pessoais.[7] O dominicano se aproxima da civilização indígena de maneira ambivalente, observando virtudes surpreendentes, principalmente nas ordenanças da república – mas também faz a história de reprováveis costumes, como os sacrifícios humanos. A idolatria, em Durán, combina elementos contraditórios. O escritor observa a hipótese de origem judaica dos índios, os rituais nativos se lhe mostram muitas vezes como da lei mosaica, outras vezes, se assemelham aos rituais católicos, pela crença do apostolado na América concomitante à expansão da mensagem de Cristo no mediterrâneo antigo. Muitos cronistas apostavam na presença da Igreja primitiva na América. Enfim, dessas raízes religiosas trazidas do Velho Mundo, mas

---

4   Cf. HORCASITAS & HEYDEN, *op. cit.*, 1971, p. 37 e ss.; COLSTON, *op. cit.*, 1973, p. 42 e ss.
5   *Ibidem*, p. 160 e ss.
6   O documento perdeu-se, muitas vezes conhecido como "crônica X". Tal manuscrito ou semelhante foi fonte também para o trabalho de um cronista indígena de estirpe nobre, Hernando de Alvarado Tezozomoc. Ainda serviu de informe para o jesuíta mestiço Juan de Tovar, e através deste, para alguns trechos da história de Acosta que tratam dos antigos mexicanos (*ibidem*, p. 50 e ss., cit. p. 59).
7   *Ibidem*, p. 77.

aos poucos esquecidas e deturpadas, o demônio teria se aproveitado para inventar os costumes sanguinários e contranaturais.

Como enfatizam Rosa Camelo & Rubén Romero, na ambição de destacar um universo religioso indígena, Durán teria em mente o projeto concreto da evangelização desde três pilares: a "racionalidade indubitável do indígena", os "restos de uma predicação primitiva em estreito vínculo com as virtudes inerentes ao homem" e o "engano do demônio". A força maligna teria provocado, para Durán, uma "distorção flagrante da fé católica e havia afundado o indígena numa realidade manchada de crenças e ritos abomináveis". Nesse estado de coisas, Durán preocupa-se com as mesclas dessa realidade com o catolicismo, enfim, propugna pela destruição dos sinais diabólicos e irracionais, ainda que perceba uma adaptabilidade entre os ritos nativos e da Igreja. Mas a perspectiva da "extirpação" é extremamente forte, inclusive porque Durán aponta para os erros mais discretos e domésticos dos índios e que passam despercebidos para a maioria dos clérigos, mas deveriam ser reprimidos.[8] Porém, Durán representava um dos últimos grandes críticos diante do clero mais inocente ou desatento das sobrevivências idolátricas. A década de 1580, na Nova Espanha, via o ocaso do "espírito de cruzada" que tinham muitos da geração de Durán. Os clérigos da segunda geração de colonizadores "consideravam os índios como um meio para alcançar seus fins", já não mais como homens que deviam ser "moldados como cristãos devotos".[9]

Outro e até mais perspicaz pesquisador da idolatria é o franciscano observante Bernardino de Sahagún, que também pode ser enquadrado nesse limite de gerações e como um dos últimos cruzados. Vale resgatar que ele não alimentará a tese da evangelização primitiva na Nova Espanha, como especulava Durán. Tinha melhor para si que a idolatria dos índios foi alimentada pelo demônio em virtude justamente do desconhecimento da palavra de Cristo, embora pense que alguma mensagem de Deus possa ter atingido aquela gente mexicana por "oráculo".[10]

Independente desses detalhes de diferença dos autores Sahagún e Durán, eles podem ser destacados de um grupo de cronistas que se mantém no meio caminho entre as visões mais hostis da cultura indígena – a retórica dos escritores vinculados aos interesses dos conquistadores e encomenderos – e aqueles escritos que fazem a

---

8   CAMELO & ROMERO, "Estudio preliminar", 1995, p. 22 e ss., cit. p. 24.
9   HORCASITAS & HEYDEN, *op. cit.*, 1971, p. 43.
10 SAHAGÚN, *Historia general de las cosas de Nueva España*, tomo I, 1988, "Prólogo", p. 35.

lisonjaria das populações locais. São os humanistas mais radicais, alguns na esteira de Las Casas.[11] Mas o espírito de defesa das "repúblicas de índios" fazia o espírito das ordens mendicantes e monásticas com sujeitos que não eram vinculados a Las Casas. É o caso dos clérigos mendicantes que são objetos de análise aqui. De toda forma, para Sahagún ou para Durán, os índios eram plenamente racionais, apesar da idolatria, sendo que também podiam e deviam ser salvos, convertidos à fé e moral cristãs.

Destaquemos também outro frade franciscano, Toribio de Benavente ou Motolinia ["o pobre" em náhuatl], entusiasta evangelizador que apostava que a idolatria estava praticamente extinta, pelos idos da década de 1540. Também ficara conhecido na historiografia apologética como um dos doze apóstolos, isto é, um dos clérigos do primeiro grupo de franciscanos que ancorou na Nova Espanha, poucos anos depois da conquista da capital mexica por Cortés, em 1519. Motolinia será aproveitado neste capítulo e no seguinte para algumas questões pontuais.[12] Já Sahagún, que chegou à Nova Espanha com quase trinta anos de idade em 1529, uma década depois da queda de Tenochtitlan, é o missionário investigador e escritor que baliza as análises deste capítulo sobre a idolatria da embriaguez e os vícios ao redor.

Sahagún é responsável pela constituição de uma obra sem par. Como atesta David Carrasco, "nenhuma outra coleção de materiais teve ou terá impacto tão prolongado ou pervasivo na evolução de nosso conhecimento, nas metodologias e interpretações das religiões e rituais da Mesoamérica". Contudo, mesmo que os textos de Sahagún "nos encantem e guiem no sentido de apreciar os astecas (…), eles também nos confundem", devido às camadas de "alteração histórica, inovação linguística, aparato missionário e fragmentada cosmovisão indígena".[13] Impossível escapar dessa contraditória herança da obra do franciscano.

Vários manuscritos e ilustrações produzidos na sua longa vida missionária na Nova Espanha (entre 1529 e 1590) sobreviveram até nossos dias, embora muitos também tenham desaparecido. O texto mais famoso e consultado, também mais definitivo da

---

11 KEEN, *La imagen azteca en el pensamiento occidental*, 1984, p. 87-8.

12 As fontes de sua crônica advêm da missão na região de Tlaxcala, que era a terra dos principais inimigos dos mexicanos. Mas os tlaxcaltecas também pertenciam à cultura naua (MOTOLINIA, *Memoriales*, 1971). Motolinia já manejava em seus relatos a visão da mímica diabólica na religião dos índios, mas elogia a pronta adesão ao cristianismo, perspectiva que desagradara aos frades mais rigorosos na evangelização, ou menos seduzidos pelas aparências de cristandade dos índios – o caso de Sahagún e Durán (GIBSON, *The Aztecs under Spanish rule*, 1964, cap. "La religión").

13 CARRASCO, "Representing Aztec ritual: a commentary from the History of Religions", 2002, p. 278-9.

empresa de Sahagún, é chamado de Códice Florentino. Teve como título uma *Historia general de las cosas de la Nueva España*. Após décadas de pesquisa e revisão dos dados que colhera dos índios, o manuscrito, já acrescido de prólogos e notas do franciscano, toma forma em doze livros. Data de 1577 sua conclusão.[14] Conclusão apressurada, pois o manuscrito fora confiscado pelas autoridades eclesiásticas e enviado ao Conselho das Índias, na Espanha, no intuito de ficar arquivado para não ser divulgado – fatídico destino de tantas obras sobre os costumes indígenas. O mesmo ocorrera com os manuscritos de Durán. Porque devido ao extenso conteúdo sobre os rituais indígenas, estes tratados teriam representado um perigo, poderiam ser trabalhados para reavivar a idolatria – insistiam algumas autoridades civis e eclesiásticas num período de maior controle da informação no império de Felipe II e na Contrarreforma. Ironicamente, Sahagún e Durán tinham como objetivo revelar a idolatria para melhor combatê-la. Mas o partido contrário vence a disputa, algumas lideranças monásticas convencem a Coroa e o Conselho, em 1577, por confiscar todos os materiais que tratavam dos antigos ritos e superstições indígenas.[15]

O manuscrito ilustrado e com duas colunas de texto (uma em espanhol e outra em náhuatl), deve ter sido presenteado por Felipe II à sua filha, casada com um dos Médici. O conjunto é chamado Códice Florentino. Mas a coluna em espanhol é comumente denominada de *Historia general*, constituindo-se no foco desta investigação em torno das interpretações do clérigo sobre os costumes indígenas com medicinas que embriagam.

---

14 Bustamante García (*Fray Bernardino de Sahagún, una revisión crítica de los manuscritos y de su proceso de composición*, 1990) prefere o título "Historia universal" a "Historia general", porque Sahagún usara a primeira alternativa num prólogo de 1569 aos "doce libros" que compõem a obra. De toda forma, como revela o mesmo estudioso, a segunda alternativa é estabelecida pelo frade entre 1570 e 71. Mas explica Bustamante García: "'História' aparece aqui não no sentido de crônica ou anais, mas sim no mais genérico de 'descrição que se faz das coisas', qualquer que seja sua natureza ou condição" – completa que é "importante o termo 'Universal' que vem associado; termo que em 1611 Sebastián de Covarrubias ainda definia especificamente como adjetivo referente 'ao que tem notícia de muitas coisas diferentes e *fala delas cientificamente*', entendendo-se por 'ciência' 'o conhecimento certo de alguma coisa por sua causa'" (p. 58-9).

15 Para um resumo destas disputas políticas e sobre os destinos da obra de Sahagún, cf. NICHOLSON, "Fray Bernardino de Sahagún; a Spanish missionary in New Spain, 1529-1590", 2002.

A *Historia general* é fruto, portanto, do esforço do missionário em traduzir, parafrasear e resumir o texto em náhuatl, acrescentando ainda prólogos e outras digressões, mas também deixando lacunas na tradução.[16]

A coluna em náhuatl foi produzida pelos auxiliares indígenas do franciscano, que escreveram a partir do relato de anciãos advindos de quadros da elite do vale do México. Estes entrevistados são conhecidos como os "informantes indígenas" de Sahagún. As transcrições, revisões e alterações das falas às vezes mais improvisadas, outras vezes mais coerentes com as memórias e tradição oral, compõem, portanto, a outra parte do Códice Florentino.

Tal manuscrito, finalizado precariamente em 1577, informa um longo e tumultuoso processo de entrevistas e revisões de texto, desde Tepepulco, passando por Tlatelolco, e enfim, constituído plenamente na cidade do México. Não cabe aqui trazer essa história. Basta mencionar, por exemplo, que o sexto livro, composto desde uma coleção de discursos morais indígenas, os famosos huehuetlatolli, foram

---

16 Utilizamos a primeira edição completa dessa coluna em espanhol do Códice Florentino, por obra de López-Austin & García Quintana: SAHAGÚN, *Historia general de las cosas de Nueva España*, tomos I a XII, 1988. Para as próximas citações neste capítulo: SAHAGÚN, *Historia*. As numerações (em número romano) correspondem ao volume ou "libro", que são doze no total. Para as citações do glossário produzido pelos editores, dedicado às expressões em náhuatl para o espanhol, indicamos "glosario". Vejamos os títulos dos livros que compõem a Historia de Sahagún, que pode auxiliar na apreensão do panorama da obra: "Libro Primero: En que se trata de los dioses que adoraban los naturales desta tierra que es la Nueva España"; "Segundo Libro: Que trata del calendario, fiestas y cerimonias, sacrificios y solemnidades que estos naturales desta Nueva España hacian a honra de sus dioses"; "Libro Tercero: Del principio que tuvieron los dioses"; "Libro Cuarto: De la astrología judiciaria o arte de adivinar que estos mexicanos usaban para saber cuáles días eran bien afortunados y cuáles mal afortunados, y qué condiciones tendrían los que nacían en los días atribuidos a los caracteres o signos que aquí se ponen, y parece cosa de nigromancia, que no de astrología"; "Libro Quinto: Que trata de los agüeros y prenósticos que estos naturales tomaban de algunas aves, animales y sabandixas para adivinar las cosas futuras"; "Libro Sesto: De la retórica y filosofía moral y teología de la gente mexicana, donde hay cosas muy curiosas tocantes a los primores de su lengua y cosas muy delicadas tocantes a las virtudes morales"; "Libro Séptimo: Que trata de la astrología y filosofía natural que alcanzaron estos naturales de esta Nueva España"; "Libro Octavo: De los reyes y señores, y de la manera que tenían en sus elleciones y en el gobierno de sus reinos"; "Libro Nono: De los mercaderes, oficiales de oro y piedras preciosas y pluma rica"; "Libro Décimo: De los vicios y virtudes desta gente indiana, y de los miembros de todo el cuerpo, interiores y esteriores, y de las enfermedades y medicinas contrarias, y de las naciones que a esta tierra han venido a poblar"; "Libro Undécimo: Que es bosque, jardín, vergel de lengua mexicana"; "El Doceno Libro: Tracta de cómo los españoles conquistaron a la ciudad de México".

trazidos da década de 1540. Mas o grosso do material, reunido a partir daí e que fez a versão final da *Historia*, data de meados da década de 1560.[17]

Ao lado da investigação do texto em espanhol, fazemos o confronto com uma edição que contém a tradução em inglês do texto em língua nativa. Lembramos que as versões em espanhol e em náhuatl compõem o Códice Florentino. A edição em inglês de Arthur Anderson & Charles Dibble (*Florentine Codex*), além de traduzir o texto nativo, mantém a coluna em náhuatl. Mas advirta-se que o estudo em torno do *Florentine Codex* é apenas complementar e pontual, não é sistemático nem completo. Mesmo assim, procuramos confrontar certas passagens do *Florentine Codex* que correspondem à coluna do texto de Sahagún em espanhol.[18]

Os discursos dos informantes indígenas muitas vezes expressam vozes dissonantes da letra do frade. Todavia, a coluna em náhuatl não representa um discurso genuíno dos astecas, pois fora produzido no meio colonial por indígenas já convertidos ao cristianismo, que também compartilhavam em alguma extensão dos códigos de linguagem, das crenças e políticas dos missionários europeus e da sociedade nova-hispânica como um todo.

Sem dúvida que os "informantes" tiveram alguns cuidados na expressão do universo indígena. Falas que, aliás, foram vertidas para o papel por neófitos bem jovens, bastante aculturados pela educação trilíngue praticada no Colégio de Tlatelolco, que buscava formar quadros para a liderança indígena. Estes meandros criavam limites e enquadramentos para a expressão indígena, aliás, já transformada por décadas de contato com culturas forâneas.[19]

Mesmo assim, que se destaque o cuidado "científico" de Sahagún na produção desse material. Na opinião de Manuel Ballesteros Gaibrois, o frade "atuou com o mais depurado e responsável método que possamos pensar, e até exigir, de um explorador antropólogo, talvez com mais rigor que muitos viajantes modernos".[20] Mas

---

17   BUSTAMANTE GARCÍA, *op. cit.*, 1990, p. 404 e ss.
18   SAHAGÚN, *Florentine codex; general history of the things of New Spain.* Os volumes consultados foram os seguintes: I, IV, V, VI, VII, VIII, IX, X, XI, XII. Para as próximas citações destas edições: *Florentine codex*, (número do volume em algarismo romano). Traduzimos ao português as versões em inglês destas edições, que também oferecem o texto original em náhuatl.
19   Cf. ILARREGUI, "Preguntar y responder en Nueva España: el caso de Tlatelolco y Sahagún", 1996.
20   Ballesteros Gaibrois aponta que o método de entrevista de Sahagún baseou-se em "minutas", questões elaboradas na tradição escolástica e que fora metodologia do governo espanhol, como o procedimento utilizado para as "relaciones geográficas" (como chamadas atualmente), que

apesar da seriedade na pesquisa, é fundamental perceber, como destaca Quiñones Keber, que diversos aspectos do projeto, como "as patentes diretrizes e intervenções" na busca de informações sobre a cultura indígena, não ficam tão evidentes no texto. Nos assuntos de religião e ritual há lacunas gritantes, os significados metafóricos do texto em náhuatl merecem sempre maior investigação. Além de tudo, sobreleve-se o impasse de como abordar materiais produzidos por "forasteiros" como Sahagún e sua mente renascentista sobre a "cultura do outro".[21]

Pouco documentada está a vida de Bernardino de Sahagún, sobre o tempo em que viveu na Espanha. Nasceu num vilarejo de León e deve ter sido de família abastada, pois foi estudar em Salamanca. Ali, ingressa no convento franciscano. A formação de Sahagún combinaria duas tendências do milieu franciscano de Salamanca no início do século XVI, segundo Jesús Bustamante García. De um lado, percorre em suas veias a "religiosidade observante". O frade integra-se na reforma da ordem franciscana pela conduta na "regra primitiva", associada ao voto de pobreza e ao pietismo místico. Por outro lado, na tendência encabeçada pelo importante intelectual frei Ximénez de Cisneros, os estudantes de Salamanca obtinham conhecimento das tendências humanistas e punham em pé de igualdade o tomismo e o nominalismo em função de uma "teologia tolerante", mas sem que possamos passar a etiqueta de erasmista para o frade Sahagún. Enfim, duas tendências da ordem mendicante marcariam a obra do franciscano.[22]

O objetivo mais explícito para a produção dos materiais era que servissem de instrumento para a doutrinação e alimento da cristandade dos nativos; quiçá dentro de um projeto mais profundo da ordem franciscana e que teve certa ressonância na Corte espanhola até a década de 1570 – um projeto de tutela da civilização indígena, de governar esses povos fora dos domínios dos colonos e burocratas espanhóis e de suas más influências morais.

Nesse ínterim, a *Historia* revelaria a antiga religião dos índios para prevenir o ressurgir da idolatria. Mas teve o propósito principal de fazer o registro de um extenso vocabulário em náhuatl, que entre outras coisas facilitaria o processo de

---

foram respostas ao questionário produzido pelo Consejo de Indias e distribuído a partir de 1577 (BALLESTEROS GAIBROIS, *Vida y obra de Fray Bernardino de Sahagún*, 1973, p. 101 e ss., cit. p. 103).

21 QUIÑONES KEBER, "Representing Aztec ritual in the work of Sahagún", 2002, p. 14.
22 BUSTAMANTE GARCÍA, *op. cit.*, 1990, p. 18 e ss. (cit. p. 18 e 24).

evangelização. Além disso, a obra procura mostrar que os antigos costumes e realizações dos gentios eram dignos de nota. Sahagún buscava subtrair a opinião corrente de que os índios eram inferiores aos espanhóis. Alfredo López-Austin lembra que afora a atenção filológica exaustiva, o primeiro e terceiro aspectos acima eram objetivos que se assemelhavam ao projeto do padre Acosta, quando este finaliza, quase duas décadas depois, a *Historia natural y moral de las Indias*. E se Acosta não dava a perspectiva de que o triunfo da Igreja no Novo Mundo devia ser o reino de Cristo sem a necessidade dos europeus, Sahagún foi mais rotundo na concepção de uma sociedade cristã indígena liberta tanto da idolatria gentílica como da corrupção dos espanhóis.[23]

A *Historia general* de Sahagún alegoricamente traça um projeto de civilização. Isto é, os primeiros livros, dedicados a perscrutar as coisas divinas ou idolátricas e refutá-las, são seguidos por outros que mostram uma filosofia moral invejável em comparação ao regimento da república dos espanhóis – Sahagún também procura demonstrar realizações ímpares dos naturais, como a boa medicina por experiência.

Portanto, embora expressando o interesse de compilar todos os detalhes das cerimônias idolátricas para maior eficácia da evangelização, observa-se, igualmente, o objetivo de recuperar dos índios tudo o que fosse memorável e proveitoso, particularmente no campo das moralidades, dos métodos de governo e sobre a arte da medicina. Passando por esse repertório, a leitura da *Historia general de las cosas de la Nueva España* pode revelar a existência de um inequívoco vetor de secularização da vida social indígena, ou melhor dizendo, uma tendência para abarcar as coisas humanas e do mundo natural nos seus aspectos racionais (e assim moralmente corretos), logo após o relato do universo visto como religioso, mas idolátrico (portanto defectivo).

A partir da intenção do frade em ver também o lado bom dos indígenas, note-se, enfim, um verdadeiro expurgo das coisas da idolatria nos últimos livros da *Historia* de Sahagún. Contudo, tal visão expressaria muito mais um desejo intelectual que uma possibilidade de fato. É a crítica sobre essa construção de Sahagún que de certa forma estabelece o fio da narrativa que vem a seguir.

Numa discussão sobre as medicinas inebriantes, partimos de uma análise dos limites e possibilidades das representações sobre os diversos usos das substâncias

---

[23] LÓPEZ-AUSTIN, "The research method of Fray Bernardino de Sahagún: the questionnaires", 1974a, p. 112-4.

(dentro de um universo retido como idolátrico). Em seguida, reavaliamos o sentido de bom governo da embriaguez pelos antigos mexicanos, realçando o controle e norma que, pelo que parece, não prescinde daquela idolatria tão combatida pelos missionários. Recuperemos também noções de uma idolatria da bebida e os jogos de significado da moderação e abuso embriagante, observando conexões entre a expressão escolástica dos missionários e algumas interpretações sobre os códigos indígenas. Por fim, teremos alguns traços da constituição de legitimidade cristã dos usos das substâncias embriagantes pelos médicos indígenas informantes de Sahagún, bem como por outra obra que será apresentada no decorrer da narrativa – em boa parte composta por indígenas e também da Cidade do México de meados do século XVI. Ambos os esforços escrevem receitas medicinais dos naturais (não inteiramente) expurgadas das idolatrias e feitiçarias.

Cerimônias da embriaguez

Oferenda aos deuses

O grande altar do edifício da idolatria é a oferenda ou sacrifício, como tivemos oportunidade de observar nos discursos de Las Casas e Acosta. O frade Sahagún, na mesma maneira de pensar a falsa religião, recolhe muitas histórias que demonstrariam a enorme dedicação da nação mexicana no serviço aos deuses.[24] Desde pedras brilhantes aos tenros guisados e bolinhos de milho e amaranto, incensos, papéis, sangue e bebidas, muitas coisas teriam sido incansavelmente entregues às estátuas ou imagens, mas também, extrapolando o estrito senso de culto aos ídolos, diversas iguarias seriam fornecidas às montanhas, às fundações dos edifícios, ao fogo, à terra, e até mesmo para os báculos dos destacados caminhantes mercadores astecas. Mas o frade franciscano, na coleção que fez dos pronunciamentos indígenas sobre a idolatria, não produziu uma classificação de qualidade do que era entregue aos deuses – tal como se havia esmerado o jesuíta Acosta anos depois depois, seguindo São João Damasceno. Assim, indicara Acosta a diferença entre as oferendas de baixo escalão, de coisas insensíveis, e o nível mais grave, que é o sacrifício de seres humanos.

---

24 SAHAGÚN, *Historia*, I, p. 34.

Já Sahagún teve o interesse geral de interrogar sobre todas as oferendas que eram propiciadas aos deuses indígenas, embora possamos entrever que tenha proposto a pergunta específica de como eram e em quais situações eram feitos os sacrifícios humanos.[25] Porém, há décadas da forte interdição e virtual desaparecimento dos assassínios rituais, importância maior seria conhecer as oferendas menos espetaculares e identificar esse campo com alguma precisão, para uma campanha de destruição das sobrevivências idolátricas.

Pelos dados de Sahagún, no culto atribuído aos pescadores e outros que obtinham sustento explorando os recursos lacustres no vale do México, algumas substâncias embriagantes surgem reunidas como oferenda e talvez fossem objetos aparentados, nos códigos de pensamento da medicina dos mexicanos.[26] O "vinho do qual eles usam, que se chama uctli [pulque]" e os caniços de um fumo "que chamam yietl [tabaco]", algumas flores, o incenso branco "que chamam copalli", uma erva odorífica "que se chama yiauhtli", a qual plantavam diante da imagem do "deus". Era tudo para Opuchtli, um dos "tlaloques", o "que quer dizer 'habitadores do paraíso terrenal'".[27] Resta especular o quanto a origem humana do ídolo advém da crença indígena ou mais pela visão do frade, que reforça a perspectiva evemerista – a tese da origem humana dos deuses desde o culto de grandes personalidades ou líderes, que acabam endeusados nas gerações seguintes.[28]

Além do pulque, outra bebida seria oferecida para esses deuses. Segundo o dominicano Durán, no templo (no seu tempo em ruínas) do topo de uma montanha estratégica (entre os antigos domínios de mexicas e tlaxcaltecas), local dedicado a Tláloc e sua coorte de tlaloques, destacavam-se as numerosas xícaras para o

---

25 LÓPEZ-AUSTIN, *op. cit.*, 1974a, p. 125.

26 Cf. LÓPEZ-AUSTIN, *Cuerpo humano e ideología*, 1996, para a tese de que os psicotrópicos estão dentro de uma classe de propriedade medicinal identificada pelos nauas para o combate de enfermidades consideradas "frias".

27 Adverte Sahagún que os índios "sabían que [Opuchtli] era puro hombre" (SAHAGÚN, *Historia*, I, p. 54).

28 Henrique Urbano destaca que um dos argumentos de ataque à idolatria tal como estabelecidos no Velho Testamento (especificamente a questão de que os deuses pagãos são fruto da imaginação) daria campo para a vertente evemerista que se generaliza no século III da era cristã, sendo discutida a sério por Tomás de Aquino, o que repercutia na visão de que os ídolos eram "homens divinizados, alguns deles por haverem feito obras memoráveis, outros, por recordação familiar". Se acrescentará pela tradição teológica que tais homens divinizados eram pecadores (URBANO, "Introducción", 1993, p. 10-11).

chocolate "feito da maneira que eles o bebem", ali deixadas pelos grandes senhores, como Motecuzoma de México e Nezahualpilli de Texcoco, ao lado do sacrifício de "sangue inocente", ou seja, do sangue de crianças.[29]

Mas ao lado de sacrifícios considerados cruentos, existem as flores. Entre as várias espécies entregues diante da imagem de Huitzilopuchtli nas cerimônias do primeiro dia do signo calendário "ce técpatl" (um-faca de pedernal), estava a flor de "ololiuhqui".[30] Também a flor de "cacahuaxúchitl" (que não é a flor do cacau), chamada também de "poyomaxóchitl" ou "poyomatli". Como resgata Mercedes de La Garza, está entre as flores que embriagam, "flores de prazer" quando "se colore meu coração", pelo que se extrai de um discurso atribuído ao "rei-poeta" texcocano, Nezahualcóyotl.[31] No arranjo do templo de Huitzilopuchtli, teríamos que "dos odores e suavidades de flores estava cheia aquela igreja". Aqui são cheiradas as flores, noutras ocasiões seriam bebidas. Também havia queima de tubos com tabaco, "em maços de vinte em vinte". Nessa cerimônia, "o fumo que saía estava como névoa", espraiando-se na igreja do "ídolo".[32]

Na pesquisa de Sahagún sobre a idolatria, vários aspectos da cultura indígena de grandes aglomerações do vale do México são explorados. O franciscano conta com o discurso de homens duma cultura de elite, porém, pouco provável que tenham sido especialistas da idolatria, que fossem sacerdotes (ou sátrapas, como costumava chamá-los Sahagún) quaisquer daqueles indígenas entrevistados. A principal fonte deve ter sido o discurso de ricos mercadores de antanho e seus filhos, pelo que se presume da prolífica relação de cerimônias e costumes dessa espécie de guilda mercantil dos mexicas na *Historia*. Os caravaneiros indicam uma forma, digamos, não ortodoxa de culto idolátrico: "tinham em muita veneração o báculo com que

---

29   DURÁN, *Historia*, p. 83-5.

30   SAHAGÚN, *Historia*, IV, p. 258. Ololiuhqui é "'El esférico'. Nombre de varias plantas, entre ellas las psicotrópicas. Ipomea sidaefolia, Rivea corymbosa, Datura meteloides. / Arreglo floral" (Glossário in: SAHAGÚN, *Historia*).

31   DE LA GARZA, "Uso ritual de plantas psicoactivas entre los nahuas y los mayas", 2001, p. 99.

32   SAHAGÚN, *Historia*, IV, p. 258. Na versão náhuatl do *Códice Florentino*, pode-se reter um discurso indígena de sugestiva carga simbólica do ato de fumar: "Era como se o fumo se tivesse levantado, espalhado uma nuvem, se dispersado, e veio acomodar-se e descansar formando ondas" (*Florentine codex*, IV, p. 78). Para avaliações da simbologia do fumo de caniços de tabaco em rituais relacionados à importante entidade divina mexica, cf. OLIVIER, "The hidden king and the broken flutes…", 2002, p. 126.

caminhavam", chamado "útlatl". Diante de seus báculos ofereciam comida, flores, e também "acáyietl", que são os caniços aromáticos fornidos de tabaco e outras ervas.[33]

Na busca pelas coisas e lugares que os índios dariam veneração, Sahagún deve ter-se impressionado com a menção de um culto a imagens de montanhas chamadas "tepictoton" (pequeninas montanhas). Sahagún reclama que o culto a essas figuras de montes com rosto humano, feitas de bolo comestível, "mais parece coisa de crianças e sem miolo que de homens de razão".[34]

Segundo López-Austin, o achado deve ter provocado uma reviravolta no molde do questionário produzido pelo frade na pesquisa com os anciãos nativos, porque demonstraria um culto que não se aproximava dos moldes das imagens veneradas pela tradição cristã.[35] Para tais imitações de montes, também ofereciam pulque e sementes de cacau.[36]

No "livro dos ritos" produzido pelo clérigo Durán, os sacerdotes índios mais dedicados a "penitências" e "abstinências",[37] que nunca bebiam o "vinho" e ainda dilaceravam seus membros viris – segundo Durán, para evitar a tentação carnal –, era costume que pela noite fossem às colinas para "oferecer sacrifícios".[38] Se não bebiam, davam de beber às montanhas, porque além de incenso, comida e látex, deixavam o pulque.

Assim, temos sacrifícios de embriagantes pela veneração aos deuses como clássicas efígies ou como outras e diversas coisas. Mas de que maneira estes cronistas investigadores dos mexicas definem os oferecimentos? Como enquadram o sacrifício? Os relatos sobre o pulque podem mostrar a particularidade dessas visões e a complexidade do problema.

Num relato de Sahagún, pode-se notar a superposição de duas maneiras de interpretar o ato do sacrifício ou oferenda. "Velhos e velhas" participavam de uma cerimônia ao ídolo Xiuhtecuhtli (senhor do fogo), uma das principais entidades do culto mexicano e relacionada à conta de anos solares. Os idosos aí podiam beber, isto é,

---

33 SAHAGÚN, *Historia*, I, p. 58.
34 SAHAGÚN, *Historia*, I, p. 75. Cita: "más parece cosa de niños y sin seso que de hombres de razón".
35 LÓPEZ-AUSTIN, *op. cit.*, 1974a, p. 124.
36 SAHAGÚN, *Historia*, II, p. 167-8.
37 "así los llamaban tlamaceuhque y mozauhque, que quiere decir 'penitentes' y 'abstinentes'" (DURÁN, *Historia*, I, p. 55).
38 *Ibidem*.

aqueles acima de 52 anos, o que representa um "século" do calendário solar. Antes de provarem o pulque, os anciãos derramavam a bebida pelas quatro direções, "e sobre isso diziam que davam ao fogo para provar aquela bebida". Aí Sahagún procura traduzir uma narrativa dos naturais. A informação pode proceder de uma crença indígena sobre o mecanismo de sustentar a entidade. De acordo com Bernand & Gruzinski, se nos atemos aos textos de época, "o objetivo dos sacrifícios mexicanos é menos o de evidenciar a superioridade do 'deus' que o de nutri-lo e em consequência mantê-lo vivo".[39] Porém, adiciona o frade para além da tradução: "honrando-lhe [Xiuhtecuhtli] como a deus nisso, que era como sacrifício ou oferenda".[40] Sutil explicação que quer enxergar no ritual, acima de tudo, um ato de devoção ao deus.

A ênfase na veneração inibe a abertura de interpretação do costume. No signo calendário "um-faca de pedernal", os "senhores dos magueys ou taberneiros (…) cortavam e perfuravam os magueys", oferecendo o "primeiro pulcre [sic]"[41] diante da estátua de Huitzilopuchtli. O texto dos informantes indica a preocupação em fazer a oferenda ao ídolo para que rendesse a safra.[42] Esta visão pode fazer pensar que se trata de um rito propiciatório. Mas o franciscano afirma que a oferenda se dava "como por primícias", ou seja, os primeiros frutos são para os deuses, é o que basta na versão da narrativa de Sahagún.[43] O que acentua o sentido de sacrifício enquanto abnegação e submissão ao ídolo.

Mas alguns relatos resgatam aspectos culturais mais complexos dos chamados sacrifícios indígenas, apesar das leituras inclinadas pelo paradigma idolátrico. Durán, num dos momentos que disserta sobre o ritual de derramar pulque no chão, atenta para a ideia de devoção a uma entidade considerada às vezes como ídolo e também enquanto a própria terra. Na festa de Toci, que seria "a mãe dos deuses e coração da terra", "solenizavam a terra", deixando "suas particulares oferendas e

---

39 BERNAND & GRUZINSKI, op. cit., 1992, p. 97. Sahagún, aliás, traduz que o ato de oferenda de pulque chamado "tlatoyahualiztli", é "libacio" ou "gustamiento" (SAHAGÚN, Historia, II, apêndiz, p. 190). Independente destas possíveis semânticas, a tradução mais literal do termo, por outro lado, seria simplesmente "derramamiento de líquido" (Glossário in: SAHAGÚN, Historia).

40 SAHAGÚN, Historia, I, p. 48; Florentine codex, I, p. 12. Cita: "y a esto decían que daban a gustar al fuego aquella bebida";

41 Esta é a versão da palavra pulque na escrita de Sahagún. Este pulque é chamado de huitztli: "Espina / pulque nuevo" (Glossário in: SAHAGÚN, Historia).

42 Florentine codex, IV, p. 78-9.

43 SAHAGÚN, Historia, IV, p. 258.

sacrifícios" e faziam "derramamentos de vinhos pelo solo".⁴⁴ Com Sahagún vejamos outra cerimônia, sob o signo itzcuintli, numa data de "próspera ventura" e sob regência do "deus do fogo", quando ofereciam "papel e copal". Comenta o franciscano: "diziam que com essas coisas davam de comer ao fogo". Depois, descabeçavam algumas codornas que jorravam seu sangue "esvoaçando perto da fogueira". Também o pulque era derramado ao redor do fogo "e depois às quatro esquinas".⁴⁵

Sahagún assevera que a libação de pulque é verdadeira obrigação, que "ninguém haveria de beber pulque" antes de derramar um pouco à beira da fogueira "para quatro partes".⁴⁶ Mas o que seriam essas quatro partes? À luz desses breves relatos, mas também observando outras fontes, obtemos interpretações atuais que margeiam ou tornam duvidosa a visão idolátrica do ritual.

A concepção espacial do universo na cosmologia mesoamericana, ressalta Carrasco, pressupunha a existência de uma árvore gigante onde circulavam as entidades sobrenaturais e as energias entre os pisos celestes, da terra e inframundo, uma árvore que mantinha o céu erguido desde as quatro esquinas do mundo enquanto ela ficava no centro do universo. Os quatro cantos seriam estruturados também por árvores floridas e que tinham cada uma certo pássaro sobrenatural no topo – isto é informado especialmente pela leitura de imagens do códice Féjérvary-Mayer.⁴⁷

Tal códice pré-hispânico de tradição naua-mixteca, conhecido também como "tonalámatl dos pochtecas" (livro da conta dos destinos dos mercadores pochtecas), pelo que resume Miguel León-Portilla, manifestaria a "integração do tempo ao espaço cósmico", pois os glifos do calendário de duzentos e sessenta dias "aparecem orientados, em grupos, rumo aos quatro quadrantes do universo".

O ato ritual (de libação?) às quatro partes informa outras perspectivas, mesmo que se reportem por vezes a entidades que denominamos como deuses. Destaquemos que na imagem da primeira página do tonalámatl dos pochteca, o deus do fogo está no centro do quadro, enquanto diversas outras entidades, em duplas, fazem os quadrantes do mundo mirando as árvores com seus respectivos pássaros no cume.⁴⁸

---

44 DURÁN, *Historia*, I, p. 169.
45 SAHAGÚN, *Historia*, IV, p. 261. Cita: "revoleando cerca del hogar".
46 SAHAGÚN, *Historia*, II, apéndiz, p. 190.
47 CARRASCO, *Religions of Mesoamerica; cosmovision and ceremonial centers*, 1990, p. 52.
48 LEÓN-PORTILLA, *Literaturas indígenas de México*, 1992, p. 127-8.

Sahagún, na produção de sua grandiosa obra, esteve alheio às complexas concepções de estrutura do mundo como visto pelos indígenas. Como aponta Anderson, a tarefa de investigação da "religião" nativa por Sahagún negligencia a visão do todo: "não há verdadeiro sentido cósmico, não há compreensão do cenário cósmico". Um pouco talvez pela inabilidade dos informantes indígenas, provavelmente comerciantes. Mas Anderson ainda sugere que a falta pode ser sinal de "deliberado desprezo por qualquer crença" dos mexicanos antigos que poderia ser uma contraposição à visão cosmológica cristã. A razão dos relatos é promover a refutação do "culto aos ídolos".[49]

O que Sahagún e Durán perseguem nesses relatos sobre os rituais indígenas, no fim das contas, são as persistências de idolatria, o que importa é identificar um ato formal ou a intenção de oferenda aos deuses – ou demônios, como costumam corrigir os religiosos.

Ilustrativo dessa preocupação oferece a pena de Durán, ao tratar de um costume local que lhe é contemporâneo. Assegura que antes de habitarem um novo lar, os índios conduzem certa cerimônia chamada "calmamalihua", que era o ritual do fogo novo para inauguração de um edifício, festa "na qual comem e bebem e bailam e derramam por todos os rincões, vinho [pulque]". Logo em seguida, o dono da nova casa toma uma tocha recém-acesa, passando o fogo "a umas partes e a outras". Observe-se que não surge aqui o sentido de devoção ao fogo pela oferta da bebida, mas sim, certa concomitância de atos rituais, em que a bebida e também o fogo devem ser comunicados às quatro partes.[50]

O obcecado dominicano, em pretenso diálogo com o leitor, pede que ele esteja comprometido na tarefa de encontrar nos rituais domésticos dos índios, há mais de cinquenta anos da conquista espanhola, óbvios sinais da mais espetacular idolatria dos antigos mexicanos. Pois o escritor associa o costume de inauguração dos lares – como observara no seu tempo – à renovação da pirâmide que dedicavam ao "ídolo Camaxtli" na "festa [do mês] Quecholli": "à maneira de edificação de igreja e consagração de templo". Durán obtém desses distintos eventos um mesmo sentido de "bendição" com a mesma gravidade de falsa religião.[51]

---

49 ANDERSON, "Sahagún in his times", 1974, p. 19-20.
50 DURÁN, *Historia*, I, p. 77-78. Cita: "en la cual comen y beben y bailan y derraman por todos los rincones vino".
51 *Ibidem*, p. 77.

Durán remete à questão da água consagrada nos eventos cristãos. A água benta, usada para batismos, líquido carregado de poder divino para muitos católicos, inclusive servia para curas milagrosas.[52] Mas o ritual de bendição dos idólatras não é bem visto pelo cronista, semelhança errônea da verdadeira cerimônia católica. Durán apela para a consciência do predicador para não fazer vistas grossas àquela persistência. Contudo, não parece importar aos clérigos em geral a prática daquelas superstições – reclama Durán.

Pode-se especular que muitos sacerdotes estivessem mais preocupados em ver similitudes para absorver a bendição de um costume pagão, isto é, adaptá-lo como sagração cristã, ao menos enquanto aparência que pudesse ser transformada na essência de um mesmo fenômeno religioso – o uso do pulque divino tal como o uso da água benta.

Durán, no entanto, apenas desconfia da analogia e avisa que o desleixo no rigor ao combate desse costume pode fazer com que apareçam coisas "mais pesadas e graves". Os índios permanecem idólatras depois de tanto tempo de doutrina católica tendo "mais superstições que em sua [antiga] lei",[53] como o sacrifício e a bendição numa bebedeira.

Embriagantes oferendas para as vítimas do sacrifício

Entre coisas mais graves que não iriam aparecer facilmente na superfície do escuro mar da idolatria na época colonial, estavam as práticas logo execradas e interditadas no início da invasão espanhola, como imolar seres humanos. Mas as histórias desses sacrifícios permaneciam muito vivas.

Também para as vítimas de morte ritual havia oferenda de fumo e bebida – a fruição dos embriagantes pelas vítimas do sacrifício. Realcemos que o olhar europeu sobre a ocisão ritual se assenta no código de "oferenda". Também estreita o campo de interpretação sobre fenômenos pouco relacionáveis, pois a morte de escravos

---

52 Cf. THOMAS, *Religião e o declínio da magia*, 1991, p. 35 e ss.
53 Vale citar o trecho da retórica de Durán no projeto de atenção com os vestígios de idolatria: "Tengo por inconveniente el sufrirlo y disimularlo y así cumplo con dar el aviso. Remédielo el que se sintiere con obligación y no encargue su conciencia, disimulando y consintiendo estas y otras supersticiones y teniéndolas por cosas mínimas y que no van ni vienen, y no riñéndolas y reprendiéndolas mostrando enojo y pesadumbre de ellas, vienen los indios a encaminarse y a cometer otras cosas más pesadas y graves, remaneciendo idólatras, después de muchos años de doctrina y más supersticiones que en su ley, por negligencia y descuido de los que los tienen a cargo" (DURÁN, *Historia*, I, p. 78).

em cena como imagens de deuses acaba confundindo-se com os assassinatos em massa de fileiras de prisioneiros de guerra na frente dos deuses.[54]

Para a quinta festa do calendário solar chamada "tóxcatl", um escravo de perfeita harmonia corporal era vestido à maneira do "jovem Tezcatlipoca" (espelho fumegante), uma forma da entidade talvez a mais poderosa e ubíqua dos antigos mexicanos. Por todo o ciclo de um ano solar, o personagem teria de se comportar como o deus, ou, ainda, como um senhor dos palácios. Entre outras coisas, deveria aprender a fumar, como era o costume entre os índios nobres. Compõe-se aí um jogo de espelhos, onde a divindade manifesta os hábitos da elite, ou então, a elite se encontra pelos hábitos do deus.[55]

Fumo e flores não eram entregues somente aos dublês de deuses que seriam imolados, pois eram também passados aos prisioneiros de guerra recepcionados na capital dos mexicanos para serem mortos em requintadas solenidades. O frade Durán narra diversas vezes que os prisioneiros trazidos nas campanhas da tríplice aliança eram recebidos pelos sacerdotes e se lhes entregavam flores e fumo. Isso também foi entregue aos prisioneiros vindos da guerra em Oaxaca – a procissão de cativos que vinha logo atrás dos "senhores da guerra" era recebida pelos "sacerdotes (…) cantando cantares em louvor de seu deus", com incensários à mão e defumando os prisioneiros, "conversando com eles e dando rosas a todos e charutos a sua usança".[56]

De batalhas contra os mixtecas, cerca de mil teriam sido capturados para o sacrifício na festa que "chamavam do Esfolamento" (a cerimônia tóxcatl do calendário

---

54 Para uma síntese sobre as interpretações contemporâneas dos diversos modos de morte ritual entre os antigos mexicanos (e na Mesoamérica em geral), cf. GONZÁLEZ TORRES, *El sacrificio humano entre los mexicas*, 1994. Se a palavra sacrifício vem da composição dos termos em latim sacer, "sagrado", e facere, "fazer", ou seja, "tornar algo sagrado", já nas línguas românicas, como no espanhol e no francês, o sentido é de "oferenda". Aliás, no alemão há identificação plena de sacrifício como oferenda, pela palavra "opfer" (p. 25). Sobre os limites da interpretação de "oferenda aos deuses" nesses rituais dos mexicanos, observa González Torres: "o sacrifício não é uma oferenda quando seu fim é a repetição de um acontecimento mítico e nem quando se destina à cimentação ou à construção de edifícios, [e] nem no caso de certo tipo de sacrifícios de expiação" (p. 27).

55 "Al mancebo que se criaba para matarle en esta fiesta enseñabanle con gran diligencia que supiese bien tañer una flauta, y para que supiese tomar y traer las cañas de humo y las flores, según que se acostumbra entre los señores y palancianos. Y enseñábanle a ir chupando el humo y oliendo las flores, yendo andando, como se acostumbra entre los señores y en palacio" (SAHAGÚN, *Historia*, II, p. 116).

56 DURÁN, *Historia*, II, p. 231-2. Cita: "haciéndoles una plática y dándoles rosas a todos y humazos, a su usanza".

solar). Na recepção aos presos "lhes foram dadas suas rosas e seus caniços de cheiro acendidos, com o qual íam tragando aquele fumo, e bailando e cantando, mostrando muita alegria".[57] No relato da guerra contra os tepeacas orquestrada pelo mexica Tlacaelel, comenta-se que pelo fumo "de cheiros" os prisioneiros "se confortam muito". Fumo para o contentamento e conforto das vítimas do sacrifício.

Também bebidas embriagantes eram entregues aos prisioneiros. Na cerimônia de recepção desses cativos tepeacas que receberam seus caniços de fumar, havia um momento em que os "tecuacualtin"[58] introduziam o discurso anunciando a matança desses homens, quando aí se lhes entregavam "um vinho bendito". Um trago antes da morte premente.[59] Durán chama a bebida de bendita, mas também procura ser fiel à mais comum tradução para "teooctli", que "quer dizer 'vinho divino'".[60]

A *Historia* de Durán conta outro evento de uso do fumo e do pulque por prisioneiros, quando os senhores assistiam em "miradores" ao ritual de combate que ocorria em torno de uma pedra redonda.[61] O pulque divino era servido aos cativos antes de lutar contra inexorável derrota e morte num enredo gladiatório.[62] No relato

---

57 *Ibidem*, p. 482. Cita: "les fueron dadas sus rosas y sus cañas de olor encendidas, con lo cual iban chupando aquel humo y bailando y cantando, mostrando mucho contento."

58 Durán explica que os "tecuacualtin, que propriamente quiere decir este vocablo 'dioses' o 'su semejanza', porque tecuacuilli quiere decir 'ídolo o figura de él'" (*Historia*, II, p. 160). Era nome tanto para o ídolo como para o sacerdote.

59 DURÁN, *Historia*, II, p. 160. Depois de beber tal líquido, os prisioneiros eram encaminhados perante o templo de Huitzilopochtli, em ato de reverência à estátua. Depois, a reverência a Motecuzoma, "porque a los señores teníanlos como a dioses, y así, los temían, acataban y reverenciaban como a tales" (*ibidem*, p. 160 e 188). A idolatria implica cega submissão aos líderes, os quais se tornariam, eles próprios, novos ídolos depois de mortos, confirmando a antiga teoria evemerista, do surgimento dos deuses como consequência do culto à personalidade.

60 *Ibidem*.

61 Os mexicanos convidavam senhores dos povos da redondeza, bem como a gente mais próxima para o evento que a crônica insinua como espetáculo para aterrorizar, impressionar os convivas – que tivessem em conta o poder, pompa e ousadia dos mexicanos. O relato trata da matança de inimigos huaxtecas que haviam sido aprisionados numa guerra para prover de tributos os mexicanos. Nessa oportunidade, um banquete foi oferecido com "muchas diferencias de pan, de bebidas de cacao y vino a su usanza" (*ibidem*, p. 172-4).

62 Os cativos lutariam com uma espada de pau repleta de penas, ao invés de lâminas pedernais – estas, por sua vez, formavam as espadas de quatro guerreiros que digladiavam com um dos cativos por vez. O prisioneiro ficava preso a uma corda tendida desde uma pedra redonda "que tenía de ancho braza y media", inaugurada nos tempos do governo de bastidores de Tlacaelel, pelo que

de Sahagún sobre o costume, o prisioneiro alça o copo de pulque "contra o oriente e contra o setentrião, e contra o ocidente, e contra meio-dia (…) como oferecendo-o para as quatro partes do mundo". O detalhe confirma o que Sahagún comentara noutra passagem de seu trabalho – que todos sem exceção devem oferecer a poção às quatro partes do mundo antes de beber. Neste caso, de um canudo é que o cativo sorvia a bebida. Depois uma codorna era degolada para que a luta pudesse começar. E acabava na morte do cativo que seria banqueteado.[63]

Num banquete de mercadores – "mais custoso" que outros, pois "matavam escravos" – o "teooctli" (pulque divino) é usado num evento com banho ritual desses indivíduos.[64] Durante os passos de um longo evento comensal, precisamente na quarta vez que o anfitrião reunia os convidados, "era quando haviam de matar aos escravos". Levavam-nos diante do templo de Huitzilopochtli antes do pôr do sol, onde lhes entregavam o pulque. Ficavam bem embriagados, ainda que nem tivessem bebido tanto assim. Durante a noite inteira bailavam sob grande efeito de uma pequena quantidade do líquido "divino".[65]

Inga Clendinnen assevera que o "pulque divino", ao menos no caso do sacrifício gladiatório, teria mais efeito psicológico que fisiológico, servindo para aplacar a aflição do momento.[66] Outra bebida era chamada "itzpactli" (medicina de obsidiana),[67] pois seria feita dos lavados de punhais usados nos sacrifícios humanos. Tal bebida fazia "tirar o medo aos que haviam de morrer", pois a "beberagem desatinava ou embriagava, para que, quando lhes cortassem os peitos, estivessem sem sentido". O efeito seria tão estupendo que podia fazer com que já "aloucados", os cativos "eles mesmos, correndo, subiam até o alto do templo, desejando que os matassem rápido".[68]

Segundo Durán, essa bebida, cuja função era fazer a pessoa ficar alegre e esquecida antes de ser morta, consistia em feitiçaria e superstição bem asquerosa. Um dos

---

relata a *Historia* de Durán (II, p. 173). No tratado de Sahagún também há informe sobre este modo de matar cativos de guerra (SAHAGÚN, *Historia*, II, p. 109).

63 SAHAGÚN, *Historia*, II, p. 109.
64 *Florentine codex*, IX, p. 45.
65 SAHAGÚN, *Historia*, IX, p. 572; *Florentine codex*, IX, p. 63.
66 CLENDINNEN, *Aztecs: an interpretation*, 1991, p. 97.
67 *Florentine codex*, IX, p. 63.
68 SAHAGÚN, *Historia*, IX, p. 581; *Florentine codex*, IX, p. 87-8. Citas: "alocados"; "ellos mismos, corriendo, se subían a lo alto del cu [pirâmide], deseando que los matasen de presto".

relatos de Durán é utilizado por Acosta, como vimos, a respeito de uma confecção de bebida de cacau com água do sangue coagulado de facas usadas nos sacrifícios.[69] Clendinnen considera a fórmula desta beberagem um relato fantasioso. Se a bebida de sangue com cacau não pode ter efeito natural, já o pulque divino, se nos fiamos no relato de Sahagún descrito acima, era oferecido em pouca quantidade para toda uma noite de embriaguez no baile. O que também transporta o efeito, de natural, para o sentido de superstição. Clendinnen considera que o pulque divino tinha essencialmente efeito de sugestão. Por outro lado, a autora levanta a possibilidade de que essas poções continham na receita um aditivo, alucinógeno extremamente tóxico, o arbusto de datura chamado tlápatl, que podia provocar fortes delírios e ser usado até para evitar que a vítima defecasse na iminência da morte.[70]

Independente da natureza da bebida e pensando na verossimilhança das histórias de Sahagún e Durán, há como acomodar a dubiedade de razões para os efeitos dessas poções no corpo humano. Como aponta François Dagognet a partir de pesquisas sobre o placebo, "remédios ativos podem agir enfraquecidos devido a certas situações e para alguns sujeitos, e inversamente, remédios-fantasmas dão resultados apreciáveis" também de acordo com as circunstâncias do ambiente e do sujeito.[71]

Cogumelos que fazem ver em visões

Se não há menção clara de que essas bebidas do sacrifício humano se compunham com alucinógenos, nos mesmos textos de Durán e Sahagún há relatos do consumo de cogumelos dessa natureza e dentro de cerimônias consideradas netamente idolátricas. O dominicano acentua um sentido supersticioso no consumo dos fungos, explora a ideia de um efeito diabólico das visões, enquanto que Sahagún se esmera por percorrer alguns efeitos que ele considera naturais. Mas examinemos, nessa discussão sobre os efeitos culturais de inebriação com substâncias, alguns contextos de fruição dos cogumelos pelo que informam os relatos desses frades.

Durán chegou a propor que havia duas formas de embriaguez dos mexicanos principais ou privilegiados, numa digressão a partir do manuscrito que teve em mãos como história de um índio e escrita em náhuatl. As duas formas de embriaguez

---

69 DURÁN, *Historia*, I, p. 63-4.
70 CLENDINNEN, *op. cit.*, 1991, p. 92.
71 DAGOGNET, *La raison et les remèdes*, 1964, p. 34.

estarão relacionadas a dois ambientes bem distintos. O "vinho" (o pulque) "é para os sacrifícios ou mortuórios". Mas para as grandes solenidades, particularmente nos eventos que Durán considera de "coroação" dos senhores, faz-se memória do uso de "cogumelos do mato" (e da bebida de cacau).[72]

O relato dos funerais de grandes senhores mexicanos contempla o enquadramento como ritual de sacrifício e culto aos ancestrais, e em franco signo de idolatria, onde também há oferendas de cacau e "charutos" às estátuas, assim como a bebedeira. Na *Historia*, após o relato das cerimônias fúnebres de Axayácatl, passa-se às solenidades de confirmação de quem viria ser o novo "rei" dos mexicanos, chamado Tizoc. No relato das longas jornadas de ritos da corte para a consagração do novo líder, abarcando cerimônias regadas de banquetes e ocupadas com bailes, aparecem pela primeira vez os cogumelos selvagens que embriagam.[73] Só seriam comidos em "solenidades" e não nos "sacrifícios", pelo que arrazoa o cronista. Mas as duas situações se confundem no relato do uso de cogumelos após um "sacrifício", uma cerimônia de imolação de cerca de cinco mil prisioneiros de guerra com consumo de sua carne, nas festas de entronização de Motecuzoma Xocóyotl.[74]

> Acabado o sacrifício e ficando os degraus do templo e pátio banhados de sangue humano, daí, íam todos comer cogumelos crus; com tal comida saíam todos de juízo e ficavam piores que se tivessem bebido muito vinho; tão embriagados e fora dos sentidos, que muitos deles se matavam com suas próprias mãos, e, com a força daqueles cogumelos, viam visões e tinham revelações do porvir, falando com eles o demônio naquela embriaguez.[75]

---

72 "He notado una cosa en toda esta historia: que jamás hace memoria de que bebiesen vino de ningún género para embriagarse, sino sólo los hongos montes, que los comían crudos, con los cuales, dice la historia, que se alegraban y regocijaban y salían algo de su sentido, y del vino nunca hace memoria, sino es para los sacrificios o mortuorios; sólo hace memoria de la abundancia de cacao que se bebía en estas solemnidades" (DURÁN, *Historia*, II, p. 326).

73 "Y todos los señores y grandes de las provincias se levantaron y, para más solemnizar la fiesta, comieron todos de unos hongos montes, que dicen que hacen perder el sentido, y así salieron todos muy aderezados al baile" (*ibidem*, p. 310).

74 Conhecido como Motecuzoma II, foi quem recebeu Cortés em Tenochtitlan, capital dos mexicas.

75 Cita: "Acabado el sacrificio y quedando las gradas del templo y patio bañadas de sangre humana, de allí iban todos a comer hongos crudos; con la cual comida salían todos de juicio y quedaban peores que si hubieran bebido mucho vino; tan embriagados y fuera de sentido, que muchos de

Como "conta a história" – afirma o cronista Durán, que se coloca narrando o manuscrito indígena –, foi Motecuzoma quem começou a convidar, três vezes ao ano, os "reis e senhores inimigos" para grandes festins. Um desses encontros o "chamavam a festa das revelações". É quando comiam os cogumelos selvagens.[76]

Nesse relato que associa a embriaguez proporcionada pelos cogumelos àquilo que é extraordinário, as revelações, Durán intervém claramente: a situação fora do comum é interpretada como comércio demoníaco. Se a força dos cogumelos deixaria os convivas "embriagados e fora dos sentidos", quando "saíam todos do juízo", acentua que o conhecimento do futuro pressupõe a comunicação com o demônio, este "falando com eles" na embriaguez.[77]

Mas antes dessa intervenção maligna, a perda dos sentidos ou do juízo – em outros termos, a desordem mental. Situação semelhante ao que acontece na embriaguez pelos vinhos locais, com terríveis consequências, como o matar-se uns aos outros.

Entretanto, pela observação do cronista, há uso ritual dos cogumelos por esses líderes mexicas. A noção de cerimônia não implica a ideia de controle ou maestria numa situação especial? Mas de um lado, as cerimônias da idolatria podiam representar o signo das orgias e outros desregramentos, até mesmo dos crimes mais cruéis, na visão estigmatizadora das histórias clericais. Contudo, é plausível que os índios entendessem, desde os tempos pré-hispânicos, que o consumo das fortes substâncias "podia escapar do controle da comunidade e tais sociedades sabiam e deviam distinguir entre a visão, a 'revelação' e a embriaguez desordenada".[78]

---

   ellos se mataban con su propia mano, y, con la fuerza de aquellos hongos, veían visiones y tenían revelaciones de lo porvenir, hablándoles el demonio en aquella embriaguez".

76 Ibidem, p. 416. Sobre um uso divinatório dos cogumelos por grandes senhores e sacerdotes, Durán trabalha outra descrição: o rei aliado de Motecuzoma, Nezahualpilli, da cidade de Texcoco, prognosticava que poucas vezes iriam alcançar a vitória contra os inimigos, e assim, o rei do México "siempre estaba sobresaltado", instituindo, antes das guerras, grandes oráculos, orações aos deuses, muitas oferendas, além de sacrifícios de sangue dos sacerdotes e de si mesmo. "Después (...) hacía comer a los viejos y sacerdotes antiguos, hongos verdes y otros brebajes supersticiosos, que les hacía beber, para que supiesen en aquellas embriagueces que aquellas comidas y brebajes les causaban, de tener victoria o no". E se acaso os prognósticos eram nefastos ou hesitantes, "este tirano y airado rey" mandava matar os adivinhos (p. 484).

77 Citas: "embriagados y fuera de sentido"; "salían todos de juicio".

78 SALLMANN (dir.), Visions indiennes, visions baroques, 1992, p. 50.

Anunciados por Durán, estavam importantes eventos de uso dos cogumelos por senhores governantes, também uso dos sacerdotes, profetas a serviço desses senhores, que buscam prognósticos importantes para saber como proceder nas coisas sérias como guerras e alianças.

O frade Sahagún irá recuperar uma história bem diferente, contada provavelmente por mercadores de Tlatelolco, que a historiografia costuma identificar como rival histórica e depois irmã menor da grande Tenochtitlan, a cidade-estado que concentrava grande poder no centro do México antigo, na época em que chegavam os espanhóis.

Numa festa patrocinada por velhos comerciantes de Tlatelolco, alguns guerreiros eram convidados para juntar-se num banquete de cogumelos – assim como para usufruir fumo e bebida de cacau, embriagantes comumente servidos nos eventos comensais da elite mexica. Sahagún oferece-nos um evento modesto de uso dos cogumelos, se ele é comparado à magnitude das solenidades descritas por Durán, quando senhores e sacerdotes, em conferência sobre os rumos da guerra, comem iguarias que fazem ver visões.

O relato de Sahagún se encontra no nono livro de sua *Historia general*, livro que é dedicado, boa parte, à venturosa e abastada vida dos comerciantes caravaneiros. O evento está na relação de banquetes que talvez correspondam bem ao sentido do "potlatch" (ritual da costa noroeste norte-americana), quando o esbanjamento das riquezas e a generosidade constituem importantes elementos para a confirmação de status e poder nas relações sociais.[79]

Antes de comerem os cogumelos, é feito o ritual, encabeçado pelos sátrapas. Não fica claro se tais destacados especialistas da idolatria dos mexicanos tenham participado do banquete de cogumelos. Recordemos que Durán imputa aos sacerdotes o uso desses alucinógenos para a adivinhação, mas os sátrapas de Sahagún apenas aparecem como personagens que conduzem gestos rituais – a cerimônia para o uso

---

[79] No "Capítulo VII, del modo que tenían los mercaderes en hacer banquetes", entre os quais está o relato do banquete de cogumelos, Sahagún anuncia que "cuando alguno de los mercaderes y tratantes tenía ya caudal y presumía de ser rico, hacía una fiesta o banquete a todos los mercaderes principales y señores, porque tenía por cosa de menos valer murirse sin hacer algún espléndido gasto para dar lustre a su persona y gracias a los dioses que se lo habían dado, y contento a sus parientes y amigos, en especial a los principales que regían a todos los mercaderes" (SAHAGÚN, *Historia*, IX, p. 558-9). Sobre o "potlatch" na sociedade asteca, cf. CLENDINNEN, *op. cit.*, 1991, p. 61-2.

de cogumelos por homens de guerra e comércio, dentro de um contexto em que não aparece a figura estereotipada do adivinho e na conversa com algum ídolo.

Clendinnen sugere que o papel daqueles "supostos sacerdotes" é "xamanístico", quando "seu provável papel" consistiria em "guiar o indivíduo através da experiência extática".[80] Mas pelo relato da festa "idolátrica", ainda que não surja o personagem do oráculo, vem a atenção ao "sacrifício" para os ídolos, além de outros detalhes rituais que precederiam o banquete dos cogumelos para ver visões.

Em típico evento idolátrico, ofereciam flores a Huitzilopochtli em seu "oratório" e em "capelas" de outros ídolos. Após depositarem as flores nos altares desses templos, também as colocavam no pequeno altar do oratório da casa de quem promovia a festa. Ali, havia um tambor e um "teponaztli" (instrumento melódico de percussão), quando depositavam dois "caniços de perfumes" ardendo. Já havia anoitecido quando o "sátrapa" vem descabeçar uma codorna após incensar o ambiente com copal, o comum incenso dos índios da Nova Espanha. Havia um "agouro" nisso: a codorna sem cabeça, em espasmos, dependendo da direção em que se debatia, dava sorte ou azar no destino daquele para quem era dedicado o ritual. Se partisse para o norte, o prognóstico era de doença ou morte, se indicasse outras posições, era sinal de boa-aventurança. O incensário era dirigido aos quatro cantos, esfumaçando o ambiente quatro vezes em cada direção. Depois vinha o "areito" (bailado com cântico) dos senhores e guerreiros, enquanto os mercadores que ofereciam a festa ficavam sentados assistindo o desempenho. Tudo indica que os cogumelos comidos crus e com mel eram servidos antes do baile. No meio da noite, quando se reavivava a dança para alguns, era servida a bebida de cacau. Nada mais parece ter sido presenteado para comer ou beber durante toda a madrugada.[81]

---

80 *Ibidem*, p. 146.

81 "La primera cosa que se comía en el convite eran unos hunquillos negros que ellos llaman nanácatl (...) Esto comían ante de amanecer. Y también bebían cacao ante de amanecer. Aquellos hunquillos comían con miel" (SAHAGÚN, *Historia*, IX, p. 560-1). Sahagún parece interpretar equivocadamente que os cogumelos fossem servidos antes do amanhecer, pois na versão em náhuatl, o que se sugere é que tinham sido servidos depois de escurecer o dia: "Logo no início, cogumelos foram servidos. Eles comeram os cogumelos no momento em que, dizem eles, as conchas foram sopradas". A narrativa indígena indica que à meia-noite há um novo momento da festa com o serviço de chocolate e mais bailado (*Florentine codex*, IX, p. 38-40).

Sahagún comenta que os "cogumelinhos negros que eles chamam nanácatl, embriagam e fazem ver visões, e ainda provocam luxúria".[82] A explicação vem como digressão do cronista, sem qualquer relação com o texto indígena, que apenas indica que os cogumelos eram servidos e comidos antes do baile. Sahagún propõe os efeitos naturais gerados pelo consumo do cogumelo: embriagam, fazem ver visões e ainda o detalhe de que conduziriam à lascívia. Já tratamos algo dos dois primeiros aspectos, mas não sobre o vício da luxúria, que também é outro comum emblema na interpretação dos rituais indígenas com substâncias embriagantes.

Um efeito gerado apenas na versão do texto em espanhol do frade: "começavam a esquentar-se" com os cogumelos. Por si só, essa passagem já poderia representar algum enquadramento moral. Uma medicina quente forçaria uma reação no corpo humano, um estado propício para aflorar a sensualidade. Mas na narrativa dos índios, nada confere quanto à situação de tal desenfreio das paixões. Quiçá um indício: os índios "começavam a bailar". Entretanto, se "alguns cantavam", "alguns choravam, porque já estavam embriagados com os cogumelinhos. E alguns não queriam cantar, ao contrário, se sentavam em seus aposentos".[83]

Se a luxúria parece estar algo fora desse contexto específico de uso dos cogumelos alucinógenos, noutra passagem da obra de Sahagún, o fungo indica ter sido substância para a devassidão, quando a narrativa indígena, conduzida para apresentar um quadro de vícios e virtudes, proclama que o consumo seria corrente pelo "moço desbaratado".[84]

Quanto ao banquete dos mercadores, o mote da fala indígena é que os cogumelos fazem ter a visão de coisas.[85] O que os textos descrevem a respeito do evento visionário?[86] Referem-se a situações dramáticas, momentos trágicos ou ideais de vida e morte dos guerreiros e caravaneiros. "Viam em visão" um mundo de riquezas

---

82 Cita: "hunquillos negros que ellos llaman nanácatl; emborrachan y hacen ver visiones, y aun provocan a luxuria".

83 SAHAGÚN, *Historia*, IX, p. 560-1. Citas: "se comenzaban a escalentar"; "algunos lloraban, porque ya estaban borrachos con los hunquillos. Y algunos no querían cantar, sino sentábanse en sus aposentos".

84 *Ibidem*, p. 599. O assunto será tratado mais adiante. Cita: "mozo desbaratado".

85 A construção verbal náhuatl "commottilia", encontrada no Códice Florentino e várias vezes na descrição do banquete dos comerciantes, traduz-se como "ter a visão de alguma coisa" (WIMMER, *Dictionnaire de la langue nahuatl classique*, 2006).

86 Vale advertir que numa atenção fenomenológica dos usos culturais dos alucinógenos, teríamos de apontar que o evento mexica, antes de visionário, deveria ser tratado, a princípio, como evento sinestésico (Cf. GRINSPOON & BAKALAR, *Psychedelic Drugs Reconsidered*, 1997, p. 89 e ss.).

pela proeza de capturar inimigos na guerra, como também uma vida toada na tranquilidade da paz. Ainda, os índios se miravam cometendo adultérios e furtos, e por isso eram punidos (nas visões) com cruéis penas capitais. Também se deparavam com acidentes, com a morte por afogamento, na queda de alturas, abocanhados pelos animais ferozes.[87]

Tais relatos podem confirmar que "as drogas faziam ofício de disparadores bioquímicos que induziam estados passageiros cujo conteúdo, longe de ser arbitrário, correspondia às imagens, às sensações que a tradição associava a este tipo de intoxicação", espécie de ensinamento, aponta Gruzinski, "segundo esquemas culturais (...) da idolatria".[88] Se a visão trata, por exemplo, da morte por afogamento, pode-se associar tal evento ao poder punitivo do deus Tlaloc e sua vontade de promover essa espécie de fatalidade.

A descrição indígena de boas e más visões põe em cheque as opiniões correntes dos evangelizadores sobre os efeitos dos alucinógenos. O mais antigo franciscano Toribio de Benavente, o Motolinia, iria trazer a leitura da visão pelos cogumelos como coisa muito terrível.[89]

Embora prevaleçam visões que chamaríamos de negativas, já no relato proporcionado por Sahagún, também há positivas, basicamente na proporção de duas ruins para cada visão aprazível. Uma atenção com proporções serve apenas para mostrar que devia existir a diversidade de visões. Para os índios, elas não seriam sensações ou efeitos mentais de puro pesadelo. Lembremos que o doutor Cárdenas haveria de pronunciar, como Motolinia, o estereótipo de visões exclusivamente terríveis. As falas dos índios se permitem algo equilibradas no Códice Florentino e mesmo no texto em espanhol de Sahagún. Como aponta Gruzinski:

> (...) os delírios provocados pela droga não seriam todos uma fonte de visões horripilantes (temamauhti em náhuatl) como geralmente

---

87 SAHAGÚN, *Historia*, IX, p. 562.
88 GRUZINSKI, *op. cit.*, 1991, p. 216.
89 "comidos crudos y por ser amargos, beben tras ellos o comen con ellos un poco de miel de abejas; y de allí a poco rato veían mil visiones, en especial culebras, y como salían fuera de todo sentido, parecíales que las piernas y el cuerpo tenían lleno de gusanos que los comían vivos, y ansí medio rabiando se salían fuera de casa, deseando que alguno los matase; y con esta bestial embriaguez y trabajo que sentían, acontecía alguna vez ahorcarse, y también eran contra los otros, más crueles" (MOTOLINIA, *op. cit.*, 1971, p. 32).

sustentam os missionários irritados por esse tipo de experiência: os informantes indígenas do franciscano Bernardino de Sahagún asseguram que os cogumelos e o peiote [cacto alucinógeno] provocariam também estados hilariantes (teuetzquiti).[90]

Gruzinski visualiza que "a princípio" os índios teriam buscado muito mais "uma sabedoria" que "uma descarga emotiva" ou "um prazer" no trato com os alucinógenos durante os tempos da dominação espanhola. É possível entrever que os códigos das "visões" consistiam em saberes concretos para os índios.[91] Uma das formas de lidar com o imprevisível ou inexorável, de conhecer ou remexer o tempo e o além – seriam instâncias aproximadas pela indução de "sonhos" na embriaguez, mas também por outras técnicas e sinais, como pela interpretação onírica através dos "livros dos sonhos" e pelos "augúrios".[92]

---

90 SALLMANN (dir.), *Visions indiennes, visions baroques: les métissages de l'inconscient*, 1992, p. 49 (capítulo de autoria de Gruzinski com a colaboração dos demais autores). Como apontam Grinspoon & Bakalar (*op. cit.*, 1997), mesmo em ocasiões onde prevaleçam os cuidados dos participantes pela construção de um ambiente propício e controlado (set and setting), as experiências com alucinógenos podem levar ao "descenso" rumo ao tormento mental e mesmo à sensação de agonia da iminência da morte, antes de poder alcançar-se um prazenteiro sentido de "harmonia e renascimento" (p. 272); além disso, os autores destacam que "o contraste entre visões idiossincráticas e culturalmente estereotipadas é questionável: as experiências psicodélicas descritas em relatos de vida dos ameríndios são com frequência tão privadas e idiossincráticas como aquelas experiências que ocorrem na sociedade industrial contemporânea" (p. 55).

91 Ainda em torno da experiência visionária dos antigos mexicanos, Gruzinski acentua que ela representa "tudo de uma vez só, uma fonte de informação e um meio de interpretação da informação na medida em que fornece não apenas dados, imagens, mas também, chaves e grades de leitura" (*ibidem*, p. 43, cit. p. 49). Vale observar a digressão de Clendinnen ao destacar uma alternativa ao método freudiano que procura acessar os mecanismos do inconsciente – é a teoria de Allan Hobson, que ao tomar o significado dos sonhos no seu "conteúdo manifesto", oferece a perspectiva de observar no sonhador alguém que busca extrair das preocupações do dia a dia as estratégias para que os estímulos aleatórios façam sentido. Esta forma de interpretação, embora não contemple a perspectiva quiçá mais densa da análise de Freud, tem a vantagem de abrir um caminho para entender melhor a instrumentalidade das visões em várias culturas indígenas, como foi exemplarmente conduzido por Reichel-Dolmatoff no *El chamán y el jaguar* de 1978 (CLENDINNEN, *op. cit.*, 1991, p. 338, nota 41).

92 Motolinia comenta que "otras muchas ceremonias supersticiosas guardaban agüeros, en especial de los sueños, de los cuales tenían libro y lo que significaban, esto por figuras" (MOTOLINIA, *op. cit.*, 1971, p. 153). Porém, pouco podemos saber quanto ao conteúdo dos "livros dos sonhos" que, aliás, nunca foram documentados ou preservados, sendo que os poucos exemplares de livros

Na "cerimônia" descrita por Sahagún, após aqueles momentos mais fortes da embriaguez com cogumelos, os convivas teriam a ocasião de conversar sobre as experiências. Os homens do banquete não falavam sobre quem estava presente, reviravam histórias que tinham ocorrido ou iam acontecer com pessoas que não estavam ingerindo os cogumelos, e tratavam até mesmo de quem nem por perto devia estar:

> Desde que havia passado a embriaguez dos cogumelinhos, falavam uns com os outros sobre as visões que haviam visto. E também estes que se embriagavam viam em visão o que havia de acontecer aos que não comiam os cogumelinhos, e lhes diziam, e ainda viam os malefícios em que andavam outros.[93]

A prática "divinatória" pelo consumo de ervas e poções seria interpretada pelos cronistas como coisa que se passa sob a influência do demônio, ou mais, como fruto de um pacto com a força maligna. Destarte, se o saber dessas inebriações podia ser enganador, também podia ser verdadeiro, numa ambiguidade mal resolvida e muitas vezes sustentada por teólogos e cronistas nas suas especulações sobre o papel do demônio na natureza. Mas a exposição de Sahagún desse rico relato dos mercadores mexicanos não seria objeto de comentários que enquadrassem o costume enquanto "cerimônia diabólica". A ausência do diabo pode ter-se dado pela natureza lacônica da interpretação conduzida pelo franciscano, quando suas conceituações poucas vezes afloram da serenidade de uma tradução seca, ainda que já deformante pelo simples fato de ser tradução.[94]

Enquanto não associa o consumo dos cogumelos com a presença do demônio, Sahagún omite qualquer forma de instituição divinatória nessa embriaguez que faz

---

mesoamericanos que sobreviveram até nossos dias tratam de outros assuntos, particularmente calendáricos, tal como o tonalámatl [livro dos signos dos dias].

93 SAHAGÚN, *Historia*, IX, p. 562. O padrão das visões a respeito dos outros é o mesmo em relação às visões sobre si próprios. Quanto ao uso do termo "malefício", Sahagún resume do texto indígena as visões sobre pessoas que estavam andando por aí fazendo maldades como roubo e adultério (*Florentine codex*, IX, p. 39). Cita: "Desque había pasado la borrachera de los hunquillos, hablaban los unos con los otros cerca de las visiones que habían visto. Y también estos que se emborrachaban vían en visión lo que había de acontecer a los que no comían los hunquillos, y decíanselo, y aun vían los maleficios en que andaban otros".

94 Além do mais, o discurso em náhuatl também não deixa de apresentar intenções e limitações de mensagem.

ver em visões. Nunca identificaria claramente o uso dessa medicina como recurso da adivinhação ou feitiçaria – o relato dos cogumelos está inserido num capítulo sobre banquetes e festas de abastados comerciantes. Por outro lado, noutra parte da mesma enciclopédia de costumes, os cogumelos seriam tratados como opções para malefícios de feiticeiros e consumidos por gente viciosa, dentro do livro que procura descrever ocupações e profissões dos índios.

Mas de fato, é noutra frente que Sahagún questionaria a licitude de práticas divinatórias entre os naturais da Nova Espanha. Oferece longa diatribe à "astrologia judiciária ou arte adivinhatória" dos índios.[95] Se ele considera correto e algo justificável saber a influência dos astros tal como é feito na tradição europeia,[96] abominaria a razão dos índios mexicanos pelos cálculos e símbolos de um dos ciclos de calendário nativo, porque ele não se ajustava pelos astros ou por outro sinal qualquer "natural". Sahagún acreditava que a conta de dias não era "conforme o círculo do ano", pois que se completava em duzentos e sessenta dias. "Este artifício de contar ou é arte de nigromântica ou pacto e fábrica do Demônio".[97]

Sahagún faria também reprimenda dos augúrios e prognósticos "que estes naturais tomavam de algumas aves, animais e vermes para adivinhar as coisas futuras". O ser humano quer sempre investigar "por fás ou por nefas" o que se ignora. O caminho é vedado quando se procura "saber as coisas que nosso senhor Deus não é servido que saibamos, como são as coisas futuras e as coisas secretas (…) às vezes por via do Demônio, às vezes conjeturando [por sinais nos animais]".[98] Esses caminhos ilícitos para o cristão serão assunto do quinto livro da *Historia* de Sahagún sobre os gentios. Mas salientemos que não há, nos dois livros sobre os rituais divinatórios entre os mexicanos, qualquer menção ao uso do tabaco ou dos alucinógenos.

---

95   SAHAGÚN, *Historia*, IV, p. 231.

96   "con tal condición que nadie piense que la influencia de la constelación hace más que inclinar a la sensualidad, y que ningún poder tiene sobre el libre albedrío" (SAHAGÚN, *Historia*, IV, p. 231).

97   *Ibidem*, p. 231-2. O frade talvez quisesse apontar que existia misteriosa ciência nos cálculos "demoníacos". Entrementes, especula-se atualmente a respeito da relação deste ciclo calendário mesoamericano com a duração pré-natal do ser humano e com o período de safra do milho. Cita: "Este artificio de contar o es arte de nigromántica o pacto y fábrica del Demonio".

98   SAHAGÚN, *Historia*, V, p. 285. Citas: "que estos naturales tomaban de algunas aves, animales y sabandixas para adivinar las cosas futuras"; "saber las cosas que nuestro señor Dios no es servido que sepamos, como son las cosas futuras y las cosas secretas (…) a las veces por vía del Demonio, a las veces conjeturando".

Entretanto, como veremos depois, estes gatilhos da adivinhação são assuntos fundamentais dos textos dos extirpadores da idolatria do século XVII, particularmente na pena de Hernando Ruiz de Alarcón, cerca de cinquenta anos após a constituição da obra de Sahagún. Ainda assim, tal como no caso descrito acima, da cerimônia com cogumelos pelos mercadores, ou mesmo em outras passagens da obra de Sahagún, as medicinas que embriagam devem estar presentes nas práticas divinatórias, mesmo que muitas vezes nas insinuações. Já em Durán, concorria a perspectiva de sublinhar o uso oracular e diabólico dos cogumelos no domínio do governo e das guerras entre os grandes senhores índios. A ausência, no trabalho de Sahagún, de mais comentários sobre as medicinas da adivinhação pode estar relacionada ao projeto de constituir uma prática médica indígena livre de feitiçarias e superstições, o que dá para ser acessado em discursos de dois livros que contêm a história natural e matéria médica dos antigos mexicanos, assunto que será abordado no final deste capítulo.

A fruição da embriaguez entre ídolos e devotos

Continuemos sobre relatos de cerimônias com embriaguez. Se os deuses ingerem as substâncias, temos que as oferendas de pulque, de chocolate, de fumo, também implicam o consumo pela gente, ou seja, existe o proveito da embriaguez pelos que participam dos eventos de sacrifício aos deuses.

Estes episódios representam a mais notável cerimônia para a embriaguez, tal como se apresenta numa das ricas resenhas de banquete de comerciantes caravaneiros na *Historia* de Sahagún. Após as oferendas de iguaria aos deuses, "davam comida aos convidados". Como de costume, serviam a bebida de cacau após a refeição. Mas nunca sem antes deixar xícaras com o líquido, chamadas "teutecómatl",[99] diante da imagem de Xiuhtecuhtli, "que é o fogo", e de Yiacatecuhtli, "deus dos mercadores". Após esse ritual é que serviam a bebida a cada um dos convivas num "recipiente divino". Oferecíam "de sobremesa" os caniços com fumo "para tragar". Finalmente o velho anfitrião entregaria a cada pessoa, para levar para casa, uma cabaça com duzentos grãos

---

[99] "'tecomate divino', recipiente de cacao" (Glossário in: SAHAGÚN, *Historia*).

de cacau e cem de teonacaztli (numa tradução literal, orelha divina).[100] As pétalas da flor teonacaztli na bebida do chocolate provocariam forte embriaguez.[101]

Mantendo o necessário fluxo de consumo, o "pulque novo" tinha de ser oferecido ao deus, no caso, à estátua de Huitzilopochtli, para depois ser servido aos "velhos e velhas", aqueles que tinham licença para beber.[102] Mas não eram somente os idosos que obtinham o privilégio de degustar o pulque. Como já foi visto, nalgumas cerimônias de sacrifício humano, havia para as vítimas a mesma oportunidade. Também, numa festa do décimo quinto período do calendário anual, chamado "panquetzaliztli", após os sacrifícios dos "escravos" e dos "cativos" que teriam sido embriagados para bailar na véspera, todos que assistiam ao evento "íam para suas casas, e no dia seguinte bebiam pulque os velhos e velhas, e os casados e os [índios] principais".[103] Só para privilegiados, a bebida circula entre personae que integram vários momentos rituais.

É no evento de culto aos deuses do pulque que se confere o categórico entrelaço entre o virtual consumo pela estátua e o efetivo esbaldar-se dos devotos. Na entrada do signo "ume tochtli" (dois-coelho), levavam ao templo uma estátua de Izquitécatl – "deus principal dos deuses do vinho [pulque]" segundo Sahagún. Entre muitas oferendas, bailes e músicas tocadas por flautas, colocavam uma vasilha de pedra cheia de pulque na frente da estátua: chamava-se "umetochtecómatl" (vasilha de Umetochtli, deus do pulque). Desse mesmo recipiente, por canudos sorviam o líquido os velhos e os homens valentes, os homens de guerra.[104] Os informantes de Sahagún apresentam motivos que extrapolam a ideia de simples diversão na bebedeira, a única mensagem que veicula Sahagún.[105]

Outros eventos idolátricos terminam em bebedeira pelo relato do frade franciscano, como (sugestivamente) no culto ao deus dos "banquetes", Omácatl, quando

---

100 SAHAGÚN, Historia, IX, p. 555-6.
101 SAHAGÚN, *Historia*, XI, p. 744.
102 SAHAGÚN, *Historia*, IV, p. 258.
103 "Este pulcre que aquí bebían se llamaba matlaluctli, que quiere decir 'pulcre azul', porque lo tiñían con color azul" (SAHAGÚN, *Historia*, II, p. 165).
104 SAHAGÚN, *Historia*, IV, p. 240.
105 Sahagún comenta sucintamente que "andaban holgándose, bebiendo vino" (*ibidem*). Mas no relato indígena podemos nos aproximar de um motivo mais complexo, simbólico e contextual da bebedeira: os velhos e guerreiros, considerados "os corajosos", "os tolos", "aqueles que pagavam a dívida com suas cabeças e seus corações. Isto é, eles seriam capturados", "eles iriam capturar outros e fazer prisioneiros. Então [bebendo] eles tratavam de zombar da morte" (*Florentine codex*, IV, p. 17).

havia a comunhão de um confeito na figura de ossos do deus: os índios principais, "antes que comungassem comiam e bebiam pulque".[106]

Mas seria no culto aos deuses do pulque que a embriaguez teria seu grande espaço, digamos que naturalmente. Sahagún destaca que na "quarta festa movível", na regência do signo "ce mázatl" (um-veado), dentro da "segunda casa, que se chama ume tochtli":

> (…) faziam grande festa ao deus chamado Izquitécatl, que é o segundo deus do vinho [pulque], e não somente para ele, mas para todos os deuses do vinho, que eram muitos. (…) E no pátio de seu templo punham um grande jarro de pulque, e enchiam-no os que eram taberneiros, até transbordar, e iam beber todos os que queriam. Tinham uns canudos com que bebiam. Os taberneiros iam cevando o grande jarro de maneira que sempre ficava cheio.[107]

Havia nessa festa com o deus do pulque a grande oportunidade de consumo da bebida, ainda que pareça evento distante de uma celebração ao Baco dos vícios. De toda maneira, a festa torna evidente a relação entre a idolatria e a bebedeira. Esta relação é mais concreta ainda quando Sahagún passa uma lista dos edifícios do que agora se costuma descrever como centro cerimonial da Tenochtitlán incrustada numa pequena ilha – a capital dos astecas. Entre os ídolos agraciados com "cues" (as pirâmides-templos) estará Ometochtli, quiçá a figura principal entre os deuses do pulque, enquanto outro edifício estava dedicado aos Centzontotochtin, entidades divinas da substância da bebida.[108] Uma tradução literal seria chamá-los de quatrocentos coelhos, mas como destacam vários especialistas da língua mexica, representam o coletivo ou então inúmeros coelhos, pois a cifra quatrocentos oferece a ideia de muita quantidade em náhuatl.

---

106 SAHAGÚN, *Historia*, I, p. 52.

107 SAHAGÚN, *Historia*, II, p. 99-100. <u>Cita</u>: "hacían gran fiesta al dios llamado Izquitécatl, que es el segundo dios del vino, y no solamente a él, pero a todos los dioses del vino, que eran muchos. (…) Y en el patio de su cu [pirâmide] ponían un tinajón de pulcre, y hinchíanle los que eran taberneros, hasta reverter, y iban a beber todos los que querían. Tenían unas cañas con que bebían. Los taberneros iban cebando el tinajón de manera que siempre estaba lleno".

108 SAHAGÚN, *Historia*, II, "apéndiz", p. 182 e 185. Também Omácatl, "deus dos banquetes", teria seu próprio templo-pirâmide (p. 184).

Não será no culto aos deuses do pulque, todavia, o ambiente para a maior celebração da bebida. Destaquemos que a cada quatro anos havia uma atividade diferente, onde não somente os "velhos e velhas", mas "todos, moços e moças, meninos e meninas", tomavam o pulque. Era a festa denominada "pillahuano", espécie de ritual de passagem, pois como aponta Sahagún, selecionavam padrinhos e madrinhas para as crianças e lhes furavam as orelhas.[109]

O evento estava relacionado aos impasses do sistema calendário indígena. A festa precedia os cinco dias que não se encaixavam na conta dos dezoito meses de vinte dias cada, num ano solar de trezentos e sessenta dias. Os cinco dias extras eram chamados "nemontemi, os quais tinham por mal agouro, e nenhuma coisa ousavam fazer nesses dias". Na festa que anunciava este período extraordinário, "andava o pulque como água em abundância". O objetivo da festa estaria declarado no próprio título do evento, "pillahuano", que é "embriaguez das crianças".[110]

O relato parece indicar que havia lugar para atitudes distintas como dois passos da embriaguez alcoólica: primeiro, "andavam bem contentes, bem alegres e bem enrubescidos com o pulque que bebiam em abundância". Contudo, "depois de bêbados, brigavam uns com os outros, apunhalavam-se e caíam por esse chão de bêbados, uns sobre os outros, e outros iam abraçados uns com os outros até suas casas. E isso tinham por coisa boa porque a festa exigia assim".[111] Dois momentos da embriaguez alcoólica (como destacados por Dwight Heath)[112] são identificados por um saber indígena. Seriam estágios almejados dentro do espaço ritual.

Apontemos mais um evento relatado por Sahagún: o "banquete que se fazia por razão dos batismos". No evento das crianças, o frade destaca "a bebedeira que se passava ali". Mas somente os "velhos e velhas", mais à noite, é que se juntavam e bebiam pulque

---

109 SAHAGÚN, *Historia*, I, p. 48.

110 "pillahuanaliztli o pillahuano o pillaoano" (Glossário in: SAHAGÚN, *Historia*). Cita: "nemontemi, a los cuales tenían por aciagos, y ninguna cosa osaban hacer en ellos".

111 Citas: "andaban muy contentos, muy alegres y muy colorados con el pulcre que bebían en abundancia"; "después de borrachos, riñían los unos con los otros, y apuñábanse y caíanse por ese suelo de borrachos, unos sobre otros, y otros iban abrazados los unos con los otros hacia sus casas. Y esto teníanlo por bueno porque la fiesta lo demandaba así".

112 O assunto foi debatido no primeiro capítulo. Cf. HEATH, "Borrachera indígena, cambio de concepciones", 1993.

na rotunda intenção de buscar a embriaguez por diferentes fórmulas da bebida.[113] O relato recupera diversas maneiras de ser do bêbado, como noutra passagem primorosa da *Historia* de Sahagún.[114]

Estes relatos tratam do passado pré-hispânico. Mas se a falsa religião dos antigos fora destronada pela eliminação dos grandes templos e dos rebuscados ofícios sacerdotais, após a conquista espanhola persistiam certos ritos, festas, sacrifícios e ídolos, algo escondidos ou disfarçados. Sahagún via o ressurgir da idolatria, que embora marginalizada, era insidiosa no seu tempo e recomposta no calor da borracheira.

Mas o frade critica a atual "polícia" dos espanhóis e certos equívocos dos evangelizadores, os quais deviam se espelhar, por outro lado, na "antiga lei" dos mexicanos, que tinham rígidas normas contra a embriaguez.[115]

---

113 O banquete envolvia o fumar dos caniços de tabaco e outras ervas, também "oler flores", tudo antes de comer. Após a refeição, serviam xícaras da bebida de cacau, embora "a las mujeres, que comían en otra parte, no las daban cacao a beber", sendo que "las sobras de cacao daban a sus criados". Para efetivar o resultado almejado para os mais idosos (a forte embriaguez), o evento organizar-se-ia de maneira peculiar: "para hacer esta borrachería ponían delante dellos un cántaro de pulcre, y el que servía echaba en una xícara y daba a cada uno a beber, por su orden, hasta el cabo. (...) Y el servidor, cuando vía que no se emborrachaban, tornaba a dar a beber por la parte contraria a la mano izquierda, comenzando de los de más baxo". Sobre os tipos de pulque: "A las veces daban pulcre que llaman íztac uctli, que quiere decir pulcre blanco, que es lo que mana de los magueyes. Y otras veces daban pulcre hechizo de agua y miel, cocido con la raíz, al cual llaman ayuctli, que quiere decir 'pulcre de agua', lo cual tenía aparejado y guardado el señor del convite de algunos días antes" (SAHAGÚN, *Historia*, IV, p. 269-70).

114 No evento acima os bêbados cantavam de maneira caótica. Isso remete, de certa forma, ao discurso sobre as "diversas maneiras de borrachos" (*ibidem*, p. 239-241), quando Sahagún compõe o quadro de comportamentos relacionados à regência de signos dos dias. Um capítulo expõe a diversidade de respostas à bebida. Pode-se inferir que a sabedoria indígena sobre o fenômeno dos efeitos idiossincráticos da embriaguez está inscrita na simbologia sobre a diversidade da agência de inúmeros deuses do pulque no corpo humano.

115 Na "relación del autor digna de ser notada", escrita no décimo livro da *Historia*, o discurso tem a intenção de contestar a validade da "policia" no governo civil espanhol e também de assumir os erros da Missão, enquanto representa ainda a justificativa do papel dos mendicantes na fundação e nas reformas que tiveram vez na história do Colégio de Tlatelolco para os índios "nobres" neófitos. De outro lado, Sahagún lamenta a calamidade das epidemias que destruíam os esforços de formação de uma liderança indígena sob a tutela de sua ordem religiosa, a qual se via, diga-se de passagem, naqueles idos dos anos 70 do século XVI, crescentemente alijada do poder pelas novas diretrizes da Coroa no que tange ao governo das repúblicas de índios que subsistiam como comunidades relativamente separadas e debaixo da tutela dos monges mendicantes. Mas a Coroa começa então a passar mais encargos e poderes aos clérigos das paróquias (SAHAGÚN, *Historia*, X, p. 626 e ss.).

De todo jeito, as práticas indígenas na época colonial, tidos como sobrevivências idolátricas, representam emblemas da embriaguez, reportando justamente aos rituais do passado pré-hispânico, como elabora Durán:

> Porque eram tão amigos de festas que não perdoavam um dia que fosse sem lazer, e assim, todo o ano se passava para esses naturais com festas. Porque eles tinham as festas de seus principais deuses e deusas; logo tinham as festas que a cada princípio de mês celebravam, que era de vinte em vinte dias; logo, celebravam os primeiros dias da semana, de treze em treze dias; tão entrelaçadas e contínuas, que se atropelavam umas com as outras. De onde se entende e se colige ser esta gente tão folgada e inimiga do trabalho e amiga de festas, banquetes e areitos [bailados], como vemos, e hoje em dia, agem assim os ministros que entre eles em seu ministério andam ocupados, quanta solicitude e cuidado põem em que os santos que nas ermitas de seus bairros e estâncias têm, sejam festejados e celebrados seus dias, e entendo verdadeiramente não ser por honra de Deus, nem do santo, senão por honra de sua sensualidade e seu ventre, e sua finalidade é comer e beber e embriagar-se: mero e último fim das festas antigas.[116]

O mesmo cronista reforça o governo da concupiscência nos índios como se fossem verdadeiros epicuristas, ao tratar da persistência colonial da festa do compromisso de bodas.[117] Mas Durán trata de um costume que pouco se relaciona à pompa

---

[116] Durán, *Historia*, I, p. 234. Cita: "Porque eran tan amigos de fiestas que no perdonaban día que fuese de holgar, y así todo el año se les iba a estos naturales en fiestas. Porque ellos tenían las fiestas de sus principales dioses y diosas; luego tenían las fiestas que cada principio de mes celebraban, que era de veinte en veinte días; luego, celebraban los primeros días de la semana, de trece en trece días, tan entretejidas y continuas, que se atropellaban unas con otras. De donde se entiende y se colige ser esta gente tan haragana y enemiga del trabajo, y tan holgazana y amiga de fiestas y banquetes y areitos, como vemos, y el día de hoy experimentan los ministros que entre ellos en su ministerio andan ocupados cuánta solicitud y cuidado ponen en que los santos que en las ermitas de sus barrios y estancias tienen sean festejados y celebrados sus días, y entiendo verdaderamente no ser a honra de Dios, ni del santo, sino a honra de su sensualidad y de su vientre, y su fin es comer y beber y embeodarse: mero y último fin de las fiestas antiguas."

[117] "todas sus idolatrías fundaron en comer y beber, peor que los epicúreos y en ello ponen toda su felicidad" (DURÁN, *Historia*, I, p. 78).

das festas de culto dos ídolos de antanho. Notemos que nos relatos mais densos de Sahagún ou Durán sobre a embriaguez nas antigas cerimônias não há indicação do aflorar da sensualidade em termos como luxúria ou adultério – os frades teriam destacado este gênero de dados se tivessem encontrado alguma pista. Como visto, os relatos mostram as bebedeiras restritas a espaços específicos, e, em geral, a licença é para idosos, ainda que houvesse ocasião até para que as crianças pudessem beber – mas nos ambientes de bailes ou mesmo de brigas, nada se insinua como espaço de vícios carnais.

A imagem pervagante de uma idolatria báquica de torpes vícios está relacionada ao olhar que casa a embriaguez do tempo vice-real a aspectos rituais como batismos e noivados. Pelo discurso dos extirpadores da idolatria (no século XVII) ocorrerá notoriamente o casamento perfeito entre os ritos idolátricos e a embriaguez sensual, como veremos. Mas escapa, nesses pareceres que identificam a ebriedade descontrolada com idolatria manifesta (nos contextos que surgem após a conquista espanhola), que o rígido governo de interdição e controle da embriaguez, na antiga lei dos índios, estaria mergulhado nesse mesmo milieu, a idolatria, isto é, nos códigos culturais indígenas interpretados como coisas da falsa religião. A embriaguez entre os antigos teria estrita licitude pelos razoamentos e normas da instituição idolátrica, que, por sua vez, era identificada pelos cronistas como o grande motor da embriaguez descontrolada dos tempos coloniais.

A idolatria no governo da embriaguez

Nos relatos de festas dos antigos mexicanos dentro dos tratados de Sahagún, notamos que havia espaços específicos e para gente seleta poder se embriagar. Mas se havia muita festa onde os índios podiam beber, não fica claro, contudo, se tal significa beber à vontade. Algumas reuniões expressariam essa licença para maior ebriedade, como nas cerimônias aos deuses do pulque ou na festa da embriaguez das crianças. Mas de acordo com alguns relatos, havia outras ocasiões em que beber não redundava em embriaguez. Numa festa do mês "izcalli" (brotamento), os velhos bebem o pulque "texcalcehuilo".[118] Aqueles que fazem o pulque, "que chamam tlachicque ou tecuhtlachicque", traziam a bebida e "derramavam-na numa bacia que estava ali, diante da

---

[118] Também como "texcalcehuía": "se enfría el horno" (Glossário in: SAHAGÚN, *Historia*).

estátua [de Xiuhtecuhtli, senhor do fogo]". Mas "os que bebiam este pulque não se embriagavam".[119] O mesmo é destacado sobre outra festa. Depois da cerimônia de sacrifício do dublê da deusa Huixtocíhuatl (deusa das salinas), no sétimo mês, "tecuhilhuitontli", todos os que lidavam com sal iam para suas casas e se convidavam, se reuniam, se divertiam: "toda a gente que tratava com sal bebia por muito tempo pulque, ainda que não se embriagassem". Mas a regra da temperança, nesse caso, parece não ter sido obedecida por todos os convivas.[120]

Os sátrapas que representavam ou incorporavam deuses do pulque não apenas brindavam a bebida para consumo geral, mas também, na maneira de loteria, escolhiam apenas um indivíduo felizardo para beber o licor. O sacerdote é a imagem do deus Patécatl, encarregado de passar o pulque para os cantores, mas ele deixa apenas um dos artistas tomar o teooctli ou macuiloctli – este sátrapa "punha duzentos e três canudos, dos quais só um com furo, e quando tomavam [os canudos], o que acertava aquele [com furo], bebia ele sozinho e mais ninguém. Isto se fazia depois do ofício de haver cantado".[121]

Antes de lidar com as formas de distribuir a bebida, os sacerdotes também se ocupavam por organizar a produção. Na "relação" de Sahagún "das diferenças de ministros que serviam aos deuses",[122] há vários que iriam se dedicar à tarefa. O ministro Ometochtli Pahtécatl buscava o macuiloctli ou teooctli, o Ometochtli Papáztac se encarregava do pulque tizaoctli, "que se havia de gastar na casa do senhor, e na festa

---

119 SAHAGÚN, *Historia*, II, p. 173.

120 O texto segue contemplando que muitos infringiam a regra da moderação: "Pasado este día y venida la noche, algunos que se emborrachaban reñían los unos con los otros, o apuñábanse, o daban voces, baldonándose los unos con los otros. Después de cansados, echábanse a dormir por esos suelos, a donde se acertaban". E o relato se completa com o arrependimento dos bêbados, convidando os injuriados a tomar a sobra de pulque no dia seguinte. Essa sobra era chamada "cochuctli": "pulque del sueño" (Glossário in: SAHAGÚN, *Historia*). "Y aquellos que estando borrachos la noche antes habían reñido o apuñado a otros, desque se lo decían, estando ya en buen seso y después de haber dormido, convidaban a beber a los que habían maltratado de obra o de palabra porque los perdonasen (…), y los agraviados con beber luego se les quitaba el enojo y perdonaban de buena gana sus injurias" (SAHAGÚN, *Historia*, II, p. 133). Cita: "toda la gente que tratava en sal bebían largamente pulcre, aunque no se emborrachaban".

121 *Ibidem*, p. 194. Cita: "ponía doscientas y tres cañas, de las cuales sola una agujerada, y cuando las tomaban, el que acertaba con aquélla bebía él solo, y no más. Esto se hacía después del oficio de haber cantado".

122 *Ibidem*, p. 193 e ss.

de tozoztli, onde bebiam vinho homens e mulheres, meninos e meninas". O ministro Izquitlan Teohuatzin era encarregado de prover o mel da planta "para fazer vinho para os sátrapas". Isto sem contar os voltados para as festas de deuses do pulque, uma dezena de serviçais provendo o necessário, como papel, copal e látex para os sacrifícios, aves e carnes para os banquetes, mantos e outros apetrechos, instrumentos musicais etc, tudo para realizar as cerimônias a contento.[123]

Nas ditas "festas fixas" (do calendário solar) e "festas movíveis" (do ciclo de duzentos e sessenta dias), há várias ocasiões para a embriaguez. Contudo, no rumo da restrição ao consumo da bebida, muitos momentos de festa seriam intercalados por dias e dias de rigorosos jejuns liderados pelos sátrapas. Algumas festas teriam sido ocasiões inclusive de resguardo da bebida e outros prazeres. No décimo quarto mês, "quecholli", pelo dia chamado "tlacati in tlacochtli",[124] "todos faziam penitência. Todos tiravam sangue das orelhas (...) E os dias que entendiam [que era] para fazer essas setas [com pontas de maguey para as perfurações], ninguém dormia com mulher e ninguém bebia pulque".[125]

O tabaco como erva para fumar teria sido grande costume entre os antigos mexicanos. Está nos eventos de mercadores, em casamentos, batizados, nos bailados, nas solenidades, é um trato palaciano e mesmo um presente para os prisioneiros de guerra.[126] Durán é taxativo: "a festa que não tem desses [charutos] não a têm por festa".[127]

A despeito dessa amplitude nos costumes, fumar também seria privilégio e um momento ritual. Durán comenta, por exemplo, que os guerreiros covardes eram

---

123 *Ibidem*, p. 95-6.

124 "'nacen las flechas'. Fiesta del mes de quecholli en la que se hacían las flechas" (Glossário in: SAHAGÚN, *Historia*).

125 SAHAGÚN, *Historia*, II, p. 157. Cita: "todos hacían penitencia. Todos sacaban sangre de las orejas (...) Y los días que entendían en hacer estas saetas nadie dormía con mujer y nadie bebía pulcre".

126 Na *Historia* de Durán inúmeras vezes obtém-se o costume de oferecer "flores y humazos" para os prisioneiros de guerra, e nas grandes solenidades, como nas entronizações, mostra ser costume palaciano. Fumar tabaco seria corriqueiro para a elite mexicana. Da diversidade de ocasiões em que é presenteado e fumado, cf. SAHAGÚN, *Historia* (vários livros), p. 101, 199, 249, 270-1, 389, 507. Inclusive, confirmando muitas passagens da *Historia* de Durán, há o relato em Sahagún de um banquete de "senhores", oferecido aos inimigos dos mexicanos, para poderem presenciar sacrifícios humanos de prisioneiros, sendo todos eles presenteados com "cañas de humo y flores" (SAHAGÚN, *Historia*, VIII, p. 529).

127 DURÁN, *Historia*, II, p. 161.

privados de fumar ou de beber cacau e cheirar as flores.[128] Numa cerimônia dedicada à deusa Toci, os caniços de tabaco e as flores seriam providos aos convivas por uma serviçal do templo, a "cihuacuacuilli",[129] indício de que a cerimônia reservaria licença para o consumo de plantas e poções.

Durán sublinha que havia punição ao senhor que se achasse "fora de seu juízo" para além dos momentos que se costumava beber, "que era em algumas festas marcadas": "dizem que lhe privavam do ofício e ainda o matavam, se era nisso [de beber] exagerado".[130] Ou seja, podiam beber bastante, mas nos espaços permitidos, digamos, pela instituição idolátrica.

De seu lado, muitos sacerdotes, antes de distribuir a bebida para os idosos, teriam a chance de consumi-la sozinhos. No signo décimo nono, "ce cuauhtli" (um-águia), de "má fortuna", quando desciam as "cihuateteo" (mulheres divinas, que eram entidades apavorantes que teriam sido mortas no parto), havia várias oferendas a suas imagens: "Estas comidas, tomavam-nas para si os ministros daqueles oratórios. Depois de haver comido, cada um bebia em sua casa o pulque, a sós, e davam-no aos velhos e às velhas, e visitavam uns aos outros em suas casas".[131] Os sacerdotes deviam possuir amplo controle e privilegiado acesso à substância embriagante.

Se de uma cerimônia do mês "panquetzaliztli" (erguimento das bandeiras), como já comentado, os cativos que seriam sacrificados antes bebiam o pulque divino, já os idosos, casados e principais, todos eles tinham também a oportunidade de beber, porém, não bebiam o "pulque divino" ou "teooctli", e sim, o "pulque azul".[132] Entretanto,

---

128 *Ibidem*, p. 236.
129 SAHAGÚN, *Historia*, II, p. 195. O termo "cuacuilli" significa "cabeça raspada" (Glossário in: SAHAGÚN, *Historia*, XII).
130 DURÁN, *Historia*, I, 188. Cita: "dicen le privaban del oficio y aun le mataban, si era en eso demasiado".
131 SAHAGÚN, *Historia*, IV, p. 268. Na versão em náhuatl, não fica claro se os ministros desses oratórios bebiam sozinhos, nas suas casas, mas pode-se interpretar o uso em espaço doméstico: as "pessoas" faziam suas "libações" nas suas casas e "ninguém mais fez qualquer restrição: não havia mais inibições. Fizeram os velhos homens e velhas mulheres beberem e despejavam o vinho para eles" (*Florentine codex*, IV, p. 108). Cita: "Estas comidas tomaban para sí los ministros de aquellos oratorios. Después de haber comido, cada uno bebía en su casa el pulcre, a sus solas, y daban el pulcre a los viejos y a las viejas, y visitaban unos a otros en sus casas".
132 SAHAGÚN, *Historia*, II, p. 163 e 165.

outros que quisessem tomar este pulque "o bebiam secretamente, porque se sabiam [disso] os castigavam".[133]

A punição diante da ilícita embriaguez seria executada por verdugos. Noutra festa daquele mesmo mês (panquetzaliztli) só os velhos eram autorizados a beber. Aqueles que infringiam a regra eram sentenciados em julgamento público. A punição podia ser a morte.[134] Para Sahagún, o tribunal parece representar uma instância civil da república dos índios. Entretanto, como realça Duverger, alguns sacerdotes do pulque apresentavam títulos que poderiam indicar o mesmo papel de carrasco: "Tezcatzoncatl Ome Tochtli também se chama Tequechmecaniani, literalmente 'aquele que enforca'. Quatlapanqui, nome de um desses sacerdotes-deuses, significa 'aquele que arrebenta as cabeças'". Completa o autor que "nós sabemos que o enforcamento e o apedrejamento contam entre os castigos reservados aos bêbados". Segundo Duverger, "pode ser" que os mexicanos "nomeiem os sacerdotes do pulque, não para celebrar o octli, mas pelo contrário, para organizar a repressão à bebida!".[135]

O governo da embriaguez não pode ser interpretado dentro de mecanismos estritamente civis de justiça. Sahagún, na "relação do autor digna de ser notada", escrita no décimo livro da *Historia*, vem elogiar a antiga lei dos mexicanos, sobretudo pela atenção que os governantes daquela república tinham no punir a embriaguez – pois faziam isso com tanta diligência e rigor... O franciscano chega a lamentar que os espanhóis tivessem de destruir o "regimento" que havia entre os naturais da Nova Espanha, afinal, não foi possível preservar o lado bom dos costumes ou da civilidade, se havia tanta mescla com idolatria. Os espanhóis, na conquista,

> (...) derrocaram e puseram por terra todos os costumes e maneiras de reger que tinham estes naturais, e quiseram reduzi-los às maneiras de viver da Espanha, assim nas coisas divinas como nas

---

133 "Dábanlos de porrazos y tresquilábanlos, arrastraban y acoceábanlos y arrojábanlos por ahí muy maltratados" (*ibidem*, p. 165).

134 "Los de la audiencia los sentenciaban, que llamaban petlacalco". No Glosario, temos "'En el cofre'. Nombre de un juzgado". A execução da sentença: "Y después que se acababa la plática, luego daban a los que habían de morir con un bastón tras el cogote, y le achocaban. Los verdugos deste oficio se llamaban cuauhnochtli, ezhuahuácatl, tezcacohuácatl, mazatécatl, atenpanécatl. Estos no eran de los senadores, sino de la gente baxa que llamaban achcacauhti. No venían por eleción a aquel oficio, sino mandados" (SAHAGÚN, *Historia*, II, p. 140).

135 DUVERGER, *L'esprit du jeu chez les Aztèques*, 1978, p. 104.

humanas; entendendo então que eram idólatras e bárbaros, perdeu-se todo o regimento que eles tinham. Necessário foi destruir as coisas idolátricas e todos os edifícios idolátricos, e ainda os costumes da república que estavam mesclados com ritos de idolatria e acompanhados com cerimônias idolátricas, o qual havia quase em todos os costumes que tinha a república.[136]

Embora Sahagún reconhecesse, na antiga sociedade mexicana, uma ordem de costumes entre os signos da república e da idolatria, de outro lado, ao conceber uma mescla, afirmaria a existência de uma e outra instância na vida dos índios. Mas Sahagún parece ver a mescla diluir-se numa mistura homogênea e salutar, pois tanto "para o regimento da república como para serviço dos deuses", os índios tinham "o negócio de seu regimento conforme a necessidade da gente".[137] Parece até mesmo lamentar que tenha sido inevitável destruir as coisas da idolatria. De qualquer forma, havia pelo menos uma boa razão para aquela empresa de destruição: que os índios viessem a abraçar a fé católica. A idolatria, para Sahagún, é "o maior de todos os pecados, e os idólatras no Inferno são atormentados com maiores tormentos que todos os outros pecadores".[138] Enfim, o compromisso missionário cristão vem barrar a plena aceitação de uma peculiar civilização indígena tão admirada em diversos aspectos.[139]

No início da "relação do autor", Sahagún constrói um discurso apologético da capacidade racional e realizações dos naturais da Nova Espanha.[140] Os índios "eram para

---

136 SAHAGÚN, *Historia*, X, p. 627. Cita: "derrocaron y echaron por tierra todas las costumbres y maneras de regir que tenían estos naturales, y quisieron reducirlos a las maneras de vivir de España, ansí en las cosas divinas como en las humanas, teniendo entendido que eran idólatras y bárbaros, perdióse todo el regimiento que tenían. Necesario fue destruir las cosas idolátricas y todos los edificios idolátricos, y aun las costumbres de la república que estaban mezcladas con ritos de idolatría y acompañadas con cerimonias idolátricas, lo cual había casi en todas las costumbres que tenía la república".

137 *Ibidem*.

138 SAHAGÚN, *Historia*, I, apéndiz, p. 69. Cita: "el mayor de todos los pecados, y los idólatras en el Infierno son atormentados con mayores tormentos que todos los otros pecadores".

139 Cf. VILLORO, "Sahagún o los límites del descubrimiento del otro", 1999.

140 São hábeis nos ofícios mecânicos, que aprendem conforme "los españoles los saben y usan", inclusive, tornam-se doutos, entre outros aspectos, na gramática e na teologia, pois "no hay arte ninguna que no tengan habilidad para deprenderla y usarla" (SAHAGÚN, *Historia*, X, p. 626-7). Sahagún, afinal, teve a experiência de quem lidava com indígenas educados num protótipo de universidade escolástica para os gentios, que era o colégio franciscano de Tlatelolco (Cf. DUVERGER, *La conversión de los índios de Nueva España*, 1993).

mais nos tempos passados", acrescenta o frade – saudoso de um tempo que nunca viu, mas que buscou reconstituir, ou melhor, moldá-lo, na longa tarefa de confecção de uma *Historia general* (universal) da Nova Espanha.

No seu tempo, o que Sahagún notava era desconsolador, a "polícia" dos espanhóis "cria gente bem viciosa, de inclinações e obras malíssimas". Como é o fraco resultado no controle ou repressão à borracheira, tanto na ordem civil como na prédica de persuasão dos evangelizadores, quando estes tratam de fazer "ameaças do Inferno" contra "este vício" da bebedeira.[141]

Já os tempos da "antiga lei" indígena cativam o cronista. Sahagún enfatiza o modelo de criação dos "garotos e garotas", com "mestres bem solícitos e rigorosos" que deixavam, nos internatos, os homens de um lado e as mulheres de outro – modelo que os missionários tentaram seguir nos colégios que criaram para os índios. Mas o internato não fora bem sucedido.[142]

No elogio aos colégios dos antigos, Sahagún enfatiza os "graves castigos" para os alunos que não obedecessem e reverenciassem os mestres, que "punham grande diligência para que não bebessem uctli [pulque] a gente que tinha menos de cinquenta anos".[143] Mas a afirmação, tão comum de ser pronunciada até hoje sobre a história dos astecas, Sahagún deveria tê-la matizado melhor. Na leitura de um texto indígena que muitas vezes traduzia detidamente, não teria constatado que outros tipos de pessoas, em certas ocasiões, tinham a permissão para beber? Como na festa "pillahuano", onde inclusive as crianças deviam se embriagar. Sem dúvida que Sahagún estava ciente desses assuntos, que ademais se lhe apresentavam como fidedignos. Entretanto, na "relação do autor" em elogio da antiga fábrica social, o que importa é lembrar dos exemplos de ação punitiva contra a embriaguez desde os colégios da capital asteca.[144]

---

141 SAHAGÚN, *Historia*, X, p. 628. Cita: "cría gente muy viciosa, de muy malas inclinaciones y muy malas obras".

142 Sahagún assume que os monges davam alimentação mais completa que os antigos disciplinadores, usando de "blandura y piedad" como é comum entre os religiosos católicos. Desse jeito, lamenta, porém, que os índios "comenzaron a tener bríos sensuales y a entender en cosas de lascivia", causando a desistência dos regimes de internamento dos neófitos (*ibidem*, p. 627 e 630).

143 *Ibidem*, p. 627. Cita: "ponían gran diligencia en que no bebiesen uctli la gente que era de cincuenta años abaxo".

144 Num dos livros que tratam da idolatria dos mexicanos, Sahagún procura respostas sobre o cotidiano desses colégios. Nos calmécac, voltados à formação dos "senhores" e dos "sátrapas", não teria havido qualquer permissão para a embriaguez. Se ocorresse algum deslize, era execução capital a

Durán pondera que os mestres dessas casas alertavam os jovens para uma vida de castidade e jejum, também ensinando a "comer e beber de forma equilibrada".[145]

A visão de austeridade dos antigos leva Sahagún a pensar como a república mexica era "bem conforme à filosofia natural e moral".[146] O bom regimento dessa república é o assunto predileto na composição do oitavo livro da *Historia*.[147] Seriam drásticas as punições àqueles que pela gravidade e responsabilidade de seus ofícios se mostrassem embriagados. Para os "mestres de mancebos" que se embebedavam, cometiam adultérios e outros delitos, lhes davam a pena capital[148] – ainda que os velhos professores do telpuchcalli "bebiam o vinho bem secretamente", embora "bebiam pouco", destaca Sahagún noutra parte de sua obra.[149] Nos postos avançados dos domínios mexicanos, se as sentinelas fossem vistas dormindo e passando o tempo na bebida, também eram castigadas. Já nas eleições de cargos de grande importância para o governo da "república", como de "juízes", "mirava-se muito para

---

punição usual (*ibidem*, p. 228). Os jovens do telpuchcalli, que seriam futuros "guerreiros" e "oficiais", se eram vistos embriagando-se ou já ébrios, também seriam mortos, quer fossem "nobres" ou comuns "maceguales" (p. 225). Há precisamente um pequeno mas destacado capítulo no terceiro livro de Sahagún a respeito do tema "De los castigos que hacían a los que se emborrachaban" no "telpuchcalli": "Y si parecía un mancebo borracho públicamente, o si le topaban con él o le vían caído en la calle, o iba cantando, o estaba acompañado con los otros borrachos, este tal, si era macegual, castigábanle dándole de palos hasta matarle, o le daban garrote delante de todos los mancebos juntados porque tomasen exemplo y miedo de no emborracharse. Y si era noble el que se emborrachaba, dábanle garrote secretamente" (p. 225-6).

145 DURÁN, *Historia*, I, p. 49. <u>Cita</u>: "comer y beber templadamente".

146 É importante apontar que a austeridade do regime dos antigos não é tratada por Sahagún como perversa "tirania", pelo contrário, havia uma justificativa racional para este governo dos índios: "porque la templanza y abastanza desta tierra y las constelaciones" levam a natureza humana a ser "viciosa y ociosa y muy dada a los vicios sensuales". Assim, a "filosofia moral" ensinou "a estos naturales que para vivir moralmente y virtuosamente era necesario el rigor y austeridad y ocupaciones continuas en cosas provechosas a la república". Destaque-se, ainda, que esta filosofia moral surge "por experiencia" (SAHAGÚN, *Historia*, X, p. 627). Ao chegar a esta conclusão, Sahagún teria pensado na irrelevância da lei cristã devido à moral natural no regimento dos índios, isto é, conforme os preceitos da lei divina?

147 "Y porque hay muchas cosas notables en el modo de regir que estos infieles tenían, copilé este volumen, que trata de los señores y de todas sus costumbres" (SAHAGÚN, *Historia*, VIII, p. 494).

148 SAHAGÚN, *Historia*, IX, p. 519.

149 SAHAGÚN, *Historia*, III, p. 225.

que estes tais não fossem bêbados". Com relação ao grande líder (o "senhor"), cuidavam de observar que ele "não soubesse beber vinho".[150]

A filosofia moral (de Sahagún) se pronuncia abertamente na tradição oral da civilização mexicana. Num desses discursos se destaca a catilinária da embriaguez. Dirigido ao futuro líder, temos um "huehuetlatolli"[151] que admoesta: "te quebrarão a cabeça numa louça, ou te afogarão com uma corda, ou vão te flechar", e também podem "te botar arrastando-se pela praça, ou no caminho, ou na rua" – no caso de que este bêbado seja o líder do povo.[152]

Nesse mesmo ditado dos anciãos é colocado o evento de um "principal" de Cuauhtitlan, de boa índole e chamado Tlachinoltzin, que se perdera na bebida: "o uctli [pulque] derrocou sua dignidade e estado". Acentue-se que de suas riquezas "tudo vendeu para beber", e mais: sua mulher teve que laborar e vender tecidos para sustentar o vício do marido. Mas o homem era um grande "tlacatéccatl" (senhor) e guerreiro. No entanto, viam-no muitas vezes na rua, "todo cheio de pó, sujo e desnudo". Até que Motecuzoma ouviu falar da situação, e sem piedade, mandou que enforcassem o governante de Cuauhtitlan.[153]

Motecuzoma II, líder supremo dos mexicanos, que dera pena capital a um índio principal devido ao vício da embriaguez, teria sido bem avisado do perigo da bebida já na cerimônia de sua posse. Na pena de Durán, surge um discurso do "rei de Tacuba", que recomenda ao então jovem e novo senhor de Tenochtitlan, que no "ofício real em que te colocaram, (…) nem a bebida, nem a comida lhe será agradável".[154]

---

150 SAHAGÚN, *Historia*, IX, p. 526, 524 e 527.

151 Sullivan aponta que a palavra dos anciãos "trouxe vivas e manteve vivas as tradições da gente", por isso a definição de Molina – "historia antigua, o dichos de viejos" (MOLINA, *Vocabulario en lengua castellana y mexicana*, 1998, p. 157) – seria "figurativa, senão literalmente, correta". A coleção de Sahagún é exemplar disso (SULLIVAN, "The rhetorical orations, or huehuetlatolli, collected by Sahagún", 1974, p. 84). Mais adiante, nos deteremos no discurso específico da posse dos senhores, que realça o mal da embriaguez.

152 Citas: "te quebrarán la cabeza en una loza, o te ahogarán con una soga, o te asaetearán"; "te echarán arrastrando en la plaza, o en el camino, o en la calle".

153 SAHAGÚN, *Historia*, VI, p. 350-1.

154 DURÁN, *Historia*, II, p. 401. É possível que esta narrativa inscrita na *Historia* de Durán tenha relação com os huehuetlatolli. Numa presumível tradução, ainda que bastante livre do dominicano, são indicados certos difrasismos de verve indígena, peculiares desses discursos, onde "macehuales", os comuns, aparecem como "alas y plumas, pies y manos de las ciudades", ou ainda, destacam-se informações como de "nueve dobleces" do céu (p. 400-1).

Que os discursos manejados pelo religioso tenham sido extratos da tradição oral morigeradora dos líderes indígenas – mas esses discursos serão apropriados de maneira peculiar pelo frade Sahagún, o que será notado mais adiante. Por ora, basta questionar uma coisa: é possível tratar dessa atmosfera de combate à embriaguez como tarefa de um governo civil? Não seriam os sátrapas ou sacerdotes aqueles que proferiam de contínuo os velhos discursos? É o próprio Sahagún que observa que as exortações aos líderes governantes, "maravilhosa linguagem" com "bem delicadas metáforas e admiráveis avisos", pode ser a fala de algum sacerdote ou de algum "pilli" ou "tecuhtli" (termos muitas vezes traduzidos por "nobre" e "governante").[155]

Sahagún via, afinal, mesclada no bom regimento da república, a idolatria, e pode-se aprimorar que nos colégios que formavam a elite mexica, os futuros líderes seriam tanto governantes quanto mestres de cerimônia. No fundo, a cisão entre atribuições da república e da idolatria foi propiciada pela lente europeia – nem sempre determinante da leitura dos costumes, quando Sahagún e Durán investigam de perto os trâmites relatados pelos indígenas.

"Calmécac", realça Sahagún, "é a casa de penitência e lágrimas aonde se educam os senhores nobres".[156] Tal colégio, na crônica de Durán, talvez correspondesse ao "tlamacazcalli", que é a "casa de mais autoridade" que o "telpuchcalli", outro tipo de colégio para os jovens mexicas. O dominicano completa que tlamacazcalli é a composição entre "tlamacaz, que quer dizer 'homem perfeito' e de calli, que quer dizer 'casa'".[157] Há certo consenso na historiografia por considerar que calmécac tenha sido "escola de educação superior, onde os jovens se preparavam para o sacerdócio ou para desempenhar elevadas funções estatais".[158]

Aliás, duas funções, uma sacerdotal e outra guerreira, podiam ser tomadas pelos mesmos indivíduos, os "tlamacaztequiohuaqueh", palavra que Sahagún nomeia como "sátrapas", nalguma relação que via com o cargo de governador das satrapias dos antigos persas, e que pode ser traduzido como "sacerdotes que tinham cargo

---

155 SAHAGÚN, *Historia*, VI, p. 336.

156 SAHAGÚN, *Historia*, III, p. 226. Cita: "es la casa de penitencia y lágrimas donde se crían los señores nobles".

157 DURÁN, *Historia*, I, p. 50. Sahagún nunca teria usado o termo "tlamacazcalli" (Cf. MÁYNEZ, *El calepino de Sahagún*, 2002). Durán, por sua vez, nunca iria citar o termo calmécac, que significa "en la hilera de casas" (*ibidem*, p. 40).

158 PORRO GUTIÉRREZ, *El simbolismo de los Aztecas*, 1996, p. 56.

[militar]".¹⁵⁹ A mescla de ofícios pode mostrar que não havia muito bem como separar as atribuições, ou melhor, como classificar em rígidos moldes europeus os ditos sacerdotes dos mexicanos.¹⁶⁰

Vejamos uma função religiosa dos sátrapas de Sahagún. Um relato na *Historia* propõe que eles até podiam dar-se ao papel de ouvir a falta, o erro da embriaguez num ritual de "confissão". Também esses sátrapas podiam declamar a "penitência" para os infratores da regra que é manter-se longe da bebida no dia a dia. O relato está no capítulo sobre "a deusa das coisas carnais", Tlazultéutl, que "é outra Vênus", aproxima Sahagún.

O frade se depara com uma prática indígena que associa à confissão dos pecados no molde cristão, notadamente, pecados venéreos. Chama-lhe a atenção ou lhe desconcerta que a deusa Tlazolteotl tenha "poder para provocar a luxúria", "inspirar coisas carnais", os "torpes amores", mas paradoxalmente, depois de "feitos os pecados", os índios diziam que a deusa também tinha "poder para perdoar e limpar [os pecados]", se houvesse o cuidado de confessá-los aos sátrapas.¹⁶¹ Um desses relatos de confissão se relaciona ao erro da embriaguez, quando havia penitência que era dedicada aos próprios deuses do pulque:

> E se não tem muitos nem graves pecados o penitente, diz o sátrapa diante de quem se confessa (…): "Ofendeste o deus, embebedando-te. Convém para ti satisfazer o deus do vinho [pulque] chamado Totochti, e quando fores fazer esta penitência, irás de noite, irás desnudo sem que leves nenhuma outra coisa senão um papel na frente e outro atrás, para cobrir tuas vergonhas. E quando feita tua oração [e] tu regressares, os papéis com que vais ajustado atrás e na frente, terás de atirá-los diante dos deuses que aí estão".¹⁶²

---

159 MÁYNEZ, *op. cit.*, 2002, p. 295.

160 Ao tratar da festa Etzalcualiztli, Sahagún comenta que "todos los satrapas, y ministros de los ydolos se recogian dentro de la casa, que llamavan, calmecac": "Recogianse en este lugar, los que llamavan tlamacatequjoaque, que qujere dezir, satrapas: que ya avjan hecho azañas, en la guerra que avjan captivado tres, o quatro. Estos aunque no residian continuamente en el cu [templo-pirâmide], en algunos tiempos señalados, acudian a sus oficios al cu" (*apud* MÁYNEZ, *ibidem*).

161 SAHAGÚN, *Historia*, I, p. 44. Cita: "poder para perdonarlos y alimpiar dellos".

162 Sahagún coloca inadvertidamente no singular como único deus do vinho a Totochti (i.e. coelhos), ou seja, trata-se de uma confissão aos plurais deuses do pulque. Cita: "Y si no tiene muchos ni graves pecados el penitente, dícele el sátrapa delante de quien se confiesa (…): 'Has ofendido a dios, emborrachándote. Conviénete satisfacer al dios del vino llamado Totochti, y cuando fueres

Na maneira da usual confissão à vênus Tlazolteotl, deusa de vícios carnais, há ambivalência no poder das entidades do pulque, contraditória para o pensamento cristão. Estes "Bacos" conduziriam tanto o usufruto do prazer como encaminhavam para o desastre da embriaguez a toda carga, além de cuidar da sobriedade dos sujeitos.

Mais que tudo, cuidariam também das consciências? Em que sentido davam penitências? Não estamos diante do mero enquadramento europeu da moralidade dos mexicanos? Frei Sahagún e outros clérigos faziam analogia com a confissão e penitência cristãs de certo ritual indígena "propriamente nomeado neyolmelahualiztli, 'o ato de endireitar o coração'". Esse processo de retificação pode indicar a crença indígena de que no coração havia uma energia vital, conhecida como "teyolia", manifestando as qualidades da cognição, desejo e sentimento. As transgressões e excessos alterariam a condição desse órgão e energia vitais. Para endireitá-los é que se manifestam as práticas ascéticas e os derramamentos de sangue em autossacrifício, "no propósito de equilibrar os desejos pessoais com aqueles dos deuses (...) [com] técnicas rigorosas de autocontrole", segundo Jorge Klor de Alva.[163]

No relato de Sahagún, só fazia essa confissão e recebia a penitência o idoso, pois "se outra vez reincidia nos pecados, não teria remédio". E só confessavam para "livrar-se da pena temporal", ou seja, "por livrar-se de (...) receber a pena de morte". Sahagún avalia a situação tendo em mente a questão espiritual, o problema da danação da alma ou da salvação numa vida eterna, pontos centrais da cosmologia cristã mas que não seriam contemplados na prática indígena.[164]

Klor de Alva, inspirando-se em Foucault, interpreta a diferença entre a moral indígena e a cristã no ponto fulcral da "consciência". O projeto de autocontrole dos nauas não adviria da crença de que os atos e pensamentos fossem considerados maus ou por si mesmo imorais, ideia mais próxima das "assunções sobre lei natural e divina feita pelos concienciosos cristãos". Noutro sentido (para os índios), os

---

a hacer esta penitencia irás de noche, irás desnudo sin que lleves ninguna otra cosa sino un papel delante y otro detrás, para cubrir tus partes vergonzosas. Y cuando hecha tu oración te volvieres, los papeles con que vas ceñido detrás y delante arrojarlos has delante de los dioses que allí están'".

163 KLOR DE ALVA, "'Telling lives': confessional autobiography and the reconstruction of the Nahua self", 1999, p. 141 e 146.

164 SAHAGÚN, *Historia*, I, p. 46. Como sugere Klor de Alva, enquanto o "telos cristão" de transcendência da alma e salvação eterna do indivíduo rege a atitude perante o "pecado mortal", por outro lado, o "telos naua" trataria de ensinar como se sair bem nesta vida terrena, tão "saudável, rico e sábio quanto os deuses permitiam" (KLOR de ALVA, *op. cit.*, 1999, p. 147).

excessos e as transgressões seriam desgastes que trariam as enfermidades e esses desequilíbrios "um excesso que pode poluir o culpado tão fácil como o inocente".[165] O sentido da confissão não estaria no ato de observar as faltas pessoais em termos absolutos, ou quais seriam os pecados literalmente. Os índios haviam de interpretar e compreender as regras de conduta, os ordenamentos calendários, as características das forças extraordinárias, as topografias, os hábitos dos animais, as inclinações das deidades. Enfim, uma "hermenêutica da ordem cósmica" daria significado aos ditames do rigor moral, bem como às concessões ou oportunidades. É assim que poderíamos entender as implicações dos discursos dos anciãos, os "huehuetlatolli", bem como de outros dados etnográficos dos informantes de Sahagún.[166]

O mecanismo da confissão indígena da embriaguez teria, portanto, sentido peculiar, mas que permite fazer analogia com o sacramento cristão. Contudo, a maneira indígena, para Sahagún, é incompatível com o motivo cristão da salvação da alma, pois, afinal, só era preciso confessar uma vez na vida o pecado da bebida, o que livraria o indivíduo de uma pena capital. Essa sentença de sobrevida do bebum arrependido não teria relação com a purificação do espírito além-morte.

Durán, por sua vez, enumera outras formas de atenção dos antigos mexicanos com "tão nefando vício" que é a forte embriaguez, "tão castigada e proibida na sua antiga lei".[167] O dominicano expõe algumas razões dos antigos para essa rígida disciplina, em digressões que se diferenciam bastante do tratado do franciscano. Sahagún explica os porquês da restrição e da punição dos índios à embriaguez por motivo de uma "filosofia moral" que se formara "por experiência", ou seja, que os índios aperceberam-se que o clima, os astros e a terra da Nova Espanha propiciavam o aflorar da luxúria e de outros vícios, e que o remédio tinha de ser a austeridade, particularmente no evitar a bebida, e pela política do medo às drásticas punições à borracheira.

Em Durán temos outra história. O cronista comenta duas "razões" de gente educada e nada bárbara, seriam leis consuetudinárias que teriam inibido os estragos da embriaguez na vida comunitária.[168] Mas noutro relato, a explicação de Durán sobre

---

165 Ibidem, p. 143.
166 Ibidem, p. 145-6.
167 DURÁN, Historia, I, p. 202.
168 Que só os que tinham filhos maiores podiam beber havia "una razón avisada", pois assim, nas bodas por exemplo, acaso os velhos bebessem bastante, os filhos poderiam cuidar para que nenhum desastre, delito ou desaforo viesse a acontecer por causa da embriaguez de seus pais (ibidem, p.

os mecanismos de controle foge do caráter civil e terá expressão plena na idolatria, pois o interdito da bebida advém pelo respeito do ato de "comunhão" no consumo de uma poção considerada "divina".

Durán aproxima-se dessa questão desde um relato sobre a "festa soleniníssima do Xocotl Huetzi, festa dos [índios] tepanecas", que ocorria na "vila de Coyuacan". Xocotl era uma entidade representada como pássaro feito de um bolo comestível colocado no cimo de um grande tronco. Ao redor bailavam os jovens e os senhores, até que no fim pudessem comungar a figura do pássaro. Nessa festa "havia grande quantidade de comidas, e maior de bebidas, porque este dia havia grande bebedeira, e havia licença de beber este dia todos em geral" – mas o cronista afirma peremptório: "exceto os moços e moças, que nunca a tiveram".

Durán elabora a respeito das interdições ao pulque. Enfim, nem todos podiam beber, normalmente não havia licença geral, por uma razão específica: é que os índios de antigamente "tiveram por coisa divina e celestial o maguey, vendo-o tão proveitoso, e assim o reverenciavam". Mas não só tiveram a planta do agave por divindade: "Item, ao vinho que do sumo deste se faz, tinham-no, nem mais nem menos, por deus, debaixo deste nome Ome tochtli [dois-coelho]". Sendo assim:

> (...) como nós vedamos a comunhão às crianças que ainda não tem entendimento para saber o que recebem, assim estas nações vedavam o vinho a moços e moças e não se lhes consentiam beber, nem ainda aos já adultos se não fosse [índio] principal, por reverência a este maldito vinho.[169]

202-3). Outra lei, "no de gente bárbara, sino de gente política y entendida y avisada", propunha que aqueles que não tivessem plantação de maguey, não poderiam se "emborrachar hasta caer". Esta lei viria da seguinte razão: primeiro, incentivava-se que todos plantassem o agave, o que daria condição para poder beber o octli; enfim, a bebedeira nas residências era melhor que "en casa ajena", tendo em vista os estorvos e perigos "de no acertar de volver a su casa". Além do mais, qualquer delito que pudessem cometer fora do lar, não cometeriam dentro dele (p. 203).

169 DURÁN, *Historia*, I, p. 271-2. Cita: "como nosotros vedamos la comunión a los niños que aún no tienen entendimiento para saber lo que reciben, así estas naciones vedaban el vino a mozos y mozas y no se lo consentían beber, ni aun a los ya hombres, como no fuese principal, por reverencia de este maldito vino".

Durán elabora o assunto da comunhão divina pela bebida em franca analogia com o sacramento cristão de transubstanciação do sangue de Cristo através do (bendito) vinho da uva. Destaquemos que se o pulque, na citação acima, é qualificado como maldito, outrora vimos, fora lembrado pelo mesmo cronista como bendito. Ambas as qualidades fecham o raciocínio de que a bebida é excepcional, e se é diabólica para Durán, o é somente a partir de uma aproximação (religiosa) que também interpreta a bebida como divina para os índios.

Durán estabelece um entendimento sobre formas de lidar com a embriaguez pelos astecas que é extremamente insinuante na atualidade – ou no pensamento antropológico ocidental. Porque o respeito pela divindade na comunhão com a bebida traz o sentido das restrições ao sagrado. Clendinnen define que as "transgressões sociais e sagradas são facilmente confundidas". Segundo a autora, "os mexicas sabiam da capacidade do pulque de desmoralizar o indivíduo e desfazer relações sociais, deplorando isso. Mas o mais profundo significado e perigo seria sua capacidade de expor os humanos ao sagrado".[170]

Aparece na escrita de Sahagún, ainda que de outra maneira, a mesma noção de sacralidade da bebida. O franciscano extrai que não se deve aborrecer com palavras ao pulque, por razão do status divino da poção. Confere ainda um complemento ao escrito em náhuatl, que pode até ser outra daquelas aproximações às convicções indígenas. Assevera que todos tinham de evitar falar mal do bebum: "se alguém murmurava sobre ele ou o afrontava, ainda que [o bêbado] dissesse ou fizesse mil velhacarias, diziam que [quem falava mal] havia de ser por isso castigado, porque diziam que aquilo não fazia [o bêbado], mas sim o deus".[171] Tal procedimento envolve Sahagún na preocupação sobre o tema da responsabilidade pelos crimes cometidos sob efeito da embriaguez. A aura em torno da bebida e do bêbado quebraria o princípio do livre-arbítrio e das constrições morais para seguir um caminho impecável.

Para Durán, a falta de preparo para a comunhão com o pulque fazia a razão dos rigores da antiga lei na repressão à bebedeira indiscriminada, distanciando o foco da explicação sobre as interdições ou controles enquanto assunto estritamente civil. Além do mais, a veneração à bebida e o respeito para efetuar a comunhão podiam

---

170 CLENDINNEN, op. cit., 1991, p. 50.

171 SAHAGÚN, Historia, I, p. 63. Cita: "si alguno murmuraba dél o le afrontaba, aunque dixese o hiciese mil bellaquerías, decían que habían de ser por ello castigado, porque decían que aquello no lo hacía él, sino el dios".

relacionar-se diretamente ao cuidado diante do poder embriagante da poção. Durán afirma que o octli era tratado como se fosse um deus "vendo o efeito que tinha e força de embriagar".[172] A natureza da bebida é a substância dessa idolatria, ou, como é comum considerar numa vasta literatura sobre as plantas psicoativas nas sociedades tradicionais ou arcaicas, os efeitos das substâncias podem explicar a sacralidade e divindade que há em torno delas, podendo, inclusive, oferecer a base para manifestar a religiosidade humana. A ebriedade pode dar a substância da religião.[173]

A seguir, na análise sobre a natureza dos deuses do pulque, poderemos aprimorar algumas nuances de sentido da idolatria pela bebida embriagante dos antigos mexicanos. Sahagún e Durán, cada um a seu modo, oferecem leituras que podem mostrar a complexa relação entre o aspecto natural e o lado supersticioso da embriaguez.

Das substâncias divinas no octli ao demônio do pulque

De acordo com as histórias do octli ou pulque, os deuses e diabos, na medicina e veneno da bebida, eles aparecem. Na poção extraída do suco do agave, que se costumou chamar de pulque na época da colonização espanhola, surge uma forte analogia da bebida indígena com o símbolo de sacralidade que o vinho tem para os cristãos: representação do sangue de Cristo, ou ainda, torna-se essência de contraditórios sentidos da representação religiosa dessa coisa natural.[174]

---

172 DURÁN, *Historia*, I, p. 272.

173 Inúmeros autores, como Wasson, Ott, La Barre, Escohotado (citados ao longo do trabalho) ponderam a respeito da origem da religião em virtude do consumo de plantas e preparados embriagantes, dentro de uma tese conhecida como enteogenismo. Cf. FURST, *Flesh of the gods*, 1990, onde os autores dão destaque para o uso dos alucinógenos nas sociedades tradicionais e indígenas. Cf. ESCOHOTADO, *op. cit.*, 1996, para ponderações em torno da importância das bebidas alcoólicas e outras fórmulas misteriosas nos fenômenos de religiosidade antiga, particularmente no berço da civilização ocidental. Há contestação às hipóteses mais ousadas desses autores. Cf. GRINSPOON & BAKALAR, *op. cit.*, 1997, p. 273 e ss. para observar prós e contras nas posições de adesão e rechaço ao enteogenismo.

174 Como comenta Ginzburg, "por um lado, a 'representação' faz as vezes da realidade representada e, portanto, evoca a ausência; por outro, torna visível a realidade representada e, portanto, sugere a presença. Mas a contraposição poderia ser facilmente invertida: no primeiro caso, a representação é presente, ainda que como sucedâneo; no segundo, ela acaba remetendo, por contraste, à realidade ausente que pretende representar" (GINZBURG, *Olhos de madeira*, 2001, p. 85).

O pulque seria oferecido em rituais de comunhão com os deuses, e teria sido ele próprio um deus. Uma das variantes do pulque chamava-se teooctli, comumente traduzido como pulque divino, feito da sávia do teometl ou agave divino. O pulque, afinal, será o locus para aquela mais densa história de adoração das medicinas pelos antigos mexicanos.

Há outras menções de idolatria de substâncias embriagantes. Em Durán, cobriria quase a mesma relevância um unguento supersticioso, colocado entre medicina natural e feitiço diabólico, mistura descrita como comida divina, e que foi bem explorada por Acosta, como vimos no primeiro capítulo, pela visão de que representava a inversão diabólica do sacramento da unção dos sacerdotes hebreus ou cristãos. Em Sahagún, várias medicinas seriam denominadas divinas, pela distribuição da partícula "teo" como prefixo de diversas ervas e raízes, conferindo peculiar ressonância para as virtudes de tais substâncias. O cogumelo que faz ver visões seria qualificado, uma vez, como "teotl" na obra de Sahagún.[175] O mais antigo cronista franciscano Toribio de Benavente, ou Motolinia (o "pobre" em náhuatl), teria sido o primeiro escritor se apropriando do termo teotl [divino] ao tratar dos cogumelos alucinógenos, mas a expressão teonanácatl – junção de teotl e nanácatl [cogumelo] – não foi usada pelos cronistas em geral.[176]

Mas o que vem a ser teotl? A expressão é analisada por Sahagún num dos escassos (mas densos) pareceres do franciscano, que ocorrem particularmente em adendos aos livros que constituem sua *Historia general*. Reflexão a respeito está no prólogo ao livro XI, dedicado ao "que é bosque, jardim, vergel da língua mexicana". Este livro pretende lidar com a história natural da Nova Espanha, pois, "nada certo que o conhecimento das coisas naturais é a menos nobre joia da recâmara da predicação evangélica, para pôr exemplos e comparações, como vemos o Redentor havê-lo usado".[177] Ou seja, existe importância na ciência das coisas naturais, que revela a grandeza de Deus na criação deste palco para os destinos humanos. Como

---

175 MÁYNEZ, *op. cit.*, 2002, p. 245.

176 Wasson confessa ter visto apenas em Motolinia e em Sahagún o uso do termo no século XVI mexicano (WASSON, *El hongo maravilloso: teonanácatl*, 1983, p. 74).

177 Cita: "no, cierto, es la menos noble joya de la recámara de la predicación evangélica el conocimiento de las cosas naturales, para poner exemplos y comparationes, como vemos el Redemptor haberlo usado".

é frequente entre os cronistas, Sahagún também faz o elogio da natureza, pois afinal, nela há "muitas coisas proveitosas à vida humana".

Para a mesma tarefa de predicação aos gentios, Sahagún acrescenta outra justificativa (por extensão) para compor o livro de história natural: "Será também esta obra bem oportuna para dar-lhes de conhecer o valor das criaturas, para que não atribuam divindade nelas; porque a qualquer criatura que viam ser iminente em bem ou mal, chamavam-na téutl [teotl]; quer dizer 'deus'". Note-se que apesar do cronista acentuar que o termo significava deus, logo reforça o sentido de iminência que os índios conferem a certas coisas: "este vocábulo téutl quer dizer 'coisa extremada em bem ou em mal'".[178]

A breve avaliação de Sahagún é reconhecida por muitos investigadores como avanço em relação àquilo que estamos acessando, normalmente, como rede interpretativa dos cronistas de uma idolatria dos índios. No olhar cristão que os avalia como atribuindo divindade a certas criaturas excepcionais, ao menos aparece em destaque que nem sempre tais divindades teriam valor positivo, o que terá influência para relativizar os sentidos da adoração ou reverência aos deuses, mensagens estas tão fortes para o olhar cristão da idolatria.

Como resume Richard Townsend, pela palavra teotl pode-se levantar significados como "mana", "numinoso" ou "sagrado". A palavra era usada para descrever os "sacerdotes" que personificavam as deidades, ou mesmo para designar máscaras e outros objetos "divinos", enfim, para tratar de qualquer coisa muito poderosa, misteriosa, remota, inspiradora ou sublime. Townsend realça que a aplicação do termo teotl pode ser voltada tanto para fenômenos considerados benignos como malignos.[179]

Quanto à questão da maldade na concepção de divindade, Fernando Cervantes avalia que a compreensão dos mesoamericanos tem paralelo com outras expressões culturais:

> As noções mesoamericanas do mau e o demônico estavam inextricavelmente entrelaçados com suas noções de bom e o divino. O mau e o demônico eram de fato intrínsecos à divindade em

---

178 SAHAGÚN, *Historia*, p. 677-8. Citas: "Será también esta obra muy oportuna para darlos a entender el valor de las criaturas, para que no las atribuyan divinidad; porque a cualquiera criatura que vían ser iminente en bien o en mal, la llamaban téutl; quiere decir 'dios'"; "este vocablo téutl quiere decir 'cosa estremada en bien o en mal'".

179 TOWNSEND, *The aztecs*, 1992, p. 115 e ss.

si. Do mesmo jeito que no Hinduísmo, Brahma representava tanto criação como destruição, ou, nos trabalhos de Homero, igualmente, não havia clara distinção entre os conceitos theo e daimon. Deidades mesoamericanas representavam tanto benevolência como malevolência, criatividade e destrutividade. A palavra naua *teotl*, por sua vez, é ambivalente, e sua comum tradução como "deus" é enganosa. Seu glifo é a figura de um sol, o que transmite um senso de imensidão e admiração, mas também, de dificuldade e perigo.[180]

Motolinia, como adiantamos, foi o primeiro cronista a resgatar o termo teonanácatl, traduzindo-o como "carne de deus, ou do demônio que eles adoravam".[181] Para Cervantes, a dupla face do cogumelo, nesta expressão de Motolinia, reforça, sem querer, a ambivalência simbólica da divindade de acordo com a visão dos indígenas.[182] Justamente o detalhe de ambígua potência que faz a interpretação de Sahagún para o termo teotl é que proporciona o sedutor transporte conceitual para o numinoso ou inefável. Já no século XX, inspirado nas avaliações dos cronistas, Wasson traduz teonanácatl como "cogumelo maravilhoso".[183]

O assunto dos cogumelos será repassado quando avaliarmos os discursos dos índios por substâncias segundo os discursos dos extirpadores da idolatria do século XVII. Por meio das investigações de Sahagún e Durán, é no pulque que se encerra o principal motivo de idolatria das substâncias, algo que não é sequer mencionado pelos extirpadores da geração posterior, na virada entre os séculos XI e XVII. No início da evangelização, o frei franciscano Andrés de Olmos, considerado precursor de Sahagún na categoria especial de missionário etnógrafo, havia se preocupado deveras com a enorme quantidade de deuses do pulque, culto que se identificaria como celebração da borracheira. Assim, descrevera com detalhes a indumentária, as cores, as figuras de várias dessas entidades, bem antes do trabalho orquestrado por Sahagún.[184] Possivelmente foi a preocupação de Olmos e de Sahagún – no ofício

---

180 CERVANTES, *The devil in the New World*, 1994, p. 40-1.
181 MOTOLINIA, *op. cit.*, 1971, p. 32.
182 CERVANTES, *op. cit.*, 1994, p. 14.
183 WASSON, *op. cit.*, 1983.
184 WILKERSON, "The ethnographic works of Andrés de Olmos, precursor and contemporary of Sahagún", 1974.

de missionários – com relação ao mau costume da borracheira, que dera o exato empuxo para inquirir os detalhes do culto ao pulque.

O livro primeiro da *Historia general* de Sahagún – dedicado a perscrutar as histórias sobre os ídolos mexicanos – oferece-nos a relação "do deus chamado Tezcatzóncatl, que é um dos deuses do vinho", citando ainda outros tantos deuses do pulque chamados em conjunto de centzontotochti, literalmente quatrocentos coelhos, isto é, uma quantidade de coelhos além da conta. Se são inumeráveis, os seguintes são citados: Yiauhtécatl, Acolhua, Tlilhua, Pantécatl, Izquitécatl, Tultécatl, Papáztac, Tlaltecayohua, Ometochtli, Tepoztécatl, Chimálpanécatl, Colhuatzíncatl – quando Sahagún reclama que "até hoje duram esses diabólicos nomes entre os [índios] principais".[185]

Muitos desses deuses derivam seus nomes dos locais de origem. Por exemplo: Tepoztécatl é a entidade de Tepoztlan, e Izquitécatl, da cidade de Izquitlan. O pesquisador Oswaldo Gonçalvez de Lima pondera que "se lhes atribuía a qualidade de heróis, isto é, de seres humanos divinizados, ainda que na lenda geral" da peregrinação dos mexicas, como exposta na obra de Sahagún, "sejam todos considerados filhos da deusa do maguey, a das quatrocentas tetas [Mayahuel]".[186]

Nesses pareceres vemos o problema interpretativo da ideia de ídolo. Mas continuemos no exercício de pensar o culto ao pulque: na coluna do texto indígena do *Códice Florentino*, neste capítulo sobre Tezcatzoncatl, informa-se que o deus era um daqueles quatrocentos coelhos "que são a substância do vinho [pulque]".[187] Mas numa tradução mais literal, os quatrocentos coelhos representam o corpo ou a carne do pulque.[188] De toda forma, a substância do pulque é teotl, algo fora do comum e de qualidade do sagrado. Mantendo o discurso mais afinado com a concepção de idolatria dos cronistas, encontramo-nos com venerados deuses da bebida.

De outro discurso indígena na obra de Sahagún, diferente perspectiva sobre o que são esses deuses. Arthur Anderson & Charles Dibble traduzem assim a passagem: "nos tempos antigos, o vinho era falsamente imputado aos coelhos, os quais

---

185 SAHAGÚN, *Historia*, I, p. 74.
186 LIMA, *El maguey y el pulque en los códices mexicanos*, 1978, p. 112.
187 *Florentine Codex*, I, p. 24.
188 Em náhuatl: "centzōtotochti, yn vctli innacaio" (*ibidem*). Os quatrocentos coelhos são do pulque seu corpo: "nacayō. corpo de alguém" (LOCKHART, *Nahuatl as written*, 2001).

os antigos reverenciavam".[189] Portanto, o que era cultuado não era o vinho, mas os coelhos que ali residem. Como reforça Lima, pela lenda da peregrinação dos mexicas, percebe-se quão antiga é a "complicada relação mitológica do pulque" nos índices do "maguey" e do "coelho".[190]

Para Dominique Fournier, o aguamel, a seiva bruta, relacionada à deusa Mayahuel (que é a personificação da planta do agave), seria elemento feminino, enquanto que os quatrocentos coelhos, "uma nebulosa de pequenos deuses" de locais bem específicos, "às vezes fortemente individualizados" e já relacionados ao mundo masculino, indicariam as transformações da seiva, tornando-a embriagante.[191] Não seria apropriado pensar que o saber indígena atribuía aos coelhos (como substâncias vivas) no pulque, o que no século XX se descobriu tratar-se de bactérias que produzem a fermentação alcoólica? Mas deixemos isso de lado, porque aqui não é o caso de compreendermos como se conduz o pensamento simbólico (ou a ciência) indígena, mas sim, como o discurso da crônica canaliza e refaz os significados locais de acordo com certas políticas ou prioridades.

Recuperemos, portanto, a prevenção do frei Sahagún perante a idolatria do pulque. E notemos como o frade ou o texto em espanhol, ao traduzir os discursos dos velhos índios, numa aproximação com as crenças nauas, muitas vezes se apresenta como comentário estendido – que se às vezes parece adensar, normalmente redireciona os conteúdos da coluna escrita em náhuatl. Sahagún evoca, por exemplo, que "o vinho ou pulque desta terra sempre nos tempos passados o tiveram por mau, por razão dos maus efeitos dele causados", o que não tem correspondência com o texto em língua nativa – apesar de que nesse mesmo texto dos informantes existam certas aberturas para que Sahagún coloque a maldade na bebida. Afinal, os índios apontam os infortúnios que ocorrem aos bebuns e a causa para tais males. Comenta Sahagún que "se despenham [das alturas], outros se enforcam, (...) se afogam, outros se matavam entre eles, estando bêbados", sendo tais "efeitos" atribuídos aos inúmeros deuses coelhos. Nesse ínterim, o frade franciscano não titubeia em refletir

---

189 "antigamente, o vinho [pulque] era falsamente atribuído aos coelhos, os quais os antigos veneravam" (*Florentine Codex*, VI, p. 230).

190 LIMA, *op. cit.*, 1978, p. 101.

191 FOURNIER, "Les vicissitudes du divin au Mexique; l'évêque, le juge et le pulque", 1991, p. 230.

por conta que o deus do pulque, "melhor dizendo" é "o diabo que estava nele (...) este Tezcatzóncatl ou algum dos outros".[192]

Sahagún quer explicar a forma como os índios pensam a bebida, ou melhor, ele próprio reflete uma dúbia visão, de efeito natural da bebida e de efetividade do demônio nessa bebida. "E porque o vinho [pulque] é de diversas maneiras e torna bêbado de diversas maneiras, chamavam centzontotochti, que são 'quatrocentos coelhos', como se dissessem que [eles] fazem infinitas maneiras de bêbados". Se, por exemplo, algum bêbado caísse de um precipício, "diziam, acoelhou-se". Enfim, a maneira de ser de cada bêbado indicaria que isso "era seu coelho, ou a condição de sua embriaguez, ou o demônio que nele entrava".[193]

Observe-se que nas descrições dos informantes indígenas prevalece o temor de tragédias e também a ênfase em comportamentos obsessivos e inapropriados, pois os bêbados ficariam suscetíveis aos caprichos dos coelhos ingeridos.[194] Por seu turno, Sahagún lamenta que a absorção desses demônios é a desculpa do índio embriagado para cometer os pecados, advertindo os confessores da impropriedade dessa justificativa. Os índios devem ser desacreditados do culto ao pulque. Informa Sahagún que na visão indígena, a responsabilidade pelas decisões, no momento da embriaguez, seria dos demônios.

Forte preocupação de Sahagún é que os demônios da crença indígena feriam pela raiz a questão da responsabilidade da alma pelos atos mundanos. Talvez tais demônios fossem efeitos naturais de mal-intencionados, pois sabiam que a embriaguez dava margem para os comportamentos espevitados, mas ficavam livres da culpa

---

192 SAHAGÚN, *Historia*, I, p. 63; *Florentine codex*, I, p. 24. Citas: "el vino o pulcre desta tierra siempre los tiempos pasados lo tuvieron por malo, por razón de los malos efectos que dél se causan"; "se despeñan, otros se ahorcan, (...) se ahogan, otros matan a otros estando borrachos".

193 SAHAGÚN, *Historia*, p. 240. Citas: "Y porque el vino es de diversas maneras y hace borrachos de diversas maneras, llamaban centzontotochti, que son 'cuatrocientos conejos', como si dizesen que hacen infinitas maneras de borrachos"; "decían 'aconejóse'"; "era su conejo, o la condición de su borrachez, o el demonio que en él entraba".

194 Sobre os distintos comportamentos dos bêbados, cf. *Florentine codex*, IV, p. 15 e 16. Pode-se aventar que os informantes considerassem a embriaguez geralmente oferecendo um resultado nefasto, mas não necessariamente: "diziam: 'Ele foi afetado pelos deuses do vinho'. Pois de várias maneiras, o vinho mostrava seu poder, era chamado de Quatrocentos Coelhos; para poucos afetava favoravelmente" (p. 16-7).

onerando os demônios.[195] Depois das maldades satisfeitas, queixa-se Sahagún, podiam sair ilesos sem castigo.[196] Sahagún vê nessa transferência de responsabilidade algo de crença ingênua ou muito mais como astúcia de marotos? Aliás, esta ambiguidade de sentido é quase uma constante na caracterização das práticas locais, entre ver a sinceridade e a mentira nos costumes da idolatria.

Sahagún vê na "opinião errônea" um dos focos para refutar o mau costume da embriaguez: "E ainda agora no cristianismo têm alguns ou muitos [índios] que se escusam de seus pecados ao dizer que estavam bêbados quando os fizeram". Os evangelizadores devem sempre avisar os índios do erro "assim na confissão como fora dela".[197]

Mas afinal, como Sahagún conceberia os demônios do pulque? Isto é, em que medida seriam forças efetivas? Ou seria a embriaguez natural o único demônio do pulque para o franciscano? A embriaguez por demônios do pulque comandaria o bêbado e impediria o arbítrio do indivíduo por evitar o mal?

Sahagún acredita nos demônios, ao menos quanto ao que simbolizam: os vícios. No que diz respeito aos ídolos em geral, Sahagún compõe a prédica: "o que adoráveis não é deus; todos são demônios. Assim o testifica a Sagrada Escritura dizendo: Omnis dii gentium demonia. Quer dizer: 'Todos os deuses dos gentios são demônios'".[198] Mas considera que os "falsos deuses (...) são pura mentira e invenção do autor e pai de toda mentira, que é o Diabo". Sahagún parece transportar a agência maligna para algo distante, os ídolos coisas vãs. Mas logo o embaralho: os ídolos são "tão más criaturas", "os diabos e suas imagens", todos "malditos e inimigos de Deus e de todos os homens".[199]

---

195 "No tenían por pecado aquello que hacían estando borrachos, aunque fuesen gravísimos pecados. Y aun se conjetura con harto fundamento que se emborrachaban por hacer lo que tenían en su voluntad, y que no les fuese imputado a culpa" (SAHAGÚN, Historia, I, p. 63-4).

196 Ibidem.

197 Ibidem, p. 64. Cita: "Y aún agora en el cristianismo hay algunos o muchos que se escusan de sus pecados con decir que estaban borrachos cuando los hicieron".

198 Ibidem, p. 68. Estes pronunciamentos compreendem um sermão inscrito no caderno complementar ao livro primeiro da Historia, isto é, logo após os comentários sobre os deuses do pulque, quando Sahagún faz a refutação da idolatria. Cita: "que adorábades no es dios; todos son demonios. Ansí lo testifica la Sagrada Escritura diciendo: Omnis dii gentium demonia. Quiere decir: 'Todos los dioses de los gentiles son demonios'".

199 Ibidem, p. 68 e 69.

Os deuses dos índios (para Sahagún) estão entre demônios ativos e ídolos sem poder. Mas ao tratarmos dos deuses chamados quatrocentos coelhos, o elemento concreto da bebida embriagante parece agravar a ambiguidade da noção cristã entre o inefetivo e o espírito das divindades gentílicas. Como vimos, é possível considerar que os informantes de Sahagún viam a bebida, ou algo da substância do pulque, uma manifestação de seres, coelhos extraordinários. Sahagún interpreta que os "efeitos os atribuíam ao deus do vinho e ao vinho", o demônio se confunde com a substância da bebida.[200] Os quatrocentos coelhos, reflete o frade, representam o entendimento dos índios de que a bebida "tem muitas e diversas maneiras de embriaguez". No entanto, o discurso dos informantes trata de mostrar, como confere o próprio Sahagún em outra parte, que o vinho que chamavam de quatrocentos coelhos "fazem" as "infinitas maneiras de bêbados"[201] – relevo para aquele sentido de manifestação ou de intromissão dos deuses coelhos na pessoa que ingere a bebida.

Entrementes, Sahagún não estará tão preocupado em distinguir uma possessão extraordinária, nem mesmo com a questão da embriaguez que tira naturalmente do juízo, mas sim que em ambos os raciocínios temos o problema da consciência e da salvação da alma. Os pecados, falcatruas e desgraças, "todos esses efeitos os atribuíam ao deus do vinho e ao vinho, e não ao bêbado".[202] Para Sahagún, acima dos demônios ou da embriaguez natural, está o livre-arbítrio, dom divino e que não terá força maior para inibir sua intenção, a qual deve ser de evitar a embriaguez, para evitar os males naturais ou demoníacos que junto aparecem.

Enquanto isso, para o dominicano Durán, os quatrocentos coelhos nunca são citados, resumindo-se num só emblema: "Ome Tochtli".[203] Ao iniciar uma digressão que revela que este deus é reverenciado nos ludos, vem logo ressaltar que o vinho que bebem os índios o tiveram "por deus antigamente e chamavam-lhe Ome Tochtli". Durán lembra que os "taberneiros e taberneiras" celebravam "ritos e

---

200 *Ibidem*, p. 63.
201 SAHAGÚN, *Historia*, IV, p. 239 e 240. Cita: "tiene muchas y diversas maneras de borrachería"; "infinitas maneras de borrachos".
202 SAHAGÚN, *Historia*, I, p. 63.
203 Segundo Lima, "ome-tochtli, dois coelho, (...) parece ser o nome genérico dos deuses do pulque". Mas também recorda que "Ome-tochtli foi, segundo Seler, o nome de um dos principais deuses do pulque e ainda sacerdote superior, que, ao mesmo tempo, era chefe da música do templo" (LIMA, *op. cit.*, 1978, p. 112-3).

cerimônias e oferendas com toda a solenidade e devoção possíveis, segundo seu uso e baixeza." Destaca que os jogadores de dados e de outras jogatinas colocavam a seu lado um pequeno recipiente com pulque, reverenciando isto como a Deus. Também faziam o mesmo gesto, de colocar um recipiente de pulque diante de outros deuses, nos sacrifícios e festejos. Além disso, tais taberneiros, quando ferviam o mel e colocavam raízes na poção, também incensavam o preparado, ofereciam comida e "todas as demais oferendas e cerimônias", como era costume fazer para todos os deuses, apontando que o pulque também era um deus.[204]

Numa das ocasiões em que o cronista afirma ter conversação com nativos, pergunta a um velho porque chamavam de Ome Tochtli ao deus do vinho. O índio se nega a responder, mas replica fazendo outra pergunta: porque os espanhóis pedem pelo vinho (europeu) exclamando um brindar? Durán não quis comentar o assunto com seu interlocutor, avisando ao leitor que para explicar-se teria de tratar do "jogo do que mais bebe", uma tradição que faz lembrá-lo dos flamengos – estes sempre citados pelos cronistas espanhóis como amantes da bebedeira. A história do costume europeu, seria melhor evitá-la, tendo em vista toda a relação entre os jogos e a bebida dos nativos na figura do deus dois-coelho.[205]

Na tal história da parla com um índio velho, há de se pensar porque Durán não chegou a observar que Ome-Tochtli é um signo calendário, cuja data é quando se realizava a grande festa de culto aos deuses do pulque. Afinal, nos manuscritos *Libro de los ritos* e *El calendario antiguo* o cronista mostra algum conhecimento sobre as identificações entre deuses e signos calendários. Aliás, quis explicar que os anos relacionados ao sul, pintados na regência do coelho, seriam indiferentes quanto à bonança ou infortúnio, "por andar [o coelho] saltando daqui pra lá, que nunca permanece num [só] lugar".[206] Mas enfim, conclui que – "o que entendi do índio" – Ome Tochtli "quer dizer o deus Baco, tão celebrado hoje em dia entre eles, muitíssimo mais do que era antigamente celebrado".[207] O dominicano converte os

---

204 DURÁN, *Historia*, I, p. 200-1. Cita: "ritos y cerimonias y ofrendas con toda la solemnidad y devoción posibles, según su uso y bajeza".

205 *Ibidem*, p. 201.

206 DURÁN, *Historia*, II, p. 224. Cita: "por andar saltando de aquí para allí, que nunca permanece en un lugar".

207 Cita: "quiere decir el dios Baco, tan celebrado hoy en día entre ellos, harto más que antiguamente lo celebraban".

muitos coelhos num único deus pagão – é a sombra da analogia de costumes. Mas notemos agora uma ambiguidade do discurso de Durán: entre promover a ênfase e o desbotar do fator demoníaco na entidade da bebida.

Nem todos antigamente bebiam ou festejavam borracheiras, como agora é costume entre "menores e maiores". Durán relata que o comum jogo de tabuleiro dos índios, a maneira de dados, praticado com feijões (provavelmente refere-se ao jogo patolli), fora extirpado pela vigilância dos "juízes civis". Assim, parte da memória de Ome Tochtli se havia apagado na jogatina aniquilada pelo governo espanhol. Mas Durán roga a Deus que "acabasse de destruir" a "memória" do índio sobre o deus Ometochtli, "pela destruição da borracheira, por cuja causa têm tão viva" a lembrança do deus.[208]

Notoriamente, o caso é contra a bebida. Não há juíz que queira proibir com o devido rigor o interesse dos "fabricantes de pulque". Comenta quanto é impotente ou inútil o trabalho de evangelização, "até que esta pobre gente se aparte deste vício abominável". Enfim, "não podem ter verdadeira fé, nem verdadeiro conhecimento de Deus", enquanto "este vício estiver em pé e for favorecido e não destruído". É como "berrar no deserto" fazer a catequização num ambiente de máxima embriaguez.[209]

Tal como vimos em Sahagún, para Durán a pesquisa sobre a idolatria do pulque está envolta na questão do demônio da embriaguez: "parece que o demônio se incorporou" no pulque, e enfim, naqueles idos depois da conquista espanhola. Incorporou-se de tal forma que "começando a dar-se neste vício, que tirassem a vida, o pulque não", quando inclusive "alguns homens perdidos" da nação espanhola são "tão perdidos e aficionados" pela mesma bebida, talvez mais que os próprios índios – por isso lhe vale a exclamação: "Vício maldito e endemoniado!".[210]

Durán havia concluído que no seu tempo é que o demônio se incorporara ao pulque. Sem dúvida, pois o diabo é símbolo cristão que fora trazido pelos espanhóis para a América. Mas enfim, Durán havia identificado várias vezes num deus antigo dos índios, o famoso Ome Tochtli, o mesmo corpo da bebida, o líquido sendo o próprio deus, ou melhor, o demônio. Mas ao produzir nova carga

---

208 Citas: "chicos y grandes"; "justicias seglares".
209 DURÁN, *Historia*, I, p. 201-2. Citas: "pulqueros"; "este vicio estuviere en pie y fuere favorecido y no destruído"; "dar voces en el desierto".
210 *Ibidem*, p. 201. Cita: "en empezando a darse a este vicio, la vida le quitaran y el pulque no".

demoníaca no pulque atual, Durán explica que se trata de uma nova bebida desconhecida dos antigos índios. Aquilo que agora "chamam pulque (...) o fazem os espanhóis, de mel negro e água com a raiz". Por sua vez, os nativos "nunca o tiveram, nem sabiam fazê-lo". O pulque foram "os negros e espanhóis" que "o inventaram".[211] Durán erra. A bebida do maguey de seiva negra e a adição de uma raiz embriagante são artifícios autóctones. O cronista sabia do uso de um aditivo que favorecia a embriaguez na preparação do pulque pelos índios de outrora.[212] Como infere Lima, "quem encontrou os brotos e as raízes das ervas com as quais se faz o octli [pulque] se chamava Patécatl, o descobridor do ocpatli, a medicina do pulque". A bebida se tornara forte pela inventividade do personagem Patécatl, que significa "aquele do lugar da medicina".[213]

A variedade de fórmulas é resultado da ciência ancestral dos índios dos altiplanos mexicanos – basta observar algumas menções dos tipos de pulque nos rituais antigos descritos por Sahagún. Mas para Durán, o que usavam nas "festas e bebedices" de outrora e também "para suas medicinas (...) porque em realidade de verdade é medicinal", é unicamente aquele que se chama "iztac octli", ou "vinho branco". Especula que chamavam tal pulque de branco para diferenciá-lo do que é feito com mel escuro, "porque [este] é endemoniado e hediondo, e negro, forte e áspero, sem gosto, nem sabor, como eles mesmos o confessam". O pulque negro deixa todos "mais desatinados e furiosos, pela força que tem", sendo o "branco" dos antigos "mais leve e medicinal".[214]

Nessa narrativa, o demônio se evapora do antigo pulque. Os quatrocentos coelhos não estão mais ali na substância do puro octli, são destilados da antiga bebida. Ome Tochtli, estátua despedaçada, aparece como emblema vazio, sem nada reger de um calendário que caía em desuso. Contudo, ressubstancializado no pulque negro enquanto simples brinde sem mais ritual, Ome Tochtli é atualizado numa borracheira que é vício endemoniado, o qual toma conta dos índios, negros e espanhóis.

---

211 Para Durán, o vocábulo pulque não é mexicano, "sino de las islas, como 'maíz' y 'naguas', y otros vocablos que trajeron de la Española" (*ibidem*, p. 203). <u>Cita</u>: "llaman pulque (...) lo hacen los españoles, de miel negra y agua con la raíz".

212 DURÁN, *Historia*, I, p. 203.

213 GONÇALVES DE LIMA, *El maguey y el pulque en los códices mexicanos*, 1978, p. 33.

214 DURÁN, *Historia*, I, p. 203. <u>Citas</u>: "fiestas y beodeces"; "para sus medicinas (...) porque en realidad de verdad es medicinal"; "es endemoniado y hediondo, y negro, recio y áspero, sin gusto, ni sabor, como ellos mesmos lo confiesan"; "más desatinados y furiosos, por la fuerza que tiene"; "más leve y medicinal".

A idolatria do pulque se faz com nova cor naqueles dias do cronista, um negro demônio que é a própria bebida.

Mas o demônio do pulque, claro está para Durán, é reminiscência de uma antiga religião. Queixa-se que "esta maldita beberagem" era oferenda e agora denuncia que ele mesmo já encontrou em sacrifícios algumas "vasilhas bem pequenininhas de pulque". Durán acentua que ainda deve haver "alguma superstição" em torno à poção, "segundo se morrem" pelo pulque. E todos bebem, sem qualquer restrição de idade.[215]

Durán termina por abarcar vários sentidos de uso da bebida num coeso pronunciamento: a substância é um deus, também é uma oferenda para deuses, e, inclusive, oferenda em eventos familiares ou comunitários que se assemelham aos costumes espanhóis. A bebida é poderosa medicina. Mas Durán não esquece de fazer breve alerta de que o consumo pode se tornar um abuso, e por isso, a bebida ficar insalubre.[216]

Avaliemos, então, histórias de medida e desmedida na bebida. As noções de moderação e abuso da tradição escolástica parecem penetrar os discursos. Enfim, tenhamos as analogias – e as falhas de comparação – entre a filosofia moral cristã e os razoamentos indígenas, tais constituídos por experiência, segundo afirmação de Sahagún em avaliações lisonjeiras das realizações dos naturais da Nova Espanha. Começaremos por histórias sobre tempos mais ancestrais, sobre mitos de origem da embriaguez e da moderação. Histórias que misturam personagens humanos com excepcionais figuras. Há o famoso Quetzalcôatl, príncipe asceta e entidade multiforme, que sucumbe à embriaguez. Noutra história também aparecem certos nomes de deuses inventores da bebida embriagante, que a oferecem aos mortais, mas com certa precaução – resta avaliar se o critério da história indígena se coaduna ou se reflete na ordem da moderação cristã.

---

215 *Ibidem*, p. 272 e 273. "Y si alguno o alguna se quiere abstener de no lo beber, dícenle los viejos y las viejas que criará en la garganta carraspera y llagas y mil invenciones satánicas, para provocar a beberlo. Y así los señores se honran y lo tienen por grandeza el estar borrachos y los mozos, por gentileza" (p. 273). Cita: "cantarillos muy pequeñitos de pulque".

216 "Este octli era adorado por dios, como dejo dicho, en nombre de Ome Tochtli, y demás de tenerlo por dios, era ofrenda de los dioses, y más particular, del fuego; unas veces ofreciéndoselo delante en vasos, otras veces salpicando el fuego con él con un hisopo, y otras veces derramándolo alrededor del fogón. Era ofrenda de casados y de mortuorios, a la mesma manera que los de nuestra nación española ofrendan pan y vino en sus honras y mortuorios. Era medicina de enfermos, como cierto lo moderado lo es y lo demasiado, dañoso" (*ibidem*, p. 203-4).

Visões da moderação e do abuso

Mitos da embriaguez

Que os antigos mexicanos tenham considerado o pulque uma medicina, ou melhor, agente ingerido em terapia, não há o que contestar. Tenhamos algumas histórias sobre as práticas médicas com esta e outras medicinas que embriagam. Mas a própria palavra para medicina em náhuatl, "pactli", segundo López-Austin, é bastante ambígua, termo que pode significar tanto a ideia de veneno como de remédio, via dupla que também estava presente no conceito de fármaco da tradição grega.[217] Vale especular se a prescrição da moderação vai de encontro com a noção de uso medicamentoso e se o excesso é uso impróprio (em particular nas histórias inscritas na obra de Sahagún). Não se pode abraçar a ideia a priori de que a prática médica indígena corresponda aos ditames da cura morigeradora dos frades, mas tampouco parece correto pensar que a medicina embriagante será em qualquer circunstância benéfica nos códigos culturais indígenas.

Numa história dos informantes de Sahagún, há sinal de que o pulque branco é medicina quando também absorvido na força embriagante. A narrativa trata de um velho "nigromântico" que fazia o disfarce de Titlacahuan, entidade que provoca a ruína do líder da antiga cidade de Tula, concebida como o berço das artes e indústrias segundo várias culturas do centro do México pré-hispânico.

O governante supremo de Tula é Quetzalcôatl, entidade extraordinária, mas também ser humano; poderia entrar na categoria de homem-deus, rival arquetípico de Tezcatlipoca em muitas histórias indígenas.[218] No encontro entre essas duas forças, o velho embusteiro tenta convencer o reto homem de Tula por beber "a medicina", que era o "vinho branco da terra (...) feito de magueys que se chamam téumetl". O velho exclama: "Senhor, vedes aqui a medicina que vos traigo. É muito boa

---

217 Sobre o conceito de "fármaco", cf. ESCOHOTADO, *Historia de las drogas*, 1996; DERRIDA, *A farmácia de Platão*, 2005. López-Austin aponta que o verbo "pahtía, 'curar', se usa num sentido mais genérico como administrar substâncias ou realizar ações que alteram a saúde, tanto em benefício como em prejuízo de alguém". O médico conhecido como "tepahtiani, cuja tradução literal seria 'o que administra medicina em alguém'", na "versão correta" significa "o envenenador" (LÓPEZ-AUSTIN, "Cuarenta clases de magos del mundo náhuatl", 1967, p. 109).

218 Cf. LÓPEZ-AUSTIN, *Hombre-dios*, 1973. Titlacahuan (disfarçado de velho) é uma das facetas do poderoso deus Tezcatlipoca.

e saudável, e se embriaga quem a bebe. Se quiserdes beber, há de vos embriagardes, vos sanardes e vos abrandardes o coração". [219] Nessa passagem rompe-se o raciocínio de que a embriaguez seja mero abuso ou coisa estranha ao princípio medicinal. Guilhem Olivier, também em cotejo com outras fontes, considera que nos meandros das histórias exemplares os nauas teriam o pulque como bebida que "podia provocar (…) um rejuvenescimento, inclusive contribuir para um renascimento".[220]

Na sequência do diálogo entre o velho alquebrado e o grande senhor, aparece com força, entretanto, a ideia da comedida dose medicinal em oposição à desmedida absorção. O bruxo faz Quetzalcôatl provar um pouco da medicina, o que dá cura e contentamento. Mas a poção torna-se objeto da trapaça do velho, porque ele instiga o asceta a beber mais, o que gera a vergonhosa embriaguez que faz um dos episódios da desgraça do governante de Tula, o qual acaba abandonando seu formidável reino numa peregrinação de dissabores.[221] Desse momento do relato ecoa, portanto, o sentido da salutar pequena dose e o contrapasso nocivo da maior embriaguez, fora da medida. Mas havia nesse conto certa ressonância da visão cristã de moderação?

Lembremos que a qualidade curativa do pulque dos antigos mexicanos, para Durán, casa com a ideia de ligeira força embriagante – o pulque branco dos antigos era leve e medicinal.[222] Neste mito acima não aparece que o pulque branco fosse leve. Durán talvez estivesse influenciado pela importância sociocultural do pulque branco na vida cotidiana indígena vice-real, em contrapartida ao tipo produzido só para chegar a uma profana embriaguez, a qual grassa entre as várias nações na Nova Espanha.[223] Mas o pulque branco tradicional também provoca a embriaguez.

---

219 SAHAGÚN, *Historia*, III, p. 209-10. Cita: "vino blanco de la tierra (…) hecho de magueyes que se llaman téumetl"; "Señor, veis aquí la medicina que os traigo. Es muy buena y saludable, y se emborracha quien la bebe. Si quisierdes beber, emborracharos ha y sanaros ha y ablandárseos ha el corazón".

220 OLIVIER, *Tezcatlipoca*, 2004, p. 261. Olivier resume o discurso do velho nigromântico sobre as qualidades da bebida para convencer o líder de Tula de tomá-la: "esta [beberagem] não só o embriagará e refrescará seu corpo, senão que também o fará chorar e sonhar com sua morte, assim como com o lugar onde deverá dirigir-se". Quetzalcôatl iria até Tollan-Tlapallan, "seu futuro destino onde o esperava um ancião. Em seu regresso, Quetzalcôatl seria menino outra vez" (p. 258).

221 SAHAGÚN, *Historia*, III, p. 209-10.

222 DURÁN, *Historia*, I, p. 203.

223 Dominique Fournier destaca que à época colonial aparece a contraposição entre o "pulque branco, 'natural' e pulque de pau, traficado, quer dizer, entre um alimento ecologicamente necessário e

Pela tese de Christian Duverger, a perturbação gerada pelo antigo pulque cerimonial está no significado de outra denominação da bebida: "macuiloctli", isto é, cinco-pulque. O cinco como quinta direção do universo – o eixo vertical que intercepta o cruzamento das quatro direções do plano horizontal do mundo, o número como cifra do centro e relacionado ao signo de movimento, "ollin", simbolizando "transbordamento, ruptura, cataclisma e desequilíbrio". O pulque sagrado estaria associado a esta cifra ao revelar o desequilíbrio entrópico do universo no aspecto microscópico, no âmbito do ser humano na embriaguez que desatina.[224] Christian Duverger sustenta esta interpretação com base em uma história relatada no *Códice Florentino*, que atribui a invenção do pulque à nação dos "olmecas huixtoti", conhecidos também como huaxtecas. Sahagún assevera que eles "antigamente costumavam saber de malefícios e feitiços, cujo caudilho e senhor tinha pacto com o Demônio".[225] O caudilho citado seria Olmécatl Huixtotli. Foram "estes mesmos" huaxtecas que "inventaram o modo de fazer o vinho da terra".[226]

Sahagún remonta que entre os huaxtecas aqueles deuses do agave e do pulque aparecem como personagens históricos: quem primeiro furou o agave para retirar o mel foi Mayahuel, e quem descobriu "o pau, a raiz, com os quais o vinho era feito, foi Patecatl".[227] Os inventores do pulque perfaziam um grupo de eminências: Tepuzcatécatl, Cuatlapanqui, Tlilhua, Papaíztac, Tzocaca, todos reunidos no monte Chichinauhya. Eles teriam convidado todos os velhos e velhas principais para banquetear com muita comida e presenteá-los com a nova bebida. A cada velho e velha oferecem quatro xícaras do octli, evitando entregar o quinto copo, "para que não se embriagassem".[228] A quinta toma é que faz a operação da embriaguez. Trata-se do passo de efeito do cinco-pulque?

---

uma bebida nociva elaborada com o único objetivo aparente de embebedar-se" (FOURNIER, *op. cit.*, 1991, p. 230).

224 DUVERGER, *op. cit.*, 1978, p. 93-4.

225 SAHAGÚN, *Historia*, X, p. 673. Sahagún cria interpolação condenatória ("pacto con el Demonio") ao traduzir a expressão "tlamatini catca, naoalli". A expressão indígena pode ser retida de forma mais literal como "homens mágicos, sábios". Cita: "antiguamente solían saber los maleficios y hechizos, cuyo caudillo y señor tenía pacto con el Demonio".

226 SAHAGÚN, *Historia*, p. 673.

227 *Florentine codex*, X, p. 193.

228 SAHAGÚN, *Historia*, X, p. 673.

"Houve um cuexteco que era caudilho e senhor dos guaxtecas que bebeu cinco xícaras de vinho [pulque], com as quais perdeu o juízo; e estando fora dele, largou por aí seu maxtlatl [saiote], descobrindo suas vergonhas".[229] Os inventores do pulque quiseram castigá-lo por não ter respeitado a divindade.[230] Enquanto que "de pura vergonha [o caudilho] fosse fugindo deles, com todos seus vassalos e os demais que entendiam sua língua". Acabaram povoando a região de Pantlan – ou Pánuco na maneira espanhola de chamar a terra dos panotecas.[231] Também esse povo era conhecido como "tohuenyo", ou seja, "nosso vizinho", o grupo mais setentrional das etnias do tronco maia, um tanto exótico para os padrões culturais dos nauas do planalto central mexicano.[232]

Sahagún acentua certo binômio de má fama dos huaxtecas, que seriam ilusionistas, "amigos de fazer embaimentos" e "nunca deixaram de ser notados como bêbados, porque eram muito dados ao vinho". Na coluna de texto náhuatl há menção de que os panotecas viviam bêbados, tal como se tivessem comido "mixitl, tlapatl", denominações de variedades de datura alucinógena para caracterizar uma forte embriaguez que desatina e traz loucura.[233]

Sahagún, atento às expressões coloquiais dos índios, revela que se alguém comenta que bebeu cinco xícaras da bebida, isto seria dizer que estava embriagado.[234]

---

229 Cita: "Hubo un cuexteco que era caudilho y señor de los guaxtecas que bebió cinco tazas de vino, con los cuales perdió el juicio; y estando fuera dél, echó por ahí sus maxtlex, descubriendo sus vergüenzas".

230 Na tradução de Anderson & Dibble do *Florentine codex*, observa-se a ideia de transgressão do sagrado e formação de junta para decidir sobre o grave evento: "Daí ele [o caudilho huaxteca] bebeu cinco [copos], ficando bem enfeitiçado, muito bêbado; não sabia mais como tinha agido. E lá diante das pessoas, ele tirou seu saiote. E (diziam) desde que ele não mostrou respeito pela divindade [teuiotl], então uma reunião foi feita a respeito dele" (*Florentine codex*, X, p. 193).

231 SAHAGÚN, *Historia*, X, p. 673. Cita: "de pura vergüenza fuese huyendo dellos, con todos sus vasallos y los demás que entendían su lenguaje".

232 LEÓN-PORTILLA, "La historia del tohuenyo", 1990a, p. 266.

233 Mais adiante serão analisados os pareceres de Sahagún e de seus informantes a respeito dos efeitos de bebidas com tais substâncias denominadas por Díaz como "delirógenos", pois se outros alucinógenos "ampliam a consciência, estes [delirógenos] a nublam e a diminuem", podem ser propriamente chamados de "verdadeiros 'estupefacientes'". Em fortes doses "produzem um delírio parecido ao da febre, com desorientação e intensas alucinações que o sujeito pode confundir com a realidade externa". Díaz complementa que na mesma classe está o tabaco selvagem, o yetl (*Nicotiana rustica*) (DÍAZ, "Las plantas mágicas y la conciencia visionaria", 2003, p. 25). Cita: "nunca dexaron de ser notados de borrachos, porque eran muy dados al vino".

234 SAHAGÚN, *Historia*, X, p. 674; *Florentin codex*, X, p. 194.

A quinta xícara de pulque significaria o fim da sobriedade e o início da embriaguez. Este mito dá vazão à especulação de Duverger, de que o teor desestabilizante do número cinco, na cosmologia naua, faz com que o dígito fermente o âmago da bebida, que se torna macuiloctli ou cinco-pulque. Esse passo repentino entre estados, da sobriedade à embriaguez na quinta toma, quiçá uma perspectiva indígena, não tem relação com a ciência e moral aristotélica e tomista, que no comum raciocínio entre os cronistas, faz da passagem entre a sobriedade e a embriaguez um terreno movediço: é o julgamento, a política e a cultura da moderação, uma ciência distante da visão de controle ritual da passagem para a embriaguez.

Desde o relato dos mexicas informa-se que os huaxtecos, "seguindo ou imitando seu caudilho ou senhor", o qual deixou à vista suas partes baixas devido à embriaguez, também andavam "sem saiote", sem tapa-sexos, "até que vieram os espanhóis".[235] A narrativa expõe o estranhamento dos mexicanos diante de uma população bem diferente, a linhagem dos huaxtecas, que surge com a história da origem do pulque e da embriaguez.

Os homens huaxtecas teriam o costume de andar com as vergonhas de fora em virtude da história da desgraça do caudilho. Este mito parece apontar, portanto, para uma visão dos mexicanos da barbárie do outro, sob os signos da embriaguez e indiscrição que remete à sensualidade.[236] Há de se notar que outro importante povo do centro do México, os otomis, também muito distintos das populações de língua naua (como os mexicas), seria visto pelos informantes de Sahagún como mero ninho de bebuns.[237]

Já os huaxtecas (para os mexicas) não seriam somente um bando de bêbados, porque aparecem também como "possuidores de elementos culturais valiosos", destaca León-Portilla. Mas uma das questões que Sahagún teria ordenado que seus mexicanos respondessem era quanto aos "defeitos dos huaxtecos". O relato põe a

---

235 SAHAGÚN, *Historia*, X, p. 674. Cita: "sin maxtlax".
236 Vimos logo atrás a história do disfarce de Tezcatlipoca como um velho que trazia a medicina do pulque para desgraçar Quetzalcôatl pela embriaguez. Noutro disfarce, um tohuenyo ou huaxteca, caracteristicamente desnudo, provoca o desejo de uma princesa de Tula, reforçando o sentido de sensualidade exacerbada desta população estranha ao mundo naua.
237 SAHAGÚN, *Historia*, X, p. 662.

descoberto "alguns traços do que chamaremos o pensamento ético dos nauas, que condena nos outros aquilo que não se ajusta a suas próprias normas".[238]

Entrementes, essa história não fornece demasiada coincidência com alguns aspectos (e resultados) da história bíblica que trata da embriaguez de Noé? O patriarca judeu acidentalmente se embriaga com o suco fermentado da uva, e vendo-se sem roupa, fica envergonhado. Seu filho Cam não alertou os demais irmãos para a infame situação do pai, e por isso, o velho Noé amaldiçoaria o filho, que vai criar uma nova linhagem: os camitas, difamados e retirados – como a nação dos huaxtecas, por razão do despudor causado pela embriaguez. Há, contudo, uma grande diferença entre o mito da origem dos huaxtecas e aquilo que imprime *Gênesis*. Na bíblia, a desgraça aparece para quem deixa que o líder se embriague com um produto que ele próprio confeccionou, mas sem saber de seu poder embriagante, o que remete às discussões que Tomás de Aquino recupera na *Summa*, quanto à inocência dos que cometem pecados sem saber do poder embriagante da bebida que degustam.[239]

Já no livro de Sahagún, é o líder que procura algo acima da medida, e que deveria ser punido pelos inventores da bebida, os mesmos que haviam advertido do risco da embriaguez. Aqueles inventores do pulque puniriam o consumo desautorizado e extraordinário da bebida pelo caudilho huaxteca. Tais inventores, noutras histórias da obra de Sahagún, representam alguns dos nomes dos quatrocentos coelhos, os deuses do pulque. A borracheira é reprimida pelos mesmos deuses que inventavam a bebida embriagante?

Voltamos àquela tese de Duverger sobre o papel punitivo dos sacerdotes do pulque. Com toda parafernália, vestimenta e trejeito, os deuses do pulque se manifestam nos sátrapas da bebida. Estes líderes podiam ser os sábios que pronunciavam os famosos huehuetlatolli, orações padronizadas, como o mito do caudilho huaxteca, com mensagens contra a embriaguez.

Se estas narrativas têm origem indígena, por outro lado, o papel dos cronistas na apropriação das falas é notório. Vale recuperar aquele huehuetlatolli que mostra a história da punição por Motecuzoma do principal de Cuauhtitlán que se desgraçara na bebida, para investigarmos a justaposição entre o texto espanhol e o original encomendado pelo frade Sahagún aos índios no início da década de 40 do século

---

238 LEÓN-PORTILLA, "Los huaxtecos, según los informantes de Sahagún", 1990b, p. 288.
239 AQUINO, *Summa, secunda secundae*, q. 150, art. 1, 2006.

XVI, cerca de duas décadas após a conquista espanhola. Um trecho desse discurso é exemplar da diferença entre a narrativa do frade e o texto extraído do huehuetlatolli. Primeiramente, passemos a vista na versão náhuatl traduzida para o inglês por Anderson & Dibble:

> E [não] durma, deite-se reclinado, ou prazerosamente; não durma, empanturre-se, [ou] seja um glutão; nem conceda a si mesmo tempo demais para dormir. Que suas posses não desapareçam, não resultem erroneamente do suor, da fadiga, do trabalho da gente comum. [Não] fique relaxado; [não] engorde; [não] se embriague mais. E que a perversão não apareça, [não] transforme a doçura, a fragrância do senhor [que é] próximo, perto [referindo-se ao deus Tezcatlipoca] – sua afetividade, seu frescor, seu calor, seu abrigo.[240]

Sahagún propõe certos acréscimos e resumos que dão novo tom àquele discurso que porventura teria sido pronunciado em eventos dos índios antigos e principais. Como salientam Anderson & Dibble, o trecho espanhol de Sahagún é "invariavelmente" no sentido de vedar os comportamentos.

Aliás, o frade destaca erros que oferecem analogias com o sentido de desenfreio da alma concupiscente:

> Mira, senhor, que não durmais um sono profundo. Mirai que não vos descuideis com *deleites e prazeres corporais*. Mirai que não vos deis em *demasiadas comidas e bebidas*. Mirai, senhor, que não gasteis com profanidade o suor e trabalho de vossos vassalos em *vos engordardes e vos embriagardes*. Mirai, senhor, que a mercê e regalo que nosso senhor vos fazeis em vos tornardes rei e senhor, não a convertais em coisas de profanidade, loucura e inimizades.[241]

---

240 *Florentine Codex*, VI, p. 51.

241 SAHAGÚN, *Historia*, VI, p. 339 (grifos nossos). Cita: "Mira, señor, que no durmáis a sueño suelto. Mirad que no os descuidéis con deleites y placeres corporales. Mirad que no os deis a comeres y beberes demasiados. Mirad, señor, que no gastéis con profanidad los sudores y trabajos de vuestros vasallos en engordaros y enborracharos. Mirad, señor, que la merced y regalo que nuestro señor os hace en haceros rey y señor no la convertáis en cosas de profanidad y locura y enemistades".

A projeção de uma rígida moralidade cristã nos contornos de outros códigos de boas maneiras, aqueles da elite indígena, parece denunciar um projeto sutil, mas penetrante, uma política de reinvenção da civilidade indígena, ou pelo menos de rearranjo do que Sahagún e outros denominam como filosofia moral e antiga lei dos mexicanos. Sob os auspícios do franciscano, as vozes da tradição moral indígena são convertidas em sermões da prédica cristã.

Noutra passagem da obra, Sahagún procura resgatar um "adágio" indígena sobre a "moderação". Aí também existe a intenção de aprimorar, ou melhor, ressignificar o relato indígena. Pela versão em náhuatl, o adágio da moderação aparece como modéstia no vestir-se e adornar o corpo. Mas Sahagún propõe o signo da moderação para os atos de comer e discursar. Tais perspectivas não se encontram no texto em vernáculo mexicano. Por saber de ouvido o "adágio" dos índios, que traduz como "o razoável é bom", Sahagún coloca uma nova amplitude semântica para o ditado, acrescentando e reforçando virtudes como a discrição na conversa e a moderação no comer.[242]

É seguro que Motecuzoma, o qual "tinham por homem religioso" (segundo Durán), fora criado nos colégios da elite chamados calmécac. Estes aposentos eram regidos pelo exemplo de Quetzalcôatl, identificado com a castidade, as artes, a penitência, a retidão e o retiro – como se observa naquela história do apogeu de Tula e de sua queda, no qual Quetzalcôatl como grande senhor, é derrotado pelos ardis de um velho bruxo, seu antagonista, a entidade Tezcatlipoca, que, por meio da medicina do pulque, teve como provocar a forte embriaguez desconcertante para o asceta. O que trouxera total desgraça para o homem de conduta exemplar.

Mas vejamos como a vida ascética dos índios (os principais e os sacerdotes), por seu turno, de modo algum representa um compromisso de privar-se das medicinas que embriagam.

Pulque e tabaco nas penitências

Os cronistas davam destaque para um modo de vida abstinente dos encarregados da instituição idolátrica. Faziam "grandes penitências" em jejuns de vários dias, e na

---

[242] Na versão em náhuatl temos que "a moderação é necessária"; "não devemos nos vestir com coisas esfarrapadas, nem devemos nos vestir majestosamente; só modestamente devemos nos adornar quando nos vestimos" (*Florentine codex*, VI, p. 231). Na versão de Sahagún: "Lo moderado conviene más en todas las cosas", "este refrán se dice de cualquiera estremo, ora sea en vestir, o en comer, o en hablar. Dicen: tlacocualli monequi: 'lo razonable es bueno'" (SAHAGÚN, *Historia*, VI, p. 449).

leitura de que se tratava de um combate heroico contra as provocações da carne, Durán explica que fendiam os "membros viris" para que não viessem "cair em alguma fraqueza". E como bons idólatras, faziam isto e outras coisas "para ficarem impotentes por não ofender seus deuses". Também "não bebiam vinho [pulque]; dormiam bem pouco" etc, "enfim, eles se martirizavam corajosamente, e com suas grandes penitências, estavam feitos mártires do demônio".[243]

Durán oferece para certas práticas um sentido de profunda sujeição e cega abnegação. Apenas para Deus e os santos deveria existir intensa devoção. Restaria especular se o delírio da devoção é permitido para o monge Durán, como experiência mística.[244]

Sobre os martírios indígenas, Durán traz outro sentido na *Historia*, que conta um episódio do cerco a uma cidade misteca que tenta salvar-se da fúria do exército mexica. Todos em desespero, sacerdotes dos templos, velhos e principais, "cheios de sangue que das orelhas, coxas, línguas e músculos tiravam", imploram alguma saída com preces, cantos e alaridos aos deuses, "todos sem os sentidos e o juízo, tomados da embriaguez em que durante semelhantes oráculos eles estavam acostumados a ter".[245]

Se as práticas são "martírios" para servir ao demônio, num dos tratados de Durán (na história do índio que diz traduzir), tais procedimentos aparecem como embriaguez para o oráculo. Diabólicos desatinos para Durán, as mortificações seriam maneiras de obter as visões. O extirpador da idolatria Jacinto de la Serna, já no século XVII, desenvolve a relação entre a embriaguez induzida nesses martírios e a manifestação de visões num êxtase. Inclusive na interpretação de frases indígenas em "conjuros" que reportariam à sangria perpetrada nas "penitências". [246] Mercedes de la Garza pondera que o efeito do "autossacrifício" – termo frequentemente usado agora para caracterizar aquelas práticas – é semelhante ao efeito do uso das plantas alucinógenas. Práticas consideradas embriagantes que geram visões mergulhadas nos símbolos de uma

---

243 DURÁN, *Historia*, I, p. 55. Cita: "en fin, ellos se martirizaban bravísimamente y con sus grandes penitencias, estaban hechos mártires del demonio".

244 Cf. WILCOX, *In search of god & self*, 1987, p. 235 e ss., quanto ao espaço restrito oferecido pelo tomismo para os comportamentos e eventos místicos.

245 DURÁN, *Historia*, II, p. 481. Citas: "llenos de sangre que de las orejas y muslos y lenguas y molledos sacaban"; "todos sin sentido ni juicio, tomados de la embriaguez que ellos en semejantes oráculos solían tomar".

246 LA SERNA, *Manual de ministros de indios*, 1987, p. 308 e 391.

complexa cosmologia. Portanto, o ascetismo caracterizado pelos cronistas pode ser interpretado como recurso para a embriaguez mística.[247]

Além dos martírios suportados por alguns, também havia o uso do vinho da terra. Sahagún assevera que um ministro dos ídolos do pulque cuidaria de coletar o mel do agave "para fazer vinho para os sátrapas".[248] Num relato de cerimônia do mês etzalcualiztli, aparecem conjuminadas práticas de "sátrapas e ministros" tirando sangue de si próprios e tomando banho "por muito frio que fizesse", quando assopravam caracóis marinhos e apitos de barro. Outra planta muito embriagante, o tabaco, realcemos, muitos sátrapas de ordinário levavam-no consigo.[249] Nessa procissão de mortificações do mês etzalcualiztli, carregariam nas costas umas bolsas "com tinta e com pós de uma erva que eles chamam yietl [tabaco], que é como velenhos [solanáceas] de Castela". Trata-se do tabaco com cal, e que Sahagún descreve como se fosse "farinha (...) feita à maneira de excremento de ratos".[250]

Sahagún compara o tabaco com plantas relacionadas ao imaginário da bruxaria europeia. O frade ainda vê, num preparado de tabaco, as fezes de um animal baixo, expressando, talvez, algum desprezo com a fórmula que não lhe parecia maneira lícita ou para fins medicinais. Por sua vez, os índios chamavam isso de "yiacualli", isto é, comida de tabaco.[251]

O tabaco em pó é carregado numa bolsa pelas "dignidades".[252] Para Durán, o tabaco "é uma espécie de erva com que os índios amortecem os músculos para não

---

247 Cf. LA GARZA, op. cit., 2001.

248 SAHAGÚN, Historia, II, p. 196. Um resumo sobre o uso ocasional da embriaguez pelos ascetas sacerdotes indígenas encontra-se em OLIVIER, op. cit., 2004, p. 258 e ss.

249 Segundo Sahagún, o tabaco "puesto en la boca hace desvanecer la cabeza o emborracha. Hace también digerir lo comido, y hace provecho para quitar el cansancio" (SAHAGÚN, Historia, X, p. 624). Na versão em náhuatl: "O tabaco bom afeta as pessoas; deixa-as bêbadas, ajuda na digestão, dissipa-lhes a fadiga" (Florentine codex, X, p. 94).

250 SAHAGÚN, Historia, II, p. 125. Citas: "con tinta y con polvos de una yerba que ellos llaman yietl, que es como beleños de Castilla"; "harina (...) hecha a la manera de estiércol de ratones".

251 Glossário in: SAHAGÚN, Historia, XII.

252 SAHAGÚN, Historia, II, p. 124-5. No relato informa-se também o nome da bolsa de tabaco: "Todos llevaban a cuestas unas taleguillas atadas con unos cordelejos de ichtli [fibra de agave], con unas borlas al cabo, y de otras colgaban unas tiras de papel pintadas, cosidas con las mismas talegas, que llamaban yiecuachtli ("manta para el tabaco", Glossário in: SAHAGÚN, Historia, XII). Durán, ao descrever os atavios dos sacerdotes ou "dignidades" conhecidas como cuauhhuehuetque e tecuacuiltin (as "velhas águias" e as "imagens de deuses"), dará atenção especial para as cabaças com tabaco

sentir o trabalho corporal",²⁵³ uma leitura de atributo natural da planta. Contudo, quando o dominicano explora um baile do avatar da deusa Toci (nossa avó), conduz a narrativa sobre um tabaco de mais obscuros efeitos: os músicos que acompanhavam a dança, certos velhos, carregariam nas costas as pequenas cabaças com "picietl" [tabaco] e "outras coisas supersticiosas".²⁵⁴ O tabaco, no uso dos mestres de rituais e em fórmulas especiais, informa ao cronista um costume supersticioso, revolvendo a ideia de que coisas como o tabaco são sobrevalorizadas e animadas pela mente confundida do idólatra. Mas também o tabaco tabaco pode ter uma força excepcional, pode ser um veículo do poder do diabo.

Vícios com medicinas que embriagam

Os efeitos embriagantes das medicinas geram as visões de vício em vários sentidos, como no signo da superstição, da luxúria, da perda do juízo, da loucura. Examinemos como a desconfiança em relação aos usos para certos efeitos redunda na visão negativa sobre a natureza das próprias substâncias – vimos isto rapidamente em relação ao tabaco acima, e noutra parte do capítulo, com relação aos cogumelos.

Para chegarem ao ponto de desgostar das substâncias, as histórias também exploram a tensão entre moderação e abuso, porém, muitas vezes, a tolerância para o uso é zero. Vejamos como se constróem estes percursos nos relatos de extração indígena, mas induzidos ou retrabalhados pelo frade Sahagún.

Na história de um banquete de mercadores, foi apontado que o franciscano coloca por conta própria a luxúria como um dos mais destacados efeitos do consumo de fungos alucinógenos.²⁵⁵ Não foi somente nessa vez que Sahagún iria acrescentar um efeito impróprio no consumo dos cogumelos, pois quando se dedica a enumerar os usos e efeitos das "ervas que embriagam" em um capítulo específico de sua investigação sobre história natural, o frade também adicionaria ao texto indígena

---

que penduravam no corpo, chamadas de "yyetecomatl" (recipiente do tabaco. DURÁN, *Historia*, II, p. 159). Usava-a, notoriamente segundo o cronista, o "mestre-sala" do ídolo Tezcatlipoca (p. 43). Como destaca Garibay (no glossário da edição que usamos da obra de Durán), o tecomate de tabaco se vê "em efígies de deuses e sacerdotes".

253 DURÁN, *Historia*, I, p. 170. Cita: "es una especie de yerba con que los indios amortiguan las carnes para no sentir el trabajo corporal".

254 *Ibidem*, p. 145.

255 SAHAGÚN, *Historia*, IX, p. 561; *Florentine codex*, IX, p. 38.

que os cogumelos "provocam a luxúria" nos "que comem muitos". Mas a luxúria vem mesmo que "sejam poucos" os cogumelos ingeridos.[256] Nem sequer há espaço para a moderação.

Certa vez Sahagún trata de uma planta peculiar, o cacto peiote, ressaltando que ele substitui o "vinho" para os povos teochichimecas ou zacachichimecas,[257] os quais "tinham grande conhecimento de ervas e raízes, e conheciam suas qualidades e virtudes".[258] Se o texto náhuatl acentua que os povos do norte apreciavam mais o peiote que o vinho ou os cogumelos, Sahagún reorienta as preferências dos índios e conclui que o cogumelo também era substituto do vinho para aquela gente das terras áridas. No relato dos informantes mexicas, o peiote parece reinar sozinho entre os teochichimecas, não há relato do uso de cogumelos. Afinal, no critério da ecologia das espécies, os cogumelos parecem fora de lugar no território da secura dos chamados chichimecas.

Mas isto não é tão significativo para nossa análise elucidar. Outra inferência de Sahagún é bem mais importante: os espécimes que "embriagam também como o vinho", eles "são cogumelos maus".[259] Se o frade (como será observado) notará propriedades medicinais do cogumelo, de outro lado, o fungo várias vezes é estigmatizado como coisa ruim. Sahagún mostra-se obcecado por revelar algum vício em torno ao consumo dos cogumelos pelos índios. Lembremos da descrição que o franciscano havia feito da cerimônia dos grandes comerciantes usando cogumelos para ver visões. O olhar moralizante é a lente que impõe a luxúria, sem que houvesse dela sinal no texto em náhuatl sobre a mesma cerimônia. Já no livro sobre vícios e virtudes dos naturais, o texto produzido pelos informantes de Sahagún daria a deixa para acrescentar a luxúria como efeito dos cogumelos – ao menos indiretamente. Sahagún sintetiza a íntima relação entre os vícios e a desrazão com o uso de substâncias embriagantes:

> O homem perdido e aloucado é desatinado e atontado em tudo, defeituoso em alguma parte do corpo, bem miserável, amigo do

---

256 SAHAGÚN, *Historia*, XI, p. 748; *Florentine codex*, XI, p. 130.

257 "Los que se llamaban teuchichimecas, que quiere decir 'del todo bárbaros', que por otro nombre se decían zacachichimecas, que quiere decir 'hombres silvestres'" (SAHAGÚN, *Historia*, X, p. 656).

258 SAHAGÚN, *Historia*, X, p. 657.

259 *Ibidem*; *Florentine codex*, X, p. 173.

vinho e das coisas que embriagam o homem. E anda como endemoniado que não teme nem respeita ninguém, e se expõe a qualquer risco e perigo. O moço desbaratado anda como enfeitiçado ou muito ébrio, e fanfarroneia muito; nem pode guardar segredo; amigo de mulheres; perdido com alguns feitiços ou com as coisas que tiram o homem de seu juízo, como são os cogumelos maus e algumas ervas que desatinam o homem.[260]

Como noutras ocasiões, Sahagún qualifica os cogumelos como coisas maldosas sem que o texto indígena lhe oferecesse a possibilidade dessa tradução.[261] Entretanto, uma série de características imputadas ao jovem desbaratado permite relacionar, obliquamente, o vício carnal com o consumo de cogumelos, do pulque e de outras plantas ou poções que desatinam. O texto em náhuatl que corresponde à citação acima, após mencionar o uso de substâncias como o pulque e os cogumelos, busca enumerar os vícios carnais, sem que esteja estabelecida uma relação de causa e efeito entre o consumo das substâncias e tais desordens. Temos que o jovem louco "é indecente; ele consome sua substância interior. [Ele é] vaidoso, orgulhoso, debochado; sempre em busca do prazer, um libertino – revoltante, obsceno, vicioso, mulherengo, um falador. Ele mora em concubinato; ele é dado ao prazer".[262]

De toda forma, na abrangência do informe indígena, o consumo dos embriagantes está relacionado a sinais de degeneração, desordem e maldade pelos anátemas da perversão, tolice, desrespeito, ódio, embriaguez, libertinagem, brutalidade, enfermidade, demência, possessão, loucura, feitiçaria, entre outros.[263] Até que ponto essas visões representam a moral cristã, ou de outro lado, crenças indígenas?

---

260 SAHAGÚN, *Historia*, X, p. 599. Cita: "El hombre perdido y alocado es desatinado y atontado en todo, lisiado en alguna parte del cuerpo, muy miserable, amigo del vino y de las cosas que emborrachan al hombre. Y anda como endemoniado que no teme ni respeta a nadie, y se pone a cualquier peligro y riesgo. El mozo desbaratado anda como enhechizado o muy beodo, y fanfarronea mucho; ni puede guardar secreto; amigo de mujeres; perdido con algunos hechizos o con las cosas que sacan al hombre de su juicio, como son los malos hongos y algunas yerbas que desatinan al hombre".

261 O texto em náhuatl, ao tratar do consumo do cogumelo pelo "jovem indecente", informa que "ele costuma comer cogumelos [monanacauitinemi]", sem qualquer sinal que imponha a maldade na substância (*Florentine codex*, X, p. 37).

262 *Ibidem*.

263 Traduções que se aplicam a partir da versão em inglês do texto em náhuatl (*Florentine codex*, X, p. 37).

Como reflete Navarrete Linares, não é possível responder a uma pergunta desse teor, pois a fonte principal para conhecer a vida cotidiana pré-hispânica do México central é justamente a obra de Sahagún, quando "não temos outras evidências para confirmar ou desmentir a maioria de suas afirmações". Mesmo assim, este autor contorna o parecer de desânimo ao afirmar que "se examinamos com cuidado os textos escritos por Sahagún e seus informantes indígenas, podemos distinguir os elementos pré-hispânicos dos coloniais". Navarrete, ainda assim, realça a dificuldade dessa leitura, pois diversos fatores de composição determinam os conteúdos do *Códice Florentino*, desde a influência do próprio organizador da obra (Sahagún) às intenções dos oradores e dos escreventes nativos. Ainda assim, "as raízes pré-hispânicas são evidentes nas descrições de muitos dos vícios e maus comportamentos". Essas descrições parecem indicar que "o consumo de drogas para fins recreativos fosse uma prática pré-hispânica". Pode-se especular que teria havido um uso que extrapolava os trâmites e as interdições rituais ou consuetudinárias.

Navarrete lembra também que "a embriaguez, um vício frequentemente mencionado ao longo de todo o livro", indicaria uma preocupação hodierna muito mais que pré-hispânica, devido ao aumento fulgurante do consumo alcoólico após a conquista espanhola. Sendo assim, as atenções da dimensão da embriaguez revelariam muito menos do passado ancestral que do presente indígena colonial.[264]

Em alusão ao relato que estamos examinando (que denuncia o moço aloucado), López-Austin afirmaria que os indígenas antigos temiam nos jovens os "desvios próprios desta etapa da vida, os mesmos que os fariam, quando adultos, seres antissociais": os "excessos", as "anomalias sexuais", o "orgulho", ou que "adquiram os vícios do pulque e dos psicotrópicos". Aliás, os índios mencionam em várias partes da obra "a loucura que produz o uso destas drogas".[265]

Mas as visões indígenas sobre esses vícios têm suas peculiaridades. Também López-Austin indicaria que a contraposição entre vícios e virtudes fora proposta por Sahagún depois da primeira versão da pesquisa com os informantes indígenas, no manuscrito que é chamado hoje de "primeiros memoriais", pois aí "qualquer um vê a clara intenção de simplesmente produzir um vocabulário" das relações de parentesco, das idades, das ocupações das pessoas, e mesmo com certo "tratamento

---

264 NAVARRETE LINARES, "Vida cotidiana y moral indígena en la Historia general...", 1999, p. 35-6.
265 LÓPEZ-AUSTIN, *op. cit.*, 1996, p. 327.

integral" dos procedimentos dos magos e curandeiros. Os cabeçalhos dos parágrafos sobre relações de parentesco aparecem como concebidos pelos nauas e não pelos europeus – uma prova (destaca López-Austin) de relativa liberdade na descrição do cotidiano indígena de vésperas da conquista espanhola. Mas para os próximos passos da obra que redundaria no *Códice Florentino*, as questões criadas seriam "Como é uma pessoa boa?" e "Como é uma ruim?".

As antíteses teriam sido baseadas em Teofrasto ou em Bartolomeu de Glanville.[266] Estas contraposições representam a forma mais simples de aproximar e comunicar o postulado da lógica de vícios e virtudes da tradição cristã com as regras de conduta dos indígenas. O pensamento nativo pode ser vislumbrado numa análise minuciosa dos dados expostos na obra de Sahagún.[267] Mas esta tarefa traspassa o objetivo da análise, aqui só há certa aproximação sobre leituras do pensamento indígena para problematizar os enquadramentos de significado pela militância cristã.

Sahagún monta um quadro de vícios e virtudes no décimo livro da *Historia general*. Primeiro, revela o poder instrumental desse texto para os predicadores católicos. É tarefa dos evangelizadores convencer os índios de seguir as "virtudes teologais e dissuadi-los dos vícios contrários a elas". Disso há bastante matéria nos seis primeiros livros, lembra Sahagún.[268] O que correspondia, mais ou menos, à parte do tratado relacionado às "coisas divinas, ou melhor dizendo, idolátricas".[269] Enfim, todo mal começa pelo culto indevido, pela falta de devoção ao único deus.

---

266 LÓPEZ-AUSTIN, *op. cit.*, 1974, p. 141.

267 López-Austin expõe o problema de interpretação da obra do franciscano em tópicos. Em suma, os textos em náhuatl obedecem à estrutura imposta por Sahagún; "os propósitos, ao contrapôr-se as boas e más qualidades das pessoas, são moralizantes"; a parte da obra sobre vícios e virtudes tratam de ofícios e situações que não existiam antes da chegada dos espanhóis; valores morais indígenas ajustam-se aos ditames cristãos; as respostas indígenas "não correspondem a ensinamentos formais pré-hispânicos"; "é muito provável que os cabeçalhos e sua ordem" tivessem sido precisados pelo franciscano; as respostas indígenas não têm profundidade, quando algumas vezes são ingênuas, improvisadas; por fim, ainda que tendo em conta o aspecto anterior, "entre os elementos conceituais há alguns de grande valor, posto que se pode descobrir neles um pensamento de origem pré-hispânica, identificação que se deduz de seus conteúdos bem opostos ao pensamento cristão, das formas nauas tradicionais com que se expressaram e de sua congruência com os informes derivados de outro tipo de fontes" (LÓPEZ-AUSTIN, *op. cit.*, 1996, p. 320).

268 SAHAGÚN, *Historia*, X, p. 583. Cita: "virtudes teologales y disuadirlos los vicios a ellas contrarias".

269 SAHAGÚN, *Historia*, prólogo, p. 32. Cita: "cosas divinas, o por mejor decir idolátricas".

Já para o volume décimo da *Historia,* onde aparece a descrição do jovem desatinado, o projeto é outro: "tratei das virtudes morais" dos índios, "para dar maior oportunidade e ajuda aos predicadores desta nova igreja".[270] A separação entre os quadros teologal e cardinal de virtudes mostra a hierarquia de importância no combate dos vícios dos índios. O foco da conversão é dirimir o pecado da idolatria, parece vir depois a tarefa de corrigir os hábitos viciosos como a bebedeira. Ao menos, no discurso da doutrina.[271]

O tema das virtudes mundanas será trabalhado "segundo o entendimento, a prática e a linguagem que a mesma gente tem delas", avisa Sahagún.[272] O frade procura, portanto, abarcar a originalidade, a manifestação peculiar da "filosofia moral" dos índios antes da chegada dos cristãos, pesquisando "os vícios e virtudes que entre eles eram tidos por tais", e também, como seriam os "vícios e virtudes que depois aqui adquiriram" após a chegada dos cristãos.[273] Essa colocação do autor, ao distinguir um quadro pré-hispânico do colonial, oferece a perspectiva de que ao menos em parte os pronunciamentos indígenas formariam uma episteme de moralidades diferente do cristianismo ou das culturas europeias. Por outro lado, a mesma colocação não esclarece muito quando o vício é ancestral ou adquirido com a chegada dos espanhóis. Mas de toda forma, como adverte Gladys Ilarregui, é fundamental atentar ao fato de que o projeto de Sahagún, ao conservar elementos de uma tradição pré-hispânica, incorpora-os "a um novo jogo de relações e a outra produção de significados".[274]

---

270 SAHAGÚN, *Historia*, X, p. 583.

271 Vale apontar que declarar a separação entre os quadros teologal e cardinal de virtudes pode demonstrar prioridades no que tange ao combate das práticas pecaminosas. A extirpação da idolatria, em termos espirituais, é mais relevante que a luta contra os vícios mundanos. Isto se torna evidente quando Sahagún trata de justificar a elaboração da *Historia*, pois reflete que não "conviene se descuiden los ministros desta conversión con decir que entre esta gente no hay más pecados de borrachera, hurto y carnalidad, porque otros muchos pecados hay entre ellos muy más graves, y que tienen gran necesidad de remedio: los pecados de la idolatría y ritos idolátricos, y supersticiones idolátricas y agüeros y abusiones y cerimonias idolátricas no son aún perdidas del todo" (SAHAGÚN, *Historia*, I, *prólogo*, p. 31).

272 SAHAGÚN, *op. cit.*, X, p. 583. Cita: "según la inteligencia y práctica y lenguaje que la misma gente tiene dellas".

273 *Idem, ibidem*, p. 626, na "Relación digna de nota del autor".

274 ILARREGUI, *op. cit.*, 1996, p. 182.

O assunto dos antigos costumes com substâncias que embriagam está mergulhado nas políticas coloniais. É bastante suspeito, por exemplo, no quadro dos vícios e virtudes da antiga lei mexicana, a consideração de que o "velho mau" é aquele chamado de "beberrão", quando se assegura em tantas passagens da mesma obra do frade franciscano que, para os anciãos, era dado tantas vezes o privilégio de beber à vontade em algumas festividades. Também se pode pensar que a caracterização da "má mulher" como "desavergonhada e atrevida e beberrona"[275] possa ser uma impressão sobre um momento de desestruturação da malha social, ou uma atenção sobre práticas desviantes da nova ordem familiar cristã, e ainda, sobre o mal dos serviços sexuais. O objetivo de Sahagún é estabelecer uma moral com coisas antigas dos índios na razão do cristianismo.

Recuperemos a notícia sobre o "moço desbaratado", o qual "anda como enfeitiçado ou muito embriagado", ou que está "perdido com alguns feitiços ou com as coisas que tiram o homem de seu juízo", tal como os maus cogumelos e outras plantas, que "desatinam o homem".[276] Uma expressão em náhuatl "itech quinehua" que indicaria o sentido de "possuído", segundo Anderson & Dibble,[277] é traduzida como "enfeitiçado" por Sahagún. Segundo López-Austin, em termos mais literais, a frase significa "em seu interior os eleva" ou "em seu interior os carrega". A possessão (aprimora López-Austin) "era importante (...) não só porque com ela se explicavam bem variados processos patológicos, mas também porque se acreditava que o homem podia receber voluntariamente no seu corpo algum ser estranho, e que a inclusão podia trazer-lhe benefícios". O autor assevera ainda que "os produtos psicotrópicos albergavam deuses", pois muitos textos coloniais em náhuatl informam que os efeitos das drogas como o ololiuhqui, peiote e tlápatl "eram considerados uma toma de possessão", tendo em vista o uso de expressões tais como "itech quinehua" (possuído).

Há de se considerar que estes procedimentos deviam seguir regras rígidas para que não fossem ofendidos os deuses assimilados. Aos deuses do pulque, "se lhes ofendia" quando bebidos por quem não tinha "uma grande força de tonalli", que seria uma entidade anímica, a "sombra" como energia vital concentrada na cabeça.

---

275 SAHAGÚN, *op. cit.*, X, p. 589. Citas: "mal viejo"; "borracho"; "mala mujer"; "desvergonzada y atrevida y borracha".

276 *Ibidem*, p. 599. Citas: "anda como enhechizado o muy beodo"; "perdido con algunos hechizos o con las cosas que sacan al hombre de su juicio".

277 *Florentine codex*, X, p. 37.

A toma também contemplaria "uma necessidade de adquirir energia muscular ou [por] um motivo ritual".[278]

Talvez o moço desbaratado da crônica dos vícios estivesse infringindo um ditado pré-hispânico de interdição do uso de substâncias fora de um contexto considerado lícito. Como aponta Sonia Corcuera de Mancera, "para os espanhóis, o sentido da moderação estava na quantidade (na medida que permite conservar o juízo) e para os indígenas, no lugar apropriado e nas circunstâncias do bebedor".[279]

Algumas substâncias, Sahagún afirma, "tiram o homem de seu juízo". Mas tal expressão, algo recorrente na escritura do franciscano, seria sempre aquela dose extra nos textos indígenas, de palavras que tratam dos efeitos das plantas. Por outro lado, o desatino ou a loucura são traduções factíveis de termos em náhuatl, aproximações ao pensamento indígena sobre os efeitos de certos preparados vegetais, particularmente das daturas (míxitl e tlápatl). Estas solanáceas têm substâncias que, ao agirem no cérebro, dificultariam distinguir cognitivamente a alucinação daquilo que não se caracteriza como tal – não por acaso alguns estudiosos denominam essas espécies de delirógenas.[280] Segundo Xavier Lozoya, na concepção dos indígenas sobre os efeitos dos psicoativos:

> (…) não escapa a ação deles sobre o sistema nervoso central, quando nos apontam efeitos de embriaguez, enlouquecimento, e o bem característico termo de "fazer girar o coração da gente" já que há de recordar que os mexicas acreditavam que o coração era um dos órgãos onde residia a consciência.[281]

Míxitl e tlápatl, nomes de solanáceas alucinógenas, formam certa expressão coloquial que alude à presunção e orgulho, aponta Sahagún.[282] Termos tais como "iolpoliuhqui" e "iollotlaueliloc", que resumiriam as ideias de demente e de louco para

---

278 LÓPEZ-AUSTIN, *op. cit.*, 1996, p. 406-8.
279 CORCUERA DE MANCERA, *El fraile, el indio y el pulque*, 1991, p. 118-9.
280 SAMORINI, *Los alucinógenos en el mito*, 2001, p. 51.
281 LOZOYA, "Sobre la investigación de las plantas psicotrópicas en las antiguas culturas indígenas de México", 1983, p. 204.
282 A expressão em náhuatl retida por Anderson & Dibble: "ele costuma comer as ervas míxitl [e] tlapatl; ele costuma tomar míxitl [e] tlapatl por conta própria" (*Florentine codex*, XI, p. 130). Sahagún comenta sobre o adágio que é "contra los soberbios y presuntuoso. Dicen que comen esta yerba

Anderson & Dibble, expõem a combinação de coração com perda (poloa) e raiva (tlahuelia) respectivamente.[283] Indicam, portanto, perturbações no coração, órgão do corpo e entidade anímica de instâncias emocionais e da consciência.[284]

Destaquemos que os sentidos dessa loucura diferem da estrita concepção de perda do juízo, de debilitação das faculdades mentais, quiçá, aproximem-se de uma visão também erudita (na Renascença) que oferece a valoração do desatino até maior que a comumente elogiada razão, como acentua Foucault.[285]

Um huehuetlatolli (discurso dos anciãos) é taxativo na condenação do vício da embriaguez, oração que já consultamos e que setenciava à pena de morte o líder de Cuauhtitlan mergulhado na bebida. Ao recompor o informe de um discurso que seria proferido pelos governantes astecas recém-empossados, Sahagún retém pronunciamentos negativos dos índios quanto a certas fórmulas embriagantes. Mas a maneira de conceber o vício da embriaguez e o olhar sobre algumas plantas e poções, tal como se oferece no texto naua, difere em detalhes significativos da versão lapidada pelo frade franciscano.

O huehuetlatolli é apresentado como "longa exortação com que o senhor falava a todo o povo a primeira vez que lhes falava".[286] Do palavrório, boa parte é voltado à condenação da embriaguez. Na versão em espanhol, trata-se logo de estigmatizar o pulque, equiparando-o às solanáceas. Mas no texto náhuatl correspondente, o que é citado e se combate não é o uso da bebida pulque, mas o uso das daturas míxitl e tlápatl.[287] Indício do cuidado particular dos índios com tais delirógenos, o que

---

[tlápatl], y otra yerba que se llama míxitl. Quiere decir que están locos, como si comiesen estas yerbas" (SAHAGÚN, *Historia*, XI, p. 747).

283 WIMMER, *op. cit.*, 2006.

284 O "yollotli" é aquele órgão onde se concentram "de forma exclusiva", segundo López-Austin, "as referências à memória, ao hábito, à inclinação, à vontade, à direção da ação e à emoção", sendo "o órgão unitário da consciência" (LÓPEZ-AUSTIN, *op. cit.*, 1996, p. 207).

285 "A Loucura também tem seus jogos acadêmicos: ela é objeto de discursos, ela mesma sustenta discursos sobre si mesma; ela é denunciada, ela se defende, reivindica para si mesma o estar mais próxima da razão que a própria razão" (FOUCAULT, *História da loucura*, 2005, p. 15).

286 SAHAGÚN, *op. cit.*, p. 347. Cita: "larga plática con que el señor hablaba a todo el pueblo la primera vez que los hablaba".

287 A tradução de Sahagún estabelece o conselho do governante: "encomiendo es que os apartéis de la borrachería, que no bebáis uctli [pulque], porque es como beleños que sacan a los hombres de su juicio" (SAHAGÚN, *op. cit.*, VI, p. 349). Mas no texto da coluna em náhuatl não há menção à borracheira de pulque, apenas trata de avisar sobre o perigo das daturas: "Principalmente, eu lhes

parece reverberar num mito atual sobre os perigos da toxicidade e do âmbito de malefício ou feitiçaria no consumo dessas plantas.[288]

Na continuação desse huehuetlatolli contra a embriaguez e em ambas as versões do *Códice Florentino*, o pulque é que se torna o centro da disputa: "este é o vinho que se chama octli, que é raíz e princípio de todo mal e de toda perdição".[289] Nessa composição, é possível vislumbrar a influência da literatura cristã. O venerável Crisóstomo, por exemplo, apontara a embriaguez e a luxúria como sendo mães de todos os vícios, e nada mais receberia tanto favor do diabo para levar o homem à perdição.[290]

Também vale considerar que os índios, pondera Lozoya, "por precaução perante Sahagún e o que representava", produziram sentenças onde "se percebe um gesto de antecipação ao qualificar negativamente os efeitos produzidos pela ingestão de tais produtos".[291]

Na escrita sobre os ídolos, quando Sahagún dedica um capítulo ao deus da bebida Tezcatzóncatl, assegura-se que "o vinho ou pulque desta terra sempre nos tempos passados o tiveram como mau, por razão dos maus efeitos que dele advêm".[292] Este comentário projeta na poção o tom negativo do estado de embriaguez – ainda que o frade considerasse o aspecto medicinal do pulque.

---

rogo, não usem o míxitl [datura], imbebível, incomível, que os deixa enfeitiçados, que os deixa dementes" (*Florentine codex*, VI, p. 68). Enfim, os textos comentam que os velhos e velhas tiveram (no texto em espanhol) o pulque, ou no texto em náhuatl, a datura, como "por cosa muy aborrecible y asquerosa" (SAHAGÚN, *op. cit.*, VI, p. 349). Em náhuatl se estabelece o sentido de cuidado com a datura: "temendo-a, rejeitando-a (...), considerando-a revoltante" (*Florentine codex*, VI, p. 68). E Sahagún complementa que "senadores y señores pasados" puniam os infratores, enforcando, apedrejando, açoitando.

288 Trata-se de um mito recuperado no século XX dos huicholes de Nayarit e região, pertencentes ao tronco linguístico uto-asteca. O mito associa a datura ao malefício e o peiote ao curandeirismo (SAMORINI, *op. cit.*, 2001, p. 51; cf. FURST, "To find our life: peyote among the Huichol Indians of Mexico", 1990).

289 SAHAGÚN, *op. cit.*, VI, p. 349. Na versão traduzida do náhuatl: "o chamado octli é a origem, a raiz do maligno, da maldade, da perdição" (*Florentine codex*, VI, p. 68).

290 Pelo que resgata Tomás de Aquino (*Summa, secunda secundae*, q. 150, art. 3, 2006).

291 LOZOYA, *op. cit.*, 1983, p. 204.

292 SAHAGÚN, *op. cit.*, I, p. 63. Cita: "el vino o pulcre desta tierra siempre los tiempos pasados lo tuvieron por malo, por razón de los malos efectos que dél se causan".

Sahagún afirma uma suposta opinião indígena do pulque mau, no momento em que trata do uso da substância no seio de um ritual em que a poção é divinizada. O pulque, pela informação em náhuatl, é um deus "repleto de pecado".[293] Temos que a bebida "destruíra completamente e arruinara completamente a humanidade, o caráter das coisas; [assim] os anciãos disseram. O pulque tornara-os glutões; é ruim, maligno, imbebível, incomível".[294] O ser intragável reporta aos efeitos do tlápatl (datura), e também ao julgamento de Durán em torno do pulque negro, que, como vimos, seria usado na era colonial para os abusos, em contrapartida ao ancestre pulque branco medicinal.

Afinal, qual é o contexto e a bebida que estão sendo condenados nesse discurso que seria dos velhos índios? Havia a preocupação dos mexicanos com males relacionados à ebriedade, entretanto, se nesse pronunciamento de posse do governante asteca, a embriaguez aparece como tufão que carrega consigo toda a maldade, Sahagún já evoca uma "tempestade infernal", adaptando a metáfora indígena para o locus cristão.[295]

A exortação dos nativos e o sobreaviso da moralidade cristã imputam no octli, nas solanáceas e na borracheira a causa de muitíssimos males, de estupros a furtos, murmúrios e brigas, soberba, inimizade e ódio. Sahagún, por sua vez, apresenta o extra de que os bêbados ficam "fora de si", impondo a perda do juízo que não existe no texto dos informantes indígenas. É a preocupação do frade com a plenitude da consciência, arma do livre-arbítrio para evitar o mal.

Nesse ponto, vemos uma brecha entre as versões, uma diferença na atenção sobre o vício da embriaguez. Se no texto em náhuatl a toma do pulque é comparada à toma de daturas, isto se faz em alusão aos maus comportamentos. As maldades são feitas sob efeito de plantas que parecem exigir, entretanto, certo domínio da força extraordinária. A ingesta remete à perspicácia de quem procura ludibriar os outros.[296] Já pela paráfrase de Sahagún, é reforçado que o pulque "faz perder os miolos",

---

293 Passagem extraída do *Códice Florentino* (WIMMER, *op. cit.*, 2006).

294 *Florentine Codex*, VI, p. 69.

295 "Es como una tempestad infernal que trae consigo todos los males juntos" (SAHAGÚN, *op. cit.*, VI, p. 349). No *Florentine codex*: "É como um furacão, como um vento forte, que vem com o mau, com o maligno" (p. 68).

296 Na tradução de Anderson & Dibble: "Quem poderá ter sido que se referiu ao pulque como a datura? E quem poderá ter sido que se referiu ao bêbado como quem usou a datura? Ele não é nada

e assim, "muito bem dito quem disse que o bêbado é louco e homem sem miolos, que sempre come o tlápatl e míxitl". O frade interpreta um ditado indígena que não evoca simplesmente a desrazão como vulnerabilidade ou desvio, pois também enuncia incontrolável poder na loucura da presunção e orgulho de poder – ainda que seja uma loucura perene e perturbadora, autodestruidora, pelo consumo das intoxicantes solanáceas.[297]

Sahagún procura manter uma relação simplória de causa e efeito: a embriaguez (qualquer tipo de embriaguez em qualquer situação) fere a razão, traz a perda do juízo, abre caminho para os vícios, ponto final. Que os maus comportamentos causados por embriaguez, e ainda, que o mal da embriaguez tenha tido expressão simbólica e política para os indígenas, tais sentidos, por outro lado, não parecem refletir a mera anteposição entre razão na sobriedade e desrazão na ebriedade.

Afinal, havia uma ciência indígena para provar a embriaguez, receber seus efeitos, ter em conta a "possessão". Segundo López-Austin, a confluência das substâncias no "teyolía", entidade anímica alojada no coração, e no "tonalli", entidade anímica no topo da cabeça, representaria alterações que não significavam total ausência de autocontrole, isto é, informariam muito mais o sentido de que havia maestria ao lidar com forças excepcionais oriundas de drogas também como entidades volitivas.[298]

Por outro lado, como também aponta López-Austin, havia claramente a noção de dano e enfermidade devido a práticas relacionadas à "sujeira" nos excessos do

---

obediente ao seu ser, a sua vida. Ele ludibria constantemente, mente constantemente; ele é duas caras, de língua solta; ele constantemente espalha a calúnia" (*Florentine codex*, VI, p. 69).

297 SAHAGÚN, *op. cit.*, VI, p. 349. No discurso do governante indígena, apenas uma vez o uso das solanáceas é relacionado à desordem que caracterizaríamos como mental: "que deixou de usar as daturas, que deixava-os bêbados, os confundia" (*Florentine codex*, VI, p. 69-70). O "adágio" dos índios sobre a toma das solanáceas do gênero datura é relacionado à "soberbia" segundo o próprio Sahagún: "contra los soberbios y presuntuoso. Dicen que comen esta yerba, y otra yerba que se llama míxitl. Quiere decir que están locos, como si comiesen estas yerbas" (SAHAGÚN, *Historia*, XI, p. 747). A expressão indígena por Anderson & Dibble: "ele costuma comer as ervas míxitl [e] tlapatl; ele toma míxitl [e] tlapatl por conta própria" (Florentine codex, XI, p. 130). Mas, também, há o sentido de loucura como perturbação permanente: "Ele que o come [tlápatl, datura] não vai mais querer comida até que morra. E se o comer moderadamente, ele será para sempre perturbado, enfurecido; ele será sempre possuído, nunca mais tranquilo" (p. 129). Citas: "enajena del seso"; "muy bien dicho el que dixo que el borracho es loco y hombre sin seso, que siempre come el tlápatl y míxitl".

298 Cf. LÓPEZ-AUSTIN, *op. cit.*, 1996.

sexo, pelos atos de ladroagem, jogatina, e também na desordenada embriaguez. Mas a moderação não é a única resposta perante o costume da ebriedade sem controle.[299]

Já na perspectiva do missionário cristão, a embriaguez é vício que manifesta atitudes demarcadas como pecados, os quais ferem o âmago da natureza racional e afastam o ser humano de sua finalidade de reencontro transcendental com Deus.

Basta resgatar o relato que vimos de Sahagún sobre um ritual mexica, a festa da embriaguez das crianças, para desvencilhar a perspectiva cristã daquela indígena. Nesse ritual, presumivelmente, os participantes teriam de lidar com passos de efeito da embriaguez, alterações pela bebida que são caracterizados por comportamentos que os mesmos índios considerariam inapropriados fora dali, mas aceitáveis, ou melhor, almejados naquele contexto da festa. Não aceitar a bebida ritual devido à crença de que toda ebriedade provoca a privação do juízo e joga luz para absolutos pecados, é igualar diferentes contextos de uso da bebida no campo dos abomináveis vícios de costume.

Já longínquo o contexto original, o huehuetlatolli – ou fala dos antigos – adaptado para o alfabeto após duas décadas da chegada dos espanhóis, será articulado dentro de novas relações de poder e de produção dos saberes. Por outro lado, como diversos eruditos em náhuatl enfatizam, tal exortação padronizada do governante asteca apresentaria o frescor de um estilo original, com ricas figuras de linguagem e a simbologia de uma tradição cultural irredutível aos parâmetros ocidentais.

Numa fala de anciãos como diatribe da embriaguez, também se pode notar que o pronunciamento fora justamente por desaconselhar e repreender o uso desregrado e descontextualizado do pulque, e especialmente contra o hábito de ingerir as solanáceas, que parecem gatilhos de malefício.

O huehuetlatolli parece condenar o uso dessacralizado das drogas. Duverger afirma sobre os astecas: "pode ser que nunca uma civilização tenha considerado os

---

299 Sobre a valorização da moderação entre os nauas como uma só entre as variadas visões locais (*ibidem*, p. 283); sobre o vício carnal pela noção de "sujeira" (tlazolmiquiztli) (p. 298-299), mas quanto à questão dos trâmites do prazer em situações onde não se ofendam os deuses (p. 482). As noções de mal e vício são comumente traduções da expressão "teuhtli, tlazolli", que teria como versão mais literal os termos "dirt" (sujeira) e "filth" (imundície), respectivamente. Porém, o significado metafórico da expressão teria, segundo Thelma Sullivan, paralelos com as noções de mal e vício (SULLIVAN, *op. cit.*, 1974, p. 99).

perigos do alcoolismo com mais lucidez e inquietude".³⁰⁰ Para Clendinnen, a moralidade do discurso nativo deve representar uma visão oficial, não a perspectiva popular. É o "medo dos perigos" causados pelas "forças sagradas liberadas por indivíduos irresponsáveis" ingerindo os inebriantes.³⁰¹

Mas independente da carga pré-hispânica dessa conversa morigerante, a identificação da bebida e da bebedeira com maus comportamentos e com a ruína das pessoas faz o huehuetlatolli do governante asteca entrar como luva na mão do missionário, que reescreve o pronunciamento indígena enquanto prédica atualizada. Sahagún mostra o afã por arrumar espaço para conteúdos cristãos, num projeto de república indígena tutelada pelos mendicantes na Nova Espanha. Essa política fica às claras na adaptação religiosa do huehuetlatolli, que substitui as menções, metáforas e outras alusões a Tezcatlipoca, o "principal ídolo" dos mexicanos, nomeando-o como se fora o próprio Deus dos cristãos. Sahagún ainda dá mais intensidade às orações de veneração à entidade. Na parte introdutória do discurso, a frase náhuatl pondera: "possa nosso senhor, senhor [que está] próximo, perto, dar-lhe paz". Este senhor excepcional é Tezcatlipoca.³⁰² Há infinidade de manifestações, imagens e avatares sobre Tezcatlipoca "o senhor do espelho que esfumaça", mas algumas vezes, particularmente nas fontes franciscanas, a entidade representa um espírito invisível e que pode ser notado como entidade mais transcendental, chamada Tloque Nahuaque pelos indígenas do centro do México.³⁰³ De toda forma, o franciscano converte Tezcatlipoca no seu próprio e verdadeiro Deus, substituindo a expressão em náhuatl citada acima, pela seguinte oferta: "desejo a todos a paz de nosso senhor Deus todo-poderoso, criador e governador de todos".³⁰⁴

Sahagún também acentua que na antiga lei dos índios havia uma ordenança de luz divina para a punição ao embriagado: "os reis e senhores que reinaram e possuíram os estrados e tronos reais, que vieram dizer as palavras de Deus a seus vassalos, mataram

---

300 DUVERGER, *op. cit.*, 1978, p. 98.
301 CLENDINNEN, *op. cit.*, 1991, p. 51.
302 *Ibidem*, p. 344, nota 20.
303 OLIVIER, *op. cit.*, 2004, p. 50-1.
304 SAHAGÚN, *op. cit.*, VI, p. 348; *Florentine codex*, VI, p. 67.

muitos, quebrando-lhes as cabeças com pedras e afogando-os com sogas".[305] No texto em náhuatl, não há qualquer menção sobre essas palavras de Deus.[306]

Servindo-se do sentido de onipresença de Tezcatlipoca e seu poder de destruição da sorte, o frade Sahagún reitera o medo pela punição divina numa política de introjeção da culpa e devido à borracheira: "Se beberes, farás o que teu coração deseja; farás tua vontade em segredo e na tua casa; porém, nosso senhor Deus a quem ofendes, que vê tudo o que acontece (...) Deus que te vê, te publicará e lançará teu pecado na praça". E segue a lista dos acidentes que assolam os "embriagados", eventos provocados pela fúria de Deus, bem como sobressai aquela indiscrição do vício da embriaguez e correspondentes pecados, oportunidade da punição pelos líderes da república mexicana.[307] Nos tempos antigos esses líderes não estariam impedindo a embriaguez (num código indígena), mas sim, por uma interpretação católica do poder corretivo da força divina da bebida, incorporada como se fosse o poder do Deus único dos cristãos.

Dessa apropriação da fala dos anciãos indígenas enquanto combate com Deus contra o vício da embriaguez, passemos ao olhar sobre o proveito de virtudes das medicinas indígenas que embriagam. A escrita de Sahagún sobre a matéria faz outra conversão das visões locais numa história exemplar para o índio neófito no caminho da salvação.

A virtuosa medicina dos índios com coisas que embriagam

A sabedoria médica entre vícios e virtudes

A constituição de vícios e virtudes na descrição de várias ocupações dos índios – como desponta na obra orquestrada por Sahagún – distingue duas categorias de expertos da medicina nativa: de um lado do recorte, o bom médico, do outro, o mau. É notória a forja de duas práticas diametralmente opostas, uma válida e a outra

---

305 SAHAGÚN, *op. cit.*, VI, p. 349.

306 No texto retirado dos informantes, temos que "aqueles governantes que agiram pelo reino, que deram apoio à palavra de nosso senhor, apedrejaram as pessoas [etc]" (*Florentine Codex*, VI, p. 69).

307 SAHAGÚN, *op. cit.*, VI, p. 350; *Florentine codex*, VI, p. 70. Cita: "Si bebieres, harás lo que tu corazón desea; harás tu voluntad en secreto y en tu casa; pero nuestro señor Dios a quien ofendes, que ve todo lo que pasa (...) Dios que te ve te publicará y echará tu pecado en la plaza".

ineficaz, uma bem intencionada e a outra enganadora, uma medicina traz a cura, a outra, só pode trazer a desgraça:

> O bom médico entende bem, é bom conhecedor das propriedades de ervas, pedras, árvores e raízes, tem experiência de curas, o qual também tem por ofício saber consertar os ossos, purgar, sangrar e lancetar, dar pontos; por fim, livrar das portas da morte. O mau médico é trapaceiro, e por não ter habilidade, em lugar de curar, piora os enfermos com a beberagem que lhes dá. E ainda às vezes usa feitiçarias ou superstições para dar a entender que faz boas curas.[308]

Na caracterização dos tipos, o bom médico se identifica aos ofícios de herborista e cirurgião-barbeiro. Já o mau médico é aquele que ministra poções venenosas, o qual pode também se apoiar nas feitiçarias e superstições. O texto em náhuatl acrescenta que o médico benéfico oferece beberagens, entretanto, atua moderadamente – enquanto o doutor maldoso mata com as medicinas, mesmo porque sujeita o paciente a superdoses. Por fim, várias especialidades de magos são apontadas na relação do médico ruim, completando o setor dos vícios.[309]

Também os tlamatinime (sábios ou conhecedores) se dividem em duas bem distintas ocupações. No texto em náhuatl, os bons sábios são logo assimilados à profissão da medicina, que se mostra com traços de uma terapia hipocrático-galênica.

---

308 SAHAGÚN, op. cit., X, p. 597. Cita: "El buen médico es entendido, buen conocedor de las propriedades de yerbas, piedras, árboles e raíces, experimentado en las curas, el cual también tiene por oficio saber concertar los huesos, purgar, sangrar y sajar, y dar puntos; al fin, librar de las puertas de la muerte. El mal médico es burlador, y por ser inhábil, en lugar de sanar empeora a los enfermos con el brebaje que les da. Y aun a las veces usa hechicerías o supersticiones por dar a entender que hace buenas curas".

309 Da versão em náhuatl se extrai que o "bom médico [qualli ticitl] [é] um diagnosticador, experiente – um conhecedor de ervas, pedras, árvores, raízes. Ele traz [resultados de] exames, experiências, prudência. [Ele é] moderado em suas atitudes. Ele oferece saúde, restabelece as pessoas, oferece-lhes talas, recupera seus ossos, purga-os, dá-lhes eméticos, dá-lhes poções; ele punciona, faz incisões, curativos, reanima-os, envolve-os em cinzas. O mau médico [tlaueliloc ticitl] [é] uma fraude, um trabalhador sem coração, *um assassino com suas medicinas* [tepâmîctiani], *oferecedor de superdoses* [tepaixuitiani], um espalhador [de doenças]; alguém que prejudica os outros, que piora a doença; que faz o outro piorar. [Ele finge ser] um conselheiro, consultor, casto. Ele enfeitiça; é um bruxo [naoalli], um adivinho [tlapouhqui], um feiticeiro, um diagnosticador por meio dos nós. Ele mata com seus medicamentos; aumenta [a doença]; ele seduz as mulheres; ele as enfeitiça." (*Florentine codex*, X, p. 30, grifos nossos).

Os sábios considerados maus são identificados a toda série de práticas que os cronistas apontariam de contínuo como coisas de bruxos, adivinhos, curandeiros, feiticeiros, embaidores.[310]

A disposição do quadro da boa e má médicas informa praticamente os mesmos sinais de oposição. A médica do lado bom é conhecedora das propriedades das plantas, "não ignorando muitos segredos da medicina". Também são relatados diversos procedimentos terapêuticos que caracterizariam uma cirurgiã-barbeira.[311] Do outro lado fica a má médica, que cuida de aplicar "feitiçaria supersticiosa", tem "pacto com o Demônio, e sabe dar bebediços, com o quê mata os homens", além de apresentar-se como experta na arte da cópula.[312] Também é elencada uma lista de práticas supersticiosas em franco tom de condenação – mas isto apenas no texto em espanhol de Sahagún.[313]

O antagonismo entre dois modelos de médicos indígenas, de tão perfeito, pode-se suspeitar, é insustentável. Duas passagens mostram a precariedade do recorte. Primeiro, no relato sobre os "feiticeiros e trapaceiros", encontra Sahagún um impasse no plano de antepor o bom e o mau mestre, pois para o frade, estas ocupações são essencialmente errôneas e maldosas. A contraposição entre bons e maus tipos, Sahagún havia proposto aos índios como isca para que construíssem os alicerces de uma estrutura cristã de vícios e virtudes. Mas essa tática não iria funcionar para tratar de certos ofícios. Como Sahagún poderia conceber a existência de bons feiticeiros e trapaceiros?

O primeiro citado é o "naoalli". O bom é "sábio" (tlamatini), e ainda segundo os informantes índios, deve ser um conselheiro, pessoa confiável.[314] Sahagún con-

---

310 *Florentine codex*, X, p. 29 e 30.
311 SAHAGÚN, *op. cit.*, X, p. 606.
312 *Ibidem*. Na versão em náhuatl, o pacto com o demônio é relacionado à ocupação do tlacatecólotl (homem-coruja). Sobre o sentido de maestria sexual da feiticeira: "Ela tem uma vulva, uma vulva esmagadora, uma vulva adorável para friccionar. [Ela é] uma feitora do maligno. Ela enfeitiça." (*Florentine codex*, X, p. 53). Cita: "pacto con el Demonio, e sabe dar bebedizos con que mata a los hombres".
313 "Engaña a las gentes con su hechicería, soplando a los enfermos, atando y desatando sutilmente a los cordeles, mirando en el agua, echando los granos gordos del maíz que suele usar en su superstición, diciendo que por ello entiende y conoce las enfermedades. E para mostrar bien su superstición, da a entender que de los dientes saca gusanos, y de las otras partes del cuerpo, papel, pedernal, navaja de la tierra, sacando todo lo cual dice que sana a los enfermos, siendo ello falsedad y superstición notoria" (SAHAGÚN, *op. cit.*, p. 606).
314 *Florentine codex*, X, p. 31. Cita: "hechiceros y trampistas".

fere apenas que o nahualli é "curioso deste ofício", enfim, "entende qualquer coisa de feitiços, e para usar deles é perspicaz e astuto, tira proveito e não prejudica". O frade acaba informando, de certa forma, que este sujeito é bom médico, pois aproveita a eficácia de uma técnica e ainda não causa males a ninguém. Entretanto, como Sahagún apresenta o nahualli como feiticeiro, deduz (acrescenta ao texto em náhuatl) que tal especialista propriamente "se chama bruxo, que de noite espanta os homens e suga as crianças".[315] Parece despontar no texto de Sahagún o imaginário europeu sobre a bruxaria, desqualificando um personagem que em seguida seria bem conceituado nas suas atividades requisitadas.

No texto de extração indígena também são caracterizados os bons adivinhos, os "tlapouhqui tonalpouhqui", que haviam sido colocados como exclusivamente embusteiros no molde do capítulo. Há aqueles "bons" leitores de signos dos dias do calendário divinatório, também colocados como tlamatinime (sábios) pelo texto em náhuatl.[316] Sahagún tinha toda aversão dos trâmites da adivinhação pelos "livros de pinturas" (conhecidos atualmente como códices), caracterizando as consultas por tais suportes como coisa diabólica. Denomina o profissional como "astrólogo judiciário ou nigromântico", mas concede que "dá a entender o porvir" – lembremos que o frade contemplava o sentido de comércio com o diabo, o que permitiria a façanha de adivinhar o futuro.

Sahagún também descreve o "tlacateculutl" (homem-coruja), que segundo aparte do frade, teria "pacto com o Demônio". O tlacatecólotl é malfeitor que se "transfigura em diversos animais".[317] Também este especialista seria para os índios, tal como para Sahagún, apenas maligno. Entre tantas características arroladas desse ofício no texto extraído dos informantes locais, temos que "[ele é] um odioso, um destruidor de pessoas, um implantador de doenças [...], que mata com poções – que faz beber poções".[318]

---

315 SAHAGÚN, op. cit., X, p. 597-8. Citas: "le entiende cualquier cosa de hechizos, y para usar dellos es agudo y astutu, aprovecha y no daña"; "llama bruxo que de noche espanta a los hombres, y chupa a los niños".

316 *Florentine codex*, X, p. 31.

317 SAHAGÚN, op. cit., X, p. 598.

318 *Florentine codex*, X, p. 31; SAHAGÚN, op. cit., X, p. 598. Os magos malvados seriam chamados genericamente de tlatlacatecolo (plural de tlacatecólotl, homem-coruja). Além do simbolismo com o animal, o verbo coloa significa "prejudicar, fazer dano". Há os que envenenam e os que enloquecem: "tepahmictiani, 'o que mata a gente com veneno'; tepahitiani, 'o envenenador da gente' (...);

No caso do tlacatecólotl, assegura-se a fórmula do mau; mas para as outras ocupações (nahualli e tonalpouhqui), a mesma fórmula não funciona. Pode-se perceber, com base nos relatos indígenas sobre signos positivos dos ofícios de "feiticeiros e trapaceiros", as brechas no murado que Sahagún erguera entre vícios e virtudes. Se acaso é possível entrever que existam boas e más práticas, relacionadas a intenções benéficas e maléficas dos especialistas, não se pode sempre visualizar uma cisão certeira entre bons e maus saberes. Os indígenas, desde sua tradição pré-hispânica, pouco provável que viam algumas artes como essencialmente boas e outras nada boas.

Mas na longa análise que León-Portilla fez dos tlamatinime, não há menção de que o nahualli pudesse também ser um sábio para os índios.[319] López-Austin, por sua vez, ao comentar os saberes do tícitl, um dos "quarenta magos" que corresponderia à atividade de curandeiro, contemporiza as instâncias empíricas e mágicas, produzindo uma interpretação que traz a ideia de mescla dos saberes indígenas – apesar de aceitar, de certa forma, a divisão entre as práticas nativas como a havia proposto León-Portilla.[320] Para Ortiz de Montellano, se havia diferentes níveis de cura na medicina pré-hispânica, elas podiam misturar-se.[321]

'atontar a gente' (tepupuxacuahuia); 'fazer girar o coração da gente' (teyolmalacachoa)". Segundo López-Austin, o tlacatecólotl também poderia ser relacionado ao "'conhecedor do reino dos mortos, conhecedor do céu', isto é, de todos os segredos" (LÓPEZ-AUSTIN, "Cuarenta clases de magos del mundo náhuatl", 1967, p. 88-90).

319 Pela tese de León-Portilla, "o pensamento cosmológico náhuatl havia chegado a distinguir claramente entre o que era explicação verdadeira – sobre bases firmes – e o que não ultrapassava ainda o estágio da mera credulidade mágico-religiosa"; ainda reitera o autor que o parecer de Sahagún sobre o nahualli como "conhecedor de ervas maléficas" e outros sinais negativos, "mostra claramente" a divisão entre "o saber embasado no conhecimento e o método, e o outro, o da magia e feitiçarias" (LEÓN-PORTILLA, *La filosofía náhuatl*, 2001, p. 84 e 86).

320 León-Portilla é colocado como referência por López-Austin quando afirma que "se produziu, contudo, uma separação entre os diferentes médicos: os dedicados ao descobrimento e cura dos males que tinham por origem uma influência sobrenatural e que usavam, está claro, procedimentos mágicos; os que curavam por meios empíricos, independentemente da possibilidade de se auxiliarem de orações; os que ligavam estreitamente ambos os meios, e os que pretendiam curar só por meios mágicos, sem que as enfermidades tivessem um caráter predominantemente sobrenatural, ainda que caiba aqui aclarar que estas provinham da vontade divina" (LÓPEZ-AUSTIN, *op. cit.*, 1967, p. 107-8).

321 "A medicina entre os astecas se praticava em três níveis etiológicos. As enfermidades que se julgavam procedentes de ofensas contra os deuses requeriam como remédio a oração e a expiação. Aquelas que se consideravam ser o resultado de bruxaria e magia exigiam medidas contra a feitiçaria, a adivinhação, e a magia; e aquelas devidas a causas naturais, 'racionais', necessitavam o emprego de medicinas

Aguirre Beltrán nota que a separação proposta por Sahagún não condiz com o sistema de valores locais: "os métodos que empregam os bons e maus médicos não diferem; a meta para onde vão dirigidos é o que varia".[322]

Apontemos um segundo sinal para mostrar a precariedade da divisão entre boas e más artes de cura que Sahagún queria ver digladiar-se na consciência dos índios. É quando o frade trata dos toltecas, colocados como "primeiros povoadores desta terra, que foram os troianos". O termo "tolteca" significaria "primeiros artífices".[323] Seriam aqueles que originaram os mais caros conteúdos de indústria e requinte nos altiplanos centrais, segundo visões de origem dos povos nauas e outros.

Entre as artes inventadas pelos toltecas tem-se a "medicina": eles "sabiam e conheciam as qualidades e virtudes das ervas (...) as que eram proveitosas e as que eram maléficas e mortíferas, (...) deixaram assinaladas e conhecidas as que agora se usam para curar". Os médicos mais ancestrais se chamavam "Oxomoco, Cipactónal, Tlaltetecuin, Xochicahuaca", os "inventores de medicina"; e conclui Sahagún, escapando da tradução, que estes personagens foram "ainda os primeiros médicos herbolários".[324] O frade reinventa os genitores da medicina indígena pela figura almejada do especialista de plantas que curam. Mas Oxomoco e Cipactónal, citados como dois desses heróis de cultura, também teriam sido os criadores de técnicas de adivinhação pelo manejo dos códices.[325] Sahagún atesta o papel fundamental da dupla, o casal primordial segundo os nauas, e também inventores da "astrologia ou nigromancia", que "foi tomada e teve origem de uma mulher que se chama Oxomoco e de um homem que se chama

---

descobertas empiricamente. Estes níveis não se excluíam mutuamente; um remédio dado podia combinar elementos dos três níveis"(ORTIZ DE MONTELLANO, "Las hierbas de Tláloc", 1980, p. 295).

322 AGUIRRE BELTRÁN, *Medicina y magia*, 1992, p. 47.

323 SAHAGÚN, *op. cit.*, X, p. 650 e ss. Citas: "primeros habitadores desta tierra, que fueron como los troyanos"; "oficiales primos".

324 *Florentine codex*, X, p. 167; e SAHAGÚN, *op. cit.*, X, p. 652. Cita: "sabían y conocían las calidades y virtudes de las yerbas (...) las que eran de provecho y las que eran dañosas y mortíferas, (...) dexaron señaladas y conocidas las que en ahora se usan para curar".

325 Lembra Quiñones Keber que a primeira imagem do livro quatro de Sahagún apresenta Cipactonal usando a técnica de ler a sorte por grãos de milho e Oxomoco pela técnica de interpretar nós. Na passagem está estabelecido que "o casal era colocado 'no meio' do livro de dias (tonalamatl), o qual era usado pelos leitores de signos dos dias" (QUIÑONES KEBER, "Painting divination in the Florentine Codex", 2002, p. 254).

Cipactónal".[326] Numa passagem da *Historia*, este casal representa o ideal herborista, mas noutra, o sentido pejorativo de promotores da feitiçaria.

Maior evidência da imiscuidade das diversas profissões de cura entre os antigos mexicanos se daria pela caracterização de Toci, "a mãe dos deuses, coração da Terra e nossa avó". Ela seria a "deusa das medicinas e das ervas medicinais"; mas como promete Sahagún, a personagem era adorada por todos os tipos de profissionais da medicina, estes, como vimos, representados alguns como corretos e outros como maldosos.[327] Todos "eram bem devotos (...) os médicos e médicas, os feiticeiros e feiticeiras".[328]

Tudo leva a crer que a figura do sábio herbolário é produto de um reacômodo social de certos especialistas da antiga medicina nativa. Sob as influências e expectativas da nova ordem espanhola, e particularmente na tutela dos franciscanos, a sabedoria dos curandeiros consistira como política de depurar-se o melhor possível daqueles códigos e práticas que os missionários consideravam superstições e feitiçarias. De um lado, realimentando e adaptando o aspecto medicamentoso de seus saberes com os parâmetros estrangeiros da matéria médica. Por outra senda, evitando apresentar a integridade de seus procedimentos de cura ancestrais, que Sahagún procurara discriminar entre bons e maus. Sendo que a descrição de maus procedimentos implicaria também na má intenção do artífice ou especialista.[329]

---

326 SAHAGÚN, *op. cit.*, IV, p. 235.

327 "Esta diosa [Toci] era la diosa de las medicinas y de las yerbas medicinales. Adorábanla los médicos y los cirujanos y los sangradores, y también las parteras, y las que dan yerbas para abortar. Y también los adivinos que dicen la buenaventura, o mala, que han de tener los niños según su nacimiento. Adorábanla también los que echan suertes con granos de maíz y los que agurean mirando el agua en una escudilla, y los que echan suertes con unas cordezuelas que atan unas con otras, que llaman mecatlapouhque. Y los que sacan gusanillos de la boca y de los ojos, y pedrezuelas de las otras partes del cuerpo, que se llaman tetlacuicuilique. También la adoraban los que tienen en sus casas baños o temazcales" (SAHAGÚN, *op. cit.*, I, p. 40).

328 *Ibidem*, p. 72.

329 Para poder trabalhar nos hospitais organizados pelos religiosos e confrarias dos índios, os curandeiros deviam ser "sábios", estritamente "aqueles que conhecem por experiência as ervas, assim se fará curação". Somente tais especialistas poderiam viver nos hospitais, pelo que deixa expresso uma "ordenanza" do franciscano Alonso de Molina (LEÓN-PORTILLA, "Los franciscanos vistos por el hombre náhuatl", 1984, p. 309).

A matéria médica de ervas que embriagam

Tenhamos em vista um processo de purgar a medicina indígena acessando também outro tratado de medicina, que foi escrito por um especialista igualmente tutelado pelos franciscanos, tal como o foram os informantes curandeiros do frade Sahagún. Trata-se um pequeno e bem acabado livro ilustrado que foi ditado por um sábio índio dentro do Colégio de Tlatelolco, um dos espaços que oferecera guarida para a produção capitaneada por Sahagún, colégio mentado para os filhos da elite indígena num ambiente de rigidez de princípios e regras cristãos. Esse tratado de receitas medicinais (intitulado *Libellus de medicinalibus indorum herbis*) foi produzido paralelamente ao trabalho de Sahagún. É de autoria do experto chamado Martín de la Cruz. Outro nativo, Juan Badiano, formado no colégio e educado nas letras, produz um texto em latim – é o exemplar que sobreviveu para nossos dias.

Devido a essa composição, o opúsculo pode ser chamado de Códice De la Cruz-Badianus. Não se sabe quem fez as belas gravuras que percorrem os fólios, mas foi um trabalho que tinha por destino o rei da Espanha. Na época de Carlos V, o artefato foi regalo para a coleção da corte imperial de coisas das Índias, tentando apresentar as capacidades dos nativos do centro do México e a importância da tutela franciscana para o bom governo da república. Parece ter sido produzido num período em que Sahagún estava ausente do Colégio e à revelia de sua ambiciosa obra de antigualhas dos índios. Mas também, enquanto Sahagún estava fazendo sua pesquisa com médicos locais, Martín de la Cruz já havia falecido. É possível especular também que Sahagún não se interessasse pelo projeto e que não lhe agradara pela exposição e tratamento dos conteúdos, e mais, parecia-lhe um projeto concorrente. De acordo com um dos autores da edição crítica mexicana, "é possível que [Sahagún] não quisesse incluir o [livro] de la Cruz por considerá-lo já influenciado pela medicina europeia ou por considerar que junto a seus dados se mesclavam recursos mágicos".[330]

---

[330] DEL POZO, "Valor médico y documental del manuscrito", 1991, p. 196-7. Para as considerações acima e seguintes relacionadas ao manuscrito ilustrado de La Cruz, além do artigo acima, tenhamos especialmente a referência dos seguintes estudos da edição mexicana *Libellus de medicinalibus indorum herbis*; manuscrito azteca de 1552 segundo tradução latina de Juan Badiano (1991): GARIBAY, "Introducción"; STOLS, "Descripción del Códice"; FERNÁNDEZ, "Las miniaturas que ilustran el Códice"; MIRANDA & VALDÉS, "Comentarios botánicos"; MARTÍN del CAMPO, "La zoología del Códice"; MALDONADO-KOERDELL, "Los minerales, rocas, suelos y fósiles del Manuscrito"; SOMOLINOS D'ARDOIS, "Estudio historico". Utilizamos a tradução em espanhol, nas citações do tratado original em latim.

Martín de la Cruz parece combinar a tradição medieval dos "Hortulis" (herbolários) com receitas de tradição indígena. Concede maior amplitude a combinações misteriosas de substâncias e terapias sem a sistemática dos tratados que surgem a partir de meados do século XVI na Europa, ou seja, o informe é um tanto livre das tendências mais racionalistas de extração de qualidades medicamentosas das plantas (dentro dos parâmetros da medicina humoral). La Cruz deixa à vista certas nuances comumente chamados de mágico-religiosos da medicina asteca.[331]

Em todo caso, nas descrições das medicinas que embriagam – desde Sahagún e do Códice De la Cruz-Badianus –, os sinais de conteúdo idolátrico ou supersticioso são pouco pronunciados, e as menções de substâncias psicoativas, tão frequentes

---

[331] Adverte Somolinos D'Ardois que o códice apresenta receitas empíricas de medicinas dos três reinos da natureza, algumas tendo demonstrado "valor efetivo em estudos farmacológicos modernos". Embora também "encontramos um enorme conteúdo de substâncias inúteis, produtos escatológicos e sobretudo um extraordinário volume de elementos mágicos em sua maior parte de substituição e semelhança, que é o que verdadeiramente caracteriza o tipo de terapêutica utilizada e permite incluí-la dentro das grandes classificações médicas da humanidade" (SOMOLINOS D'ARDOIS, op. cit., 1991, p. 180). O mesmo autor sugere que o códice é provavelmente "o último grande herbário medieval que se escreve e com o qual se encerra uma longa tradição secular deste tipo de obra, pois, em meados do século XVI, quando se começam a produzir os grandes livros de medicina com estrutura moderna, os Hortulis desaparecem para converter-se (…) em verdadeiros tratados de botânica" (p. 185). Entrementes, para Del Pozo, "é demasiado frequente a polifarmácia e aqui, como em medicina moderna, pode observar-se que quando uma planta tem atividade evidente se usa sozinha ou em combinações simplórias. As mesclas complexas se encontram mais nos casos de gravidade ou de cura difícil. O mesmo parece ocorrer com o uso de produtos extravagantes e recursos mágicos" (DEL POZO, op. cit., 1991, p. 203). Ao lado dos diversos conteúdos minerais como as pedras bezoares, que podem mostrar uma grande influência das práticas europeias, alguns poucos elementos escatológicos também figuram no herbário. Contudo, "os procedimentos mágicos (…) são bem escassos, se (…) excluímos deste campo o uso racional ainda que hoje julgado ineficaz de produtos minerais ou animais" (p. 204). Assinalemos, de outro lado, dois artigos com estudos detalhados sobre prováveis relações com simbologias nativas nas prescrições do códice de La Cruz (VIESCA TREVIÑO & PEÑA PÁEZ, "La magia en el códice badiano", 1974; "Las enfermedades mentales en el códice badiano", 1976). Aguirre Beltrán, pela comparação entre o tratado de La Cruz e o volume de Sahagún sobre matéria médica, atesta o seguinte: em Sahagún "nada existe que não tenha uma explicação completamente racional. Alguns dos procedimentos descritos podem parecer repugnantes; outros, produto de uma credulidade sem fundamento; mas nenhum de caráter eminentemente mágico", e por outro lado, "no Libellus de Martín de la Cruz a influência ocidental racionalista, ainda que patente, não é total", porque "a liberdade de que gozam os autores permite-lhes deixar entrever o que realmente é a velha tradição indígena" (AGUIRRE BELTRÁN, op. cit., 1992, p. 115-6).

em ambos os tratados,³³² mais reforçam que arrefecem o sentido natural da medicina indígena. Por fim, essas obras são fruto de heranças e intenções dos personagens de uma nova sociedade cristã e indígena que os franciscanos buscavam erguer após a invasão espanhola.

Os curandeiros que ofereceram os dados para que Sahagún compusesse sua história natural e matéria médica nativa foram os únicos índios colaboradores que foram nominados e reconhecidos, ou seja, citados na *Historia general*. Sahagún comenta que "esta relação (...) das ervas medicinais e das outras coisas medicinais" foi oferecida pelos "médicos de Tlatelulco Santiago, velhos e bem experientes nas coisas da medicina". O frade enfatiza que todos "curam publicamente".³³³ Isso representa que o ofício desses curandeiros é lícito e eficaz. O frade oferece autoridade para fragmentos de práticas locais, dá razão para alguns sentidos de procedimentos medicinais indígenas que foram recolhidos na sua investigação em Tlatelolco.

Desde os materiais coletados nas primeiras entrevistas nessa cidade, num contínuo processo de ajustar as práticas indígenas aos parâmetros da medicina hipocrático-galênica, foram cortadas diversas passagens para a derradeira versão da obra sahaguniana – que são as colunas de texto em náhuatl e em espanhol do *Códice Florentino* escritos na cidade do México. É o que ressalta López-Austin, pelo cotejo entre os textos mais antigos e este último manuscrito ilustrado. Tal processo seletivo teria ocorrido na colaboração entre os sábios curandeiros e o frade Sahagún.³³⁴ Destaquemos, ademais, que a matéria médica da *Historia general* vem mais mutilada ainda que a versão naua desse *Códice Florentino*, não só pelos conteúdos omitidos, mas também devido às peripécias da tradução do franciscano.

Ainda assim, a matéria médica dos livros de Sahagún abarcaria muitas práticas locais sem grandes influências da ortodoxia médica espanhola, pelo que conclui López-Austin.³³⁵ Mesmo que Sahagún compartilhasse das perspectivas da medicina

---

332 Se há bastante diferença de espécies vegetais entre um trabalho e outro, com poucas coincidências, como aponta Del Pozo (*op. cit.*, 1991, p. 199), por outro lado, menções às substâncias psicoativas como o pulque, tabaco, cacau, algumas flores e daturas, estão presentes em ambos os escritos.

333 SAHAGÚN, *op. cit.*, XI, p. 781.

334 López-Austin, "Sahagun's work and the medicine of the ancient Nahuas...", 1974b, p. 210. O autor completa que os textos sobre a matéria médica foram "inquestionavelmente influenciados pela firme decisão e censura de Sahagún e pelo cuidado dos doutores nativos, cujo contato com os missionários possibilitou-lhes observar que matérias seria melhor omitir" (p. 217).

335 LÓPEZ-AUSTIN, *op. cit.*, 1997, p. 319.

oficial, particularmente quanto à visão galênica do equilíbrio humoral pelas chaves de quente e frio, de seco e úmido, cujos critérios eram usados também para ponderar o poder de contrarreação das medicinas junto às discrasias enfermiças, estes meandros, enfim, parecem não ter muito espaço nos escritos do franciscano. Em verdade, Sahagún louvava a manifestação de um saber indígena que lhe parecia suficientemente racional em sua manifestação peculiar, se expurgadas as coisas que o clérigo caracterizava como superstição e feitiço. É quando então os possíveis atritos entre as classificações, terapias e posologias da ortodoxia galênica e os critérios indígenas não fariam caso para Sahagún – afinal, seu objetivo foi de resgatar uma medicina natural dos índios, ou os fragmentos racionais que considerava benignos para o corpo do enfermo.

Se Sahagún soubesse manejar os critérios europeus da medicina com o gabarito da formação universitária, teria bons motivos para questionar a sabedoria médica indígena, tão solapada por Francisco Hernández, protomédico da corte real espanhola que fizera investigações médicas na década de 1970 do século XVI, na Nova Espanha, e julgara os procedimentos terapêuticos dos nativos como rústicos e impensados, advindos de uma tradição empírica que se contrapunha aos parâmetros da filosofia natural e da matéria médica dos antigos, com nomes ou autoridades como Plínio, Dioscórides e Galeno.

Ainda assim, Hernández concede certa efetividade nas experiências dos médicos índios. Num capítulo do segundo livro das *Antiguidades de la Nueva España*, salienta a precariedade do saber dos "médicos que chamam Titici".[336] Entre outras faltas, eles "nem estudam a natureza das enfermidades e suas diferenças, nem [é] conhecida a razão da enfermidade, da causa ou do acidente [situação ou sintoma], costumam receitar medicamentos, [mas] não seguem nenhum método nas enfermidades que hão de curar". Completa o protomédico que esses especialistas "são meros empíricos e só usam para qualquer enfermidade aquelas ervas, minerais ou partes de animais os quais, como passados de mão em mão, receberam receberam por algum direito hereditário dos mais velhos, e isso ensinam para aqueles que os seguem". Isto reforça a visão de uma "barbárie" da ciência médica indígena, notada como algo sem postulado

---

336 HERNÁNDEZ, *Antiguedades de la Nueva España*, 1986, p. 110-111. As traduções em português que vem a seguir são de versões em espanhol dos textos de Hernández, originalmente escritos em latim. Essas traduções minhas não vêm acompanhadas de notas com citas das versões em espanhol das edições utilizadas.

teórico e apenas como prática do teste de erro e acerto, assim como está mergulhada numa confusão sobre as causas e efeitos dos fenômenos.[337]

Comenta Hernández que "usam raramente medicamentos compostos ou mesclados", mas as receitas nada simplórias e as misturas de coisas da medicina subtraída por Sahagún, ou no anterior trabalho do colégio de Tlatelolco, no chamado Códice De la Cruz-Badianus, não expressariam justamente o contrário?

Hernández oferece o parecer de que "não se encontram entre eles cirurgiões nem boticários, senão apenas médicos que desempenham por completo toda a medicina" – o que na verdade poderia indicar uma profissão plena. Hernández se espanta de que "usam remédios farmacêuticos veementíssimos e sumamente venenosos, sem que o veneno esteja coibido ou refreado por nenhum gênero de preparação (…). Nem entendem adaptar os vários gêneros de remédios a vários humores que há de evacuar", e também, ainda em flagrante contracenso com a tradição hipocrática, "usam medicamentos frígidos, glutinosos ou astringentes sem tomar em conta os períodos da enfermidade ou o lugar afetado". Finaliza o protomédico lamentando que "ainda enquanto há abundância de maravilhosas diferenças de ervas salubérrimas, não sabem usá-las propriamente nem aproveitar-se de sua verdadeira utilidade".[338]

A *Historia natural de la Nueva España,* do mesmo Francisco Hernández, mantém a crítica aos conhecimentos dos médicos indígenas. Nessa imensa obra, Hernández afirma que os curandeiros "conhecem só uma ou outra propriedade de cada medicamento", mas enfim, admite que é "geralmente a principal" propriedade.[339] Hernández diagnostica, junto à terapia indígena com ervas, práticas supersticiosas: "A raiz triturada e aplicada no nariz provoca na hora espirros e evacua as mucosidades, de maneira que os médicos índios chamados ticiti auguram mediante ela quais dos enfermos que atendem vão morrer, e quais vão sarar".[340] Mas essa atenção perante superstições surge raramente. E também Hernández não se fecha

---

337 *Ibidem.*

338 *Ibidem.*

339 HERNÁNDEZ, *Obras completas tomo II*, 1959, p. 188. Embora os tratados ilustrados de história natural tenham sido destruídos, em 1671, num incêndio da biblioteca que havia sido criada por Felipe II no monastério do Escorial, em Madrí, partes dos rascunhos sobreviveram e foram editados posteriormente.

340 *Ibidem*, p. 284.

totalmente à ortodoxia do galenismo, cedendo para outras razões da medicina indígena. Ao descrever o vegetal zacayyauhtli, o protomédico comenta que:

> É quente em terceiro grau, amargo, cheiroso e algo glutinoso. Dizem que é eficaz contra as diarreias e febres das crianças, quiçá evacuando de alguma maneira a causa ou quitando os frios, ainda que bem sei como é opinião bem arraigada nos médicos índios que o calor se combate com o calor, o que talvez não é de todo errado nem carece por completo de verdade.[341]

Hernández havia consultado manuscritos de Sahagún, inclusive na busca de elementos para escrever sua própria história de antigualhas dos índios do vale do México. Já o franciscano, na lida com seus informantes, nunca questionaria as razões da medicina indígena que ele considerava naturais, que não ferissem os bons costumes e a fé devido a feitiçarias e superstições. Nesse caminho, não há de se estranhar que um sub-capítulo da história natural (no décimo primeiro livro da *Historia general*) seja dedicado a dissertar sobre "certas ervas que embriagam".[342] O assunto é usado também no projeto de separar as boas e más atividades – no caso, bons e maus usos das substâncias. Mas os efeitos embriagantes entram num jogo dessa polarização, apesar da clara tendência de imantá-los ao mal.

Na relação das ervas que embriagam, enumeram-se onze espécies, sendo as últimas cinco descritas como venenos extremamente fortes ou mortais. Mas alguns tratamentos medicamentosos são destacados e podem ser relacionados à embriaguez – não é o caso do primeiro exemplo de planta embriagante, a semente da "cóatl xoxouhqui",[343] cujo efeito embriagante é venenoso. Existe um uso errôneo e maldoso: a semente "embriaga e enlouquece", "parece-lhes que vem visões e coisas espantáveis".[344] São "feiticeiros e aqueles que aborrecem alguns" que oferecem a

---

341 *Ibidem*, p. 323-324. O protomédico, mesmo rejeitando a "compreensão naua do conhecimento médico", teria feito uma aproximação "clínica" em que baseava seus julgamentos (BORUCHOFF, "Anthropology, reason, and the dictates of faith in the antiquities of Francisco Hernández", 2000, p. 96).

342 SAHAGÚN, *op. cit.*, XI, p. 747.

343 Serpiente verde. Planta medicinal e psicotrópica, *Rivea corymbosa* o especie de *Datura* (Glossário in: SAHAGÚN, *op. cit.*, XII).

344 O texto em náhuatl propõe o conteúdo da visão: "Ele está muito amedrontado [pela] serpente venenosa que vê [por ingerir a semente]" (*Florentine Codex*, XI, p. 129).

semente em "beberagens para fazer dano aos que quer[em] mal". Quanto ao texto em náhuatl, ele tampouco escapa da história do malefício, está de acordo com a chave proposta por Sahagún de bons e maus agentes da medicina.[345] Pois enfim, a arte do malefício não é mecanismo estranho à cultura naua, sendo que a crença e a prática podem estar projetadas particularmente na figura do tlacatecolotl (homem-coruja).[346]

O bom uso dessa mesma substância cóatl xoxouhqui: ela serve para curar a gota.[347] Sahagún indica algo da receita: "moendo [a semente] e colocando-a" onde está a ferida. Noutra passagem desse livro de Sahagún, a semente também descrita como "medicina verde-azul" continua recomendada para a gota, bem como para curar chagas e dores no corpo. Mas o franciscano expõe ainda um uso menos trivial da planta, porque ao ser ingerida e trazer a embriaguez, a substância poderia oferecer o diagnóstico do mal: "Dizem que quando alguém tem uma enfermidade que os médicos não entendem nem sabem dar remédio, [então] se bebe esta semente, moída e mesclada com água; embriaga-se com ela o enfermo, e logo dá sinal de onde está a enfermidade".[348]

A adivinhação se move numa narrativa que descarta a possível ação do curandeiro ou a intenção desse tipo de cura pelo exercício consciente do enfermo, pois, para Sahagún, a ação se apresenta como virtude do medicamento, o qual faz o enfermo descobrir onde está a enfermidade. De toda forma, pelo que advém dos informantes indígenas, é o próprio paciente quem opera a cura:

> E nos velhos tempos, [bem como] hoje, usava-se quando estivesse doente por muito tempo; quando, como foi dito, "o médico tinha terminado", quando não poderia mais recuperar-se; [então] ele bebia suas sementes [na água]. Diziam que curava o paciente. Ele agia por sua própria vontade; ele se massageava quando começava

---

345 SAHAGÚN, *op. cit.*, XI, p. 747; e *Florentine Codex*, XI, p. 129.

346 LÓPEZ-AUSTIN, *op. cit.*, 1967, p. 88. Cita: "bebedizos para hacer daño a los que quiere mal".

347 SAHAGÚN, *op. cit.*, XI, p. 747.

348 *Ibidem*, p. 769. Cita: "Dicen que cuando uno tiene la enfermedad, que los médicos no entienden ni saben dar remedio para ella, si bebe esta semilla, molida y mezclada con agua, enborráchase con ella el enfermo, y luego da señal dónde está la enfermedad".

> o efeito, quando já estava bêbado [da medicina] do coaxoxouhqui [serpente verde, prov. ololiuhqui]³⁴⁹

Essa forma de cura excepcional não é percebida pela pena de Sahagún, que desconsidera o procedimento, talvez desatento, ou bem atento por omitir a terapia, inusual para as convenções da medicina como ele a vê. O aspecto medicinal da semente extrapola um uso superficial, unguento anódino, versão que aparece naquela relação das ervas que embriagam. Nesta passagem sobre a medicina "serpente verde", revelar-se-ia uma ciência da enfermidade pela forte embriaguez, maneira de pensar a cura do corpo do sujeito.

Sigamos o quadro de Sahagún das ervas que podem inebriar o homem. A segunda da lista é o peiote. Os informantes de Sahagún advertem que só cresce em Mictlan, ou seja, bem longe no norte, região identificada como lugar dos mortos, do frio, de deuses noturnos, espaço que os cristãos logo associariam ao inferno diabólico. Se Sahagún traduz que "os que a comem ou bebem" (a chamada raiz do peiote) "veem visões espantosas ou hilariantes", e que dura de dois a três dias o "embriagamento", já os extratos dos informantes parecem descrever outros poderes e perturbações. Como o que aconteceria usando cogumelos. Mas não se descreve nenhum efeito de ver estranhas e inusitadas visões. Talvez isso não fosse o mais significativo ou relevante efeito da droga, no modo de ver dos índios. ³⁵⁰

Sahagún busca incrementar as informações dos índios, um pouco, pela vivência do próprio franciscano. Ele falava náhuatl, ele circulava entre neófitos e especialmente lidava com os velhos e sábios índios. Sahagún aprimora que o peiote "é comum manjar dos chichimecas, que os mantém e dá ânimo para brigar e não ter medo, nem sede, nem fome. E dizem que guarda de todo perigo". Isso é tratado no relato sobre os costumes desses povos do deserto.³⁵¹ Se aqui não aparece qualquer prescrição medicamentosa estrita, existe, contudo, uma amplitude de sentidos da

---

349 *Florentine codex*, XI, p. 172.

350 Segundo o texto em náhuatl: "Tem o mesmo efeito de cogumelos"; "ele prejudica, traz problemas, enfeitiça, faz efeito sobre a pessoa". Também há uma expressão coloquial: "[Se] uso peiote, tenho problemas [njnopeiovia, njciovia]" (*Florentine Codex*, XI, p. 129). <u>Citas</u>: "los que la comen o beben ven visiones espantosas o de risas"; "emborrachamiento".

351 SAHAGÚN, *op. cit.*, XI, p. 747. <u>Cita</u>: "es común manjar de los chichimecas, que los mantienen y da ánimo para pelear y no tener miedo, ni sed, ni hambre. Y dicen que guarda de todo peligro".

medicina do peiote, sentidos recuperados pelo próprio Sahagún para além da tradução da coluna em náhuatl do *Códice Florentino*.

A terceira planta da lista é o tlápatl, provavelmente o estramônio, um tipo de datura. Sahagún assevera que os espécimes "embriagam e enlouquecem perpetuamente". Também tiram a fome. O frade, no procedimento usual de reter as expressões da língua nativa, lista os provérbios que reportam ao signo de poder daninho da planta, e que vimos, relaciona-se ao desatino e à fúria. Mas, apesar disso, há destaque também para o poder medicinal da solanácea no tratamento da gota.

A seguinte planta da lista é aparentada ao tlápatl e se chama tzitzintlápatl, sem mais comentário. A próxima é o míxitl, também outra espécie de datura, ou quiçá se trata de uma variedade na classificação local de uma mesma espécie (segundo a perspectiva científica atual). Sahagún realça primeiro (tal como na descrição de demais daturas) a eficácia enquanto unguento para combater a gota,[352] para depois serem mencionados diversos efeitos venenosos se a planta é ingerida em infusão.[353] Nítido recorte entre o bom e o mau proveito.

Em seguida temos o teonanácatl (cogumelo divino).[354] São amargos, ferem a garganta e embriagam. São medicinais contra as febres e a gota, quando são consumidos dois ou três, não mais. Ou seja, a virtude como medicina é natural ou aceita na perspectiva de um uso moderado. Contudo, Sahagún vacila em acolher plenamente a medicina – devido, digamos assim, ao efeito colateral que tanto lhe chamava a atenção: "aos que comem muitos, eles provocam a luxúria, e ainda que sejam poucos".[355] Para Sahagún, nem o uso moderado se lhe apresenta simplesmente como toma medicinal. O cogumelo é caminho dos vícios carnais não importando a dose.

Sahagún aponta para o poder visionário dos cogumelos: "veem visões às vezes espantáveis e às vezes hilariantes". Quase temos a repetição da frase sobre o efeito do peiote.[356] Mas o frade não resume o conteúdo do texto mais severo extraído dos informantes, que destaca as implicações negativas, digamos que emocionais, bem como a ruína no descontrole. Se existe a crença de que a substância porta alguns

---

352 *Ibidem*, p. 747. Cita: "enborrachan y enloquecen perpetuamente".

353 Tal como secar os testículos, apertar a garganta, fender a língua, dar sede e tirar a voz, além de trazer paralisia, a qual, aliás, pode ser combatida ao tomar vinho (*ibidem*, p. 748).

354 Várias espécies de cogumelos psicotrópicos recebem este nome (Glossário in: SAHAGÚN, *op. cit.*, XII).

355 Cita: "a los que comen muchos dellos provocan la luxuria, y aunque sean pocos".

356 SAHAGÚN, *op. cit.*, XI, p. 748. Cita: "visiones a las veces espantables y a las veces de risa".

numens – o que não fica exposto, como no caso das descrições sobre o pulque –, o relato das tragédias evocaria a questão da punição divina.[357] Sahagún acentua outro efeito que pode ter sido absorvido da semântica naua: aqueles que usam o fungo "sentem palpitações do coração". Lembremos que o coração seria o centro da consciência e das emoções na compreensão dos nauas, um espaço para a possessão, a alteração pelo uso das drogas, como enfatiza López-Austin.[358]

Demais plantas embriagantes ficarão demarcadas como venenos, embora a partir de algumas dessas também se extraia (e se destaque) a serventia medicinal – o que reforça a crença na dubiedade do fármaco pela tradição terapêutica que vinha dos antigos gregos. Mas, também, isso pode estar relacionado ao duplo sentido da palavra pahtli para os índios nauas.[359]

Uma dessas ervas, chamada tochtetepon (joelho de coelho),[360] pelo que explica Sahagún, mergulhada no pulque ou na água, "ainda que a tirem logo, deixa aí o veneno, e morre aquele que bebe". O texto extraído dos informantes aponta que o tochtetepon paralisa os movimentos de pés e mãos, sem mencionar que poderia levar à morte.[361]

Quiçá esta e as seguintes plantas da lista compusessem aquelas beberagens que os sempre mal-intencionados médicos dão para tomar a suas vítimas, como as daturas citadas acima (tlápatl e míxitl). Entretanto, temos observado nessas e noutras ervas, além da qualidade de simples peçonha, a função de bebida de feiticeiro. Algumas poções servem para a revelação dentro da embriaguez.[362] Independente desses meandros, consumir ou oferecer a bebida para buscar efeitos de loucura ou para malefício ou cura de enfermidade, tudo isso para Sahagún faz o coro do vício, o teor do discurso sobre as ervas que embriagam.

Outras plantas reconhecidas pela força embriagante (na obra de Sahagún) ficaram de fora do quadro exposto no primeiro sub-capítulo da história natural.

---

357 "Ele o deixa triste, deprimido, com problemas; faz com que fuja, o assusta, o faz esconder-se (...) Ele foge, se enforca, se joga de um precipício, grita, toma susto" (*Florentine Codex*, XI, p. 130).

358 LÓPEZ-AUSTIN, *op. cit.*, 1997, p. 406 e ss. Cita: "sienten bascas del corazón".

359 LÓPEZ-AUSTIN, *op. cit.*, 1967, p. 109.

360 Planta psicotrópica e venenosa (Glossário in: SAHAGÚN, *op. cit.*, XII).

361 *Florentine Codex*, XI, p. 131. Cita: "aunque la saquen luego, dexa allá la ponzoña, y muere el que la bebe".

362 Até mesmo a planta quimichpatli (veneno contra ratos) (Glossário in: SAHAGÚN, *op. cit.*, XII), que come a podridão onde se aplica, deixando em carne viva, talvez tenha sido usada como ingestão embriagante. Existe a expressão "eu tomo quimichpatli" (*Florentine Codex*, XI, p. 131).

Surpreende que não venha incluído o tabaco ou piciete, que outrora teria sido comparado pelo próprio Sahagún aos "velenhos de Castela",[363] plantas do suposto cadinho de drogas da bruxaria europeia. Se o tabaco em pó preparado com cal e colocado na boca é caracterizado como digestivo e estimulante – "faz (...) digerir o comido, e é proveitoso para tirar o cansaço", também "faz a cabeça desvanecer ou embriaga".[364] Além do mais, nos caniços para fumar, várias substâncias seriam usadas como aditivos embriagantes, tal como os "cogumelos", o "poyomatli" e o misterioso "ítzyetl".[365] Enquanto que é justamente o "piciete" (tabaco) a única planta descrita no *Códice De La Cruz-Badianus* como "erva que tem força embriagante".[366]

É notório também a falta do pulque na lista de substâncias inebriantes de Sahagún, porém, como a poção vem da seiva do agave, planta para diversos benefícios, a matéria é tratada em outra parte. O cacau também é considerado algo que embriaga, mas tampouco se enquadra na lista. O preparado de água com sementes novas de cacau, "se é bebido com equilíbrio refrigera e refresca", mas "se alguém bebe muito embriaga".[367] A bebida de cacau também oferece embriaguez quando a pétala teonacaztli entra em demasia na infusão. Inclusive, daria o mesmo efeito que

---

363 SAHAGÚN, *op. cit.*, II, p. 124. Cita: "beleños de Castilla".

364 SAHAGÚN, *op. cit.*, X, p. 626; e *Florentine codex*, X, p. 94. Sahagún constrói a oração indicando que outra erva, o estafiate, ao substituir o tabaco, é que provoca a embriaguez: "Algunos hácenlo de el axenxo de la tierra [estafiate], y puesto en la boca hace desvanecer la cabeza o emborracha. Hace también digerir lo comido, y hace provecho para quitar el cansancio" (p. 626). Contudo, pela versão retirada dos informantes, fica claro que é o tabaco em si que provoca tal efeito: "E alguns preferem artemísia [estafiate] ao tabaco. O bom tabaco os afeta; os deixa bêbados, ajuda na digestão, dispersa a fadiga". Citas: "hace (...) digerir lo comido, y hace provecho para quitar el cansancio"; "hace desvanecer la cabeza o emborracha".

365 *Ibidem*, p. 622-3: "Hay muchas maneras destos cañutos, y se hacen de muchas y diversas yerbas olorosas, molidas y mezcladas unas con otras, con que los tupen muy bien de rosas, de especies aromáticas, del betún llamado chapuputli [asfalto], y de hongos, de rosa llamada poyomatli, que es una yerba, y de ítzyetl". Poyomatli: "Nombre dado a diversas especies de plantas no identificadas. Se atribuye a sus flores un intenso aroma y propiedades psicotrópicas"; ítzyetl: "tabaco-obsidiana, erva não identificada" (Glossário in: SAHAGÚN, *op. cit.*, XII).

366 LA CRUZ, *op. cit.*, 1991, p. 67.

367 SAHAGÚN, *op. cit.*, XI, p. 744. Segundo o texto em náhuatl: "Este cacau, quando muito bebido, quando muito consumido, especialmente aquele verde, que é macio, deixa-os bêbados, faz efeito, deixa-os zonzos, confusos, faz passarem mal, os enlouquece" (*Florentine codex*, XI, p. 119). Cita: "si se bebe templadamente refrigera y refresca".

ingerir cogumelos – de acordo com os extratos em náhuatl.[368] Já as flores eloxochitl, "quando estão no caniço [de fumar] são bem cheirosas, e também é bebida com o cacau. E se colocam muitas, embriagam".[369]

Se no *Códice De la Cruz-Badianus* apenas o tabaco é descrito como embriagante, a mais complexa receita que se apresenta no opúsculo combina a semente de cacau com essas flores citadas acima e outras mais, além de folhas da erva ehecapahtli,[370] deixando descansar na água a mistura para banhos. Ao lado disso, o sangue de diversas feras é preparado como unguento para todo o corpo. Temos as pedras preciosas e bezoares para descansar na água também para banhos, além de elementos escatológicos e cérebro dos felinos noutro unguento. Tudo para dar ao corpo "uma robustez como de gladiador; deixam muito longe o cansaço, sacodem o temor e dão brios ao coração". A medicina é para combater a "fadiga de quem administra a república e desempenha um cargo público".[371] Mesmo numa promiscuidade de elementos aparentemente disparatados, a fórmula se apresenta como algo natural e que talvez possa embriagar. De outro lado, aquilo que chamaríamos de magia vem latente na receita, por exemplo, quando há consumo ou o contágio nos governantes de substâncias de bravos animais.[372]

Voltemos com Sahagún, que primou por identificar algumas coisas e formalizar um quadro que destacasse a propriedade natural da embriaguez. Tal ciência tendeu

---

368 "Las flores deste árbol son muy aromáticas y preciosas, y tienen fuerte olor, y son muy amarillas. Usanse mucho para oler y para beber, molidas con cacao. Y si se bebe destenpladamente, enborracha" (SAHAGÚN, *op. cit.*, XI, p. 744). No discurso dos informantes, além do destaque à propriedade medicinal, compara a bebida com o efeito do cogumelo: "Um medicamento, que diminui a febre. É bebido não muitas vezes e não muito; pois faz efeito; deixa-os bêbados como se fossem os cogumelos" (*Florentine codex*, XI, p. 120).

369 SAHAGÚN, *op. cit.*, XI, p. 786. Cita: "cuando están en la caña son muy olorosas, y tambíen se beben con el cacao. Y si echan muchas, enborrachan".

370 Remédio contra a feitiçaria (WIMMER, *op. cit.*, 2006).

371 LA CRUZ, *op. cit.*, 1991, p. 57. Cita: "una robustez como de gladiador; echan muy lejos el cansancio, sacuden el temor y dan bríos al corazón".

372 Segundo Viesca Treviño & Peña Páez, um preceito mágico sustenta tal receita. Afirmam os autores que "a magia, como acontece em nossa civilização atual, se encontrava mesclada, e às vezes encoberta por critérios religiosos ou por conceitos de um empirismo científico mais ou menos desenvolvido. Muitas premissas de origem indubitavelmente mágica são expostas numa linguagem e dentro de um contexto aparentemente científico" (VIESCA TREVIÑO & PEÑA PÁEZ, *op. cit.*, 1974, p. 287-288, cit. p. 297-298).

a balança dos usos dessas plantas como consumo desviante, vinculando o efeito uma vez ao vício da luxúria, noutras partes as plantas são apontadas como venenos mortais. Enquanto que no quadro maior da matéria médica da *Historia* de Sahagún, algumas dessas plantas e preparados, especialmente as solanáceas tlápatl e míxitl, o pulque, a bebida do cacau e o tabaco, são medicinas dentro de receitas que combinam a terapia de cura pela moderação com eficácia medicamentosa, dentro de certos parâmetros hipocrático-galênicos, e bem à revelia dos entornos rituais e efeitos considerados falsos, sinistros e aloucados, e que, portanto, remetiam ao emblema da influência demoníaca nos costumes indígenas.

Um extenso capítulo da *Historia* atrelado ao livro décimo e intitulado "das enfermidades do corpo humano e das medicinas contrárias",[373] apresenta certa prática medicamentosa desopilada de costumes supersticiosos ou feitiçarias. Igualmente na descrição mais solta de muitas medicinas e terapias na história natural (inscrita no décimo primeiro livro), prevalece o princípio de que a razão natural governa a medicina dos mexicanos – sem que, entretanto, tenham sido expurgados por completo os sinais de feitiçaria, de idolatria (e dos usos embriagantes).

O tabaco em cal poderia ter efeito inebriante ao ser ingerido, pelo que informa uma passagem na obra de Sahagún. Também a erva se apresenta como um dos medicamentos naturais contra cistos na garganta e para reter a "enfermidade da reuma ou catarro".[374] O uso externo é bom "contra apostemas e furúnculos". Cheirar a erva, além de apertar a cabeça com pano em defumadores, seria remédio contra as intermitentes dores de cabeça.[375] O tabaco moído terá condições de contrapor-se a venenos de víboras e escorpiões, se esfregado no local do ferimento.[376] Aliás, o efeito embriagante do tabaco em pó serviria como arma para caçar algumas espécies de cascavéis, ou mesmo para pegar qualquer tipo de serpente.[377] Elas ficariam estupefatas, paralisadas no contato com o pó atirado nelas com destreza. Os relatos mantêm a perspectiva de efeito natural da embriaguez provocada nos bichos.[378] Mas não há

---

373 SAHAGÚN, *op. cit.*, X, p. 636 e ss. Cita: "de las enfermedades del cuerpo humano y de las medicinas contra ellas".
374 *Ibidem*, p. 642 e 640. Cita: "enfermedad del romadizo o cadarro".
375 *Ibidem*, p. 636-637. Cita: "contra las postemas y nacidos de la cabeza".
376 SAHAGÚN, *op. cit.*, XI, p. 724 e 729.
377 *Ibidem*, p. 723 e 727.
378 *Florentine codex*, XI, p. 76.

relato sobre prováveis rituais ou reminiscências. Contudo, constam histórias em que o tabaco é chamado para proteger plantações de certos animais ou para facilitar a caça – particularmente no tratado do clérigo Ruiz de Alarcón em regiões camponesas do centro do México, décadas depois do esforço de pesquisa de Sahagún.[379]

Numerosas enfermidades e ferimentos também seriam curáveis se ingeridas as bebidas do cacau e do maguey, que serviam como infusões para ervas medicinais.[380] Mas na terapia contra as "larvas de pulgas que nascem nas costas", a dieta do enfermo teria como premissa "guardar-se de comer chili [pimenta] e carne, e de beber o atole [bebida de milho] quente, e [de beber] cacau e vinho". Ademais, um cuidado de moderação na bebida é destacado no tratamento de fortes crises de tosse. O enfermo até pode "beber algum trago de pulque", mas não muito.[381]

Por outro lado, uma terapia mais drástica, que envolve a embriaguez pelo pulque, vem receitada contra a picadura de uma aranha que não mata, mas que traz muita canseira por alguns dias. Se Sahagún destaca que o "pulque forte, que chamam huiztli", serve como anestesiante que aplaca a dor, o texto extraído dos informantes índios aponta que a bebida serve para eliminar a dificuldade na respiração, talvez pela obtenção de efeito estimulante.[382]

Mesmo com tais discrepâncias, a terapia com o pulque sugere propriedades e efeitos naturais. Inclusive a bebida pode ser aproveitada no poder embriagante. Mas, enfim, de acordo com um dos primeiros cronistas franciscanos, "os médicos davam muitas medicinas numa xícara de vinho, e às paridas (...), por saúde e não por vício". Ainda segundo Motolinia, os tipos de pulque não "davam senão aos

---

379 RUIZ DE ALARCÓN, "Tratado de las supersticiones y costumbres gentilicas que oy viuen entre los indios naturales desta Nueva España (1629)", 1987, p. 162 e ss.
380 Cf. SAHAGÚN, *op. cit.*, X, cap. XXVIII.
381 *Ibidem*, p. 644-5. No Códice De la Cruz-Badianus, um preparado com pulque contra o "sangue negro" (provavelmente trata-se do excesso do humor melancolia) deve ser misturado ao fígado de lobo, pérola e algumas ervas, além de um suco de "flores que huelen bien". Interditado ficar em lugar ensolarado e fazer sexo. O enfermo deveria ainda beber "muy moderadamente el pulque y mejor no lo beba, si no es como medicina" (LA CRUZ, *op. cit.*, 1991, p. 59). Citas: "niguas que nacen en la espaldas"; "guardarse de comer chile y carne, y de beber el atole caliente, y cacao, y vino".
382 SAHAGÚN, *op. cit.*, XI, p. 729; e *Florentine codex*, XI, p. 88.

velhos e velhas acima de cinquenta anos ou pouco menos, que diziam que o sangue se ía resfriando, e que era remédio para esquentar e dormir".[383]

O domínico Durán aponta que os idosos justificavam a embriaguez com pulque "para ajuda de sua velhice e pouco calor".[384] Os velhos inclusive convenciam progenitores de que era necessário que seus bebês se acostumassem com a bebida.[385] A abstinência criaria "na garganta irritação, chagas e mil invenções satânicas". A intenção dos idosos seria de "provocar" a toma, incentivar o vício na bebida.[386]

Durán não teria muito respeito pelas práticas da medicina indígena, acentuando que os enfermos, no seu tempo, buscam tanto Deus como os "feiticeiros", acreditando em "idolatrias", "superstições" e "agouros".[387] Sem conceder qualquer (boa) qualidade aos profissionais de cura, todos seriam identificados com os trâmites supersticiosos de sopradores, esfregadores, sortílegos.[388] Havia nos tempos antigos sopradores tão honrados e reverenciados "que os tinham por santos", se lhes ofereciam muita comida e também de seu "vinho".[389]

Se deixamos de considerar as reprovações desse cronista em torno das práticas e intenções dos curandeiros locais, sua visão que relaciona tal medicina às crenças e rituais antigos se mostra mais verossímil que a construção da virtuosa herbolária local, tarefa assumida por Sahagún na parte final de sua *Historia general,* que naturaliza a eficácia médica dos índios da Nova Espanha.

Talvez por desconfiar de alguma superstição, o franciscano omita que o leite da mulher possa ser o substituto do "pulque serenado" como colírio que combate a catarata.[390] Pois lembremos que a seiva do agave, matéria-prima do pulque, em muitos

---

383 MOTOLINIA, *op. cit.*, 1971, p. 361. Citas: "los médicos daban muchas melecinas en una taza de vino, y a las paridas (...), por salud y no por vicio"; "daban sino a los viejos y viejas de cincuenta años arriba o poco menos, que decían que la sangre se iba resfriando, y que era remedio para calentar y dormir".

384 DURÁN, *Historia*, I, p. 188.

385 Motolinia, ao tratar do uso medicinal moderado do pulque, acrescenta que "había muchas personas que así tenían abhorrido el vino, que ni enfermos ni sanos lo querían gustar, y en la verdad ello huele mal y no sabe muy bien" (MOTOLINIA, *op. cit.*, 1971, p. 361).

386 DURÁN, *op. cit.*, I, p. 273. Cita: "en la garganta carraspera y llagas y mil invenciones satánicas".

387 *Ibidem*, p. 5.

388 *Ibidem*, p. 10, 53, 77.

389 *Ibidem*, p. 175-176.

390 SAHAGÚN, *op. cit.*, X, p. 639; e *Florentine codex*, X, p. 144.

códices é apresentado como o leite de Mayahuel, a deusa que personifica o agave, a entidade das "quatrocentas tetas".[391]

Se Sahagún por ventura naturaliza o recurso de cura, também propõe causas naturais para as enfermidades. Quando o texto retirado dos informantes lhe coloca que o causador de todos os problemas na vista era o numen Xipe Totec, Sahagún acrescenta de sua própria razão que o "mal de olhos (...) procede de muito beber".[392]

As solanáceas em infusão seriam notadas como fortes soluções que levariam à loucura e ao desatino, pelas palavras de Sahagún. Mas a partir dos termos indígenas, além de perturbações emocionais, tais plantas traziam poderes extraordinários. De toda forma, Sahagún iria apreciar alguns atributos medicinais dessas plantas, particularmente na fórmula de unguentos ou pós contra feridas, inchaços, verrugas,[393] além do combate à gota, assunto destacado para essas e outras plantas da pequena lista das "ervas que embriagam".

No *Códice De la Cruz-Badianus*, o sangue do galo junto com o tolohuaxihuitl (espécie de datura), que serviria para sarar de feridas na planta do pé, é uma das fórmulas de unguento inscritas nesse mais antigo e tradicional tratado de medicina, que ainda acrescenta a resina "oxitl" na receita.[394] Mas Sahagún (nas mostragens da medicina dita indígena), além de preterir receitas tradicionais ou populares da cultura europeia ou local, onde se multiplicavam os elementos escatológicos e fórmulas com diversas coisas além de plantas, também omitiria o assunto da idolatria – que aparece como tema central na investigação dos primeiros livros de sua *Historia*. Então, já nos últimos livros, não surge o que se afirmara antes. Entre outros itens, a reverência à deusa chamada Tzaputlatena (que teria inventado unguentos curativos à base da resina oxitl, como aquela acima apontada), que tinha na receita uma poderosa datura alucinógena.[395] Enfim, estes medicamentos, os unguentos, estavam penetrados de razões da chamada idolatria.[396]

---

391 Cf. LIMA, *op. cit.*, 1978.
392 SAHAGÚN, *op. cit.*, I, p. 55.
393 SAHAGÚN, *op. cit.*, X, p. 637, 644, 647.
394 LA CRUZ, *op. cit.*, 1991, p. 53.
395 SAHAGÚN, *op. cit.*, I, p. 72.
396 A gota que os índios chamam de "entumecimento [envaramiento] da serpente", a qual advém como punição por entidades aquáticas, pode ser curada através de remédios psicotrópicos mencionados no livro XI do *Códice Florentino*: toloa, tlapatl, mixitl (daturas), a semente do ololiuhqui,

Sahagún não enumera entre as poções medicinais, a bebida "tlílatl", "que quer dizer água negra", poção que repousava em grandes recipientes na frente do deus Ixtlilton: "e quando alguma criança enfermava, levavam-na ao templo ou tabernáculo deste deus Ixtlilton, e abriam uma daquelas vasilhas, e davam para a criança beber daquela água, e com ela sarava".[397] Ou melhor, aquela água "diziam que curava, segundo sua louca imaginação". Pelo pensamento de Sahagún, que espécie de eficácia teria guarida desde uma medicina que não era de virtude natural? Acrescente-se que o deus Ixtlilton (ou sua representação) visitava "as vasilhas do pulque" quando "faziam grandes cerimônias e demasiado vãs".[398]

Sahagún, bem como o texto em náhuatl, no discurso sobre regras de consumo, omitiriam certo "agouro" da parte da *Historia* sobre as idolatrias. Havia na preparação do pulque pelos taberneiros, interdito e ameaça. Os fabricantes deveriam se abster de relações sexuais por quatro dias antes do "abrimento" das vasilhas. Também não podiam beber nesse período, pois do contrário a boca iria torcer para o lado "em pena de seu pecado".[399] Essas causas de enfermidade chamadas supersticiosas, não consideradas naturais, não entram na história da bajulada medicina indígena de Sahagún.

Se o franciscano parece aceitar – ao menos aceitar que o livro informe – a virtude medicinal natural do pó extraído de ossos de "gigantes", pó consumido na bebida de cacau,[400] certamente não teria condescendência com o costume mexica de ingerir pós e lascas de "idolozinhos", atitude condenada pelo cronista Durán, que assevera: "velhos supersticiosos" davam por entender aos pais das crianças "que com aquilo estariam sarados das enfermidades e febres, das diarreias e febres tercianas, enganan-

---

    o picietl (tabaco), o teonanácatl (cogumelo divino). Ortiz de Montellano afirma que "é concebível que seu uso terapêutico fosse percebido como um modo de colocar os humanos em contato com o deus, a causa da enfermidade 'divina'. Uma razão mais prosaica pode ser que a atropina [nas daturas] (…) pode penetrar a pele, providenciar uma anestesia, e aliviar a dor". Estes dois aspectos "não se excluem" (ORTIZ DE MONTELLANO, *op. cit.*, 1980, p. 296-7).

397 SAHAGÚN, *op. cit.*, I, p. 52-53. Cita: "y cuando algún niño enfermaba, llevábanle al templo o tabernáculo deste dios Ixtlilton, y abrían una de aquellas tinajas, y daban a beber al niño de aquel agua, y con ella sanaba".

398 *Ibidem*, p. 73. Cita: "hacían grandes ceremonias y muy vanas".

399 *Ibidem*, p. 62.

400 Os "ossos de gigantes" provavelmente são animais fósseis encontrados na terra (SAHAGÚN, *op. cit.*, XI, p. 780).

do esta gente, tão simples e miserável".[401] Concluamos que a boa medicina indígena da enciclopédia de Sahagún, considerada natural pelo franciscano, não contempla diversos significados das práticas indígenas. Sahagún apaga ou omite hábitos e rituais de seus contextos mais amplos ou inerentes aos procedimentos de cura locais.

Segundo François Dagognet, todas essas instâncias são tradicionalmente reunidas para operar de fato uma eficácia de cura em qualquer contexto.[402]

Weston La Barre acentua que o curandeiro, em toda a América, tem maestria tanto na cura como no ritual, coisas que "são o mesmo no pensamento indígena".[403] Mas a receita de arte de cura indígena, elaborada com tanto afinco no final da *Historia general* de Sahagún, sugere atenção praticamente exclusiva aos simples medicinais (partes e produtos geralmente de plantas) sem qualquer alusão às crenças ou rituais, alguns relatados no início da obra. Além disso, Sahagún, da sabedoria indígena, busca efeitos da aplicação judiciosa e da moderada ingestão dos embriagantes, potenciais venenos, naturais e supersticiosos.

---

401 DURÁN, *op. cit.*, I, p. 248-9. Citas: "idolillos"; "que con aquello sanarían de las enfermedades y fiebres, de las cámaras y ciciones, engañando a esta gente, tan simple y miserable".

402 DAGOGNET, *op. cit*, 1964.

403 LA BARRE, "Anthropological perspectives on hallucination and hallucinogens", 1975, p. 34.

Capítulo 3
Extirpação de medicinas da idolatria

Tratados da Nova Espanha e Peru (século XVII)

A natureza dos tratados dos extirpadores de idolatrias, aproximadamente um século depois da conquista espanhola, é bem distinta das histórias de religiosos analisadas nos capítulos anteriores, que escreveram na segunda metade do século XVI. Os novos extirpadores não estarão preocupados com outro assunto qualquer da cultura indígena que escape da identificação estrita dos maus costumes e da idolatria. Aliás, as representações dos costumes se fazem idolátricos enquanto claramente diabólicos: irracionais e maldosos. Além disso, os índios idólatras, mas agora também hereges, depois de tanto tempo de evangelização, são agentes demoníacos que conspiram sistematicamente contra a verdadeira fé. São próceres das mais sórdidas intenções do demônio. Diferente de Las Casas ou Sahagún, de Durán ou Acosta, agora, com os curas Hernando Ruiz de Alarcón e Jacinto de La Serna no México – ou mesmo com o jesuíta Pablo de Arriaga no Peru –, não há elogios, não há concessão para a vista de um lado mais positivo da vida indígena; e isso se reflete no teor do discurso em torno das medicinas que embriagam, as quais também tornam-se objeto de extirpação.

Os curas Ruiz de Alarcón e La Serna extrapolam a perspectiva demonológica já poderosa nos tratados do século XVI. De acordo com Fernando Cervantes, se o padre Acosta, numa perspectiva "nominalista" do poder do diabo na "religião" dos índios, pode ser considerado o paradigma da demonização dos costumes nativos, por outro lado, ficaria "impaciente" com os curas do século XVII, tal como ficara com os primeiros "frades ignorantes que viam o mau obrando em qualquer prática que não se conformasse com os costumes europeus".[1]

La Serna parece até mesmo colocar em dúvida a capacidade racional dos índios, ao compará-los para menos com relação aos espanhóis.[2] Mas a demonização, o preconceito e radical intolerância para com os costumes indígenas – que aparece em relevo, portanto, na tinta dos extirpadores do século XVII – não devem ser transportadas para uma história da cultura onde o único vetor seja a exclusão e a repressão, pois, como ainda adverte Cervantes, há "espaço para interação cultural e assimilação" na vida cotidiana do vice-reino da Nova Espanha.[3]

Guardadas as devidas proporções, os extirpadores da idolatria no México do século XVII devem estar imbuídos de semelhante obsessão por encontrar o mal (e o anjo caído) nas práticas populares, como tiveram os clérigos e outras autoridades no outro lado do Atlântico naqueles tempos, particularmente no centro da Europa, como na França, quando diversos demonógrafos impulsionavam a histeria da caça às bruxas, fenômeno que, segundo Robert Muchembled, alimentava o projeto de centralização política dos estados monárquicos.[4]

Na Nova Espanha, La Serna exorta pela "destruição da idolatria, e morte de seus falsos Dogmatistas",[5] um arroubo de discurso no *Manual de ministros de indios* desse extirpador, que está assentado na perspectiva de "dramatizar a situação" de uma suposta conspiração demoníaca. Como apontam Bernand & Gruzinski, isso se deu pelo objetivo de alterar a legislação em torno das punições aos ditos idólatras, buscando aproximar a justiça para os índios do maior rigor da Inquisição, a qual tinha a prerrogativa de eliminar e punir os erros e heresias dos brancos, negros e mestiços (desde decreto de Felipe II, em 1575). A retórica e a luta cotidiana contra a idolatria dos índios e o pavor das mesclas com o cristianismo têm o propósito de reforçar o controle, a vigilância em torno da população local, num concerto entre o poder civil e a estrutura eclesiástica. O clero secular abre sua rede institucional ocupando

---

1 CERVANTES, *The devil in the New World*, 1994, p. 34.
2 LA SERNA, "Manual de ministros de indios", 1987, p. 266.
3 CERVANTES, *op. cit.*, 1994, p. 36.
4 Cf. MUCHEMBLED, *Une histoire du diable*, 2000.
5 LA SERNA, *op. cit.*, p. 475.

alguns espaços tradicionais que pertenciam à missão dos clérigos mendicantes, tão importantes para a dominação espanhola no início da colonização.[6]

La Serna acentua que o clero secular é herdeiro natural dos religiosos mendicantes na tarefa de encaminhar a população indígena para a fé e no uso da razão. Os seculares deveriam aprimorar o trabalho pioneiro dos regulares. Já estes teriam agora de ficar no seu devido lugar, presume-se, nos conventos. Enquanto que a Igreja das paróquias é quem deveria dominar a ação missionária num cenário de extirpação dos maus costumes e de correção da vida dos nativos.[7] Os tratados dos extirpadores do século XVII têm, portanto, a função de reforçar o poder do clero secular na tutela da população indígena.[8]

O objetivo dos tratados é bem mais estrito que pensar uma complexa malha social nativa ou reportar à antiga lei gentílica. Se os tratadistas recuperam histórias do tempo pré-hispânico, será apenas para ilustrar correspondências com os erros mais recentes e do seu presente, entre os nativos. Os extirpadores não fazem nem tinham porque fazer entrevistas com os quadros da elite indígena dos vales centrais do México, grupo social em fase minguante. O recurso de organizar algumas juntas com índios velhos foi tarefa dos cronistas mendicantes analisados anteriormente, em especial, do frade Sahagún.

O que fazem os párocos de geração bem posterior é obter confissões nos ares de inquisidor de heresias: eles procuram suspeitos de feitiçaria nos recônditos de modestos povoados de camponeses empobrecidos, parteiras e curandeiros, pescadores e lenhadores, reunidos nas chamadas congregações, isto é, nas novas vilas constituídas para reunir (e no projeto de civilizar) os sobreviventes da catastrófica mortandade nativa que chega ao limite extremo pelas primeiras décadas do século XVII na Nova Espanha.[9]

---

6   BERNAND & GRUZINSKI, *De la idolatría*, 1992, p. 138 e ss., cit. p. 139.

7   *Ibidem*, p. 272 e 462.

8   Cf. ANDREWS & HASSIG, "Editors introduction: the historical context", 1984, que oferecem um bom resumo da história do conflito entre as esferas secular e monástica na evolução do primeiro século de conquista da Nova Espanha (p. 3-7).

9   A primeira formação de congregaciones na Nova Espanha data de meados do século XVI, e a segunda surge entre 1605 e 1610, portanto, na época dos extirpadores ou no momento da ampliação do campo de ação da Igreja secular nas comunidades indígenas. As "congregaciones", segundo o extirpador La Serna, propiciavam aquelas condições para combater melhor a superstição e,

Pelo argumento de Bernand & Gruzinski, o assunto da idolatria junto a estes extirpadores perde muito daquela ambição de criar um quadro sintético ou enciclopédico, mas tais escritores ganham na perspectiva de descobrir o detalhe mais escondido dos costumes, um olhar minucioso que desvela conteúdos bastante ricos para a investigação histórica.[10] Por outro lado, como acentuam os autores de uma edição em inglês do *Tratado de supersticiones y costumbres gentílicas,* de 1629, e escrito pelo principal extirpador mexicano, Hernando Ruiz de Alarcón, deve-se ponderar que ele não apresenta uma etnografia abrangente, o que havia sido feito por Sahagún e Durán. O clérigo secular apresenta visões e atenções mais limitadas, que comprometem a análise sobre as crenças e costumes indígenas.[11] Ambas as considerações críticas, a princípio divergentes, parecem complementar-se para a análise do potencial dos tratados dos extirpadores como fontes históricas.

O campo de atuação das investidas inquiridoras e punitivas dos curas mexicanos é a região dos atuais estados de Morelos e norte de Guerrero, ao sul do altiplano central mexicano, onde se encontra a cidade do México. A região corresponde a partes do que chamavam na época de Marquesado, terras férteis que haviam sido entregues para o conquistador Hernán Cortés, intitulado Marquês do Vale de Oaxaca ainda no calor das campanhas guerreiras espanholas na Mesoamérica, em 1529.

Ruiz de Alarcón formou-se em teologia na Universidade do México, quando então toma a carreira clerical, chegando ao modesto cargo de juiz eclesiástico em 1617, indicado para a jurisdição do povoado de Atenango, justo na fronteira entre

---

contraditoriamente, também dariam oportunidade para mais fácil pregação dos "dogmatistas" da idolatria (LA SERNA, *op. cit.*, p. 288 e 452).

10 BERNAND & GRUZINSKI, *op. cit.*, 1992, p. 133.

11 Segundo Andrews & Hassig, os comentários de Ruiz de Alarcón na maioria das vezes consistiam em más avaliações. "Ele frequentemente oferece racionalizações para as práticas nativas" sem entender do que se trata. Devido à diabolização dessas práticas, o clérigo tem uma compreensão "superficial". O tratado evidencia muita "distorção" que é fruto tanto de "ato deliberado" como de "equívoco" sobre os dados. Os críticos acentuam de Ruiz de Alarcón sua "inadequação como um etnógrafo", ou ainda, pelo jeito que o clérigo coleta e apresenta os informes extraídos de indígenas consultados, ele demonstra a consistência e completude de uma tarefa por alguém que "está tentando construir um caso contra o paganismo e sincretismo, mas inconsistentemente e apenas de forma parcial" traz o registro de um "sistema religioso" (ANDREWS & HASSIG, *op. cit.*, 1984, p. 8 e 24). Esta entrada antropológica é o que particularmente atraem os mesoamericanistas que traduzem o tratado de Ruiz de Alarcón ao inglês.

a arquediocese do México e o bispado de Tlaxcala. Consultara importantes obras da tradição escolástica e, além de dominar o latim, tinha amplo conhecimento da língua naua falada na região do Marquesado.[12] Produziu um conjunto de capítulos sob encomenda do então arcebispo Juan Pérez de la Serna, enérgico e atuante líder do clero secular que liderou uma rebelião de cunho moralizante contra o governante supremo do vice-reino.[13] Ruiz de Alarcón completa o manuscrito quando tal arcebispo já havia sido expelido do cargo principal da Igreja, dedicando sua obra para Francisco Manso y Çúñiga, a liderança posterior.

Ruiz de Alarcón, tal como aquele arcebispo morigerador, Pérez de la Serna, parecia algo distante das atitudes convencionais ou normais. O desejo de ser literalmente inquisidor de índios extrapolava o que se podia fazer como punição aos gentios, que apesar de idólatras, não se encaixavam no âmbito inquisitorial contra os heréticos de origem europeia, africana ou mestiça, que podiam ser acusados de luteranismo ou de bruxaria e passar pelos terríficos tribunais da Inquisição novo-hispânica. Tanto que houve denúncia de um frade agostinho contra o clérigo de Atenango "que faz autos" como do Santo Ofício, o que gerara um grande processo de averiguação dos métodos violentos e impróprios perante os índios e que eram de costume de Ruiz de Alarcón.[14]

---

12 COE, "Introduction", 1982, p. 9 e ss. Ruiz de Alarcón é filho de imigrantes espanhóis de estirpe nobre que se voltaram para a exploração de minas na região de Taxco. Mas a família empobrece na forte depressão que grassa a Nova Espanha no final do século XVI. A carreira universitária e eclesiástica se torna boa saída para a manutenção do status de Hernando Ruiz de Alarcón, que teve um de seus irmãos (de nome Juan) como dos maiores expoentes da dramaturgia na Espanha.

13 O arcebispo de sobrenome igual ao do extirpador foi, "por temperamento", extremamente zeloso de suas prerrogativas de reforma morigeradora e nas instâncias do poder central através das visitas eclesiásticas. Em 1621, quando chega um novo vice-rei para a Nova Espanha, o Marquês de Gelves, ocorrem grandes celeumas entre o poder civil e eclesiástico devido à insistência do arcebispo La Serna por contestar toda hora o relaxado governo no que tocava às moralidades, ocasionando grandes convulsões e oferecendo o estopim de uma sublevação contra o vice-rei, em 1624. Tais eventos liquidam tanto o poder do arcebispo como do vice-rei – ambos foram enviados à Espanha para explicações sobre o grande tumulto ocorrido na cidade do México (*ibidem*, p. 18-9).

14 O frei Juan Carrasco denuncia, em 1614, que indo "el Domingo de Ramos pasado de seiscientos y trece, a negócios que tênia em el lugar de Atenango, junto a Comala y dos leguas de Quezala encontrem el camino a un hombre español, que no sabe éste quien era, el cual dijo que venía escandalizando de haber visto en el dicho lugar que el beneficiado de él llamado Hernando Ruíz de Alarcón había hecho uno como acto de Inquisición. Sacando aquel día a la iglesia y en la procesión algunos indios e indias penitenciados, unos con corozas y otros con sogas al pescuezo y velas en las

O material produzido por este clérigo é extremamente rico em anotações de "conjuros" escritos em náhuatl a partir de uma coleção alcançada por seus assistentes, e também pelos próprios curandeiros e camponeses investigados e penitenciados pelo pároco inquisidor de índios. Os conjuradores, ao que tudo indica, transitavam entre a tradição oral e o recurso da escrita para memorizar as encantações. Inclusive, um dos conjuros, que estava num pedaço de papel, foi achado na beira de um rio – deve ter sido deixado inadvertidamente pelos pescadores que passavam por ali, mas foi resgatado pelo cura de Atenango.[15]

Além do tratado de Ruiz de Alarcón, tenhamos em conta a obra de Jacinto de la Serna, cura que recuperou os escritos do outro, condensando também informações de mais extirpadores, além de realçar sua própria experiência na lida da investigação e repressão dos curandeiros. Ele completa o *Manual de ministros de indios* em 1656. Nascido no México, La Serna teve presença muito mais destacada que o cura espanhol Ruiz de Alarcón na vida universitária e eclesiástica da Nova Espanha.[16] Usa livremente trechos dos papéis de Ruiz de Alarcón, quem conhecera pessoalmente.[17]

---

manos, porque decían eran hechiceros. Y llegando éste [frei Juan Carrasco] al dicho lugar otro día después, supo que era verdad lo que le había contado el dicho hombre. Y que no había sido aquella vez sólo, porque otras lo había hecho el dicho beneficiado. Y vió éste como el dicho beneficiado [Ruiz de Alarcón] reñía y reprendía a una india, de las que había sacado en penitencia, para soltarla de la cárcel. Y especialmente se lo contó un hombre español llamado Lorenzo Berdugo, que trata por allí, y que él se había hallado presente al dicho auto con otros españoles" – México 1614, Proceso contra el licenciado Hernando Ruiz de Alarcón. Beneficiado del pueblo de Atenango. Por haber castigado indios en la forma que lo hace el Santo Oficio (in: QUEZADA, "Hernández Ruíz de Alarcón y su persecución de idolatrías", 1980, cit. p. 327-8).

15   *Ibidem*, p. 39-40.
16   La Serna nasceu em 1595, foi doutor em teologia, cura de Tenancingo, depois da paróquia da catedral do México (em 1632), sendo três vezes reitor da Universidade do México. Ainda foi visitador geral da diocese junto com dois arcebispos (GRUZINSKI, *La colonización del imaginario*, 1991, p. 151). Tenancingo está no atual estado do México. La Serna também foi cura em Xalatlaco, no sudeste do estado de Toluca. Em ambos os locais havia índios falantes de matlatzinca, assim como de otomí e náhuatl (COE, *op. cit.*, 1982, p. 53).
17   Apontam Andrews & Hassig: "a impressão que se obtém de Serna é que tanto o comentário como os textos em náhuatl traduzidos são dele mesmo, ao passo que, de fato, o comentário que trata do material encantatório vagamente segue o texto de Ruiz de Alarcón" (ANDREWS & HASSIG, *op. cit.*, 1984, p. XVIII).

É importante frisar que os originais de Ruiz de Alarcón se perderam, embora a edição do manuscrito que utilizamos venha de um copista da época.[18]

La Serna compara as "visitações" que lidera na Nova Espanha com o que ocorria no Peru.[19] Mas o paralelo não é perfeito, como apontam estudiosos da extirpação que ocorria nos dois vice-reinos, pois as dimensões são bem distintas: quanto às campanhas de inspeção e punição dos infratores, quanto aos métodos da interdição dos costumes e os procedimentos para aprofundar a evangelização.

No Peru havia uma política mais duradoura e abrangente de verdadeiras campanhas. O caso mexicano, se ele frutifica em enormes tratados de extirpação, contudo, é iniciativa de alguns párocos isolados. O caso peruano revela um procedimento bastante institucionalizado e concatenado com o governo civil. Muitos extirpadores eram funcionários reais, mas, além disso, entre momentos de fluxo e refluxo, as investidas foram resultado da militância de vanguarda da Contrarreforma católica – a política de extirpação das idolatrias no Peru teve forte e decisiva presença da

---

[18] Os tratados de Ruiz de Alarcón podem ser contados pelo número de sete, ainda que todo o manuscrito seja considerado um só tratado. Utilizamos uma edição do manuscrito catalogado como "Museo Nacional de Antropología MS", cópia contemporânea aos originais do clérigo e resultado do trabalho de quatro diferentes copistas. É o exemplar mais antigo (COE, *op. cit.*, 1982, p. 51 e ss.). A edição que utilizamos está na coleção de tratados de extirpadores organizada por Fernando Benítez: RUIZ DE ALARCÓN, "*Tratado de las supersticiones y costumbres gentilicas que oy viuen entre los indios naturales desta Nueva España (1629)*", 1987 (para as próximas citações do tratado neste capítulo: RUIZ DE ALARCÓN, *Tratado*). Também confrontamos essa edição mexicana com a versão em inglês de Andrews & Hassig (para as próximas citações neste capítulo, do tratado traduzido ao inglês: RUIZ DE ALARCÓN, *Treatise*.). A tradução para o inglês do texto em espanhol de Ruiz de Alarcón não interessa aqui, mas muito útil é o texto em inglês traduzindo o náhuatl, e que permite comparar os encantamentos em língua nativa com as traduções feitas pelo próprio Ruiz de Alarcón ao espanhol, pois o contraste pode ser elucidativo para adentrar nas maneiras de representação dos indígenas pelo cronista. Quanto aos trâmites da tradução do náhuatl por Ruiz de Alarcón, Andrews & Hassig apontam que, embora o clérigo soubesse náhuatl muito bem, ele quis se apoiar e contou com a ajuda de informantes nativos, inclusive de serviçais na sua casa, para a tradução do material que coletava. Isso se evidencia pelas afirmações do clérigo e também pela "estranha inconsistência com que certas frases são traduzidas, como se alguns informantes fossem mais instruídos ou mais acessíveis que outros. As racionalizações de Ruiz de Alarcón sobre algumas encantações erroneamente traduzidas nublam ainda mais o quadro" (ANDREWS & HASSIG, *op. cit.*, 1984, p. 8).

[19] LA SERNA, *op. cit.*, p. 288.

Companhia de Jesus. O principal extirpador inaciano foi Pablo Joseph de Arriaga.[20] O padre escreveu um tratado com o título *Extirpación de la idolatría del Piru*.[21]

Longe de recuperarmos a complexa história do projeto de extirpação da idolatria nos Andes Centrais,[22] basta ter em conta algumas breves avaliações. Segundo Pierre Duviols, antes da campanha de alarde e repressão do doutor Francisco de Avila, a partir de 1609 no corregimiento de Huarochirí, arcebispado de Lima, a extirpação era política menor – à exceção da luta contra os insurretos incas de Vilcabamba e as campanhas contra os infiéis nas periferias do domínio espanhol desde meados do século XVI. Nessa época, não havia critério muito claro para distinguir o índio ainda idólatra daquele já cristão ("o hábito" havia sido de "considerar o problema da idolatria como resolvido", pois apenas encontravam "resíduos de um passado recente, portanto, escusável"). Com o clérigo Avila, soa uma nova nota que percorre o tratado de Arriaga: "a idolatria (...) se perpetuava como era antes da Conquista". Embora depois fosse uma coisa secreta, os índios souberam como "se adaptar à clandestinidade".[23]

Arriaga vai para a frente de batalha após Avila ter partido para a região do rio da Prata. É a partir de 1619 que o jesuíta publiciza seu tratado de extirpação. Duviols resume o papel de vanguarda do padre: dirige a casa de reclusão de Santa Cruz em Lima para aqueles chamados dogmatistas da idolatria; faz parte de visitações eclesiásticas no interior.; mas, sobretudo, "inspira diretamente as ordenanças do vice-rei" sobre a questão das sobrevivências pagãs. Em 1621, o jesuíta publica seu tratado deextirpação da idolatria no Peru, documento que analisaremos no último item deste capítulo.

---

20 Apontam Bernand & Gruzinski que no Peru as campanhas não eram como no México, de "empresas individuais atribuíveis ao zelo excepcional ou à mania repressiva de um cura". Já os trabalhos sistematizados por Pablo de Arriaga no Peru "constituem também verdadeiros interrogatórios policialescos, ainda que sua jogada essencial siga sendo a intimidação mais que o castigo, o estabelecimento racional dos indícios e a fragmentação das solidariedades comunitárias" (BERNAND & GRUZINSKI, *op. cit.*, 1992, p. 153).

21 ARRIAGA, *La extirpación de la idolatria en el Pirú*, 1999. Para as próximas citações do tratado de Arriaga, neste capítulo: ARRIAGA, *Extirpación*.

22 Cf. GAREIS, "Repression and cultural change: the 'Extirpation of Idolatry' in colonial Peru", 1999, a respeito de distintas contribuições em torno do tema da extirpação da idolatria no Peru.

23 DUVIOLS, *La lutte contre les religions autochtones dans le Pérou Colonial*, 1971, p. 147-8.

O bem ordenado texto de Arriaga tinha o propósito de servir como manual para os visitadores de povoados indígenas nas campanhas subsequentes. No documento se encontram instruções aos visitadores e regulamentos que eram afixados nos povoados indígenas. As regras propostas por Arriaga terão sentido de lei, como enfatiza Duviols. Mas quando termina o mandato do vice-rei que apoiava a política protagonizada por Arriaga, em 1621, e aliás, com a morte deste jesuíta no ano seguinte, bem como devido à política adotada pelo arcebispo recém-empossado, Logo Guerrero, a campanha da extirpação esfria. Logo toma novo fôlego com o arcebispo Gonzalo de Campo (1625-1626). Contudo, somente a partir de 1641, com o arcebispo Pedro de Villagómez, que se recupera o frenesí das visitações.[24]

Kenneth Mills destaca que o movimento da "sistemática extirpação" no Peru ampliara consideravelmente o campo da idolatria dos índios como práticas irreconciliáveis com o catolicismo. Mas havia sempre muitos opositores e céticos dos métodos de intolerância dos extirpadores, pois muitos doutrinadores buscavam semelhanças e formas de adaptação entre as antigas crenças gentílicas e o cristianismo, na lida da conversão dos índios. Críticos evangelizadores não consideravam a idolatria como um "problema no qual se havia tornado com certos arcebispos e círculos oficiais em Lima", quando até chegavam a questionar as reais intenções das campanhas, como nas suspeitas de que alguns extirpadores queriam expoliar os bens dos índios acusados de idólatras e feiticeiros.[25]

Para Estenssoro Fuchs, acima do problema dos fatores estruturais ou contextuais sobre as origens e afirmação do movimento que parece algo excepcional, o que realmente conta sobre a nova campanha de extirpação com Avila, Arriaga e outros a partir do início do século XVII, é que eles conduzem uma representação de extrema homogeneidade das práticas consideradas idolátricas dos indígenas. Enquanto que a atitude em contra os sincretismos na conversão católica, também expressaria a ideia de uma revigorada falsa religião dos andinos, o que ainda contribuiria para a peculiar construção do catolicismo nas terras peruanas.[26]

Se os movimentos de extirpação da idolatria no México e no Peru foram distintos um do outro, e remetem muitas vezes a diferentes problemas e temas, ambos os

---

24 *Ibidem*, p. 160-5. Cf. DUVIOLS, *Procesos y visitas de idolatrías*, 2003.
25 Cf. MILLS, *Idolatry and its enemies*, 1997, p. 34 e ss., cit. p. 35.
26 Cf. ESTENSSORO FUCHS, *Del paganismo a la santidad*, 2003, p. 311 e ss.

quadros gerais trazem fortes elementos em comum. Particularmente de interesse para este estudo, é que havia entre os extirpadores dos dois contextos a intenção e certo trâmite por eliminar as medicinas que iriam embriagar a idolatria. De qualquer forma, menos que estabelecer franca comparação entre os singulares extirpadores, temos o intuito de combinar a análise inicial sobre os tratados da Nova Espanha para posteriormente visitar o manual de Arriaga e apontar alguns paralelos, bem como atentar para as especificidades do caso andino.

A idolatria da embriaguez

Na dedicatória de seu tratado sobre superstições e costumes gentílicos da Nova Espanha, dirigida para o arcebispo do México, Manso de Çúñiga, o cura Ruiz de Alarcón provoca os sinais de dimensão do vício da embriaguez, mal que se revela maior ainda que o próprio pecado da idolatria. Mas o tema do *Tratado* é a permanência dos ritos e costumes do tempo da gentilidade, uma tradição preservada, pois se manifesta nos índios desde o "batismo", ou seja, passa de geração em geração sem esmorecer, enquanto que a embriaguez ("esta em sua gentilidade") era punida com pena de morte. Se a borracheira existia, por sua vez não era lícita, não fazia o bojo do cotidiano dos índios. Porém, depois de um século da conquista espanhola, ela aparece como o principal vício entre as populações nativas. De outro lado, a "religião e devoção" aos deuses, ou seja, a idolatria, ela já não passa de um "frágil fundamento", devido ao fato de que antes "não sabiam escrever"; portanto, não puderam preservar muito bem os antigos rituais de sua falsa religião. Se a idolatria minguava, em contrapartida, a principal inimiga "dos costumes Cristãos" era a embriaguez. No aspecto mundano, trazia a destruição da saúde dos corpos, o veneno que oferecia doses constantes de diminuição da população indígena (a embriaguez como "estorvo" para a conservação e aumento dos naturais).[27] A alquebrada massa indígena era um dos principais fatores da crise econômica na Nova Espanha de Felipe III, na virada do século XVII.[28] A embriaguez representava também uma das preocupações centrais de certas autoridades civis e eclesiásticas.[29]

---

27 RUIZ DE ALARCÓN, *Tratado*, p. 127. Cita: "flaco fundamento".
28 ALBA PASTOR, *Crisis y recomposición social*, 1999, p. 30 e ss.
29 CORCUERA de MANCERA, *Del amor al temor*, 1994.

Ruiz de Alarcón, nesse ínterim, não concebe apenas a embriaguez por si só como grande mal, pois o grave mesmo é a "idolatria a respeito da embriaguez".[30] O pároco refere-se à adoração ou devoção pelo efeito da embriaguez e que reporta a certa palavra da atualidade: alcoolatria. O extirpador La Serna, ao comentar que os índios deixam vencer a "natureza com o apetite", faz lembrar no alcoolismo como dependência do corpo pela bebida. Mas, naquele tempo, o apetite "sabe corrigir-se com a razão". No entanto, como têm os gentios "depravado costume da borracheira", não conseguem superar os mais torpes instintos.[31] No pensar de Ruiz de Alarcón, a idolatria da embriaguez é devotar-se à bebida pelo gosto? Muito mais que isso, é adorar a autoindulgência e rezar pela intemperança, por fim, adorar a loucura... Se ainda levarmos em conta que o tratado de Ruiz de Alarcón explora a adivinhação na embriaguez, ou mais que isso, uma idolatria de plantas que conduzem para tal forma de inebriação, então, o sentido de idolatria da embriaguez se amplifica bastante. Finalmente, no decorrer do discurso sobre os casos de superstição e costumes gentílicos, a embriaguez e a idolatria serão vistas como duas esferas interligadas ou superpostas que alimentam uma onda crescente de desgraça para o corpo e a alma dos naturais.

Abordemos, primeiro, a relação da idolatria com a embriaguez do pulque. Ruiz de Alarcón considera que o vício da bebida impregna os costumes dos índios. Chama-lhe a atenção que a embriaguez não era permitida nos tempos antigos, como simplesmente deduz – mas é daquela época que, em última instância, provêm certos padrões culturais da embriaguez da época colonial. Mas enfim, como "pecado manifesto", a bebedeira deve ser eliminada. Para que se imponha também o remédio contra o "vício oculto",[32] a idolatria escondida e camuflada, pouco notada no dia a dia das práticas indígenas. Até mesmo nas eleições do cargo nativo de gobernador,[33] o atento cura encontra sinal de idolatria. Era costume que o novo líder eleito tivesse que se banhar no rio antes de assumir o cargo. Segundo Gruzinski, os extirpadores souberam identificar na gama de costumes locais a dimensão envolvente da idolatria, um fenômeno que

---

30 RUIZ DE ALARCÓN, *Tratado*, p. 127. Cita: "ydolatria respecto de la embriaguez".
31 LA SERNA, *op. cit.*, p. 407.
32 RUIZ DE ALARCÓN, *Tratado*, p. 127.
33 O ofício de gobernador, aproveitando-se de trâmites antigos de constituição das lideranças locais indígenas, é incorporado na estrutura da governança civil novo-hispânica.

ultrapassava os modelos desenvolvidos pelo olhar do século XVI.[34] Mas, enfim, as interpretações dos extirpadores do século seguinte continuaram operando os mesmos critérios de interpretação das primeiras crônicas, tal como pelo signo de oferenda na descrição do evento de posse do governador.[35] Depois de dedicarem o novo líder ao rio, vem a boda e "o que é pior", a borracheira – pois aí vão terminar "todas as suas juntas".[36] Portanto, além da idolatria, o evento também traz a bebedeira. Regendo todo o evento, o demônio com seus ardis, responsável pela introdução em todas as "ações e ocupações destes miseráveis" de ambos os vícios: idolatria e embriaguez.[37]

Ao deparar-se com o jeito da plantação dos agaves, que fornecem sem número de produtos como a bebida embriagante do pulque, então o pároco de Atenango perscruta sentidos profundos do ritual. Irá examinar "a superstição do conjuro", que entende ser "a idolatria" de pedir e valer-se do "favor" do conjuro para chegar ao "bom resultado" na plantação e na colheita.[38] Ao imputar idolatria na relação dos índios com o conjuro, Ruiz de Alarçon sugere que há uma reverência às palavras, o que implica o reconhecimento do poder e da vontade das orações. A representação da idolatria, em Ruiz de Alarcón, parece de fato extrapolar os critérios mais tradicionais da visão de uma falsa religião e começa a penetrar outras esferas de sentido das práticas cotidianas.[39]

Nessas situações do plantio do maguey, como não poderia deixar de ser, "o astuto inimigo" – o diabo – introduzira também o "vício da borracheira".[40] A ênfase demonológica caminha ao lado das instigantes intervenções dos extirpadores sobre alguns detalhes dos costumes dos índios.

Ao tratar da "superstição" com os tecomates (os "copos em que eles bebem de ordinário"), o pároco adverte que os índios idolatravam isso devido ao "respeito e temor" diante da coisa "consagrada". Os tecomates aparecem como o núcleo da

---

34 GRUZINSKI, *op. cit.*, 1991, p. 153.
35 "Quando elijen a algun moço por gobernador (…) lleuanlo de madrugada al rio los ansianos y principales del pueblo y bañando como ofresiendoselo al rio, para que le sea fauorable para que en adelante asiente en el cargo que empieça a exercer" (RUIZ DE ALARCÓN, *Tratado*, p. 135).
36 *Ibidem.*
37 *Ibidem*, p. 174.
38 *Ibidem.* Cita: "buen açierto".
39 GRUZINSKI, *op. cit.*, 1991, p. 153.
40 RUIZ DE ALARCÓN, *Tratado*, p. 174.

malha idolátrica de "oferendas e sacrifícios".[41] La Serna, inspirado nesses relatos de Ruiz de Alarcón, aponta que a "veneração e respeito" com os tecomates é de "mais substância do que parece ser de ponderar". São usados como instrumentos de sacrifício "ao fogo, ou na estreia do fogo, ou da casa nova, ou do Pulque, ou das Paridas" e com todas "aquelas superstições". Quando também, é claro, se "embriagam".[42]

O costume atávico explica o cuidado especial com os recipientes da bebida. Guardando os "pequeninos tecomates" como "coisas dedicadas ao culto de suas idolatrias", herdando de pais a filhos, enfim, "daqui lhes vem toda essa veneração".[43] O extirpador La Serna teria se aproximado de uma visão mais trivial, um sentido de afetividade com as coisas ancestrais por isso tão estimadas, uma razão mais pedestre dessa consagração dos objetos?[44] Talvez, mas não escapa do clérigo o sentido errôneo teológico, pois os índios fazem dos tecomates peças consagradas dentro de uma falsa religião.[45] Além do mais, são objetos dedicados a consumar o vício da embriaguez. Tal práxis da idolatria assusta os clérigos, que têm o tecomate como importante objeto ritual, venerável recipiente do sacrifício e da borracheira.

O primeiro pulque produzido é dedicado ao "Deus que eles quiserem": entre velas e incensos, colocam o tecomate cheio de pulque num altar com muita "veneração". Depois vem a bebedeira, "ficando todos fora de juízo". No evento "acorrem homens e mulheres", o que oferece o sinal de que haverá, portanto, "muitas ofensas

---

41 *Ibidem*, p. 135-7. Cita: "vasos en que ellos beuen de ordinario".

42 LA SERNA, *op. cit.*, p. 300. Citas: "mas substancia de lo que parece es de ponderar"; "á el fuego, ó en la estrena del fuego, ó de la casa nueva, ó del Pulque, ó de las Paridas".

43 *Ibidem*. Citas: "tecomatillos"; "cosas dedicadas á el culto de sus idolatrias".

44 Segundo Gruzinski, "falar de idolatria também é (…) – mediante sua referência à materialidade do objeto/ídolo e à intensidade do afeto (latria) – (…) não se ater a uma problemática das 'visões de mundo', das mentalidades, dos sistemas intelectuais, das estruturas simbólicas, senão considerar também as práticas, as expressões materiais e afetivas" que são inseparáveis do todo (GRUZINSKI, *op. cit.*, 1991, p. 153).

45 Ainda de acordo com Gruzinski: "sob a interpretação cristã (ou cristianizada) do objeto-memória se deve muito mais desvelar a crença em objetos investidos de uma força divina que se procura que seja propícia? Não é sempre que as práticas atestam a manutenção de um modo de representação (…) que certamente a Igreja tinha como maior dificuldade de eliminar quando ela percebia a ameaça [?]" (GRUZINSKI, *La guerre des images*, 1990, p. 94).

a nosso Senhor e muitos agrados ao demônio, autor de todo mal".[46] A borracheira aparece como gatilho dos pecados e na promiscuidade dos sexos.

Ruiz de Alarcón pensa no casamento da idolatria com a borracheira através de beneplácito do espírito do mal, pois junto à bebida "de ordinário acompanham" os "sacrifícios com suas circunstâncias, aonde num como no outro [costume] é tão interessado o demônio".[47]

Apontemos mais construções e conexões de vícios, quando também aparecem certos protagonistas humanos na estrutura do mal. Explica o clérigo La Serna que foi a partir de informações de certos "delinquentes" que pôde descrever cerimônias idolátricas, as quais teriam sobrevida em certos povoados do "Marquesado", no início do século XVII. Um denso relato sobre o "culto ao fogo" acentua o papel central dos "índios velhos". Um deles é descrito como "Ministro do Demônio", outro como "Velho Mestre de Cerimônia idolátrica", sugerindo que tais indivíduos – pelo que comenta em outra parte do tratado – são "idólatras ativos", ou seja, peças-chave para a ignição da idolatria que parece persistir e ainda se intensificar, aliás, porque incorpora os "idólatras passivos", ou seja, a clientela que sustenta os mal-intencionados. Todos eles, como o diabo, são a grande causa da idolatria.[48]

La Serna compõe a narrativa dos rituais de oferecimento do pulque tendo como principais atores os índios velhos "dogmatistas": "fazendo a bendição ao tecomate de pulque, bebeu-o"; "jogam umas gotas do pulque, e nas quatro partes [direções] do fogo"; "bebe-se o pulque, primeiro se oferece, e se diz certas palavras entre os dentes" etc. O derradeiro objetivo dessas cerimônias é o descaminho: "tudo para embriagar-se, e sobrepor pecados a pecados".[49]

---

46   RUIZ DE ALARCÓN, *Tratado*, p. 137. Citas: "Dios que se les antoja"; "quedando todos fuera de juicio"; "concurren hombres y mugeres"; "tantas ofensas a ntro. Señor y tantas grangerias al demonio, autor de todo mal".

47   *Ibidem*, p. 191. Cita: "sacrifiçios con sus circunstantias, donde en lo vno y en lo otro es tan interesado el demonio".

48   "Y tengo por cierto para mayor lastima, y confusion nuestra, que todos dentro, y fuera de la Ciudad [do México], y en todo el Reyno están apestados passiva, y activamente: vnos porque vsan todos los conjuros, embustes, y supersticiones, que è referido; y otros passivamente, consintiendo, que hagan, y vsen de ellos, principalmente en sus curas" (LA SERNA, *op. cit.*, p. 447). Cf. BERNAND & GRUZINSKI, *op. cit.*, 1992, p. 148.

49   LA SERNA, *op. cit.*, p. 289. Citas: "echando la bendicion á el tecomate de pulque se lo bebió"; "echan vnas gotas del pulque, y en las quatro partes del fuego"; "se bebe el pulque, primero se offresce, y dice

Na "adoração e culto" ao huauhtli (amaranto), Ruiz de Alarcón observa a idolatria refletir-se como cerimônia cristã de "ação de graças": o evento agradece o madurar das minúsculas sementes que servem para fazer certas massas alimentícias. Os índios fazem "idolozinhos", oferecendo "de seu vinho" (pulque) às imagens que serão ingeridas no dia seguinte da festa. Os "pequeninos tecomates supersticiosos", as velas, o incenso, toda a parafernália do sacrifício acompanha a festa com tambores, cantorias, quando bebem nas "panelas (…) até se acabarem, e seus juízos com elas". Estão todos ali numa "confraria de Berzebu", quando enfim vêm unidas "idolatrias e borracheiras".[50]

O assunto do feitiço, especificamente o tema das enfermidades imputadas a práticas de malefício por algum inimigo da pessoa que fica adoentada, também estará acoplado à bebedeira de maneira insidiosa; é que o "enojo ou pendência", "as inimizades e ódios continuados", tudo surge nas "contínuas borracheiras", porque nelas, tais emoções são "forçosíssimas". Da avassaladora borracheira aparecem as motivações, o ambiente que gera os "feitiços".[51]

O malefício também irá compenetrar o culto dos santos católicos, capturados pela idolatria dos índios como entidades responsabilizadas por trazer as mazelas. Mas a invasão da idolatria na Igreja pode ser mais grave ainda: da "enfermidade" que é "causada naturalmente", a mente do índio "chega a tanto (…) desatino", que dizem "Deus onechmomaquili", isto é, "Deus me deu [a enfermidade]".[52]

O culto dos santos pelos índios seria fenômeno mesclado de idolatria. Tais intromissões erradas irão compor boa parcela das reflexões ou preocupações de Jacinto de la Serna, atento ao tema que trata como "paliação, e dissimulação", quando os santos são venerados junto aos ídolos, ou, simplesmente, alguns deles e mesmo Deus são simulacros dos antigos "ídolos", particularmente, do "fogo".[53] Davam sacrifício

---

ciertas palabras entretenidas"; "todo para emborracharse, y añadir peccados á peccados".

50 RUIZ DE ALARCÓN, *Tratado*, p. 137-8. Citas: "idolillos"; "tecomatillos supersticiosos"; "ollas (…) hasta acabarse, y sus juicios con ellas"; "cofradia de Bercebu".

51 *Ibidem*, p. 149.

52 *Ibidem*, p. 188.

53 "Atribuyen el nombre de Dios Spiritu Sancto á el fuego, entendiendo por el á su Dios, que es el fuego. Llamanle otros San Simeon, y otros San Ioseph, porque ordinariamente los pintan viejos; y con estos nombres dissimulan, y conservan el antiguo nombre, conque llaman á el fuego Huehuentzin, que quiere decir viejo" (LA SERNA, *op. cit.*, p. 281).

aos veneráveis católicos como faziam ao velho fogo, "dando salvas ao Santo a seu modo idolátrico, derramando diante do fogo ou da imagem do Santo um pouco do pulque, ou do vinho".[54]

Os entes católicos foram tomados pelos aldeãos como simples envoltórios para aquela mais íntima veneração dos ídolos e dos elementos naturais. Advirta-se que a mescla, nessas visões de La Serna, não pode ser confundida com sincretismos inocentes, pois o enfoque do tratadista diz respeito às crenças e práticas imorais. A mescla podia ser retida enquanto dissimulação (como apontado acima) para propiciar o culto antigo imperdoável. Os "índios idólatras" seriam também apóstatas, pois já tinham sido admitidos na Igreja pelo batismo, por misericórdia de Deus; contudo, "não buscam Deus".

No discurso contra tais apóstatas, La Serna pensaria também na mescla como compromisso entre duas atitudes divergentes de veneração. Os índios manteriam lado a lado a fé em Deus e a crença nos ídolos, ainda que pendendo para a idolatria, pois "têm mais segurança no favor com o falso Deus, que veem e tocam com as mãos, que com o Deus verdadeiro, que adoram com a fé".[55]

La Serna aponta para a perturbadora relação dos índios com os santos, "atribuindo-lhes qualquer enfermidade que vier, e pedindo seu favor e ajuda para que não lhes venham [as enfermidades], agradecendo-os".[56] Tais apropriações de entidades católicas podem refletir a concepção indígena de arbítrio dos deuses, que seriam tanto bons como maus, podiam tanto causar as mazelas como aliviar-nos delas.[57] De todo jeito, o relato dos extirpadores naturalmente identifica esse culto dos santos como "idolatria formal", a crença indígena de que o mal seria trazido por algum dos deuses como "a terra, a água, os montes, o fogo" – e para aplacar sua ira, a oferta de pulque, copal para incensar e outras coisas. Atitudes, queixa-se La Serna, que mostram como "tão fúteis" eles são e também como o costume é "de tão pouca substância".[58]

---

54 *Ibidem*, p. 284. Cita: "haziendole la salva á el Sancto á su modo idolatrico, derramando delante del fuego ó de la imagen del Sancto vn poco del pulque, ó del vino".
55 *Ibidem*, p. 277. Cita: "tienen mas seguro el favor con el falso Dios, que ven, y tocan con las manos, que con el Dios verdadero, que adoran con la feé".
56 *Ibidem*, p. 281. Cita: "atribuyendoles qualquiera enfermedad, que les viene, y pidiendoles su favor, y ayuda, para que no les vengan, y dandoles gracias".
57 Cf. CERVANTES, *op. cit.*, 1994.
58 LA SERNA, *op. cit.*, p. 402.

No discurso teológico do clérigo, os índios procuram "desenfurecer o fogo", para que "não lhes atormentem demasiado na outra vida" – no princípio de que os idólatras vão para o inferno e deveriam ficar de sobreaviso quanto às chamas da danação. O culto ao fogo é notória maquinação diabólica, pois "de tudo tira o Demônio fruto".[59]

Mas existe o outro polo de intervenção extraordinária, propriamente sobrenatural para os cristãos. A crença na punição divina não é nada estranha para os católicos. Aliás, uma arma da evangelização foi incutir a idolatria como pecado na mente dos índios. Tal pecado seria aquela grande causa do descontentamento de Deus, que provoca diversos males e tantas calamidades. La Serna alimenta essa visão do Deus punitivo tão presente no Antigo Testamento: "enfurecido Deus Nosso Senhor com seu povo [hebreu] pelo pecado da idolatria (...) permitiu que Salmanazar Rei da Babilônia o destruísse e levasse todos os habitantes da terra cativos à Babilônia". Mas os babilônios, também "acostumados a idolatrar", do mesmo jeito provocaram Deus, que os castiga "enviando sobre eles leões que os despedaçassem". A partir desses exemplos bíblicos, La Serna confirma a ideia de que os trabalhos e sofrimentos trazidos para os índios pelas hordas espanholas fora obra divina – "como consta das histórias antigas" referidas pelo frei Juan de Torquemada na sua *Monarchia Indiana*.[60] Este religioso citado por La Serna havia recuperado a crônica de um dos pioneiros franciscanos na conquista da Nova Espanha, o frade Motolinia, que comparara as desgraças na terra dos índios àquelas pragas imputadas por Deus no antigo Egito dos idólatras.[61]

Pouco abaixo do patamar onipotente de Deus vem o aborrecimento dos santos. Para os índios poderem aplacar a "fúria de algum santo", que seria o único meio de cura para certas enfermidades, eles cuidam de melhorar os trajes da "imagem".[62]

Os índios fazem festa para agradar o santo. Nas práticas divinatórias, "tiram a sorte de sua enfermidade"[63] imaginando que a causa seja injúria, pode ser da

---

59 *Ibidem*. Citas: "desenojar á el fuego"; "no los atormente demasiado en la otra vida"; "de todo saca el Demonio fructo".
60 LA SERNA, *op. cit.*, p. 285-6. Citas: "enojado Dios Nuestro Señor con su pueblo por el peccado de la idolatria (...) permitió, que Salmanazar Rey de Babilonia lo destruyó, y lleuó todos los habitadores de la tierra captiuos á Babilonia"; "embiando sobre ellos leones, que los despedaçassen".
61 MOTOLINIA, *Memoriales*, 1971, p. 21 e ss.
62 Destaque-se que o clérigo já não pode usar no discurso a palavra "ídolo", e sim o termo "imagem", no tratamento da representação de um santo.
63 LA SERNA, *op. cit.*, p. 401. Cita: "echan la suerte de su enfermedad".

Virgem Maria ou de algum venerável, e assim devem fazer uma "imagem ou uma festa"; isso com a ajuda do "Demônio, porque ali na borracheira tem sua colheita, com a mescla de idolatria com que se celebra". Na visão de culto idolátrico dos santos, Ruiz de Alarcón enfatiza que tal não "há de passar sem banquetes e bebedeiras", quando aparecem atreladas "muitas ofensas a Deus Nosso Senhor".[64]

Não é por ofensas a Deus e pela ira dos santos que Ruiz de Alarcón vê a causa de tanta enfermidade entre os nativos – o centro da disputa é a embriaguez, a ponto de considerar que o "excessivo trabalho" nas minas e outras obrigações possam ser retirados das razões que consomem "esta miserável geração". Se a sobrecarga de serviços faz sentir "tanta quebra na saúde corporal", por outro lado, devia ser aproveitada espiritualmente "por amor a Deus". Ruiz de Alarcón imputará ao demônio um poder de persuasão que convencera os pobres labutadores de que a borracheira é o recurso para dar "forças e alento" e assim podem ir ao trabalho e também descansar dele. O costume é chamado "necehualiztli",[65] que vem como causa exclusiva do "grave dano" ao corpo e alma dos índios.[66]

Não poderia haver maior tergiversação no julgar das intenções de Deus e do demônio na vida cotidiana dos nativos da Nova Espanha. Mas ao menos no texto de La Serna, que recupera esta história de Ruiz de Alarcón, aparece a responsabilidade compartilhada entre o trabalho (trazido por Deus) e a bebida (trazida pelo demônio) como causas da enfermidade de morte: "o mais ordinário é cuspirem sangue pela boca que procede das bebedeiras, e ficarem moídos de seu intolerável trabalho".[67]

A obsessão pelo mal absoluto da embriaguez leva Ruiz de Alarcón a produzir uma criativa especulação a respeito do significado de certas palavras obscuras, de uma linguagem particular dos conjuradores ou encantadores, fala conhecida como "nahuallatolli".[68]

---

64 RUIZ DE ALARCÓN, *Tratado*, p. 188. Citas: "Demonio, porque alli en la borrachera tiene su cosecha, con la mezcla de idolatria con que se celebra"; "[no] ha de pasar sin combites y borracheras"; "muchas ofensas de Dios Ntro. Señor".

65 "Necēhualiztli. 'ato de refrescar-se', isto é, 'ato de se tornar mais fresco'" (Glossário in: RUIZ DE ALARCÓN, *Treatise*, p. 378). Cita: "por amor de Dios".

66 RUIZ DE ALARCÓN, *Tratado*, p. 220. Cita: "grave dano".

67 LA SERNA, *op. cit.*, p. 417. Cita: "lo mas ordinario es echar sangre por la voca procedido de las borracheras, y molimiento de su intolerable trabajo".

68 Recuperando parecer de López-Austin, Coe adverte que a "linguagem disfarçada [nahuatlatolli]", as metáforas, para quem não era iniciado, talvez pudessem ser misteriosas. Contudo, "a terminologia" não devia ser "tão oculta para o leigo como parece", devido ao contexto das palavras

O pároco trata de analisar um "conjuro" em torno do tratamento de fraturas. Ruiz de Alarcón recolheu tal encantação de um "embusteiro" com "fama de médico milagroso", alguém de nome "martin de luna", do povoado de Temimiltzinco. Do trecho inicial do texto em náhuatl, que faz a queixa do curandeiro contra aquele que causa a fratura, o cura retira a seguinte tradução: "que é isso que fez minha irmã, os oito em ordem, a mulher como arara: colheram e detiveram o filho dos deuses". Conclui o pároco que "minha irmã, os oito em ordem, a mulher como arara", é uma "metáfora" que alude aos agaves e ao pulque, ou precisamente, as palavras do encantador trazem para o evento de cura as entidades da planta e da bebida, intimados como se tivessem sido os responsáveis pelo desastre. O que indica que os índios sabem que a borracheira (ou o efeito da bebida) provoca situações que geram (entre outros desastres) as fraturas.[69]

Se de fato a frase do conjuro é alusão aos agaves e ao pulque e, além disso, se a ideia de Ruiz de Alarcón sobre a relação de causa e efeito entre embriaguez e acidente com fratura apresenta coerência, um termo da tradução está equivocado. Ao conceber a "mulher como arara" de expressão em náhuatl de difícil avaliação, Richard Andrews & Ross Hassig descartam a interpretação do clérigo. Apostam que seja "mulher-terra do vinho [pulque]", termo que de toda forma reportaria à bebida.[70] Mas, enfim, o toque de traição na tradução de Ruiz de Alarcón está na interpretação que oferece para tal metáfora do pulque: por "mulher como arara, entendo pelas diversas cores e efeitos que causa nos que bebem [o pulque]" – uma referência às alterações mentais da embriaguez no âmbito da fantasia, na faculdade da imaginação, e que aproxima a bebida aos efeitos imagéticos que geralmente se atribuem aos alucinógenos.

Continua Ruiz de Alarcón por outro caminho da inventiva: "ou bem porque como a arara é ave tão vociferante e gritona que não tem quem a suporte, da mesma maneira

---

encantadas, dos gestos do curandeiro, com "a petição entregue aos instrumentos e medicinas usadas na cura" (COE, *op. cit.*, 1982, p. 42).

69 RUIZ DE ALARCÓN, *Tratado*, p. 213. Cita: "que es esto que ha hecho mi hermana, los ocho en orden, la muger como huacamaya: cogido han y detenido al hijo de los dioses".

70 A mesma passagem é traduzida por Andrews & Hassig como "O que fez minha irmã mais velha, mulher de oito-pederneira, mulher-terra do vinho [isto é, maguey; e por extensão, pulque]? Ela e o filho dos deuses se abraçaram [isto é, meu cliente ficou bêbado], eles se abraçaram" (RUIZ DE ALARCÓN, *Treatise*, p. 190). Os editores, em nota, advertem para o erro na tradução de Ruiz de Alarcón, que confunde a partícula "tlalo" [de complexa interpretação] por "alo"[arara] (p. 371-2).

o dito pulque e bebedeira causa gritos, vozes e alvoroço".⁷¹ Subjaz nessa impressão de Ruiz de Alarcón que a embriaguez representa o estado de animalidade irracional, algo que nubla a razão – discurso bastante trabalhado na prédica católica.

Por fim, o cura se questiona se a bebida não é mais grave erro que este "infernal conjuro". Ademais, a petição dos índios não lhe parecia trazer o sentido de que a embriaguez podia levar aos acidentes? Portanto, uma prática idolátrica como boa advertência sobre o mal da embriaguez?

Ruiz de Alarcón descreve uma iniciação de cura através do sonho num momento de grave enfermidade. Para o sujeito que se tornará curandeiro, revelam-se duas pessoas de túnica branca que entre outras coisas lhe advertem que deve parar de beber o pulque, porque, numa outra embriaguez exagerada, iria sofrer mais graves consequências.⁷² Outro exemplo de inusitada ciência contra a embriaguez nos trâmites de costume da bebedeira dos índios? Gruzinski interpretaria como "iniciação xamânica", por conveniência analítica, um fenômeno que tem substrato nativo peculiar. Exatamente com relação a essa condenação da embriaguez, o que parece ocorrer é um aporte indígena que advém de políticas sociais pré-hispânicas: o consumo do pulque "já tendia por ser subtraído às normas da tradição e da coletividade", ainda mais no contexto pós-conquista de relaxamento dos controles da embriaguez. Finalmente, teríamos nesse caso acima, a introjeção de culpa da ebriedade que provém da prédica cristã. Seriam esses todos os códigos trabalhados pelo índio visionário. A embriaguez como "grave obstáculo para sua cura, para sua salvação e para a aquisição dos poderes de curandeiro".⁷³

A noção indígena do mal da embriaguez do pulque havia aparecido em alguns relatos que analisamos sobre os antigos mexicanos. Desde a pesquisa de Sahagún em particular, quando os efeitos funestos que surgem da bebida advêm de um âmbito divino, dos quatrocentos coelhos de substância embriagante. Pode haver relação entre essas visões e o que foi depois pesquisado por Ruiz de Alarcón num ambiente

---

71   RUIZ DE ALARCÓN, *Tratado*, p. 213. Citas: "muger como guacamaya, entiendo por los diversos colores y efetos que causa en los que le beben"; "o bien porque como la guacamaya es aue tan vosiglera y gritona que no ay quien la sufra, de la misma manera el dicho pulque y borrachera causa gritos, voçes y alborotos".

72   *Ibidem*, p. 209-10.

73   GRUZINSKI, *op. cit.*, 1991, p. 203-5.

camponês, mas que podia abrigar descendentes ou a memória de quadros da antiga elite sacerdotal.[74]

Sigamos com o clérigo de Atenango para tratar de outra embriaguez ou metafórica embriaguez, na idolatria do piciete (tabaco). Se os índios curandeiros tinham suas reservas quanto à embriaguez com pulque (como sugere Gruzinski), por outro lado, não podiam ficar sem o fumo, considerado por muitos espanhóis, desde os tempos iniciais da conquista, uma erva santa.

Os conjuros para a medicina do tabaco

A arte da medicina indígena passara por um processo de racionalização que carregava o sinal da virtuosidade de fórmulas e procedimentos dos sábios herboristas que curam publicamente, como fizera questão de sublinhar Sahagún. Estava no projeto dos franciscanos, evidenciado no pequeno tratado de La Cruz e particularmente no trabalho inscrito em dois livros da grandiosa *Historia general* de Sahagún, o dever de ilustrar e salvar certos saberes ancestrais, quando os sinais de superstição ou idolatria, de adivinhação ou feitiçaria, praticamente somem ou se escondem nas entrelinhas das receitas concebidas como naturais ou racionais. Agora acontece o contrário, na exploração da recôndita curação indígena em povoados vigiados ou visitados por Ruiz de Alarcón; porque a (rara) menção às virtudes naturais das medicinas é bem nublada pela onipresença das invocações dos índios para promover uma salvação, os falsos prognósticos para saber de feitiços e injúrias, enfim, uma medicina da sem-razão e que terá, de ordinário, a obscura marca do anjo caído.

Os índios "em todos os pontos, ignorantes da ciência da medicina, toda ela é reduzida em superstição, e ora pertença à cirurgia, ora à medicação, toda ela é incluída quase num só modo de superstição". O clérigo acrescenta que "muitas vezes passa para feitiçaria e pacto com o demônio".[75]

---

74 *Ibidem*, cap. XX. Quanto à tradição dos curandeiros do centro-sul do México, Gruzinski levanta a hipótese de um sincretismo entre o elemento cristão e uma tradição indígena originariamente camponesa, mas com possíveis influxos das antigas elites sacerdotais de antes da invasão espanhola.

75 RUIZ DE ALARCÓN, *Tratado*, p. 200. Citas: "de todo punto ygnorantes de la sçiençia de la mediçina, toda ella la reduçen a superstiçion, y ora pertenesca a çirugia ora a mediçina, toda la incluyen en casi vn modo de superstiçion"; "muchas veçes passa a echeceria y pacto con el demonio".

Não vale a virtude da planta: se aplicada diretamente na cabeça do paciente, o tabaco miúdo (em náhuatl, piciete), com a "raiz do chalalatli" é medicamento para aplacar os inchaços. O que aflige o clérigo é a invocação para as medicinas. O inquiridor traduz assim a chamada para o tabaco com cal em pó: "vem tu nove vezes batido, nove vezes apertado, que havemos de aplacar minha cabeça conjurada que há de sará-la a vermelha medicina [a raiz do chalalatli]".[76]

O fator (digamos) empírico da medicina indígena, isto é, o tratamento medicamentoso, não tem muito lugar no tratado sobre as superstições. O tabaco será universal substância dos conjuros, quer seja por palavras que chamam pela cura de feridas ou pela boa caçada, quer para aliviar dolências ou para aplacar diversas formas de injúria. A ponto de Ruiz de Alarcón chamar o tabaco ou piciete de "cachorrinho de todas as bodas".[77] Talvez por essa abrangência de uso cotidiano e considerado supersticioso é que Ruiz de Alarcón relute em admitir alguma virtude natural da erva peculiar, que era reconhecida pelos populares (e eruditos espanhóis) como santa coisa devido às incontáveis propriedades medicinais e aplicações no corpo humano.

Para a cura de certo mal nos olhos, o sumo do tabaco seria esfregado na vista, e logo surge o conjuro para a erva voluntariosa atuar. Depois, o tabaco ou piciete é untado no entorno e sobrancelhas. Outra substância aplicada é o sangue extraído de penas arrancadas da galinha. Se Ruiz de Alarcón, como é usual, não cede nenhuma linha de seu manuscrito para acentuar as virtudes do tabaco, o qual nunca leva qualificativo de "medicina",[78] por outro lado, elogia a eficácia do sangue da ave, "aliás

---

76 *Ibidem.* Cita: "uen tu nueue vezes golpeado, nueue vezes estrujado que hemos de aplacar mi cabeza conjurada que la ha de sanar la colorada mediçina".

77 *Ibidem*, p. 202. Cita: "perrito de todas bodas".

78 Identificamos apenas uma vez o uso da palavra "simples" para caracterizar o tabaco. O simples expressa a ideia de medicina como substância ou parte de uma só espécie vegetal. Ainda assim, o tom do tratadista não é elogioso do proceder: "aplican con el mismo desvario [do conjuro] algunos simples (...) [como o] piciete" (RUIZ DE ALARCÓN, *Tratado*, p. 206). Já o compilador e comentador de Ruiz de Alarcón, o cura La Serna, confere nessas descrições do uso medicamentoso do tabaco, o fato de ser o "principal ingrediente en todas enfermedades" (LA SERNA, *op. cit.*, p. 415), contemplando também a razão de que é um dos "medicamentos simples" usados nos conjuros com tratamentos médicos (p. 422). La Serna, por outro lado, também estabelece que o piciete é "comun supersticion de los indios, y vnica esperança de sus enfermedades" (p. 296).

aprovada medicina para os olhos doloridos e ensanguentados".[79] Enfim, enquanto que para a dor de ouvido sempre usam do sumo do tabaco, aplicando-o em gotas no ouvido, o fato é que logo aparece o conjuro que pede o auxílio ao "tenexiete" (tabaco com calcíferos), que é chamado "o nove vezes espancado, o nove vezes batido" – frase que resume o comum epíteto deste preparado da erva.[80] Também era imputado ao tabaco o termo "tlamacazqui", que Ruiz de Alarcón traduz geralmente como "espiritado", enquanto que as traduções atuais preferem o termo "sacerdote", termo de identificação ou paralelo com a instituição católica. Já o termo "espiritado" do tratadista induz, de certa forma, à ideia de endemoniado ou furioso. Por um lado, o termo espiritado pode ser mais justa palavra, se estiver associando tais mestres de culto à embriaguez pelo tabaco. [81]

Se os índios puderem ter o tabaco como tratamento medicamentoso e como ente exortado, para Ruiz de Alarcón, eles atribuem a virtude da cura tão somente "ao conjuro e seu alento".[82] O inverso de Sahagún, que por interesse em encontrar ou fundar uma virtuosa medicina indígena, recuperara os sinais con-

---

79 RUIZ de ALARCÓN, *Tratado*, p. 201-2.

80 La Serna explica que o tabaco é chamado de "nueve vezes golpeado, porque tantas le estrujan en las manos para auer de vssar del", sem refletir sobre o significado numerológico (LA SERNA, *op. cit.*, p. 394). O historiador Coe pondera que "sob epítetos tais como 'Nove Batido' e 'Nove Espancado'; o coeficiente nove é tomado por outros tradutores para significar ora 'nove vezes' ora 'em nove lugares'", quando o autor denuncia a dubiedade para a interpretação (COE, *op. cit.*, 1982, p. 34). Um conjuro ao tabaco para suceder bem no trabalho de cortar lenha, possibilita entrever o sentido cosmológico do epíteto: o tabaco é chamado de "el nueue [vezes] golpeado, hijo de la [deusa da] saya estrellada, y engendrado della, que sabes al infierno y al cielo" (RUIZ de ALARCÓN, *Tratado*, p. 156). Andrews & Hassig traduzem diretamente do náhuatl a mesma passagem traduzida por Ruiz de Alarcón: "Aquele que é nove vezes batido, a criação de Citlalcueyeh", a deusa que se manifesta como a Via-Láctea, "aquela que é conhecida como Mictlan [inframundo], aquela que é conhecida como Topan [mundo superior]" – nesse dito, os editores esclarecem que o tabaco é apresentado como algo que "tem conhecimento transcendental" (RUIZ de ALARCÓN, *Treatise*, p. 83). Reportaria ao fluxo da entidade do tabaco entre nove pisos de céus e inframundos – numa peculiar expressão da cosmologia naua que se apresenta nos relatos sobre o tabaco no tratado de Ruiz de Alarcón (p. 21). Cita: "el nueve vezes aporreado, el nueve vezes golpeado".

81 Segundo La Serna, a respeito da identidade do tabaco com tais oficiantes ou curandeiros: "se les hechaua de ver, que eran estos hombres penitentes, y espirituales (y por esso á las yerbas, ó instrumentos, que ellos tienen para sus embustes los llaman espiritados, como al piciete, ó tabaco, ó á otra qualquiera cosa, á que atribuian deidad llamandoles Tlamacazqui, esto es, el espiritado, el diuino)" (LA SERNA, *op. cit.*, p. 389).

82 RUIZ de ALARCÓN, *Tratado*, p. 202.

siderados racionais dos saberes médicos locais, constituindo uma coleção de ervas para aplicações medicinais. Ruiz de Alarcón, por sua vez, tratará de promover a visão do aspecto supersticioso da cura. Mas apesar dessa interpretação limitante, os olhares do extirpador sobre conjuros, segundo Gruzinski, "o que nos ensinam sobre as técnicas indígenas resulta precioso, (...) sobretudo confirmam a dificuldade de pretender fazer uma distinção entre rito, magia e procedimento material".[83]

La Serna também oferece exemplos da combinação entre usos ditos racionais e supersticiosos do tabaco, como no tratamento para facilitar o parto das grávidas. O piciete deve ser esmerilhado "nove vezes ao menos na mão", deve ser untado no ventre da paciente, particularmente na parte onde fica o feto, seguindo-se as palavras para alguns deuses e para o tabaco.[84] A voz do conjuro torna o piciete "filho da Deusa Citlatlicueitl pelas virtudes que tem e divindade que lhe dá".[85] A crença na divindade da erva estaria vinculada ao entendimento – também indígena – de sua virtude medicinal. Ao identificar uma expressão divina para o tabaco e atento à descrição de um poder medicinal da erva, La Serna expressa que se trataria de um pensamento dual dos índios, isto é, em parte supersticioso, em parte racional.

Ruiz de Alarcón não manifestará essa conclusão. Para a cura de febres, os índios "usam de muitos remédios envoltos todos em superstição e embustes". Alguns usam da bebida de uma semente chamada de ololiuhqui e fazem conjuros para que resolva o problema (não só para combater as febres, pois serve para sarar de "todo gênero de enfermidade"), porque "esta gente bárbara" adora a semente e lhe atribui uma deidade. Assim, ao invés de associar a crença dessa coisa extraordinária à virtude da medicina, como fizera La Serna sobre o tabaco, o outro clérigo, Ruiz de Alarcón responde que é devido à crença na divindade que "consequentemente lhe atribuem virtude contra todas as enfermidades".[86] A idolatria depositada no ololiuhqui é que oferece a crença na ampla efetividade da medicina.

---

83 GRUZINSKI, *op. cit.*, 1991, p. 173.
84 LA SERNA, *op. cit.*, p. 394.
85 *Ibidem*, p. 445. Cita: "hazelo hijo de la Diosa Citlatlicueitl por las virtudes, que tiene, y diuinidad que le da".
86 RUIZ de ALARCÓN, *Tratado*, p. 218.

O ololiuhqui, destacado hoje como substância alucinógena, seria usado como simples medicinal pelos nativos de regiões sob as vistas do clérigo. As sementes moídas na água fria servem "para enema", contudo, a aplicação anal vem acompanhada "do encanto e conjuro". Além do mais, na ingestão bucal, em infusões, a medicina mostra outra ordem de cura. As visões geradas pela embriaguez natural da planta são retidas como "revelação divina" no meio indígena.[87]

No comentário a esses conjuros que foram coletados por Ruiz de Alarcón sobre o ololiuhqui e outras plantas no tratamento de febres, La Serna outra vez faz abordagem ligeiramente diferente para o assunto da relação entre divindade e virtude medicinal das substâncias. Concorda com o outro pároco parafraseando-o – que o ololiuhqui é "o principal remédio" e serve para "todo gênero de enfermedades". Acentua também que veneram a planta como deidade, e que o tratamento é acompanhado de conjuros e embriaguez divinatória. Por outro lado, oferece um pouco de espaço para o sentido medicamentoso, pois que usam a bebida do ololiuhqui "pela natureza de sua qualidade, que dizem ser fria".[88] La Serna retém o ololiuhqui na grade de aferição hipocrático-galênica sobre o poder das medicinas (que esfriam, repulsam, esquentam, umidecem etc), o que pode ter alguma relação com visões aborígenes de outra natureza, mas que definiriam as medicinas como frias ou quentes.[89]

Entrementes, as insinuações de La Serna sobre a eficácia medicamentosa das práticas de cura locais são exceções à regra do que ele crê reger todos os usos e costumes dos índios: "estes miseráveis por ensinamento do Demônio viciam as virtudes que Deus colocou nas ervas, com suas invocações, dando crédito às palavras, e não à virtude da medicina". Eles não usam as medicinas "por suas qualidades (...) porque não as ajustam à qualidade da enfermidade (...) [que]

---

87 *Ibidem*. Cita: "por ayuda".

88 LA SERNA, *op. cit.*, p. 419. Cita: "por la naturaleza de su qualidad, que dicen ser fresca"

89 Sobre essas possíveis e diferentes interpretações, cf. LÓPEZ-AUSTIN, *op. cit.*, 1996, p. 303 e ss., que defende que existe um substrato indígena para a classificação das coisas medicinais entre natureza "fria" e "quente", enquanto FOSTER (*Hippocrates' Latin American legacy*, 1994, p. 165 e ss.) é o principal baluarte da ideia de aculturação hipocrático-galênica na medicina indígena, quando as fontes históricas (como os livros de Sahagún) identificam esses critérios de qualidade das medicinas e alimentos.

proceda de calor, ou frio, somente fiando-se em seus encantos".[90] Mas um dia, pela propaganda da palavra divina, saberão os índios "a quem hão de invocar em suas necessidades", quando a predicação da doutrina incutir o "conceito do Deus verdadeiro" nesses idólatras.[91] O único válido conjuro é pedir a misericórdia do onipotente. Enfim, a técnica do encantamento, muito mal-vista por estar desviada para o demônio, pode ser apropriada em bom uso quando o recurso se dirije como pedido para Deus curar.

Sigamos com o excepcional tabaco, que era medicamento aplicado para resolver enfermidades que teriam dificuldade de ser concebidas em sentido racional, isto é, pelos parâmetros da crença humoral hipocrático-galênica das doenças e da contrarreação medicamentosa.[92] Enfim, poderia ser considerado pela razão de tradicionais concepções de enfermidade. Entre os nauas do México Central, se concebe uma cura com tabaco para a recuperação da alma, ou de uma das almas do ser humano. A perda do "tonalli" era algo comum de ocorrer entre os recém-nascidos, fatalmente combalidos devido ao escape da entidade anímica que deve repousar na moleira.[93] Ruiz de Alarcón interpreta "tonalli" como "fado ou fortuna ou estrela", comparável ao que os "antigos gentios chamavam gênio". Para o tratamento de recuperação do "tonalli", entre outros, invoca-se o tabaco e a água que se aplica nos bebês. Também há defumações com o tabaco e o copal, e mais conjuros ao fogo e ao tabaco, pois "quase tudo (...) se reduz a força de palavras e conjuros".[94]

Nas inquirições do cura de Atenango, Ruiz de Alarcón tivera notícia de uma velha que vivia na redondeza da localidade de Temimiltzinco, Isabel Maria, mestra de "encantos e conjuros". Na tentativa de encontrá-la, levou-se mais de um ano, até que lhe acharam e a trouxeram para que confessasse suas artimanhas ao pároco

---

90 Ibidem, p. 416 e 425. Citas: "estos miserables por enseñança del Demonio vician las virtudes, que Dios puso en las yerbas, con sus invocaciones, dando credito á las palabras, y no á la virtud de la medicina"; "por sus calidades (...) porque no las ajustan á la calidad de la enfermedad (...) [que] procedan de calor, ó frio, fiados solamente en sus encantos".

91 Ibidem, p. 457.

92 Numa passagem do tratado, La Serna afirma que à exceção das causas acidentais, tais como picadas de animais, as demais enfermidades "prouienen naturalmente de la descomposicion de los humores" (LA SERNA, op. cit., p. 423).

93 Cf. LÓPEZ-AUSTIN, Cuerpo humano y ideología, 1996.

94 RUIZ de ALARCÓN, Tratado, p. 197-9.

caçador de superstições. Esta Isabel Maria curava fazendo prece ao tabaco, contudo, sua técnica implicava "as picadas de agulha com que costumava curar todo gênero de enfermidades". Uma maneira de acupuntura. Improvável que tenha sido trazida da medicina chinesa nos fluxos culturais que surcavam o mar do sul (o oceano Pacífico), mais plausível, segundo Michael D. Coe, que tenha sido uma técnica aborígine mexicana.[95] O piciete também seria esfregado nas partes punçadas pelas agulhas que, para Ruiz de Alarcón, nada mais representavam que "muito boa ainda que dissimulada sangria",[96] incorporando a técnica local aos critérios da medicina humoral que viera do outro lado do Atlântico.

Entre os índios, para La Serna, "não há ação de nenhuma qualidade que for, onde não entre o piciete".[97] Como apontado, o tabaco de Ruiz de Alarcón é cachorrinho de todas as bodas, ou seja, serve para tudo. Para o clérigo diligente inquiridor de superstições e costumes gentílicos, sempre o piciete é trazido à baila nos conjuros, muitos dos quais se referem a diversas atividades cotidianas para além do âmbito da medicina nativa, que, por sua vez, é indeferida como irracional e demoníaca, apesar de usar a estimada erva santa, epíteto dos colonos espanhóis para o tabaco. Mas, por outro lado, o piciete aparece no tratado de Ruiz de Alarcón como "Anjo da Guarda", pois é chamado, por exemplo, para proteger os índios nas jornadas com cargas nas costas, "para que não lhes suceda[m] desgraças no caminho". Os passos estão povoados de entidades perigosas – numens que também participam nos interstícios do encantado fraseado.[98] O tabaco com cal era colocado na boca durante as viagens. O "tão venerado piciete" é usado como veneno, um uso racional contra as formigas que assolam as plantações. Mas também tem um conjuro: antes de aplicarem o veneno, os insetos são avisados verbalmente do perigo de verem seu formigueiro derrubado, se acaso não interrompessem sua ação daninha na horta.[99]

---

95 COE, *op. cit.*, 1982, p. 39.
96 RUIZ de ALARCÓN, *Tratado*, p. 215.
97 LA SERNA, *op. cit.*, p. 444. Cita: "no ay accion de ninguna calidad, que sea, donde no entre el piciete".
98 RUIZ de ALARCÓN, *Tratado*, p. 156.
99 *Ibidem*, p. 168-9.

Os pescadores também intimam em conjuro.[100] Pedem o favor do piciete (e dos anzóis).[101] La Serna comenta que o piciete é "comum companheiro" na pescaria.[102] Nos conjuros, adverte Ruiz de Alarcón, "se encontra idolatria formal", porque o maior sinal de adoração está num suposto ato descrito em frase pleonástica: "se oferece oferenda e sacrifício", quer para "o fogo ou o piciete, ou para algum dos ídolos de sua gentilidade como para quetzalcoatl, ou para xochiquetzal".[103] Ponto importante para conceber a idolatria do tabaco é portanto investigar se ele é propiciado com sacrifícios.

Na feitura de currais para catar peixe, na "razão" do conjuro ao piciete, "se prova (...) como [os índios] o adoram, pois confiam nele, pedem sua ajuda e lhe encomendam a obra". Desconsolável, Ruiz de Alarcón roga a Deus que "livremos [os índios] (...) por sua misericórdia de quem, para nossa perdição [i.e. o demônio], disfarça e transborda seus embustes e soberba com a cobertura e disfarce do piciete. Amém".[104] O tabaco não é muito mais que um receptáculo do espírito maligno, como seria qualquer ídolo dos gentios. Ao sobrecarregar de divindade o piciete, Ruiz de Alarcón engatilha sua melhor arma para denotar erro e maldade diabólicos.

---

100 Utilizamos o verbo "intimar" como maneira de contrabalançar o sentido de prece de um conjurador submisso aos deuses. Para Coe, seguindo López-Austin, "o mundo" dos informantes indígenas de Ruiz de Alarcón "estava repleto de sobrenaturais que tinham de ser propiciados, coibidos ou até resistidos". Geralmente o conjurador se investe de poder divino: "as linhas iniciais da maioria dos encantamentos mostra que o feiticeiro coloca a si mesmo (...) no papel de Tezcatlipoca (patrono de toda feitiçaria e bruxaria) para expressar maestria sobre o mundo sobrenatural". Reforçam Andrews & Hassig que se Ruiz de Alarcón "estava correto em ver as encantações como preces, porque a prece é seu modo dominante, a comunicação do falante com a deidade ou entidade de poder, mas apenas no propósito de apresentar a petição ou emitir um comando, nunca para fazer uma confissão ou expressar louvor ou agradecer dádiva" (ANDREWS & HASSIG, op. cit., 1984, p. 26). Quanto ao Tezcatlipoca que talvez fosse personificado pelo curandeiro, nunca era chamado por este nome, mas por vários apelidos nos conjuros do tratado de Ruiz de Alarcón. Tezcatlipoca jamais seria identificado pelo extirpador (p. 30). Ruiz de Alarcón considera que a invocação por apelidos mostraria que os conjuradores teriam esquecido da identidade de um antigo deus (RUIZ DE ALARCÓN, Tratado, p. 134).

101 RUIZ DE ALARCÓN, Tratado, p. 171.

102 LA SERNA, op. cit., p. 443.

103 RUIZ DE ALARCÓN, Tratado, p. 172. Citas: "se offreçe offrenda y sacrificio"; "al fuego o al piçiete, o a alguno de los idolos de su gentilidad como al quetzalcoatl, o a la xochiquetzal".

104 Ibidem, p. 173. Cita: "librenos (...) por su misericordia del que para nuestra perdiçion disfraça y reuoça sus enbustes y soberuia con la cobertera y disfres del piçiete. Amen".

No relato extraído do "cacique" don Baltasar de Aquino, que seria o mais antigo dos curandeiros interrogados por Ruiz de Alarcón, a superstição torna-se fundamento do culto ao tabaco e da adivinhação pelo uso da erva. O curandeiro conta que antigamente o tlamacazque ou sacerdote encomendava penitentes chamados de "tlamàceuhqui" para fazer peregrinações às montanhas. Deduz o cura que "até nisso imitou o demônio o espiritual" – visão analógica entre hábitos cristão e ritos idólatras, mas estes últimos como instância diabólica.

Nas peregrinações levavam um tecomate (recipiente) com o "tenex yhetl" (tabaco com cal) ao lugar indicado para adoração dos ídolos. Enquanto isso, o sacerdote que dispensara o jovem penitente declamando certas palavras, diz tomar o tabaco e com isso vai "mirando o que fazes [o penitente] em minha ausência". Completa o pároco: "como se dissesse profetizando". Por seu turno, o penitente também levaria tabaco para consumí-lo no caminho.[105] Ruiz de Alarcón enfatiza que o tabaco era "Anjo da guarda" que protegia contra as entidades que povoavam os bosques, porque "também têm agouro nesta erva, atribuindo-lhe divindade".[106]

Ao lado e ao cabo dessa idolatria, a prática divinatória com o tabaco – pelo "sortilégio das mãos", costume peculiar dos índios. Ruiz de Alarcón reforça o aspecto ilusório e fatal dessa prática que deve estar presente entre os curandeiros dos altiplanos mexicanos. Os gentios perguntam, procuram a cura, mas são induzidos por demônios para o culto de ídolos. O que arrumam é a desgraça – Ruiz de Alarcón traz uma citação que atribui a Santo Agostinho na obra "de civitate Dei".[107] A partir daí, assevera que "tudo é morte e perdição sem Deus", e lamenta que os "desgraçados" índios "buscam o remédio onde é impossível achá-lo".[108] La Serna complementa a denúncia sobre quem procura ser sábio e quer "curar-se consultando os

---

105 Contudo, uma razão de uso do tabaco, o combate à fadiga, foi apagada no manuscrito. Cf. ANDREWS & HASSIG, op. cit., 1984, a respeito da versão de La Serna, que acumula mais elementos dos tratados de Ruiz de Alarcón que a própria cópia que temos hoje dos materiais deste último clérigo.

106 Ibidem, p. 139. Cita: "tambien tienen abusion en esta yerua, atribuyendole diuinidad".

107 "Pro inde omnis inquisitio, et omnis curatio, quae adiuinis, et magicis artibus. l. ab ipsis Daemonibus in idolorum cultura expetitur mors potius est dicendae, quam vita" (RUIZ DE ALARCÓN, Tratado, p. 187). Segundo Andrews & Hassig, "embora atribuída a Agostinho, esta passagem é de fato de Rabanus Maurus, De magicis artibus" (ANDREWS & HASSIG, op. cit., 1984, p. 354).

108 RUIZ DE ALARCÓN, Tratado, p. 187.

adivinhos, os Mágicos, os Demônios e os ídolos", pois "nunca vai sarar, sempre estará enfermo".[109]

Na razão de Ruiz de Alarcón, a divinação é equiparada, combinada e confundida com a idolatria. E em alusão a um discurso de São Gregório, o tratadista adverte que:

> (…) o santo igualou e pôs no mesmo grau a idolatria e o sortilégio, e verdadeiramente é o mesmo, pois no sortilégio se valem do favor do demônio, e muitas vezes o invocam, ou pelo menos os deuses de sua gentilidade, pelo que se devia pôr muito maior cuidado do que hoje há em extirpar tão mau costume.[110]

Nesse olhar que entrelaça divinação e idolatria, o tabaco encontra seu lugar de honra, representando tanto uma deidade quanto o instrumento da arte do prognóstico. O "médico (…) tiçitl" é o depositário da arte mágica – e o pároco tem "advertido que este nome se tenha por suspeitoso". Para conduzir seu trabalho, o sortílego ticitl se vale do tabaco com cal, o "tenexiete". Ruiz de Alarcón explica que o tomam pela mão direita para colocá-lo na palma da outra mão, desmanchando o produto com o polegar. Finalmente depois de se arrumar, se posicionar para o evento, o adivinho "esfregando entre as duas palmas o piciete ou tenexiete que antes colocou numa delas, começa sua invocação e conjuro para tirar a sorte". Enquanto são pronunciadas as palavras, o médico "começa a medir a palmos o antebraço" do paciente. E as medidas obtidas, sobras ou emparelhamentos, informariam o adivinho se a

---

109 LA SERNA, op. cit., p. 399. Citas: "sanar consultando á los adivinos, á los Mágicos, á los Demonios y á los idolos"; "nunca sanará, siempre estará enfermo".

110 Na introdução ao quinto tratado do bloco de manuscritos de Ruiz de Alarcón, são diversas referências da tradição patrística citadas (S. Jerônimo, S. Isidoro, S. Agostinho e S. Gregório), mas inclusive, Cícero é mencionado. São trechos que remetem ao profundo erro da adivinhação, tanto em aspectos de sua irracionalidade como da maldade diabólica (RUIZ DE ALARCÓN, Tratado, p. 186). Cita: "el santo igualó y puso en el mismo grado la idolatria y el sortilegio, y verdaderamente es lo mismo, pues en el sortilegio se valen del favor del demonio, y muchas veces le invocan, o por lo menos los dioses de su gentilidad, con que se debiera poner mucho mayor cuidado del que oy ay, en extirpar tan mala costumbre".

enfermidade é fatal, se vai durar muito etc.¹¹¹ Enquanto o tabaco é usado nesse jogo, parece não ser consumido para uma embriaguez divinatória.¹¹²

No uso do tabaco pelo "sortilégio da mão", também procuram saber se o mal foi causado por santo ofendido. Ruiz de Alarcón traduz assim um conjuro: "Aqui tenho de ver, no espelho de meu encanto, quem é que lhe faz mal, quem é que está ofendido, se acaso é algum santo, e para isso vem o nove vezes batido, o nove vezes apertado", que é o tabaco, conjurado para resolver a pendenga com o venerável.¹¹³

---

111 RUIZ DE ALARCÓN, *Tratado*, p. 187-8. Citas: "refregando entre las dos palmas el piçiete o tenexiete que antes puso en la una dellas, empieça su inuocaçion y conjuro para echar la suerte"; "empieça a medir a palmos el medio braço".

112 Coe especula que o tenexiete ou tabaco com cal seria mastigado pelos conjuradores (COE, *op. cit.*, 1982, p. 34). Coe é inspirado por Aguirre Beltrán, que aponta que o hábito seria semelhante ao uso andino da coca. Remete ao tratado de Ruiz de Alarcón sobre o uso do tabaco com cal para as caminhadas (AGUIRRE BELTRÁN, *Medicina y magia*, 1992, p. 125). Entrementes, não há indício desse consumo bucal como técnica embriagante de adivinhação no universo de casos compilados no tratado de Ruiz de Alarcón. O extirpador La Serna, que muito se apoia nos escritos do cura de Atenango, e que conta com outras fontes além de sua própria investigação pessoal, resume numa passagem do *Manual de ministros de indios* os usos do tabaco. Aí fica ausente o recurso divinatório embriagante dessa erva "á quien atribuyen deidad". Por meio do tabaco misturado com cal "curan (…) refregandole en las manos (…) ó para vntarlo á los dolientes, ó para refregarlos con él". Também "para dar fortaleza á la voca, teniendole como si fuera Angel de guarda de los Caminantes: no tienen estas yerbas el efecto que el ololiuqui y peiote de adiuinar bebiendoles" (LA SERNA, *op. cit.*, p. 388). Contudo, noutra passagem, o tabaco é citado como recurso de adivinhação pela embriaguez, praticamente como cópia de uma passagem também vaga de Ruiz de Alarcón: "Y si acaso se les à perdido alguna cosa, ó la muger, ó la hazienda, ó otra qualquiera cosa, que sea de qualquier manera les consultan para el remedio destas cosas, tomando el Peyote, el Ololiuhqui, ó el Tabaco los mismos Medicos, ó mandando los tomen otros para descubrir lo que se dessea saber." (*ibidem*, p. 304, a partir de RUIZ DE ALARCÓN, *Tratado*, p. 195). López-Austin, na identificação do "mago" que usa o tabaco esfregado na mão medindo o antebraço do paciente, assevera que se a erva era parte do procedimento de adivinhação, não havia a ingestão. Mas involucrado na análise dos conjuros do tratado de Ruiz de Alarcón, o autor sugere que o especialista simbolicamente ingeria a substância. O adivinho "invoca o céu e a terra; esfrega as mãos com alguma droga; chama o antebraço escada preciosa quando passa a palma de sua mão de baixo para cima, e escada da Região dos Mortos quando mede em sentido inverso; ele mesmo se dá os nomes de Nahualtecuhtli quando ascende e de Mictlantecuhtli quando descende. Isto faz pensar que sua mão é ele mesmo, sob o efeito de uma droga, que se dirige às regiões de mistério subindo ou baixando por um caminho que não é outro que o antebraço do paciente, e talvez não numa forma simbólica, mas sim por meio de uma verdadeira autosugestão" (LÓPEZ-AUSTIN, "Cuarenta clases de magos del mundo náhuatl", 1967, p. 103-4).

113 RUIZ DE ALARCÓN, *Tratado*, p. 190. Cita: "Aqui tengo de ver en el espejo de mi encanto quien es el que le daña, quien es el que está enojado, si acaso es algun santo. Y para esto, ven el nueue vezes golpeado, el nueue veces estrujado".

Noutro pequeno trecho de conjuro extraído dos papéis coletados por Ruiz de Alarcón, a dúvida do curandeiro índio: "acaso és Nossa Senhora ou acaso és s. Gaspar ou acaso s. João [?]". Mas na interação entre entidades católicas e indígenas, onde se pode vislumbrar referências e significados de poder e arbítrio, temos a questão aberta pelo adivinho: "quem é o ofendido, são os donos da terra, os anjos de Deus (que assim chamam as nuvens)". O cura traduz rapidamente tais sentenças como expressão de clássico paganismo: "prognosticam ser o ofendido o fogo, a água (…) as nuvens ou os deuses do bosque, que são como os faunos e sátiros da antiga gentilidade" europeia.[114]

Quando descobrem aqueles que foram ofendidos, "dão por remédio uma idolatria formal", ou seja, "por meio de oferecer-lhes sacrifício". Esta será trivial medicina para aplacar a ira e, consequentemente, remediar o mal.[115] Da adivinhação ao sacrifício, a pintura da idolatria compõe o quadro do engano diabólico no qual estão entretidos os índios; assim como a embriaguez (mais pelo acento de Ruiz de Alarcón) e o ofício dos curandeiros (mais pela retórica de La Serna) são as grandes enfermidades dos naturais. Os dois extirpadores concordam que essas instâncias estão conjuminadas na história de um desastre só.

Jacinto de la Serna empresta muito do que é relatado no *Tratado de superticiones* de Ruiz de Alarcón para reforço e revisão de notícias e ideias que contribuiriam para o combate das idolatrias/heresias na região do Marquesado e arredores, enfatizando a importância dessa investida, porque os índios representariam "o sangue do corpo místico da Monarquia". A população nativa é "uma nação tão útil à vida política desta Monarquia de Espanha, e (…) dela depende sua coservação". Afinal, "todos vivem dependentes do trabalho destes índios".[116] Mas estes padecem de muitos males, desde os primeiros tempos da conquista espanhola: "fomes, pestilências, mortandades e servidão". Ruiz de Alarcón acrescentaria a este rol de males, a embriaguez. La Serna não cita a questão do vício da bebida pela hora que aponta para o principal problema a enfrentar: "a pouca fé que eles têm em nossas medicinas e não querer usá-las para usar

---

114 *Ibidem*, p. 190-1. Citas: "eres Ntra. Sra. o acaso eres san gaspar o acaso s. Juan"; "quien es el enojado si son los dueños de la tierra, los angeles de Dios (que asi llaman las nubes)"; "pronostican ser el enojado el fuego, el agua (…) las nuues o los dioses monteses, que son como los faunos y satiros de la antigua gentilidad".

115 *Ibidem*.

116 Cita: "todos viven eslabonados con el trabajo destos indios".

aquelas de seus iníquos e sacrílegos médicos", pois não "podem curá-los no corpo". Aliás, "de fato os matam" e também sua "alma, que é o mais ou de maior importância". O extirpador conclui que "por continuarem em suas superstições idolátricas" é que "Deus Nosso Senhor" castiga os nativos, sendo que a prova disso é que não cessam "os trabalhos que eles padecem, senão que vão continuando".[117]

Junto à mensagem de punição divina para os idólatras, o curandeiro indígena é fixado como antagonista por La Serna. A ideia já estava assentada em Ruiz de Alarcón – uma política que Osvaldo Pardo define como "cruzada pessoal para desafiar a autoridade e o espaço social dos curandeiros locais".[118] La Serna propõe a disputa contra quem oferece a errônea fé na medicina para o corpo e para a alma. De um lado, a idolatria, que segue como mal espiritual – mas tendo como protagonista o médico embusteiro que representa também o mal para o corpo. Tais próceres da idolatria, o que é bem grave, estarão utilizando sempre suas medicinas supersticiosas, as quais estariam concebidas como divindades, ídolos, como coisas demoníacas que embriagam.

A idolatria de medicinas que privam do juízo

As medicinas do feitiço

Ruiz de Alarcón ofereceu pouca abertura para pensar a eficácia natural das práticas de cura dos indígenas. Se vier apontar para certos usos medicamentosos do tabaco e de outras ervas e raízes, não seguirá pelo viés de elogiar as virtudes medicinais dos preparados vegetais – diferente do que faziam comumente os relatores da natureza americana e da medicina dos índios desde os primeiros tempos da invasão espanhola. A mais óbvia razão dessa atitude está na intenção do extirpador em esquadrinhar, pura e simplesmente, o âmbito da superstição, da feitiçaria, da idolatria nas práticas locais. Todo tratamento medicamentoso apontado por Ruiz de Alarcón gira em torno da envolvente órbita dos "conjuros, invocações e encantos".[119] Poucas vezes serão identificadas as virtudes naturais de tratamentos ou dos preparados medicinais. Por outro lado, o pároco de Atenango irá se debruçar na pesquisa de

---

117 LA SERNA, op. cit., p. 287. Citas: "la poca feé, que ellos tienen con nuestras medicinas y no querer vssar de ellas por vssar las de sus iniquos, y sacrilegos medicos"; "el alma, que es lo mas, y de mas importancia".
118 PARDO, "Contesting the power to heal: angels, demons and plants in colonial Mexico", 1999, p. 175.
119 RUIZ DE ALARCÓN, Tratado, p. 129.

algumas "beberagens" que dariam vazão para observar outra natureza de virtude, de efeito no qual se vislumbra a preternatural prospecção diabólica, que está além do âmbito natural e humano, mas aquém dos milagres sobrenaturais de Deus.[120]

Destaquemos, primeiramente, o relato e parecer quanto ao uso de uma bebida que se apresenta totalmente inócua e inserida na coleção que faz Ruiz de Alarcón dos "conjuros e palavras".[121] Para tratar das diferenças e impasses conjugais e amorosos, os índios se valem de um "meio que inclui duas coisas", e elas são "beberagem e palavras". Nesse relato do pároco inquiridor, é discreto o comentário sobre o encanto da fala, e muito mais atenção é dada à poção na boca que "usam por medicina, a qual atribuem parte do efeito" para resolver o enfado.[122]

A bebida é feita de grãos de milho que criam padrões opostos à ordem dos demais que formam a espiga. Os salientes grânulos seriam conjurados pelo curandeiro que se autodenomina "o sacerdote Príncipe de encantos" – pode tratar-se da assunção do índio conjurador como Tezcatlipoca.[123] Devido a tal "contrariedade [dos grãos] atribuem o efeito contrário [pela bebida] na inclinação e vontade quanto ao afeto e ódio". As palavras seguem: "que lhe há de dar de beber, o espiritado

---

120 Aponta Clark que "na jovem Europa moderna, era opinião virtualmente unânime das pessoas educadas que os diabos, e, *a fortiori*, as bruxas, não meramente existiam na natureza, mas agiam de acordo com suas leis. Considerava-se que o faziam (...) com boa dose de manipulações incomuns ou 'preternaturais' de fenômenos, conquanto fossem ainda considerados dentro da categoria geral do natural". Desde cara argumentação de Tomás de Aquino, compreendia-se que se os anjos e demônios pareciam capazes de ações milagrosas, estas eram prerrogativas exclusivas do Criador. Impossível um evento causado pelos anjos e demônios "completamente fora da ordem natural" da qual pertencem essas entidades. A magia demoníaca, "considerava-se que ela excedia a natureza mas que era, na verdade, totalmente operada mediante os poderes naturais de demônios, parecendo milagrosa somente em comparação com os poderes naturais de homens e mulheres" (CLARK, *Pensando com demônios*, 2006, p. 208-9).

121 Antes de apresentar o relato do encanto para "aplicar la mediçina" (uma bebida feita de milho), Ruiz de Alarcón perfaz uma classificação dos conjuros em dois blocos genéricos, que informam distintos interesses e pedidos. Um desses grupos se refere a "negocios, y acciones que pertenecen a cosas inanimadas", ou seja, são invocações que tratam de pedir auxílio para os afazeres cotidianos, tais como nas lidas do plantio e da caça. O outro bloco se relaciona à "communicaçion humana". Seriam conjuros para atuar junto a "quien vsa de razon y libre albedrio" – o cura se mostra indignado que os índios "pretenden tener entrada y aun dominio" sobre os afetos e as vontades humanas (RUIZ DE ALARCÓN, *Tratado*, p. 180).

122 *Ibidem*. Citas: "bebediço y palabras"; "vsan por medicina a que atribuyen parte del efeto".

123 COE, *op. cit.*, 1982, p. 30.

medicinal troca corações".[124] O conteúdo do conjuro indica complexa simbologia de denominações e de presenças entretidas no embate ao desamor.[125]

Ruiz de Alarcón relata que o milho conjurado é moído e então ingerido na forma usual das bebidas de "atole e cacau", mas tem esse efeito de "troca" da vontade ou do afeto. Proclama "embuste e superstição" notórios. No entanto, acredita na eficácia da medicina, mas não pelo que contém de substância. Não há nada de medicinal na poção, ou que possa sugerir o efeito de cura para os feridos de amor: "jamais por tais meios conseguiriam o intento", se acaso não interviesse "pacto expresso ou pelo menos tácito".[126]

Ruiz de Alarcón faz questão de anunciar um sinistro efeito, uma eficácia diabólica que, porventura, resolveria a trama da aflição amorosa. A presença do demônio confere plausibilidade para o recurso ser efetivo, ele ocupa o lugar de uma bebida sem qualquer propriedade inerente para resolver o problema. Os índios tinham fé no efeito dessa poção conjurada, a qual (pelo viés de Ruiz de Alarcón) teria de ser demonizada para então contemplar a receita de um possível sucesso (da palavra e da bebida).

Outras poções terão guarida no *Tratado* de Ruiz de Alarcón, também para aprimorar o argumento da disputa contra a superstição diabólica. Contudo, nesses casos, o pároco irá se deparar com substâncias que produzem ingentes efeitos, atributos reconhecidos por todos os povos, inclusive pelos espanhóis, quer seja pela noção mais erudita do efeito natural casado com o poder demoníaco, quer seja pela visão mais popular do feitiço nas bebidas, tornando difícil separar a instância

---

124 RUIZ DE ALARCÓN, *Tratado*, p. 180. Citas: "contrariedad atribuyen el efeto contrario en la inclinacion y voluntad en quanto a la afiçion y odio"; "que le he dar a beber [ao injuriado] al espiritado medicinal trueca corazones".

125 Pela tradução do conjuro por Andrews & Hassig: "Venham, Tlazohpilli, Centeotl. Você acalmará o coração amarelo. A ira verde, a ira amarela, surgirão. Eu a farei surgir; eu a buscarei; eu sou o sacerdote; eu sou o senhor do nahualli. Eu a farei [isto é, a ira] beber o sacerdote, Pahtecatl, Yollohcuepcatzin (ou Yolcuepcatzin)" (RUIZ DE ALARCÓN, *Treatise*, p. 132). No comentário ao conjuro pelos editores, temos: "Orador: curandeiro (papel: senhor do nahualli). Destinatário: grãos de milho. Antagonista: raiva. (...) Intenção: convencer os grãos de milho a agir contra a raiva. Objetivo: acalmar a pessoa com raiva. O orador começa evocando os grãos de milho (...). Usando a forma do verbo no futuro, ele ordena que o milho acalme a pessoa nervosa (...). Em seguida, prevê o banimento da raiva (...); ou seja, exprime sua confiança no poder do milho para atingir sua tarefa. Mas agora ele começa a segunda fase alterando o êxito para si mesmo, dizendo que ele banirá e mandará embora a raiva (...), e justifica essa autoconfiança gabando-se de seu poder de identidade (...). Ele prevê que fará a raiva (sinédoque para a pessoa com raiva) beber a poção feita de milho" (p. 280).

126 RUIZ DE ALARCÓN, *Tratado*, p. 181.

natural da supersticiosa. Muitas bebidas são tratadas como feitiços que propiciam a geração de coisas estranhas e vermes que trariam a morte para os enfeitiçados.

Nesse ponto é importante uma digressão a respeito da visão do feitiço e nada mais apropriado que recuperar o médico Cárdenas, visitado no primeiro capítulo deste livro. Formado na Universidade do México no final do século XVI, o doutor faria longa avaliação sobre a crença na existência dos feitiços. Não estaria preocupado apenas com os efeitos na imaginação, mas sim com a questão da realidade do efeito dos feitiços, o "dar bocados" do feiticeiro a sua vítima. Segundo Cárdenas, as supostas medicinas são para enfermar quem as ingere, segundo dizem, propiciam a geração de bolsas de animais inferiores e objetos estranhos nas tripas ou no estômago das pessoas. Diz o vulgo que essa gente era enfeitiçada.[127] Para esses casos, Cárdenas nega igualmente que atue virtude da planta ou da bebida, no "bocado" para convencer para o ódio ou o amor. O médico explica, em termos naturais, o que a gente comum entendia como feitiço. Explica que espontaneamente, pela influência dos astros, engendram-se "lombrigas e cobras", "vermes", "sapos", "caranguejos" e outras "sevandijas" por dentro do sujeito. Como destacara Las Casas décadas antes de Cárdenas, mas pelo mesmo patamar de ideia que advém de Aristóteles sobre os animais baixos de geração imperfeita:

> (...) vemos que por natureza ou naturalmente muitas coisas se transformam em outras, e corrompidas se convertem em diversas espécies, assim como das carnes corruptas ou apodrecidas dos touros ou bois se engendram as abelhas; das [carnes corruptas] dos cavalos, escaravelhos; das mulas ou mulos, os gafanhotos; dos caranguejos, escorpiões. (...) Nasce também do tutano da espinha do homem uma serpente ou cobra, segundo São Isidoro (...) e Ovídio.[128]

Para Cárdenas, o que chamam de bocado é provavelmente uma situação causada pela indigestão, e aquilo que veem como sevandija ou verme apenas parece sê-lo, pela forma que se mostra o podrido. Isso é o que o médico considera que é o que

---

127 CÁRDENAS, *Problemas y secretos maravillosos de las Indias*, 1988, p. 265-277.
128 LAS CASAS, II, *Apologética historia sumaria*, 1992, p. 733. Cita: "vemos que por natura o naturalmente muchas cosas se transforman en otras y corrompidas se convierten en diversas especies, así como de las carnes corruptas o podridas de los toros o bueyes se engendran las abejas; de las de los caballos, escarabajos; de las de las mulas o mulos, las langostas; de los cangrejos, escorpiones. (...) Nasce también del tuétano del espinazo del hombre una serpiente o culebra, según Sant Isidro (...) y Ovidio".

sai da barriga. Enfim, deve-se também lembrar que índios "de ademãs e barulhentos", muitas vezes trazem na boca um verme qualquer e fingem extraí-lo do corpo do enfermo, que acredita na performance. Também umas coisinhas que saem dos buchos como "fios e fitas", artificiais na aparência, de fato seriam apenas formações da corrupção de um humor grosso.[129]

Monardes, o médico sevilhano, ao comentar os "feitiços" que teve oportunidade de ver (na Espanha), com "muita quantidade de cabelos" e "com outras muitas ferramentas", atribui isso "a obras do demônio que não se podem reduzir-se a obras naturais". Aliás, Monardes revela uma erva, a "bervena" do Peru, como bom remédio contra feitiços, purga para "muitas coisas do estômago de diversas cores".[130]

De seu lado, Cárdenas evita qualquer menção de uma influência demoníaca na constituição desses feitiços, que só teriam causa natural.[131] Contudo, ao lado dos falsos bocados, algumas bebidas trariam óbvio efeito natural, a embriaguez mental, o que, por sua vez, seria o espaço ara a influência do mal.

Na área de atuação de Ruiz de Alarcón, a principal dessas beberagens é feita a partir do ololiuhqui, "uma semente" que se parece com "lentilhas", de um arbusto bastante comum naquelas partes. Outra bebida, feita da "raiz" chamada peiote (na verdade um cacto), traficada desde a região mais desértica ao norte da cidade do México, traz também o efeito de "embriaguez ou privação de juízo", confirma o clérigo de Atenango.[132] Três densos itens do primeiro tratado do pároco estarão votados para explicar a "superstição" do ololiuhqui – com breves apartes que mencionam também o uso da bebida feita de peiote.

O cura reconhece um efeito natural dessas poções, contudo, tal efeito se reduz à perda do juízo, ou seja, as bebidas se apresentam como artifícios que ameaçam o domínio da razão na mente humana, que, em sua plenitude sagrada, é a matéria fina

---

129 CÁRDENAS, *Problemas y secretos maravillosos de las Indias*, 1988. Cita: "ademaneros y alharaquientos".

130 MONARDES, *Primera y segvnda y tercera partes de la historia medicinal de las cosas que se traen de nuestras Indias Occidentales*, 1574, p. 107f-107v.

131 Angeles Durán (comentador da edição que utilizamos de Cárdenas) assevera que "diante do ceticismo que oferece Cárdenas", o frade Augustín de Farfán, que também compôs um tratado de medicina, "aceita que se dê esta enfermidade derivada de um feitiço". Dedica ao bocado um capítulo (f. 210), o qual intitula "Para los que tienen sospecha que les han dado algún bocado, y para un gran ahyto", quando oferece também "os remédios pertinentes, sem ajuizar as circunstâncias" (CÁRDENAS, *op. cit.*, 1988, p. 266, nota 71).

132 RUIZ DE ALARCÓN, *Tratado*, p. 142. Cita: "embriaguez o privacion de juicio".

da alma racional, o âmbito para o juízo humano discernir os mistérios de Deus, a natureza das coisas e o rumo correto a tomar na vida.

Mas o ololiuhqui (em náhuatl: o esférico),[133] mesmo no olhar europeu demonológico, podia ser simbolicamente relacionado à sabedoria, não à estupidez. A partir da menção ao ololiuhqui na obra do protomédico espanhol Francisco Hernández, em investigação na Nova Espanha na década de 1570, isto fica claro num compêndio da obra organizado na Itália por Recchi e outros eruditos no início do século seguinte. A passagem contempla a relação de um nome dado pelos índios com o efeito embriagante da planta. Era conhecida como "coaxihuitl" (erva-serpente):

> (...) na associação da serpente com prudência e sabedoria [prudentiam et sapientam], que por sua vez iluminava outro nome em uso: "planta do sábio". Esta sabedoria não era deste mundo, desde que a planta era usada quando os índios queriam comunicar-se com entes superiores [volebant versari cum superir]. O conteúdo dessa comunicação consistia em aparições [phantasmata] e faces de demônios [demonum observantium effigies].[134]

Ruiz de Alarcón, por sua vez, resume o efeito natural da bebida à privação do juízo e não como arte superior de saber. Mas irá notar óbvio conteúdo supersticioso no uso da semente, da mesma maneira que via superstição no uso de uma poção que achava incapaz, que era feita do grão de milho avesso e conjurado para a troca do sentido das paixões.

A superstição na toma do ololiuhqui e do peiote não se reduz à busca ingênua do efeito natural, que Ruiz de Alarcón condensa no signo da perda do juízo pela embriaguez que gera a planta. Por intermédio da bebida do ololiuhqui, os índios "como oráculo a consultam" – a poção torna-se recurso da malfadada adivinhação:

> (...) para todas quantas coisas desejam saber, até aquelas que o conhecimento humano não pode chegar, como para saber a causa das enfermidades (...), logo a atribuem a feitiço, e para sair desta dúvida e semelhantes, como de coisas furtadas e dos

---

133 Glossário in: SAHAGÚN, *Historia general de las cosas de Nueva España*, XII, 1988.
134 PARDO, "Contesting the power to heal", 1999, p. 170-1.

agressores, consultam esta semente [do ololiuhqui] por meio de um de seus embusteiros médicos, que alguns deles têm por ofício beber esta semente para semelhantes consultas, e o tal médico se chama Pàyni.[135]

La Serna traduz "payni" quase ao pé da letra: "ofício (...) que quer dizer o que bebe purga ou xarope".[136] Mas na interpretação de López-Austin sobre este tipo de mago indígena, a palavra devia significar "mensageiro", quando o autor assume a concepção de viagem xamânica pelo consumo de alucinógenos.[137]

Para Ruiz de Alarcón, se o médico não quer tomar a beberagem por livrar-se da "tormenta" que implica a ingestão, ou por não ser próprio de seu ofício dita tarefa, ele oferecerá a poção para o enfermo ou para terceiros. Mas de toda forma, "o médico indica o dia e a hora em que há de beber e diz para que fim a bebe".[138] O que demarca o papel de orientação do curandeiro para a experiência do enfermo ou de outrem. Pela avaliação do pároco, "ultimamente" aquele que bebe ololiuhqui ou peiote se fecha num aposento, que "de ordinário é seu oratório"[139] por todo o período da "embriaguez ou privação de juízo". Depois o médico índio sai para contar "duas mil patranhas", das quais o demônio "costuma revolver algumas verdades, com o que de todo jeito os têm enganados ou embaucados". O bebedor é tomado pela "demasiada força da semente" (do ololiuhqui). Então, "trastornado o juízo", vem algo a lhe falar,

---

135 RUIZ DE ALARCÓN, *Tratado*, p. 142. Cita: "para todas quantas cosas desean saber, hasta aquellas a que el conocimiento humano no puede llegar, como para saber la causa de las enfermedades (...), luego lo atribuyen a hechiço, y para salyr desta duda y semejantes, como de cosas hurtadas y de los agressores, consultan esta semilla por medio de uno de sus embusteros medicos, que algunos dello tienen por officio beuer esta semilla para semejantes consultas, y el tal medico se llama Pàyni".

136 LA SERNA, *op. cit.*, p. 385.

137 Segundo López-Austin "seu nome significa 'o mensageiro'. É, por excelência, o viajante que vai em busca do segredo num outro mundo, e o faz por ingestão do ololiuhqui, do peiote, do tlitliltzin ou do tabaco" (LÓPEZ-AUSTIN, *op. cit.*, 1967, p. 102). Para Andrews & Hassig, "a palavra (...) significa literalmente 'aquele que de costume toma medicina', i.e., 'tomador de medicina', e mais livremente, 'o adivinho que bebe uma droga alucinógena no propósito de adivinhar a natureza do problema do paciente" (nota dos editores in: RUIZ DE ALARCÓN, *Treatise*, p. 246).

138 RUIZ DE ALARCÓN, *Tratado*, p. 142. Cita: "el medico le señala el dia y la hora que lo ha de beuer, y le dize para que fin lo beue".

139 Noutra passagem o "extirpador" comenta que ficam nesses aposentos "como quien estubiesse en el sancta sanctorum" (*ibidem*, p. 218).

quando é "feita a sentença aonde o demônio a inclina". Pelo oráculo pode-se condenar o inocente ou mesmo descobrir o culpado, "os desaventurados tudo o creem" ou muito do que "revele o demônio". O espírito do mal pode informar eventos futuros pela sua poderosa ciência de conjeturas, ou revelará puras mentiras.[140]

Ainda pelo oráculo do ololiuhqui, os "desaventurados" acreditam no que "seja a própria representação da fantasia", que seria o compartimento cerebral da imaginação. As imagens mentais causariam a "conversação" com o demônio.[141] A charla divinatória pela embriaguez do ololiuhqui pode ser simples fruto da imaginação. Esta perspectiva é que domina absoluta no meio científico atual, contudo, não era assim na maior parte das convicções eruditas no início da era moderna – sendo que para médicos e teólogos, a filosofia concedia espaço para efeitos preternaturais, ou seja, diabólicos ou angelicais, tal como compartimentos integrados na mais ampla arquitetura do mundo natural.[142]

La Serna explica a propriedade do ololiuhqui num discurso que também contemplaria duas instâncias do fenômeno da adivinhação, o efeito natural e a influência diabólica sobre o efeito natural. La Serna destaca a enganação, ainda que alguns prognósticos diabólicos fossem certeiros. Afinal, entre várias previsões erradas ocorrem alguns acertos pelo poder de conhecimento do demônio que supera a limitada ciência da natureza pelos homens.[143]

Segundo Ruiz de Alarcón, quando os prognósticos ouvidos na embriaguez do ololiuhqui falham, os "desgraçados" fazem mea-culpa. Ou porque ofenderam o ololiuhqui, não varreram ou incensaram corretamente o aposento para a consulta, ou

---

140 Citas: "suele rebolver algunas verdades, con que de todo punto los tiene engañados o embaucados"; "hecha la sentencia a donde el demonio le ynclina".

141 RUIZ DE ALARCÓN, Tratado, p. 142. Citas: "sea sola representacion de la fantasia"; "platica".

142 Cf. CLARK, op. cit., 2006, cap. 11.

143 "como es bebida tan eficaz, que luego priva de el juizio, comiença el que le bebe á hablar mil disparates correspondientes á la platica, que de los informes auia auido antes sobre la causa, por que se bebió; y alli se le representa á la imaginacion vn viejo, que, dicen, es el Ololiuhqui, y que este es el que les decide las materias, que se dessean saber, y aunque algunas vezes es sola fantasia de lo platicado antes, las mas vezes es el Demonio el que les habla; y si en algunas materias miente, en otras con permission de Dios acierta para engañar mas á estos miserables" (LA SERNA, op. cit., p. 386). Segundo o clérigo, o demônio, embora tenha perdido a graça divina (pelo pecado da soberba e inveja de Deus), no entanto, não perdeu a "sciencia natural" para prever por exemplo os eclipses (p. 365); e "applicando activa passiuis (…) con permission de Dios Nuestro Señor", também pode prever uma tempestade (p. 310).

foi um cachorro que incomodou com latidos a cerimônia. Desse jeito, o "erro fica desculpado". Mas também, "um acerto" deixa escapar "e escusa dois mil erros". Ruiz de Alarcón está aberto para a possibilidade de prognósticos corretos, mas logo imputa isso ao demônio, "tão grande filósofo" que sabe casar muito bem "as contingências" (mas sempre para um "desastroso evento").

O pároco se refere a um caso particular contado por um frade agostinho "boa língua" (intérprete) do bispado de Tlaxcala, que teria retirado da confissão de um índio, a história de que este tinha feito todo o possível para encontrar sua mulher que havia sumido. O índio "acudiu por último refúgio ao ololiuhqui", quando um "velho" lhe indicara (dentro da embriaguez e na imaginação) onde encontrar sua mulher.[144] Tal oráculo prescrevera toda a receita para achar a pessoa: deveria chegar a um povoado dez léguas de distância de sua moradia e ir direto rumo ao convento. Aí teria que seguir um determinado religioso até a casa dele. Lá encontraria a mulher atrás de uma porta que estava no saguão do edifício. Seguindo as dicas, a mulher amada acaba sendo resgatada, mas trazida de volta, logo na primeira noite ela se enforca. O resultado fora trágico, ou seja, bem a gosto do demônio.[145]

Dessa história, Ruiz de Alarcón retira exemplar mensagem para denegar o resultado da adivinhação, a qual não é colocada à prova como equívoco ou estupidez, pois é factível que ofereça alguma revelação. No entendimento do pároco, há duas possibilidades de motor da inusitada conversação com o ololiuhqui. Mas não importa que redunde em fajuta revelação ou numa descoberta bem arranjada, pois os prognósticos pela semente embriagante serão de toda forma abusados para o mal, para a desgraça dos índios.

Ruiz de Alarcón, noutra passagem, apresenta igual fórmula bifronte da adivinhação, que avança a maneira aristotélica de analisar a formação natural de imagens cerebrais com o crivo demonológico dos tratados que surgem no fim da Idade Média (como o *Malleus maleficarum* de dois dominicanos germânicos), obras que procuram abrir uma brecha para a preternatural intervenção do mal. O primeiro raciocínio: "segue a embriaguez da bebida, e nela, o que a fantasia [a imaginação] do embriagado revolva daquelas espécies [imagens e sons] que antes aprendeu pela suspeita". Mas há

---

144 La Serna, à luz do mesmo relato, pondera que o índio foi consultar o "Tlachixqui, que quiere decir en nuestro lenguaje castellano el Propheta, ó adiuino; y no auiendo orden, de que él lo bebiesse, se determinó á beberlo él mismo" (LA SERNA, *op. cit.*, p. 386).

145 RUIZ DE ALARCÓN, *Tratado*, p. 146-7.

outra assunção para o caso: "que o demônio fale para ele pelo pacto que nele se inclui pelo menos tácito nesta ocasião".[146]

La Serna enfatiza que o consumo implica um pacto "implícito", ou mesmo "explícito para operar o mal, que isto sucede de ordinário quando se valem do Ololiuhqui, ou do peiote".[147] Pois La Serna estará preocupado com a suposta abrangência da crença no feitiço e, além disso, com a profusão dessas operações por meio das bebidas de força embriagante. O extirpador projeta na atmosfera de "ódios mortais" entre os índios, inclusive entre "linhagens e povoados", onde os rancores duram para sempre, o campo propício para o poder destrutivo do inimigo maior da humanidade.[148]

La Serna sugere "pacto implícito" na arte divinatória com tais poções quando são usadas para descobrir o "feitiço" ou "feiticeiro". A intenção do curandeiro é de fazer o bem, mas por meios escusos. Contudo, só aparentemente faz o bem, porque o que faz mesmo é fingir que está solucionando o problema do cliente. Pior que isso é o "pacto explícito" com o demônio, se as mesmas substâncias (o ololiuhqui e o peiote) são usadas para promover malefício.

Pelos autores do *Malleus maleficarum* (publicado pela primeira vez em 1487), "todas" as artes divinatórias são operadas com invocação do demônio. Aquelas que não prejudicam as pessoas, animais ou frutos da terra, que procuram apenas presagiar o futuro, representam pactos tácitos ou simbólicos, por causa do sacrifício de animais ou pela devoção ao culto secreto e ainda por sacrilégios. Mas quando o propósito é prejudicar o ser humano, que é o caso paradigmático das bruxas, o pacto demoníaco torna-se explícito.[149]

---

146 *Ibidem*, p. 145. <u>Citas</u>: "sigue la embriaguez de la bebida, y en ella, o que la fantasia del beodo revuelua aquellas especies que antes aprehendio sobre la sospecha"; "que el demonio le hable por el pacto que en el se incluye por lo menos taçito en esta ocasion".

147 O mesmo extirpador, assim como Ruiz de Alarcón, mantém a ambiguidade entre o supersticioso e o natural no parecer dos mecanismos dos prognósticos. Se acima enfatiza a existência de pacto demoníaco, também no *Manual*, La Serna indica o efeito natural: "para vna vez, que aciertan [os prognósticos], dicen mil mentiras, ó las sueñan con la embriaguez del Ololiuhqui"; enfim, os derrapantes "engaños fantásticos nacidos todos de la embriaguez del Ololiuhqui" (LA SERNA, *op. cit.*, p. 387). <u>Cita</u>: "explicito para obrar daños, que esto succede de ordinario quando se valen de el Ololiuhqui, ó peyote".

148 *Ibidem*, p. 404.

149 KRAMER & SPRENGER, *O martelo das feiticeiras*, 1991, p. 183-4.

Essa ideia de dois tipos de comércio com o diabo, talvez seja útil para pensar outra coisa, uma crença indígena que observe intenções boas e más do mago de acordo com as circunstâncias. Sem dúvida que haviam precauções com qualquer das insignes figuras, seus recursos e poderes.[150] Sendo assim, La Serna deve aproveitar-se desse clima de desconfianças se houver. De toda forma, para o extirpador de feitiçarias a situação que for é indiferente, a luta se faz contra todos os "lobos (índios médicos) ministros de Satanás".[151] Se eles são "chamados na língua, ticitl tlamatini", isto é, "médico muito sábio", na verdade são "embusteiros médicos".[152] Se "tiçitl" em castelhano "soa a médico", entre os naturais está estabelecido a "significação de sábio, médico, adivinho e feiticeiro", e que talvez tenha "pacto com o demônio".[153] Nesses discursos há centralidade do papel de tais personagens ricos de profissão que logo passam de sábios para embusteiros, além de poderem ser pactuários da luta contra Deus. Os demônios não agem sozinhos, os médicos adivinhos são responsabilizados pelo chamamento da força do mal.

Se a concepção de pacto é demais uma invenção de manual europeu de bruxaria transportada para ultramar para incrementar a ideia de descaminho nas superstições locais e como luta aberta contra os curandeiros, por outro lado, a afirmação de Ruiz de Alarcón sobre a ampla significação que os índios estabelecem para os médicos locais pode ser levada mais em conta. Pois os casos relatados, desconte-se toda a tergiversação dos extirpadores, parecem sinalizar para a existência de ambíguas confianças em torno aos curandeiros, que podem ser tanto médicos como feiticeiros.[154]

---

150 Pelo que recupera Gruzinski, apenas os curandeiros confessavam seus procedimentos, enquanto que o feiticeiro maléfico que semeia a morte nunca o faria, pelo que informa o próprio clérigo Ruiz de Alarcón. De toda forma, os curandeiros, dependendo da situação, podiam assumir o papel de "polarizar uma das fontes do mal, encarnando a agressão, a devoração, o engano e a angústia" (GRUZINSKI, *op. cit.*, 1991, p. 159-160).

151 LA SERNA, *op. cit.*, p. 267.

152 RUIZ de ALARCÓN, *Tratado*, p. 160.

153 *Ibidem*, p. 195.

154 "Neste terreno como em tantos outros, a cristianização vem embaralhar as cartas, visto que aos olhos dos indígenas cristãos os curandeiros tradicionais, sem exceção alguma, também deviam entrar na categoria espanhola de 'bruxos'. Se a isso se agrega que seus atos eram em mais de um caso ambíguos, se compreenderá que frequentemente resulte espinhoso aclarar se o índio de quem se suspeita é 'bruxo' por resultar heterodoxo para a mirada do cristianismo ou porque é maléfico aos olhos dos índios" (GRUZINSKI, *op. cit.*, 1991, p. 160).

Vejamos um caso "quanto aos ódios" que os médicos "causam com suas adivinhações, dizendo aos enfermos" que "os enfeitiçaram". La Serna conta ter investigado pessoalmente um caso em virtude de uma "visita geral" no ano de 1646, quando se depara com o "grande curandeiro" Iuan de la Cruz, que vivia no "Real de Zacualpa" (região mineira). O personagem termina castigado pelo clérigo que se coloca como inquisidor de índios.[155]

Iuan de la Cruz é "perguntado judicialmente como curava".[156] Respondera que fazia como fazem os espanhóis sangradores. Mas a técnica foi ensinada pela aparição dos anjos São Gabriel e São Miguel, que baixaram do céu no momento em que desfalecia ("estando já para morrer"). Os veneráveis lhe indicaram como operar a extração de sangue enfermiço. A história sugere uma iniciação de técnicas de cura nos moldes do xamanismo, mas com vestes católicas.[157]

Enquanto curava com ervas e sangrias, o médico também consultava o ololiuhqui para dirimir a dúvida sobre os feitiços. Mas um compadre deste La Cruz, chamado Ioseph Velazques, enfermo de "uma disenteria e com grandes palpitações no coração", com o que ia morrendo, suspeitara de feitiço como causa de seu péssimo estado de saúde. A suspeita cai exatamente sobre o curandeiro La Cruz. Mas este convence Velazques de ter com o ololiuhqui numa reunião com os moradores da

---

155 "Vn caso, que descubri en las minas de Zacualpa de vn indio Medico, que castigué en el Real de Tetzicapan de las mismas minas" (LA SERNA, *op. cit.*, p. 305).

156 *Ibidem*, p. 305.

157 Bernand & Gruzinski apontam que o afã investigador dos extirpadores traz alguma luz sobre os fenômenos locais. Os curas "entreveem a importância capital de manifestações que não pertencem propriamente nem à feitiçaria europeia, nem à magia, e muito menos ao 'religioso'. (...) examinam as práticas terapêuticas desses curandeiros avaliando os laços entre cura, enfermidade, visão e crença". Observam "indícios" que "conduzem no final de contas à pista moderna do 'chamanismo'", ainda que "profundamente aculturado" (BERNARD & GRUZINSKI, *op. cit.*, 1992, p. 136-7). De sua insistente inquirição, La Serna compõe um quadro que pode levar para tal conclusão: "descubriome vnos veinte deste arte, que todos los mas se auian muerto, y en la otra vida les auian dado la gracia de curar, y les auian dado los instrumentos de sus Curas: á vnos las ventosas, á otros la lanzeta, á otros las yerbas, y medicinas, que auian de aplicar el Peyote, el ololiuhqui, el Estaphiate, y otras yerbas; y vno de ellos en particular declaró, que la Virgen Sanctissima de los Remedios personalmente le auia mostrado las yerbas de sus curas, para que en ello tuviesse sus grangerias, y se sustentasse con lo que los enfermos le pagassen; y estos tales se guardaron la cara de manera, que nunca pude descubrir los conjuros, que hazian, y palabras, que decian, ni las Parteras, que auia entre estos muchas, que tambien se auian muerto, y entregadoles en la otra vida los instrumentos para partear" etc. (LA SERNA, *op. cit.*, p. 303).

casa. Todos beberam e "estiveram privados do Juízo". Passado o efeito, quase agonizando, o enfermo se enfurece com La Cruz, "chamando-o de traidor feiticeiro" e dizendo "que me matastes", tendo-lhe atravessado uma flecha que penetrara na virilha e que saíra pelo cérebro. Logo vai morrer o doente, "persuadido do feitiço, e depois de haver bebido uma bebida tão supersticiosa como a do Ololiuhqui".[158]

La Serna não dá crédito à realidade última do feitiço, ao comentar que alguém deva ter convencido o enfermo de que ele estaria agonizando (no caso acima descrito por Ruiz de Alarcón). Afinal, há uma explicação natural para que possam ocorrer as desavenças e outras paixões: devido à corrupção dos humores e más disposições do corpo, ainda que prevaleça o livre-arbítrio para que se evitem manifestar as emoções – sendo que existe um caminho "cristão" para que sejam combatidas as paixões: "que estejam equilibradas e enfreadas".[159]

O gatilho para as enfermidades e outros males, muito advém das intrigas e suspeitas – La Serna dá fé que existam muitas no seio das comunidades locais. Enquanto que a bebida do ololiuhqui, "tão supersticiosa", dá aquele sinal de confiança dos índios no efeito da adivinhação. A ação demoníaca é disruptiva, ela apimenta a crença nos feitiços e torna-os possibilidade; mesmo que seja somente no âmbito da imaginação, que de todo jeito é visto como espaço concreto para a intervenção do mal.

Não se pode descartar o amplo uso de alucinógenos para a prática de malefícios no mundo indígena.[160] Mas a história do "endemoniado Sangrador"[161] Iuan de la Cruz, descontadas as assunções de discurso do pároco La Serna, ainda pode apontar indícios sobre a questão de uma ambígua relação entre curandeiros e enfermos na pervagante crença nos feitiços. Aguirre Beltrán realça que a feitiçaria compreende uma etiologia alimentada de ansiedades e hostilidades dentro dos grupos sociais, o que recupera, em termos gerais, a visão dos tratados desses extirpadores do século XVII na Nova Espanha.[162] O universo dos feitiços faz reportar irresistivelmente

---

158 *Ibidem*, p. 306.
159 *Ibidem*, p. 405-6. Cita: "que estén templadas, y enfrenadas".
160 Cf. DOBKIN DE RÍOS, *Hallucinogens: cross-cultural perspectives*, 1990, que acentua o uso dos alucinógenos em práticas de malefício, desde sua experiência pessoal no curandeirismo peruano, mas, também, numa visão sobre os tempos pré-hispânicos na Mesoamérica e nos Andes Centrais.
161 LA SERNA, *op. cit.*, p. 306.
162 AGUIRRE BELTRÁN, *op. cit.*, 1992, p. 51-2.

à perspectiva apontada pela etnografia moderna de Evans-Pritchard sobre o povo azande africano.[163]

Ruiz de Alarcón assevera que a crença nos feitiços se dá muitas vezes porque os doentes não veem melhora na administração de medicinas ordinárias, mas também, diagnosticar um feitiço é forma de escape para o médico que não consegue curar. Temos o embate direto do extirpador contra os curandeiros e seus conhecimentos que se tornam dessaberes. Quanto aos enfermos, estes "têm por certo que jamais sanarão se aquele que os enfeitiçou não os cura ou não quer que sanem". É nessas ocasiões que utilizam a bebida do ololiuhqui, que serve para descobrir o causador do feitiço e intimá-lo a desfazer o mal.[164]

Ruiz de Alarcón sugere a proliferação do ódio e dos inconvenientes que as suspeitas de feitiço geram nas comunidades indígenas. O clérigo conta o caso de uma mulher que não sabia para quem imputar a culpa da enfermidade que apresentava. Mas, por "intriga do povo", suspeitou de um tal "don juan bautista", com quem nunca tivera contato. A queixa foi confirmada pela "infernal superstição do ololiuhqui", seguindo-se daí "grandes inimizades, ódios e rancores".[165]

As situações de conflito inquietavam os clérigos e a bebida do ololiuhqui aumentava o problema. Por isso a planta devia ser eliminada das matas. Também boa porção da desavença entre as pessoas seria causada pela bebedeira de pulque. Igualmente se justificava uma extirpação da borracheira. As situações de descontrole das paixões davam motivo para o despertar das enfermidades e outros males como histórias de feitiço, quando o consumo do ololiuhqui e do peiote corrobora o mesmo raciocínio a respeito da embriaguez do pulque, a qual também geraria "ódios e rancores". Mas se o desenfreio das emoções pelo pulque devia ocorrer usualmente na reunião festiva, já no caso das bebidas que fazem ver em visões, as intrigas seriam entretidas pelos "falsos prognósticos" – a toma divinatória é instância nodal das histórias de feitiço.[166]

O clima de ódio é o oposto do que se quer para a "vida e melhora" do cristão, que consiste em "amor e caridade". O "uso" do ololiuhqui e do peiote leva à "perdição

---

163 Cf. EVANS-PRITCHARD, *Bruxaria, oráculos e magia entre os Azande*, 2005.

164 RUIZ DE ALARCÓN, *Tratado*, p. 145. Cita: "tienen por cierto que jamas sanaran si el que los enhechiço no los cura o no quiere que sanen".

165 *Ibidem*, p. 146. Cita: "hablillas del pueblo".

166 RUIZ DE ALARCÓN, *Tratado*, p. 189.

das almas" e, portanto, "se devia pôr toda a diligência possível para extirpar de todo jeito coisa tão prejudicial entre cristãos".[167]

Da tradição etiológica indígena na configuração colonial, um ambiente de injúrias e injuriados é dramatizado pelos extirpadores da idolatria para promover uma causa da destruição do corpo físico e social dos nativos. Este cenário estará embebido de ololiuhqui e de peiote, obtidos como combustíveis da imaginação, que é conduzida pelo demônio e sua ciência – um conhecimento manhoso, que promove falsos responsáveis pela situação dos enfermos em desesperação e que gera continuados ódios entre amantes, parentes e vizinhos.

As divindades na fantasia

Na confusão de intrigas e suspeitas, não só seriam acusados de malfeitores os inimigos de sempre ou de ocasião, nem ficariam ofendidos somente os poderosos curandeiros, pois que desde "santos" até "sátiros", tanto o "fogo" como as "nuvens", todos teriam suas maneiras de providenciar malefícios.[168] Essas instâncias e nomenclaturas pareciam convergir, na mente dos extirpadores, para a rede de significados da idolatria dos índios. Os santos podiam ser ídolos dissimulados e os elementos naturais podiam ser comparados a gênios da floresta, mas ao passo de apontar para o que concebiam como mescla de idolatria no catolicismo e para as correlações com o antigo paganismo europeu, Ruiz de Alarcón esforça-se por abarcar um nome e significado aborígine da prática de idolatria. Vai encontrá-lo no Peru.

As antigas idolatrias dos índios da Nova Espanha "por lei estabelecidas, e [que] se guardam até o presente", são "como no Peru", onde "chamam huacas os lugares onde adoram e as coisas que adoram, indistintamente". Assim é que os mananciais, rios e fontes são para os índios mexicanos tanto como para os índios peruanos, "huacas" onde colocam "oferendas em dias assinalados". Fazem isso com "fé e crença" de que tais huacas poderiam oferecer bons eventos e boa saúde. Mas também poderiam trazer as enfermidades: "se acaso as tais águas, fontes ou cerros, ou o ololiuhqui estejam

---

167 *Ibidem* Cita: "se debia poner toda la diligençia possible en extirpar de todo punto cosa tan perjudiçial de entre christianos".

168 A ofensa ou injúria se dá em função de algum desregramento ou falta pessoal ou grupal. A etiologia do pecado anda paralela à etiologia do feitiço no curandeirismo colonial (AGUIRRE BELTRÁN, *op. cit.*, 1992, p. 53).

enojados com eles, ainda que seja sem ter-lhes dado ocasião". Ruiz de Alarcón lamenta a sorte dos índios, pois essas "coisas têm e adoram por deus".[169]

Ainda que conceba uma adoração de peculiares razões e de costume antigo, comum entre duas regiões indígenas tão apartadas, Ruiz de Alarcón faz questão de afirmar que ela tem "princípio e raiz nos curandeiros e sortílegos".[170] O extirpador reforça o ponto da responsabilidade essencial dos agentes mormente diabólicos, figuras que a todo instante o tratadista das superstições procura combater. Eles são a causa política – "artificial" – da idolatria, os elementos ativos que devem ser impugnados. Mas no pequeno, porém abrangente capítulo da primeira parte dos manuscritos de Ruiz de Alarcón, há um esforço por aprimorar o conceito de idolatria como antiga tradição indígena, servindo-se da noção de huaca trazida do Peru. O pároco compõe uma lista extensa de coisas que extrapolam a representação estrita de divindade antropomorfa.[171] Mas existe vaga memória dos índios de um deus invisível, por algumas expressões ou apelidos, reminiscências invocadas no encantamento.[172]

O pároco menciona que os naturais também guardam "idolozinhos" dos quais atribuem "um efeito": aumentar a safra. É possível que Ruiz de Alarcón se tenha espelhado em considerações sobre a idolatria no Peru. O jesuíta Pablo Joseph de Arriaga havia identificado pequenas bonecas entre os idólatras peruanos, que eram chamadas de "zaramamas" e "cocamamas" e que deviam servir para propiciar a boa colheita (respectivamente do milho e da coca). Seriam modelos vestidos como mulheres e feitos a partir desses vegetais e de outros materiais para completar suas roupas e apetrechos. Segundo Arriaga, porque "entendem que como mãe tem virtude de engendrar e parir muito" é que os peruanos confeccionavam esses objetos.[173]

---

169 RUIZ de ALARCÓN, *Tratado*, p. 134. Cita: "llaman huacas los lugares donde adoran y las cosas que adoran endistintamente"; "si acaso las tales aguas, fuentes o cerros, o el ololiuhqui estan con ellos enojados, aunque sea sin aberles dado ocasion".

170 *Ibidem*, p. 134.

171 *Ibidem*, p. 134-137, onde se encontram as citações de huacas no tratado de Ruiz de Alarcón.

172 "Tambien adoraban (...) vn dios que no conocian mas de que le nombraban, y oy le nombran Yaotl, tiytlachauan, que se puede ynterpretar dios de las batallas, cuyos criados o esclauos somos, y dizenle Tlalticpaque, que quiere dezir dueño o señor de la tierra" (*ibidem*, p. 134). Trata-se de expressões que aludem à entidade mais reconhecida no termo Tezcatlipoca, algo que pode ser traduzido, entre outros sentidos, como "espelho que esfumaça".

173 ARRIAGA, *Extirpación*, p. 37-8. No próximo item voltaremos à análise sobre o discurso do jesuíta extirpador de idolatrias no Peru.

No tratado de Ruiz de Alarcón, diversas coisas seriam veneradas pelos índios, como o montículo de pedras chamado de "teolocholli", sagazmente comparado a semelhantes motivos adorados pelos índios do Peru – sem que Ruiz de Alarcón denominasse tais arranjos pelo termo comumente usado entre os andinos (apachitas). Pelos paralelos de crenças e rituais entre os índios da Nova Espanha e Peru estabelecem-se padrões culturais num exercício (digamos que) etnológico da idolatria.

O extirpador Ruiz de Alarcón indica a crença mexicana na deidade de sítios como mananciais e montanhas, primeiro grupo de coisas naturais que seriam comparadas às huacas do Peru, assim como anuncia a adoração dos "tecomates", recipientes para beber pulque, igualmente comparados a artefatos dos quais "se refere no livro do Peru referido".[174] É possível que Ruiz de Alarcón esteja reportando aos recipientes usados nos rituais com chicha, bebida embriagante tradicional do mundo andino.

Relevante que no capítulo de Ruiz de Alarcón de tantas huacas, o título destaque o seguinte: "das idolatrias e agouros e observação de coisas que atribuem Divindade, especialmente o ololiuhqui, Piciete e o Peiote".[175] Mas dessas três coisas que embriagam, o clérigo somente escreve linhas sobre a idolatria do ololiuhqui, além de tratar do culto dos recipientes chamados de tecomates onde se operavam sacrifícios de pulque para os ídolos, para o fogo e a terra. Os assuntos do ololiuhqui e do tecomate ocuparão grande parte do capítulo sobre as huacas na Nova Espanha. Há um porquê das preferências do discurso de Ruiz de Alarcón sobre determinadas huacas? É devido ao fato de se vincularem à embriaguez?

Para o extirpador, se acaso todos os elementos, todas as huacas mencionadas num trecho do *Tratado de supersticiones* vêm imbuídas de vontade e poder na visão dos índios, e esta seria a queixa genérica de Ruiz de Alarcón, entrementes, qualquer poder que houvesse de fato nessas huacas, se e quando aparecesse, seria o poder do demônio. Já o nulo poder, a vanidade da idolatria, ela parece percorrer todos os signos que Ruiz de Alarcón observa no pequeno capítulo sobre as huacas. Porém, justamente as duas coisas que mais lhe ocupam o relato são emblemas da agência

---

174 À vera, tal livro do Peru não aparece citado no tratado de Ruiz de Alarcón (embora pudesse ter sido citado no manuscrito original perdido). Teria feito o cura de Atenango uma leitura do divulgado manual de extirpação das idolatrias do Peru do jesuíta Pablo de Arriaga? Cita: "se refiere en el libro del Piru referido".

175 RUIZ DE ALARCÓN, *Tratado*, p. 134.

da idolatria, ou exatamente aparecem como receptáculos do poder do demônio. É o caso do ololiuhqui e do tecomate.

Ruiz de Alarcón não manifesta o demônio em qualquer outro elemento da lista de huacas. Mas o ololiuhqui e o tecomate são motivos da embriaguez desajuizante, e, através disso, o demônio como espírito pode atuar incisivo ou tirar proveito mais sutilmente. Pode bem atuar através do ololiuhqui: "bebida esta semente, priva do juízo porque é bem veemente, e por este meio comunicam-se com o demônio, porque lhes costuma falar (...) e enganá-los com diferentes aparências".[176] Já a "superstição dos tecomates" é atribuída ao fato de que os recipientes são "consagrados" e servem para as oferendas de "vinho", mas também, como as "panelas", servem para tomar a bebida, "ficando todos fora do juízo". Neste caso, o demônio não desponta tão diretamente como agência, tal como no caso da bebida do ololiuhqui. O espírito maligno apenas incentiva e se aproveita do estado da embriaguez do pulque, pois este gera as ofensas a Deus e os "agrados ao demônio".[177]

Ruiz de Alarcón, ou seus informantes locais, não fazem qualquer menção à noção de divindade do pulque, assunto que tanto destacara Sahagún na pesquisa sobre crenças da antiga elite mexicana, e que poderia aproximar as duas poções (do ololiuhqui e do pulque) em noção similar de agência demoníaca pela idolatria da embriaguez.[178]

O ololiuhqui de Ruiz de Alarcón pode ser aquele veículo mais apropriado para a ação do demônio; porém, estará ainda assim integrado na estrutura de vanidades da idolatria. Até mesmo enquanto recurso da adivinhação pela força da semente na bebida, pela embriaguez considerada natural, o que se informa é apenas a perda do juízo, a confusão ou descontrole. No âmbito mental da fantasia (i.e. na imaginação), podem surgir formas e vozes a partir de expectativas criadas antes da ingestão, sem que o demônio tenha qualquer influência nisso, como contempla (entre outros religiosos) Ruiz de Alarcón.

---

176 *Ibidem*. Cita: "veuida esta semilla priua del juicio, porque es muy vehemente; y por este medio comunican al demonio, porque les suele hablar (...) y engañarlos con differentes apariensias".
177 *Ibidem*, p. 137. Citas: "quedando todos fuera de juicio"; "grangerias al demonio".
178 Vale lembrar que na época colonial a palavra embriaguez remetia a efeitos psicoativos e fisiológicos abrangentes e que costumamos separar como alcoólicos (o caso da bebida do pulque) e alucinógenos (o caso do ololiuhqui), entre outras distinções da ciência e do senso comum atual sobre as alterações no corpo e mente pelo consumo das substâncias.

O efeito da embriaguez pela bebida do ololiuhqui, os índios "o atribuem à deidade que, dizem, está na dita semente".[179] Consequentemente, uma forma de idolatria da embriaguez que, como vimos, Ruiz de Alarcón advertira desde o prólogo de seu *Tratado de supersticiones*? Mostraria ser mais preocupante a adoração da força que embriaga, do que a veneração dos ídolos propriamente ditos?

Mas a maior das vanidades na superstição do ololiuhqui será crer na divindade da semente. Por terem a semente como "coisa divina", a colocam "nos seus altares nas melhores caixinhas e cestinhos que conseguem encontrar, e aí [vão] lhe oferecer incenso e ramalhetes de flores e varrer e regar o aposento com muito cuidado".[180]

O pároco La Serna afirma que os índios acendem velas para essas sementes, persuadidos pelos curandeiros e consequentemente pelo demônio.[181] Sinal de grande devoção, mas também de indução pelos agentes malignos de uma devoção equivocada: a armação de uma falsa religião pela influência demoníaca.

A constatação de uma deidade que dão à semente implica um sentido particular e que incomoda o clérigo: os índios "por esta razão têm (…) temor" do ololiuhqui. Por isso há um empecilho para a extirpação dessa idolatria. O "temor e medo (…) lhes impede a confissão", pois não querem de modo algum "enfurecer aquela falsa Deidade que [eles] fingem no ololiuhqui".[182] Ruiz de Alarcón dedica-se a contar diversos procedimentos que poderíamos aproximar como busca e apreensão de

---

179 RUIZ DE ALARCÓN, *Tratado*, p. 134. Cita: "lo atribuyen a la deydad que dizen esta en la dicha semilla".

180 *Ibidem*, p. 218. Cita: "en sus altares en las mejores cajuelas o canastillos que alcanzan, y alli ofreçerle inçienso y ramilletes de flores, y barrer y regar el aposento con mucho cuidado".

181 LA SERNA, *op. cit.*, p. 305.

182 RUIZ DE ALARCÓN, *Tratado*, p. 142-3. Recuperemos um dos trechos em que Ruiz de Alarcón associa o temor do ololiuhqui com a dificuldade de proceder a inquisição das consciências na confissão: "Aqui es mucho de aduertir, lo mucho que estos desdichados nos ocultan esta supersticion del ololiuhqui y la raçon es porque segun ellos confiesan, el mismo que consulta les manda que no nos lo manifiesten, bien conoçe que en ello arriesga el logro de sus pretensiones en nuestro daño, y los miseros indios son tan pusilanimes y tan flacos en la fe, que creen que si lo manifestasen, el mesmo ololiuhqui los mataria o les haria otros muchos daños, y asi es su escusa: ipampa àmo nechtlahueliz, que es como si dixesen, porque el ololiuhqui no se declare por mi enemigo" (p. 147). Andrews & Hassig traduzem a expressão em náhuatl de maneira a indicar que o problema é aborrecer a entidade: "assim ele não me odiará" (RUIZ DE ALARCÓN, *Treatise*, p. 321). Cita: "enojar aquella falsa Deidad que finguen [sic] en el ololiuhqui".

sementes de ololiuhqui, tarefa que esbarraria na resistência dos "delinquentes" por admitir que eles ficavam guardando coisa errada.[183]

Há resistência dos índios inclusive por tocar nas sementes para entregá-las ao visitador eclesiástico. O que logo sugere a noção de sagrado na perspectiva do medo de poluição no contato com a divindade.[184] Resta especular também se o temor do ololiuhqui não é essencialmente o medo pelo castigo dos juízes e párocos devido à prova material da idolatria. Esta persiste após um século de batismos, o que oferece a sugestiva expressão de "hereges idólatras"[185] como predicado dos índios. Eles devem ser perseguidos porque "usam o traje de cordeiros, sendo lobos; querem parecer-se com os verdadeiros Cristãos, sendo verdadeiros idólatras".[186]

O extirpador La Serna enfatiza que tanto no caso de omitir a guarda e esconder os "tecomatinhos", os pequenos recipientes usados somente para o sacrifício de pulque, como também no caso dos "copos com que bebem", e ainda, quanto a ocultar sementes de ololiuhqui, os índios agem assim "não tanto por temor dos Juízes, quanto de respeito que têm" por essas coisas. O peiote também é tão respeitado que dizem os índios que para moê-lo e tê-lo em infusão para "que dê (...) efeito há de ser moído por mão de donzela".[187]

---

183 Os índios procuram evitar entregar as sementes aos "ministros eclesiasticos, especialmente si son jueces que lo pueden prohibir y castigar" (RUIZ DE ALARCÓN, *Tratado*, p. 142). Logo após tratar de alguns momentos de perseguição do ololiuhqui, o cura de Atenango recomenda: quanto ao tratamento dos casos de delinquência, "lo primero, que el yndiciado" ao "tener ydolo o otra cosa que adore, se prenda antes que pueda preuenirse, ni dar noticia a los suyos al tiempo de la prission, para lo cual sera aproposito coxerlo fuera de su pueblo. Lo segundo, que cojiendo por una parte al dilinquente y por otra poniendo guardas de satisfacion a la casa o lugares donde ay noticia esta el tal ydolo o superticion, sea todo a vn tiempo, y aun sera bien ponerla por lo menos a los parientes mas cercanos como a muger, hermanos, &c. Lo tercero, que el juez sea recatado en los ministros [os párocos], y no se fie de ninguno del pueblo del dilinquente, porque de ordinario ninguno ay fiel. Lo quarto, que siendo posible, el juez por si mismo saque los ydolos o cosas supersticiosas que se buscan, y no siendo posible sus ministros, y siendo forçosso sacarlos el delinquente, abran los ojos juez y ministros porque en tal caso el dilinquente si puede se tragara el ydolo por ocultallo aunque este ya convencido y sepa que tragarlo morira ciertamente. Lo quinto, tambien se advierta que suelen por disimulo quando no ay lugar para mas, meter el ydolo en alguna olla vieja y sucia (...)" (p. 144). Cita: "dilinquentes".

184 AGUIRRE BELTRÁN, *op. cit.*, 1992, p. 185 e ss.

185 LA SERNA, *op. cit.*, p. 308.

186 *Ibidem*, p. 449. Cita: "vsan del traje de corderos, siendo lobos; quieren parecerse á los verdaderos Christianos, siendo verdaderos idolatras".

187 *Ibidem*, p. 386. Citas: "tecomatillos"; "que haga (...) effecto à de ser molido por mano de doncella".

Geralmente as sementes de ololiuhqui se encontravam em "cestinhas", faziam o artefato "o mais curioso que podem".[188] Tal poderia estar integrado num complexo cultural de "bolsas de medicina"? Segundo Aguirre Beltrán, para o uso das "ervas sagradas", basta simples "coleta e resguardo, seguindo-se os ritos tradicionalmente feitos para conservar e preservar a virtude mística, como garantia de sua ação benéfica".[189]

O pároco de Atenango recupera que o ololiuhqui era guardado pelos aldeãos por duplo temor, isto é, medo da perseguição dos oficiais seculares ou clérigos e medo da sacralidade do objeto. A expressão "ytlàpial" conduz a pensar o sentido dessa guarda sagrada. Certa vez o cura traduz como "os que têm obrigação de guardar a tal coisa", embora noutra passagem, mais fiel ao significado, Ruiz de Alarcón comenta que significa "de sua herança"[190] (literalmente é "sua coisa guardada").[191] La Serna decide que "o cesto em Mexicano itlapial" é o que "nós chamamos de Vinculada".[192] Nos cestos com sementes também se encontram incensos, "trapos costurados", "vestidinhos de meninas" e outras coisas do gênero, que Ruiz de Alarcón afirma que "oferecem" ao ololiuhqui.[193] Os paquetes ficam atrás de pequenos altares nos "oratórios" das casas. Signos claros para Ruiz de Alarcón da veneração do índio ao ídolo ololiuhqui.[194]

Mas é bem discreta a adoração, naqueles tempos em que dificilmente poderiam deixar à vista as coisas da idolatria no ambiente doméstico que deveria ser devotado aos santos cristãos – ao menos quando havia esforçados vigilantes e visitantes

---

188 RUIZ de ALARCÓN, *Tratado*, p. 143. <u>Cita</u>: "cestoncillos".

189 AGUIRRE BELTRÁN, *op. cit.*, 1992, p. 190.

190 RUIZ de ALARCÓN, *Tratado*, p. 135-6.

191 "A palavra ītlapial não significa 'aquele que tem a obrigação de guardar algo', mas sim 'sua coisa guardada'. Ruiz de Alarcon traduz com mais precisão mais tarde no capítulo como 'sua herança'". Além disso, notlapial é mais tarde corretamente traduzido como 'minha herança" (Glossário in: RUIZ de ALARCÓN, *Treatise*, p. 314). Estes "paquetes" ou "relicários" sob o termo "tlapialli", interpreta Gruzinski, "constituem uma espécie de capital material e simbólico que expressa a continuidade e a memória da linhagem, a solidariedade das gerações e, ainda de maneira mais indireta, o compromisso de todo o grupo de respeitar esses objetos. Enfim e sobretudo, os tlapialli asseguram a prosperidade do lar" (GRUZINSKI, *op. cit.*, 1991, p. 156).

192 LA SERNA, *op. cit.*, p. 300.

193 Ruiz de Alarcón confere a vanidade dos sacrifícios: para aplacar a ofensa que creem ser a causa do mal, os índios provêm a deidade de oferendas. Os médicos adivinhos seriam responsáveis por incentivar seus pacientes a fazer sacrifícios ao sol, ao fogo ou ao ololiuhqui (RUIZ de ALARCÓN, *Tratado*, p. 195). <u>Cita</u>: "pañitos labrados".

194 *Ibidem*, p. 143.

perseguidores das superstições. Num dos casos descobertos por Ruiz de Alarcón, muitas sementes estavam escondidas numa panela bem velha, suja, jogada no quintal. No fundo dessa panela havia um "idolozinho que era um sapinho negro de pedra envolto num trapo".[195] O extirpador ensina o caso para que demais visitadores pudessem se aperceber dos truques dos índios idólatras.

A ação do extirpador da superstição foi para além do extermínio das sementes-ídolos. Ruiz de Alarcón, desde que conseguiu o "benefício de Atenango", ou seja, o cargo de pároco daquela jurisdição eclesiástica, começou a fazer "instância para desarraigar" dos corações dos índios "sua prejudicial superstição". Mas isto significava desenraizar as plantas que entravam nesses corações. Além de destruir o ololiuhqui bem guardado, Ruiz de Alarcón mandava roçar o mato onde cresciam as lianas que davam a semente. Havia em abundância nas margens do rio que cruzava a região.[196] Apesar de crescerem no mato eram também bem cuidadas em razão da "veneração" à semente.[197]

Logo depois de agir assim contra as sementes, Ruiz de Alarcón foi acometido de um grande mal-estar. Rapidamente, os índios espalhariam a notícia de que o ololiuhqui se ofendera com o clérigo, entregando-lhe uma enfermidade para punir o desrespeito à divindade da planta. Mas para Ruiz de Alarcón esse rumor denuncia o quanto "chega a cegueira desta gente". Por outro lado, o clérigo imputa a causa do achaque ao arbítrio de outra, a suprema divindade: "isto foi Nosso Senhor servido [que] me desse uma enfermidade". Mas Deus operou assim num cenário de causa natural do mal no corpo: "como de ordinário dá nos recém-chegados e não acostumados à terra cálida". De toda forma, o pároco não está muito longe daquele ambiente de crenças na causalidade extraordinária das doenças. Bem como acredita na cura sobrenatural, pois vai conceder que foi "por honra e graça de Deus" que se livrara do mal.[198]

---

195 *Ibidem*, p. 144. Cita: "idolillo que era un sapillo de piedra negro enuuelto en vn trapo".
196 *Ibidem*.
197 Noutra passagem, Ruiz de Alarcón aponta que "es en tanto excesso lo que estos barbaros veneran esta semilla, que aun vsan como por deuoçion barrer y regar los lugares donde se hallan las matas que la produçen, que son vnas yedras mui espesas, y esto aunque esten por los desiertos y maleças" (RUIZ de ALARCÓN, *Tratado*, p. 218).
198 *Ibidem*, p. 144. Cita: "como de ordinario da a los nueuos y no vsados a tierra caliente".

Ruiz de Alarcón decide aproveitar a ocasião de um dia de festa em que se reunia toda a gente dos povoados do partido de Atenango, para uma vez mais confrontar a superstição do ololiuhqui e mostrar que o poder de Deus é maior que do demônio, conduzindo verdadeiro auto-de-fé contra os minúsculos ídolos: "mandei fazerem uma grande fogueira, e nela, todos vendo, fiz queimar quase uma fanega que havia recolhido da dita semente, e mandei queimar e roçar de novo as matas desse gênero [de planta] que fossem achadas".[199]

Nesse evento, Ruiz de Alarcón contempla um projeto tardio de idoloclastia na Nova Espanha. No início do século XVII, ele observa um contexto mais clandestino e mitigado das crenças, ritos e objetos das cerimônias antigas. Dentre as "mídias" da "idolatria colonial",[200] duas delas estariam unidas na superstição do ololiuhqui, que é objeto de culto nos pequenos apetrechos, mas também é promotor das visões, o etéreo refúgio da idolatria.

De um lado, o ololiuhqui herdado, guardado em paquetes venerados, constantemente usurpados pelo extirpador, que acumula boa quantidade de semente para ser purificada no fogo que destrói ídolos. Este auto-de-fé vai de encontro com a política de apagar a chama da memória e aquela comunicação de antigas crenças, e dentro da embriaguez do ololiuhqui que o pároco define como privação de juízo.

O alucinógeno consumido naqueles idos pelos índios, reflete Gruzinski, representava um caminho que "abria o mundo dos deuses e do conhecimento", mantinha por um bom tempo "um gesto vivaz" que além do mais era experiência um tanto "incontrolável".[201]

Também um tanto incontrolável era o consumo no âmbito social. Comenta Ruiz de Alarcón que foi necessária a intervenção do Santo Ofício para combater o uso da planta, pois outras "nações", como de "espanhóis, mestiços, negros e mulatos", andavam utilizando o ololiuhqui devido à crença generalizada nos feitiços e no oráculo pela embriaguez na bebida. Uma "gente vil" que facilmente simpatizava com os costumes e superstições dos índios.[202] Aponta Gruzinski que o serviço de solucionar problemas nos trâmites da tradição indígena podia ser literalmente comprado pelos

---

199 *Ibidem* Cita: "mande hazer una grande hoguera, y en ella viendolo todos, hize quemar cassi una anega que auia recoxido de la dicha semilla, y mande quemar y rozar de nueuo las matas del genero que se hallassen".

200 GRUZINSKI, *op. cit.*, 1990, p. 99.

201 *Ibidem*, p. 97.

202 RUIZ de ALARCÓN, *Tratado*, p. 145.

outros grupos, que também se interessavam pelas curas e fortunas nas "paragens já muito frequentadas das magias e dos feitiços de importação".[203]

Ruiz de Alarcón denuncia a adesão de todas as gentes às crenças e práticas dos índios, sendo que uma esfera especial de interação no uso do ololiuhqui aparece em destaque e no âmbito da imaginação. O clérigo faz a detenção de uma curandeira no povoado de Iguala, em 1617. O (pretenso) inquisidor de índios fica impressionado com o relato da mulher que havia aprendido de sua irmã um meio de cura que "lhe havia sido revelado" em consulta com o ololiuhqui. Durante a embriaguez, a curandeira traz o enfermo para a cerimônia "e sobre umas brasas lhe soprou a chaga, com que logo sarou". Para tal proeza tivera uma visita: "se lhe apareceu um mancebo que julgou ser anjo", enquanto que Ruiz de Alarcón julgou ser "o demônio naquelas suas aparições".[204]

De todo jeito, o cura de Atenango relata a história da aparição de um anjo que dizia trazer uma graça de Deus. Tal relato sugere a complexidade dramática e sinestésica do evento,[205] também revelando a dificuldade de apontar os trânsitos de códigos culturais e significados sociais no entorno das alucinações no centro do curandeirismo na Nova Espanha.[206] Particularmente nesse e noutro caso apontado por Ruiz de Alarcón, de visões católicas em espécies de iniciação xamânica, teria ocorrido clara apropriação das imagens cristãs para uma "interpretação indígena da enfermidade", reforça Gruzinski.

Mas o que ocupa a mente do pároco Ruiz de Alarcón são as "quimeras, ficções e representações diabólicas", a grave e perversa atitude de "mesclar algo de nossa sagrada religião", coisa que "o demônio lhes põe na imaginação". Ele vê o perigo da sedução mental que a visão (nessa mescla) pode oferecer, pois poderia corroborar e

---

203 GRUZINSKI, *op. cit.*, 1991, p. 179. Cf. p. 198 e ss.

204 RUIZ de ALARCÓN, *Tratado*, p. 147.

205 Ruiz de Alarcón aporta na narrativa uma fala do anjo em conversa com a mulher: "no tengas pena, cata aqui, te da Dios una gracia y dadiua (…) para que (…) tengas chile y sal [ou seja, sustento] (…) curaras las llagas, con solo lamerlas" etc. Também, o cura extrai um resumo da visão e do que ela comunicaria: "tras esto estuvo el dicho mansebo toda la noche dandole vna cruz, y crucificandola en ella y clavandole clavos en las manos, y que estando la dicha india en la cruz, el mansebo le enseño los modos que sabia de curar, que eran siete o mas exorcismos e invocaciones" etc. (*ibidem*).

206 GRUZINSKI, *op. cit.*, 1991, p. 214. Cf. cap. "La captura de lo sobrenatural cristiano", que interpreta vários sentidos e mecanismos de trânsito do imaginário e práticas visionárias com alucinógenos no centro-sul do México no século XVII.

acentuar as práticas de idolatria entre povos, o que não era bem-visto pelo extirpador (também) desses usos das imagens cristãs.

Além de ficar ressabiado pela "malícia" diabólica, o pároco manifesta seu descontentamento com o fato de que os curandeiros se estimam por homens "quase divinos" e que dão a entender que têm a graça dos anjos para receber seu sustento – "chili e sal" para o ofício de meros embusteiros.[207] Estes especialistas seriam seduzidos pelas visões, ou de tão espertos que pareciam ser, nem seriam seduzidos pelas visões. Eles estariam entretidos, isto sim, por emascarar-se num ofício sustentado por falsas e destruidoras revelações. A ideia principal é que os curandeiros seriam charlatães – usual mensagem que os extirpadores da idolatria procuram passar a respeito dos oficiantes da medicina indígena.

Em todo caso, a idolatria do ololiuhqui parece contemplar instâncias de afirmação de saberes e motivos indígenas em contextos sociais específicos, porém nem tão marginais no conjunto da sociedade novo-hispânica, que muitas vezes abraçava a idolatria dos índios, consultando seus curandeiros, mas também, consultando diretamente os alucinógenos, comprando-os em algum mercado num consumo "selvagem", como qualifica Gruzinski a difusão do uso desses recursos visionários em contextos não especializados e mais livres das tradições e dos trâmites rituais.[208]

Ruiz de Alarcón nos aproxima de uma afirmação indígena da cultura do ololiuhqui no evento da guarda sacra do objeto impregnado de poder extraordinário, extrapolando a noção de relíquia ou de imagem apenas como lembrança do sagrado, que seria a aproximação mais correta para o religioso erudito ou crente bem instruído.[209] Para os índios, o ololiuhqui aparece como objeto estimado, herança familiar. E esta herança também era a bebida potencial que podia se tornar um meio de comunicação com imagens ou entidades do universo simbólico indígena – caso não se manifeste a apropriação ou interpretação onírica de imagens cristãs, como no caso da visão do "anjo" pelo relato trazido por Ruiz de Alarcón. Mas o cura às vezes informa de maneira rasa que havia a visão de um "velho". O "venerável ancião" que personifica o ololiuhqui – reflete Gruzinski a partir de um processo inquisitorial da época – "é provável que esta figura antropomorfa seja um imago, uma função mais que uma pessoa,

---

207 RUIZ DE ALARCÓN, *Tratado*, p. 147.
208 GRUZINSKI, *op. cit.*, 1991, p. 218.
209 Cf. GINSBURG, *Olhos de madeira*, 2001.

portadora da tradição e da autoridade". Também muitas vezes "o curandeiro indígena se apresentava perante seu discípulo com os traços de Oxomoco, o Velho, Aquele que conhece os destinos".[210] Gruzinski aposta que o consumo de alucinógenos seria maneira sub-reptícia das mais eficazes para salvaguardar mentalmente os antigos deuses, ou seja, os referenciais de entidades e poderes.

Para os extirpadores, o ololiuhqui torna-se um ídolo que representa o lócus do enfrentamento às tradições dos índios em geral e dos curandeiros e clientes em particular. Os curandeiros eram vistos pelos tratadistas como grandes conspiradores diabólicos. Com o estigma das intenções malignas, a imagem clerical do poder dos curandeiros extrapola a dimensão do papel desses personagens, seus empregos e fardos. Mas seguramente consituíam figuras com certo status e poder – ainda que vivessem num meio bastante marginalizado pela ordem estabelecida, bem como eram molestados pelos párocos intolerantes, que assumiam como obrigação pessoal rebater o domínio das superstições nos índios, erros que por fim invadiam outras parcelas da sociedade novo-hispânica.

O ololiuhqui, como todo e qualquer ídolo no comum pensar dos clérigos naqueles idos, representava a tensão entre objeto inerte e veículo demoníaco. Os cestinhos com sementes do ololiuhqui podem ser reduzidos a cinzas pelo poder humano na autoridade eclesiástica do extirpador de superstições. Em contrapartida, as visões na embriaguez parecem trazer o demônio em figura humana, um simples velho ou um "forasteiro"[211], e ainda podia o diabo vir camuflado em anjo.

Essa é a idolatria mais preocupante: a adoração de demônios virtualmente lá no momento das consultas oraculares do peiote ou do ololiuhqui, os quais permitem a geração de imagens fortes e que ficam guardadas na memória dos índios. A superstição com tais plantas parece mais perniciosa que a adoração dos ídolos concretos, como acentua La Serna desde um caso bem peculiar. Trata-se da história de perseguição de um fabricante de pulque, o qual pôde se escusar mais ou menos por ter alguns idolozinhos escondidos, mas não por ter tantos peiotes guardados na sua casa.[212]

---

210 GRUZINSKI, op. cit., 1991, p. 217.

211 Ruiz de Alarcón conta a história de uma índia curandeira de origem mazateca que havia dado a bebida do ololiuhqui a um enfermo. Para este "se le auia aparecido vna persona forastera que decia era el ololiuhqui", oferecendo palavras de consolo (RUIZ DE ALARCÓN, Tratado, p. 218).

212 La Serna evoca uma história de apreensão de peiotes na casa de um fabricante de pulque que vivia próximo à cidade do México, no ano de "47" (da reinauguração da cidade arruinada de

De toda forma, Ruiz de Alarcón considera que o ololiuhqui e o peiote não representavam tão obviamente o sentido de ídolo. Aliás, a adoração dessas plantas embriagantes não se comparava com o que ofereciam para os ídolos propriamente ditos. Na opinião do cura, os nativos "veneram muito mais" os ídolos artefatos que o ololiuhqui ou o peiote,[213] o que ainda pode sugerir uma diferença entre o sentido religioso da adoração de imagens e a questão da sacralidade nos cuidados com as pequenas sementes.[214]

Também os párocos não apenas constroem (dentro dessa ideia de idolatria em torno às substâncias) um mero sentido de pacto, de comércio de favores com a imagem disfarçada ou a franca aparição do demônio na visão embriagada. Os extirpadores pensam mais a fundo o problema da deidade, o que incrementa a discussão a respeito do culto diante dos alucinógenos.

Os índios têm medo ou do ololiuhqui ou da "deidade que creem reside nele".[215] La Serna aprimora que a "deidade" que os índios oferecem para o amaranto, que é comido em bolinhos feitos como ídolos, também para o ololiuhqui e peiote – estes ingeridos em bebidas embriagantes –, ou ainda a idolatria na medicina do tabaco conjurado, enfim, essas atribuições de deidade representam que havia mais alma para os vegetais do que lhes fora agraciada por Deus.[216] Ou seja, da alma vegetativa natural passa-se para a supersticiosa visão de que essa alma pudesse ser animal ou ainda racional, como a alma do homem.

Tenochtitlan na conquista espanhola). Deve-se tratar de uma história da década de 70 no século XVI, quando o "Vicario General de los Indios", "Doctor Don Iu.º de Pareja", castiga o "puquero" que "estorbava á que los indios fuessen á la Iglesia á missa", pois acharam na sua casa "vnos idolillos, mucho peyote, y vna cabeza de Mico; y aunque en quanto á los idolillos procuró vanamente disculparse con occasion, de que cabando en un serro los auia hallado, no pudo tener legitima excusa, porque los acompañava con vna yerba, ó semilla tan sospechosa como el peyote, y con que tienen tanta cuenta para sus curas y adiuinaciones; teniendo assi mesmo la cabeza de Mico, de cuyos pelos echaua en el pulque, para que se le vendiese" (LA SERNA, *op. cit.*, p. 447). La Serna aconselha que os ministros evangelizadores devam inquirir sorrateiramente sobre os "instrumentos con que curan", referindo-se ao ololiuhqui e ao peiote (p. 472).

213 RUIZ DE ALARCÓN, *Tratado*, p. 135.
214 Uma distinção de atitudes de culto como essa remete à advertência do Inca Garcilaso sobre os sentidos de huaca no Peru, como veremos no próximo item.
215 *Ibidem*, p. 143.
216 LA SERNA, *op. cit.*, p. 383.

Ruiz de Alarcón, por sua vez, quando examinava alguns mitos de origem dos índios mexicanos, onde a humanidade duma época anterior do mundo transformara-se nos elementos inertes, nas plantas e nos animais, estabelece que os índios venham atribuir "alma racional" aos elementos do mundo que na razão (espanhola) não são humanos. Estabelece a ideia de que os índios creem na deidade de certas coisas e seres viventes que não têm sequer alma racional como tem o homem.[217] Os índios também atribuiriam "divindade às abelhas e semelhantemente a outros animais".[218]

Mas estas expectativas sobre o pensamento do índio não ocupariam muito terreno no discurso de Ruiz de Alarcón, como o que acontece na interpretação que faz sobre a deidade do ololiuhqui e, por extensão, a respeito do peiote e do tabaco. La Serna afirma que é tão grande a "veneração" ao peiote e ao ololiuhqui, que os índios teriam "como se fossem Deus".[219] Não obstante, o clérigo mantém uma dubiedade ao pensar as propriedades extraordinárias da (ou na?) planta: "o Ololiuhqui, ou o demônio nele" é que lhes ensina coisas. São coisas do futuro e também "lhes ensina outras coisas, para pervertir-lhes mais, e despenhá-los". [220]

La Serna enxerga um abismo em que se encontrariam os índios, quando (noutro caso que examina) é a planta ou o demônio que revelam como fazer a cura pelos "sopros". Os bafejos de cura seriam quatro, o que vai ser "pacto evidente do Demônio".[221] Enfim, se La Serna oscila entre o discurso sobre a ação natural (do ololiuhqui divinizado) e a preternatural (do demônio inserido no ololiuhqui), irá lidar com esta última possibilidade com maior desenvoltura. É a visão de um espí-

---

217 RUIZ de ALARCÓN, *Tratado*, p. 150.

218 *Ibidem*, p. 161.

219 LA SERNA, *op. cit.*, p. 385.

220 Citas: "como si fueran Dios"; "el Ololiuhqui, ó el demonio en él"; "les enseña otras cosas, para peruertirlos mas, y despeñarlos".

221 La Serna reporta à iniciação do curandeiro quando trata de um relato da imagem mental de um anjo mancebo e sua crucificação, uma história trazida desde Ruiz de Alarcón. Acrescenta La Serna, mantendo a dubiedade entre agência demoníaca e efeito natural da embriaguez, afirmando que os índios são levados a crer que "se àn de curar con estos embelecos supersticiosos, ó engaños fantásticos nacidos todos de la embriagues del Ololiuhqui" (LA SERNA, *op. cit.*, p. 387). A "evidência" do pacto diabólico devido à prática de assoprar quatro vezes, vem de encontro à visão de Ruiz de Alarcón, de que existiria uma fórmula demoníaca na crença indígena de quatro cantos do mundo (RUIZ de ALARCÓN, *Tratado*, p. 151). Ruiz de Alarcón, contudo, oscila na explicação dos costumes em torno do número quatro, entre ardil demoníaco ou coisa advinda das antigas fábulas (p. 201).

rito exterior à planta, mas alojado nela, espírito que sem poder alterar as substâncias, teria condições de mexer na propriedade ou efeito das coisas. Enfim, o clérigo compactua com a diferenciação tomista da miração diabólica em relação ao milagre divino, este o único evento propriamente sobrenatural.[222]

Se os índios pensam que a planta é Deus, nela só podia entrar o demônio. O que descompromete La Serna com a razão errônea e que diz pertencer à mente dos índios, de que possa existir um ânimo ou gênio inerente a tais substâncias, maior do que Deus teria contemplado para qualquer vegetal. Aliás, os índios teriam concebido almas para essas criaturas de um efeito comparável ao poder de Deus.

Os índios daquelas paragens do centro-sul mexicano teriam oferecido palavras para que os extirpadores pudessem afirmar tão francamente que as plantas eram tidas como Deus ou como um dos deuses locais? De forma mais abrangente, seriam divinas em que sentido? Há algum vocábulo indígena, de todos que são recuperados pelos extirpadores, que venha fazer correlação, ou melhor, uma maneira de tradução como entes divinos?

Dentro do único conjuro coletado por Ruiz de Alarcón, onde aparece o ololiuhqui invocado, ele é denominado pela expressão "tlamacazqui cecec", que pode ser traduzido agora como "sacerdote frio",[223] ou, como coloca Ruiz de Alarcón, "espiritado frio".[224] Ao denominá-lo espiritado, o clérigo estabelece a ideia de ente aloucado ou furioso – talvez uma expressão mais apropriada do que chamar o ololiuhqui de sacerdote, se o chamamento à semente é na prática uma alusão à bebida que deve induzir uma forma de transe.[225]

---

222 CLARK, op. cit., 2006, p. 224-5.

223 ANDREWS & HASSIG, op. cit., 1984, p. 326.

224 RUIZ de ALARCÓN, Tratado, p. 218. Tal expressão indica a qualidade física (fria) de ação da medicina, o que pode ser uma apropriação indígena da ciência hipocrático-galênica (Cf. FOSTER, *Hippocrates' Latin American legacy*, 1994). Contudo, é talvez mais plausível o argumento de López-Austin entre outros que apoiam a ideia de que um conjuro desses deva denunciar um critério ancestral de oposição quente/frio para o combate das enfermidades. Uma concepção com paralelos, mas estranha à cosmologia humoral europeia (Cf. LÓPEZ-AUSTIN, op. cit., 1996).

225 De acordo com Díaz, o ololiuhqui pode ser classificado na subfamília dos "indutores de transe", que "dificilmente chegam a produzir alucinações (…). Produzem um estado de letargia e languidez, no qual os sujeitos têm uma percepção incrementada até o ponto da irritação e uma estimulação da imaginação que se usa em contextos rituais, precisamente como adivinatória" (DÍAZ, op. cit., 2003, p. 24).

Ruiz de Alarcón, quando procura explicar o termo tlamacazqui, que hoje é normalmente traduzido como sacerdote, e que seria imputado para qualquer força indígena conjurada,[226] assevera então que "tem muitos significados, porém os mais comuns são sacerdote ou Ministro de sacrifícios ou demônio que assiste algum ídolo".[227] Para Andrews & Hassig, o cura de Atenango está criando um falso problema ao dizer que há vários significados para tlamacazqui.[228] Devemos dar atenção para a interpretação de que havia figuras que se mostravam como homens-deuses. Tal como avaliam, entre outros, López-Austin e Gruzinski, devia haver permeabilidades do poder extraordinário, que se deposita e flui em numens e personas que se apresentam no ritual.[229] Ao que tudo indica, isto está fora da rigidez do pensamento católico de separação categórica entre as instâncias divina e humana, a qual confere problemas, como veremos na questão da transubstanciação do corpo de Cristo na comunhão com o divino.

Os extirpadores pelo menos acessam uma perspectiva de entidade divina e humana na palavra tlamacazqui como sacerdote espiritado. E quanto ao tabaco estritamente, relatam sua origem divina também espiritada. Poderíamos considerar o dado, por outro lado, numa perspectiva de mito cosmogônico: o tabaco ou piciete é filho da entidade Citlalcueyeh, que alude à Via Láctea.[230]

La Serna fará inclusive nota do uso de uma substância conhecida hoje como alucinógena, que outrora, no tempo inicial da evangelização franciscana, fora chamada de teonanácatl (cogumelo divino). Mas para estes fungos encontraria outro nome. La Serna conhecia os cogumelos que embriagam pelo termo "quautlan nanacatl", que traduz literalmente como "cogumelos do mato".[231] Talvez nem soubesse da existência do termo teonanácatl. A palavra teotl fora identificada pelos primei-

---

226 Como asseveram Andrews & Hassig, "qualquer implemento, faculdade ou significado que tem um potencial para a ação é chamada tlamacazqui nessas encantações" (ANDREWS & HASSIG, op. cit., 1984, p. 326).

227 RUIZ DE ALARCÓN, Tratado, p. 156. Cita: "tiene muchos significados, pero los mas comunes son sacerdote o Ministro de sacrificios o demonio que asiste en algun ydolo".

228 ANDREWS & HASSIG, op. cit., 1984, p. 326.

229 Cf. LÓPEZ-AUSTIN, Hombre-dios, 1973; GRUZINSKI, Man-gods m the mexican highlands, 1989.

230 RUIZ DE ALARCÓN, Tratado, p. 156; Treatise, p. 83.

231 Pela ligação de "Quahuitl (...) madeira, pau, árvore, árvores" e "-tlah (...) lugar de abundância de algo", forma-se "Quauhtlah (...) floresta, arvoredos, selvas" (LOCKHART, Nahuatl as written, 2001). O mato é relacional ao outro substantivo, nanácatl (cogumelo). Cita: "hongos del monte".

ros missionários nos anos iniciais da conquista espanhola e consumaria a ideia de relativo a deus ou algo extraordinário no léxico obtido pelos mendicantes com os informantes indígenas. Mas nenhuma vez o termo aparece no relato dos extirpadores mexicanos do século XVII, e nunca é relacionado às plantas embriagantes ou a outros sinais de idolatria.

O termo teonanácatl acopla teotl (divino) a nanácatl (cogumelo), o que vale como "cogumelo divino", ou então, se quisermos manter a separação categórica entre o bem e o mal, ou seja, mais atentos à ambiguidade que sugere o termo teotl no pensamento ocidental a respeito dos valores e funções indígenas das entidades, compensaria mais a tradução "cogumelo divino/diabólico". Teonanácatl, segundo o pioneiro franciscano Motolinia, "quer dizer carne de deus, ou do demônio que eles adoravam". Traduz nanácatl, que significa "tal como carne na textura", literalmente por "carne". E, se juntamos a isso o termo teotl como relativo a deus, temos carne de deus – ou demônio. Temos atualmente a recorrente tradução como "carne de deus" para além de "cogumelo divino"; já esta última tradução, também bastante usual, parece mais próxima de um sentido original. Mas Motolinia contemplou a analogia entre o teonanácatl e a hóstia sagrada, embora sem colocar em pé de igualdade o cogumelo e o que ele considerava ser a verdadeira carne de Deus. Motolinia afirma que "com aquele amargo manjar [do teonanácatl] seu cruel deus os comungava".[232]

O extirpador da idolatria La Serna, mesmo sem identificar o cogumelo alucinógeno pela expressão teonanácatl, que sugere a comunhão com certo deus ou diabo, aponta mesmo assim para a analogia com a comunhão católica – La Serna recupera o sentido de divindade do cogumelo na sua relação com a cerimônia cristã da

---

232 MOTOLINIA, *op. cit.*, 1971, p. 32. O termo teonanácatl, pondera Gordon Wasson, é encontrado poucas vezes entre outras denominações nativas para esses tipos de cogumelos alucinantes. Gordon Wasson chama a atenção de que tal tradução não é muito aconselhável e ficou sabendo do equívoco em comunicação pessoal com a mesoamericanista Thelma Sullivan, em 1975. O franciscano Motolinia, quiçá ávido por encontrar no cogumelo o rival diabólico da sagrada transubstanciação da carne de Cristo, lera a partícula teo como se fosse deus, porém, tal partícula só pode ser um adjetivo na composição da palavra – e significa "maravilhoso", "impressionante", enquanto nanácatl, se significa algo como carne, informa o nome cogumelo genericamente. Os frades "viram o nácatl como consternador simulacro do sacramento eucarístico, e não como uma palavra neutra que designava a textura da carne do cogumelo". Teonanácatl significa "cogumelo maravilhoso" para Gordon Wason, que é influenciado pela ideia do numinoso na experiência religiosa (GORDON WASSON, *El hongo maravilloso*, 1983, p. 73-4). Preferimos o termo divino se menos carregado de sentido específico (como maravilhoso ou numinoso) para traduzir teonanácatl.

transubstanciação. Precisamente alguns "malignos ministros" quiseram "imitar" o "Santo Sacramento da Eucaristia" pelo consumo de cogumelos selvagens.[233] A ideia é que havia comunhão com a carne diabólica, consorte falso e maligno do mistério do sacrifício do pão ázimo que representa a carne de Deus.

La Serna tem essa perspectiva ao relatar um caso que lhe havia contado um "Homem douto em santa Teologia e Nobre dos conhecimentos sobre este Reino [da Nova Espanha]", mais velho e fonte de muitas notícias e reflexões do clérigo La Serna, o "Licenciado Don Pedro Ponze de Leon".[234] Desse bacharel, La Serna recupera o relato sobre um "grande Mestre de superstições" do povoado de Tenango, que trouxe alguns "cogumelos vermelhos" da floresta e com eles perpetrara "uma grande idolatria".[235]

Associar que estes curandeiros são mestres ou ministros (ou seja, sacerdotes) da idolatria e não apenas médicos ou feiticeiros, provoca a leitura de que se trata de um costume na instituição religiosa, enquanto imitação diabólica de um ritual da Igreja. Nesse sentido, tais ministros são invejosos dos verdadeiros sacerdotes.[236] Enfim, os dogmatistas da idolatria, que existem no Marquesado e outras regiões, teriam vindo infiltrados desde a cidade do México e seriam inclusive descendentes dos antigos "sacerdotes" mexicanos, categoria suprema dos profissionais da idolatria nos tempos da gentilidade.[237]

---

233 LA SERNA, *op. cit.*, p. 282.

234 *Ibidem*, p. 288. Ponce de León escreveu um diminuto tratado, mas de certa maneira, a abordagem sobre os rituais e crenças indígenas é mais plena que a perspectiva instrumental na lida desses assuntos pelos tratados maiores de Ruiz de Alarcón ou La Serna (PONCE, "Breve relación de los dioses y ritos de la gentilidad", 1987). Ponce de León é quem teria comunicado a La Serna a história do ministro que oferece a comunhão dos cogumelos e que é só narrada no *Manual de ministros de índios*, e não em Ponce de León.

235 LA SERNA, *op. cit.*, p. 303. Cita: "hongos colorados".

236 Os idólatras "queriendo las mas vezes en sus conjuros, curas, y supersticiones imitar los Ministros de la Iglesia, y vsurparles sus officios, imitando en esto á Satanas, que quiso vsurpar á Dios Nuestro Señor su gloria, y honra, é imitar sus acciones" (*ibidem*, p. 449).

237 La Serna realça que nos primeiros anos do século XVII, devido à formação de novas congregacioes (povoados) de índios pela reunião de gente esparsa nos ermos, começaram a brotar as sementes da idolatria que esperavam por germinar, mas que já residiam nos corações dos índios. No povoado de Çumpahuacan, no Marquesado, que era benefício de Ponce de Leon, havia índios "de los meros Mexicanos, y de los Principales (...) cabeza de su Imperio [nos tempos gentílicos]". La Serna aponta que "no fue possible el dissimularse entre ellos los Maestros, que auia de las Ceremonias idolatricas (...) que enseñaban á idolatrar". Enfim, Ponce de Leon lhe "comunicó á voca" que estes "Maestros",

Na introdução ao caso de um curandeiro investigado já no século XVII, La Serna se aproxima dos antigos mexicanos. Pelo que ensina Ponce de León, quando os sacerdotes se preparavam para colher os cogumelos da floresta, durante a noite anterior ficavam em oração, com "deprecações supersticiosas e ao amanhecer, quando começava certo ventinho que eles conhecem, então os colhiam atribuindo-lhes Deidade". La Serna compara o poder (natural) desses cogumelos ao do ololiuhqui e do peiote: "comidos ou bebidos lhes embriagam e privam de sentidos, e lhes fazem crer em mil disparates". Daí é que surge a história de um índio chamado Iuan Chichiton, que se colocara como "sacerdote" numa "solenidade" e vai entregar presentes para todos na "festa": eram os cogumelos. Entrega-os "como a modo de comunhão". Também a festa vai ser regada de pulque sendo que ambas as substâncias "os tiraram do juízo". Chichiton foge e nunca mais será visto – para lástima do extirpador que o procurou como nunca para poder castigá-lo.[238]

Noutra passagem, o cura La Serna – já apoiado pelo conteúdo de Ruiz de Alarcón como de costume – compara a comunhão na ingestão dos cogumelos com o ato de comer os ídolos de uma massa de grãos de amaranto, lembrando também que nestes eventos se bebe muito pulque – o que dá oportunidade para fechar o raciocínio da imitação diabólica do mais importante sacramento da Igreja. Os índios ingerem pequenos ídolos de amaranto:

> (…) em pedaços entre todos como relíquias: esta superstição, e a (…) dos cogumelos do mato, que chamam Quautlan nanacatl, manifestam bem a ânsia que o demônio tem de dar-se sacramentado em comida e bebida por fazer arremedo o quanto pode do amor de Cristo Senhor Nosso, que se nos sacramentou por meio das espécies do pão e vinho por seu amor – mas o demônio procura fazê-lo por ódio que tem de Deus Nosso Senhor e suas criaturas redimidas com seu sangue, usando da comida dos tzoales

---

como "tragineros", se espalharam por todas as partes, infestando a região novo-hispânica e aí "á refrescar la memoria de todos para que ni se oluidassen de sus dioses, ni de las ceremonias conque los auian de honrrar, y consultar en sus trabajos, y necessidades" (p. 288).

238 *Ibidem*, p. 303-4. Cita: "deprecaciones supersticiosas, y á el amanecer, quando começava cierto vientesillo, que ellos conocen, entonces los cogian atribuyendoles Deidad"; "comidos, ó bebidos los embriaga, y priva de sentido, y les haze creer mil disparates"; "los sacó de juizio".

[os ídolos de amaranto] e da bebida do pulque com as cerimônias de suas superstições.²³⁹

Além da apropriação do supremo ritual católico, os índios também assumiriam contato mais direto com as entidades católicas nas alucinações provocadas.²⁴⁰ Mas para o clérigo que buscava deidades locais, os índios são alvos fáceis de manipulação demoníaca. Tendo em vista sua barbárie e pobreza, são ludibriados por agentes (também índios) da idolatria diabólica. Eles são os dogmatistas que fazem a imitação corrupta do sacramento supremo da transubstanciação. Os sacramentos diabólicos com a substância de bolos de amaranto, com cogumelos e a bebida do pulque, são simulacros de um símbolo da transcendência, quando a substância de Deus nos homens, pelo dogma católico, se dá pelo mistério dos acidentes do pão e do vinho após consagração no ritual da Igreja.

A idolatria diante dessas coisas que são ingeridas, tal como aparece na visão do extirpador La Serna, coopta o signo do sacramento divino, mas em perspectiva potencial – porque apenas permite uma correlação de aparências com a fé e o ritual cristão da comunhão. A positividade da prática se dá apenas nos limites de interpretação demonológica, isto é, num olhar morigerador de encontrar uma prática corrupta, insensata, que pode ser o oposto do caminho correto, do bom juízo.²⁴¹

Os bolinhos no formato de entidades dos índios parecem contemplar plenamente, para os extirpadores da idolatria, a imitação do sacramento como ingestão

---

239 Ibidem, p. 385. Cita: "á pedaços entre todos como reliquias: esta supersticion, y la (…) de los hongos del monte, que llaman Quautlan nanacatl, manifiestan bien el ancia, que el Demonio tiene de darse sacramentado en comida, y bebida por remedar en quanto puede el amor de Christo Señor Nuestro que se nos sacramentó debajo de las especies de pan y vino por su amor: mas el demonio procura hazerlo por odio, que tiene á Dios Nuestro Señor y sus criaturas redemidas con su sangre; vsando de la comida de los tzoales [os ídolos de amaranto], y de la bebida del pulque con las ceremonias de sus supersticiones".

240 "Preces, referências à Eucaristia, o uso de água benta e a adoração de imagens piedosas rodeiam o consumo [de alucinógenos] nas duas primeiras décadas do século XVII. (…) a matéria das alucinações evolue e o delírio se abre de maneira progressiva para o panteão cristão" (GRUZINSKI, op. cit., 1991, p. 220).

241 Também se pode especular que os índios e demais "nações" permitiam um emparelhamento mais positivo com o sacramento cristão, aproveitando o discurso hegemônico para construir analogias na prática social que ligam rituais ou costumes locais como perspectiva lícita ou cristã de comunhão com o divino.

de um pão anódino, mas não consagrado pela fé em Deus, e que assim não pode ser a carne de Deus. O pioneiro Motolinia, logo depois de mencionar algo a respeito do cogumelo comungado, fizera a analogia dos pequenos ídolos de massa de amaranto no mesmo princípio. Isto se deu num discurso de mais de cem anos antes do escrito de La Serna.[242] Já este cura faz a leitura de que os bolinhos-ídolos são como relíquias, isto é, como falsas práticas em oposição ao uso das migalhas dos santos nos rogos católicos por ajuda divina.

Aliás, o próprio La Serna contra-atacou um feitiço por meio de uma relíquia que considerava como verdadeira, um osso de santo que nunca foi canonizado para além do gosto milagreiro do catolicismo de La Serna e outros devotos de veneráveis na Nova Espanha. La Serna tinha guardado consigo um osso de Gregorio Lopez, figura enigmática que perfaz a mesma trajetória de iniciação médica de cunho xamânico (i.e. por enfermidade quase mortal), como teria ocorrido com índios perseguidos por Ruiz de Alarcón ou La Serna. O espanhol Gregorio Lopez escrevera um tratado de plantas medicinais e era famoso por suas curas, com técnicas que dizia advirem de contatos com anjos e sua sabedoria, tendo trabalhado no hospital de Santa Cruz de Huaxtepec, no final do século XVI.[243]

La Serna, tão crítico das superstições dos índios, estava mergulhado como num mesmo mar de misticismo, combatendo o feitiço que teriam feito contra uma índia que servia na sua casa, para tanto se utilizando de uma medicina relicária:

> (...) eu tinha um pedaço de osso do Santo e Venerável Gregorio Lopez (...) e com a maior devoção que pude, fiando-me pouco de minha indignidade e muito dos méritos do Santo, em uma colherada de água lhe dei de beber um pedacinho do osso, exortando [a índia adoentada por feitiço] que se encomendasse àquele Santo, que iria curá-la e livrá-la daquele mal que padecia; e assim como o bebeu sentiu alívio de suas ânsias e vômitos, porque estava como se tivesse no estômago algum grande veneno.[244]

---

242 A ingestão dos pequenos ídolos de massa era interpretada como comunhão diabólica por outros cronistas depois de Motolinia, parafraseando ou não a crônica deste franciscano do início da conquista.

243 Cf. PARDO, op. cit., 1999.

244 Cita: "yo tenia vn pedaço de huesso del Sancto, y Venerable Gregorio Lopez (...) y con la mayor deuocion, que pude, fiando poco de mi indignidad, y mucho de los meritos del Sancto, en vna cucharada de agua le di á beber un pedacito del huesso, exortandola, á que se encomendasse á

La Serna jura que o "Sancto Gregorio Lopez" atendeu com "milagres" ao sanar a índia da enfermidade e inclusive de conseguir expulsar o "feitiço". La Serna ainda fez "muitas diligências para descobrir a verdade" a respeito do possível autor do malefício.[245]

Este único exemplo pode colocar por terra abaixo toda a arquitetura de refutação das superstições dos índios, quando o discurso da razão cristã dos extirpadores de costumes gentílicos, confrontando as práticas dos índios pela luz da filosofia natural, ao mesmo tempo permite e alimenta uma crença em poderes angelicais neste mundo terrenal, inclusive como forças que parecem imanentes das coisas – o que praticamente se manifesta no uso das relíquias dos santos para a cura de um feitiço.

Voltemos às medicinas da idolatria (considerada indígena). Elementos usados pelo demônio na comunhão como imitações do pão e vinho consagrados, o cogumelo e o pulque, tais são acidentes bem substanciais; pois trazem a embriaguez interpretada como natural, mas também enquanto embriaguez preternatural, porque abre a porta para o saber demoníaco na fantasia cerebral, e que pode trazer uma ciência que está além da capacidade humana de obtê-la nos seus limites ordinários de animal racional.

A manifestação preternatural é vista como campo de magia ou ciência da natureza para fins escusos e ilícitos, estigmatizada como agência maligna – pelo menos para a leitura do contexto indígena, que é antagonizado pelos extirpadores da idolatria. Pois como foi apontado, La Serna acredita na intervenção de uma santidade (mas era do meio espanhol) que nem tinha sido canonizada ou mesmo beatificada. La Serna não descartara como supersticiosas as visões angelicais do ilustre Gregorio Lopez, que informavam os procedimentos e medicinas que curar.[246] Os espanhóis veem anjos e nos índios enxergam demônios, em suma, uma diferenciação que é política, pois os extirpadores propõem distinto status para as entidades de uns e de outros, mas anjos ou demônios se assemelham ao menos no seu emprego como entes conjurados para solucionar os problemas mundanos de índios, espanhóis e demais no Novo Mundo.

---

aquel Sancto, que la sanaria, y libraria de aquel mal, que padecia; y assi como lo bebió sintio aliuio en sus ansias, y bascas, porque estaba como si tuviesse en el estomago algun gran veneno".

245 LA SERNA, op. cit., p. 301-2.
246 PARDO, op. cit., 1999.

Voltemos à comunhão com os cogumelos recuperando o fato da ressonância da comparação com o sacramento da eucaristia nas análises histórico-antropológicas. A analogia entre o consumo de alucinógenos e mesmo do álcool e o sacramento mais caro da religião parece impregnar as visões mais contemporâneas sobre os sentidos de uso tradicional das medicinas que embriagam. Ainda que estas análises não assumam aquela moralidade católica da vertente dos extirpadores da idolatria, de que as práticas com alucinógenos vinham de gente má ou gente errada, arruinando seus corpos e almas. Mas tampouco algumas análises atuais lidariam ordinariamente com a perspectiva da filosofia natural daquela época, no que tange ao entendimento de que as imagens e sons na embriaguez podiam representar cabalmente a transmissão de conhecimentos e trazer revelações.

Gordon Wasson, Jonathan Ott e outros estudiosos, criando o termo "enteógeno", neologismo de uma palavra grega que pode ser traduzida como "tornar-se divino interiormente", enfatizam a ingestão dessas substâncias peculiares como sacramento, uma comunhão com o divino, uma experiência extática que, por sua vez, ambiguamente é forma de religiosidade imanente (interna ao ser), embora proporcionada por substância exógena.[247]

Aguirre Beltrán iria afirmar que as "ervas milagrosas", na "mística indígena", não eram apenas receptáculos de "forças misteriosas", mas também "a personificação" desses seres divinos. A ingestão do alucinógeno "é um ato de canibalismo ritual em que o médico agoureiro, ao comer o deus, se converte, transitoriamente, no deus mesmo".[248]

López-Austin, se de um lado desconfia de termos como "encarnação do deus" ou "consubstanciação", ainda mantém a ideia de "incorporação de espírito", mas vacila quanto a este parecer, pois considera também que o efeito é algo impessoal ou abstrato, bem como provisório.[249] Opinião que faz pensar no que La Barre acentuara

---

247 OTT, *Pharmacotheon*, 2000, p. 19. Este autor integra as substâncias alucinógenas no conceito de uma "farmacêutica celestial" ("Paraísos naturais", 1999, p. 103). Vários são os estudos que interpretam que os enteógenos tenham provocado os primeiros e decisivos passos da experiência religiosa ou do sentimento religioso na história da humanidade, dando margem também à crítica e contestação de outros muitos autores sobre tal determinismo quanto à origem da religiosidade.

248 AGUIRRE BELTRÁN, *op. cit.*, 1992, p. 54.

249 LÓPEZ-AUSTIN, *op. cit.*, 1973, p. 118-9 e 127.

quanto ao significado pan-ameríndio de "medicina", uma fonte de energia pelo signo de "mana" e outros conceitos não ocidentais.²⁵⁰

Gruzinski e colaboradores, na senda de noções indígenas de entidades anímicas no corpo humano (como interpretadas por López-Austin), conduzem para uma ideia de consubstanciação. Ocorre na oscilação entre a absorção de uma planta natural e a incorporação de um ente da planta. Numa visão que procura ainda acomodar a ideia de possessão à perspectiva de viagem xamânica, comentam que:

> O povo naua, como o resto dos povos mesoamericanos, possuía uma ciência elaborada dos alucinógenos que lhe permitia comandar à vontade a ascensão aos outros mundos e aos saberes que eles guardavam. Estas experiências estavam fundamentadas sobre a convicção de que a absorção do alucinógeno conduzia a assimilação do deus que estava dentro da planta e que se confundia com ela. (...) À diferença do sonho que correspondia à saída do tonalli [entidade anímica alojada no topo da cabeça], a alucinação provocada resultava da introdução dentro do ser humano de uma força que lhe atravessava e se agitava sobre sua teyolía, quer dizer, a energia vital alojada dentro do coração.²⁵¹

---

250 La Barre é menos absorvido pelo sentimento do numinoso sugerido pelos pensadores do enteogenismo, mas é seduzido pelas interpretações de estudos etnográficos na Polinésia e que utilizam noções nativas como mana e outros similares. Segundo La Barre, também "nas Américas, todos os psicotrópicos são sagrados no peculiar sentido de serem 'medicina', o que implica um quase-sobrenatural *poder* (em algonquino manitou, iroquês orenda, sioux wakan, etc.) inerente em algumas plantas, como em muitos animais. Estes termos são de alguma forma erroneamente traduzidos como 'grande espírito' mas realmente significam vasto reservatório indeterminado e impessoal de poder mágico no mundo, que pode ser extraído pelo homem" (LA BARRE, "Anthropological perspectives on hallucination and hallucinogens", *op. cit.*, 1975, p. 34).

251 SALLMANN, *Visions indiennes, visions baroques*, 1992, p. 48-9. Gruzinski é o responsável pelo capítulo na qual esta citação se insere. Gruzinski ainda chama o cogumelo teonanácatl como "carne dos deuses", levando o problema da tradução de teotl para a questão do politeísmo, enquanto que o ololiuhqui poderia ser identificado com certa entidade do milho. Gruzinski assume a identificação que Aguirre Beltrán produz – de que a planta representa uma manifestação do deus do milho Cinteotl Itztlacoliuhqui. Aguirre Beltrán chamaria de "complexo do ololiuhqui" à simbologia em torno da semente desde tempos pré-coloniais. Ao resgatar um relato de Ruiz de Alarcón, que afirmara que o ololiuhqui era também chamado de "cuezpalli", encontraria a deixa para identificar na semente da trepadeira um nome esotérico: em verdade, cuezpalli seria corruptela (ou má transcrição no manuscrito do cura) de "cuetzpalli", ou seja, lagarto, um signo dos calendários mexicanos. Aguirre Beltrán comenta que "entre os antigos nauas o cuetzpallin se tinha como símbolo da

Os extirpadores da idolatria já se haviam decidido pela dubiedade de sentido da presença extraordinária. Como já comentado, segundo os clérigos, os índios tinham medo do "ololiuhqui" ou da "deidade que creem reside nele", havia uma "falsa Deidade que fingem no ololiuhqui".[252] La Serna também não se decide se adoram "o Ololiuhqui, ou o demônio nele".[253] A crença dos índios seria ver uma divindade intrínseca à planta ou como forma de comunicação com forças exteriores à semente? O discurso contra o vitalismo da natureza, que fere a ideia de transcendência divina, e também o combate ao demônio, espírito maligno que agiria de fato na natureza, são questões que parecem influenciar a dúbia leitura sobre a idolatria das medicinas que embriagam. Apimenta tal dubiedade o enquadramento na visão de comunhão, o que prenuncia questões atuais sobre o mistério dos alucinógenos ou enteógenos no corpo humano.

Ruiz de Alarcón e La Serna procuraram entender a natureza de uma crença sobre a deidade dos embriagantes. Mas independentemente dessas considerações úteis para a reflexão histórico-antropológica, as huacas da Nova Espanha são acima de tudo objetos da extirpação: as plantas como deidades ou instrumentos de culto diabólico deveriam ser destruídos. O ololiuhqui e outras medicinas preenchem a ideia de coisas da idolatria. Sendo assim, a categoria utilizada pelo padre Arriaga no Peru – de huaca móvel para os objetos de culto indígena que podiam ser destruídos – torna-se o critério que vai prevalecer no entendimento e na prática dos extirpadores da idolatria do ololiuhqui, peiote e demais coisas da Nova Espanha que fazem ver em visões.

---

abundância de água e do prazer sem penas". Baseia-se na leitura do comentário italiano inscrito no Códice Vaticano e pelas conclusões do estudo de Edward Seler. Além disso, "Cuetzpallin é o nome mítico de Cinteotl Itztlacoliuhqui, deus do Milho Maduro, cuja festa se celebra no mês ochpaniztli, na época da colheita" (AGUIRRE BELTRÁN, op. cit., 1992, p. 127-8). Conquanto Aguirre Beltrán utiliza a grafia cuezpalli como originária do relato de Ruiz de Alarcón, na edição mexicana (RUIZ DE ALARCÓN, Tratado) a voz náhuatl aparece como "cuexpalli". Não obstante, Andrews & Hassig (op. cit., 1984, p. 313) recordam uma versão diferente a respeito do termo cuexpalli: "Molina lista a palavra somente com o significado 'longo cabelo que eles deixam atrás da nuca de meninos quando eles os cortam'". Associam a composição da palavra a noções tais como "tingir algo" e "occipúcio, parte detrás da cabeça". Se esta tradução fere o argumento de Aguirre Beltrán, por outro lado, não oferece uma explicação sobre o uso do termo em relação ao ololiuhqui.

252 RUIZ DE ALARCÓN, *Tratado*, p. 143.
253 LA SERNA, *op. cit.*, p. 387.

As huacas da embriaguez

Guaca ou huaca (palavra de origem quéchua) tornou-se sinônimo para todos os signos de idolatria dos índios do Peru. A palavra fora inclusive emprestada pelo extirpador Ruiz de Alarcón na Nova Espanha, como vimos, para lidar com o assunto da veneração que os índios de povoados do centro-sul mexicano davam às montanhas, às fontes, aos pequenos ídolos e particularmente aos recipientes de pulque e às sementes do ololiuhqui. Tudo isso se tornara huaca, termo que condensava uma série de significados da linguagem que queria aproximar diversas práticas indígenas da visão de idolatria – uma visão que os espanhóis trouxeram na bagagem de sua viagem em busca dos tesouros do Peru.

Os tesouros eram encontrados nas huacas. Se os cumes, se as pedras e rios, se o sol e a terra podiam ser vistos como huacas adoradas pelos índios andinos, também os artefatos e múmias ricamente ataviados, os templos e outros locais do butim da conquista espanhola, tudo podia ser huaca para o comum aventureiro diante dos despojos do antigo reino do Peru. Dessas huacas, as principais são as tumbas geralmente encontradas junto aos templos e palácios das elites pré-hispânicas, que escondem os metais preciosos das oferendas e adornos de múmias antigas. Elas alimentavam a gula dos cavocadores, os huaqueros, desde a chegada dos primeiros conquistadores. Os enterros podem ser o berço da palavra huaca, que se desdobra como denotativo de outros lugares e coisas sagradas dos índios. Essa hipótese é arrolada por Susan Ramírez na sua catalogação dos usos de huaca pelas crônicas sobre o Peru. Mas decifrar esse enigma não é tão relevante que constatar a abrangência ou conformidade semântica do termo: "bem rapidamente significados originais de huaca (…) foram perdidos ou confundidos pelos espanhóis (e eventualmente também pelos nativos)".[254]

O Inca Garcilaso de la Vega apontara para o equívoco do uso dessa palavra na sua época. Ele estava dentro dos quadros do pensamento neoplatônico que ponderava sobre a ideia de Deus junto a seus ancestrais indígenas da América, quando

---

254 RAMÍREZ, *The world upside down*, 1996, p. 142. Baseando-se no *Vocabulario polígota Incaico* dos franciscanos do século XVI e recuperando alguns cronistas, como o jesuíta Bernabé Cobo, Francisco Loayza afirma (comenta Ramírez) que entre os incas "huaca originariamente significava enterro: sepulcro ou tumba". Mas logo no início da colonização, os espanhóis populares alargaram seu significado para qualquer coisa sagrada ou divina" (p. 142). Ramírez faz a resenha dos usos do termo huaca pelos cronistas no Peru (p. 139-148).

Garcilaso, na Espanha, vai criticar a tábua rasa que se fez dos atributos da huaca, acentuando as diferenças de valor que os índios davam para o que era chamado assim. A abordagem do famoso escritor nobre e mestiço recolocava a discussão sobre o sagrado nos Andes indígenas, ao indicar a grande diferença com o cristianismo dos missionários. Distante da prática de consagração ritual dos objetos pelos sacerdotes católicos, no caso andino, também uma montanha nevada e outros espaços podiam ser sagrados sem o ritual ou qualquer interferência humana – de acordo com Garcilaso, que também observava que as coisas extraordinárias, tanto atrativas quanto repulsivas, podiam entrar nesse quadro de sacralidade, o que não implicaria em culto. Tudo isso é distinto da relação dos índios com os ídolos propriamente ditos, também chamados de huacas. Para MacCormack, apesar de ser fruto de um olhar europeu e apesar das posições filosóficas e propósitos do cronista, Garcilaso jogou bastante luz para pensar a questão do sagrado nos Andes.[255]

Enquanto isso, os missionários e outros que escreviam do Peru, entre os séculos XVI e XVII, compuseram a noção de huaca sobre dois temas conjugados: primeiro significaria "o lugar onde se desenvolvem rituais ou se executam formas de práticas religiosas", e o segundo tema seria o "ídolo seja da natureza que fosse".[256]

Mas o jesuíta Pablo Joseph de Arriaga, um dos grandes protagonistas da campanha de extirpação da idolatria no arcebispado de Lima no início do século XVII, resolvera adotar uma fórmula peculiar para tratar das huacas. Propôs classificar dois tipos de huaca. Aproveitando-se de uma listagem prévia de importante documento eclesiástico, o confessionário produzido no III Concílio de Lima, ocorrido em 1583, optou por fazer uma tipologia "com a frieza de um entomólogo".[257] Reorganizou os

---

[255] De acordo com MacCormack, essa taxonomia da huaca, como trabalhada pelo Inca Garcilaso, "deixou claro que as definições andinas e incas de reverência diferiam fundamentalmente daquelas cristãs" do século XVI. Os espanhóis "definiram culto e adoração como a atitude apropriada" para se aproximarem do seu deus. Tendo pela frente uma "multitude de huacas andinas", os espanhóis buscaram a "mesma atitude uniforme" de culto e adoração depositada na entidade suprema cristã. "Tornando claro que as huacas incas não eram cultuadas e adoradas, que nem mesmo todas elas eram objetos de culto, Garcilaso justamente indicou quão profundamente distintos os conceitos andinos do sagrado eram de suas contrapartes cristãs" (MACCORMACK, *Religion in the Andes*, 1991, p. 338; cf. INCA GARCILASO DE LA VEGA, *Comentarios reales de los incas*, 2009, caps. 4, 5 e 6 do livro segundo).

[256] URBANO, "Estudio preliminar", 1999. Urbano recupera este duplo sentido de huaca a partir da crônica do missionário agostinho Antonio de la Calancha (p. CXIV).

[257] BERNAND & GRUZINSKI, *op. cit.*, 1992, p. 155.

locais de culto e as coisas que adoravam os índios debaixo de duas novas categorias: as huacas "imóveis" e as "móveis".[258]

Entre as primeiras estão Punchao ou Inti (como sol), Libiac ou Hillapa (como raio), Mamacocha (como mar) e Mamapacha (como terra), os Puquios, que eram os mananciais e fontes, além das montanhas, rios etc; e as Pacarinas, que são os lugares onde os índios "dizem" descender. Todas essas huacas seriam chamadas de imóveis por uma questão muito simples: "não se lhes podem tirar da vista". Não podiam ser destruídas. Portanto, cabe apenas "retirá-las do coração" do indígena. O único recurso para terminar a adoração que se sustenta pela crença, não apenas nos grandes poderes como nos arbítrios dessas huacas, é pela prédica sobre as causas naturais dos fenômenos. É necessário que o evangelizador tenha alguma noção de "história natural" para persuadir sobre o erro da adoração desviada de Deus para os elementos.[259] Este é um dos caminhos para prosseguir na extirpação da idolatria, convencer com brandura e ensinar as consciências, metodologia que tanta fama daria aos inacianos. Afinal, a principal "causa e raiz" da insistente adoração das coisas é a "falta de ensino e doutrina".[260]

Para completar sua classificação instrumental das huacas, Arriaga trata daquelas que são "móveis", as quais dos índios "se lhes quitaram e as queimaram" frequentemente. São objetos que podem ser destruídos e em tese apagados da memória do idólatra com mais facilidade, pois não é necessário que fiquem a vista, como o sol. Mas, por outro lado, as huacas móveis são mais fáceis de esconder. Elas são "ordinárias", isto é, os ídolos de pedra e outros materiais, figuras humanas e animais, além das coisas "sem figura nenhuma". Também são os pedaços e resquícios de antigos ídolos destruídos, as "malditas relíquias". Por fim, estariam incluídos neste quadro de huacas móveis, os "malquis", corpos mumificados dos antepassados, e as "conopas", que Arriaga aproxima como "seus deuses Lares e Penates". Geralmente eram pequenas pedras de formato peculiar.

Apontam Bernand & Gruzinski que huaca aparece em Arriaga como "categoria objetal e não como forma sui generis da divindade". É a "reificação das crenças" ou mesmo "a transformação da idolatria numa coleção de 'coisas'".[261] A identificação por

---

258 ARRIAGA, *op. cit.*, p. 30.
259 *Ibidem*. Cita: "no se les pueden quitar delante de los ojos".
260 *Ibidem*, p. 72-3.
261 BERNAND & GRUZINSKI, *op. cit.*, 1992, p. 155 e 157.

Arriaga dos objetos de culto indígena traria a oportunidade de visualizar um futuro espólio. Mas a prédica da ciência natural era a motivação central na campanha de extirpação da idolatria com seus recursos materiais. O demais teria sido visto como vício pelo clérigo que constituiu um manual para a coleção de coisas da idolatria.

Arriaga indicaria que as conopas (identificadas aos deuses lares dos romanos) são de adoração "secreta", isto é, "particular dos [índios] de cada casa", em contraste com demais huacas, de adoração pública.[262] Mais uma aproximação meramente instrumental, na perspectiva de saber onde encontrar os objetos que destruir.

Outras coisas são achegadas na lista de huacas, como bonequinhas e ídolos de pedra reverenciados para aumento das plantações. Das "bonecas" o jesuíta cita as Zaramamas e as Cocamamas, as primeiras seriam feitas para providenciar a boa safra do milho, e as segundas para o aumento da produção de coca.[263] Ruiz de Alarcón, como vimos, procurava identificar com esse tipo de objeto de culto, pequeninos ídolos entre os camponeses mexicanos.

No Peru, a Cocamama seria a "mãe" da coca, representando a potência de criação para um máximo proveito do plantio. Para Arriaga, quiçá a Cocamama possa ainda se enquadrar no relatório de "coisas tão pequenas" que reconhecem "deidade os índios": trata-se das figurinhas vestidas com "echarpes de cumbi bem curiosos".[264] Cumbi é um tecido de lã fina, como a de vicunha.

Entrementes, o jesuíta não encontra uma deidade na folha da coca, como faziam os extirpadores no México, ao acharem rápido os demônios no ololiuhqui ou no tabaco e outras coisas que embriagam. Anthony Henman, em análise da construção da divindade da coca, acentua as alternativas e ambiguidades dessa personagem Mama Coca.[265] O que induz problemas interpretativos que são semelhantes aos

---

262 ARRIAGA, *op. cit.*, p. 26-37.
263 *Ibidem*, p. 37-8.
264 *Ibidem*, p. 14. Cita: "mantillas de cumbi muy curiosas".
265 Frazer sustentava que as representações da "mãe divina" deviam ser elaboradas com "elementos da planta mesma, neste caso, folhas do arbusto de coca" (destaquemos que o tratado de Arriaga aponta para este tipo de artefato). Mas Henman questiona que "as imagens individuais, ou coca-mamas" fossem "figuras simbólicas", ou que representariam alguma "divindade da coca. Pelo contrário, podiam conceber-se muito simplesmente como objetos mágicos no culto de certos poderes huaca contidos na planta mesma da coca, como exemplos de um panteísmo mais estritamente substancial que metafísico. (...) a ideia de Mama Coca como uma deidade tutelar ou 'Mãe da Coca' (...) como um membro identificável do panteão divino, passeando pelas ladeiras de um Monte

encontrados na ideia de divindade do peiote, dos cogumelos e outras coisas pelos índios mexicanos.

Retornando às divindades de Joseph Pablo de Arriaga, que sistematizara um quadro das huacas móveis e imóveis, temos uma avaliação que se aproxima daquela do Inca Garcilaso, pois Arriaga indica haver objetos que não eram "adorados", mas que, entretanto, os índios guardavam "supersticiosamente como uma coisa sagrada". É o caso de certas espigas de milho e de batatas de distinta formação, fetos gêmeos e seres defeituosos, entre outros elementos não ordinários.[266]

Depois de arrolar as classes e espécies de huacas, o tratado da *Extirpación de la idolatria en el Pirú* segue na identificação dos "ministros" da falsa devoção. O jesuíta confere que eles são chamados comumente de "feiticeiros", porém, considera que não há muitos assim, que pratiquem malefícios. Ao tratar desses ministros, Arriaga constrói a exata instituição de uma igreja paralela que vivia entre os índios, apontando para uma estrutura de cargos e obrigações como se estivéssemos diante de princípios e normas de um culto pan-andino.[267] Arriaga acentua que se tal era igreja de ocasião,[268] estaria sempre pronta para tomar o poder religioso, quando fosse o momento certo de desbancar o cristianismo.

Olimpo andino – parece resultar de uma má interpretação da cosmologia nativa caracteristicamente ocidental, uma redução do difuso espírito indígena a uma peça de estatuária ou uma forma universal. Neste esquema idealizado, a corrente do poder mágico (huaca) vai da deusa à planta; a abstrata deidade Mama Coca é uma necessidade óbvia, já que constitui o centro ao redor do qual se organiza toda uma estrutura de significação. Por outro lado, a ideia indígena de Mama Coca deve ser vista inteiramente situacional, como uma inversão da estrutura lógica do Ocidente, porque o huaca de uma manifestação específica de Mama Coca surge de uma estreita aproximação às folhas de coca em si" (HENMAN, *Mama Coca*, 2005, p. 41-2). O autor aponta para outras questões e resume o impasse sobre os possíveis significados para Mama Coca, que "poderia ver-se (…) como uma forma de denominação abreviada, com sua barroca proliferação de significados referindo-se simultaneamente à planta silvestre da coca, a seu progenitor feminino mítico, a seu espírito tutelar ou protetor, à imagem esculpida desse deus e, finalmente, a um tipo específico de coca que se encontra nas vertentes orientais dos Andes. Nenhum desses significados excluiria necessariamente a qualquer dos outros; todos implicariam a possibilidade de 'leituras' alternativas, interpretações adicionais de uma mensagem intencionalmente ambígua" (p. 44).

266 ARRIAGA, *op. cit.*, p. 38 e ss.
267 *Ibidem*, p. 41 e ss.
268 Arriaga assevera que "fuera de las ocasiones de fiestas, enfermedades, sementeras o algunos trabajos que les sobrevienen, no se acuerdan mucho de sus huacas, ni aun a las conopas o dioses penates

No topo da hierarquia dessa congregação, encontrava-se o Huacapvillac, que tinha o papel de ouvir a huaca para depois comunicar ao povo as palavras e resultados da conversa secreta. Temos que o "ministro" há de tratar do que "ele finge o que lhe diz [a huaca], ainda que algumas vezes lhes fale o demônio pela pedra".[269] Nesses contextos da extirpação da idolatria, nas histórias de adivinhos humanos e de ídolos oráculos, o discurso de Arriaga abre espaço tanto para as instâncias da enganação maldosa e do engano banal, como para a efetividade da comunicação com o maligno e subsequentes más decisões e atitudes dos homens.

O intermediário entre as huacas e a gente, o Huacapvillac, espécie de papa dessa igreja nativa vislumbrada por Arriaga, tal homem seria dirigente de todas as tarefas necessárias para o culto: "levar as oferendas, fazer os sacrifícios, colocar os jejuns, mandar fazer a chicha para festa das huacas" – inclusive cuidará de "contar suas fábulas".[270]

No concerto da idolatria peruana, o Huacapvillac é quem manda fazer a bebida embriagante feita de grãos de milho (a chicha), matéria que compõe o quesito básico para promover as festas das huacas. Um cargo de ministro fica encarregado de produzir tal chicha (que avisa Arriaga, é chamada pelos índios de Azuac ou Accac): "na planície [região costeira] são homens e na serra são mulheres, e em algumas partes escolhem donzelas para este ministério".[271]

Embora afirme que para cada dez índios de qualquer povoado exista um "feiticeiro", os "ministros e mestres" são vistos por Arriaga como causa menor da idolatria.[272] Eles não seriam como os dogmatistas índios da região mexicana, figuras de tamanho pesadelo no discurso dos extirpadores de lá. Quando trata das "causas da idolatria" em coeso manual, padre Arriaga nem mesmo vai citar como causa um fator humano como o feiticeiro.

O motivo principal da existência do idólatra é a falta de ensinamento da doutrina cristã, fator de grande preocupação entre os missionários jesuítas no Peru.

---

que tienen en casa tampoco las mochan [reverenciam] sino es en los tiempos dichos" (ARRIAGA, op. cit., p. 62).

269 Ibidem, p. 41. Cita: "él finge que le dice, aunque algunas veces les habla el demonio por la piedra".

270 Ibidem, Cita: "llevar las ofrendas, y hacer los sacrificios, y echar los ayunos, y mandar hacer la chicha para fiesta de las huacas".

271 Ibidem, p. 42. Cita: "en los llanos son hombres y en la sierra son mujeres, y en algunas partes las escogen doncellas para este ministerio".

272 Ibidem, p. 79 e 133.

O segundo motivo em importância para a persistência da idolatria, foi terem os espanhóis deixado entre os índios muitos objetos de culto, como as múmias de antepassados e as pedrinhas de formato curioso.²⁷³

As duas causas da idolatria no século XVII se acertam para relacionar-se com aqueles dois tipos de huaca definidos pelo padre Arriaga. A primeira causa, a falta de educação, indica que os índios veem huacas em inabaláveis elementos naturais, como a terra e o mar. Deve-se alterar a forma como enxergam o mundo a sua volta, os índios devem conceber o móbil original (Deus) numa ciência natural cristã. Nessa razão, a natureza não pode normalmente estar animada, não pode ter imanente força consciente.

A segunda causa de idolatria, a guarda de antigos e de pequenos objetos de culto, indica a outra forma de reação, a eliminação física desses objetos manuseáveis. O que representa o lado de maior rigor disciplinar na correção dos idólatras.

Depois de distribuir os diversos ofícios idolátricos, Arriaga contempla outros pontos importantes para fechar o circuito de um culto errôneo, mas perfeitamente disposto. O primeiro desses aspectos a se considerar é o "sacrifício", signo de excelência da ideia de religião. E logo na introdução do capítulo que trata desse tema, se estabelece como enunciado o grande objeto de consumo da igreja idolátrica dos andinos: "a principal oferenda, e a melhor, e a maior parte de seus sacrifícios é a chicha; por ela e com ela começam todas as festas das huacas, nela seguem e nela terminam suas festas, e ela é tudo".²⁷⁴

Quiçá seja este o postulado mais marcante do tratado do jesuíta sistematizador de uma errada instituição religiosa dos andinos: a chicha é tudo nessa idolatria dos índios do Peru. Por um lado, a afirmação pode ter algum sentido, a expressão demarca a importância da substância nos entremeios dos ritos ou das festas indígenas. Mas noutra perspectiva, a asserção põe à vista a disputa do padre contra a embriaguez. Como aponta Carmen Salazar-Soler, liquidar a borracheira é o "objetivo predileto" dos jesuítas nas campanhas de "extirpação da idolatria" nos Andes.²⁷⁵

---

273 *Ibidem*, p. 104.

274 *Ibidem*, p. 50. Cita: "la principal ofrenda, y la mejor, y la mayor parte de sus sacrificios es la chicha; por ella, y con ella comienzan todas las fiestas de las huacas, en ella median y en ella acaban sus fiestas, y ella es todo".

275 SALAZAR-SOLER, "Embriaguez y visiones en los Andes...", 1993, p. 36.

Pode ser destacado como referencial dessa atenção contra a borracheira o texto *De procuranda indorum salute*, que aprofundava as discussões dos missionários jesuítas no Peru, os quais estavam neste vice-reino desde 1568. O documento fora redigido pelo padre José de Acosta em meados da década de 1580. Segundo o pensador jesuíta, como vimos, a borracheira é empecilho para a manifestação da verdadeira fé, uma prática contrária aos bons costumes, bem como se apresenta como enfermidade.[276] A importante obra é das poucas fontes mais modernas citadas por Arriaga, que ainda deixa claro não poder igualar seu trabalho com aquele do meritoso tratado de Acosta de décadas antes.

De fato, sem aprofundar ou distinguir vários aspectos do tema da embriaguez, como fizera Acosta, já o outro padre reduz a questão da bebedeira ao universo da idolatria, ou melhor, a bebedeira é a própria mãe dos piores vícios e da idolatria. Essa visão corrobora o argumento do próprio Acosta, de que a borracheira é o veículo para manter a idolatria dos tempos antigos, mas além desse sentido, Acosta havia acentuado que o costume da borracheira e os pecados que se avolumam nela, e que indicam arraigada tradição, é fruto da ignorância daqueles povos bárbaros, sem que o diabo ou a idolatria fossem causas absolutas do vício.

Padre Arriaga, por sua vez, oferece um relato sobre comportamentos contranaturais ao tratar da borracheira que acompanha toda reunião comunitária para "fazer suas chácaras [plantações] ou casas". Logo propõe que os pecados são o resultado da idolatria dos antigos peruanos: "a união destas juntas é sempre o beber até cair, e de tal mãe [a borracheira], ademais dos incestos, estupros e outras muitas torpezas, procedeu sempre nos séculos passados".[277] A embriaguez catalisa todo o mal, inclusive a idolatria.

É importante notar que Arriaga apresenta a idolatria em versão sincrônica. É uma presença institucional obscura, mas rígida, e ela não é retida como histórica. Arriaga nunca menciona a ideia de controle da embriaguez por um bom governo ou por uma tirania dos tempos incaicos ou pré-hispânicos, algo que chamara a atenção de tantos cronistas, entre os quais se destaca o padre Acosta. Por sua vez, Arriaga pouco reflete a respeito de uma revitalização da idolatria naqueles idos de quase um século da

---

276 ACOSTA, *De procuranda indorum salute*, I, 1984, p. 545 e ss. Tratamos desses males da embriaguez indígena segundo Acosta, no primeiro capítulo.

277 ARRIAGA, *op. cit.*, p. 83. Cita: "la unión de estas juntas es siempre el beber hasta caer, y de tal madre, de más de los incestos, estupros y otras muchas torpezas, ha procedido siempre la idolatría en los siglos pasados".

conquista espanhola.²⁷⁸ Ambas ideias, particularmente de ressurgência da idolatria, faziam parte dos efusivos argumentos dos extirpadores no México colonial, em pugna com os curandeiros e demais chamados de (sic) hereges idólatras.

Mas essa ênfase não tem a mesma dimensão no discurso do padre Arriaga, que procura muito mais indicar um sentido contrário: o que se vê no seu tempo é o arrefecimento da antiga idolatria. Mas a atual, na essência de suas cerimônias e festas, é a mesma coisa de antigamente: o amor às huacas e demais idolatrias é "conaturalizado", congênito na sociedade indígena. Apenas está mais secreto esse amor, assim como o demônio nem "lhes fala já tão ordinariamente nem tão em público".²⁷⁹ A visão de uma presença menor do diabo no meio indígena no século XVII é diferente da perspectiva dos extirpadores que atuavam no México central.

As histórias de costume da idolatria ou do governo indígena não tinham importância alguma para o padre que encerrara a falsa religião numa razão fechada dentro de um didático manual de extirpação do que ainda restava dessa história.²⁸⁰ O *Manual* foi base para auxiliar as campanhas que seguiam em ondas sucessivas ao longo do século XVII, no Peru.

De certa forma, a idolatria apresentada por Arriaga, se tomada enquanto representação sobre a "religiosidade andina" na era colonial, indica Sabine MacCormack, difere bastante da proporcionada pelos cronistas que se debruçaram sobre histórias dos tempos incaicos, como o fizeram Cieza de León e Cristóbal de Molina no século XVI.²⁸¹

Mas acima de tudo, parece que Arriaga estabelece o que Henrique Urbano denomina como "invenção retórica" bastante distinta das "práticas rituais andinas". O autor assevera que a "invenção" está no discurso "sócio-histórico" e "teológico" desenvolvido por Arriaga e outros extirpadores para lidar com o que eles entendiam por idolatria. Além do mais, não há como extrair uma religião andina da armação

---

278 Ainda que Arriaga pouco examine o sentido de ressurgir da idolatria, por outro lado, comenta com clareza que "se puede temer mucho que raíces [da idolatria] tan arraigadas y antiguas no salgan ni se arranquen del todo con la primera reja, y que para que no tornen a brotar y se acaben de desarraigar, será menester segunda y tercera reja" (*ibidem*, p. 24).

279 *Ibidem*, p. 70-1.

280 No prólogo ao leitor, Arriaga define que "no fue mi intento hacer historia, aunque se podía hacer muy larga y muy varia de las antiguallas, fábulas, ritos y ceremonias que tenían, y no acaban de dejar, los indios de estos reinos en su gentilidad, sino una breve y sumaria relación de lo que iba advertiendo" (*ibidem*, p. 7).

281 Cf. MACCORMACK, *op. cit.*, 1991.

que Arriaga faz de uma igreja idolátrica com base em dados dispersos da região central do arcebispado de Lima.[282]

Quanto ao assunto da borracheira, Arriaga terá como intenção central captá-la enquanto aspecto da cadeia de fruição da idolatria, mapeando os temas centrais do sacrifício, da festa, e até mesmo da adivinhação, produzindo a chicha como o sumo da idolatria no Peru. Busquemos apreender esta história elaborada pelo jesuíta, que talvez ofereça o melhor exemplo do problema indicado por Thierry Saignes para as análises sobre a relação entre embriaguez e ritos andinos:

> Uma análise histórica da embriaguez tropeça na dificuldade de separar uma invariante cultural de seu condicionamento conjuntural. Bem exteriores a seu objeto, as fontes hispânicas oferecem ao historiador a sensação rara de ter ficado no umbral do "rito e cerimônia", sem conseguir decifrar a clave de sua mensagem polifônica.[283]

Essa impressão é rapidamente obtida na leitura do tratado do padre Arriaga, e particularmente quanto ao objeto deste estudo. O jesuíta ergue os blocos da idolatria com a argamassa do vício da embriaguez. Como vimos, a chicha é a liga entre os sacrifícios e as festas das huacas.[284] De todo jeito, se às vezes Arriaga descreve atos rituais em pronunciamentos sintéticos ou como retórica sem base de investigação nas práticas indígenas, mesmo assim seu manual tem consistência.[285]

Ainda que a partir de ideias pré-concebidas, Arriaga procura acessar as razões dos andinos para estabelecer seus costumes. Estes, já de antemão, são tidos

---

282 "Com essa expressão [idolatria] designam eles as crenças e práticas religiosas de origem pré-hispânica de alguns índios da serra de Lima na primeira metade do século XVII. Nesse sentido, se poderia dizer que é abuso de linguagem falar de uma 'religião andina' em geral e com características universais a partir dos testemunhos de Arriaga e dos papéis das investigações eclesiásticas nas visitas de idolatrias da serra de Lima como vem sendo usado em muitos estudos" (URBANO, op. cit., 1999, p. XCIII, nota 192).

283 SAIGNES, "Borracheras andinas", 1993, p. 68.

284 ARRIAGA, op. cit., p. 50.

285 Em longo e instrutivo prefácio à edição que utilizamos do tratado de Arriaga, Urbano destaca alguns temas relatados pelo padre jesuíta que remetem aos paradigmas da bruxaria europeia (URBANO, op. cit., 1999).

como idolátricos. Arriaga apresenta alguns relatos de "oferenda" de chicha para as huacas, e procura aventar os propósitos básicos dessas concessões. Por exemplo: Mamapacha, "que é a terra", vem reverenciada principalmente pelas mulheres, que na época da semeadura, pedem o bom sucesso da plantação ao derramar a chicha e milho moído no chão, às vezes por intermédio de "feiticeiros".[286] Já os balseiros que entram no mar para alcançar uma ilha em busca de guano (fezes de aves para adubar a terra), antes de saírem para as águas, derramam chicha na praia em sacrifício. Isto para que não ocorram acidentes no percurso marítimo, ritual que contempla dois dias de jejum antes da partida. Na ilha também deixam chicha à huaca "Senhor" do guano. De volta da empreitada, dois dias mais de jejum para então poderem bailar, cantar e beber.[287]

Arriaga muitas vezes procura explicar as crenças indígenas, doravante, em torno do inconfundível código europeu do sacrifício. Caso exemplar é quando descreve o serviço para os conservados corpos: "Para estes sacrificam quando começam a lavrar a terra para semear, jogando chicha nas chácaras [plantações]. Se o fogo chispa dizem que as almas de seus antepassados padecem sede e fome, e jogam no fogo" várias coisas, além de milho e chicha, batata e outros mantimentos para que os ancestrais "comam e bebam".[288] Mas estas aproximações, que indicam o costume indígena de alimentar as huacas, estão imbuídas de um interesse em particular: revelar os sinais de idolatria para poder combatê-la melhor. Pois em outra oportunidade, Arriaga comenta que os índios vão às sepulturas e colocam a chicha "bem dissimuladamente" para que os corpos possam beber, além de botarem alguns cozidos para que também possam se sustentar. Por isso "está proibido que [no dia de] Todos Santos ponham tudo isso nas sepulturas".[289]

Ainda que ligeiras para as exigências ou interesses atuais da interpretação de costumes, há explicações sobre o beber após a oferenda: "ao fazerem suas casas têm, como em todas as demais coisas, muitas superstições". Convidando a parentela, "regavam

---

286 ARRIAGA, *op. cit.*, p. 27-8.

287 *Ibidem*, p. 62.

288 *Ibidem*, p. 88. Cita: "a éstos sacrifican cuando empiezan a labrar la tierra para sembrar, echando chicha en las chácaras. Si el fuego chispea dicen que las almas de sus antepasados padecen sed y hambre, y echan en el fuego".

289 *Ibidem*, p. 67. Cita: "está prohibido que en los Todos Santos (sic) no pongan nada de esto en las sepulturas".

com chicha a fundação como lhe oferecendo e sacrificando para que não caiam as paredes". Enquanto constroem a casa, "na serra, não há de cair gota nenhuma dos que bebem, porque se diz que se cai, choverá na casa e haverá muitas goteiras".[290]

Arriaga chega a tratar de detalhes raramente rebuscados pelos investigadores da idolatria. Ele pretende explanar o que é o ato de "mochar", que advém de termo indígena geralmente traduzido como "reverenciar" ou "adorar" as huacas.[291] O padre narra o ato de sacrifício da chicha pelo "feiticeiro maior", criando um modelo que assegurasse para o leitor o reconhecimento de um costume idolátrico que viesse da voz do gentio:

> "Ah senhor N! (nomeando a huaca e fazendo aquele ruído que costumam com os lábios como os chupando, que é o que propriamente chamam mochar): aqui venho e te trago estas coisas que te oferecem teus filhos e tuas criaturas; receba-as e não estejas enfurecido e dá-lhes vida e saúde e boas plantações"; e dizendo estas e semelhantes coisas, derrama a chicha diante da huaca, e às vezes em cima dela, e outras borrifa [a huaca] com ela, como quem dá golpe com o sangue dos cuyes [cobaias] ou lhamas, unta a huaca e queima ou assopra as demais oferendas conforme o que sejam.[292]

Arriaga também conta casos de sua experiência de inquiridor das coisas dos índios. Num desses eventos, o ato de mochar já está envolto em bebedeira. A história foi-lhe contada por um índio das "planícies" (região costeira) que pedia o auxílio de um "feiticeiro" para "mingar", isto é, já fora das grandes ocasiões e festas – explica o jesuíta –, o mingar é "ou convidar, ou alugar com prata ou com outras coisas os feiticeiros para que ofereçam às huacas suas oferendas quando estão enfermos, e

---

290 *Ibidem*, p. 70. <u>Citas</u>: "rocían con chicha los cimientos como ofreciéndola, y sacrificándola para que no caigan las paredes"; "en la sierra, no se ha de caer gota ninguna de los que beben, porque dice que si se cae se lloverá la casa y tendrá muchas goteras".

291 ARANÍBAR, "Índice analítico y glosario", 1995, p. 326-7.

292 ARRIAGA, *op. cit.*, p. 56. <u>Cita</u>: "'¡Ah señor N! (nombrando la huaca y haciendo aquel ruido que suelen con los labios como chupándolos, que es lo que propiamente llaman mochar): aquí vengo y te traigo estas cosas que te ofrecen tus hijos y tus criaturas; recíbelas y no estés enojado y dales vida, y salud y buenas chácaras'; y diciendo éstas y semejantes cosas, derrama la chicha delante de la huaca, y a veces encima de ella, y otras la asperja con ella, como quien da papirotes, y con la sangre de los cuyes o llamas, unta la huaca y quema o sopla las demás ofrendas conforme son".

também para confessar-se". O feiticeiro aparece para o trabalho "bem tomado pra cima dos ombros". E assim, diante da huaca, ele oferece bebida e pede saúde para o cliente que lhe havia contratado para fazer a cerimônia com a entidade.[293]

No caso acima, apesar de se destacar que o feiticeiro bebe demais, não se comenta nada mais dessa embriaguez. No entanto, o assunto será enfatizado quando Arriaga for tratar das maneiras de iniciação dos "sacerdotes de huacas". Teria havido, segundo o jesuíta, três formas para ingressar no ofício. A principal é por sucessão hereditária, mas também, muitos procuram entrar na profissão a modo de ter com que ganhar o dia, particularmente os velhos, por "ventris causa", geralmente como adivinhos e curandeiros em ofícios menores – mas ordinariamente isto não quer dizer que estejam fora da suposta estrutura eclesiástica da idolatria andina.

Outra maneira de se tornar "ministro" é por "eleição", ou seja, quando "curacas e caciques" julgam quem é apropriado para o cargo. Às vezes alguém fica ferido por um raio e assim já é escolhido, mesmo que fique para sempre combalido. Também, quando veem algum índio acometido de mal repentino "e se priva do juízo e fica como louco", tomado de "frenesí", ou que "lhes dá mal de coração", também é escolhido. Tais situações são interpretadas como chamamento das huacas para que se torne Villac, um oráculo. Mas de toda forma terá de iniciar-se no ofício por meio dos jejuns.[294]

A escolha desses tipos se dá normalmente pela prática de "privar-se do juízo". Entram em transes provocados por duas causas: "ou por efeitos do demônio que lhes entontece, falando com eles, ou por força da chicha que bebem quando querem falar com a huaca".[295] A distinção estabelece um efeito supersticioso anteposto ao natural. Se compararmos esta visão com a perspectiva dos extirpadores mexicanos, existe uma diferença relevante. Para Arriaga, o aspecto diabólico não casa com a ingestão da bebida: são duas situações distintas. Ou seja, não há espaço para o demônio na mente do embriagado: o feiticeiro ou perde o juízo pela ação do demônio, ou

---

293 Ibidem, p. 62. Citas: "o convidar, o alquilar con plata o con otras cosas a los hechiceros para que ofrezcan a las huacas sus ofrendas cuando están enfermos, y también para confesarse"; "bien bebido sobre los hombros".

294 Ibidem, p. 44-6. "Cuando uno ha de entrar en alguno de los oficios mayores, ayuna un mes, y en otras partes seis, y en otra un año, no comiendo sal ni agí, ni durmiendo con su mujer, ni lavándose ni peinándose" (p. 45).

295 Ibidem, p. 45-6. Cita: "o por efectos del demonio que les entontece, hablando con ellos, o por la fuerza de la chicha que beben cuando quieren hablar con la huaca".

pela ação da bebida. Para os extirpadores mexicanos, a embriaguez pela bebida de ololiuhqui ou do peiote fazia trazer o demônio na faculdade da fantasia na mente. Arriaga não compõe essa causa natural para o efeito supersticioso. A instância diabólica é uma, a da embriaguez pela bebida é outra. Já vimos que Arriaga apostara que o demônio em si podia presidir na huaca e falar com o sacerdote, caso este último não fingisse que estava ouvindo o ídolo. Parece não haver outra substância para a manifestação demoníaca além das coisas naturais mais concretas que a bebida: os artefatos ídolos ou huacas.

Um capítulo do tratado de Arriaga é produzido como esquema de interrogatório direto ao feiticeiro descoberto no povoado em hipotética visita eclesiástica. A trigésima quarta questão do inquiridor, que estaria frente a frente com o feiticeiro, estabelece o mesmo raciocínio com relação às possíveis causas de privação do juízo. O item pede:

> Perguntar (...) quando ia mochar [reverenciar] a huaca, que respostas dava aos índios e como fingia que falava com a huaca, e se dissesse que quando falava com a huaca se tornava louco (que costumam dizer isso muitas vezes) se era pela chicha que bebia ou por efeito do demônio.[296]

Resta saber o que deveria fazer o visitador no caso de ter o correto discernimento sobre o que provocava o desajuizamento nas cerimônias dos feiticeiros. Apostemos que no ponto da ação do demônio, basta eliminar a efígie, a huaca que lhe dá o abrigo. E se ficam como loucos devido à forte poção, quitar essa bebida e seus recipientes era a atitude que tomar – de fato este será o procedimento no projeto da extirpação da idolatria pelo padre Arriaga.

Nas serras os índios fazem "bem forte e espessa" bebida de milho fermentado, chamando-a de "tecti". O milho é mascado por donzelas ou mulheres casadas, mas em jejum sexual, além de todas se privarem também de sal e pimenta. Já no litoral de Chancay para baixo, o costume é que a huaca (por meio do sacrifício) e o feiticeiro bebam a chicha chamada "yale", que é feita de milho germinado, mesclado ao mastigado e cuspido para fermentar. Além dessa mistura, colocam pó de "espingo",

---

[296] *Ibidem*, p. 131. Cita: "Preguntar (...) cuándo iba a mochar la huaca, qué respuestas daba a los indios y cómo fingía que hablaba a la huaca, y si dijere que cuando hablaba a la huaca se tornaba loco (que lo suelen decir muchas veces) si era por la chicha que bebía o por efecto del demonio".

o que "os torna como loucos".²⁹⁷ Trata-se da adivinhação furiosa por meio de uma bebida que entontece. O espingo, explica Arriaga, "é uma frutinha seca, a maneira de umas amêndoas redondinhas, de fortíssimo odor, ainda que não muito bom". Trazem o produto da região dos índios chachapoyas, serra selvática peruana, próxima à atual fronteira com o Equador. "Dizem" que é "bem medicinal", é boa bebida contra dores de estômago e diarreias, além de servir contra outras enfermidades se tomado em pó. Comercializado para este fim medicinal, no entanto, é muito caro. Índios de Jaén de Bracamoros pagavam seu tributo com espingo, e ainda segundo Arriaga, não muito tempo atrás.²⁹⁸

Existe também, para esta substância, a divisão entre um uso embriagante para adivinhação e diversos usos estritamente medicamentosos. O jesuíta historiador natural Bernabé Cobo, que percorrera várias partes do centro-sul andino na primeira metade do século XVII, traça alguns comentários sobre as propriedades do espingo, que é medicina classificada na grade galênica como "quente e úmida". Cobo descreve um efeito natural de forte anestesia quando o espingo é ingerido em pó no "vinho", sem, contudo, trazer a relação com a embriaguez divinatória.²⁹⁹

Tínhamos notado como Arriaga faz da chicha a medula do corpo da idolatria. Mas até aqui, basicamente nos detivemos na análise de práticas sob o signo do sacrifício. Também sobre o uso da chicha no signo da adivinhação – ainda que Arriaga não use este termo, ou pouco desenvolva o tema do oráculo, quando trata do uso de uma chicha que faz o feiticeiro ficar fora do juízo dentro do ofício de sacrificar e falar com a huaca. Além de tratar desses lugares, marginalmente nos referimos ao signo da festa às huacas, tema que normalmente segue àquele do sacrifício de forma didática no tratado de Arriaga. Primeiro, o "feiticeiro maior" coordena a produção da chicha, depois este sacerdote "mocha", ou seja, faz reverência à huaca e libação com chicha. Então vem a velada, conhecida como "pacaricuc", havendo cânticos e

---

297 *Ibidem*, p. 50. Cita: "les vuelve como locos".

298 *Ibidem*, p. 53. Cita: "es una frutilla seca, al modo de unas almendras redondillas, de muy vehemente olor, aunque no muy bueno".

299 "Los polvos desta yerba, mezclados con polvos de incienso y dados en vino, hacen no sentir los tormentos por rigurosos que sean" (COBO, "Extrato de los libros IV, V y VI de 'La historia del Nuevo Mundo'...", 2004, p. 139.

bailes, quando começa o jejum de evitar sal, pimenta e mulher – dura o jejum de cinco para mais dias, chegando então o momento da confissão.[300]

Há três solenes festas anuais como essas, e em todas há "jejuns e confissões e, acabadas, bebem, bailam e cantam e dançam", tocando vários instrumentos, usando máscaras etc.[301] Mas nesse capítulo sobre festas, Arriaga não trata da borracheira. Contudo, afirmara antes peremptório: é com ela, na bebedeira, que começam e acabam as festas das huacas.[302] Arriaga é comedido no relato sobre o costume, particularmente neste tema das festas. Muitas vezes apenas menciona um beber, o que já dá a entender do que se trata – isto é, ao menos um brindar coletivo, no máximo uma intensa bebedeira.[303]

Uma vez destoando da sóbria narrativa, Arriaga misturara diversos pecados ao da bebedeira. Mas é só quanto a isso, sem contar com a história de um suicídio no qual o enredo também continha um evento de bebedeira.[304] Por outro lado, a fraca entoação de pecados com bebida só vale se retirado o principal erro que abraçaria os demais: o pecado capital da idolatria. Este parece estar sempre vinculado ao beber, está em todas as ocasiões de bebedeira coletiva. Aliás, será por causa de atitudes idolátricas que a palavra borracheira aparece em alguns momentos do discurso do padre Arriaga.

---

300 Contudo, bem nota o jesuíta, que está preocupado com o governo das consciências: os índios não confessam "pecados interiores", apenas os manifestos como furtos, maltratos e adultérios. Mas consideram pecado, inclusive, a reverência para Deus em substituição ao culto das huacas – notemos que o pecado do monoteísmo seria combatido pela idolatria! Arriaga comenta que "el hechicero les dice que se enmienden, etc" por causa dessa atitude de reverenciar Deus (ARRIAGA, *op. cit.*, p. 56-7). Arriaga estimula assim a ideia de uma grande conspiração da idolatria andina contra a Igreja dos cristãos.

301 Narra o padre Arriaga que "la principal [cerimônia é celebrada] cerca de la fiesta del Corpus, o en ella misma, que llaman Oncoy mitta, que es cuando aparecen las Siete Cabrillas que llaman Oncoy las cuales adoran porque no se les sequen los maíces; la otra es al principio de las aguas, por Navidad o poco después, y ésta suele ser al Trueno y al Rayo porque envíe lluvias; la otra suele ser cuando cogen el maíz, que llaman Ayrihuamita, porque bailan el baile de Airihua" (*ibidem*, p. 58-60).

302 *Ibidem*, p. 50.

303 *Ibidem*, p. 56-62. Resgatemos da coletânea *Borrachera y memoria* (1993), a análise de Saignes, que realça a diferenciação que vários cronistas estabelecem entre uma embriaguez mais branda e outra mais forte, a qual seria considerada imprópria para as festas incaicas ("Borracheras andinas...", p. 45 e ss.); enquanto Randall aprimora as concepções de populações andinas quanto aos estados ou diferentes estágios da embriaguez ("Los dos vasos...", p. 91 e ss.).

304 ARRIAGA, *op. cit.*, p. 83 e 67-8.

Uma celebração de casamento que durou três dias e "com grandes borracheiras" foi nada menos que as bodas entre uma virgem de quatorze anos com uma huaca chamada Chanca. Todos do povoado compareceram. Essa história teria sido contada pelo licenciado Juan Delgado em visitação numa localidade na província de Conchuros. A menina "guardou virgindade" para a "investidura de sacerdotisa". Ela é quem entregava os sacrifícios a seu esposo, um ídolo de pedra de figura humana. Olhavam para a moça como se fosse "coisa superior e divina".[305]

A idolatria e as borracheiras têm outros momentos de forte união. Como na história de um ritual em que o "ayllo" [a parentela extensa] banhava o defunto depois de dez dias do decesso. Tal costume ocorria em alguns povoados da região costeira do Peru. Lavam também a roupa do morto no rio e aí fazem "uma merenda", não sem antes atirar o primeiro bocado de comida fora. E "acabada a borracheira", voltavam pra casa, tiravam o lixo, mas então, nova bebedeira. Dessa vez, algo se destaca dentre as razões da embriaguez, pois "cantando e bebendo toda a noite" esperam os índios:

> (...) a alma do defunto, que dizem que há de vir para comer e beber, e quando estão já tomados de vinho dizem que vem a alma e a oferecem derramando muito vinho, e pela manhã dizem que já está a alma em Zamayhuaci, que quer dizer casa de descanso, e que não voltará mais.[306]

O relato se aproxima de um sentido autóctone da natureza do sacrifício: dar de comer e beber ao que Arriaga chama de "alma" do corpo defunto.[307] O relato também evoca a comunicação com a entidade do falecido, que vai partir para o novo lar distante deste mundo, mas ainda dá um último adeus. O evento parece estar comprometido com o efeito da bebida, ao menos na atenção que Arriaga dá ao fato de que "já

---

305 *Ibidem*, p. 45.

306 *Ibidem*, p. 66. Cita: "al ánima del difunto, que dicen que ha de venir a comer y a beber, y cuando están ya tomados del vino dicen que viene el ánima y le ofrecen, derramándole mucho vino, y a la mañana dicen que ya está el ánima en Zamayhuaci, que quiere decir casa de descanso y que no volverá más".

307 Cf. MACCORMICK, *op. cit.*, 1991.

tomados do vinho [chicha]" é que "dizem" se entreter com o morto ou aquilo que o representa. A embriaguez como veículo de comunicação com o "outro".[308]

Tudo indica que, para Arriaga, é justamente por causa da bebida que os índios acreditavam nesse contato com certo espírito do morto, uma causa natural para a efetividade imaginária desse contato. É como no caso da embriaguez do feiticeiro em conversa com a huaca. O efeito natural do consumo da forte bebida de chicha, às vezes com o espingo vindo de Chachapoyas, podia compensar a causa extraordinária de contato efetivo com o demônio. Em tal relato, Arriaga separa categoricamente a ação do demônio da ação da bebida, um ou outro podia levar adiante uma supersticiosa conversação com a huaca. Acima, na história de Arriaga de uma borracheira coletiva, também a comunicação com o extraordinário descarta o demônio, porque o engano no frenesí toma sentido dentro do efeito natural da bebida.

Entre os relatos vai aparecer uma (outra) "grande borracheira" no velório. Nesse caso, o convívio na bebida não teria ambiente para comunicação com o morto, o que ocorria era que cantavam "em louvor ao defunto",[309] um sentido mais secular ou trivial. Entretanto, esta mirada não inibe o mar de idolatria que envolve muitas e distantes paragens no vice-reino do Peru.[310] Essas borracheiras de velórios estão no entorno do "culto aos malquis", as múmias dos ancestrais. Três "feiticeiras" velhas e surdas do povoado de Huancaraime teriam confessado que era o principal culto ali.[311] O jesuíta considera que os "feiticeiros" da localidade não sabiam de outra coisa além de lavar os defuntos, vesti-los novamente, sendo que os "velavam toda a noite em borracheira".[312]

Desde Arriaga, conclui-se que a bebida é o principal ingrediente do culto das huacas e dos malquis. Este é o mote para o padre que estabelece a borracheira como "raiz muito antiga da idolatria".[313] A suspensão da razão e o governo da loucura que

---

308 HEATH, "Borrachera indígena, cambio de concepciones", 1993, p. 176-7.

309 ARRIAGA, op. cit., p. 89. Cita: "las alabanzas del difunto".

310 Neste capítulo, o padre Arriaga descreve casos de quando esteve de passagem por regiões que necessitavam urgentemente de visitações, devido à idolatria. Entre essas regiões se destacam as jurisdições de Huamanga e de Andahuaylas, que estão respectivamente no centro e no norte serrano do Peru atual.

311 Ibidem, p. 88. Segundo o padre Arriaga "estos difuntos son mucho más perjudiciales que las huacas, porque a éstas es su adoración de año a año, pero a estos muertos [adoram-nos] todos los días" (p. 99).

312 Ibidem, p. 88-9.

313 Ibidem, p. 112.

se apresenta como fúria e o caminho dos pecados. A idolatria embriagada, retirado todo o estigma, remete a conjuntos e à diversidade de práticas locais, as quais são objetos da política condenatória e repressora de alguns missionários no Peru. Mas Arriaga não desenvolve com afinco o assunto da bebedeira, nem mesmo no âmbito de reforçar meros estigmas. Ele, de toda maneira, emite a sentença: o que se deve fazer para salvar os índios é "pois lhes quitar as borracheiras, que são as que criam, fomentam e conservam as idolatrias".[314]

O manual prático de Arriaga tem como título sua finalidade: a extirpação da idolatria no Peru. Se para o jesuíta, a idolatria é filha da borracheira, concebe-se então a metodologia de extirpação dessa bebebeira.

O principal executor devia ser o cura do povoado. Precisava proibir a borracheira "já por bem e com brandura, já por mal e com castigo".[315] O toque pela prédica da persuasão ou a colisão pela sentença do castigo, duas alternativas por onde os jesuítas resolvem sua política de extirpação da idolatria no Peru – porque embora preguem e insistam pela proposta da amenidade, nunca negarão a segunda e drástica alternativa.[316]

Isto particularmente no caso de Arriaga, que Duviols denomina como "a eminência parda da extirpação", em contexto ou campanha que inaugura uma política nova, "draconiana contra a idolatria" no Peru.[317] Acentuam Bernand & Gruzinski que Arriaga é "um Maquiavel hispanoamericano", e os jesuítas em geral "são antes de tudo mentes políticas para as quais o fim justifica os meios".[318]

---

314 ARRIAGA, op. cit., p. 144. Cita: "pues quitalles las borracheras, que son las que crían, fomentan y conservan las idolatrías".

315 Ibidem.

316 Duviols recupera, na análise do tratado De procuranda indorum salute, de Acosta, a tensão entre os métodos da persuasão e do castigo na política missionária jesuíta. Para o caso da infidelidade e para os neófitos, o principal é incutir o amor cristão e o arrependimento da idolatria, sem necessidade da força bruta; embora, no caso da apostasia, proponha Arriaga mais rigor pela destruição física dos vestígios idolátricos e castigos duros aos "hechiceros" (DUVIOLS, op. cit., 1971, p. 143-4). Em termos gerais, o que prevalece é a primeira alternativa. Segundo Duviols: "o que caracterizava o método da Companhia, e mais ainda sua literatura" é levar "à refutação teórica e à persuasão". Por outro lado, ainda que "repugnante por princípio aos castigos corporais", não se hesitava conforme pedia a ocasião. Contra as bebedeiras e idolatrias, os padres tiraram partido de várias "técnicas psicológicas de dissuasão" (p. 141-2).

317 Ibidem, p. 154 e 160.

318 BERNAND & GRUZINSKI, op. cit., 1992, p. 153-4.

Entre a persuasão e o castigo, Arriaga compreende um meio-termo, que é a ameaça, o foco da política com relação aos curacas ou caciques, as lideranças indígenas nos povoados. Arriaga vê que alguns são bons aliados e outros rebeldes, que alguns aceitam delatar as idolatrias e borracheiras, e que outros as omitem. Para estes últimos, recomenda que "sejam privados de seus ofícios e reduzidos à mita". O que Arriaga concebe aí por mita é o sentido genérico do pagamento de tributos em gênero ou por serviços. A mita era termo utilizado juridicamente pelos governantes do Peru, aproveitando-se de uma instituição ancestral de alocação de trabalho coletivo no mundo andino.

Mas se as lideranças idólatras forem os próprios "feiticeiros" organizando as borracheiras e idolatrias (homens que tinham cabelo comprido como marca de seu poder), então que "sejam privados de seus ofícios, açoitados e tosquiados, e trazidos à casa de Santa Cruz"[319] – o afamado estabelecimento que estava numa parte periférica de Lima e reservada à república dos índios, conhecida como Cercado de Lima. O reclusório do Cercado servia como exílio para os dogmatistas da idolatria que vinham do interior.

A extensão da política repressiva de perseguição e aprisionamento não era tão grande quanto o alarde, mas, enfim, precaria e seletivamente, ela existiu de fato.[320] Arriaga lamenta a fragilidade do combate das idolatrias, e particularmente, das bebedeiras. Os curas dos povoados vendiam vinho para os índios;[321] por isso deviam ser excomungados e pagar multa, recomenda Arriaga.[322] Saudoso das ordenanças do vice-rei Francisco de Toledo de décadas atrás, que prescreviam vários passos de punição em atenção aos casos de infratores e reincidentes na bebedeira, Arriaga

---

319 ARRIAGA, *op. cit.*, p. 112. Cita: "sean privados de sus oficios y azotados y trasquilados y traídos a la casa de Santa Cruz".

320 Cf. DUVIOLS, *op. cit.*, 1971.

321 Arriaga conta como se davam alguns compromissos entre os párocos e os índios no que tange ao acesso do produto embriagante europeu. Como testemunho, o padre se queixa: "Y yo he visto en pueblos que lo que mandan las ordenanzas de los corregidores, que del tomín del hospital [os clérigos] se les compren medicinas para los enfermos, reducillas todas a vino y enviar tantas botijas a un pueblo y tantas a otro, y de muy mal vino, como lo dijo el cura que lo probó delante de mí y a precio muy subido (…) todas las enfermedades quieren [os clérigos] que se curen con vino, porque convino para sus intereses y grangerías; verdad es que esta falta no es de todos, aunque de los más" (ARRIAGA, *op. cit.*, p. 83).

322 *Ibidem*, p. 112.

também lamenta que nunca se cumpria a lei: "se fosse executada, em pouco tempo não haveria borracheiras entre os índios. Mas quem a executará?".[323]

O tratado de Arriaga, partindo da refutação e indo até as denúncias de persistência da idolatria, termina mesmo como regulamento. O texto principal é complementado pelo "edito contra a idolatria" e pelas "constituições que deixa o visitador nos povoados para remédio da extirpação da idolatria". O primeiro documento é apregoado na visitação para trazer às claras o erro. Já o segundo texto é o rastro que deixa a visitação, o aviso afixado no pueblo com as leis da extirpação. No "edito" intima-se, por exemplo, "se sabem que nas ditas festas das huacas não dormem em toda uma noite, cantando, bebendo e bailando o que chamam Pacaricuc por cerimônia de sua gentilidade". Noutro item, muito mais como combate pelas consciências, o aviso remexe as crenças:

> (...) se sabem que alguma ou algumas pessoas digam que as almas dos defuntos vão a Huarochaca ou Upaimarca e não para o Céu, Inferno ou Purgatório; e quando morre uma pessoa, se [sabem se] no quinto dia deem de comer e de beber à alma do defunto, queimando milho e derramando chicha.[324]

À maneira do esmero no combate das práticas de curandeiros considerados idólatras pelos extirpadores mexicanos, também um item das "constituições" deixadas nos povoados peruanos após as visitações, estipula a proibição dos métodos de cura locais, que estariam mergulhados em idolatrias. O ofício de curandeiro poderia subsistir se os índios optassem por usar as plantas estritamente pelas suas virtudes naturais e sem superstições.[325]

---

323 *Ibidem*.
324 *Ibidem*, p. 171. Cita: "si saben que alguna o algunas personas digan que las almas de los difuntos vayan a Huarochaca o Upaimarca y no al Cielo, Infierno o Purgatorio, y cuando se muere una persona al quinto día den de comer y de beber al alma del difunto, quemando maíz y derramando chicha".
325 "Item de aquí adelante los indios hechiceros ministros de idolatría por ningún modo curarán a los enfermos, por cuanto la experiencia ha enseñado que cuando curan hacen idolatrar a los enfermos y les confiesan sus pecados a su modo gentílico, y si otros indios hubiere que sepan curar porque conocen las virtudes de las yerbas, examinará el cura de este pueblo el modo con que curan, que sea ajeno de toda superstición" (*ibidem*, p. 174).

O espingo, que Arriaga havia mencionado como ingrediente da chicha que deixava o feiticeiro transtornado (quando ele podia falar com a huaca), também é uma medicina procurada e louvada para a cura de algumas enfermidades. No entanto, porque é "ordinária oferenda para as huacas", foi proibida sua venda para os índios, por ordem do recente arcebispo de Lima, Toribio de Mogrovejo.[326]

A própria bebida chicha seria objeto de um projeto sistemático de controle e proibição. Entre as idolatrias nessa medicina, estão os atos de sacrifício e de embriaguez divinatória, como reportava Arriaga. Nas "constituições" existe o avisopara o "cura beneficiado" do povoado passar a "estorvar as mingas [trabalhos coletivos] que os índios fazem no tempo das sementeiras para fazê-las bebendo e cantando". Enfim, deve proibir todas as borracheiras. Deve eliminar a produção da "chicha de sora", a forte confecção proibida desde despacho do governo central em Lima: "o meio mais eficaz para destruir a idolatria: acabar com as ditas borracheiras".[327]

Entramos no patamar mais raso das interdições da chamada idolatria. Assim, da mais complexa e pantanosa luta contra crenças e comportamentos, passamos logo para a eliminação física dos objetos de culto. A chicha será também, como outras, apenas uma coisa da idolatria. Se era usada no cotidiano de sacrifícios e festas, nunca se aventa a noção de que fosse coisa sagrada. Como destaca Urbano: "o discurso sobre a religião idolátrica é uma linguagem que impõe uma visão da trivialidade da consciência religiosa andina. Não há nela elevação nem dignidade. Existem as coisas materiais, o universo físico".[328]

A leitura "objetal"[329] da idolatria é avassaladora. A chicha é uma coisa líquida retida em um recipiente, o qual, por sua vez, é apenas um outro elemento qualquer da idolatria. Arriaga pede que se identifique "as panelas, cántaros e copos de diversas maneiras para fazer a chicha e para bebê-la e oferecê-la às huacas". Usados para dar de beber aos malquis (múmias) e huacas (ídolos), os recipientes eram "uns de barro, outros de madeira e algumas vezes de prata e conchas do mar", até de chifres de

---

326 *Ibidem*, p. 53.
327 *Ibidem*, p. 173-4. Citas: "estorbar las mingas que los indios hacen en tiempo de las sementeras para hacerlas bebiendo y cantanto"; "el medio más eficaz para destruir la idolatría, quitar las dichas borracheras".
328 URBANO, *op. cit.*, 1999, p. CXXVIII.
329 BERNAND & GRUZINSKI, *op. cit.*, 1992, p. 155.

animais e tinham "diversas figuras".³³⁰ Tampouco Arriaga se ocupa de que possam ter tido algum sentido sagrado tais artefatos.³³¹

No afã de perseguição das huacas, que também consistiam nos tesouros dos aventureiros espanhóis, Arriaga desenterra um depósito onde havia três grandes cubas enfileiradas. O recipiente do meio seria a própria huaca Sañumama, cheia de chicha até a borda, mas "com o imemorável tempo que a despejaram se havia convertido em água". Também havia sacrifícios de "cuyes" (cobaias) dentro daquele "ministério endemoniado". Nas festas de Corpus Christi, retiravam a huaca do esconderijo para celebrá-la em grande culto de toda a província de Chanca.³³²

Não mais seria assim: estes utensílios foram destruídos pelo religioso, é claro. Contudo, quando fossem de prata, mesmo que de pouco valor, recomenda o justo padre que se estipulem as devidas indenizações nos processos de visitação.³³³ Enfim, o único valor dessa coisa da idolatria é o valor de mercadoria, quando na verdade (e parece ser o aviso de Arriaga) a maioria das vezes havia puro espólio para os aventureiros e religiosos que se ocupavam em escavar tais objetos da idolatria.

Outra coisa da idolatria, a famosa folha de coca, também tinha grande valor comercial, era produto vendido pelos espanhóis aos índios sedentos de algum conforto no penoso e fatal trabalho das minas. No tratado de Arriaga, a coca é citada poucas vezes, embora avise o padre que ela é "ordinária" e "universal" oferenda.³³⁴

No "povoado antigo"³³⁵ de Huahalla, havia sido exumado um grande ídolo chamado Huari. Segundo alguns velhos, costumava-se colocar coca mascada na boca de pedra.³³⁶ A fruição das medicinas percorre ídolos e devotos, pois também deixavam

---

330 ARRIAGA, *op. cit.*, p. 22, 35 e 81.
331 Bem distinto da abordagem do extirpador Ruiz de Alarcón na terra mexicana, que até mesmo se apropriara da palavra peruana huaca para destacar um comportamento de veneração dos índios perante seus recipientes de pulque, o qual rivalizava, naquelas latitudes, com a chicha peruana nos ambientes gentios de intensa borracheira.
332 *Ibidem*, p. 96.
333 *Ibidem*, p. 138-9.
334 *Ibidem*, p. 52.
335 Isto é, na localidade original do povoado indígena antes da redducção que reinstala o núcleo habitacional no molde das vilas espanholas, política levada com afinco especialmente nos tempos do vice-rei Francisco de Toledo.
336 ARRIAGA, *op. cit.*, p. 97.

nos montes de pedra, conhecidos como apachitas, coca e milho mascados.[337] No "edito contra a idolatria" organizado por Arriaga, algumas vezes é questionado se os índios não notam por aí coca deixada como oferenda. Num dos itens do edito, até mesmo se pronuncia a razão de deixar coca e milho mascados em certos pontos de passo, nas elevadas montanhas. Pergunta o edito "se sabem que alguma ou algumas pessoas" coloquem tais coisas "cuspindo e peçam [aos cumes e pedras] que lhes tirem o cansaço do caminho".[338]

A coca tinha sido objeto de grandes disputas no seio da administração do vice-reino em meados do século XVI. Havia partido contra e partido a favor de sua produção em grande escala comercial. Estavam contrários principalmente os clérigos e bacharéis que viviam na frente de batalha contra as coisas da idolatria. Padre Acosta, ao tratar dos efeitos naturais louváveis da coca, como vimos, comenta que o partido que estava a favor dela acabou vencendo a disputa, o que lhe parecera mais correto, afinal, havia sempre alguma serventia que extrair das plantas que Deus oferecera para o ser humano.

Como aportam Bernand & Gruzinski, "ainda é certo que [se] a reificação das idolatrias indígenas tem por objeto dessacralizá-las e destruí-las materialmente, dita tendência se enfrenta à expansão do objeto-mercadoria, quaisquer que sejam sua função e origem".[339] Se era salutar estender o cultivo da coca para aliviar os índios nos seus trabalhos, isto não quer dizer que não fossem eliminadas as plantações destinadas às huacas, pois aí a coca é objeto da idolatria. Como lembra Arriaga:

> Coca é também ordinária oferenda, umas vezes as [folhas] que eles cultivam ou compram; e as mais colhidas são das chácaras [plantações] que chamam das huacas, que para este efeito cultivam e lavram de maneira comunal, à duas léguas do povoado de Caxamarquilla, na margem do rio Huamanmayu, que é o mesmo da Barranca (porque não se dá a coca senão em terra bem quente). Havia [aí] quatorze pequenas chácaras de coca, que eram de todas as huacas dos povoados da serra, e têm índios que guardam e colhem a coca e a levam aos ministros das huacas no momento

---

337 *Ibidem*, p. 69.
338 *Ibidem*, p. 170. Cita: "escupiendo y les piden que les quiten el cansancio del camino".
339 BERNAND & GRUZINSKI, *op. cit.*, 1992, p. 159.

preciso, porque é universal oferenda para todas as huacas e em todas as ocasiões. Estas chácaras se mandaram queimar todas.[340]

Essas plantações podem ser trazidas para a perspectiva da economia de subsistência de povos andinos que utilizam vários pisos ecológicos para plantios e criação de rebanhos, mesmo que um povo estivesse concentrado num só meio-ambiente; e assim, evitavam a necessidade de enfrentar as trocas comerciais, dominando a produção de vários itens de consumo, como é sustentado pela tese de John Murra.[341]

Do que se deduz nesse relato sobre a especial plantação de coca, trata-se da manutenção não da subsistência econômica num sentido estrito, mas sim de um culto e suas despesas e lucros que parecem compartilhados por vários povos; o que daria margem para a ideia de uma verdadeira igreja idolátrica, uma forma de instituição do mal e que tanto preocupava o padre Arriaga. De qualquer forma, o jesuíta indica um evento que recorda, em gritante paralelo, a tarefa que se impôs pessoalmente um extirpador da região mexicana, o cura Hernando Ruiz de Alarcón. Este fez o que pôde para desbastar as matas onde cresciam as trepadeiras que geravam as sementes do supersticioso ololiuhqui. Eram tempos de extirpação das embriagantes raízes da idolatria.

---

340 ARRIAGA, *op. cit.*, p. 52. Cita: "Coca es también ordinaria ofrenda, unas veces de las que ellos crían o compran, y las más cogidas de las chácaras, que llaman de las *huacas*, que para este efecto cultivan y labran de comunidad, y dos leguas del pueblo de Caxamarquilla, orilla del río Huamanmayu, que es el mismo de la Barranca (porque no se da la coca sino en tierra muy caliente) había catorce chacarillas de coca, que eran de todas las *huacas* de los pueblos de la sierra, y tienen indios que las guardan y cogen la coca y la llevan a los ministros de las *huacas* a sus tiempos, porque es universal ofrenda a todas las *huacas* y en todas las ocasiones. Estas chácaras se mandaron quemar todas".
341 Cf. MURRA, *La organización económica del estado inca*, 1987.

Capítulo 4
O vício com medicinas na história da idolatria

Um epílogo através da crônica indígena cristã do Peru (século XVII)

Até aqui houve bastante ocasião para discutir a conexão entre o campo denominado de idolatria e os diversos costumes indígenas com as ervas, os preparados e poções que embriagam, quando partimos pelos textos organizados e escritos por missionários, médicos e párocos. Vimos obras que se originam do contato com indígenas, desde a confissão forçada de erros (é muito o caso no extirpador Ruiz de Alarcón), ou até por meio de relatos aparentemente desinteressados de descendentes da elite nativa (como acontece muito na pesquisa orquestrada pelo frade Sahagún). Agora é o momento de aportar à análise o acento de um indígena convicto cristão que discorre sobre os erros nos costumes com coisas embriagantes entre todas as "nações" e "castas" do Novo Mundo. Tratemos de uma compreensão e de uma política de peculiar aproximação ao tema da idolatria e do vício de costume com medicinas que embriagam. E se um epílogo é feito para resumir ou condensar significados desenvolvidos anteriormente, aqui acontece uma proliferação dos significados dessas coisas que arrebatam os costumes.

A ponte entre os relatos dos extirpadores recém-examinados e a crônica do polêmico personagem andino D. Felipe Guaman Poma de Ayala – a fonte central para as discussões deste capítulo – pode ser construída, embora Guaman Poma tenha outras intenções no discurso morigerador da América.[1]

Guaman Poma tinha origem e cultura indígena da serra central peruana, mas educado para saber escrever e, inclusive como militante cristão entre os nativos, bem como transitando nas esferas eclesiásticas e civis do governo espanhol no Peru, fará voz intransigente contra a idolatria e o vício da bebida e de mascar a coca. Guaman Poma confere ter acompanhado o juiz eclesiástico Cristobal de Albornoz em visitações na região de Lucanas e nas redondezas da importante cidade de Huamanga (atual Ayacucho). Essas campanhas ocorreram entre a década de 1570 e 1580.

Guaman Poma deve ter vivido uma boa parte de sua vida nessa região. Entre as razões da escrita da *Nueva Corónica y buen gobierno* (que deve ter começado na década de 1580 e foi fechada por volta de 1615), está o projeto de servir como manual de extirpação. Mas como mostra do ambíguo compromisso com as instâncias do poder estrangeiro nos Andes, o mesmo cronista índio será implacável na crítica aos visitadores do início do século XVII. Notadamente, faz denúncia contra o doutor Francisco de Avila, que instaurara nova fase de investigação e intransigência perante os costumes idolátricos numa região não tão longe de Lima. Mas Guaman Poma adverte que essa campanha de Avila fora de espoliação indecente e de punição gratuita das comunidades indígenas da serra de Huarochirí.

---

1   Fizemos um estudo preliminar da fonte pela seguinte edição: GUAMAN POMA DE AYALA, Felipe. *Nueva crónica y buen gobierno*, 1993. Contudo, optamos por seguir as transcrições e traduções do manuscrito original de acordo com a versão digitalizada pela seguinte edição: GUAMAN POMA DE AYALA, Felipe. *Nueva crónica y buen gobierno*, 1987 [versão eletrônica, 2004]. Para as próximas citações neste capítulo: GUAMAN POMA, *Nueva Crónica*, paginação dos fólios do manuscrito pelo autor, seguido da paginação corrigida pelos editores, exemplo: f. 950[964]. A obra foi dividida em duas partes pelo autor, a "nueva corónica" e o "buen gobierno". Porém, a pesquisadora Adorno observa que ela pode ser vista como constituída por três blocos: primeiro, na *Nueva corónica*, do evento da Criação até o reinado do último inca antes da vinda dos espanhóis, Huayna Cápac (entre os fólios 1 e 369). Segundo, ainda na *Nueva corónica*, o capítulo da "conquista", da chegada dos espanhóis até a conclusão da chamada "guerra civil" entre as facções de conquistadores e tropas fieis ao rei de Espanha, história que se dá entre os fólios 370-437. Terceiro bloco, o *Buen gobierno*, que descreve o cotidiano vice-real no Peru e termina com a "peregrinação" do autor rumo a Lima para despachar a crônica-carta a ser enviada ao rei da Espanha. Compreende os fólios entre 438 e 1189 (ADORNO, *Guaman Poma*; writing and resistance in colonial Peru, 1986, p. 9).

No discurso de Guaman Poma confluem a esperança e o desespero de um convicto cristão e defensor da sociedade aborígene, mas ambos os rótulos de cristão e de índio devem ser balizados com extrema cautela. As análises das imagens e dos textos e especificamente as conclusões sobre os significados do discurso, sobre a diversidade de conteúdos que apresenta o tratado, enfim, sobre a estrutura de pensamento e as intenções políticas do autor Guaman Poma, todos os elementos do manuscrito ilustrado e do próprio personagem escritor trazem à tona crenças e compromissos, impasses e incongruências que parecem estar redimensionados e amplificados pelas polêmicas atuais sobre o papel deste cronista, bem como sobre a ampla questão do sujeito indígena na história após a conquista espanhola.

Para Rolena Adorno, nosso personagem é "sempre inequívoco: a favor do governo nativo e oposto ao colonialismo", e também que foi "anti-inca, mas pró-andino, anticlerical, mas pró-católico".[2] Contudo, segundo outro autor, ainda que manipulando as formas do discurso e visão de mundo ocidental para um ato de resistência aos exploradores, Guaman Poma apresenta uma obra onde "se encontram as premissas de uma estética dependentista" que assola a cultura latino-americana desde os tempos do encontro entre dois mundos.[3]

Frank Pease, por sua vez, destaca o caráter "heterodoxo" do cronista indígena, e entre outros aspectos, no importante tema da longa conquista espanhola. Apesar de condenar o vice-rei Toledo, que mandara executar o último inca que resistia ao governo espanhol em refúgio nas florestas de Vilcabamba, Guaman Poma mantém as mesmas premissas de controle social deste governante chave que assenta o poder do rei da Espanha no mundo andino. Entre outras medidas, o vice-rei Toledo procurou encontrar argumentos para mostrar a ilegitimidade da autoridade incaica. E pela pena de Guaman Poma, os conquistadores espanhóis teriam sido recebidos por seu próprio pai, que numa embaixada doa o Tahuantinsuyu, o "reino dos incas"[4] ao rei da Espanha.

---

2   *Ibidem*, p. 5.

3   ZAPATA, *Guamán Poma, indigenismo y estética de la dependencia en la cultura peruana*, 1989, p. 19.

4   Como ressalta Rostworowski, a "voz" império "traz demasiadas conotações do Velho Mundo", e acrescenta outra opinião: "o desejo indígena rumo à unidade se expressa através da voz Tahuantinsuyu, que significa as 'quatro regiões unidas entre si', e que manifesta um intento ou um impulso rumo à integração, possivelmente inconsciente, que infelizmente nunca se alcançou e que

Para o cronista índio, o cristianismo tinha sido abraçado no Peru desde muito tempo, justo pela vinda de um apóstolo de Cristo em pregação pelas cordilheiras andinas, crença que navegava entre os espanhóis que pensavam sobre as origens mais remotas dos índios.[5]

Junto à inventividade de Guaman Poma e à questão de seus compromissos com as letras e as ideias cristãs instituídas, recai sobre a *Nueva corónica y buen gobierno* o problema de identificar o substrato mental e a cultura aborígene do autor. Essa perspectiva vem com Nathan Wachtel e particularmente pelo trabalho exaustivo de Juan Ossio (cuja tese foi defendida em 1970) sobre os sentidos cíclicos e lineares da concepção de tempo histórico do cronista indígena.[6]

Cabos Fontana critica a visão de que a estrutura de pensamento do cronista fosse "selvagem", isto é, essencialmente indígena no ponto mesmo da sintaxe que governa suas compreensões do mundo. Essa autora procura demonstrar a forte influência europeia nas profundezas da mente do cronista, apesar de algum substrato nativo.[7] Pela frequência de padrões tão comuns com relação a outros escritores (espanhóis) que temos analisado, há de se considerar ao menos a grande difusão de códigos da cultura europeia no mundo ladino, isto é, que conhecia o discurso da letra espanhola, como foi com Guaman Poma.

Mercedes López-Baralt procura acomodar o problema das influências, das tradições e formas de pensar do cronista na ideia de "policulturalidade".[8] De toda forma, essa autora e principalmente Adorno, ou mesmo qualquer estudioso da obra de Guaman Poma, observam que o cronista se utiliza de artimanhas para imprimir sua visão dos problemas e das soluções para a sociedade vice-real peruana, revolvendo o passado e o presente para um projeto de futuro em pretensioso conselho ao rei da Espanha, quando sobressai ou fica evidente o projeto messiânico e político de reforma do vice-reino para um governo realmente nativo. Segundo Rocío Quispe-Agnoli, o discurso de Guaman Poma emprega:

---

se viu truncada pela aparição das hostes de Pizarro; faltou tempo aos cusquenhos para consolidarem seus propósitos" (ROSTWOROWSKI, *Historia del Tahuantinsuyu*, 1999, p. 19-20).

5   PEASE, *Las crónicas y los Andes*, 1995, p. 278-82.
6   Cf. OSSIO, *En busca del orden perdido*, 2008.
7   CABOS FONTANA, *Mémoire et acculturation dans les Andes*, 2000, p. 11.
8   LÓPEZ-BARALT, *Icono y conquista: Guamán Poma de Ayala*, 1988.

(...) a expressão de dor, queixa e lamento e a retórica da ameaça. Seu objetivo é lograr a reação de leitor, mostrando-nos seu contundente caráter apelativo: o texto se dirige à sociedade colonial para que se reforme, ao rei para que remedie e descarregue sua consciência. Isto coloca o autor profeta na posição de conselheiro real, característica que também encontramos nos escritos dos franciscanos joaquimistas do Novo Mundo. Os membros desta ordem viam no Novo Mundo a possibilidade da terceira etapa anunciada nas profecias de Joaquim de Fiori: uma República de Índios, dirigida por eles [os franciscanos] precisamente. Contudo, assinalo que a posição discursiva de Guaman Poma frente ao milenarismo destes franciscanos se opõe e se complementa (...) porque eles também denunciam o abuso europeu dos índios e ressaltam a inocência e o caráter cristão dos mesmos. Se opõe porque Guaman Poma propõe e espera uma reforma que leve ao bom governo e a um reino governado por índios e separado totalmente dos espanhóis, ainda que sejam sempre súditos do rei espanhol. Neste ponto, o autor andino também se diferencia das ideias do dominicano Bartolomé de Las Casas, já que propõe, ao longo de sua obra, uma república de índios, governados por eles mesmos.[9]

Para complicar o entendimento sobre a fonte, Guaman Poma apresenta vários gêneros em formulação confusa. Mesmo que Guaman Poma tivesse aspirações de produzir um tratado formal, não pode ser colocado com segurança em nenhum gênero específico, quer seja no campo público e historiográfico, quer seja no campo informal dos relatos pessoais.[10] O texto de Guaman Poma é extremamente híbrido: "carta ao rei, memorial de petições e remédios, tratado de direito, crônica das Índias [Ocidentais] ilustrada, manual para predicadores e livro de conselho de príncipes aparentado com a emblemática política europeia".[11]

---

9   QUISPE-AGNOLI, *La fe andina en la escritura*, 2006, p. 262.
10 ADORNO, *op. cit.*, 1986, p. 09.
11 LÓPEZ-BARALT, *op. cit.*, p. 271. Aqui não é feita a análise das gravuras da obra de Guaman Poma. O estudo iconográfico dessa obra consome os investigadores nas polêmicas sobre o caráter da produção do cronista indígena e sua maneira de pensar o mundo andino. Por outro lado, o texto

O longo manuscrito do cronista indígena, ao redor de 1616, teria o destino de ser apreciado por sua alteza real dom Felipe III da Espanha. Não se sabe, mas é improvável que o calhamaço tenha chegado às mãos do imperador católico. Pelo menos a obra atravessou o oceano, sendo descoberta para o mundo contemporâneo no início do século XX, quando um único exemplar foi encontrado nos arquivos da Biblioteca Real da Dinamarca.

Com o apoio de outras fontes, como de outro indígena do Peru chamado Juan de Santa Cruz Pachacuti Yamqui, sigamos alguns rumos da *Nueva Corónica y buen gobierno* de Guaman Poma, primeiro, no intuito de analisar histórias de vício com ervas e poções no Peru vice-real, para depois conferirmos como tais vícios surgem no tempo histórico elaborado de forma peculiar por Guaman Poma, que também está pensando uma utopia, inclusive um mundo andino em que as coisas que embriagam terão seu lugar no bom governo.

Vícios com bebida e erva no mundo ao revés

A segunda parte da obra de Guaman Poma, o *Buen gobierno*, expõe de forma dramática um mundo de descaminho no vice-reino do Peru. E ninguém é perdoado, nem mesmo os mais explorados índios tributários escapam da denúncia dos pecados e maus costumes, embora o foco seja contra as autoridades civis e religiosas, com algumas exceções. Enfim, se nessa obra do cronista nativo, resume Adorno, "a civilização andina é lembrada por seus vícios e virtudes; a sociedade colonial somente por seus vícios".[12]

A visão é de um mundo desumano, violento e injusto contra o indígena mais humilde e traz a perspectiva de um futuro governo mais autônomo de elites consideradas legítimas dos povos andinos desde antanho. Guaman Poma faz denúncia de situações que podem ter ocorrido de fato e cotidianamente, se imaginamos as sociedades ou culturas atordoadas pela vinda dos armados estrangeiros e de suas enfermidades, ao mesmo tempo tornando-se mais complexa na interação das "nações"

---

alfabético de Guaman Poma pode indicar semelhante riqueza ou maior de conteúdo e de problemas para a investigação.

12 ADORNO, *op. cit.*, p. 42.

espanhola, negra, índia e as misturas chamadas de castas, num momento de plena revolução do poder e dos costumes.

A sociedade em que vive o cronista é resultado de um "pachakuti", uma subversão cósmica, literalmente, "mundo ao revés". O último desses sismos vem através dessa conquista dos espanhóis, e a reviravolta dos costumes, das atitudes, está em todos os âmbitos da vida cotidiana. Para López-Baralt, "é curioso como (...) se conjugam a concepção nativa milenarista de mundo cíclico com o *topos* europeu de mundo ao revés: em ambos casos o cataclismo se anuncia com uma proliferação de vícios".[13]

Enquanto muitas gravuras de Guaman Poma mostram a viva crueldade e devassidão, a escrita do *Buen gobierno* esbanja muito mais nos emblemas da perdição. Destarte, tomando assento numa retórica que emerge dos *topoi* de vícios e virtudes da tradição medieval, Guaman Poma impõe-se como conselheiro do rei numa linguagem de protesto social que procura diagnosticar os males e inspirar as reformas no vice-reino do Peru.[14]

Muitas reformas, destaca López-Baralt, são em prol da população nativa no critério de que a suserania do rei católico espanhol no vice-reino deva ser exercida com o mínimo de intermediação, prescindindo de clérigos e corregidores na cobrança dos tributos, pois, como enfatiza o cronista repetidas vezes, estes personagens (dos vícios) da ganância e da arrogância exploram os nativos e enriquecem na tarefa de resgate de produtos e serviços – para grande prejuízo do rei da Espanha, imperador de um "tahuantinsuyu" de dimensão mundial. O cargo de corregidor deveria ser abolido. Em substituição aos espanhóis, as lideranças indígenas: os curacas ou caciques é que recolheriam os tributos, e os principais senhores de grandes povos é que tratariam de administrar as províncias.[15]

---

13   LÓPEZ-BARALT, *op. cit.*, p. 302. Salomon aprimora a interpretação sobre pachacuti: "pacha kuti, 'virada de espaço/tempo'" (SALOMON, "Testimonies: the making and reading of native South American historical sources", 2000, p. 48).

14   Em Aristóteles "o *topos* é um lugar imaginário no qual se acude em busca de argumentos que ajudem a provar um ponto ou a persuadir um público. Na filosofia moral antiga, o topos mais frequente foi o da denúncia de vícios e o louvor de virtudes". As principais fontes literárias dessa retórica estão na *Ética* de Aristóteles (IV a.C.), em obras de Cícero, Sêneca, e ainda, na *Psychomachia* de Prudêncio (séc. IV), hispano-latino preferido como modelo para o esquema cristianizado de vícios e virtudes, posteriormente inscrito em obras de protesto social no medievo e nos séculos XVI e XVII (LÓPEZ-BARALT, *op. cit.*, 1988, p. 297-8).

15   *Ibidem*, p. 296-7.

Por outro lado, percebe-se que Guaman Poma também se mostra vacilante quanto a apoiar os índios principais e caciques suspeitos ou de fato ilegítimos e prevalecidos, alguns novos mandões que se apropriam dos tributos de povoados para alimentar seus vícios. Guaman Poma também desconfia da dimensão e sinceridade cristã do índio ou do espanhol, assim como faz reclamo contra a idolatria e a embriaguez diabólicas. Mas lhe parece que os índios tenham sido sempre mais cristãos que os espanhóis.

Como era prescrito na legislação imperial sobre as Índias Ocidentais, espanhóis e índios teriam de viver em povoações completamente separadas, mas a situação de fato era de intromissões e intercâmbios, quando Guaman Poma via más influências dos cristãos espanhóis e de negros e mestiços na vida dos indígenas em suas comunidades. A separação entre os povos era importante para justamente evitar a mestiçagem, fruto dos estupros ou amancebamentos, inclusive por atitude dos párocos, o que produz a "casta má", a qual catalisa o mal moral ocasionado pela vinda dos aventureiros para destruir a fábrica social indígena.

Junto à poderosa crítica ao clero espanhol, vem a ideia de permitir aos nativos o sacerdócio. Entre outras medidas arroladas como solução dos problemas por Guaman Poma, esta tinha guarida em alguns setores da missão católica, particularmente no programa dos dominicanos partidários de Las Casas, que tiveram alguma influência no Peru de meados do século XVI.[16]

"Cacique principal", no desejo de Guaman Poma, "que seja muito bom cristão, que saiba latim, ler, escrever, contar e saiba fazer petições eles como suas mulheres e filhos e filhas". O cristianismo é praticamente sinônimo de cultura letrada, e enfim, instrumento para a afirmação indígena. Além do mais, ser cristão significa evitar ser tal qual o ordinário cristão espanhol, que tem maus costumes e atitudes, e nem mesmo é convicto na fé. Isto não significa que o cacique evite ser como espanhol em aparência e maneiras que indiquem um status superior. Podemos ver nisso um sentido de aculturação, mas também, de apropriação da cultura alheia: que o cacique "se trate como espanhol no comer e no dormir e [tenha] louças e talheres e bens" como o espanhol. Quando essas atitudes têm importância nas relações de poder, pois que seja o cacique como espanhol "e que não lhe estorvem os corregidores

---

16 *Ibidem*.

nem padres nem encomenderos".[17] Todos estes eram as figuras que deviam cuidar da justiça, da religião e do trabalho para o governo dos índios e, teoricamente, para o interesse dos índios.

Os comuns, isto é, os índios tributários que não faziam parte das elites tradicionais, não deveriam se vestir como espanhóis, e nem vice-versa. Aliás, nenhuma casta ou nação deveria se trajar da mesma forma que um índio.[18]

O código da civilidade cristã parece ser manipulado para atingir a solução nativista para o vice-reino. É o que mais desperta a atenção de muitos investigadores atuais. Guaman Poma é sem dúvida parcial, abraça a causa dos nativos. Contudo, ele apresenta a perspectiva do cristianismo dos missionários que procuram integrar as hierarquias locais às do império espanhol. Guaman Poma é veemente contra os curas de doutrina, os párocos das *reducciones* (novos povoados de índios instaurados pelo governo vice-real do Peru), mas defende as regras dos franciscanos e jesuítas e outros missionários, as ordens que abrigam homens que são "santos".[19]

Ao lado, ou quiçá acima da plataforma de autonomia política para os índios principais e curacas para o bem dos índios comuns, as reformas são concebidas em torno de um amplo programa morigerante cristão. Está ideado no signo das virtudes morais, é retórica para todas as nações – ou melhor, uma retórica de denúncia de vícios e contra todos. Mas este viés não é apenas artifício do discurso sobre o governo, insere-se num projeto efetivo de mudança de hábitos tidos por errôneos por muitos militantes cristãos, e efusivamente por Guaman Poma.

O cronista se posiciona bem convicto na fé, sendo que o cristianismo de Guaman Poma reflete muito a influência do pensamento de Las Casas – pela marca de missionários como do franciscano Jerónimo Oré, autor de uma cartilha de catequese em língua nativa. Este missionário é citado e usado como inspiração para as

---

17 GUAMAN POMA, *op. cit.*, f. 742 [756]. Citas: "que sea muy buen cristiano que sepa latín, leer, escriuir, contar y sepa hazer peticiones ellos como su muger y hijos y hijas"; "se trate como español en el comer y en el dormir y baxillas y haziendas"; "y que no le estoruen los corregidores ni padres ni comenderos".

18 "Los dichos españoles, mestisos y señoras mestisas o negras, mulato, mulatas, que no se ponga áuito de yndio ni los yndios ni yndias no se ponga áuito de español. Por con color de ello hace muy gran ofensa a Dios y no ciruen a su Magestad y no tiene obediencia ni ley. Sea grauemente castigado por las justicias" (*ibidem*, f. 539[553]).

19 *Ibidem*, f. 950[964].

predicações que surgem pela verve de Guaman Poma.[20] Alguns doutrinadores no Peru e simpatizantes de Las Casas da corte espanhola acreditavam no infalível poder da cognição humana do indígena para saber da existência e respeitar o Criador, que teria sido conhecido nos Andes pelo nome de Pachacámac. O entendimento da existência de Deus frutifica pela própria razão natural dos índios.[21]

O cronista índio estaria também marcado pela forte influência doutrinária dos jesuítas e pelas propostas do Concílio de Trento. Sintomático disto é a obsessão pelo valor catequético das imagens, importantíssimo veículo para incutir a fé. Em muitas passagens do texto, o cronista demonstra o apreço pelas imagens cristãs. Aliás, são as gravuras que fazem obra-prima do manuscrito de Guaman Poma, que subverte a política pedagógica do proselitismo religioso tridentino para uma "reivindicação nativista".[22]

Assevera o cronista índio (talvez ainda sob a influência militante dos contra-reformistas jesuítas): "quem recebe o Senhor há de mudar a alma", e denuncia que "alguns espanhóis recebem o sacramento forçados, não de todo coração". Para quem recebe o Senhor – predica o índio cristianizado – não pode pecar com mulher, não deve fazer dívidas e tampouco roubar; deve ser humilde, ter caridade e dar esmola, ter amor ao próximo; obedecer a Deus, sua justiça, obedecer aos pais, aos mais velhos, ao papa e ao rei. E para dar "casa e morada" ao Criador na "alma e corpo", que o pecador se arrependa, mas deve ser "no coração".[23]

Não importa quem seja, "espanhol, índio, negro", contanto "não sendo bêbado", ele pode se encontrar no mais caro sacramento cristão, que é a comunhão.[24] Se a bebida está no corpo, não há recinto para Deus. Guaman Poma abraça a luta contra a embriaguez, e enquanto é inspirado pelos religiosos em geral nessa disputa, deve ter sido pelos jesuítas em particular. Como vimos, pela plataforma inscrita no tratado *De procuranda indorum salute*, a bebida deveria ser substituí-

---

20 Cf. ADORNO, *op. cit.*, 1986.
21 Alguns missionários com tais perspectivas, ainda reconduzem os mitos indígenas sobre figuras de poder excepcional, pobres e caminhantes, agora como santos que teriam visitado a região andina muito antes da vinda dos espanhóis. A peregrinação de um apóstolo de Cristo, Bartolomeu, também se materializa nos Andes pela crônica de Guaman Poma (MACCORMACK, *Religion in the Andes*, 1991, p. 316-7).
22 LÓPEZ-BARALT, *op. cit.*, p. 281.
23 GUAMAN POMA, *op. cit.*, f. 840[854].
24 *Ibidem*.

da pela embriagante comunhão em Deus. Os jesuítas no Peru nunca baixavam a guarda, sempre na luta contra as formas de embriaguez nativa.[25] Guaman Poma questiona a atitude dos curas de povoados em deixar que os índios, bêbados, fiquem no serviço das igrejas, nas confrarias organizadas pelas comunidades sob a tutela eclesiástica. Os ministros deveriam também impedir o sacramento divino para o índio que costumava beber mesmo que não toda hora. Seria bom proibir até mesmo quem só tenha provado a bebida.[26]

Noutra passagem de seu tratado, Guaman Poma seria enfático em recomendar que a comunhão não fosse normalmente oferecida para o gentio nessa sua preparação para a vida plenamente cristã. Oferecer o sacramento ou não aos índios e em que condições, foram questões bem debatidas entre os evangelizadores, quando um tratado do padre José de Acosta recupera a discussão que era motivo de grandes desavenças, particularmente quanto ao sentido íntimo do ritual e sua relevância política na catequese e integração do indígena na monarquia católica.[27]

Destaca Estenssoro Fuchs que até o catequista Gerónimo de Oré (entre outros franciscanos) seria "bastante hostil a uma comunhão indígena ainda em 1598". Mesmo que o importante manual de evangelização que produziu tivesse um pequeno suplemento dedicado à comunhão para os índios, "no lugar de explicar o sacramento para que o índios se prepare para recebê-lo, se dedica pelo contrário a informá-lo de porque não se concede a todos os índios apesar de, como cristãos, estarem obrigados a comungar". Entre os pecados que impediriam a comunhão ficava em destaque a borracheira, "verdadeiro emblema da diabólica idolatria".[28]

Para Guaman Poma, a comunhão podia ser oferecida ao indígena apenas se ele pedisse "muito cristianamente ou que esteja na hora da morte arrependido de seus pecados". E repisa: que o índio não tenha provado na vida "chicha, vinho", e que não

---

25 Cf. SALAZAR-SOLER, "Embriaguez y visiones en los Andes...", 1993.

26 "Ues aquí, cristianos, adonde le ueréys a los dichos yndios, yndias cargado de rrosarios y rreciuir el sacramento y cienpre borracho y todo el día en la yglecia y cofrade ueyntiquatro, guárdenos Dios. De todo ello tiene la culpa su señoría y los padres de la dotrina que le da el sacramento cin conoselle no más de que se hase santa uanagloria; más uicio tiene de maldad que de bondad y de buena. Y así no se le dé sacramento ni que entre a la cofradía, cino que primero sea rrepentida y que no proeue chicha ni uino en su uida y uenga contrito de ánima y de corasón", GUAMAN POMA, op. cit., f. 1119[1129].

27 Cf. ACOSTA, De procuranda indorum salute, 1987.

28 ESTENSSORO FUCHS, Del paganismo a la santidad, 2003, p. 230.

tenha colocado "coca na boca". O fato para Guaman Poma é que usando a folha e a poção, o índio estaria "bêbado, idólatra e peca mortalmente e se matam entre eles".[29]

Assevera Estenssoro Fuchs que o cronista "descarrega quase a responsabilidade da idolatria sobre a borracheira e a coca; não porque desculpe" quem consome a coca, mas "sim porque sua diabolização lhe permite encerrar o demônio em objetos com limites precisos ainda que seu efeito diabólico seja tal que anula toda vontade: quem se submete a eles perde o livre-arbítrio e toda sua polícia [civilidade]".[30]

Não é possível que o índio comungue o pão e o vinho, corpo e sangue de Cristo, se está comungando a folha de coca e a bebida de força do milho, coisas que se relacionam diretamente a pecados tão mortais e em destaque entre as interdições do Decálogo. Não adianta que o índio seja "ladino", que saiba ler, escrever e falar espanhol, "mas grande bêbado". Porque "a borrachice causa a idolatria; perde os mandamentos de Deus e da santa madre igreja".[31]

Mas são os espanhóis e os sacerdotes que ensinam os vícios. A própria "idolatria e cerimônia dos demônios", se ela não some como hábito entre os índios, é "por causa dos sacerdotes" católicos, que ao invés de ensinarem às crianças e aos órfãos nativos a ler e escrever, lhes exigem que façam a bebida embriagante, "mascar milho para chicha". Por fim, "um bêbado, ainda que seja espanhol, é idólatra"; mas não é só por causa da bebida, porque ainda que "não esteja bêbado não está em seu juízo, que os demônios andam com ele. Não sabe a hora que há de morrer o cristão".[32] Nesses exemplos, notemos a manipulação do código da idolatria, e mesmo o da embriaguez, num campo onipotente de males no mundo ao revés.

Em tal ambiente, estão perdidas as hierarquias e está consumada a interação entre as nações e castas que convivem na bebida praticando diversidade de pecados.[33]

---

29 GUAMAN POMA, *op. cit.*, f. 839[853].
30 ESTENSSORO FUCHS, *op. cit.*, 2003, p. 232.
31 GUAMAN POMA, *op. cit.*, f. 843[857]. Cita: "la borrachería lo causa la ydulatr[í]a; pierde los mandamientos de Dios y de la santa madre yglecia".
32 *Ibidem*, fs. 843[57], 672[686] e 674[688]. Cita: "no [e]stá borracho no [e]stá en su juycio, que los demonios anda con ellos. No saue la ora que a de murir el crístiano".
33 "Que los dichos corregidores y padres o españoles y caualleros y los dichos caciques prencipales, ciendo señor de título desde sus antepasados, se acienta en su mesa a comer y a conbidar y conuersar y beuer, jugar con personas figones y rrufianes y salteadores, ladrones, mentirosos, ganapanes y borrachos, judíos y moros y con gente baja, yndios mitayos. Y a estos dichos descubren sus secretos y tienen conuersación con estos mestizos y mulatos y negros" (*ibidem*, f. 506[510]).

Índios tributários se fazem "dom e dona e trazem outro traje e tudo dão na borracheira". As índias já não querem índios e só espanhóis: "se fazem grandes putas e parem tudo mestiços, casta má neste reino". Afinal, a bebida para as índias "lhes causa a luxúria muito mais (…) porque são mais embriagadas que os homens", e assim elas "buscam os homens e não se fartam com um só". Espanhóis vão beber com os índios nas plantações, e se na cidade de Ica há "bons espanhóis e bons índios", contudo são "grandes bêbados os índios", enquanto aí também vivem os perversos e ladrões "cimarrones [quilombolas] negros", o que "totalmente destrói os pobres índios".[34] A embriaguez é dissolvência das barreiras entre as gentes que se reúnem para cometer profusão de pecados.

Entre as pechas contra os negros, sejam livres "criollos" (nascidos na América) ou escravos, todos são "grandíssimos bêbados" e também "se fazem grandes tabaqueros de vício".[35] Em diálogo estabelecido pelo inventivo cronista, quando Guaman Poma faz até mesmo o dialeto, um casal de negros escravos planeja fugir porque seu amo nega o tabaco para eles. Estes personagens pensam em prejudicar índio e matar espanhol. Só querem ficar tomando tabaco e se embriagar.[36]

Também os índios que escapam das comunidades a que pertencem por laços familiares, culturais e políticos, estes são bastante mal-vistos pelo cronista, pois o fato representa a debilitação da república indígena no Peru vice-real. Vivem no caminho do mal, como bandidos e jogadores, e nesse caminho está a bebida e a coca.[37] Os índios "vagabundos", eles "andam como animais e selvagens e andam ociosos e folgados, preguiçosos"; claro impedimento para o bom governo, pois não conhecem Deus, não temem a justiça, não respeitam os caciques, não pagam tributos,

---

34 *Ibidem*, fs. 539[553], 878[892], 533[47], 1042[1050]. Citas: "don y doña y tray otro trage y todo dan a la borrachera"; "se hazen grandes putas y paren todo mestizos, mala casta en este rreyno".

35 *Ibidem*, f. 704[718] e ss.; cita f. 708[722]. Cita: "se hazen grandes tauaqueros de uicio".

36 "Plática y conuerzación de entre los negros esclabos catibos deste rreyno, dize ací: Ací no Fracico, mira que hazemos tu amo tan uellaco, mi amo tan uellaco. Cienpre dize daca plata, toma pallo, quebra cauesa y no dale tauaco (…) ha comer. Pues, ¿qué haze? Mira, conpaniero Fracico mío, toma bos una, separa yo [o]tra y picamos monte. Allí lleuamos negrita y rranchiamos a yndio, español matamos. Y ci coge, muri una ues. Allí dormir, comer, tomar tauaco y lleuar uino, chicha, borracha no más. Cacaua, Fracico, uámonos" (*ibidem*, f. 718[732]).

37 "le llama guagamundo que ellos salieron de sus pueblos por ser ladrones y salteadores y jugadores, borrachos, peresosos, comedor de coca" (*ibidem*, f. 968[986]).

nem trabalham nas minas ou em outros serviços. Ao lado dessas faltas, "só ficam bebendo e se embriagando e comendo coca".[38]

O único notório vício de Guaman Poma, prevalecido no discurso de bom cristão, sem dúvida é a ira: ela reverte-se com toda força especialmente na direção dos "padres e curas" de "doutrinas", os párocos nas reduções de índios.[39] Estes religiosos se aproximam dos índios tributários tratando-os como se fossem índios principais, só para poderem dormir com suas filhas e irmãs, "e assim há muitos 'dom' e 'dona' índio baixo mitayo [tributário]. Que bom, dom Juan Mundo-ao-revés convida o bêbado! Também será ele outro bêbado como eles [os bêbados], desonra da mesa do padre neste reino".[40]

Os curas também são delatados por Guaman Poma por abusar do trabalho dos índios, entre outros motivos, por usá-los como carregadores de vinho e coca para suas ganâncias comerciais.[41] Dos principais vícios que servem de código para a denúncia dos crimes dos colonizadores, está o erro da ganância. Se a denúncia das atrocidades é sincera (ou plausível), o uso enfático dos termos de vício também parece refletir desilusões na vida do cronista, possivelmente devido a pleitos não atendidos, e pode ter-se projetado desde desentendimentos pessoais, inclusive nas relações com alguns religiosos.[42] Guaman Poma confessa que deixou

---

38 *Ibidem*, 872[886]. <u>Citas</u>: "andan como animales y saluages y andan ociosos y holgasanes, peresosos"; "sólo dan a beuer y enborrachearse y comer coca".

39 "Que los dichos padres de las dotrinas son tan soberbiosos y coléricos y muy atreuidos que se toman con las justicias y españoles soldados y con los caciques prencipales y con los yndios pobres y con las yndias como borracho, cin temor de Dios y de la justicia. Dan de palos y se defiende de ellos y luego dize que son saserdotes, comensando ellos con su lengua y manos" (*ibidem*, f. 578[592]). As reduções foram resultado de várias campanhas de recolocação das populações desterradas de suas antigas povoações para novas localidades, erguidas em modelo de vila espanhola, política que teve grande impulso no governo do vice-rei Toledo a partir da metade do século XVI.

40 *Ibidem*, f. 604[618]. <u>Cita</u>: "y ací ay muchos 'don' y 'doña' de yndio bajo mitayo. ¡Que buen don Juan Mundo-al-reués conbida al borracho! Tanbién será otro borracho él como ellos, deshonrra de su mesa del padre en este rreyno".

41 "algunos [curas] tragenean en las espaldas de los yndios y sacan de los llanos uino de la montaña, coca, y se mueren [os índios] por entrar a tierra callente, ciendo serrano, con calenturas y frío" (*ibidem*, f. [577]).

42 Guaman Poma leu várias histórias da conquista e genealogias dos incas, como do frade mercedário Martín de Murúa. Guaman Poma esteve em contato com este religioso. Inclusive, supõe-se que algumas gravuras da obra do mercedário tenham sido elaboradas pelo cronista. A crônica do índio acusa o religioso de ter tentado roubar sua mulher (PEASE, *op. cit.*, 1995, p. 267).

de confiar em espanhóis, e não confia mais nem mesmo nos índios principais.⁴³ Quando Guaman Poma pensa no "bom governo" pela liderança dos índios, será, antes de tudo, no evento onde um filho seu pudesse assumir o trono do vice-reino do Peru.⁴⁴ Guaman Poma, segundo ele próprio, era descendente de duas dinastias centrais do antigo país, os "Yarovilca" por descendência do pai, e os "Inga" de Cuzco pelo lado materno. Mas, como aponta Adorno, o cronista substitui na escrita o título que se outorga – de cacique por príncipe –, provavelmente como artifício para poder posar como conselheiro do rei da Espanha.⁴⁵

O cronista conta a história de que havia empreendido um litígio, mas que perdera uma disputa de terras em Huamanga, diante de forasteiros índios chachapoyas da região norte do atual Peru. Adorno comenta que os documentos sobre esse caso descrevem Guaman Poma como "índio humilde" e que "por embustes se intitula cacique e sem ser cacique, nem principal".⁴⁶ Talvez projetando no próximo a falta que encontra em si mesmo, Guaman Poma (na conversa por reformas) comenta que os caciques não são obedecidos nem respeitados por espanhóis e nem pelos índios tributários, porque "não são senhor[es] verdadeiro[s] de linhagem". Também "nem têm boas obras" – são os caciques que lhe servem de exemplo na denúncia de vícios, como ilegítimos líderes e maus cristãos. Uma lista de clássicos e católicos vícios cardinais é feita para caracterizar estes personagens, como preguiça, soberbia, avareza, gula e inveja.⁴⁷ Mais presente ainda o vício da embriaguez e do uso da coca: "são bêbados, que todos os dias estão embriagados e comem coca".⁴⁸

Estes costumes obsedantes dos "ditos" caciques são sustentados "a custa dos pobres índios (…) e não há remédio". Os supostos caciques "só têm de vício estarem de contínuo bêbados e coqueros [usando coca] com o tributo" que recebem".⁴⁹

---

43 "Y digo más: Que dejado de confiar a los españoles, me uine de confiar a los caciques principales, deziendo: éstos son mis ermanos y deudos. Más cambalaches ueo entre ellos como sea borracho, jugador, coquero" (GUAMAN POMA, *op. cit.*, f. 905[919]).

44 *Ibidem*, f. 949[963].

45 ADORNO, "Waman Puma: el autor y su obra", 1987, p. xix.

46 *Ibidem*, p. xx.

47 GUAMAN POMA, *op. cit.*, f. 742[756] e ss.

48 *Ibidem*, fs. 768[782] e 769[783].

49 *Ibidem*, fs. 763[777] e 766[780]. <u>Cita</u>: "sólo tienen de bicio de estar de contino borracho y coquero con el tributo".

Eles se mantêm no vício devido ao tributo recebido de maneira imprópria, considerando serem lideranças ilegítimas. Guaman Poma conta alguns casos, como de um don Gonzalo Quispe Guarcaya do povoado de Chupi, "fazendo-se curaca principal dos Lucanas", quando índios de seis léguas de distância do seu povoado "lhe faziam mita", isto é, lhe prestavam serviços. Mantendo a polêmica no campo dos vícios embriagantes, nesse caso o serviço exigido era de carregar jarras de chicha para ele beber. E o enredo se fecha no caminho do vício com folha e poção: "vê aqui como um índio tributário [que se diz principal] e bêbado coquero mete em grande trabalho os índios".[50]

Bêbado e "coquero".[51] O binômio aparece em todo momento no *Buen gobierno*, servindo para maldizer muitos índios (principais e comuns). Como sobreleva Adorno, o *Buen gobierno* é um texto "cansativamente repetitivo"[52] – e sem dúvida a expressão que junta o consumidor de coca e da bebida numa só pessoa errada é dos grandes motivos da viciosa escrita do cronista.

O status de índio principal devia ser atendido pela diferenciação nos trajes e modos, mas de nada adianta se "de puro bêbado e coquero não se honra, ainda que esteja sua natural camisa vestida e cabelo cortado pela orelha".[53] Devem ser como espanhóis, mas não podem beber chicha e botar a folha de coca na boca.

Os "alcaldes maiores" que cuidam de organizar o trabalho dos índios tributários, cada um deve ser "hábil e suficiente, saiba ler, escrever e que não seja bêbado nem coquero". Os "mestres de coro e de escola" deveriam manter o ofício perpetuamente

---

50 *Ibidem*, f. 766[780]. Cita: "ues aquí cómo un yndio tributario y borracho coquero le mete en gran trauajo a los yndios".

51 Coquero é expressão usada por Guaman Poma para descrever quem mastiga a coca. Ademais, é importante destacar que o "comer coca", outra expressão usada pelo cronista, não é forma apropriada para definir o ato de quem usa na boca as folhas do arbusto da coca, pois a massa que se forma das folhas em contato com a saliva e um preparado alcalino chamado de lejía ou llipta é acumulada entre a gengiva e a parede bucal e cuspida eventualmente, embora seja liberado o suco psicoativo que é absorvido pela mucosa da boca e ingerido pelo esôfago. Uma prática conhecida (especialmente na Bolívia) como acullico – quem usa a coca vai acullicar. Mas aqui mantemos a palavra "coquero" para o mascador da coca, pois também não encontramos algo apropriado como tradução que preserve o sentido atribuído por Guaman Poma ao hábito (como obsedante), e que é parecido ao termo que usa para qualificar a pessoa que tem o costume de fumar: tabaquero.

52 ADORNO, *op. cit.*, 1986, p. 141.

53 GUAMAN POMA, *op. cit.*, f. 787[801]. Cita: "de puro borracho y coquero no se honrra, aunque esté bestido su natural camegeta y cauello cortado al oýdo".

"se não forem bêbados e coqueros".⁵⁴ O mesmo para o pintor e entalhador de imagens católicas.⁵⁵

Já vimos que para os índios serem aptos ao sacramento da comunhão, nada dessas coisas (coca e bebida) podiam ser ingeridas, nunca. Para ocupar a posição de liderança, Guaman Poma também recomenda ao índio pretendente do cargo a mais completa e perene abstinência: "que não prove vinho nem chicha nem coca na sua vida".⁵⁶

Ardorosa posição de intransigência com as coisas que embriagam. É que para situações tão graves, que exigem plena espiritualidade e prudência no governo civil, reza a cartilha da privação. Mas o cronista índio também pensa no uso não vicioso de várias substâncias embriagantes pela gente comum, contemplando a visão escolástica do equilíbrio na moderação, um uso racional com objetivos considerados saudáveis de uso.

O cronista recomenda que na faina pelos campos, nas "mingas" (prestação coletiva de trabalho), os indígenas tivessem a "medida" da bebida, que se contentassem a tomar duas doses de chicha pela manhã, duas mais pelo almoço e o mesmo na janta. Mas caso fosse o vinho, apenas uma dose por turno, "e não passe mais".⁵⁷ Nessa perspectiva, até mesmo os índios principais podiam beber, contradizendo a regra que criara antes de total abstinência para os governantes locais. Agora é a "medida da chicha" não somente nas "mingas", como também nas "festas e páscoas", onde convivem índios caciques e tributários. Tomando a quantidade certa, que "dancem e bailem até cair com os miolos no lugar; sem pecado, se divirtam". Podem se exaurir ou delirar na festa, mas na sobriedade, sem perder o juízo com a bebida que traz o pecado.⁵⁸

Mesmo assim, a chicha tem seu valor. Afirma Guaman Poma que os índios "Chinchay Suyos" (de um dos quadrantes do antigo domínio incaico), embora pequenos de corpo, seriam "enérgicos" porque "lhes sustenta o milho e bebem chicha

---

54 Ibidem, fs. 744[58], 793[807] e 672[686].

55 O artesão deve perder o cargo e inclusive ser castigado, pois bêbado faz "eregías [heresias] con las santas hechuras ymágines" (ibidem, f. 674[688]).

56 Ibidem, f. 742[756].

57 Ibidem, f. 889[903].

58 Ibidem, f. 782[796]. Cita: "dansen y baylen hasta caer con todo su seso; cin pecado, se huelgue".

de milho que é de força".⁵⁹ Mas não é qualquer chicha tão boa para a saúde do corpo: a melhor de todas seria aquela produzida por germinação do milho. É que outro jeito, mais simples de produzir chicha, não agrada. Em reação de repugnância, Guaman Poma não vê por bem o ato de cuspir massas salivadas de milho para produzir a poção, "por ser porca coisa suja". Devem produzir, portanto, apenas a chicha a partir do broto de milho, "para que os cristãos a bebam e a aprovem".⁶⁰

O uso da folha da coca que estigmatiza o índio como "coquero", ou o uso do tabaco principalmente pelo negro "tabaquero", são vícios porque são consumidos de forma gratuita: "ainda que não faça mister ao corpo, o toma".⁶¹ Por outro lado, ao menos no caso do tabaco, existe o elogio de suas qualidades medicinais. Guaman Poma realça a fama da planta: "dizem que é muito santa coisa". Mas noutra passagem reflete que só é "santa coisa, pouquinho".⁶² Deve ser usado com diligente ciência, na dosagem correta e na forma mais apropriada de ministrar a medicina. Guaman Poma ainda adverte para os perigos da ingestão do tabaco, quando o paciente apresenta certos sintomas enfermiços.⁶³ E talvez porque não veja com bons olhos o costume (portanto vício) de mascar ou fumar tabaco: "melhor é em pó pelo nariz".⁶⁴

Quando menciona um uso de tabaco como medicina, Guaman Poma faz outro protesto contra os espanhóis, dessa vez, no assunto da medicina dos índios. Mas não arrisca discorrer muita coisa a respeito, pois afirma que não é de seu ofício a medicina. Por outro lado, critica os pleitos de padres e corregidores que acusavam os índios "cirurgiões e barbeiros [sangradores]" como se fossem "feiticeiros". Na opinião do cronista índio, eles "curam também como um doutor ou bacharel de

---

59   *Ibidem*, f. 336[338]. Cita: "animosos".
60   *Ibidem*, f. 881[895]. Notamos que Acosta não valorizara a chicha feita da germinação do milho, porque é extremamente forte, mas também pronuncia asco ao tratar da chicha de milho mascado, tal como faz Guaman Poma. Já pela visão do chamado Jesuíta Anônimo, cronista do Peru que será consultado no segundo item deste capítulo, justamente a chicha de milho mascado é a que merece elogio, em função de considerar a saliva uma coisa medicinal na confecção.
61   *Ibidem*, f. 154[156]. Cita: "aunque no lo a menester el cuerpo, lo toma".
62   *Ibidem*, fs. 901[915] e 826[840]. Citas: "dizen ques muy santa cosa"; "santa cosa poquito".
63   "para frío de mañanita en humo un trago es bueno y para la cauesa y uista en bolbo otro poco es bueno y no tomar más porque le coserá el hígado. Y para calor o calentura es pestilencial fuego; murirá luego con ello" (*ibidem*, f. 901[915]).
64   *Ibidem*, f. 826[840]. Cita: "mejor es en polbo por las narises".

medicinas" e sabem que as enfermidades procedem de duas coisas que têm os homens, "calor ou frio".[65]

Guaman Poma retoma aquela separação (ou dubiedade) das artes de cura indígena, pois se ele estabelece a versão da sábia medicina natural, impõe também a outra versão, aquela da feitiçaria demoníaca. Se nessa passagem opta pela primeira alternativa em defesa da legitimidade da prática médica dos andinos, já ao tratar dos "pontífices" e "feiticeiros" dos incas, o cronista irá descrever e em mais profundidade a feitiçaria – a qual parece conhecer até melhor que a douta medicina dos índios que propala como legítimo ofício.

Os vícios de uso dos índios são mais visitados e tais histórias imprimem a marca do mal nas próprias substâncias, as quais apenas marginalmente aparecem como medicinas no tratado de Guaman Poma. É o caso em relação ao tabaco, mas de forma mais incisiva isso acontece com a planta e particularmente com a folha da coca, que nunca será considerada numa função de medicamento pelo cronista. A coca será notada propriamente como veneno. Particularmente no relato de um encontro com velhas índias, o que teria ocorrido dentro da viagem do autor da crônica pelas terras andinas.

Guaman Poma coloca-se como peregrino em busca da salvação enquanto observa as inúmeras injustiças contra os pobres índios. É o caminho para finalmente entregar seu tratado como petição ao rei através de alguma autoridade na "Ciudad de los Reyes" ou Lima, onde deve ter sido despachada a encomenda.

Na caminhada de denúncias, as velhinhas cruzam os passos de Guaman Poma e lhe descrevem o tenebroso cenário: "feiticeiros" obrigavam a adorar o "ídolo huaca" mediante um suplício. Chicoteavam as costas do índio sentado sobre uma lhama branca até que seu sangue escorresse pelo animal. Quando então um velho se nega a participar do "tormento injusto" e então comete suicídio. Dá cabo da vida na ingestão de coca: "tomou coca moída feito pó, a tomou, se afogou e morreu com ela".[66]

---

65 O cronista indígena, embora saliente a falta de conhecimento médico, teria certa familiaridade com uma versão trivial da teoria dos humores (da medicina hipocrático-galênica), ao usar o binômio quente/frio para caracterizar tipos de enfermidades e qualidades das substâncias, ou então identifica uma similitude desta visão espanhola com as práticas médicas locais, o que reaviva a polêmica sobre os graus de interação ou dos paralelos entre as etiologias nativas e aquela dominante da medicina cristã. Para observar os detalhes dessa disputa, cf. LÓPEZ-AUSTIN, *op. cit.*, 1996, p. 303 e ss. e FOSTER, *Hippocrates' Latin American legacy*, 1994, p. 165 e ss.

66 GUAMAN POMA, *op. cit.*, f. 1111[1121]. Cita: "tomó coca molido hecho polbo y lo tomó y se ahogó y morió con ella".

Este não é o único evento que provoca alguma propriedade venenosa na folha de coca. Noutro momento da narrativa, Guaman procura encontrar as causas da diminuição da população indígena. O principal motivo teria sido a política de redução, o traslado e reorganização da população nativa em novas povoações, tarefa orquestrada pelo vice-rei Toledo, o qual teria desconsiderado a previdência dos antigos governantes índios e seus "sábios e doutores, bacharéis, filósofos", que conheciam os bons sítios para multiplicar as gentes. Os deslocamentos orquestrados pelos espanhóis trouxeram o contato com maus ares e más influências astrais, causando as enfermidades mortais. Mas outra causa da depopulação é "a borracheira, o mosto e vinho, a chicha e a coca, o mercúrio". O uso da coca instila o mercúrio e, assim, em associação na ingestão, matam os índios. Devendo se referir ao trabalho nas minas, Guaman Poma adverte que "tendo [a coca] na boca todo o dia, traga o pó [de mercúrio] com a coca. E assim no coração se detém este pó e a coca e assim morre azougado [intoxicado pelo mercúrio]".[67]

Quando o índio é "bêbado e grande comilão de coca", aparecem diversos males na compleição corpórea: sempre "feito couro" ou com "boa barriga", "cria grande corpo e grande cabeça", ou o contrário, fica com a "barriga chupada, feita como tábua".[68] O cronista vê disparatados resultados, porém, a causa desses males é bem exata: a chicha, o vinho e a folha de coca. Assim, o vício é delimitado com ervas e poções, enquanto hábito desviante, porque não é para o proveito medicinal ou alimentar – o que também é tido por costume obsedante – além do mais, revela a perspectiva de intrusão de uma substância que traz enfermidade ou cria má disposição corpórea. O vício também é a prática de ingerir coisa venenosa.

Além desses significados, os vícios da bebida e da coca reportam ao estereótipo da animalidade, à ideia de degradação humana. O uso ou o efeito dos embriagantes remete a um estado inferior à racional natureza humana. O costume de mascar coca é vexado como se fosse ato de ruminar: "comer coca, erva como cavalo [come]".[69] Coca na boca é sempre coisa asquerosa no pronunciamento de Guaman Poma.

---

67 *Ibidem*, f. 951[965]. Cita: "teniendo en la boca todo el día, traga el polbo con la coca. Y ací en el corasó[n] se detiene este polbo y la coca y ancí muere azogado".
68 *Ibidem*, f. 797[811]. Citas: "borracho y gran comelón de coca"; "hecho cuero"; "buena barriga"; "cría gran cuerpo y gran cabesa"; "barriga chupada, hecha como tabla".
69 *Ibidem*, f. 774[788]. Cita: "comer coca, yerua como cauallo".

O cronista indígena denuncia a arrogância e o mau trato dos espanhóis, aquele aventureiro roubando a mulher do nativo e xingando-o de "cão bêbado índio".[70] Entretanto, Guaman Poma pronuncia forma semelhante de hostilizar gente de seu povo. Ao tratar da medida da bebida nas festas, comenta que os índios exagerados se "estiverem engatinhando ou brigando", que sejam intitulados de "bêbados", e que "seja como besta, cavalo, e o carregue como cavalo".[71] Vociferando contra a embriaguez e aconselhando punições à infração, considera que os bêbados não devam sentar-se com os cristãos, "senão com bestas e cavalos", e que sejam intitulados "Juan Borracho, Pedro Borracho; à índia, lhe intitule Catalina ou Lucía Borracha". Que sua majestade real tenha assim dessa marca a garantia para que os bebuns não sejam intitulados para nenhum cargo ou ofício de verdade.[72]

Os índios das planícies cálidas são muitíssimo bebuns e tomam todo tipo de bebida. Referendando o parecer de religiosos e civis como José de Acosta e Polo de Ondegardo, o discurso de Guaman Poma aprova que nessa região "não há gente", porque se acabam e se matam na bebida. Morrem "sem confissão como cavalos e bestas e não se lembram de seus testamentos".[73]

Tão perto dos animais e tão longe da razão estariam muitos índios pelas suas bebedeiras. O cronista estava bem afinado com o que pregava o "Tercero catecismo y exposición de la doctrina cristiana por sermones", de 1585, onde a embriaguez indígena é combatida devido aos efeitos que acometem os seres humanos, que são privados do "melhor que Deus lhes deu que é o juízo e a razão de homem, e de homem se torna cavalo e ainda Cão".[74] Mas Guaman Poma, se conspira na ofensa que imputa animalidade ao índio bêbado, não aceita que de fato os nativos sejam abusados como animais. Resgatemos um dos maiores desabafos do autor em denúncia do que acontece de pior contra os índios, os quais, apesar de seus vícios, deveriam ser tidos como gente virtuosa:

---

70   Ibidem, f. 869[883]. Cita: "perro borracho yndio".
71   Ibidem, f. 782[796]. Cita: "andobiere a gatas o rriñiere"; "sea como bestia, cauallo y lo cargue como caballo".
72   Ibidem, f. 864[878].
73   Ibidem, f. 863[877]. Guaman Poma parece considerar a embriaguez dos índios da planície costeira peruana, também causa para a perda de bens nos litígios com os colonizadores na justiça vice-real.
74   Apud Adorno, op. cit., 1986, p. 67. Cita: "mejor que Dios os dio que es el juicio y la razón de hombre, y de hombre os volvéis caballo y aun Perro".

> Considerai que os ditos índios são tão bons humildes cristãos, tirando deles os vícios da borracheira da chicha e vinho e de comer coca e da preguiça que têm, seriam santos. Porque se vós em sua terra fôsseis um índio daqui e vos carregásseis como um cavalo e vos arreásseis dando pauladas como [se fôsseis] besta animal e vos chamásseis de cavalo, cão, porco, cabrão, demônio, e além disso vos tirásseis vossa mulher e filhas, [vossas] fazendas, vossas terras, chácaras e estâncias, com pouco temor de Deus e da justiça, considerai estes males de quem diríeis cristãos. Me parece que vos comeriam vivo e não estariam contentes.[75]

Apesar da queixa sobre os abusos do colonizador buscando tocar a autoridade máxima dos espanhóis, apesar de tornar o índio um santo, ao mesmo tempo, Guaman Poma reforça o estigma do nativo – como viciado pelo hábito errôneo de consumo da bebida e da coca. Associa, afinal, estes maus costumes ao cardinal erro da preguiça. Noutra passagem, o cronista reforça que o índio não quer fazer nada, não quer servir na Igreja nem na comunidade, tampouco quer obedecer ao cacique, todo dia bêbado, "sem trabalhar anda buscando a bebedeira".[76] A preguiça está entre os sete vícios da tradição medieval que é logo associado à embriaguez, tal como o é a luxúria. Mas as maiores ofensas a Deus são contra os dez mandamentos, pois, vinculados à borracheira, vêm também os pecados do assassínio e da idolatria. Guaman Poma, portanto, rebate o mau costume no consumo combinado da bebida e coca de forma sistemática, vinculando o binômio "bêbado e coquero" aos vícios morais e como desacato à lei mosaica.

Afinal, temos patamares da relação entre o uso das substâncias embriagantes com o culto de ídolos, este o pecado que, entre os cristãos como Guaman Poma, normalmente é considerado o baluarte de todos os vícios. O cronista faz alusão de

---

75 GUAMAN POMA, *op. cit.*, f. 950[964]. <u>Cita</u>: "Conzedera que los dichos yndios son tan buenos umildes cristianos, quitándole los bicios de la borrachera de la chicha y uino y de comer coca y de la peresa que tienen, fueran santos. Porque ci bosotros en tu tiera fuese yn yndio dacá y os cargase como a caballo y os arrease dándoos con palos como a bestia animal y os llamase caballo, perro, puerco, cabrón, demonio y fuera desto os quitase buestra muger y hijas y haziendas a buestras tierras y chacaras y estancias con poco temor de Dios y de la justicia, conzedera destos males qué dixérades cristianos. Me parese que le comiérades bibo y no estubiérades contento".

76 *Ibidem*, f. 512[516]. <u>Cita</u>: "cin trauajar anda buscando la borrachera".

que ao "se embriagarem e comerem coca" os caciques "mocham [reverenciam] huacas ídolos, e com os demônios, estando bêbados, voltam a sua antiga lei".[77] Guaman Poma está se referindo aos "ditos" caciques, ou seja, àqueles que fingem que são autoridades locais. Eles aparecem no tratado sempre com vários vícios, dentro de um discurso que apresenta óbvia intenção de manchar a imagem de determinadas pessoas e grupos.

Um dos caciques lembrados de nome, don Juan Capcha, mereceu o maior destaque – "não seriam o bastante uma resma de papel" para descrever os vícios dele.[78] Mereceu também uma gravura dentre as quatrocentas do manuscrito, que mostra tal cacique vestido de espanhol. Guaman Poma considera-o impostor e grande bandido salteador, aparece no retrato com os bens da expropriação (o tributo pago pela comunidade). O cacique sempre "bêbado" tem "cada dia a seu lado um tonel de vinho da comunidade e um cântaro de chicha a custa dos índios pobres".[79]

Por ser "tão grande bêbado" é "feiticeiro, idólatra e está usando suas feitiçarias, uarachico, rutochico, pacarico" (rituais e festas tradicionais indígenas), e "embriagando-se, fala com o demônio e diz que é seu natural", ou seja, tal como filho do demônio.[80] O cronista refere-se a outros usurpadores que também exploram os índios tributários.[81] Tais caciques, mas também os índios comuns sob sua influência, eles tomam as festas cristãs (Corpus Christi, Páscoa e Natal) para embebedar-se; mas, inclusive, alguns usam essas celebrações para "idolatrar como no tempo do Inca". Guaman Poma descreve longa lista de eventos pelos nomes nativos, uma ampla variedade de motivos, demonstrando boa margem de conhecimento de tradicionais práticas rituais andinas.[82]

---

77 *Ibidem*, f. 774[788]. Cita: "mochan guacas ýdolos, y con los demonios, estando borracho, se buelbe en su antigua ley".

78 *Ibidem*, f. 779[793].

79 Cita: "cada el día en su lado una botixa de uino de la comunidad y un cántaro de chicha a la costa de los yndios pobres".

80 *Ibidem*, f. 777[791]. Cita: "emborrachando, habla con el demonio y dize que es su natural".

81 O cronista chega a mencionar, a partir de comentário sobre outros caciques, que "cobran de más de la tasa y ci puede, dos doblados. Con ello juega y putía y se enborracha de uino y de chicha y come coca todo los días" (*ibidem*, f. 781[795]).

82 Alguns ritos trazidos pelo cronista indígena: "rinri huccochicoc" [horadar las orejas]; "uacachicoc" [lamentos rituais]; rutochico [primer corte de cabellos]; uanoc runa ayapac pacarichicoc [pasarse la noche en un velorio]; yemata tincoc yacopi armachicoc [lavados rituales en la confluencia de

Guaman Poma concebe que deve estar "bêbado o mais cristão" dos índios e não importa que seja letrado, que traga "rosário e vestido como espanhol". Até "parece santo", mas na bebedeira "fala com os demônios e mocha [reverencia] as huacas ídolos e o sol".[83] O índio ladino expõe sua visão de mescla de crenças (idolatria e cristianismo) e que vimos desde outros escritores espanhóis: essa mistura seria na verdade um disfarce de cristandade para professar o culto ao demônio. Ainda sugere que a embriaguez é o veículo por excelência para rememorar a idolatria – algo que também era comum raciocínio e coisa bem temida pelos missionários católicos.

Talvez não exista evento mais característico da borracheira andina que o ritual do "pacarico", uma vigília tradicional com danças e cantos e que seguia quatro dias e noites sem parar. Guaman Poma realça que nos eventos funerários "tudo são borracheiras"; bebem "até cair de bunda" no chão.[84] Velando toda a noite sem fechar os olhos, um dia inteiro "cantam e bebem e se embriagam e comem muita coca e carne crua sem sal" – em evento para a saúde do enfermo ou para guardar de pestilências. Noutras festas, como nos "uarachicos e rotochicos" (rituais de iniciação), acontece o mesmo: "tudo é igual, idolatria e cerimônia, uso do Inca, naupa pacha [a época antiga] dos índios uaca muchas [que adoram huacas]".[85] Assevera o cronista índio que até seus dias sobrevivem tais exercícios, o que é "digno de castigo". Guaman Poma quer servir também de conselheiro do rei para o interdito de costumes idolátricos. É nesse momento da narrativa que justifica saber dos eventos "dos feiticeiros" pelo que viu em pessoa, quando Cristóbal de Albornoz, visitador eclesiástico, havia castigado muitos índios na sua campanha de extirpação da idolatria entre as décadas de 1570 e 1580.[86] Guaman Poma ainda realça que nas veladas comiam carne e sangue crus, e

---

  aguas] (*ibidem*, f. 781[795]. Os editores da obra de Guaman Poma (e que traduzem os nomes de rituais da língua quéchua) reportam à crônica do clérigo Cristóbal de Molina, que relaciona vários desses eventos. <u>Cita</u>: "endulatrar como en tiempo del Ynga".

83 *Ibidem*, f. 863[877]. <u>Cita</u>: "habla con los demonios y mocha a las guacas ýdolos y al sol".
84 *Ibidem*, fs. 290[292], 785[99]. <u>Cita</u>: "hasta caer de culo".
85 *Ibidem*, f. 283[285]. Traduções dos editores. <u>Cita</u>: "todo son ygual ydúlatra y serimonia, uzo del Ynga, naupa pacha de los yndios uaca muchas".
86 Albornoz também castigaria "padres y a todos" (*ibidem*, f. 283[285]). Guaman Poma deve ter auxiliado Albornoz provavelmente como "fiscal de visita e secretário" (DUVIOLS, "Introducción", 1988, p. 149). Como aponta MacCormack, a expectativa de Guaman Poma, durante a escrita do tratado, é prover de informação sobre assuntos de ordem religiosa "para ser utilizável por futuros extirpadores". Mas a visão da extirpação da idolatria em Guaman Poma significaria um processo de

que "até hoje (...) tenho visto com os olhos". Mas eram reuniões ilícitas e o enxerido denunciador (ou traidor?) afirma que os participantes desses eventos lhe queriam muito mal.[87]

Guaman Poma aponta que os antigos feiticeiros dos tempos da dinastia incaica adoravam as grutas onde dormiam de passagem, deixando emplastados nas paredes a coca e o milho mascados. Guaman Poma expõe, aliás, qual expressão em quéchua que utilizam nesse hábito idolátrico.[88] Como teria o cronista aprendido a oração que anuncia no texto? Enquanto vem indicando que o costume é particular dos "pontífices" do inca, contempla maior abrangência (e temporal) do hábito: "até este tempo o usam os índios".[89]

Além da declarada participação na campanha do extirpador Albornoz, o que lhe dá a justificativa do conhecimento de alguns rituais, parece haver convivência conflituosa com os costumes locais, ou conflito com gente que pratica esses costumes. Enfim, também o cronista índio deve ter absorvido histórias da tradição oral nativa, como aponta Adorno.[90]

Os "Yungas", como eram chamados os índios da costa peruana, seriam conhecidos por suas fortes borracheiras. Eram representados assim neste cronista e por outros,

---

retorno do estado de coisas no mundo andino como teria sido antes do governo idólatra dos incas (MACCOMARK, *op. cit.*, 1991, p. 318-9). Entrementes, Guaman Poma critica o mais atual extirpador Francisco de Avila, que inaugura fase entusiasta e rigorosa dessas campanhas já no início do século XVII, em povoados de Huarochirí. Tal política (na figura de Avila) só procura minar as autoridades locais e expropriar os bens dos nativos. Mas ambas as campanhas, de Albornoz e de Avila (segundo Duviols), podem ser recuperadas pelos historiadores nessa perspectiva de justificativa para o confisco dos bens nativos, pois Guaman Poma provavelmente se posicionara a favor do primeiro e contrário ao segundo clérigo, devido a desavenças no poder eclesiástico entre as jurisdições diocesanas de Lima (onde fica Huarochirí, campo de atuação de Avila) e Cuzco (que tinha autoridade sobre a região de Huamanga, onde atuara Albornoz) (DUVIOLS, *op. cit.*, 1988, p. 153). Enfim, "consta que Guaman Poma não criticava a instituição em si da Extirpação, senão o uso desviado, o abuso da instituição. Nisso sua postura era conforme a dos grupos criticistas da igreja peruana de seu tempo" (p. 152).

87 GUAMAN POMA, *op. cit.*, f. 276[278]. Cita: "hasta oy que lo e uisto de ojos".
88 "Machay mama, ama micuuanquicho allilla punochiuay" é a expressão que Guaman Poma traduz como "Cueua, no me comáys. Hasme dormir bien y guárdame esta noche". Os editores traduzem literalmente a expressão em quéchua como: "Mãe gruta, não me comas; me faças dormir bem" (*ibidem*, f. 276[278]).
89 *Ibidem*.
90 ADORNO, *op. cit.*, 1986, p. 16 e 47.

mas quiçá a imagem vinha de longa data no mundo aborígene antes da colonização, cooperando para a rivalidade e diferença entre costenhos e serranos. Tenhamos em vista a conquista incaica do reino Chimú da costa norte peruana, pouco antes da vinda dos espanhóis. Guaman Poma realça que os costenhos "comem e bebem até ficarem loucos"; e no ritual do pacarico "bebem e bailam e toda a noite fazem idolatria".[91]

São inúmeros os relatos de sacrifício de coca e chicha. Illapa, entidade das mais importantes no mundo andino, "raio que agora lhe chamam Santiago", não poderia deixar de receber sua porção. Havia velada e jejum no ritual.[92] No enterro do inca, o defunto seria chamado de "Yllapa" (entidade do raio/trovão). Matavam os serviçais e a consorte ("coya"), mas antes "lhes embebedavam". Ainda "dizem" que pó de coca era colocado na boca dos acompanhantes do grande senhor morto.[93]

Além da borracheira, particularmente nos rituais funerários, é a feitiçaria que comporta parcela importante na descrição das cerimônias idolátricas. Num dos relatos, a coca serve como ingrediente numa receita dos "pontífices feiticeiros" dos incas. Junto com outras substâncias, como o milho e a massa de milho com sangue ("sanco"), penas de aves, prata e ouro, queimavam a coca dentro de uma panela. Dessa boca "falam" os "demônios do inferno" para o "feiticeiro" saber das coisas que se passam no mundo.[94]

Se Guaman Poma demoniza o ritual do oráculo, o costume de adivinhar pela fumaça era algo bastante recorrente, aparecendo em diversos informes, como dos religiosos agostinhos de meados do século XVI, quando "fumaça de coca se eleva para o Criador Ataguju".[95] Para Adorno, o cuidado na exposição de crenças andinas "sugere que ele não é indiferente sobre a busca da verdade factual na história, mas, pelo contrário, possui um profundo respeito por ela" – embora, ao mesmo tempo, "ele se proteja das acusações de adesão às crenças indígenas". Aliás, para não ter de se comprometer com o que sabe é que sempre acrescenta a palavra "dizem" antes de descrever, digamos, certas evidências idolátricas no seio do povo indígena.[96]

---

91 GUAMAN POMA, *op. cit.*, f. 297[299]. Cita: "ueuen y baylan y toda la noche hazen ydúlatra".
92 *Ibidem*, f. 265[267]. Sobre sacrifícios de coca e chicha, fs. 265[267] a 273[275].
93 *Ibidem*, f. 288[290].
94 *Ibidem*, f. 278[280].
95 MACCORMAK, *op. cit.*, 1991, p. 303.
96 ADORNO, *op. cit.*, 1986, p. 21.

O respeito aos rituais estará sim declarado quando Guaman Poma informa o sentido de "regozijo" dos bailes dos grandes governantes incas e de outros líderes ou mesmo dos índios comuns, nos quatro rumos do mundo andino.[97] Nesses bailes não existe "coisa de feitiçaria nem idolatrias nem encantamento"; os eventos são de "lazer". O discurso se coaduna com expressões paradigmáticas de alguns cronistas que visitamos (como Diego Durán e José de Acosta), tão críticos da idolatria, mas que defendem a permanência de antigas celebrações indígenas, pensadas como eventos de recreação secular em última instância. Contudo, Guaman Poma lamenta que a pervagante borracheira penetre em todas as festas, inclusive nestas em que o emblema é a diversão: "se não houvesse borracheira, seria coisa linda".[98]

Portanto, embora não exista idolatria, nesses bailes e cânticos rituais há bebedeira, e que vimos no próprio discurso do cronista, por si só traz a idolatria. Até mesmo para o espanhol. Porém, para aumentar a incerteza da dimensão dos efeitos da bebida nas festas nativas, em tempos muito antigos temos a borracheira sem que haja qualquer vício ao redor.[99] No tempo dos incas, havia muita bebedeira, por exemplo, na festa anual do "Ynti Raymi" (festa do sol) – entretanto, também havia punição de morte aos bêbados que se entusiasmavam com perversidades.[100] Agora, "os bêbados se honram e se brindam neste reino".[101]

Enquanto isso, o vício de colocar a folha de coca na boca, tão comum entre os índios, é interpretado como feitiçaria acima de qualquer consideração sobre a natureza dos ritos ou costumes. O uso da coca não é percebido pelo cronista como hábito tradicional e antigo no mundo andino, mas sim, representa a excrescência de um período recente na história do Peru, quando teria surgido a idolatria. Enfim, para lidarmos com estes e outros nuances dos pareceres de Guaman Poma, à primeira vista inusitados ou excêntricos, é preciso visitar a história dos vícios.

---

97 Guaman Poma cita o "taqui [dança cerimonial], cachiua [canção e dança de roda], haylli [cantos de triunfo], araui de las mosas, pingollo [flauta] de los mosos y fiesta de los pastores llama miches [pastor de lhamas], llamaya [cantar dos pastores de lhama] y de los labradores pachaca, harauayo [cântico], y de los Collas, quirquina, collina, aymarana [canções e danças aymaras], de las mosas, guanca, de los mosos quena quena [canções e danças aymaras]". Traduções oferecidas pelos editores, GUAMAN POMA, op. cit., f. 315[317].

98 Ibidem, f. 315[317]. Citas: "cosa de hechisería ni ydúlatras ni encantamiento"; "huelgo".

99 Ibidem, f. 59[59].

100 Ibidem, f. 259[260].

101 Ibidem, f. 858[872].

Gêneses dos vícios e o juízo final para as medicinas

O vice-reino do Peru, aquele mundo ao revés que Guaman Poma sentia a presença, é o locus por excelência dos vícios de costume. Nesse universo de erros, os usos embriagantes da bebida e da coca despontam como grandes vilões, mancomunados com outros hábitos malditos, como a jogatina e a ladroagem. Na retórica do cronista, como vimos, os costumes com ervas e poções adensam os sete vícios da tradição medieval (como a luxúria), ferem aspectos centrais dos mandamentos de Deus, pois propiciam o maior dos pecados (a idolatria). Entrementes, os maus usos de ervas e poções têm uma história, uma origem num processo histórico de degeneração da humanidade – e da parcela andina dessa humanidade. Em tempos mais longínquos, os usos de chicha e coca eram bem salutares. Mas o mundo não é como foi anteriormente, ou melhor, foi-se degradando aos poucos, desde a Queda do Paraíso.

Concentremos o foco de análise na primeira parte do volumoso manuscrito de Guaman Poma, intitulado *Nueva corónica*, que conta a história do povo andino desde os primórdios da humanidade. Nesta parte da obra, o autor procura reescrever o passado dos peruanos para apontar a verdade obscurecida por outras histórias (de espanhóis) que tergiversavam os eventos, como no episódio da conquista de Francisco Pizarro. De toda maneira, o fato é que "as implicações morais e políticas do passado pelo presente são escritas dentro de cada linha do texto" do polemista cronista indígena.[102]

Na visão do tempo por Guaman Poma, a humanidade passa por várias "idades", o que recompõe uma tradição teleológica já manifesta na profecia hebreia do Livro de Daniel, perspectiva bastante comum nos séculos XVI e XVII. Mas como também sugere Salomon, na ótica do cronista índio os estágios, as idades da humanidade se sucedem a partir de cataclismas, os "pachacutis", as reviravoltas do mundo, e que podem representar visões locais, como tradições das elites nativas na concepção da longa história dos povos andinos.[103]

---

[102] ADORNO, *op. cit.*, 1986, p. 33. Esta consideração não pode ser tomada como indicativo especial ou exclusividade deste cronista, pois boa parte da literatura do Novo Mundo "pode ser chamada de alegórica", pois as crônicas vieram a serviço de poderes como a religião ou específicas ideologias e "tipicamente" inscrevem "implicações morais de fatos históricos ou reduzem eventos históricos ao status de manifestações de forças morais que presumivelmente direcionam o universo" (p. 4).

[103] SALOMON, *op. cit.*, 2000, p. 48.

Enquanto a monogênese é mantida na imagem da Criação do primeiro homem e mulher nas personagens de Adão e Eva, duas humanidades seguem em paralelo: uma delas é a história do Velho Mundo, a outra, a história andina, cada uma com quatro ou cinco idades. A partir do dilúvio, a reunião das duas histórias só ocorre na conquista espanhola, embora tenha havido contatos anteriores entre os dois mundos, como a vinda do apóstolo Bartolomeu aos Andes, mas já na época dos incas pós-diluvianos. Finalmente, pela visão milenarista do cronista índio e cristão, espera-se no mundo vice-real a segunda vinda de Cristo, o que urgia naqueles tempos tão caóticos e de domínio do mal.[104]

Ambas as histórias, a europeia e a andina, seguem a linha de crescente sofisticação cultural e material, mas, ao mesmo tempo, mergulham na falta moral cada vez mais profunda, até a reunificação do mundo na ingovernável era do vice-reino do Peru.[105] Interessante notar que as etapas andinas, ao menos antes dos incas, apresentam mais leve decadência se comparadas à história do Velho Mundo antes de Cristo.[106] Por fim, pode-se considerar que o tempo dos incas representa um interlúdio tirânico entre a quarta idade andina e a quinta idade que vem após a Conquista.[107]

Mas voltemos ao início de tudo. A *Nueva corónica* parte da causa primeira, o Deus cristão. Faz-se rememoração dos tempos da Criação, com Adão e Eva, até chegarmos

---

104 Os paralelos entre as idades andinas e europeias na crônica de Guaman Poma, mesmo a sequência e a quantidade de eras é assunto que suscita bastante debate. Pease elabora um quadro bem esclarecedor dos problemas que surgem nessa análise. Mencionadas por Guaman Poma, existem cinco idades andinas e cinco europeias, que estariam caminhando paralelamente: uari uiracocha runa e tempo de Adão e Eva; uari runa e de Noé; purun runa e de Abraão; auca runa e de Davi; inca runa e era de Jesus. Depois vem a época da Espanha nas "Índias". Por outro lado, a sequência da história dos andinos iniciara com Adão e Eva, depois com Noé, pela perspectiva monogenética que Guaman Poma procura acomodar na evolução da história andina peculiar. Por fim, alimentando-se do milenarismo, o cronista realça que se espera em breve a vinda nova do Salvador – noção comum noutros cronistas, como no dominicano Gregorio García que esteve no Peru na virada do século XVI para o XVII (PEASE, *op. cit.*, 1995, p. 270). Sobre o debate entre a visão do tempo de Guaman Poma na polêmica entre Duviols (como concepção linear europeia) e Wachtel (como concepção de origem indígena), cf. CABOS FONTANA, *op. cit.*, 2000, p. 30 e ss.

105 SALOMON, *op. cit.*, 2000, p. 46.

106 MACCORMACK, *op. cit.*, 1991, p. 317.

107 SALOMON, *op. cit.*, 2000, p. 46.

ao Dilúvio. Da Arca de Noé saem os "espanhóis" (sic) que "Deus derramou no mundo". Tais espanhóis teriam dado origem ao primeiro par que habita as "Índias".[108]

Guaman Poma se apropria da narrativa bíblica para compreender melhor sua própria humanidade. Mas nem sempre ele segue o caminho da inventiva sobreposta aos escritos sagrados. Sendo assim, vai relatar como Noé, ao sair da Arca depois da grande inundação, logo planta a vinha e dela extrai o licor que lhe traria a embriaguez. No livro do Gênesis está sublinhado como a bebedeira criara uma situação embaraçosa, pois Noé deixou em descoberto suas vergonhas, e Cam, seu filho mais moço, ao mirar o pai desnudo, não o cobre como devia fazê-lo, o que iria repercutir na desgraça para sua linhagem, que parece amaldiçoada pelo grande patriarca.[109] No comentário sucinto de Guaman Poma, o resultado nefasto dessa embriaguez crucial é logo a construção da Torre de Babel e o subsequente desentendimento entre os homens: "Noé saiu da arca e plantou vinha e daí fez vinho e bebeu do dito vinho e se embriagou. E seus filhos edificaram a torre da Babilônia; por mandado de Deus tiveram diferentes linguagens, pois antes tinham uma língua".[110]

Las Casas, na *Apologética historia sumaria*, faz a relação entre Cam e sua descendência que carrega a pecha da desgraça no episódio da embriaguez de Noé e o surgimento da idolatria no reino de Babel.[111] Mas para Guaman Poma, se o mito da embriaguez de Noé pode até representar um paradigma do vício da bebida, a história bíblica não contempla a origem da embriagante idolatria no mundo andino. Após o Dilúvio, quando aparece a sequência das etapas da história nativa, não havia traço de idolatria, que só surge com a linhagem daqueles doze incas (a modo de dinastia real europeia) que aparecem muito tempo depois das origens puras da sociedade nos Andes.[112]

---

108 GUAMAN POMA, *op. cit.*, f. 49[49].

109 *Gênesis*, 9 21-23 (Vulgata).

110 GUAMAN POMA, *op. cit.*, f. 25[25]. Corcuera de Mancera afirma que entre os judeus, a embriaguez original ficou sendo relacionada "com a desorden corporal e com a falta de autocontrole de Noé" e a consequente maldição da linhagem camítica (CORCUERA de MANCERA, *El fraile, el indio y el pulque, 1991, p. 47*). Cita: "Noé salió del arca y plantó uiña y de ello hizo uino y biuió del dicho uino y se enborrachó. Y sus hijos ydeficaron la torre de Babelonia; por mandado de Dios tubieron de deferentes lenguages que antes tubieron una lengua".

111 LAS CASAS, *Apologética historia*, 1992, p. 652 e ss.

112 Os editores da obra realçam em nota que tal consideração sobre os costumes idolátricos fere "um lugar comum nos autores que [Guaman Poma] lia. Miguel Cabello Valboa, por exemplo, em sua

Aliás, não só as eras anteriores ao período incaico mostram a inexistência de idolatria, pois, de seu turno, a bebedeira parece sem grande efeito corrosivo naquele antiquíssimo cotidiano andino. No relato sobre os "purun runa", que é a terceira gente, aparecem as "borracheiras e taquies [dança ceremonial]"; entretanto, "não se matavam nem brigavam; tudo era folgar e fazer festa. E não entremetiam idolatria nem cerimônias nem feitiçarias nem males do mundo".[113] Na quarta idade, tampouco havia idolatria, não havia "mocha" (adoração) às "huacas", enquanto "comiam, bebiam e se divertiam sem tentação dos demônios". Também não se matavam nem se "embriagavam como neste tempo de espanhol cristão".[114] A chicha só era servida para os velhos e velhas, e quando o cronista aponta a origem das construções funerárias, as abóbadas chamadas "pucullo", comenta que não existiam cerimônias ou idolatrias nesses enterros (e nem há menção de bebedeira nos eventos).[115]

Mas a borracheira compunha o cerne dos ritos funerários, como apontaria constantemente o mesmo cronista, ao tratar de fatos mais contemporâneos. Como na campanha de extirpação da idolatria ao lado do clérigo Cristobal de Albornoz na região de Huamanga, quando para Guaman Poma a idolatria não se mostrava tão estranha dos hábitos tradicionais. Mas as antigas celebrações seriam totalmente estranhas à idolatria na narrativa de saudoso passado andina que se revela como paraíso perdido para o cronista índio.

Na quarta idade andina, se não havia ainda o erro da idolatria, já se mostravam alguns sinais de degeneração dos costumes, pois a terra fora consumida por guerras e muita insegurança. Mesmo assim, temos uma visão bem positiva daquela gente.[116] Segundo o cronista, nessa época os índios tinham costume de se purgar com "bilca tauri" e "macay", ervas laxantes. Eram medicinas para manter os grandes príncipes joviais, para dar-lhes muito vigor e também incomum longevidade, mas nada que fosse associável às detestáveis feitiçarias e idolatrias. Porém, o visitador Cristobal de Albornoz, que Guaman Poma teria acompanhado, realça que "muitos gêneros

---

Miscelánea antárctica [1586] (...) fala dos 'hechiceros y ministros que el Demonio tenía (...) de tiempos inmemorables y mucho antes que los Yngas comenzassen'". GUAMAN POMA, *op. cit.*, f. 56[56].

113 *Ibidem*, f. 59[59]. Cita: "no se matauan ni rreñían; todo era holgarse y hazer fiesta. Y no entremetían ydúlatra ni serimonias ni hecheserías ni males del mundo".
114 *Ibidem*, f. 67[67].
115 *Ibidem*, f. 69[69].
116 PEASE, *op. cit.*, 1995, p. 288.

de medicinas que eles chamam uilcas [em outras grafias: vilcas, bilcas], em especial de purgas", são usadas por "feiticeiros" que invocam o demônio.[117] Ainda temos que "uma confecção de maca" (um tubérculo alimentício e medicinal das grandes altitudes andinas) poderia fazer os índios "enlouquecerem de bailar e se darem com as cabeças pelas paredes".[118] Albornoz está elaborando a respeito do "taki onqoi", a dança que teve ares de movimento anticristão e messiânico em visão do retorno vingativo das huacas e no projeto de expulsão dos espanhóis dos Andes.[119] Enfatiza Millones: "o que Molina e Albornoz estão descrevendo é a sensação de um 'pachakuti' ou crise de mudança na sociedade andina", enquanto que o taki onqoi ou "dança da enfermidade" pode ser compreendida em sentido de "êxtase da possessão e orgia rituais", práticas que não eram desconhecidas pelos andinos.[120] Guaman Poma faz menção discreta do taqui onqoi, dentro de um relato sobre as "feitiçarias" nas maneiras enganosas de cura dos "pontífices" dos incas – o que dá margem para especular sobre o papel do extirpador Albornoz, ou da experiência do próprio Guaman Poma como auxiliar deste, no que tange aos conhecimentos das práticas vistas como idolátricas, de fúria e de encantamentos.[121] Por outro lado, ao tratar das purgas medicinais, o cronista indígena não compõe a denúncia de uso idolátrico – mesmo porque trata

---

117 ALBORNOZ, "Instruccion para descubrir todas las guacas del Piru...", 1988, p. 163-198 (p. 172).

118 ALBORNOZ, op. cit., 1988, p. 194-5. Cita: "loquear a bailar y darse con las caveças por las paredes".

119 A verdadeira dimensão de um movimento rebelde ou mesmo da natureza dessa dança e canto (provavelmente de cunho extático) é motivo para inúmeras interpretações. Apontamos para recente edição com os informes de Albornoz e com amplo estudo sobre o fenômeno, que se suspeita tenha ocorrido em várias regiões andinas (MILLONES, *Taki Onqoy*, 2007).

120 MILLONES, op. cit., 1987, p. 169.

121 Recuperemos o trecho do capítulo da crônica de Guaman Poma sobre "pontífices" e "hechiceros" dos incas, onde se inscreve o "taqui onqoy" num rol de enfermidades de uma etiologia vista como supersticiosa pelo cronista: "Hichezeros qve chvpan otros hichezeros hablan con los demonios y chupan y dizen que sacan enfermedades del cuerpo y que saca plata o piedra o palillos o guzanos o zapo o paxa o mays del cuerpo de los hombres y de mugeres. Estos dichos son falsos hichezeros; engaña a los yndios y al demonio sólo a fin de engañalle su hazienda y enseñalle a los yndios ydúlatras. Éstos dizen que ay enfermedad de taqui oncuy [o que enferma com o baile], chirapa uncuy [enfermidade da chuva com sol], pucyo oncuy [enfermidade do manancial], pacha macasca [golpeado pela terra], capac oncuy [calamidade maior], uaca macasca [ferido por uma huaca], pucyop tapyascan [mal falado por um manancial], sara papa acoya ormachiscan oncuycona [enfermidades causadas por milho ou batatas malditas]. De todo son hicheserías ydúlatras del Ynga que le enseñó a los hechizeros. Otros hichezeros due[r]men y entre sueños hablan con los demonios y les qüenta todo lo que ay y lo que pasa y de todo lo que desea y pide. Éstos son hichezeros de sueños

da era anterior à idolatria que teria surgido com os incas –, mas revela ainda um olhar sobre poderes extraordinários das medicinas, que faziam durar a vida uns duzentos anos, davam muita força e braveza aos homens, quando "tomavam um leão com as mãos e o despedaçavam (...) lhes matavam sem armas os índios".[122]

Guaman Poma, desafeto da idolatria e das enganosas curas de feiticeiros, por outro lado, parece, ao menos neste ponto acima, manter-se dentro do universo mental indígena quiçá um tanto alheio ao pensamento racional ou natural mais estrito de convenções cristãs sobre os efeitos de grandes medicinas. Uma excentricidade pensar na longa vida dos antigos? Visão indígena? Mas os patriarcas judeus viviam também muitíssimo... Por outro lado, essas avaliações de Guaman Poma sobre histórias de jaguares e fortes medicinas seria mostra da "policulturalidade" do índio ladino, se inferimos a perspectiva trabalhada por López-Baralt.[123]

Enquanto não existe sinal de idolatria no uso dessas purgas antigamente, Guaman Poma oferece o argumento da presença insofismável da fé em Deus no âmago dos índios de muito tempo atrás. A primeira geração de índios, "oh que boa gente! Ainda que [povo] bárbaro, infiel, (...) tinha uma sombrinha e luz de conhecimento do Criador e Fazedor do céu e da terra e de tudo o que há nela". A razão natural informa a verdadeira fé: "só em dizer runa camac [criador do homem], pacha rurac [fazedor do universo] é a fé" – mesmo que o índio ainda não soubesse de "mais leis e mandamentos, evangélio de Deus". Os cristãos atuais deviam até mesmo aprender dos antigos sobre "a fé verdadeira e serviço de deus".[124] Na segunda geração dos andinos, "não senhoreavam os demônios, nem [os índios] adoravam os ídolos huacas, senão com a pouca sombra adoravam o criador e tinham fé em Deus".[125]

Tais fraseados se assemelham bastante ao que pronunciara José de Acosta na *Historia natural y moral de las Indias*. Segundo o jesuíta, "primeiramente,

---

    y al [a]maneser lo sacrifican y adoran a los demonios. Éstos son sutiles secretos hichezeros que engaña a la gente con ello" (GUAMAN POMA, *op. cit.*, f. 280[282]. Traduções dos editores).

122 *Ibidem*, f. 71[71]. Cita: "tomauan un león con las manos y lo despedazauan (...) les matauan cin armas los yndios".

123 LÓPEZ-BARALT, *op. cit.*, 1988.

124 GUAMAN POMA, *op. cit.*, f. 52[52]. Cita: "¡o, que buena gente! Aunque bárbaro, ynfiel, porque tenía una sonbrilla y lus de conosemiento del Criador y Hazedor del cielo y de la tierra y todo lo que ay en ella".

125 *Ibidem*, f. 54[54]. Cita: "no señoriaua los demonios ni adorauan a los ýdolos uacas, cino con la poca sombra adoraban al criador y tenían fe en Dios".

ainda que as trevas da infidelidade tenham obscurecido o entendimento daquelas nações, (...) em muitas coisas não deixa a luz da verdade e razão algum tanto obrar neles". Acosta ainda exemplifica que entre "os [índios] do Peru chamavam Viracocha, e lhe punham nome de grande excelência, como Pachacamac (...) que é criador do céu e terra".[126]

Os discursos dos dois cronistas nutrem-se de uma visão comum, mas com mensagens praticamente opostas, apesar da simpatia e relação de Guaman Poma com elementos da ordem inaciana. Se o jesuíta Acosta quer demonstrar as limitações da razão natural em povos dominados pela mão do diabo, porque antes da chegada dos missionários espanhóis não tiveram as nações indianas a Revelação que lhes teria conduzido para Deus e para a plenitude da razão, por seu turno, o índio cronista quer passar para os cristãos que os antiquíssimos habitantes do Peru, apesar de não terem recebido a graça da Revelação, superaram seus limites e se mostrariam mais cristãos que os próprios espanhóis e seus pecados renitentes. A mensagem de Guaman Poma condizia muito mais com a perspectiva de Las Casas e de seus correligionários dominicanos e franciscanos no Peru. Estes missionários, aliás, pensavam como Guaman Poma: pensavam na vinda de mensageiros apóstolos de Cristo na terra andina anteriormente.

Numa digressão no tratado do *Buen gobierno*, Guaman Poma reforça a visão de uma cristandade informal, mas verdadeira dos antigos, que superaria o estágio formal, no entanto vazio de sentido, da cristandade atual no vice-reino do Peru: "como os índios antigos foram muito mais cristãos. Ainda que fossem infiéis, guardaram os mandamentos de Deus e as boas obras de misericórdia". Mas existe um porém nessa visão de beatitude dos antigos: "retirando-lhes as idolatrias seriam cristãos".[127] Aí, Guaman Poma não estabelece diferença ou corte na história andina antes da invasão espanhola, como normalmente faz, entre o período mais antigo e maior de infidelidade, mas de retitude, e outro tempo menor, de idolatria e maus costumes, restrito ao período de domínio da dinastia inca. Mas como apontado acima, contraditoriamente Guaman Poma coloca lado a lado a infidelidade e a idolatria, embaralha as duas

---

126 ACOSTA, *op. cit.*, 1985, p. 219.
127 GUAMAN POMA, *op. cit.*, f. 858[872]. Citas: "cómo los yndios antiguos fueron mucho más cristianos. Aunque eran ynfieles, guardaron los mandamientos de Dios y las buenas obras de misericordia"; "sacándole las ydúlatras fueron cristianos".

épocas. Mas isto é um deslize na narrativa: o discurso sistematicamente empurra a idolatria como evento maligno inusitado, acidental e recente na história andina.

Alguns cronistas faziam a distinção entre infidelidade inocente e idolatria maligna. A idolatria vinculava-se à visão de maior complexidade social nas tiranias, o que casa com maior amplitude da ação do demônio e seria o grande espaço para os hábitos ruins e os pecados capitais. Uma história de degenerescência dos costumes religiosos e civis.

Mas a idolatria mesma pode ser "temperada", como apontam Bernand & Gruzinski, entre uma fase mais "natural" e outra mais "diabólica", tal como se apresenta no cronista mestiço Fernando de Alva Ixtlilxochitl, da Nova Espanha, o qual imputara a degenerescência de cruéis sacrifícios e tiranias como efeito exclusivo da idolatria pervertida constituída pela elite mexica, sendo o escritor declaradamente de outro partido, da dinastia de Texcoco, que embora tenha sido aliada de México-Tenochtitlán, ou obrigada a sê-lo, na verdade historicamente quase sempre fora grande rival do poder mexica.[128] Em Texcoco, a idolatria era engano inocente.

O surgimento ou a responsabilidade pelos costumes idolátricos, tal pode advir para sujar o nome de específicos grupos sociais ou líderes nativos. Também é o caso com Guaman Poma, que detrata alguns caciques do seu meio social, e igualmente perpetra relativa disputa contra os incas, estes como usurpadores de um governo legítimo e mais ancestral, a linhagem "yarovilca" das serras andinas bem ao norte e mais a oeste do vale de Cuzco. Dessa linhagem o cronista se coloca como herdeiro senhorial. Já o contemporâneo cronista indígena chamado Juan de Santa Cruz Pachacuti Yamqui Salcamaygua, como descendente dos senhores collaga (para o sul de Cuzco no Alto Peru), mantém-se mais vacilante na consideração sobre a relação dos incas com a idolatria. Esses famosos governantes, alguns teriam sido contrários e outros mais acomodados com o mau maior da idolatria entre outros vícios e pecados.[129] Enfim, ambos os cronistas pertencem a etnias ou

---

128 BERNAND & GRUZINSKI, *De la idolatria*, 1992, p. 120 e ss.
129 O manuscrito de Santa Cruz Pachacuti foi encontrado junto aos papéis do extirpador Francisco de Avila, o mesmo que havia coletado a história indígena de Huarochirí no início da década de 1610 (SANTA CRUZ PACHACUTI, *Relación de antigüedades de este reino del Perú*, 1995). A data aproximada do texto de Santa Cruz Pachacuti é de 1613. Aponta Millones: "Os elementos de sua proposta estão perfeitamente balanceados no relato, assim, por exemplo, a cada deslize dos Incas no seu culto ao Supremo Fazedor, corresponde ao auge das guacas [huacas] (sempre equiparadas ao demônio)". Logo em seguida temos "uma catástrofe pessoal ou política do soberano pecador. Em

linhagens que teriam sido subjugadas pelos incas de Cuzco. Contudo, cada um de sua maneira, também mantêm visões de admiração da antiga lei incaica que lhes parecia bem rigorosa nas moralidades.[130]

Vejamos como se dá este tipo de compromisso na escrita de Guaman Poma, que colocara o nascimento da idolatria, o reino do diabo, justamente como conspiração da última linhagem dos senhores do Peru antes do governo espanhol. Uma dinastia inca desviada dos antigos de mesma dignitária nomenclatura, eram senhores descendentes das quatro idades ou gerações andinas anteriores. Como aponta Pease, Guaman Poma abraça a perspectiva que tomara conta das crônicas sobre os incas desde o princípio da conquista espanhola e particularmente no governo do vice-rei Francisco de Toledo, que propugnava a ilegitimidade da autoridade incaica. Nessa

---

outras palavras, por cima de suas limitações, a crônica foi planejada como uma argumentação a favor das virtudes do cristianismo, cuja antessala seria o descobrimento do Criador, limite que, por razoamento natural, podia chegar o povo dos Andes" antes da chegada dos conquistadores europeus (MILLONES, *Los dioses de Santa Cruz*, s.d., p. 6).

130 A respeito das semelhanças e diferenças entre as visões de Santa Cruz Pachacuti e Guaman Poma quanto à história dos incas e sua religião, cf. MACCORMACK, *op. cit.*, 1991, p. 320 e ss. Tal como com relação a Guaman Poma, há uma polêmica sobre a natureza cultural de seus escritos por ser um indígena com trânsito entre os mais eruditos espanhóis religiosos (cf. ITIER & DUVIOLS, "Joan de Santa Cruz Pachacuti Yamqui Salcamaygua en debate...", 1997, a respeito da disputa entre Pierre Duviols e Tom Zuidema na interpretação dos motivos estruturantes de uma gravura da crônica). Recuperemos outro texto de aporte de Duviols sobre Santa Cruz Pachacuti, que o identifica com a vertente agostiniana e neoplatônica, especificamente com crônicas da ordem dos agostinhos como de Ramos Gavillán e de Calancha. Há motivos comuns entre as três obras: "o maniqueísmo histórico ortodoxo (luta Deus/Demônio), o providencialismo, o profetismo, a intenção moralizadora, a temática da extirpação de idolatrias, o exorcismo... Contudo, são estes traços correntes (...) e seria excessivo considerá-los como exclusivos dos agostinhos". Duviols comenta outras influências no cronista, como do jesuíta Acosta, e encontra paralelos com os *Comentarios Reales* do Inca Garcilaso que vivia na Espanha, bem como a respeito de uma possível relação pessoal com o extirpador Francisco de Avila. O fato é que Santa Cruz Pachacuti, ao menos na escrita, "apoiava oportuna e magnificamente a empresa" da extirpação inaugurada por Avila. Ao que parece a crônica de Santa Cruz Pachacuti – escrita em espanhol vulgar andino com muitas orações em quéchua sem traduzi-las – deve ter sido mentada como instrução católica para índios da elite. Sublinha Duviols: "recordemos de passagem que a exploração das elites locais para influenciar com maior rapidez e eficácia nas massas, foi sempre uma tática predileta dos jesuítas". O autor completa que enfim há indícios de que a crônica "pôde encontrar uma função pedagógica na elite indígena, mais precisamente nos 'Colégios de filhos de caciques', promovidos a partir de 1619. Para os jovens curacas [caciques] deveria impressionar e bajular, a eleição elitista dos Incas representados como porta-vozes do monoteísmo e do antipoliteísmo pré-cristãos" (DUVIOLS, "Estudio y comentario etnohistórico", 1993, p. 89-94).

campanha decisiva, o vice-rei tratou de desautorizar as funções e regalias das elites indígenas que supostamente ou de fato tiveram relações de aliança política e, em geral, de consanguinidade com os incas por matrimônios arranjados, o que também dava razões para reorganizar as comunidades em novas agremiações pulverizadas politicamente e que juntavam várias culturas indígenas. Enfim, os últimos grandes senhores nativos, os incas foram taxados como grupo despótico de conquistadores ilegítimos, usurpadores das terras dos povos locais.[131]

Apesar de criticar ferozmente o vice-rei Toledo como causador de desgraças pela desfiguração da tradicional sociedade indígena na política das transferências e da formação dos povoados chamados de reduções, Guaman Poma, na mesma corrente, faria voz contra os incas de Cuzco, embora elogiasse muitos aspectos de sua governança. Ainda aponta uma filiação matrilinear com a dinastia inca – o que demonstra a dubiedade do cronista com relação aos senhores do Tahuantinsuyu, nublando a ideia de que resistia como descendente de uma entidade política conquistada pelos cusquenhos.[132]

De qualquer forma, o evento de origem da idolatria maldita se dá pela contranatural dinastia incaica, porque os últimos doze da linhagem, vistos como usurpadores dos legítimos príncipes de antanho, compreendem o ramo de um enxerto incestuoso que iria manchar a originária dinastia inca, que era sucessora natural dos diluvianos e das quatro eras de gente andina. O despencar dos últimos incas veio com Mama Uaco, a mãe e depois a própria esposa do primeiro inca idólatra, Manco Cápac.[133] A dinastia dos novos incas criara a idolatria por meio de uma feiticeira que consumara grave pecado antinatural (o incesto), o que assombra toda a descendência.[134] Naquele instante, o governo inca desvia o povo andino da fé em Deus, fé que devia estar sempre presente. Surge uma linhagem praticamente após-

---

131 PEASE, *op. cit.*, 1995, p. 278 e ss.
132 *Ibidem*, p. 279.
133 GUAMAN POMA, *op. cit.*, f. 80[80].
134 Note-se que o outro cronista indígena, Santa Cruz Pachacuti, embora confirme a história do incesto, assevera que se trata de um casamento entre irmãos, perspectiva mais aceita nas discussões historiográficas sobre os costumes da chamada dinastia incaica. Para Santa Cruz Pachacuti, o ato teria uma boa justificativa, apesar de ser tabu para a cultura cristã. O resultado não fora a desgraça da linhagem, foi para seu próprio bem e do "buen gobierno" nos Andes: "Este casamiento lo hizo por no haber hallado su igual, lo uno [Manco Cápac]. Y por no perder la casta. A los demás no les consintieron por ningún modo, que antes lo prohibieron. Y comenzó a poner leyes morales para

tata, advinda da mais antiga geração infiel, mas naturalmente (quase) cristã dos verdadeiros incas descendentes de Noé.

Para Adorno, a história de Mama Uaco e Manco Cápac incorpora o mito do pecado original.[135] Cabos Fontana considera remarcável que tal "intervenção do demônio se manifeste ao mesmo tempo sobre a forma de uma serpente (amaro) e por intermediação de uma mulher (Mama Uaco), como na tradição bíblica".[136] Além do mais, esta senhora inca encaixa-se no estereótipo da feminina bruxaria, a qual condensa a grande conspiração diabólica desde fins da época medieval.

Será justamente no meio da história dessa linhagem torta dos incas que iria surgir o vício de mascar a coca. O costume, desde o pioneiro relato do soldado Cieza de León, poderia ter justificativa trivial: "perguntando para alguns índios porque causa trazem sempre ocupada a boca com aquela erva [a coca] (a qual não comem nem fazem mais que trazê-la nos dentes), dizem que sentem pouco a fome, que se acham em grande vigor e força".[137] Las Casas, na *Apologética historia*, insistira pelo mesmo princípio de simples hábito por um proveito natural, ainda que o costume fosse estranho para o europeu. Outro autor paradigmático, o jesuíta Acosta, embora notasse destinações idolátricas, e bastante superstição em torno da planta, também aponta para o excepcional, mas natural poder estimulante da coca, que servia até como alimento. Guaman Poma, contudo, nunca iria declarar qualquer efeito saudável no costume de colocar a folha na boca: "não deixam o vício e mau costume sem proveito, porque quem toma tem só na boca [a coca] nem traga nem a come".[138]

Vimos que a substância era puro veneno para Guaman Poma, e o costume de mascá-la teria apenas sentido pejorativo, como asqueroso hábito de embriaguez. Também será coisa da idolatria. Ao tratar de histórias de pontífices da corte dos incas, o cronista descrevera uma receita na qual entre outros ingredientes aparecem as folhas da coca. Após queimarem o preparado, os sacerdotes falavam com os demônios. Sem que uma coisa (o uso da coca na adivinhação pela fumaça) possa

---

el buen gobierno de su gente, conquistando a los desobedientes" (SANTA CRUZ PACHACUTI, *op. cit.*, 1995, p. 19).

135 ADORNO, *op. cit.*, 1986, p. 75.
136 CABOS FONTANA, *op. cit.*, 2000, p. 35.
137 CIEZA de LEÓN, *La crónica del Perú*, 1962, p. 249.
138 GUAMAN POMA, *op. cit.*, f. 154[56]. Cita: "no lo dexan el uicio y mal custumbre cin prouecho, porque quien lo toma lo tiene sólo en la boca ni traga ni lo come".

se identificar rapidamente à outra (o uso da coca na boca), Guaman Poma complementa o discurso sobre a receita de adivinhação diabólica afirmando que "todos os que comem coca são feiticeiros que falam com os demônios, estando bêbados ou não estando e se tornam loucos os que comem coca"; e por isso, "Deus nos guarde", que "não se pode dar sacramento ao que come coca".[139] Já notamos este parecer de Guaman Poma, que interdita a comunhão ao que masca a coca. Agora, notemos que a coca na boca é alegoria de sacramento diabólico e, além do mais, esta alegoria se afirma acima de qualquer cerimônia. Enfim, o hábito de mascar coca por si só já é idolátrico. Junto ao sacrifício da coca para queimar e que faz a fumaça para a leitura do adivinho, a erva na boca levaria também ao estado de fúria divinatória.

Guaman Poma teria ocasião de contemplar perfeita união entre usos idolátricos e o costume de usar a coca na boca quando descreve os "ídolos e huacas dos Andi Suyos", ou seja, daquelas gentes da selva amazônica. Nesse relato, o autor reflete sobre o culto ao "otorongo" (onça), no qual se dedicavam os povos da "montanha", isto é, aqueles que vivem nos contrafortes orientais das serras andinas que submergem na densa floresta tropical. Lá, segundo Guaman Poma, sacrificavam no fogo gordura de cobra, milho, coca e penachos de pássaros silvestres aos otorongos. Além do mais, adoravam o arbusto da coca.[140] Também a folha era chamada de "coca mama e a beijam". Da adoração ao consumo da coisa: "logo a metem na boca".[141]

Estas visões do uso da coca vinculado ao culto do jaguar, se acaso sugestivamente forem tramas autóctones, de culturas dos índios da selva, contraditoriamente, refletiriam para Guaman Poma certo hábito que surge fora de lugar. Vejamos: foi o "capitão"[142] do sexto inca (do inca Roca) quem havia conquistado o "Ande Suyo, Chuncho, toda a montanha", isto é, a parte selvática dos contrafortes andinos em direção à amazônia. Para tal proeza de líder guerreiro, tornara-se onça. Guaman

---

139 *Ibidem*, f. 278[280]. <u>Citas</u>: "todos los que comen coca son hicheseros que hablan con los demonios, estando borracho o no lo estando y se tornan locos lo que comen coca"; "no se le puede dar sacramento al que vome [sic] coca".

140 "Acimismo adoran los árboles de la coca que comen ellos y ací les llaman coca mama" (*ibidem*, f. 269[71]).

141 *Ibidem*.

142 Pease propõe que os "capitães", às vezes chamados de "filhos" dos incas, podem representar biografias dos "incas urin", pois na estrutura de poder incaica teria havido uma diarquia hanan/hurin, oposição que remete inclusive à dualidade política e cultural na organização social de povoados andinos até hoje, como parte alta (hanan) e parte baixa (hurin) (PEASE, *op. cit.*, 1995, p. 279).

Poma ainda comenta que devido a este artifício – "dizem" – o "Inca" impõe o culto ao animal para os índios da selva.[143] Ou seja, o culto ao jaguar não seria propriamente originário da amazônia andina, mas importado desde a conquista da região pelos bravos incas, homens onças.

O costume de mascar coca também aparece como responsabilidade dos incas durante o evento da conquista da selva: a coca, "a comeram e assim ensinaram os demais índios neste reino".[144] O costume de comer coca aparece repentinamente. A conquista do inca impõe o culto ao jaguar entre os índios da selva e também inaugura o costume de usar a coca entre os nativos das serras frias. Mas, de fato, um uso pan-andino da coca perde-se na dimensão do tempo arqueológico.[145]

Nessa história de Guaman Poma, acullicar (usar a coca na boca) surge, portanto, com os líderes guerreiros que apresentam também a marca de bruxos, mas não só porque se transformavam em jaguares.[146] O "filho" do inca Roca ainda "falava com trovão".[147]

---

143 GUAMAN POMA, op. cit., f. 269[71].
144 Ibidem, f. 154[56]. Cf. f. 103[103].
145 A conquista do Antisuyu pelos incas e o surgimento do costume de mascar a coca entre os índios serranos pode apresentar certa coerência ou plausibilidade, especialmente se avaliarmos que a folha devia ser iguaria restrita aos líderes governantes incas. Por outro lado, através de achados arqueológicos, como cerâmicas com formas que aludem a bolas de coca entre as gengivas e a membrana bucal, ou os utensílios relacionados com o uso da planta, tal como as chuspas, bolsas para carregar as folhas (e que são utilizadas até hoje), percebe-se quão remoto no tempo é o costume de mascar coca, e em várias partes dos Andes Centrais (HENMAN, Mama Coca, 2005, p. 89-90). O mais provável é que a planta tenha origem de fato no ambiente das selvas que margeiam o lado oriental dos altiplanos e picos andinos. Ainda que haja polêmica a respeito da história da domesticação e das adaptações ecológicas que propiciaram o surgimento de variedades genéticas desde a região do litoral norte peruano até o oeste da bacia amazônica (ibidem, p. 93-95).
146 Instigante associação que faz Guaman Poma entre a coca e a figura que se transforma no jaguar. Há vários trabalhos historiográficos e etnográficos que debatem o assunto do consumo de alucinógenos por xamãs que se transformam em onça, situação que poderia ser interpretada como metáfora da alteração da consciência, um êxtase dos guerreiros. Cf. SAUNDERS, Icons of power: feline symbolism in the Americas, 1998.
147 GUAMAN POMA, op. cit., f. 103[103]. Lembremos da relação entre os incas e Illapa, a entidade relacionada ao trovão e outras manifestações climáticas. A partir de avaliação de alguns investigadores, MacCormack realça que o trovão articulava a "o posição central do Inca na ordem cósmica (...) como expresso na natureza e como replicado em política e ritual. (...) A múmia de Inca Roca, o illapa na terra (...) remete ao illapa no céu. A trovoada e os fenômenos atmosféricos que a acompanham (...) representavam forças cósmicas de desequilíbrio metereológico e guerra" (MACCORMACK, op. cit., 1991, p. 292).

Entrementes, o discurso de Guaman Poma contra os incas é desmascarado porque aparece outra vez a invenção do uso bucal da coca na narrativa pelo engenho do último inca de antes da invasão espanhola, ou seja, bem depois de Inca Roca. Guaman Poma parece ter-se esquecido de sua outra história, quando a coca aparecia pela conquista do Antisuyu.[148]

Santa Cruz Pachacuti, o cronista índio da mesma época de Guaman Poma, também relata uma suposta origem recente do costume com a coca. Na opinião de Salomon, os dois escritores, além de apresentarem "aspirações andinas reconcebidas no disfarce de história teleológica renascentista", oferecem a ocasião "de colocar na escrita enorme quantidade do que aparenta ser memória oral transmitida".[149] Talvez estejamos diante de tradições sobre as origens de uso da coca – ou melhor, diante de crenças remexidas por estes índios ladinos, e devido a suas intenções políticas numa retórica bem cristã e de denúncia da idolatria.

A coca em Santa Cruz Pachacuti não surge de um relato sobre a origem do costume de mascá-la, mas sim, sobre o costume de deixar a massa de folha mascada em sacrifício nas apachitas (os montes de pedra colocados nos caminhos montanhosos). Teria sido no governo do segundo inca, Sinchi Roca, a inauguração desse "rito" de deixar pedras e coca em peculiares paragens. Para Santa Cruz Pachacuti, se esse governante não era afeito às coisas da guerra, mandava os capitães e sua gente para as frentes de batalha, quando certa vez aparece um "índio encantador" entre os guerreiros de Sinchi Roca, os quais deixavam "em cada quebrada (...) pedras para fazer fortalezas". Este encantador sugere que chamem de "apachitas" aos montões:

> E lhes colocou um rito: que cada passageiro passasse com pedras grandes, para deixar para o efeito necessário já declarado [de construir fortalezas]. Ademais, havia dito o encantador para o capitão do inca que todos os soldados depositassem cocahachos (cocas mascadas) pela montanha por onde passassem, dizendo: "Say coiñiícay pitacqui pariyon coiñiipas hinátac". Desde então começaram a levar pedras e depositar cocas, porque aquele

---

148 Advirta-se que Guaman Poma, numa passagem de suas repetitivas e às vezes contraditórias sentenças, uma vez transfere para Huayna Cápac o surgimento do costume: "cómo el Ynga enuentó y les enseñó a comer coca. Juntamente le enseñó con la ydúlatra y dizen que le sustenta, no creo" (GUAMAN POMA, *op. cit.*, f. 332[334]).

149 SALOMON, *op. cit.*, 2000, p. 48.

encantador publicamente o fazia assim ordinariamente. E muitas vezes aconteceu que as apachitas ou as montanhas (e dentro delas) lhes respondiam: "Em boa hora!". Com isto acreditaram neles aquela pobre gente dos tempos passados.[150]

Podem-se notar alguns paralelos importantes entre as histórias de Guaman Poma e de Santa Cruz Pachacuti. Claramente, a planta da coca aparece em meio a eventos considerados idolátricos: o culto ao jaguar e a oferenda nas apachitas. Também, por serem idolátricos, tais costumes vêm (naturalmente) pela iniciativa de feiticeiros. Podem entrar no estereótipo de bruxos ou feiticeiros os incas guerreiros da história de Guaman Poma que se tornam onças, e também dessa natureza ruim é o encantador que atravessa o caminho dos guerreiros do inca na história de Santa Cruz Pachacuti.

Em ambas as crônicas, por fim, costumes com a coca têm origem por dentro da história da linhagem dos incas. Se os personagens dinásticos são diferentes, têm bastante similitude quanto a um aspecto fulcral: tais lideranças (o inca Roca e seu capitão, sextos na linhagem dos incas para Guaman Poma, e Sinchi Roca, segundo inca na linhagem, segundo Santa Cruz Pachacuti) apresentam alguns desvios morais que denigrem fatalmente suas notáveis figuras.

O inca Roca de Guaman Poma é "grande jogador e fica com as putas, amigo de tirar os bens dos pobres",[151] além, é claro, de iniciar o vício de "coquero". Por sua vez, o Sinchi Roca de Santa Cruz Pachacuti é um daqueles incas que são mal-vistos, dos que tem pecados e é conivente com a idolatria. Pois "este desventurado sinchi Roca dizem que sempre se ocupou em entregar-se (…) às fornicações". O filho dele, Lloque Yupanqui,

---

150 SANTA CRUZ PACHACUTI, op. cit., 1995, p. 23. Comentários entre parênteses são acréscimos do editor. Cita: "Y les puso un rito: que cada pasajero pasase con piedras grandes, para dejar para el efecto necesario ya declarado. Además, le había dicho el encantador al capitán del inca que todos los soldados echasen cocahachos (cocas mascadas) al cerro por donde pasaren, diciendo: 'Say coiñiícay pitacqui pariyon coiñiipas hinátac'. Desde entonces comenzaron a llevar piedras y echar cocas, porque aquel encantador públicamente lo hacía así ordinariamente. Y muchas veces aconteció que los apachitas o cerros (y dentro de ellas) les respondían: '¡En hora buena!'. Con esto fueron creídos por aquella pobre gente de los tiempos pasados".

151 GUAMAN POMA, op. cit., f. 103[103]. Cita: "gran xugador y putaniero, amigo de quitar hazienda de los pobres".

por outro lado, "bem jejuante (...) havia proibido as fornicações e as bebedeiras".[152] Enquanto que o pai (Manco Cápac, o primeiro inca), elegera bons homens para conhecer "o fazedor do céu e terra" – expressão andina que acomoda uma similitude entre a entidade Pachacámac e o deus dos cristãos. O primeiro inca montou seu grupo de sábios "porque havia visto e achado a pouca devoção de seu filho sinchi Roca".[153]

Este inca não entendia que as relações que tinha com as huacas "eram coisas do Inimigo antigo" (o demônio). Afinal, foi no reinado dele que "haviam começado a sacrificar com sangue humano e com cordeiros [camelídeos] brancos e coelhos [prov. cobaias], cocas e mollos [espécie de concha de molusco] e com sebo e sanco [massa de milho com sangue]".[154] Nessa passagem da narrativa (pelo signo do sacrifício) existe um paralelo com a concepção de Guaman Poma sobre a iniciação da idolatria dentro do período da dinastia dos incas. Mas, para este último, a idolatria é inserida com muito mais precisão na história; e a corrupção diabólica que busca minar a razão natural vem por meio de uma feiticeira incestuosa.

Para Guaman Poma, toda a linhagem incaica a partir de Manco Cápac que se casa com a respectiva mãe, é receptora dos vícios. Na descrição dos grandes nomes, o cronista associa a pecados capitais o ato também pecaminoso de carregar a coca na bochecha. O inca Huáscar é pintado por Guaman Poma sempre como um ser fraco e detestável. Além do mais, "de puro avarento comia à meia-noite e pela manhã [do dia seguinte] amanhecia com a coca na boca".[155] O cronista relaciona

---

152 SANTA CRUZ PACHACUTI, *op. cit.*, 1995, p. 29-31. Citas: "este desventurado sinchi Roca dicen que siempre entendió en regalarse (...) en las fornicaciones"; "muy ayunador (...) había prohibido las fornicaciones y las borracheras".

153 *Ibidem*, p. 27.

154 *Ibidem*, p. 29. Cita: "habían comenzado a sacrificar con sangre humana y con corderos blancos y conejos, cocas y mollos y con sebo y sanco".

155 GUAMAN POMA, *op. cit.*, f. 143[143]. Forte indício de aproximação entre os cronistas Guaman Poma e Santa Cruz Pachacuti, em termos de uma tradição oral compartilhada, está no relato sobre a humilhação que sofrera o inca Huáscar antes de ser executado pelo rival Atahualpa na sucessão dinástica. Expliquemos que Huáscar fora vencido por Atahualpa na guerra pela liderança no senhorio dos incas, enquanto Pizarro, com apenas cerca de duzentos homens, invadia o Peru em 1532. Os espanhóis logo sequestram Atahualpa no primeiro encontro na cidade de Cajamarca. Mesmo assim, Atahualpa mandou matar seu meio irmão Huáscar, que havia sido preso por seus homens em Cuzco, pois temia que este assumisse o poder enquanto estava nas mãos dos espanhóis – mas logo em seguida Atahualpa também seria executado pelos conquistadores. Enfim, durante o episódio da execução de Huáscar pelo "ermano uastardo Atagualpa Ynga", segundo Guaman Poma

diretamente o consumo da coca à gula da coya (senhora, mulher) do oitavo inca: "comia muitos manjares e mais comia coca por vício; dormindo tinha na boca".[156] A coca é colocada na grande cesta de idolatrias e maus costumes.

A esposa do terceiro inca idólatra, Mama Cora Ocllo, tinha os vícios de ser "miserável, avarenta e mulher obstinada", e ainda "comia quase nada e bebia muita chicha".[157] Nesse ponto, também a bebida vem como vício nos quadros da dinastia incaica. Mas é um caso isolado e a respeito de uma mulher. Afinal, a rígida dieta dos guerreiros incas não permitia beber chicha nem ter relações sexuais até alta idade, além deles tomarem com frequência pela boca e pelo ânus as purgas de "bilca tauri" e "maca",[158] as maravilhosas medicinas citadas por Guaman Poma, quando tratava de mais remota geração andina.

Apesar dos incas terem trazido a idolatria, e com ela (por exemplo) o vício de comer coca, os mesmos governantes não seriam nunca taxados como bebuns. Não vinham na lista de denúncias do vício na bebida, o qual, para Guaman Poma, praticamente era sinônimo de idolatria. Destaquemos a inexistência de tal relação entre idolatria e bebedeira na dinastia inca.

Bem distinta ou mais complexa que a história da coca é a concepção temporal sobre o costume da embriaguez na chicha. Vimos anteriormente como a borracheira é manifestação ordinária ou caminho tácito para maus hábitos e infames pecados. A embriaguez pela bebida é uma característica da chamada idolatria, mas nos percursos da narrativa, o culto de ídolos acaba se tornando joguete dos argumentos do autor indígena, e assim perde coesão de sentido ou relação com um contexto determinado. Antes dos incas, quando o homem andino parecia mais cristão que os espanhóis, havia borracheiras descoladas de idolatria. Na era vice-real,

---

ocorrem muitas humilhações, tais como: "por chicha le dieron de ueuer meados de carnero y de personas. Y por coca le presentaron petaquillas de hoja de chillca [um mato] y por llipta [cinza para mascar a coca] le dieron suciedad de persona majado" (f. 116[116]). Na versão de Santa Cruz Pachacuti, a tortura se dá de maneira bem parecida: "Al fin, con la lanza le atraviesan los gaznates y le dan de beber orines. Y en lugar de coca un poco de chilca (o sus hojas)" (SANTA CRUZ PACHACUTI, op. cit., 1995, p. 125). Cita: "de puro auriento comía media noche y por la mañana manecía con la coca en la boca".

156 GUAMAN POMA, op. cit., f. 135[135]. Cita: "comía muchos manjares y más comía coca por uicio; dormiendo tenía en la boca".

157 Ibidem, f. 125[125]. Cita: "miserable, auriento y muger enperada".

158 Ibidem, f. 119[119].

em contrapartida aos antigos tempos de inocente embriaguez, o caso de beber em demasia já por si só é fator corrosivo da fé em Cristo, anunciando idolatria. Vimos também que Guaman Poma pondera porque a bebedeira poderia tornar-se excelente veículo para rememorar as crenças idolátricas (crenças fora de lugar para o cronista índio).

A borracheira que chamava a idolatria preocupava bastante os evangelizadores. Na descrição dos costumes idolátricos em todos os quadrantes do antigo Tahuantinsuyu, Guaman Poma condensa diversos signos, como do sacrifício e da feitiçaria nos usos da bebida. Mas outra perspectiva, também sobre a época dos incas, é aprisionada pela visão do cronista. A borracheira, embora fosse integrada às festas idolátricas, não seria espaço para os vícios. Aliás, os incas eram exemplo de bom governo para punir os bêbados, e deviam ser lembrados para acabar com o vício naquele esculhambado vice-reino do Peru.

Se no caso da coca não há perdão, o cronista se compromete com os incas no assunto da bebida. Apesar da idolatria que eles alimentavam, o que importa mesmo é o nobre exemplo de bom governo da embriaguez. Guaman Poma tem o cuidado de relatar uma sequência calendária de festas organizadas pelos incas. Numa delas, colocada em abril, chamada de "Inca Raymi [festejo do Inca]", não faltavam os sinais de idolatria, como o sacrifício de lhamas às huacas, quando o inca fazia o som "yn", o "cantar dos carneros" (lhamas), um longo sopro e com compasso. Aí, em "praça pública (…) muita festa e banquete e muito vinho, yamur aca [chicha de força]".[159] No mês de maio temos a festa do "aimoray quilla [mes de colheita]", com "muitíssima festa e bebedeira". O cronista inclusive apresenta a canção que usavam no baile, forma de conjuro propiciatório.[160]

Já no mês seguinte, o evento do "Ynti Raymi" seria de "moderada festa". E se acaso havia pestilência, tempestade ou tempo de fome, entre outros maus momentos para qualquer época do ano, nada de festa, apenas os jejuns e as penitências.[161] Mas por fim, em dezembro, a grande festa do "Capac Ynti Raymi [festejo do senhor

---

159 GUAMAN POMA, *op. cit.*, f. 243[245]. Cita: "plaza pública (…) mucho cunbite y uanquete y mucho uino, yamur aca".

160 Pela tradução dos editores, de uma passagem da canção, temos: "Harawayu, harawayu, Créame, maíz mágico. Si no lo haces, te arrancaré Madre mágica, ¡Reina!" (*ibidem*, f. 245[247]). Cita: "muy mucha fiesta y borrachera".

161 *Ibidem*, fs. 245[247] e 190[192].

sol]", com sacrifício de quinhentas almas "inocentes" enterradas vivas com muitas oferendas, e nesse então, "muitíssimo de beber na praça pública de Cuzco e em todo o reino". Pelo que sugere Guaman Poma, essas festas aparecem como eventos para o arroubo, para a bebedeira pública, embora não houvesse espaço para aquilo que os religiosos visavam como exageros e violações devido ao consumo da chicha. Enfim, após fechar o quadro da grande festa do sacrifício de crianças na borracheira bem governada, Guaman Poma adverte: "os bêbados morrem, logo os manda matar o inca, se esses homens vêm brigar, bater na mulher, insultar as pessoas".[162]

Antes de matar alguém assim bêbado, havia o xingamento.[163] Uma forma de execução teria sido bem peculiar: os incas mandavam "que todos os índios lhe pisassem na barriga para que o fel [do fígado] e a chicha arrebentassem".[164] Confere Guaman Poma que embora "bárbaro o Inca, tinha bem grande justiça e castigo" contra bêbadas, gulosas, adúlteras e luxuriosas, pois mandava matar todas.[165] Também lembra o cronista que a justiça cristã é mais amena: "lhes perdoam por Deus", porém, assim "aumenta mais" o problema da embriaguez. E porque agora perdoam o bêbado, os assassinos alegam estar embriagados quando cometem suas atrocidades, e tudo fica por isso mesmo.[166]

O cronista indígena se mostra saudoso do tempo dos incas, quando mandavam matar os bêbados "como cães e porcos".[167] Mas o que Guaman Poma recomenda, mais contido, é uma sessão de açoites e o temível corte de cabelo, punição bem pesarosa dentro de muitas culturas indígenas, uma perda de força dos homens de grande poder. Seriam ofensas importantes contra os que se comportassem mal por causa da embriaguez. Porém, para o bêbado assassino, a punição capital: "a enforcar-lhe logo; é boa justiça"; "o corpo o deem de comer aos galináceos como [corpo de uma] besta".[168]

---

162 *Ibidem*, f. 259[261]. <u>Citas</u>: "enosentes"; "grandemente de ueuer en la plasa pública del Cuzco y en todo el reyno".

163 "les llamauan haplla [violento], machasca [embriagado], zuua [ladrão], uachoc [adúltero], pallco [mentiroso], yscay songo [traidor]" (*ibidem*, f. 313[315]). Traduções dos editores.

164 *Ibidem*, f. 313[315]. <u>Cita</u>: "que todos los yndios le pizasen en la barriga para que la hiel y la chicha del borracho rreuentase".

165 *Ibidem*, f. 861[875]. <u>Cita</u>: "bárbaro el Ynga, tenía muy gran justicia y castigo".

166 *Ibidem*, fs. 882[896] e 259[261].

167 *Ibidem*, f. 882[896].

168 *Ibidem*, fs. 259[261] e 864[878]. <u>Citas</u>: "a horcalle luego; es buena justicia"; "el cuerpo lo dé a comen (sic) a los gallinasos como a bestia".

Da visão de um rígido governo dos incas, logo vem menção a uma ordenança do vice-rei Francisco de Toledo de décadas atrás, e que impunha a "medida" da chicha para os índios. É lei referendada por Guaman Poma, como já visto, quando o cronista aconselhara as exatas quantidades de bebida no dia de trabalho do camponês indígena. Ele lembra também da ordem de outro vice-rei, do marquês de Cañete, que pregara destruir todos os recipientes de chicha – forma de combate à idolátrica bebida que o padre Arriaga havia se empenhado em reforçar no seu tratado de extirpação.[169]

Para o cronista nativo, as boas leis dos vice-reis pareciam beber da fonte incaica, quando naqueles tempos de antes do governo civil espanhol, as ordens pareciam ser aplicadas e obedecidas. Temos que sob o governo dos incas e apesar da mancha de idolatria que denigre a dinastia, a borracheira era mansa, coisa controlada, pois pública, e a partir dela não seguiam os índios o rumo ímpio de qualquer pecado sem que fossem rapidamente admoestados e seguramente punidos. Esta visão não é particular do tratado deste ladino da região de Huamanga. Como também foi examinado, até mesmo na distante Nova Espanha, em obras tão extensas e complexas como dos religiosos Bernardino de Sahagún e Diego Durán, a mensagem é basicamente a mesma. O âmbito das cerimônias idolátricas para a embriaguez diabólica fica ao lado do rigor moral nos reinos e repúblicas dos antigos índios, bom governo que é combate aos desvios morais, particularmente o da embriaguez como vício de pessoas isoladas que não largariam a bebida e só cometeriam graves pecados.

Impregnados por essas visões, é importante quebrarmos a lógica do bom governo da embriaguez pelos indígenas contrastando a perspectiva dos cronistas de um rigor inca contra a bebedeira caminho dos vícios, com o que a chicha devia mesmo representar na expansão imperial do Tahuantinsuyo. A arregimentação de trabalho coletivo e as alianças políticas orquestradas pelo senhorio dos incas em diversas regiões andinas tinham como elemento central as celebrações inclusive obrigatórias com a bebida e o uso de grandes jarras com a iconografia incaica em toda parte. Tal devia condizer com as práticas andinas de reciprocidade (ideológica), como compensar os serviços explorados com alimentos e bebidas em contextos rituais e como afirmação imperial.[170] Mas isso não havia nem como ser

---

169 Mas Guaman Poma avisa que a ordem do marquês de Cañete não surtira o efeito desejado. GUAMAN POMA, op. cit., f. 863[877].

170 Cf. BRAY, "The role of chicha in Inca state expansion", 2009.

pensado pelos cronistas que descrevem o bom governo moral, e não a política de Estado nos usos da chicha pelos incas.

Vale visitar a história de um espanhol religioso para tratar da mensagem de bom governo da embriaguez no Peru antigo e que parece ter relação com a instituição da chamada idolatria nos domínios incas. Avaliemos alguns pareceres de um jesuíta que não assina, mas que se manifesta no vice-reino do Peru de fins do século XVI (provavelmente entre 1595 e 1596 que ele escreve um pequeno tratado anônimo).[171] A visão do missionário parece fazer parte de um mesmo substrato de histórias compartilhadas e manipuladas por Guaman Poma, ainda que algumas diferenças existam entre o jesuíta e o ladino.

É provável que o padre tenha ficado no anonimato para se resguardar de censuras de alguns da ordem jesuíta e outros mais atinados com o poder central, porque faz um relato bastante crítico da experiência espanhola no Peru, combatendo versões da historiografia da era toledana (especificamente contra a autoridade de Polo de Ondegardo).[172] Destaca Duviols que o jesuíta anônimo representa uma "linha teológica bem mais rigorosa que aquela de Acosta".[173]

O escritor do pequeno tratado dedica-se a descrever a falsa religião de mão diabólica nublando os índios peruanos – que, entretanto, é uma história da idolatria

---

171 [JESUÍTA] ANÓNIMO, *De las costumbres antiguas de los naturales del Pirú*, 2008.

172 Cf. ALBERTIN, "Parte preliminar", 2008 (da edição utilizada da relação do Jesuíta Anônimo).

173 DUVIOLS, *La lutte contre les religions autochtones dans le Pérou Colonial*, 1971, p. 68. Muitos estudiosos atribuíram ao mestiço jesuíta Blas Valera, que atuava em Chachapoyas, norte do Peru, a autoria do texto (PEASE, *op. cit.*, 1995, p. 444). Blas Valera, por sua vez, é conhecido indiretamente pelas citações que faz dele o Inca Garcilaso de la Vega, em seus *Comentarios reales*. Mas talvez seja mais provável que o texto anônimo sobre o reino do Peru fosse de outro jesuíta, como alguns investigadores também supõem: na figura do padre Luis López, igualmente bastante crítico do trato que os espanhóis davam aos índios e suas visões do passado incaico (ALBERTIN, *op. cit.*, 2008, p. LIII). O Anônimo, bem distante do relativo compromisso que Acosta tivera com o governo toledano e sua herança, contrapunha-se ao que considerava denegritório na visão de Polo de Ondegardo sobre os incas, particularmente ao fundamentar a inexistência de sacrifícios humanos na idolatria dos incas. Acosta se baseara neste conselheiro de Toledo, o bacharel Polo de Ondegardo, para as descrições das piores idolatrias e feitiçarias dos índios peruanos. A falsa religião, já no autor discreto, é mitigada em seus efeitos diabólicos mais perversos, dentro de uma história dos gentios peruanos com leis e costumes virtuosos. Também a idolatria, apesar de ser desvio diabólico, abria caminho para a verdadeira devoção, recuperando aquelas perspectivas elaboradas por Las Casas e outros, como pelo jesuíta Acosta particularmente, embora o Anônimo fosse muito mais retórico defensor dos índios do Peru que este último.

mesclada com a iluminação natural de Deus, perfeita antessala para se abraçar a verdadeira fé. No fim dessa parte sobre a idolatria, o jesuíta trata das escolhidas do divino sol, as chamadas acllas, tal como religiosas virgens em conventos idolátricos, quando junto ao engano diabólico vai-se germinando e prepararando nessas mulheres o pleno amor e devoção exclusivamente para Deus. Depois dessas avaliações é que o polemista Anônimo compõe um capítulo sobre "costumes dos antigos peruanos acerca do civil". Tal item praticamente trata só da história da bebida e do governo da bebida entre os nativos.

Se Guaman Poma colocara a chicha em eras prístinas sem bebedeira, o jesuíta Anônimo iria asseverar que nos idos bem antigos e por muito tempo nem havia confecção de bebida, pois só tomavam água fresca. Mas como muitas fontes eram insalubres, fora necessário criar a medicina da chicha. A confecção boa era aquela feita a partir da salivação mascando-se o milho, e assim é que tinha sido inventada a bebida. Para o jesuíta Anônimo, diferente da opinião de Acosta, essa bebida não podia dar asco, destituindo o método daquela carga de costume bárbaro e comparando-o com a confecção do vinho.[174]

Contudo, depois da invenção medicinal, a chicha será acusada de provocar a degeneração dos costumes, e como em Guaman Poma, é a causa primeira de idolatria: "a embriaguez e a destemperança no beber foi como uma paixão própria desta gente, princípio de todos os seus males e ainda de sua idolatria". Sendo que antes do surgimento da bebida, "conta-se que neste tempo não tiveram vícios nem foram dados à idolatria".[175] Apesar do Anônimo tratar quase que só da idolatria numa longa história que transpõe os limites da dinastia incaica mais recente, faz alusão a um período em que a inocência imperava sobre a má influência diabólica – a qual tampouco seria muito eficaz depois.

---

174 "Mandaron los médicos que, para que el vino tuuiesse los effectos que se pretendía, de lavar la vexiga y deshazer la piedra, se lindasse el maýs con la saliua del hombre, que es muy medicinable. De manera que de aquí nació el mascar los niños y las doncellas el grano de maýs (...) y por ser medicinable no hazía reparar en que podía causar asco el auer sido mascado el maýs, pues por causa de la salud toman oy muchos hombres cosas horribles, como canina de perro, orines y otras cosas muy asquerosas, que en comparación dellas, es la saliua del hombre cosa más limpia. Y quando nos ponen vino en la mesa, no nos acordamos de que ha sido exprimido y pisado con los pies suzios y poluorientos del hombre" ([JESUÍTA] ANÔNIMO, op. cit., 2008, p. 51-2).

175 Ibidem, p. 51.

Se originalmente era medicina, a chicha depois foi sendo usada nas festas, mas o costume veio com "tanta gula" que os governantes "instituíram as festas em que se havia de beber a renda solta". Entretanto, encerravam a bebedeira e certos vícios que chegam junto, tudo dentro de um circuito bem fechado. Era a firmeza dos incas no tempo em que "tiveram o mando e o porrete". Em "negócio de governo" o inca "excedeu os espanhóis"; "no que toca ao civil e moral", muitas leis "se guardam hoje, porque vêm para a conta dos interesses dos que têm o governo e o mando".[176]

No governo da embriaguez, "permitia o inca uns vícios publicamente" para que "não se bebesse em segredo e particular, fazendo borracheiras de onde sucedessem homicídios, estupros e adultérios".[177] Mas as festas embriagadas se constituíam no ninho dos vícios venéreos. Contudo, era assim para que não fossem praticados fora desse ambiente e para evitar maiores problemas de controle, bem como para diminuir a incidência de práticas pecaminosas bem piores. As festas como válvulas de escape das paixões da carne e meio de evitar pecados que para o jesuíta eram muito hediondos.[178] O Anônimo, nessas considerações contrasta com Guaman Poma, que não admitira tal forma ou intenção expressa pelos incas, de vazão relativa das paixões nas festas públicas.

Para Guaman Poma, é só na época do vice-reino espanhol no Peru que a borracheira torna-se alvo central da denúncia de vícios venéreos e da idolatria. Nesse mundo ao revés – de acordo com o universo morigerador e de indignação perante as injustiças que sobressai na obra de Guaman Poma –, não havia a ingenuidade primordial de lúdica embriaguez, e tampouco a punição do vício de perder o juízo, política exemplar entre os incas. Guaman Poma projetava no passado pré-hispânico aquela inocência quase edênica das mais antigas gerações andinas, somada às justas e temíveis ordenanças do senhorio de Cuzco, para pensar a reforma moral de uma caótica borracheira nos tempos do cristianismo espanhol.

No fim das contas, a preocupação do cronista índio era com o futuro, mesmo que transpire a angústia de frustrado sonhador. O cronista faz uma pergunta para si

---

176 *Ibidem*, p. 52, 54 e 59.

177 *Ibidem*, p. 54-5.

178 "Permitía que en semejantes juntas de borracheras y beuidas viniessen las mujeres rameras o solteras que no fuesen vírgenes ni viudas, o las mancebas o las mujeres legítimas de cada vno, y que en casas o escondrijos, que por allí auía muchos, cometiesen sus fornicios y torpezas, porque cessassen los incestos, los adulterios y estupros y nefando" (*ibidem*, p. 55).

mesmo, no pretenso diálogo com o rei da Espanha, como se ainda que de tão longe estivesse D. Felipe III realmente pedindo os conselhos e ouvindo atentamente dom Felipe Guaman Poma de Ayala:

> [o rei Felipe III:] Diz-me, autor, como se farão ricos os índios?
>
> [o príncipe Guaman Poma:] Há de saber vossa Majestade que hão de ter bens de comunidade que eles chamam sapci, de sementeiras de milho e trigo, batatas, ají [pimenta], magno [verdura seca], algodão, vinha, obrage [oficinas artesanais], tinturaria, coca, frutais [etc].[179]

O milho que produz a chicha medicinal; a videira, que faz a bebida mais apreciada pelo cristão; e até mesmo a coca, mascada em vício idolátrico tão asqueroso, tudo isso, pelo que demanda Guaman Poma, deveria ter importante papel na vida dos índios do Peru. Apesar de tantas queixas acumuladas em todo o manuscrito, o cronista não negaria que as ervas e poções inebriantes tivessem sempre seu lugar no cotidiano do povo andino.

Entretanto, se ele recomenda que os viciosos índios do litoral tenham vinhedos além de depósitos e bodegas, e que sejam pagos pelo trato, "não se lhes dê para beber nem para embriagar".[180] A venda do vinho para os índios devia ser controlada.[181] Além disso, as autoridades não deveriam ocupar as mulheres e jovens por mascar o milho para fazer a chicha, porque assim acaba toda a plantação da comunidade e da igreja só para confeccionar a poção embriagante.[182] Mas surpreende que justamente a planta da coca, toda e sempre maldita no discurso do cronista, já agora, no conselho para o rei da Espanha, deva ter "incremento" de produção na comunidade dos índios.[183]

---

179 GUAMAN POMA, *op. cit.*, f. 963[977]. Segundo Adorno, o esquema de perguntas e respostas que se inscreve na parte final da obra, quando Guaman Poma se posiciona abertamente como conselheiro do rei, "mimetiza a fórmula da *relación* tipificada nas *Relaciones geográficas de Indias* (1586)" (ADORNO, *op. cit.*, 1986, p. 7). Cita: "Dime, autor, ¿cómo se hará rrico los yndios? A de sauer vuestra Magestad que an de tener hazienda de comunidad que ellos les llama sapci, de sementeras de mays y trigo, papas, agí, magno, algodón, uiña, obrage, teñiría, coca, frutales [etc]".
180 GUAMAN POMA, *op. cit.*, f. 840[854]. Cita: "no se le dé para ueuer ni enborrachar".
181 *Ibidem*, f. 1140[1150].
182 *Ibidem*, f. 789[803].
183 *Ibidem*, f. 892[906]. Cita: "aumentación".

Se a retórica de Guaman Poma ao longo de seus escritos fechava o caminho do consumo da coca em forte tom de extirpação do vício, o juízo final do tratado livraria a substância da eterna danação. Pois a coca já propiciava, desde meados do século XVI, grandes lucros aos que controlavam as plantações e o transporte para abastecer os índios mineiros, pois era excelente estimulante para anestesiar as agruras do labor inumano. Por isso que a condenação moral da coca como instrumento da idolatria indígena, já pronunciada com tanta energia desde o primeiro Concílio Eclesiástico de Lima em 1551, não coibira a proliferação dos cultivos e nem poderia frear a intensificação do consumo. Independente do juízo sobre os usos da coca, o que parece ter sido regra geral é a demanda movendo, sem cessar, a história da medicina. Guaman Poma, rendendo-se a este rumo irresistível, procura ao menos reverter o sentido da exploração da erva, em projeto de bom governo netamente indígena – bom governo do tal vício de comer coca?

Conclusão
De uma história da embriaguez na conquista da América

Alguns marcos e possibilidades desta análise foram debatidos na introdução, entre conceitos e desconcertos do tema geral da idolatria e embriaguez indígenas. Expusemos a perspectiva de obter representações sobre os psicoativos e as práticas de consumo, representações inseridas em discursos obtidos de uma seleção de histórias e tratados sobre a Nova Espanha e o Peru dos séculos XVI e XVII. Colocamos em relevo visões e intenções dos novos poderes em contato com sociedades locais andinas e mesoamericanas após a invasão espanhola.

Embora o discurso dessa nossa história tenha arriscado algumas interpretações sobre as culturas locais, em geral retomadas de certas análises da historiografia e antropologia das sociedades indígenas, cada entrada dessas serviu, a seu modo, como fundação, complemento ou justificativa para a análise das políticas e visões dos espanhóis. Por isso, nesta conclusão, não serão exploradas tais reflexões que interpretam as culturas locais, senão na brevidade que caiba.

Cada capítulo deste estudo foi constituído tendo como eixo uma fonte principal que ofereceu o norte para o percurso da narrativa e, também, cada uma dessas partes procurou elaborar o tema geral a partir de contextos e cotejos delimitados. Notemos, por um lado, que os capítulos poderiam ter sido organizados tendo como estrutura alguns temas centrais, e que poderiam vir nessa ordem: as visões e políticas de proveito das substâncias consideradas medicinais; as interpretações de vícios em torno da embriaguez; as representações dos usos idolátricos dessas substâncias. Esta sequência foi aplicada no primeiro capítulo, que poderia ter sugado os demais.

Contudo, o procedimento não foi adotado justamente para privilegiar um olhar mais circunstanciado sobre aspectos de cada grupo de fontes principais, que foram reunidas por duas razões básicas. Primeiro, em relação à abordagem dos assuntos, foram aproximados aqueles escritos mais generalizantes ou categóricos (capítulo 1); mais voltados ao particular e ao local (capítulos 2 e 3); mais heterodoxas ou singulares (capítulo 4). Segundo, optamos por apreender certos contextos de um longo século XVI nessa divisão de capítulos: o ambiente geral de afirmação do império espanhol na América e na Contrarreforma (capítulo 1); o contexto pós-conquista na Nova Espanha, de forte presença e poder dos clérigos mendicantes (capítulo 2); tempos de auge da extirpação da idolatria no primeiro lustro do século XVII, tanto no México como no Peru coloniais (capítulo 3); e o ambiente dos cronistas ladinos no Peru na virada entre os séculos XVI e XVII (capítulo 4).

Se tivéssemos comparado todos os discursos a partir de chaves temáticas maiores, talvez como resultado, uma visão mais coesa do conjunto pudesse ter surgido; porém, perderíamos a riqueza que os assuntos trazem numa leitura que explora mais detidamente meandros dos personagens escritores e de seus ambientes geradores. Os três temas centrais apontados no subtítulo deste ensaio (medicina, idolatria e vício), de toda forma entraram nos quatro capítulos de uma história da embriaguez na conquista da América.

Chega o momento de fazer a vista mais panorâmica das matérias, sob pena, contudo, de desprezar vários pormenores, que sem dúvida vão escapar no arrasto. Apresentávamos, de início, a hipótese (ou de certa maneira, a constatação) de que os costumes indígenas com substâncias embriagantes seriam lidos e julgados como elementos essenciais da idolatria. Além de participarem ativamente das cerimônias e feitiçarias (entre outras instâncias), algumas drogas seriam inclusive divindades.

A idolatria, num extremo estereótipo que se descola dos sentidos mais próximos das práticas sociais, contudo se insinuando como instrumento imprescindível para a interpretação dos costumes, num outro limite, informa a presença de coesos e dinâmicos saberes locais, num ambiente de profundas interações e transformações históricas. Enfim, nessa linha para mais e para menos, a idolatria mostrou-se conceito útil para o estudo dos discursos que captam e distribuem ideias e poderes sociais.

Ao observar as representações das substâncias psicoativas com base nesses discursos, o que primeiro chama atenção é o impasse colocado entre a visão de serventia das plantas e poções que embriagam, versus usos considerados errados ou desviados. Pois, de um lado, aparece a perspectiva de considerar todos os elementos naturais deste mundo como dádivas divinas. Deus deixou, na Criação, as virtudes das coisas para a manutenção da vida e para os trabalhos do homem na Terra. Contudo, as coisas desse mundo podem ser usadas de maneira viciosa, quando se vão margeando ou se invertendo aquelas atribuições consideradas naturais. O ser humano deveria prezar o que a razão dita, em função de uma capacidade humana natural. Se esta capacidade é naturalmente vista nos índios, o parâmetro é Las Casas. Já quando a reta razão entre os índios depende muito mais da integração na história ocidental, isto é, na integração com a herança da filosofia dos antigos, ou mais decisivamente, a partir da Revelação em Cristo -- nesse caso, o parâmetro é Acosta. Alguns cronistas, como Sahagún e Guaman Poma, parecem às vezes mais próximos de Las Casas, enquanto outros, como os extirpadores mexicanos, serão mais extremados que Acosta quanto a definir limites para a razão aflorar entre os índios.

Os costumes considerados bárbaros muitas vezes informarão maus costumes: eles se movem entre a ignorância e a perversidade, afastando o ser humano do caminho correto. Este caminho bom, para alguns dos cronistas examinados, dificilmente será seguido se o que os índios têm é apenas uma filosofia natural por experiência (isto é, sem a Revelação). Muito do desvio pode ser resultado da influência diabólica, mas não necessariamente, pois, enfim, o diabo pode ser apenas um emblema para reportar o desvio em si. Pois o mal, ao menos na visão teológica tomista, dominante então na Igreja, é a falta do bem. Evitava-se, principalmente no ambiente mais erudito do mundo das ideias católicas, a perspectiva maniqueísta. Porém, a visão da luta titânica entre o bem e o mal, tal se mantém como sombra visível em alguns ambientes vulgares, mas também no saber demonológico da época moderna e particularmente nos discursos da maioria das histórias aqui visitadas.

No que diz respeito às coisas que embriagam, observamos que havia a representação hegemônica de que são medicinais. O poder, a força embriagante é virtude natural dessas criaturas de Deus. Mas também, algumas plantas, misturas e preparados podem representar usos diabólicos. Às vezes, talvez distraidamente, o anátema alcança as próprias substâncias em si, isto é, os simples medicinais e as confecções são carregados de força demoníaca. O conteúdo natural, medicinal, praticamente se esvai na leitura de determinados contextos considerados idolátricos. Assim como noutro sentido, as medicinas que embriagam os costumes perdem a característica de coisas da idolatria, ingressando na esfera de usos estritamente virtuosos. São práticas indígenas medicamentosas que se encaixam nas expectativas dos missionários e médicos de tratamento do corpo humano.

Recuperemos algumas peripécias dos juízos e políticas de proveito das medicinas que embriagam.[1] Vimos que a embriaguez, inclusive alucinogênica, poderia ter serventia medicinal. No discurso do médico Cárdenas, porém, os usos indígenas não se enquadrariam nesse uso racional, pois havia clara intenção do chamado do demônio na embriaguez indígena. Já para o doutor Monardes, a forte inebriação do tabaco não serviria apenas para a adivinhação dos sacerdotes idólatras, pois também é coisa para o contento dos índios comuns. Vimos que Las Casas, como Acosta, por distintas abordagens, percebem o costume da mastigação da coca como algo salutar e nada gratuito. E se a (fraca) embriaguez na bebida tem sentido medicinal para o corpo e mente, isso é explorado por Las Casas, apologético dos índios, no intuito de acrescentar mais uma virtude natural, e dentro do amplo costume ameríndio da bebedeira. A borracheira do índio de Las Casas é bem discreta e bem controlada.

Há meandros nessa história da embriaguez na bebida, como considerar o vinho algo tão sagrado, que parece perder o sentido de forte embriagante, quando Acosta compara este símbolo do sangue de Cristo com preparados de chicha peruana tal como imitação bárbara, imperfeita, daquela divina poção europeia.

Nos demais capítulos houve reposição do assunto das opiniões sobre proveito dos vegetais, ou fizemos a lembrança de que haveria falta desse assunto. É o caso no terceiro capítulo, pois o olhar de intolerância dos extirpadores para com os costumes locais impede considerações sobre poderes medicinais, ou melhor, sobre os saberes locais de aplicação dos medicamentos. Os usos indígenas do tabaco são condenados como práticas de conjuro, encantação, idolatria – não há medicina aí.[2]

Contudo, particularmente no contexto dos franciscanos do século XVI, houve a política de imprimir virtude nos usos das ervas que embriagam, que se encontram no próprio seio de uma medicina herbolária de sábios indígenas. Era medicina

---

1 Cf. subcapítulo "Juízos de proveito das medicinas", p. 74 e ss.
2 Cf. subcapítulo "Os conjuros para a medicina do tabaco", p. 273 e ss.

considerada eficaz e douta por experiência.[3] Especulamos se acaso esta medicina não é fruto de uma invenção cristã, e de outro lado, de uma adaptação política dos curandeiros locais. Pois nessa elogiada medicina, vários indícios idolátricos vêm apagados, mas insistem por aparecer nos recônditos do extenso tratado de Sahagún em investigação com velhos informantes índios do antigo senhorio mexica.

No quarto capítulo, houve oportunidade para notar que Guaman Poma, apesar de extrapolar na perspectiva de imputar obsedantes vícios dos índios com as substâncias embriagantes, também podia ver importantes usos medicinais. Seria costume entre os índios, doutores por experiência, medicar o tabaco de maneira correta, como na aplicação em doses moderadas. Mas não é coisa para ser fumada; fumar sugere um costume interpretado como vício, o tabagismo é errado. Sobre os consumos da chicha e o uso de purgas extremamente fortes, também vemos a perspectiva de uso salutar – quando o cronista indígena trata dos tempos antiquíssimos e sem idolatria dos povos andinos, ou da temperança no correto uso da religião natural, ou seja, praticamente cristã, dos índios.

Mas um dos clérigos que examinamos imputa forte embriaguez, inclusive uma adoração para as sementes que são preparadas como purgantes tão elogiados por Guaman Poma – aludimos ao extirpador Albornoz, tão prezado pelo próprio cronista indígena, que também trabalhara nas campanhas contra a idolatria organizadas pelo clérigo. Guaman Poma, por outro lado, não oferece qualquer atributo medicinal para a abominada coca, que surge, enfim, no seio de eventos claramente idolátricos e diabólicos nos tempos dos incas.[4]

Junto ao assunto da demonização dos costumes com medicinas que embriagam, atentemos para a ideia do vício que pode estar fora da história da idolatria. De um lado, pela consideração dos costumes bárbaros como faltos de reta razão e moralmente ilícitos, mas inclusive, porque são bárbaros num raso sentido: costumes estranhos que dificultam a aceitação, como é o caso exemplar da coca usada na boca. O vício com fortes medicinas pode representar uma posição direta contra a embriaguez em si, a qual, se tem causa natural, normalmente deveria ser evitada, justamente por imantar os maus hábitos e os pecados, devido à crença de que a razão é absolutamente nublada pelo efeito que é considerado como privação do juízo. Sem

---

3 Cf. subcapítulo "A virtuosa medicina dos índios com coisas que embriagam", p. 228 e ss.
4 Cf. subcapítulo "Gêneses dos vícios e o juízo final para as medicinas", p. 376 e ss.

o juízo na razão, há uma senda aberta para os erros de inteligência, de imaginação e de memória. O que também faz aflorar outras instâncias mentais, mais baixas da alma humana (os aspectos concupiscente e irascível no corpo humano). O combate à embriaguez, particularmente contra a borracheira, ou seja, contra costumes de extrema embriaguez coletiva, como nas celebrações calendárias, será grande foco da disputa dos missionários em torno dos costumes indígenas nos tempos coloniais. Sendo que a idolatria torna-se bom motivo para oferecer maior seriedade transcendental em torno de uma política de inibição da borracheira e seus diversos sentidos cotidianos – embriaguez tida como grande mal para as razões de governo e que representavam a sujeição do indígena e de suas razões.

Enfocamos esse assunto no primeiro capítulo,[5] particularmente pelos pareceres do padre Acosta, que condensa a visão sobre os males da embriaguez num projeto de salvação dos corpos e almas dos índios do Peru, procurando unir as perspectivas religiosas e civis de combate à embriaguez: esta destruiria a saúde, desbancaria bons costumes e seria, finalmente, coisa contrária à fé em Deus.

Por outro lado, vimos olhares sobre os reinos ou repúblicas dos antigos mexicanos e peruanos no bom governo da embriaguez, pois apesar de idólatras, nas maneiras de administrar as coisas, seguiam sérios mecanismos contra o vício da bebida. Começamos pelos pareceres de Acosta sobre a rigidez da educação na república mexicana. Os índios principais eram punidos de morte se acaso ficavam se embriagando. Acosta também traz as lições aprendidas com os incas para o controle da embriaguez. Antes dos espanhóis chegarem ao Peru, a bebida era permitida apenas em ocasiões festivas, e que não ferissem as regras de conduta. Guaman Poma iria recuperar esse sentido e também das punições aos incautos, nas vezes que faz o elogio do governo dos incas, apesar de criticá-los como introdutores da idolatria nas terras do Peru.[6]

Procuramos rebater e desvirtuar o genérico dessas visões de bom governo da embriaguez nos tempos gentílicos. Se nem tanto sobre o governo inca, bastante sobre o governo da embriaguez entre os antigos mexicanos (capítulo 2). Quisemos apontar para a questão de que devia haver não só o espaço para o consumo de diversas substâncias, como também para fortes inebriações, e ainda para pessoas de diversas

---

5 Cf. subcapítulo "Histórias de embriaguez, temperança e jejum", p. 92 e ss.
6 Cf. subcapítulo "Gêneses dos vícios e o juízo final para as medicinas", p. 376 e ss.

idades e ocupações.⁷ Mas questionamos, inclusive, o sentido unívoco de que as formas de controle da embriaguez fossem de obra do governo civil dos astecas. O governo da embriaguez, de acordo com sinais expostos nos tratados de Sahagún, pode ter sido a atribuição maior dos sacerdotes que, por outro lado, se representavam nas cerimônias como os próprios deuses do pulque, a divina bebida embriagante dos antigos mexicanos.

Os cronistas acentuam razões consuetudinárias e de governança no discurso de elogio do controle indígena da embriaguez, controle que teria desmoronado na conquista espanhola. Contudo, Sahagún, ao tratar das maneiras de bêbados, mas principalmente Durán, ao tratar do vício da embriaguez, darão atenção para outra razão de bom governo da embriaguez: a bebida é respeitada em função de sua natureza divina, e por isso devia ser restringido o consumo, indicado para eventos apropriados – o que remete a muitas discussões atuais sobre as precauções diante da poluição com o sagrado.⁸

Enfim, não há muito como escapar da idolatria (em sentido de códigos e saberes aborígenes) quando o assunto é a embriaguez, quer seja no âmbito dos fluxos, quer dos refluxos de fruição das substâncias. Inclusive, temos um relato de Sahagún sobre a confissão indígena do erro da embriaguez, quando os sacerdotes locais prescrevem a penitência perante deuses do pulque.⁹ Mas o frade não se contenta com esta tradução dos costumes, notando as diferenças entre este falso sacramento indígena e o correto cristão. De fato, são códigos bem distintos na maneira de ver o pecado da embriaguez, que, para o missionário, é motivo para a perdição da alma, enquanto que os indígenas estariam preocupados com outros mecanismos mundanos e extraordinários de razão e punição do erro. Enfim, o erro da embriaguez entre os nativos, qualquer que fosse, não era absoluto pecado, pois havia espaço ritual para a forte embriaguez.

Os cronistas, afinal, vinculam à idolatria estereotipada, absoluto ímã dos pecados, o vício da embriaguez. A idolatria é considerada aquele grande motor para fazer a coisa errada, como para adivinhar através da embriaguez com alucinógenos,¹⁰

---

7   Cf. subcapítulo "A idolatria no governo da embriaguez", p. 176 e ss.
8   Cf. subcapítulo "Das substâncias divinas no octli ao demônio do pulque", p. 191 e ss.
9   Cf. subcapítulo "A idolatria no governo da embriaguez", p. 176 e ss.
10 Cf. subcapítulo "Os conjuros para a medicina do tabaco", p. 273 e ss.

ou vem para promover o culto de ídolos enquanto celebrações báquicas. Mas temos também a inversão de causa e efeito: a embriaguez gera a idolatria, como aponta Arriaga[11] e Guaman Poma,[12] entre outros. De toda maneira, os dois emblemas andam juntos, e não importa o que é causa ou o que é consequência. Os extirpadores mexicanos não se cansaram, de fato, por confundir os dois temas como grandes armações do demônio e de seus agentes e seguidores num panorama de desgraça para os índios idólatras e ao mesmo tempo hereges. A idolatria se faz pela embriaguez e ambos conduzem (a)os erros morais. Estes eram concebidos dentro do quadro medieval dos sete vícios, além, é claro, de representarem grande ofensa contra o vários e o principal mandamento de Deus – o desvio de culto diante de um ciumento Deus que não tolera outros deuses.

Exemplar dessa combinação moral e religiosa é a visão da idolatria perante o pulque/deuses do pulque. Sahagún e Durán preocupam-se bastante com a questão dessa divindade. Se eles fazem sagazes interpretações sobre o tema, o que realmente lhes ocupa a mente é o vício da embriaguez, encobertada pela reverência a tal divindade na (ou da) bebida.

Interessante notar que o consumo de embriagantes pode ser enquadrado como vício não apenas no sentido de costume errôneo, imperfeito ou demoníaco, mas também visto como hábito impregnado. Assim é que Guaman Poma trata o costume de usar a folha de coca relatado como ato de comer coca, que é comparado à prática de fumar a toda hora (capítulo 4). Outros cronistas também veem o sentido de vício como hábito obsedante, isto quanto ao consumo da bebida. Acosta recupera o sentido de hábito como necessidade,[13] e reflete desde autores antigos e da Igreja, que a causa de tais comportamentos é devido à fraqueza humana – é render-se e ser absorvido pelos prazeres da medicina. Enquanto que hoje o vício (no sentido de hábito incontrolável) é classificado, em parte, como dependência psicológica, o que traz curiosos paralelos com certas visões do início da época moderna. O vício, atualmente, oferece ainda o sentido de dependência física, o que também tem certa correspondência com visões coloniais, as quais traziam, porém, parâmetros de ciência do corpo humano que eram bem distintos da biomedicina ou da psicologia.

---

11 Cf. subcapítulo "As huacas da embriaguez", p. 324 e ss.
12 Cf. subcapítulo "Vícios com bebida e erva no mundo ao revés", p. 354 e ss.
13 Cf. subcapítulo "Histórias de embriaguez, temperança e jejum", p. 92 e ss.

O hábito incontrolável com embriagantes era relacionado à idolatria, mas, como comentado antes, a idolatria (enquanto códigos e saberes locais) parecia contemplar justamente o controle do vício – o vício como prisão (mas voluntária) na bebida. Enfim, o vício fora colocado no meio da idolatria diabólica, particularmente no olhar sobre os costumes dos índios que viviam após a conquista, e esse vício seria imitado pelos negros, mestiços e espanhóis. Com menor ênfase havia a leitura de muito vício nos tempos pré-hispânicos.

Mas enfim, não só as ingestões, mas outras utilizações das substâncias são vistas como errôneas: é o caso do costume de oferenda das medicinas aos deuses da gentilidade. Constantemente nos deparamos com duas interpretações distintas, que são muitas vezes colocadas lado a lado numa dubiedade irresoluta. Por um lado, temos aquela razão que acentua os usos dos embriagantes expressando faltas do saber local perante a natureza. Operações humanas irracionais que se nutrem da ingenuidade, da especulação, dos erros de avaliação das causas e efeitos que devem ser observados dentro do livro da natureza. Por outro lado, temos o olhar que aplica um sentido de perversão e de pecado, às vezes intencional dos idólatras, isto é, dos crentes na idolatria, ou especialmente a má intenção de seus líderes – encontramos aí a presença do demônio como influência determinante para a história do erro. O demônio podia ser chamado, se já não estava impregnado na própria lógica do erro gentílico.

No primeiro capítulo, quando apresentamos o signo de oferenda ou sacrifício de substâncias para os deuses, tivemos em vista a noção de que havia falha na destinação do culto; ou seja, o desvio de uma adoração que só se deve a Deus, mas é revertida para ídolos e elementos naturais. A adoração é manifesta no desejo de oferecer ou sacrificar coisas para as entidades – mas discutimos os limites dessa leitura sobre os sacrifícios indígenas junto a possíveis significados locais.[14]

Entrementes, para além da mensagem de ineficácia do culto ao que é inerte, a idolatria é lida como culto ao demônio de viva alma. Aliás, o espírito maligno é quem procura alimentar a prática das oferendas de medicinas que embriagam.[15] Se há o sentido de culto inútil de ídolos artefatos e de coisas da natureza ou para a imagem do demônio, por outro lado, podia haver o sentido de eficácia nessa religião invertida, devido à influência do demônio na ordem da natureza. O diabo

---

14 Cf. subcapítulo "Cerimônias da embriaguez", p. 149 e ss.
15 Cf. subcapítulo "Superstição e sacrifício de medicinas", p. 110 e ss.

pode fazer de algo sem qualquer efeito concreto – como é a bebida de sangue com chocolate, que seria oferecida à vítima do sacrifício, o qual perderia os sentidos –, um campo de superstição. Este termo, na época, abarca tanto a ideia de crença infundada, tradição impensada, como de manifestação de poderes extraordinários (mormente demoníacos).

Estes sentidos foram explorados, por exemplo, no assunto do unguento dos antigos mexicanos.[16] Aí analisamos o caso da presença demoníaca ao lado do efeito da embriaguez que fazia ver (em) visões. Notamos, a partir de Las Casas e Cárdenas, a interpretação do efeito dos alucinógenos como embriaguez natural – por penetração das sutilezas ou espíritos (o que chamaríamos princípios ativos) nos balanços humorais e na matéria do cérebro. Os espíritos que embriagam confundem a mente, mas, junto a isso, vem a influência ou interferência do maligno, que se aproveita da embriaguez para induzir as formas das visões, o conteúdo das vozes e outros efeitos de uma ilusão diabólica.[17]

Nessa aproximação bifronte, de sentidos naturais e supersticiosos, abre-se a perspectiva de algo extraordinário ou inefável advindo dos efeitos alucinógenos. Um campo difícil de ser enquadrado na visão atual de ciência, que tudo resume a efeitos naturais, mas não consegue descrever o que ainda – pois a ciência é progredir no conhecimento – se mostra oculto para a boa narrativa de causas e efeitos naturais dos fenômenos.

No terceiro capítulo,[18] aprofundamos sentidos da ciência demonológica da época moderna, na atenção que os extirpadores mexicanos davam para o uso das bebidas da semente ololiuhqui e do cacto peiote. Essas poções trazem de contínuo falsas impressões, por exemplo, sobre as causas de uma enfermidade, como se os males fossem procedentes de feitiços – embora isto não signifique que os extirpadores não confiassem na ação do demônio nessas práticas divinatórias. Entrementes, as visões dentro das cerimônias com tais bebidas poderiam trazer informações corretas – como avisar, por exemplo, onde se encontra alguém que tivesse sumido. Também aí, exploramos o paradigma da bruxaria, do pacto demoníaco imputado aos índios que consomem as medicinas da adivinhação. Afinal, dentro dos contextos examinados, será pela pena

---

16 Cf. subcapítulo "Unção divina e unguento diabólico", p. 121 e ss.
17 Cf. *ibidem*.
18 Cf. subcapítulo "A idolatria de medicinas que privam do juízo", p. 285 e ss.

desses extirpadores do início do século XVII que as preocupações demonológicas encontrarão seu maior suspiro.

Destacamos que alguns cronistas não dariam tanta importância ao fator demoníaco na embriaguez. Lembremos primeiro de Sahagún, quando tratava do uso de cogumelos num banquete de mercadores e guerreiros astecas,[19] sem dar tampouco atenção para os usos de uma medicina que adivinha (por meio das substâncias) as causas de enfermidades. Talvez seja assim, porque o franciscano procura abarcar sentidos mais virtuosos da medicina indígena.[20] Lembremos também do jesuíta Arriaga, que apesar de lidar com a ideia da influência demoníaca nos costumes divinatórios, distingue dois trâmites bem definidos: de um lado, temos a conversação direta com os ídolos, as possíveis vozes e mensagens que só podem ocorrer porque o demônio vai se alojar nas estátuas; e de outro lado, encontramos o recurso da forte embriaguez de poção de chicha com a fruta do espingo. Se a bebida serve para adivinhar, é apenas pelo efeito natural da poção, que confundiria a razão no cérebro embriagado de falsa fantasia, isto é, de deturpadas imagens. A embriaguez interferiria na imaginação.

Nesse caso, não há espaço para o demônio, que é assunto predileto dos extirpadores mexicanos. A influência demoníaca na embriaguez, para o padre da extirpação da idolatria no Peru, cobra apenas sentido mais etéreo ou indireto, como se fosse apenas o incentivo de uso da bebida, o gatilho demoníaco para os maus costumes, como as manifestações da sensualidade, a luxúria, o nefando etc. Já nessa avaliação, caminham juntos Arriaga e os extirpadores mexicanos e outros tratadistas.

Nos escritos dos extirpadores mexicanos, o casamento da embriaguez com a idolatria é união firme e estável, especialmente quanto aos usos das bebidas que provocam visões. Mas para além dos motivos divinatórios que parecem intrínsecos às práticas visionárias, o aspecto que deixa tais clérigos extremamente avisados e apreensivos é o fenômeno de uma idolatria das sementes do ololiuhqui e da chamada raíz do peiote, plantas que fazem a substância das bebidas da adivinhação. A idolatria das plantas é objeto das políticas de busca e apreensão, de destruição (no caso do ololiuhqui) de pequeninos ídolos e extirpação da mata que produz as sementes.

---

19 Cf. subtítulo "A fruição da embriaguez entre ídolos e devotos", p. 170 e ss.
20 Cf. subcapítulo "Visões da moderação e do abuso", p. 204 e ss.; e "A virtuosa medicina dos índios com coisas que embriagam", p. 228 e ss.

Os extirpadores também procuram refletir sobre os sentidos de divindade que os índios dariam para essas coisas. Os extirpadores na Nova Espanha vacilam entre considerar que os idólatras veneram tais elementos naturais num vitalismo da natureza, ou então, adoram o demônio que nessas plantas estaria alojado e/ou que se manifestaria nas visões. De toda maneira, estes espaços da idolatria mostram-se pantanosos, difíceis de combater, inclusive porque estão relacionados com os cultos de imagens cristãs e, tanto estas, como as imagens de motivo indígena, estão na esfera da imaginação, o que dificulta a ânsia de destruir tal idolatria. A qual, além do mais, brota nas florestas (o ololiuhqui) e nos desertos (o peiote), o que dificulta ainda mais a extirpação do costume.

La Serna irá retomar a ideia de comunhão com cogumelos alucinógenos, assunto que havia acometido um dos pioneiros franciscanos na missão, o frade Motolinia. O extirpador La Serna, ao relatar o caso desse uso bem depois dos tempos de Motolinia ("o pobre"), realçará a inversão demoníaca do principal sacramento cristão. A imitação do rito católico através do uso de substâncias de força embriagante, também havia sido tema recuperado por Durán, e mais intensamente por Acosta. Trata-se da história do unguento divino logo desqualificado como diabólico, que seria produzido com tabaco e ololiuhqui, além de outros intoxicantes (venenos de animais baixos, inferiores). Essa receita, considerada asquerosa, já informaria a natureza de uma medicina diabólica – expressão usada pela pena do jesuíta que tanto elogiara as virtudes medicinais de coisas das plantas e animais deste mundo.[21]

Destaquemos que a inversão diabólica informa um jogo de raciocínio cristão sobre a diferença e a distância entre o bem e o mal – uma perspectiva que estaria longe das visões indígenas sobre os poderes das medicinas e das entidades em geral, poderes que eram tanto para o bem como para o mal, dependendo das circunstâncias de uso e das vontades das entidades e dos especialistas indígenas.

Por outro viés de análise, que se observe perante as traduções clericais dos costumes indígenas, o potencial de adaptação e de substituição de aspectos das crenças e práticas locais numa interação com a nova ordem católica no cotidiano. Isso parece inclusive estar de certa maneira subsumido, e é uma política, como do jesuíta Anônimo ou com Acosta em particular – este último, também jesuíta, ao vislumbrar aproximações entre práticas dos gentios e dos católicos, foi perspicaz ao propor

---

21   Cf. subcapítulo "Unção divina e unguento diabólico", p. 121 e ss.

a embriaguez em Deus no lugar da borracheira que considerava diabólica, mas que preparava para a verdadeira devoção.²²

Coloquemos ponto final na resenha em torno das narrativas e avaliações deste trabalho de análise das fontes históricas. Aportes que de conclusivos têm bem pouco. Se os missionários e clérigos denunciavam o preocupante hábito de consumo das medicinas que fazem ver em visões, numa maneira de prevenção inversa, esperemos que a imaginação do leitor ande solta por essas histórias da embriaguez na conquista da América.

---

22 Cf. subcapítulo "Histórias de embriaguez, temperança e jejum", p. 92 e ss.

Fontes e Referências bibliográficas

Fontes históricas

ACOSTA, Joseph de. *De procuranda Indorum salute: pacificación y colonización*. Madrid: Consejo Superior de Investigaciones Científicas, 1984.

_____. *De procuranda indorum salute: educación y evangelización*. Madrid: Consejo Superior de Investigaciones Científicas, 1987.

_____. *Historia natural y moral de las Indias*. México: Fondo de Cultura Económica, 1962.

ALBORNOZ, Cristóbal de. "Instruccion para descubrir todas las guacas del Piru y sus camayos y haziendas". In: MOLINA, Cristóbal de & ALBORNOZ, Cristóbal de. *Fábulas y mitos de los incas*. Madrid: Historia 16, 1988, p. 163-198.

ARRIAGA, Pablo Joseph de. *La extirpación de la idolatria en el Pirú (1621)*. Cuzco: CBC, 1999.

AVILA, Francisco de. "Tratado y relacion de los errores, falsos dioses y otras supersticiones y ritos diabolicos en que vivian antiguamente los indios…" In: *Dioses y hombres de huarochirí*; narracion quechua recogida por Francisco de Avila [?1598?]. Lima: Museo Nacional de Historia y el Instituto de Estudios Peruanos, 1966, p. 199-217.

CÁRDENAS, Juan de. *Problemas y secretos maravillosos de las Indias*. Madrid: Alianza Editorial, 1988.

CIEZA DE LEÓN, Pedro de. *La crónica del Perú*. Madri: Espasa/Calpe, 1962.

COBO, Bernabé. "Extrato de los libros IV, V y VI de 'La historia del Nuevo Mundo' escrita por el jesuíta Bernabé Cobo en 1653 [edición BAE, Madrid 1964]". In: GUILLEN, Edmundo *et al* (orgs.) *Plantas medicinales del Perú*. Antología I. Lima, Universidad de San Martín de Porres, 2004, p. 111-188.

DURÁN, Fray Diego. *Historia de las Indias de Nueva España e islas de la Tierra Firme*. México: Editorial Porrúa, 1984, t. I e II.

FERNANDEZ DE OVIEDO, Gonzalo. *Sumario de la natural historia de las Indias*. México: Fondo de Cultura Económica, 1950.

GUAMAN POMA DE AYALA, Felipe. *Nueva corónica y buen gobierno*. México: Fondo de Cultura Económica, 1993, t. I, II e III.

_____. *Nueva crónica y buen gobierno*. Edición de John Murra, Rolena Adorno e Jorge Urioste. Madri: História-16, 1987. Versão digitalizada disponível em: www.kb.dk [2004].

HERNÁNDEZ, Francisco. *Obras completas tomo II*. In: _____. *Historia natural de Nueva España*, vol. I. México: Universidad Nacional Autónoma de México, 1959.

_____. *Antigüedades de la Nueva España*. Madrid: Historia 16, 1986.

INCA GARCILASO DE LA VEGA. *Comentarios reales de los incas*. Lima: Universidad Ricardo Palma/Biblioteca Nacional del Perú/Academia Peruana de la Lengua, 2009.

[JESUÍTA] ANÓNIMO. *De las costumbres antiguas de los naturales del Pirú*. Madrid: Iberoamericana, 2008.

LA CRUZ, Martín de. *Libellus de medicinalibus indorum herbis*. Manuscrito azteca de 1552 según traducción latina de Juan Badiano. Versión española con estudios y comentarios por diversos autores. México: Fondo de Cultura Econômica/Instituto Mexicano del Seguro Social, 1991.

LAS CASAS, Fray Bartolomé de. *Apologetica historia sumaria*. Madrid: Alianza Editorial, 1992, t. I, II e III.

LA SERNA, Jacinto de. "Manual de ministros de indios". In: PONCE, Pedro *et al*. *El alma encantada*. México: Instituto Nacional Indigenista/Fondo de Cultura Económica, 1987, p. 263-480.

MONARDES, Nicolas. *Primera y segvnda y tercera partes de la historia medicinal de las cosas que se traen de nuestras Indias Occidentales...* Sevilla: Casa de Alonso Escrivano, 1574.

MOTOLINIA, Fray Toribio de Benavente o. *Memoriales o libro de las cosas de la Nueva España y de los naturales de ella*. Edición con inserción de las porciones de la Historia de los indios de la Nueva España que completan el texto de los Memoriales. México: Universidad Nacional Autónoma de México/Instituto de Investigaciones Históricas, 1971.

ONDEGARDO, Polo de. *Informaciones acerca de la religión y gobierno de los incas*; seguidas de las instrucciones de los concilios de Lima. Lima: Imprenta y Librería Sanmartí, 1916.

PONCE, Pedro. "Breve relación de los dioses y ritos de la gentilidad". In: PONCE, Pedro et al. *El alma encantada*. México: Instituto Nacional Indigenista/Fondo de Cultura Económica, 1987, p. 3-11.

RUIZ DE ALARCÓN, Hernando. *Treatise on the heathen superstitions that today live among the indians native to this New Spain, 1629*. Tradução de Richard Andrews & Ross Hassig. Norman: University of Oklahoma Press, 1984.

_____. "Tratado de las supersticiones y costumbres gentilicas que oy viuen entre los indios naturales desta Nueva España (1629)". In: PONCE, Pedro et al. *El alma encantada*. México: Instituto Nacional Indigenista/Fondo de Cultura Económica, 1987, p. 125-223.

SAHAGÚN, Fray Bernardino de. *Historia general de las cosas de Nueva España*; primera versión íntegra del texto castellano del manuscrito conocido como Códice Florentino. Madrid: Alianza Editorial, 1988, t. I e II.

_____. *Florentine codex: general history of the things of New Spain, twelve books*. Translated from the Nahuatl with notes by Arthur J. O. Anderson and Charles E. Dibble. Santa Fe: The School of American Research; The University of Utah, 1950-69.

SANTA CRUZ PACHACUTI YAMQUI, Juan de. *Relación de antigüedades de este reino del Perú*. Lima: Fondo de Cultura Económica, 1995.

SARMIENTO DE GAMBOA, Pedro. *Historia de los incas*. Madrid: Miraguano/Polifermo, 2001.

TOVAR, Juan de. *Origen de los mexicanos: relacion del origen de los indios que habitan esta Nueva Espana, segun sus historias*. German Vazquez Chamorro (ed.)Madrid: Dastin, 2001.

Bibliografia de apoio

ADORNO, Rolena. *Guaman Poma: writing and resistance in colonial Peru*. Austin: University of Texas Press, 1986.

AGNOLIN, Adone. *O apetite da antropologia: o sabor antropofágico do saber antropológico: alteridade e identidade no caso tupinambá*. São Paulo: Humanitas, 2005.

AGUIRRE BELTRÁN, Gonzalo. *Medicina y magia: el proceso de aculturación en la estructura colonial*. México: Universidad Veracruzana/Instituto Nacional Indigenista/Gobierno del Estado de Veracruz/Fondo de Cultura Económica, 1992.

ALBA PASTOR, María. *Crisis y recomposición social: Nueva España en el tránsito del siglo XVI al XVII*. México: Universidad Nacional Autónoma de México/Fondo de Cultura Económica, 1999.

ALBALA, Ken. *Eating right in the Renaissance*. Berkeley: University of California Press, 2002.

ALBERRO, Solange. *Les espagnols dans le Mexique colonial*. Paris: Armand Colin, 1992.

ALBERTIN, Chiara. "Parte preliminar". In: [JESUÍTA] ANÓNIMO. *De las costumbres antiguas de los naturales del Pirú*. Madrid: Iberoamericana, 2008, p. XIII-LXXXVII.

ALCINA FRANCH, José. "Introducción". In: ACOSTA, José de. *Historia natural y moral de las Indias*. Madrid: Historia 16, 1986. p. 7-44.

ANDERS, Ferdinand et al. *Libro de la vida: texto explicativo del llamado Códice Magliabechiano*. México: Fondo de Cultura Económica, 1996.

ANDERSON, Arthur J. O. "Sahagún in his times". In: EDMONSON, Munro S. (ed.). *Sixteenth-century Mexico: the work of Sahagún*. Albuquerque: School of American Research/University of New Mexico Press, 1974, p. 17-25.

ANDREWS, J. Richard & HASSIG, Ross. "Editors introduction: the historical context". In: ALARCÓN, Hernando Ruiz de. *Treatise on the heathen superstitions that today live among the indians native to this New Spain, 1629*. Norman: University of Oklahoma Press, 1984.

AQUINAS [AQUINO]. *The Summa Theologica of St. Thomas Aquinas literally translated by Fathers of the English Dominican Province*. edição online por Kevin Knight, 2006.

ARANÍBAR, Carlos. "Índice analítico y glosario". In: PACHACUTI, Juan Santa Cruz. *Relación de antigüedades de este reino del Perú*. Lima: Fondo de Cultura Económica, 1995, p. 135-412.

ARISTOTLE [ARISTÓTELES]. "De somniis (on dreams)". In: MACKEON, *The basic works of Aristotle*. New York, 1941, p. 618-625.

BALLESTEROS GAIBROIS, Manuel. *Vida y obra de Fray Bernardino de Sahagún*. León: Institución "Fray Bernardino de Sahagún" C.S.I.C., 1973.

BAUDOT, Georges. *La vie quotidienne dans l'amérique espagnole de Philippe II*. Biarritz: Hachette, 1981.

BERNAND, Carmen & GRUZINSKI, Serge. *De la idolatria; una arqueología de las ciências religiosas*. México: Fondo de Cultura Económica, 1992.

BORUCHOFF, David A. "Anthropology, reason, and the dictates of faith in the Antiquities of Francisco Hernández". In: VAREY, Simon; CHABRÁN, Rafael & WEINER, Dora B. (eds.)

Searching for the secrets of nature: the life and works of Dr. Francisco Hernández. Stanford: Stanford University Press, 2000, p. 90-103.

BRADING, David. "La historia natural y la civilización amerindia". In: BERNAND, Carmen. *Descubrimiento, conquista y colonización de América a quinientos años*. México, 1994, p. 17-42.

BRAY, Tamara L. "The role of *chicha* in Inca state expansion; a distributional study of Inca *Aríbalos*". In: JENNINGS, Justin & BOWSER, Brenda J. (eds.). *Drink, power, and society in the Andes*. Gainesville: University Press of Florida, 2009, p. 108-132.

BRUIT, Héctor H. *Bartolomé de las Casas e a simulação dos vencidos*: ensaio sobre a conquista hispânica da América. Campinas: Editora da Unicamp/Iluminuras, 1995.

BRUNDAGE, Burr Cartwright. *Two earths, two heavens: an essay contrasting the Aztecs and the Incas*. Albuquerque: University of New Mexico Press, 1975.

BURKE, Peter. *História e teoria social*. São Paulo: Editora Unesp, 2002.

BUSTAMANTE GARCÍA, Jesús. *Fray Bernardino de Sahagún: una revisión crítica de los manuscritos y de su proceso de composición*. México: Universidad Nacional Autónoma de México, 1990.

BUSTO SÁIZ, José Ramón. "El demonio cristiano: invariantes". In: PINO-DÍAZ, Fermín del (coord.). *Demonio, religión y sociedad entre España y América*. Madrid: Consejo Superior de Investigaciones Científicas, 2002, p. 23-32.

CABOS FONTANA, Marie-Claude. *Mémoire et acculturation dans les Andes: Guaman Poma de Ayala et les influences européennes*. Paris: L'Harmattan, 2000.

CAMELO, Rosa & ROMERO, José Rubén. "Estudio preliminar". In: DURÁN, Diego. *Historia de las indias de Nueva España e Islas de Tierra Firme*. México: Consejo Nacional para la Cultura y las Artes, 1995, I, p. 15-47.

CAÑIZARES-ESGUERRA, Jorge. *Puritan Conquistadors: Iberianizing the Atlantic, 1550-1700*. California: Stanford University Press, 2006.

CARNEIRO, Henrique. "Transformações do significado da palavra 'droga': das especiarias coloniais ao proibicionismo contemporâneo". In: VENÂNCIO, Renato Pinto & CARNEIRO, Henrique (orgs.). *Álcool e drogas na história do Brasil*. São Paulo/Belo Horizonte: Alameda Editorial, 2005, p. 11-27.

_____. *Amores e sonhos da flora: afrodisíacos e alucinógenos na botânica e na farmácia*. São Paulo: Xamã, 2002.

_____. *Filtros, mezinhas e triacas: as drogas no mundo moderno*. São Paulo: Xamã, 1994.

CARRASCO, David. "Representing Aztec ritual: a commentary from the History of Religions". In: KEBER, Eloise Quiñones (ed.). *Representing aztec ritual: performance, text, and image in the work of Sahagún*. Boulder: University Press of Colorado, 2002, p. 277-291.

_____. *Daily life of the Aztecs: people of the sun and earth*. Westport: Greenwood Press, 1998.

_____. *Religions of Mesoamerica: cosmovision and ceremonial centers*. San Francisco: Harper & Row, 1990.

CASTELLÓ, Abril. "Estudio preliminar; los derechos de las naciones según Bartolomé de Las Casas y la Escuela de Salamanca". In: LAS CASAS, Fray Bartolomé de. *Apologetica historia sumaria*. Madrid: Alianza Editorial, 1992, I, p. 15-181.

CERVANTES, Fernando. *The devil in the new world: the impact of diabolism in New Spain*. New Haven: Yale University Press, 1994.

CLARK, Stuart. *Pensando com demônios: a ideia de bruxaria no princípio da Europa Moderna*. São Paulo: Edusp, 2006.

CLENDINNEN, Inga. *Aztecs: an interpretation*. Cambridge: Cambridge University Press, 1991.

COE, Michael D. "Introduction". In: ALARCÓN, Hernando Ruiz de. *Aztec sorcerers in seventeenth century Mexico: the treatise on superstitions by...* Albany: State University of New York/Institute for Mesoamerican Studies, 1982, p. 1-56.

_____; SNOW, Dean; BENSON, Elizabeth. *Antigas Américas: mosaico de culturas*. Madri: Edições del Prado, 1997, v. I.

COLSTON, Stephen Allyn. "Fray Diego Durán's Historia de las Indias de Nueva España e islas de la Tierra Firme; a historiographical analysis". Ann Arbor: University of California, 1973 (dissertação PhD).

CONRAD, Geoffrey W. & DEMAREST, Arthur A. *Religion and empire: the dynamics of Aztec and Inca expansionism*. Cambridge: Cambridge University Press, 1984.

CORCUERA DE MANCERA, Sonia. *Del amor al temor: borrachez, catequesis y control en la Nueva España (1555-1771)*. México: Fondo de Cultura Económica, 1994.

CROCKER, John C. *Vital souls: bororo cosmology, natural symbolism, and shamanism*. Tucson: The University of Arizona Press, 1985.

DAGOGNET, François. *La raison et les remèdes*. Paris: Presses Universitaires de France, 1964.

DEL POZO, Efrén C. "Valor médico y documental del manuscrito". In: LA CRUZ, Martín de. *Libellus de medicinalibus indorum herbis*. México: Fondo de Cultura Econômica/Instituto Mexicano del Seguro Social, 1991, p. 193-207.

DERRIDA, Jacques. *A farmácia de Platão*. São Paulo: Iluminuras, 2005.

DÍAS, José Luis. "Las plantas mágicas y la conciencia visionaria". In: *Arqueología Mexicana*: *alucinógenos del México Prehispánico*. México: INAH/Editorial Raíces, vol. X, n. 59, 2003, p. 18-25.

DÍAZ DE RADA, Ángel. "El demonio como fuente simbólica". In: PINO-DÍAZ, Fermín del (coord.). *Demonio, religión y sociedad entre España y América*. Madrid: Consejo Superior de Investigaciones Científicas, 2002, p. 369-389.

DI NOLA, Alfonso. "Sagrado/profano". In: *Enciclopédia Einaudi*. Lisboa: Imprensa Nacional/Casa da Moeda, 1987, v. 12 (Mythos/logos Sagrado/profano).

DOBKIN DE RÍOS, Marlene. *Hallucinogens: cross-cultural perspectives*. Bridport: Prism Press, 1990.

DURÁN, Ángeles. "Introducción". In: CARDENAS, Juan de. *Problemas y secretos maravillosos de las Indias*. Madrid: Alianza Editorial, 1988, p. 7-17.

DUVERGER, Christian. *La conversión de los índios de Nueva España*. México: Fondo de Cultura Econômica, 1993.

_____. *L'esprit du jeu chez les Aztèques*. Paris: Mouton Editeur/École des Hautes Études en Sciences Sociales, 1978.

DUVIOLS, Pierre. *Procesos y visitas de idolatrías: Cajatambo, siglo XVII*. Lima: Pontificia Universidad Católica del Perú/Instituto Francés de Estudios Andinos, 2003.

_____. "Estudio y comentario etnohistórico". In: SALCAMAYGUA, Joan de Santa Cruz Pachacuti Yamqui. *Relación de antiguedades deste Reyno del Piru*. Cusco: Institut Français d'Etudes Andines/Centro de Estudios Regionales Andinos "Bartolomé de las Casas", 1993, p. 13-126.

_____. "Introducción". In: MOLINA, Cristóbal de & ALBORNOZ, Cristóbal de. *Fábulas y mitos de los incas*. Madrid: Historia 16, 1988.

_____. *La lutte contre les religions autochtones dans le Pérou Colonial: "l'extirpation de l'idolâtrie" entre 1532 et 1660 (Travaux de L'IFEA)*. Lima: Institut Français d'Études Andines, 1971, t. XIII.

ELIADE, Mircea. *El chamanismo y las técnicas arcaicas del éxtasis*. México: Fondo de Cultura Econômica, 1976.

ESCOHOTADO, Antonio. *Historia general de las drogas*. Madrid: Alianza Editorial, 1996, v. 1.

ESTENSSORO FUCHS, Juan Carlos. *Del paganismo a la santidad: la incorporación de los indios del Perú al catolicismo, 1532-1750*. Lima: Instituto Francés de Estudios Andinos/Centro de Estudios Regionales Andinos "Bartolomé de las Casas", 2003.

EVANS-PRITCHARD, E. E. *Bruxaria, oráculos e magia entre os Azande*. Rio de Janeiro: Zahar Editores, 2005.

FERNANDES, João Azevedo. *Selvagens Bebedeiras: álcool, embriaguez e contatos culturais no Brasil colonial (séculos XVI-XVII)*. São Paulo: Alameda, 2011.

FERNÁNDEZ, Justino. "Las miniaturas que ilustran el Códice". In: LA CRUZ, Martín de. *Libellus de medicinalibus indorum herbis*. México: Fondo de Cultura Econômica/Instituto Mexicano del Seguro Social, 1991, p. 101-106.

FOSTER, George M. *Hippocrates' Latin American legacy: humoral medicine in the New World*. Berkeley: University of California, 1994.

FOUCAULT, Michel. *História da loucura: na Idade clássica*. São Paulo: Perspectiva, 2005.

_____. *As palavras e as coisas*. São Paulo: Martins Fontes, 1992.

FOURNIER, Dominique. "Les vicissitudes du divin au Mexique: l'évêque, le juge et le pulque". In: FOURNIER, Dominique & D'ONOFRIO, Salvatore (eds.). *Le ferment divin*. Paris: Maison des Sciences de L' Homme, 1991, p. 225-240.

FURST, Peter T. "To find our life: peyote among the Huichol Indians of Mexico" In: _____ (ed.). *Flesh of the gods: the ritual use of hallucinogens*. Prospect Heights, Illinois: Waveland Press, 1990, p. 136-184.

_____. "The Olmec were-jaguar motif in the light of the ethnographic reality". In: BENSON, Elizabeth (ed.). *Dumbarton Oaks Conference on the Olmec*. Washington: Dumbarton Oaks Research Library and Collections, 1968, p. 143-177.

GAREIS, Iris. "Repression and cultural change: the 'Extirpation of Idolatry' in colonial Peru". In: GRIFFITHS, Nicholas & CERVANTES, Fernando. *Spiritual encounters: interactions between Christianity and native religions in colonial America*. Birmingham: University of Birmingham Press, 1999, p. 230-254.

GARIBAY K., Ángel Maria. "Introducción". In: LA CRUZ, Martín de. *Libellus de medicinalibus indorum herbis*. México: Fondo de Cultura Econômica/Instituto Mexicano del Seguro Social, 1991, p. 1-8.

GASBARRO, Nicola. "Il linguaggio dell'idolatria; per una storia delle religioni culturalmente soggettiva". In: *Studi e Materiali di Storia delle Religioni*. Roma: Japadre editore, 1996, n.s. xx, 1/2, vol. 62, p. 189-221.

GELL, Alfred. *Art and agency: an anthropological theory*. Oxford: Oxford University Press, 1998.

GERBI, Antonello. *La naturaleza de las Indias Nuevas: de Cristóbal Colón a Gonzalo Fernández de Oviedo*. México: Fondo de Cultura Económica, 1978.

GIBSON, Charles. *The Aztecs under Spanish rule: a history of the Indians of the Valley of Mexico, 1519-1810*. Stanford, California: Stanford University Press, 1964.

GINSBURG, Carlo. *Olhos de madeira: nove reflexões sobre a distância*. São Paulo: Companhia das Letras, 2001.

GLIOZZI, Giuliano. *Adam et le Nouveau Monde: la naissance de l'anthropologie comme idéologie coloniale: des généalogies bibliques aux théories raciales (1500-1700)*. Lecques: Théétète Éditions, 2000.

GONZÁLEZ TORRES, Yólotl. *El sacrificio humano entre los mexicas*. México: Fondo de Cultura Económica, 1994.

GRINSPOON, Lester & BAKALAR, James B. *Psychedelic Drugs Reconsidered*. New York: Lindesmith Center, 1997.

GRMEK, Mirko. "The concept of disease". In: GRMEK, Mirko (ed.). *Western medical thought from Antiquity to the Middle Ages*. Cambridge: Harvard University Press, 1998, p. 241-258.

GRUZINSKI, Serge. *O pensamento mestiço*. São Paulo: Companhia das Letras, 2001.

_____. "Les mondes mêlés de la monarchie catholique et autres 'connected histories'". In: *Annales HSS*, jan.-fev., 2001, n. 1, p. 85-117.

_____. *La colonización de lo imaginario: sociedades indígenas y occidentalización en el México español (siglos XVI-XVIII)*. México: Fondo de Cultura Económica, 1991.

_____. *La guerre des images: de Christophe Colomb à 'Blade Runner' (1492-2019)*. Paris: Fayard, 1990.

_____. *Man-gods in the mexican highlands: indian power and colonial society, 1520-1800*. Stanford: Stanford University Press, 1989.

GUSDORF, Georges. *Les sciences humaines et la pensée occidentale: I- De l'histoire des sciences a l'histoire de la pensée*. Paris: Payot, 1966.

HALBERTAL, Moshe & MARGALIT, Avishai. *Idolatría: guerras por imágenes: las raíces de un conflicto*. Barcelona: Gedisa, 2003.

HARNER, Michael. "The role of hallucinogenic plants in European Witchcraft". In: _____ (ed.). *Hallucinogens and shamanism*. Oxford: Oxford University Press, 1973, p. 125-150.

HARTOG, François. *Le miroir d'Hérodote*: essai sur la représentation de l'autre. Paris: Gallimard, 1991.

HEATH, Dwight B. "Borrachera indígena, cambio de concepciones". In: SAIGNES, Thierry (org.). *Borrachera y memoria*: la experiencia de lo sagrado en los Andes. Lima: HISBOL/ IFEA, 1993, p. 171-185.

HENMAN, Anthony. *Mama Coca*: un estudio completo de la coca. Lima: Juan Gutemberg, 2005.

HORCASITAS, Fernando & HEYDEN, Doris. "Fray Diego Durán: his life and works". In: DURÁN, Fray Diego. *Book of the gods and rites and the ancient calendar*. Norman: University of Oklahoma Press, 1971, p. 3-47.

ILARREGUI, Gladys M. "Preguntar y responder en Nueva España: el caso de Tlatelolco y Sahagún". In: *Estudios de cultura náhuatl*, Instituto de Investigaciones Históricas – UNAM, 1996, vol. 26, p. 173-186.

ITIER, Cesar & DUVIOLS, Pierre. "Joan de Santa Cruz Pachacuti Yamqui Salcamaygua en debate – debate entre Tom Zuidema y Pierre Duviols. In: BOUYSSE-CASSAGNE, Thérèse (comp.). *Saberes y memorias en los Andes*: in memoriam Thierry Saignes. Lima: Institut Français d'Etudes Andines, 1997, p. 93-154.

KEEN, Benjamin. *La imagen azteca en el pensamiento occidental*. México: Fondo de Cultura Económica, 1984.

KLIBANSKY, Raymond; PANOFSKY, Erwin & SAXL, Fritz. *Saturne et la mélancolie*: études historiques et philosophiques: nature, religion, médecine et art. Paris: Gallimard, 1989.

KLOR DE ALVA, J. Jorge. "'Telling livers': confessional autobiography and the reconstruction of the Nahua self". In: GRIFFITHS, Nicholas & CERVANTES, Fernando. *Spiritual encounters*: interactions between Christianity and native religions in colonial America. Birmingham: Univesity of Birmingham Press, 1999, p. 136-162.

KRAMER, Heinrich & SPRENGER, James. *O martelo das feiticeiras: malleus maleficarum*. Rio de Janeiro: Rosa dos Tempos, 1991.

LA BARRE, Weston. "Hallucinogens and the shamanic origins of religion". In: FURST, Peter (ed.). *Flesh of the Gods*. Prospect Heights, Illinois: Waveland Press, 1990, p. 261-278.

_____. "Anthropological perspectives on hallucination and hallucinogens". In: SIEGEL, R. K. & WEST, L. J. *Hallucinations: behavior, experience, and theory*. New York: John Wiley & Sons, 1975. p. 9-52.

LA GARZA, Mercedes de. "Uso ritual de plantas psicoactivas entre los nahuas y los mayas". In: GONZALEZ TORRES, Yólotl (coord.) *Animales y plantas en la cosmovisión mesoamericana*. México: Plaza y Valdes/INAH, 2001, p. 89-103.

LATOUR, Bruno. *Reflexões sobre o culto moderno dos deuses fe(i)tiches*. Bauru: Edusc, 2002.

LENOBLE, Robert. *Esquisse d'une histoire de l'idée de nature*. Paris: Éditions Albin Michel, 1969.

LEÓN-PORTILLA, Miguel. *La filosofía náhuatl: estudiada en sus fuentes*. México: Universidade Autónoma de México, 2001.

_____. *Literaturas indígenas de México*. México: Mapfre/Fondo de Cultura Económica, 1992.

_____. "La historia del tohuenyo". In: LEÓN-PORTILLA, Ascensión Hernández de (ed.). *Bernardino de Sahagún: diez estudios acerca de su obra*. México: Fondo de Cultura Económica, 1990, p. 265-84.

_____. "Los huaxtecos, según los informantes de Sahagún". In: LEÓN-PORTILLA, Ascensión Hernández de (ed.). *Bernardino de Sahagún: diez estudios acerca de su obra*. México: Fondo de Cultura Económica, 1990, p. 285-301.

_____. "Los franciscanos vistos por el hombre náhuatl". In: *Estudios de cultura náhuatl*, 1984, vol. 17, p. 261-339.

LEWIN, Louis. *Phantastica*. Rochester, Vemont: Park Street Press, 1998.

LIMA, Oswaldo Gonçalves de. *El maguey y el pulque en los códices mexicanos*. México: Fondo de Cultura Económica, 1978.

LOCKHART, James. *Nahuatl as written: lessons in older written nahuatl, with copious examples and texts*. Stanford: Stanford University Press, 2001.

_____. *Nahuas and Spaniards: postconquest central mexican history and philology*. Stanford: Stanford University Press, 1991.

LÓPEZ-AUSTIN, Alfredo. *Cuerpo humano e ideología: las concepciones de los antiguos nahuas*. México: Universidad Autónoma de México, 1996, t. I.

_____. "The research method of Fray Bernardino de Sahagún: the questionnaires". In: EDMONSON, Munro S. (ed.). *Sixteenth-century Mexico: the works of Sahagún*. Albuquerque: School of American Research/University of New Mexico Press, 1974a, p. 111-149.

_____. "Sahagún's work and the medicine of the ancient Nahuas: possibilities for study". In: EDMONSON, Munro S. (ed.). *Sixteenth-century Mexico: the work of Sahagún*. Albuquerque: School of American Research/University of New Mexico Press, 1974b, p. 205-224.

_____. *Hombre-dios: religión y política en el mundo náhuatl*. México: Universidad Nacional Autónoma de México, 1973.

_____. "Cuarenta clases de magos del mundo náhuatl". In: *Estudios de cultura náhuatl*, Instituto de Investigaciones Históricas - UNAM, 1967, vol. VII, p. 87-117.

LÓPEZ-BARALT, Mercedes. *Icono y conquista: Guamán Poma de Ayala*. Madrid: Hiperión, 1988.

LOZOYA, Xavier. "Sobre la investigación de las plantas psicotrópicas en las antiguas culturas indígenas de México". In: *Estudios de cultura náhuatl*. Instituto de Investigaciones Históricas – UNAM, 1983, vol. 16 p. 193-206.

MACCORMICK, Sabine. *Religion in the Andes: vision and imagination in early colonial Peru*. Princeton: Princeton University Press, 1991.

MACLEOD, Murdo J. "Mesoamerica since the Spanish invasion: an overview". In: ADAMS, Richard E. W. & MACLEOD, Murdo J. (eds.). *The Cambridge History of the native peoples of the Americas*. Cambridge: Cambridge University Press, 2000, vol. II, part 2, p. 1-43.

MALDONADO-KOERDELL, Manuel. "Los minerales, rocas, suelos y fósiles del Manuscrito". In: LA CRUZ, Martín de. *Libellus de medicinalibus indorum herbis*. México: Fondo de Cultura Econômica/Instituto Mexicano del Seguro Social, 1991, p. 155-164.

_____. *El fraile, el indio y el pulque: evangelización y embriaguez en la Nueva España (1523-1548)*. México: Fondo de Cultura Econômica, 1991.

MARTÍN DEL CAMPO, Rafael. "La zoología del Códice". In: LA CRUZ, Martín de. *Libellus de medicinalibus indorum herbis*. México: Fondo de Cultura Econômica/ Instituto Mexicano del Seguro Social, 1991, p. 149-154.

MÁYNEZ, Pilar. *El calepino de Sahagún: un acercamiento*. México: Universidad Nacional Autónoma de México/Fondo de Cultura Econômica, 2002.

MELLO e SOUZA, Laura de. *Inferno Atlântico: demonologia e colonização (séculos XVI-XVIII)*. São Paulo: Companhia das Letras, 1993.

MILLER, Daniel. "Artefacts and the meaning of things". In: INGOLD, Tim (ed.) *Companion encyclopedia of anthropology*, London, 1994, p. 396-419.

MILLONES-FIGUEROA, Luis. "Indianos problemas: la historia natural del doctor Juan de Cárdenas". In: QUIJADA, Mónica & BUSTAMANTE, Jesús (ed.) *Élites intelectuales y modelos colectivos: mundo ibérico (siglos XVI-XIX)*. Madrid: Consejo Superior de Investigaciones Científicas, Instituto de Historia, 2002, p. 83-100.

MILLONES, Luis. *Taki Onqoy: de la enfermedad del canto a la epidemia*. Santiago: Dirección de Bibliotecas, Archivos y Museos, 2007.

_____. *Historia y poder en los Andes centrales (desde los orígenes al siglo XVII)*. Madrid: Alianza Editorial, 1987.

_____. *Los dioses de Santa Cruz: comentarios a la crónica de Juan de Santa Cruz Pachacuti Yamqui*. Lima: Pontifícia Universidad Catolica del Perú, s.d.

MILLS, Kenneth. *Idolatry and its enemies: Colonial Andean religion and extirpation, 1640-1750*. New Jersey: Princeton University Press, 1997.

MIRANDA, Faustino & VALDÉS, Javier. "Comentarios botánicos". In: LA CRUZ, Martín de. *Libellus de medicinalibus indorum herbis*. México: Fondo de Cultura Econômica/Instituto Mexicano del Seguro Social, 1991, p. 107-148.

MOLINA, Fray Alonso de. *Vocabulario en lengua castellana y mexicana y mexicana y castellana*. México: Porrúa, 2008.

MORSE, Richard M. *O espelho de próspero: cultura e ideias nas Américas*. São Paulo: Companhia das Letras, 1988.

MUCHEMBLED, Robert. *Une histoire du diable (XIIe – Xxe siècle)*. Paris: Éditions du Seuil, 2000.

MURRA, John V. *La organización económica del estado inca*. México: Siglo Veinteuno, 1987.

NAVARRETE LINARES, Federico. "Vida cotidiana y moral indígena en la Historia general de las cosas de Nueva España". In: *Arqueologia Mexicana*, mar.-abr. de 1999, vol. 6, n. 36, p. 32-37.

NICHOLSON, H. B. "Fray Bernardino de Sahagún; a Spanish missionary in New Spain, 1529-1590". In: KEBER, Eloise Quiñones (ed.). *Representing aztec ritual: performance, text, and image in the work of Sahagún*. Boulder: University Press of Colorado, 2002, p. 21-39.

NORTON, Marcy. *Sacred gifts, profane pleasures: a history of tobacco and chocolate in the Atlantic world*. Ithaca: Cornell University Press, 2008.

O'GORMAN, Edmundo. "Prólogo". In: ACOSTA, Joseph. *Historia natural y moral de las Indias*. México: Fondo de Cultura Econômica, 1962, p. XI-CL.

OLIVIER, Guilhem. *Tezcatlipoca: burlas y metamorfosis de un dios azteca*. México: Fondo de Cultura Econômica, 2004.

_____. "The hidden king and the broken flutes; mythical and royal dimensions of the feast of Tezcatlipoca in Toxcatl". In: KEBER, Eloise Quiñones (ed.). *Representing aztec ritual: performance, text, and image in the work of Sahagún*. Boulder: University Press of Colorado, 2002, p. 107-142.

ORTIZ, Fernando. *Contrapunteo cubano del tabaco y el azúcar*. La Habana: Editorial de Ciencias Sociales, 1991.

ORTIZ DE MONTELLANO, Bernardo. "Las hierbas de Tláloc". In: *Estudios de cultura náhuatl*, Instituto de Investigaciones Históricas – UNAM, 1980, vol. 14, p. 287-314.

OSSIO A., Juan M. *En busca del orden perdido: la idea de la historia en Felipe Guaman Poma de Ayala*. Lima: Fondo Editorial de la Pontificia Universidad Católica del Perú, 2008.

OTT, Jonathan. *Pharmacotheon: drogas enteogénicas, sus fuentes vegetales y su historia*. Barcelona: La liebre de Marzo, 2000.

_____. "Paraísos naturales". In: FERICGLA, Josep Maria (ed.). *Los enteógenos y la ciência*. Barcelona: La Liebre de Marzo, 1999.

PAGDEN, Anthony. *The fall of natural man: the American Indian and the origins of comparative ethnology*. Cambridge: Cambridge University Press, 1982.

PARDO, Osvaldo F. "Contesting the power to heal: angels, demons and plants in colonial Mexico". In: GRIFFITHS, Nicholas & CERVANTES, Fernando. *Spiritual encounters: interactions between Christianity and native religions in colonial America*. Birmingham: University of Birmingham Press, 1999, p. 163-184.

PARDO TOMÁS, José. *El tesoro natural de América: colonialismo y ciencia en el siglo XVI*. Madrid: Nivola, 2002.

PEASE G. Y., Franklin. *Las crónicas y los Andes*. Lima: Pontifícia Universidad Catolica del Perú/Fondo de Cultura Económica, 1995.

PELT, Jean-Marie. *Drogues et plantes magiques*. Paris: Fayard, 1983.

PEREÑA, Luciano. "José de Acosta: proyecto de sociedad colonial, pacificación y colonización". In: ACOSTA, Joseph de. *De procuranda indorum salute: pacificación y colonización*. Madrid: Consejo Superior de Investigaciones Científicas, 1984, p. 3-46.

PEREZ DE BARRADAS, José. *Plantas magicas americanas*. Madrid: Consejo Superior de Investigaciones Cientificas Instituto "Bernardino de Sahagún", 1957.

PHELAN, John L. *El reino milenario de los franciscanos en el Nuevo Mundo*. México: UNAM - Instituto de Investigaciones Históricas, 1972.

PINO-DÍAZ, Fermín del. "Inquisidores, misioneros y demonios americanos". In: PINO-DÍAZ, Fermín (coord.). *Demonio, religión y sociedad entre España y América*. Madrid: Consejo Superior de Investigaciones Científicas, 2002, p. 139-160.

_____."Humanismo renacentista y orígenes de la etnología: a propósito del P. Acosta, paradigma del humanismo antropológico jesuita". In: ARES, Berta et. al. *Humanismo y visión del otro en la España moderna: cuatro estudios*. Madrid: Consejo Superior de Investigaciones Científicas, 1992, p. 379-429.

PORRO GUTIÉRREZ, Jesús María. *El simbolismo de los aztecas: su visión cosmológica y pensamiento religioso*. Valladolid: Sever-Cuesta, 1996.

QUIÑONES KEBER, Eloise. "Representing Aztec ritual in the work of Sahagún". In: KEBER, Eloise Quiñones (ed.). *Representing aztec ritual: performance, text, and image in the work of Sahagún*. Boulder: University Press of Colorado, 2002, p. 3-19.

_____. "Painting divination in the Florentine Codex". In: KEBER, Eloise Quiñones (ed.). *Representing aztec ritual: performance, text, and image in the work of Sahagún*. Boulder: University Press of Colorado, 2002, p. 251-276.

QUISPE-AGNOLI, Rocío. *La fe andina en la escritura: resistencia e identidad en la obra de Guamán Poma de Ayala*. Lima: Universidad Nacional Mayor de San Marcos, 2006.

RAMÍREZ, Susan E. *The world upside down: cross-cultural contact and conflict in sixteenth-century Peru*. Stanford, Stanford University Press, 1996.

RANDALL, Robert, "Los dos vasos; cosmovisión y política de la embriaguez desde el inkanato hasta la colonia". In: SAIGNES, Thierry (org.). *Borrachera y memoria: la experiencia de lo sagrado en los Andes*. Lima: HISBOL/IFEA, 1993, p. 73-112.

REICHEL-DOLMATOFF, G. *El chamán y el jaguar: estudio de las drogas narcóticas entre los Indios de Colombia*. México: Siglo XXI, 1978.

RICARD, Robert. *La conquista espiritual de México: ensayo sobre el apostolado y los métodos misioneros de las órdenes mendicantes en la Nueva España de 1523-1524 a 1572*. México: Fondo de Cultura Económica, 1986.

ROBICSEK, Francis. *The smoking gods: tobacco in Maya art, history, and religion*. Norman: University of Oklahoma Press, 1978.

ROSTWOROWSKI, María. *Costa peruana prehispánica*. Lima: IEP, 2004.

_____. *Historia del Tahuantinsuyu*. Lima: IEP; PromPerú, 1999.

RUBIÉS, Joan-Pau. "Theology, ethnography, and the historicization of idolatry". In: *Journal of the History of Ideas*, oct. 2006, vol. 67, n. 4, p. 571-596.

RUDGLEY, Richard. *Essential substances: a cultural history of intoxicants in society*. New York: Kodansha America, 1993.

SAIGNES, Thierry (comp.). *Borrachera y memoria: la experiencia de lo sagrado en los Andes.* Lima: Hisbol/IFEA, 1993.

_____. "'Estar en otra cabeza': tomar en los Andes". In: SAIGNES, Thierry (org.). *Borrachera y memoria: la experiencia de lo sagrado en los Andes.* Lima: HISBOL/IFEA, 1993, p. 11-21.

_____. "Borracheras andinas. ¿Por que los indios ebrios hablan en español?". In: SAIGNES, Thierry (org.). *Borrachera y memoria: la experiencia de lo sagrado en los Andes.* Lima: HISBOL/IFEA, 1993, p. 43-71.

SALAZAR-SOLER, Carmen. "Embriaguez y visiones en los Andes; los jesuitas y las 'borracheras' indígenas en el Peru (siglos XVI y XVII)". In: _____ (org.). *Borrachera y memoria: la experiencia de lo sagrado en los Andes.* Lima: HISBOL/IFEA, 1993, p. 23-42.

SALLMANN, Jean-Michel (dir.) *Visions indiennes, visions baroques: les métissages de l'inconscient.* Paris: Presses Universitaires de France, 1992.

SALOMON, Frank. "Testimonies: the making and reading of native South American historical sources". In: SALOMON, Frank & SCHWARTZ, Stuart B. (ed.). *The Cambridge History of the native peoples of the Americas.* Cambridge: Cambridge University Press, 2000, p. 19-95 (vol. II: South America, part 1).

SAMORINI, Giorgio. *Los alucinógenos en el mito: relatos sobre el origen de las plantas psicoactivas.* Barcelona: La liebre de marzo, 2001.

SANTOS, Eduardo Natalino dos. *Deuses do México indígena.* São Paulo: Palas Athena, 2002.

SARAIVA, F. R. dos Santos. *Novíssimo dicionário latino-português.* Rio de Janeiro: Garnier, 2000.

SAUNDERS, Nicholas J. (ed.). *Icons of power: feline symbolism in the Americas.* London: Routledge, 1998.

SCHIVELBUSCH, Wolfgang. *Historia de los estimulantes: el paraíso, el sentido del gusto y la razón.* Barcelona: Editorial Anagrama, 1995.

SCHULTES, Richard Evans. "An overview of hallucinogens in the western hemisphere". In: FURST, Peter. *Flesh of the Gods: the ritual use of hallucinogens.* Prospect Highs, Illinois: Waveland Press, 1990, p. 3-54.

SCHULTES, Richard Evans & HOFMANN, Albert. *Plantas de los dioses: orígenes del uso de los alucinógenos.* México: Fondo de Cultura Económica, 1982.

SHEPHERD, Gregory J. *An exposition of José de Acosta's Historia Natural y Moral de las Indias, 1590: the emergence of an anthropological vision of colonial Latin America.* Lewiston: The Edwin Mellen Press, 2002.

SHERRAT, Andrew. "Introduction: peculiar substances". In: GOODMAN, Jordan; LOVEJOY, Paul & SHERRATT, Andrew (ed.). *Consuming Habits: drugs in History and Anthropology*. New York: Routledge, 1995, p. 1-10.

SOMOLINOS D'ARDOIS, Germán. "Estudio historico". In: LA CRUZ, Martín de. *Libellus de medicinalibus indorum herbis*. México: Fondo de Cultura Econômica/Instituto Mexicano del Seguro Social, 1991, p. 165-192.

STOFFELS, Miguel J. Abril. "La Apologética historia sumaria: claves para su interpretación". In: LAS CASAS, Fray Bartolomé de. *Apologetica historia sumaria*. Madrid: Alianza Editorial, 1992, I, p. 185-199.

STOLS, Alexandre A. M. "Descripción del Códice". In: LA CRUZ, Martín de. *Libellus de medicinalibus indorum herbis*. México: Fondo de Cultura Econômica/Instituto Mexicano del Seguro Social, 1991, p. 93-100.

SULLIVAN, Thelma D. "The rhetorical orations, or huehuetlatolli, collected by Sahagún". In: EDMONSON, Munro S. (ed.). *Sixteenth-century Mexico: the works of Sahagún*. Albuquerque: School of American Research/University of New Mexico Press, 1974, p. 79-109.

TAMBIAH, Stanley J. *Magic, science, religion, and the scope of rationality*. Cambridge: Cambridge University Press, 1990.

TAYLOR, William B. *Embriaguez, homicidio y rebelión en las poblaciones coloniales mexicanas*. México: Fondo de Cultura Económica, 1987.

THEODORO, Janice. *América barroca: temas e variações*. São Paulo: Nova Fronteira/Edusp, 1992.

THOMAS, Keith. *Religião e o declínio da magia: crenças populares na Inglaterra, séculos XVI e XVII*. São Paulo: Companhia das Letras, 1991.

TOWNSEND, Richard. *The aztecs*. London: Thames & Hudson, 1992.

URBANO, Henrique. "Estudio preliminar". In: ARRIAGA, Pablo Joseph de. *La extirpación de la idolatria en el Pirú (1621)*. Cuzco: CBC, 1999, p. XI-CXXXI.

_____. "Introducción". In: RAMOS, Gabriela & URBANO, Enrique (comps.). *Catolicismo y extirpación de idolatrías: siglos XVI-XVIII*. Cusco: Centro de Estudios Regionales Andinos "Bartolomé de las Casas", 1993, p. 7-30.

VAINFAS, Ronaldo. *A heresia dos índios: catolicismo e rebeldia no Brasil Colonial*. São Paulo: Companhia das Letras, 1995.

VIESCA TREVIÑO, Carlos & PEÑA PÁEZ, Ignacio de la. "La magia en el códice badiano". In: *Estudios de cultura náhuatl*, 1974, vol. II, p. 267-301.

_____. "Las enfermedades mentales en el códice badiano". In: *Estudios de cultura náhuatl*, vol. XII, 1976, p. 79-84.

VILLORO, Luis. "Sahagún o los límites del descubrimiento del otro". In: *Estudios de Cultura Náhuatl*. 1999, vol. XXIX, p. 15-26.

WACHTEL, Nathan. *La vision des vaincus: les indiens du Peróu devant la conquête espagnole 1530-1570*. Paris: Gallimard, 1970.

WASSON, R. Gordon. *El hongo maravilloso: teonanácatl: micolatría en Mesoamérica*. México: Fondo de Cultura Económica, 1983.

WECKMANN, Luis. *La herencia medieval de México*. México: El Colegio de México/Fondo de Cultura Económica, 1994.

WILBERT, Johannes. *Tobacco and shamanism in South America*. New Haven: Yale University Press, 1987.

WILCOX, Donald. *In search of god & self: renaissance and reformation thought*. Prospect Heights, Illinois: Waveland Press, 1987.

WILKERSON, S. Jeffrey K. "The ethnographic works of Andrés de Olmos, precursor and contemporary of Sahagún". In: EDMONSON, Munro S. (ed.). *Sixteenth-century Mexico: the works of Sahagún*. Albuquerque: School of American Research/University of New Mexico Press, 1974, p. 27-77.

WIMMER, Alexis. *Dictionnaire de la langue nahuatl classique*. Paris: SUP-INFOR, 2006.

ZAPATA, Jorge. *Guamán Poma: indigenismo y estética de la dependencia en la cultura peruana*. Minneapolis: Institute for the Study of Ideologies and Literatures, 1989.

Caderno de Imagens

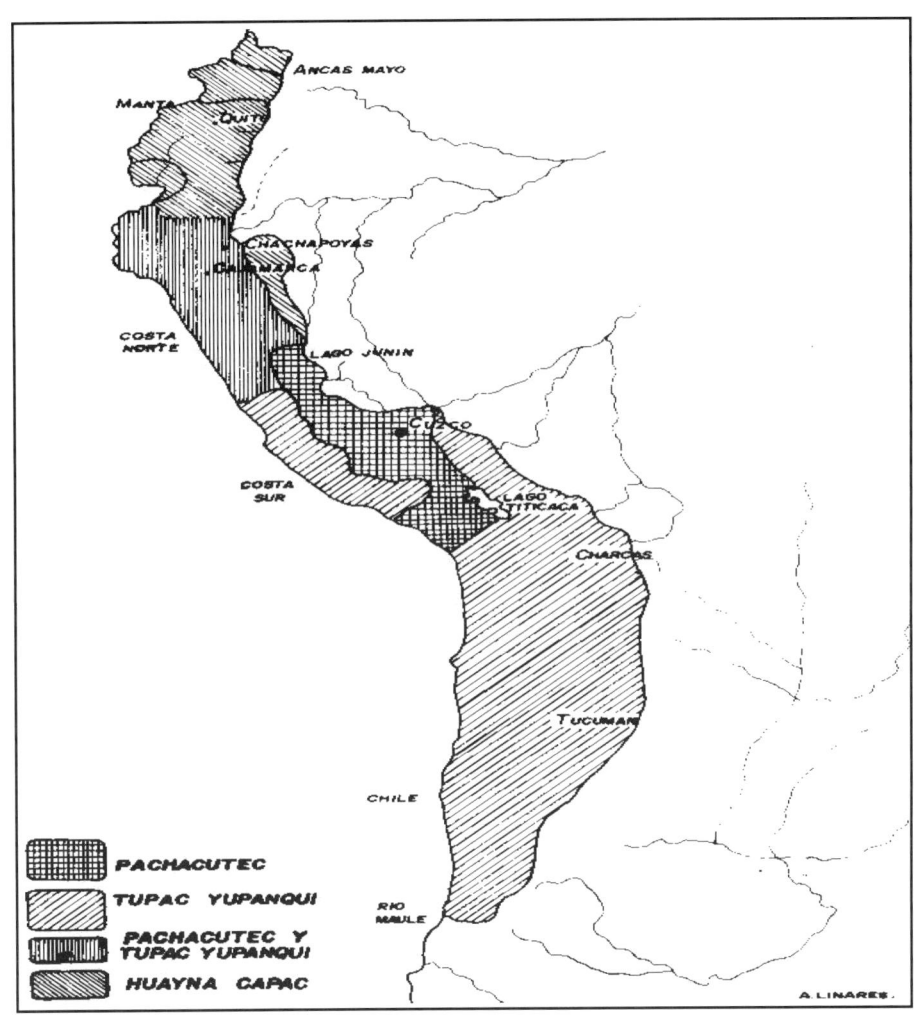

Mapa 1: Expansão do domínio inca nos Andes Centrais: Pachacutec (1438-1463); Pachacutec e Tupac Yupanqui (1463-1473); Tupac Yupanqui (1473-1493) ; Huayna Capac (1493-1526) (ROSTWOROWSKI, *Historia del Tahuantynsuyu*, 1999).

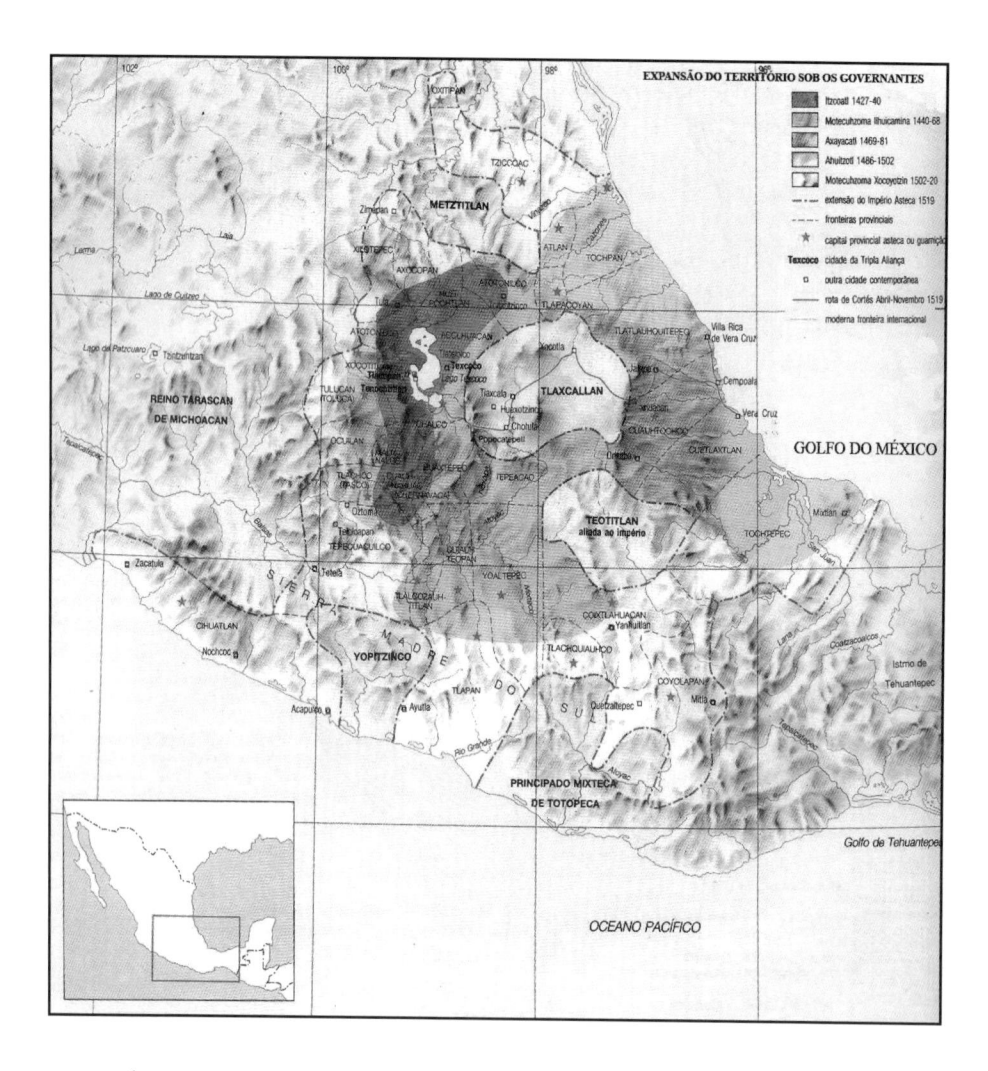

Mapa 2: Áreas de domínio e influência da tríplice aliança sob a liderança mexica (Tenochtitlan) e senhorios independentes, previamente à conquista espanhola. (COE et al, *A América Antiga*, 1997).

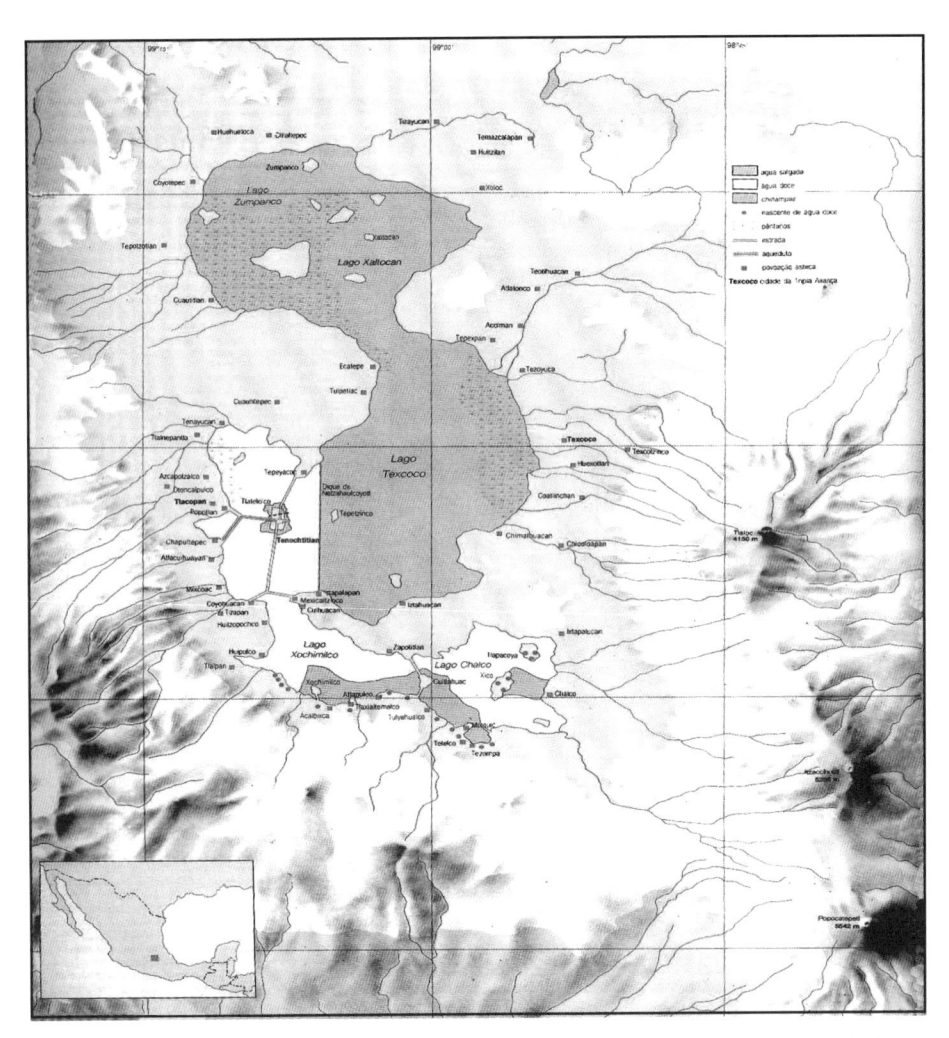

Mapa 3: A região lacustre do altiplano central mexicano em vésperas da conquista espanhola (COE *et al*, *A América Antiga*, 1997).

Mapa 4: Vice-reino do Peru segundo o jesuíta Arriaga, no início do século XVII (ARRIAGA, *La extirpación de la idolatria en el Pirú*, 1999).

Mapa 5: Arcebispado de Lima segundo o jesuíta Arriaga, no início do século XVII (ARRIAGA, *La extirpación de la idolatria en el Pirú*, 1999).

Mapa 6: Povoados indígenas entre o porto de Acapulco e a cidade do México (entre os séculos XVI e XVII) citados pelo autor do *Tratado de las supersticiones y costumbres gentílicas* (RUIZ de ALARCÓN, *Treatise*, 1984).

Figura 1. *Códice Florentino*. Afirma Sahagún que os índios "decían que el vino se llama centzontotochtli, que quiere decir 'cuatrocientos conejos', porque tiene muchas y diversas maneras de borrachería" – imagem *Arqueología mexicana*, 2003, p. 7.

Figura 2. *Códice Magliabechiano* (fl. 53r). O livro de pinturas contém alguns "deuses do pulque", tal como Pahtécatl, "senhor da medicina do pulque [a erva ocpatli]". O fólio anterior contempla que: "Éste era otro de los cuatrocientos [coelhos] que los indios llamaban dioses del vino y de los borrachos, Poctegatl [Pahtecatl], porque era como medicina a ellos este vino" – imagem CEMA-USP.

Figura 3. Pintura do deus Ome Tochtli (dois-coelhos) no *Libro de los ritos y ceremonias de Fray Diego Durán*: "Había ... otro dios, que era general para todos los juegos, el cual es el que ves presente. Y tenía por nombre Ome Tochtli, que quiere decir 'dos conejos'. Y así, para el juego dicho, como para los demás, todas las veces que querían que les entrase el dos hacían la mesma invocación al soltar las arenillas, dando aquella palmada: ¡Ome Tochtli!, que quiere decir 'dos conejos'. También es necesario que (sepamos) que al vino que beben tuvieron éstos por dios antiguamente y llamábanle Ome Tochtli, y todos los taberneros y taberneras le celebraban sus ritos y cerimonias y ofrendas con toda la solemnidad y devoción posibles, según su uso y bajeza. Y no viene tan fuera de propósito traerlo aquí, pues era el ídolo mesmo que el de los jugadores" (DURÁN, *Historia*, I, 1984, p. 200 – imagem CEMA-USP).

Figura 4. Pintura de Tezcatlipoca, o "espelho fumegante". Segundo frei Diego Durán: "tenían a este ídolo Tezcatlipoca... como agora contaré y verán la pintura... en un templo... asentado... vestido de una manta colorada, toda labrada de calaveras de muertos y huesos cruzados, y en la mano izquierda, una rodela blanca, con cinco copos de algodón puestos en cruz en ella, que son los vestidos del cielo, y en la mano derecha, una vara arrojadiza, amenazando con ella... Estaba con semblante y denuedo airado, el cuerpo todo embijado de negro y la cabeza toda emplumada con plumas de codornices. Teníanlo por dios que enviaba las secas y hambres y esterilidad de tiempos y pestilencias... De donde sucedía que todas las mujeres que tenían niños enfermos, luego acudían a este templo, ofreciendo estos niños a este dios. ... El betún con que embijaban y hoy en día los he visto embijados algunos niños, era el mismo con que embijaban a este ídolo y con que los sacerdotes y ministros de este templo se embijaban cuando iban a los montes a ofrecer sacrificio; con lo cual iban muy seguros, sin ningún temor, especialmente que las más veces iban de noche" (DURÁN, *Historia*, I, 1984, p. 47-8 – imagem CEMA-USP).

Figuras 5, 6, 7 e 8. Pinturas do *Códice Florentino* produzido por Sahagún que mostram "cañas de humo" com a erva do tabaco. As figuras no topo representam o deus Tezcatlipoca (seu avatar humano) em cerimônias relacionadas aos sacrifícios humanos. Embaixo, no lado esquerdo, cerimônia também relacionada ao culto de Tezcatlipoca. A pintura no lado direito representa uma celebração dos ricos mercadores caravaneiros mexicas.

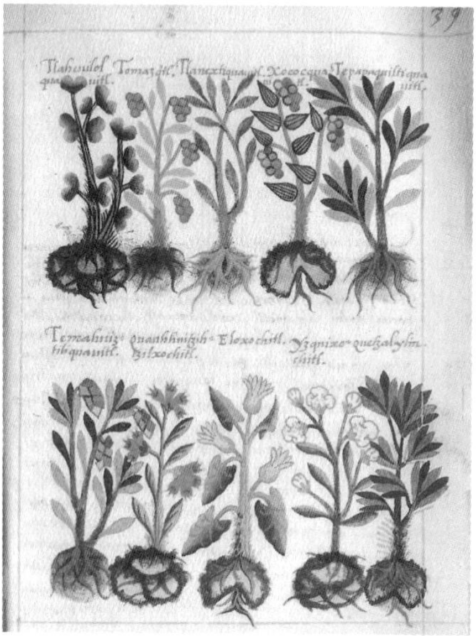

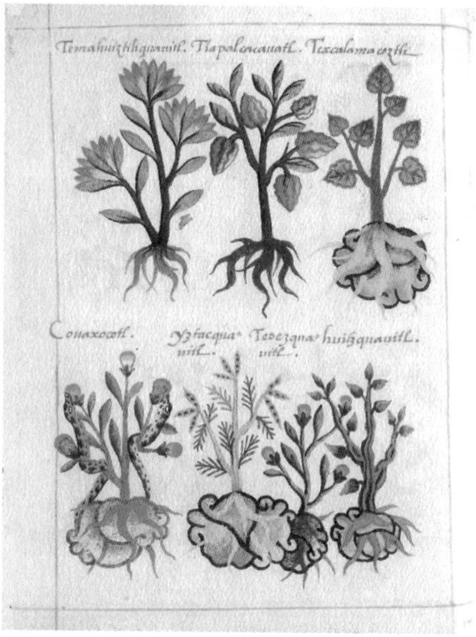

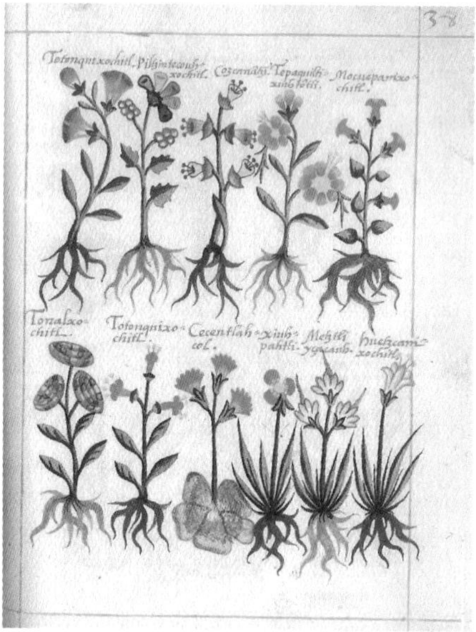

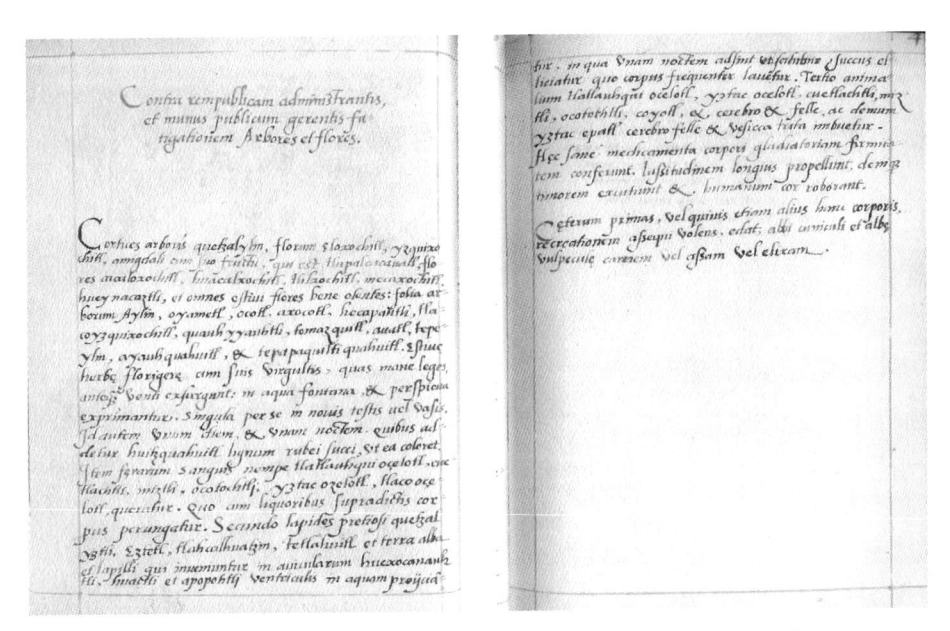

Figuras 9, 10, 11, 12 e 13. Pinturas produzidas por um indígena com escritura em latim, a partir dos conhecimentos médicos de outro nativo mexicano, Martín de la Cruz. A obra foi feita no Colégio de Tlatelolco, dos missionários franciscanos, e entregue como presente ao rei da Espanha Carlos V, em meados do século XVI. As imagens tratam das medicinas na receita de combate da fadiga dos governantes. Há várias "flores que embriagam" e quiçá a mais antiga gravura da planta do cacau no meio ibero-americano (tlapalcacahuatl – ver segunda planta no segundo fólio). As sementes formavam a base da apreciada bebida do chocolate (DE LA CRUZ, *Libellus de medicinalibus*, 1991, fls. 38f a 40f).

Figura 14. Escrito em duas colunas, à esquerda em espanhol, à direita em náhuatl, o Códice Florentino é composto também por pinturas para instrução nos temas propostos pelo frade Sahagún sobre a vida dos antigos mexicanos. Na tradução de Sahagún do texto produzido pelos estudantes indígenas do Colégio de Tlatelolco, há menção (ver acima) de que o tabaco ou piciete "puesto en la boca haze desvaneçer la cabeça, o emborracha; haze tambien digerir lo comido, y haze provecho para quitar el cansancio" – SAHAGÚN, *Florentine codex*, X, fl. 1649.

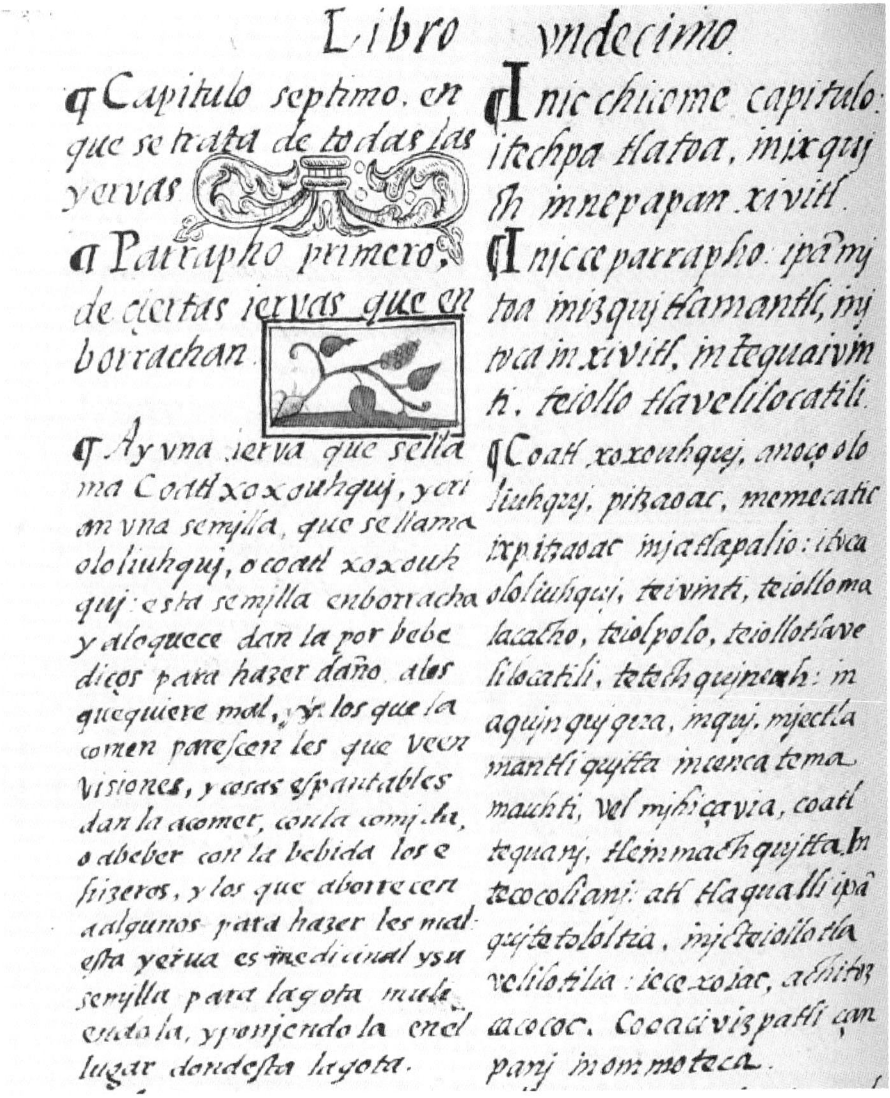

Figura 15. No livro XI de Sahagún, dedicado às coisas da natureza da Nova Espanha, há um capítulo sobre as "yervas que emborrachan". A primeira planta tratada é o ololiuhqui, uma "semilla que emborracha y aloquece, dan la por bebediços para hazer daño a los que quiere mal, y los que la comen parescen les que veen visiones, y cosas espantables", sendo que "esta yerva es medicinal y su semilla [serve] para la gota" – SAHAGÚN, *Florentine codex*, XI, fl. 2068.

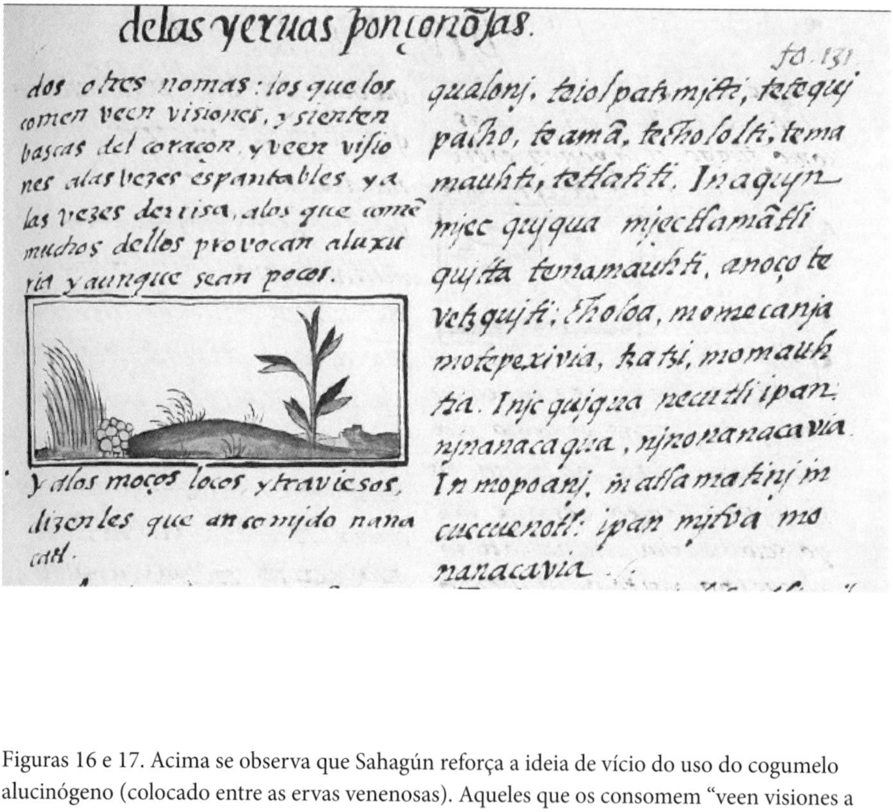
delas yeruas ponçoñosas.

fo. 131

dos otros nomas: los que los comen veen visiones, y sienten bascas del coraçon, y veen visiones alas vezes espantables y a las vezes de risa, alos que comẽ muchos dellos provocan aluxuria y aunque sean pocos.

y alos moços locos y traviesos, dizen les que an comido nanacatl.

Figuras 16 e 17. Acima se observa que Sahagún reforça a ideia de vício do uso do cogumelo alucinógeno (colocado entre as ervas venenosas). Aqueles que os consomem "veen visiones a las vezes espantables y a las vezes de risa", bem como os cogumelos, comidos muitos ou poucos, além do mais "provocan a luxuria". Aos "moços locos y traviesos, dizen les que an comido nanacatl [cogumelo]" – SAHAGÚN, *Florentine codex*, XI, fl. 2071. Na figura da página ao lado, procura-se retratar o "moço desbaratado", o qual "anda como enhechizado, o muy beodo, y fanfarronea mucho, ni parece guardar secreto; amigo de mugeres, perdido, con algunos hechizos, o con las cosas que sacan al hombre de su juicio, como son los malos hongos, y algunas yervas que desatinan al hombre" – SAHAGÚN, *Florentine codex*, X, fl. 1558.

libro decimo

¶ El moço desbaratado, anda como enhizado, o muy
beodo, y fanfarronea mu-
cho, ni puede guardar se-
creto; amigo de mugeres perdido, con algunos hechizos,
o con las cosas que sacan al
hombre de su juyzio como
son los malos hongos, y algunas yervas que desatinan
al hombre.

quimacaci, aiac iixco tlachia,
motlahellaça, motlahelmaiaui
¶ Telpuchtlaueliloc: in telpuch
tlaueliloc caiollotlaueliloc, xoxo
uhcaoctli quitinemi, miuintiani,
quatlaueliloc, iiellelacic, xocomic
qui, tlaoanqui, mona nacauitinemi
mumixiuitinemi, anenqui, cuecuech,
cuecuechtli, topal, hiciccala, iollo
camachal, iollo necuil, iollo chico,
haquetzqui, haquetzana, elzaue
tla, cuecuenotl, cuecuenociuhqui
auilnenqui, mauiltiani, auilnemini,
auilquizqui, tlahello, cuitlaio,
tenhio, tlaçollo, mecaoa, notzale
momecatia, auilnemi.

Figura 18. Os quadros representam (de cima para baixo) o tlapatl (datura), o nanacatl (cogumelo), o peiotl (peiote) e o toloa (outra espécie de datura alucinógena). Nesta parte da obra, as plantas são tratadas como ervas medicinais, havendo apenas menção de que o peiote causa embriaguez (só há coluna de texto em náhuatl). Se a gravura da última datura (toloa) remete a uma prática médica, já os cogumelos aludem ao demoníaco e os peiotes à adivinhação – SAHAGÚN, *Florentine codex*, XI, fl. 2094.

Figura 19. Gravuras e textos do indígena andino Guaman Poma, que escrevia em espanhol e quéchua. Na gravura acima: "Indios, la borrachera, machasca [emborrachado] / Auaya ayuaya! Machac... [Awaya, ayawaya! El borracho es sólo un borracho, el bebedor sólo un bebedor, quien vomita, sólo vomita. Lo que le toca es servirte, diablo. Las minas son lo que le toca] /borrachera/" – GUAMAN POMA, *Nueva crónica*, 1987, fl. 862 [876]. As gravuras aqui expostas são versões de autoria de W. R. Pitta Jr., com base nos originais digitalizados da edição GUAMAN POMA, *Nueva crónica y buen gobierno*, 1987.

454 Alexandre C. Varella

Nas quatro gravuras a seguir se confere o uso ritual de dois copos da bebida chicha pelos indígenas andinos, o que também pode ser extraído de outros cronistas. Dar e receber a bebida poderia acentuar laços obrigatórios de reciprocidade e complementaridade, como acentua RANDAL, "Los dos vasos; cosmovisión y política de la embriaguez", 1993, p. 74 e ss.

Figura 20. "Agosto, Chacra Iapvi Quilla [mes de romper tierras] / tiempo de labransa / Hayllinmi Ynca [El Inka danza el hayllí]" – GUAMAN POMA, *Nueva crónica*, 1987, fl. 250 [252].

Figura 21. "Don Jv[an] Capcha, Indio Tributario, Gran borracho, tiene quatro yndios en su pueblo. / uino añejo / chicha fresca / en este rreyno /" – GUAMAN POMA, *Nueva crónica*, 1987, fl. 776 [790].

Figura 22. "Ivnio, Havcai cvsqvi [descanso de la cosecha] / Ueue con el sol en la fiesta del sol. / Hawkay Kuski /" – GUAMAN POMA, *Nueva crónica*, 1987, fl. 246 [248].

Figura 23. "Capítulo Primero, Entiero del Inga, Inca Illapa Aia [Inka difunto, su cadáver], Defvnto / pucullo [construcción funeraria] / Yllapa [el rayo], defunto / entierro /" – GUAMAN POMA, *Nueva crónica*, 1987, fl. 287 [289].

458 Alexandre C. Varella

Figura 24. "Ortelano, Pachacacvna [hortelanos] / 'Cayllata acullicuy, pana'. ['Hermana, masca esta coca.'] / 'Apomoy, tura' ['Tráela, hermano.'] / coquero /" – GUAMAN POMA, *Nueva crónica*, 1987, fl. 862 [876].

Agradecimentos

Obrigado aos próximos e colegas, bem como trabalhadores, sendo que muita gente nem sabe que fez parte da obra.

Agradeço a todos vocês pela oportunidade de compartilhar comigo a realização desse projeto.

E para não ser ingrato com ninguém, fico penhorado sem citá-los, à exceção de duas pessoas: Henrique Carneiro e Janice Theodoro, que mais que outras agradáveis criaturas, deram sempre aquele gás para minha pessoa nas tarefas da faculdade e sempre vão me ensinando para toda a vida.

Rendo graças, ademais, para quem constrói a instituição que financiou tanto a bolsa de mestrado como deu o reconhecimento para a publicação da dissertação: a Fundação de Amparo à Pesquisa do Estado de São Paulo (Fapesp) me deu alento e propiciou-me o pensamento.

Também agradeço o pessoal da Alameda Casa Editorial pela paciência que tiveram comigo.

Esta obra foi impressa em Santa Catarina no outono de 2013 pela Nova Letra Gráfica & Editora. No texto foi utilizada a fonte Minion Pro em corpo 10,5 e entrelinha de 15,75 pontos.